Denkmäler in Bayern
Landkreis Miesbach

Lieber Rolf!

In der großen Hoffnung, daß
Du oft nach Bayrischzell
kommst und Dir dieses kleine
Paradies anschaust
verehre ich Dir in herzlicher
Freundschaft dieses Buch

Dein Elma

B'zell, 21. 1. 1988.

Denkmäler in Bayern

herausgegeben von
Generalkonservator Prof. Dr. Michael Petzet,
Bayerisches Landesamt für Denkmalpflege

Die kreisfreien Städte und Landkreise in Bayern (Publikationsplan)

I OBERBAYERN

Kreisfreie Städte
1 Ingolstadt
2 München
3 Rosenheim

Landkreise
4 Altötting
5 Bad Tölz-Wolfratshausen
6 Berchtesgadener Land
7 Dachau
8 Ebersberg
9 Eichstätt
10 Erding
11 Freising
12 Fürstenfeldbruck
13 Garmisch-Partenkirchen
14 Landsberg am Lech
15 Miesbach
16 Mühldorf am Inn
17 München
18 Neuburg-Schrobenhausen
19 Pfaffenhofen a. d. Ilm
20 Rosenheim
21 Starnberg
22 Traunstein
23 Weilheim-Schongau

II NIEDERBAYERN

Kreisfreie Städte
24 Landshut
25 Passau
26 Straubing

Landkreise
27 Deggendorf
28 Dingolfing-Landau
29 Freyung-Grafenau
30 Kelheim
31 Landshut
32 Passau
33 Regen
34 Rottal-Inn
35 Straubing-Bogen

III OBERPFALZ

Kreisfreie Städte
36 Amberg
37 Regensburg
38 Weiden i. d. OPf.

Landkreise
39 Amberg-Sulzbach
40 Cham
41 Neumarkt i. d. OPf.
42 Neustadt a. d. Waldnaab
43 Regensburg
44 Schwandorf
45 Tirschenreuth

IV OBERFRANKEN

Kreisfreie Städte
46 Bamberg
47 Bayreuth
48 Coburg
49 Hof

Landkreise
50 Bamberg
51 Bayreuth
52 Coburg
53 Forchheim
54 Hof
55 Kronach
56 Kulmbach
57 Lichtenfels
58 Wunsiedel i. Fichtelgebirge

V MITTELFRANKEN

Kreisfreie Städte
59 Ansbach
60 Erlangen
61 Fürth
62 Nürnberg
63 Schwabach

Landkreise
64 Ansbach
65 Erlangen-Höchstadt
66 Fürth
67 Neustadt a. d. Aisch-Bad Windsheim
68 Nürnberger Land
69 Roth
70 Weißenburg-Gunzenhausen

VI UNTERFRANKEN

Kreisfreie Städte
71 Aschaffenburg
72 Schweinfurt
73 Würzburg

Landkreise
74 Aschaffenburg
75 Bad Kissingen
76 Haßberge
77 Kitzingen
78 Main-Spessart
79 Miltenberg
80 Rhön-Grabfeld
81 Schweinfurt
82 Würzburg

VII SCHWABEN

Kreisfreie Städte
83 Augsburg
84 Kaufbeuren
85 Kempten/Allgäu
86 Memmingen

Landkreise
87 Aichach-Friedberg
88 Augsburg
89 Dillingen a. d. Donau
90 Donau-Ries
91 Günzburg
92 Lindau/Bodensee
93 Neu-Ulm
94 Oberallgäu
95 Ostallgäu
96 Unterallgäu

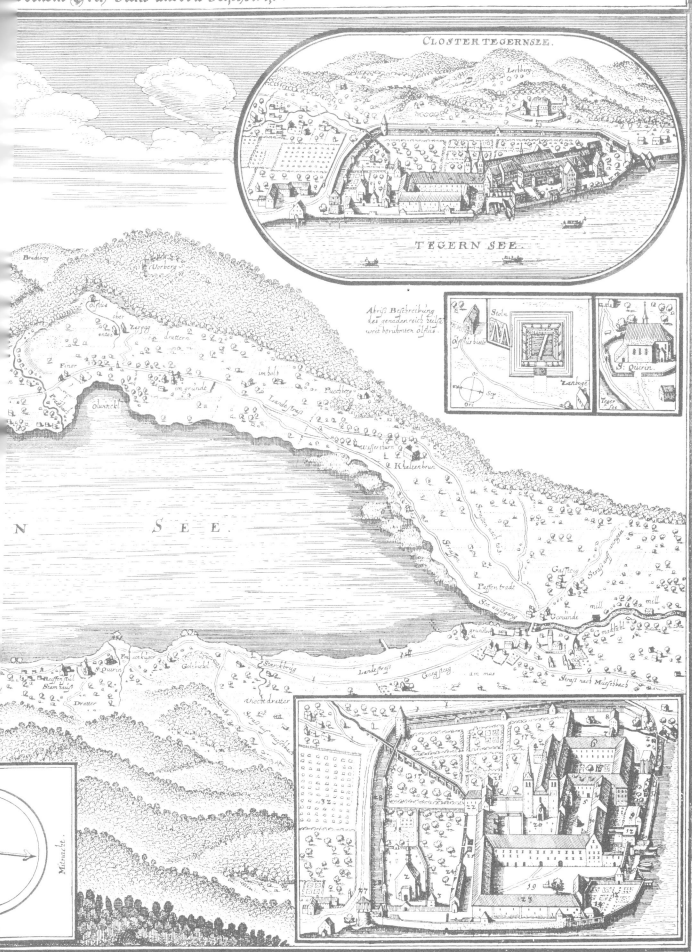

21 Pfister.
22 Mühlen.
23 Traidt Cästern.
24 Vieh stall.
25. Viesch kalter.
26. Mühlbach.
27. Haupt thor.
28. Dieser Schantz graben.
29. Waser thor vnd Schifflenten.
30. Schiffhütten.
31. Richter hauß.
32. Closters kraut garten.

Denkmäler in Bayern

Band I.15

Klaus Kratzsch

Landkreis Miesbach

Ensembles · Baudenkmäler
Archäologische Geländedenkmäler

Unter Mitarbeit von Sixtus Lampl

Aufnahmen von Joachim Sowieja, Klaus Kratzsch
und Otto Braasch

Verlag Schnell & Steiner München · Zürich

*Die Drucklegung dieses Bandes
wurde durch die großzügige Unterstützung
der Messerschmitt-Stiftung ermöglicht*

Titelabbildung: Wallfahrtskirche Wilparting am Irschenberg
(Foto: Werner Neumeister, München)

Einbandrückseite: Die Verkündigung an Maria,
Ignaz Günther, 1764. Klosterkirche Weyarn
(Foto: Joachim Sowieja, München)

Vorsatz, vorne: «Geometrischer grundtriß und beschreibung deß
Loblichwirdigen Stifft und Clossters Tegernsee»,
Matthäus Merian, Topographia Bavariae, 1644

Vorsatz, hinten: Verwaltungskarte von Bayern (mit freundlicher
Genehmigung des Bayerischen Statistischen Landesamtes)

Erstfassung zum Entwurf der Denkmalliste des
Landkreises Miesbach: Wilhelm Neu, 1972/73

Redaktion: York Langenstein, Sonja Sterzinger

© 1986 Verlag Schnell & Steiner GmbH München · Zürich
Alle Rechte vorbehalten
Reproduktionen: Firma Krammer, Linz/D.-München
Druck: Erhardi Druck GmbH, Regensburg
Printed in Germany

ISBN 3-7954-1001-0

Inhalt

Tegernsee von der Neureuth aus. Wilhelm von Kobell, 1833. – Neue Pinakothek, München

Geleitwort

Seit dem europäischen Denkmalschutzjahr 1975 ist auch bei uns das allgemeine Interesse an denkmalpflegerischen Aufgaben gewachsen. Nach einer Umfrage der Wickert-Institute sprechen sich in Bayern 92% der Bevölkerung «für den Denkmalschutz» aus. Mit dieser hier nur angedeuteten «Tendenzwende» erweiterte sich zugleich das allgemeine Denkmalverständnis. Die historische Bedeutung des Denkmals schälte sich in immer stärkerem Maße als tragendes Merkmal des Denkmalbegriffs heraus. Hatte sich früher die Denkmalpflege auf Kirchen, Burgen, Schlösser, Rathäuser, Stadtmauern, aber auch einige Einzelmonumente des Wohnbaus, konzentriert, so kamen jetzt neue Bereiche hinzu wie Stadtentwicklung und Wohnungsbau des 19. Jahrhunderts, Industriedenkmäler, das breite Spektrum bürgerlicher und bäuerlicher Wohnbauten usw. Der Begriff des Ensembles ermöglichte außerdem die Erfassung und Erhaltung historischer Straßen- und Platzgefüge und ganzer historisch geprägter Ortsbereiche.

Im vergangenen Jahrzehnt hat das Bayerische Landesamt für Denkmalpflege entsprechend dem ihm durch das Bayerische Denkmalschutzgesetz von 1973 erteilten Auftrag eine Liste der Baudenkmäler erstellt; sie umfaßt ca. 110000 Einzeldenkmäler und ca. 800 Ensembles. Außerdem erarbeitete es eine Liste der ca. 10000 archäologischen Geländedenkmäler. Bayern ist damit das erste Land in der Bundesrepublik Deutschland, das – abgesehen von den unter der Erde verborgenen und daher nie vollständig zu erfassenden Bodendenkmälern – über ein Gesamtverzeichnis seiner Kulturdenkmäler verfügt. Im Rahmen der Reihe «Denkmäler in Bayern» wird dieser reiche Schatz unserer bayerischen Kulturdenkmäler erstmals vorgestellt. Es handelt sich dabei um ein «offenes» Verzeichnis, das ständig verbessert und zu gegebener Zeit auch einem sich wandelnden Denkmalbegriff angepaßt werden kann, damit den Erfordernissen der denkmalpflegerischen Praxis, aber auch den Interessen der Denkmalbesitzer und der Kommunen am besten gerecht wird.

Die Erarbeitung der Denkmallisten war nicht nur mit einer enormen Verwaltungsarbeit verbunden. Sie stellt auch eine große wissenschaftliche Leistung dar. Bewährt hat sich dabei die zentrale Organisation des Bayerischen Landesamts für Denkmalpflege: Der für die Erfassung und die Auswahl erforderliche Überblick konnte nur von einer seit Jahrzehnten mit der Inventarisation der bayerischen Kunst- und Geschichtsdenkmäler sowie der archäologischen Denkmäler befaßten zentralen staatlichen Fachbehörde gewonnen werden. Hervorzuheben ist in diesem Zusammenhang auch die Öffentlichkeitsarbeit, die mit der Erstellung der Denkmallisten verbunden war. Bei zahllosen Bürgermeisterbespre-

chungen und Bürgerversammlungen, in tausenden von Einzelgesprächen mit Gemeindevertretern und Denkmaleigentümern konnten Aufgaben und Zielsetzungen der staatlichen Denkmalpflege erläutert werden. Ich möchte mich hier bei allen, die an der Aufstellung der Denkmallisten mitgewirkt haben, sehr herzlich bedanken, vor allem bei den bayerischen Gemeinden, den Städten und Landkreisen, sowie den Denkmaleigentümern.

Das Bayerische Denkmalschutzgesetz von 1973 hat die Behördenorganisation im Bereich des Denkmalschutzes erstmals geregelt. Die Landkreise und kreisfreien Städte wurden mit den Aufgaben der Unteren Denkmalschutzbehörden, die Regierungen mit denen der Höheren Denkmalschutzbehörden betraut. Der Aufgabenbereich des Landesamts für Denkmalpflege als zentrale Fachbehörde wurde umschrieben. Oberste Denkmalschutzbehörde ist das Staatsministerium für Unterricht und Kultus. Die enge Zusammenarbeit zwischen den Denkmalschutzbehörden und der Denkmalfachbehörde ist in den vergangenen Jahren zu einer Selbstverständlichkeit geworden. Große Bedeutung kommt dabei vor allem den vom Landesamt für Denkmalpflege eingeführten Sprechtagen bei den Unteren Denkmalschutzbehörden zu, die eine rasche und bürgernahe Verwaltungspraxis erlauben. Auch die hier vorgestellten Denkmallisten sind letztlich ein Ergebnis gemeinsamer Bemühungen. Sie spiegeln nicht nur den Stellenwert von Denkmalschutz und Denkmalpflege in unserem Lande, sondern letztlich auch seine gelungene Verankerung in allen Kreisen des Staates, der Gemeinden, aber auch in der gesamten Bevölkerung.

Der Band «Landkreis Miesbach» erscheint im Rahmen einer Folge von Einzelmonographien über die Denkmäler in den kreisfreien Städten und Landkreisen Bayerns. Diese Reihe ergänzt die inzwischen vollständig vorliegende Veröffentlichung der Denkmallisten der sieben bayerischen Regierungsbezirke durch umfangreiche Kommentare und eine umfassende Bilddokumentation. Damit stellt der Band «Landkreis Miesbach» zugleich einen bayerischen Beitrag zur Denkmaltopographie Bundesrepublik Deutschland dar am Beispiel einer einzigartigen, vom Reichtum an Zeugnissen vor allem der bäuerlichen Kultur geprägten Denkmallandschaft.

Der hier in mehr als 2000 Abbildungen vorgestellte Landkreis Miesbach kann beispielhaft deutlich machen, daß in dem seit dem Erlaß des Denkmalschutzgesetzes intensivierten Bemühen um die Erhaltung und Rettung unserer bayerischen Kulturdenkmäler nicht nur in den Städten, sondern ebenso in den ländlichen Regionen unübersehbare Erfolge zu verzeichnen sind.

(Professor Hans Maier)
Bayerischer Staatsminister
für Unterricht und Kultus

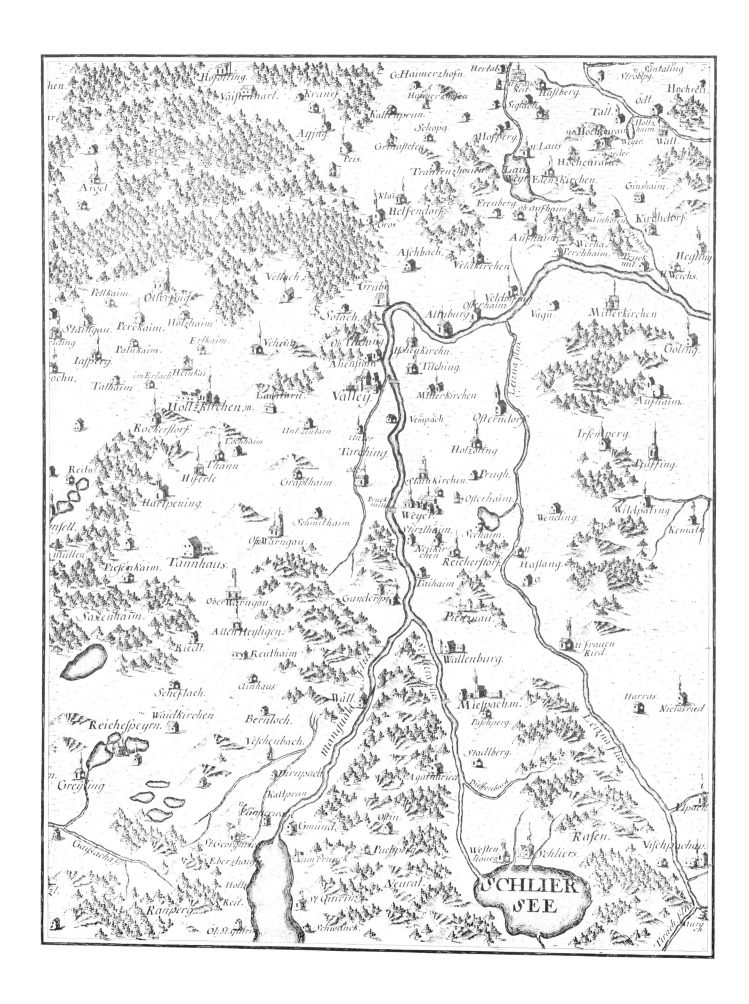

Große Karte von Philipp Apian, um 1560. Das Blatt zeigt den Bereich Holzkirchen/Miesbach

VIII

Geleitwort

Mit dem Band «Landkreis Miesbach» in der Reihe «Denkmäler in Bayern» liegt ein Werk vor, das den kulturellen Reichtum des Voralpenlandes vom Irschenberg im Norden bis zum Mangfallgebirge im Süden und vom Tegernseer Tal im Westen bis zum Wendelstein im Osten in seiner ganzen Vielseitigkeit erschließt.

Die etwa 1300 in der Denkmalliste erfaßten Denkmäler des Landkreises Miesbach werden hier vollständig abgebildet und in Texten erläutert, die unsere Kenntnis über die Baugeschichte, über Herrschafts- und Besitzverhältnisse, über die Lebensweise und Wirtschaftsformen ihrer Bewohner auf eine neue Grundlage stellen. Erstmals wurden auch unsere Almgebiete unter denkmalpflegerischen Gesichtspunkten systematisch begangen und die zum Teil sehr qualitätvollen Holzbauten flächendeckend erfaßt. Doch nicht nur die einzelnen Denkmäler erfahren in diesem Werk eine angemessene Würdigung. Vielmehr wird auch sichtbar, daß die Märkte und Dörfer des Landkreises, seine Klöster und Kirchen sowie die vielen bäuerlichen Anwesen und die ihnen zugeordnete Flur charakteristische Strukturmerkmale aufweisen, die die Landschaft in unverwechselbarer Weise prägen und sie dadurch erst zur Kulturlandschaft im eigentlichen Sinne machen.

Der Band «Landkreis Miesbach» kann damit zeigen, in welchem Maße unsere Denkmäler ihrer Umwelt verbunden sind, wie also auch Veränderungen in unmittelbarer Nachbarschaft die Wirkung eines Denkmals beeinflussen. Zur Erhaltung dieser Umwelt gehört auch das Verständnis für die vielen kleinen Denkmäler, für Getreidekästen, Brechhütten, Kapellen und Bildstöcke, die nicht etwa beliebig versetzbare Requisiten der bäuerlichen Landschaft, sondern ihrem historischen Standort fest zugeordnet sind. Die Bedeutung einer gewachsenen Ortslage aber wird uns nicht erst beim Besuch von Freilichtmuseen bewußt: So sehr die Erhaltung von Zeugnissen bäuerlicher Kultur, die sonst nicht bewahrt werden könnten, unter musealen Bedingungen zu begrüßen ist, so wenig können bloße Museumsdörfer das Gefühl glaubwürdiger Bodenständigkeit vermitteln. Insofern ist es von besonderer Bedeutung, daß der Landkreis Miesbach über einen fast einzigartigen Bestand von unverfälschten Baudenkmälern verfügt, die aussagekräftige und lebendige Zeugnisse einer weit zurückreichenden Landeskultur darstellen.

Hieraus erwächst die selbstverständliche Verpflichtung, dieses Erbe zu bewahren. Es gilt dabei natürlich auch, die persönlichen Wünsche der Denkmaleigentümer und die wirtschaftlichen Erfordernisse mit den Interessen der Denkmalpflege in Einklang zu bringen. Denn in ihrer ganzen Breite lassen sich Baudenkmäler im ländlichen Bereich nur dann bewahren, wenn sie wenigstens zum Teil sinnvoll genutzt werden können. Erfreulicherweise läßt sich gerade bei geglückten Restaurierungen der letzten Jahre immer wieder feststellen, daß sich bei überlegter Vorbereitung und sorgfältiger Planung der baulichen Maßnahmen denkmalpflegerische Vorgaben und zeitgemäße Lebensbedingungen durchaus vereinbaren lassen.

In diesem Sinne möchte ich dem Band «Landkreis Miesbach» Erfolg und Verbreitung wünschen: Diese Darstellung unserer Denkmäler wird das Verständnis für unser kulturelles Erbe fördern. Es ist auch zu hoffen, daß die hier sichtbar werdenden charakteristischen Züge der Denkmallandschaft und des Landkreises nicht nur Maßstäbe setzen für den Umgang mit den Denkmälern selbst, sondern ebenso für die bauliche Entwicklung in ihrer Umgebung. Nur die Kenntnis der alten Formen wird uns in die Lage versetzen, in dieser Landschaft zeitgerecht zu bauen, ohne Verlust der gewachsenen Eigenständigkeit. Diese Kenntnis wird, so hoffe ich, auch verhindern, daß Stilzitate ländlicher Architektur als Rustikaldekor bei Neubauten gedankenlos übernommen werden. Denn der spezifische Alterswert historischer Häuser, ihre Verbindung mit seit Jahrhunderten besetzten Orts- und Flurlagen, die Spuren des Lebens und Wirtschaftens früherer Generationen, verleihen eine geschichtliche Authentizität, die nicht wiederholbar ist.

Der Band «Landkreis Miesbach», ein bayerischer Beitrag zur «Denkmaltopographie Bundesrepublik Deutschland», ist in vieler Hinsicht ein Ergebnis der vorbildlichen Zusammenarbeit zwischen dem Landratsamt als Unterer Denkmalschutzbehörde und dem Bayerischen Landesamt für Denkmalpflege. Dieser eindrucksvoll bebilderte Überblick über die Denkmäler unseres Landkreises kann zugleich dokumentieren, wie relativ intakt der historische Baubestand noch weithin ist.

Der Dank dafür gilt nicht zuletzt den einzelnen Denkmaleigentümern, die mit Liebe und oft mit erheblichem finanziellen Einsatz das Ihre zur Bewahrung des historisch gewachsenen Erscheinungsbildes unserer Kulturlandschaft getan haben.

Wolfgang Gröbl
Landrat

Vorwort

Der Freistaat Bayern hat mit der Publikation der Denkmallisten 1985/86 in den Bänden I–VII der Reihe «Denkmäler in Bayern» als erstes deutsches Bundesland ein umfassendes Verzeichnis seiner Kulturdenkmäler vorgelegt. Auf dieser Grundlage können in den kommenden Jahren die Denkmallisten der Landkreise und Städte in zusätzlichen Einzelbänden mit Kommentaren, Karten und einer umfassenden Bilddokumentation dargestellt werden. Die Einteilung dieser nach Bedarf jeweils in enger Zusammenarbeit mit den kommunalen Gebietskörperschaften geplanten Bände hält sich an das bereits für die Sammelbände I–VII entwickelte System mit der Numerierung 1–96 für die bayerischen kreisfreien Städte und Landkreise. Diese zusätzlichen Bände der Reihe «Denkmäler in Bayern», von denen hier als erstes Beispiel der Band «Landkreis Miesbach» vorgestellt wird, sind zugleich ein bayerischer Beitrag zur Reihe «Denkmaltopographie Bundesrepublik Deutschland», deren Grundsätze von einer Arbeitsgruppe der Vereinigung der Landesdenkmalpfleger entwickelt wurden. Bereits die 1978 erschienenen Veröffentlichungen über den Landkreis Fürstenfeldbruck und die Stadt Schwabach (Baudenkmäler in Bayern, Band 12 und Band 63) haben hier als erste Versuche in dieser Richtung eine gewisse Vorarbeit geleistet.

Mit dem Inkrafttreten des bayerischen Denkmalschutzgesetzes 1973 wurden Denkmalschutz und Denkmalpflege im Freistaat Bayern auf eine neue rechtliche Grundlage gestellt. Um einen für den Bürger und die Behörden überschaubaren praktischen Vollzug zu gewährleisten, gibt das Denkmalschutzgesetz nicht nur eine Definition der Denkmäler, die in seinen Geltungsbereich fallen, sondern es enthält darüberhinaus den Auftrag, eine Denkmalliste zu erstellen. In dieses Verzeichnis sind nach Begutachtung durch das Bayerische Landesamt für Denkmalpflege «von Menschen geschaffene Sachen aus vergangener Zeit, deren Erhaltung wegen ihrer geschichtlichen, künstlerischen, städtebaulichen, wissenschaftlichen oder volkskundlichen Bedeutung im Interesse der Allgemeinheit liegt», als Denkmäler einzutragen. Das Denkmalschutzgesetz wird damit einem modernen Denkmalbegriff gerecht, der sich im weitesten Sinn auf Zeugnisse der Geschichte bezieht und – im Gegensatz zu anderen Denkmalschutzgesetzen – keine Denkmäler erster, zweiter oder dritter Klasse kennt, eine «Klassierung», die sich nicht selten als geradezu lebensgefährlich für den Denkmälerbestand erwiesen hat, weil dann letztlich nur Denkmäler «erster Klasse» erhalten werden. Auch mit der Einbeziehung des Ensembleschutzes entspricht das bayerische Denkmalschutzgesetz den gewandelten Leitvorstellungen moderner Denkmalpflege.

Die bayerischen Denkmallisten, die dank der umfangreichen Photodokumentationen der geplanten zusätzlichen Bände der Reihe «Denkmäler in Bayern» nun erstmals auch im Bild vorgestellt werden können, haben den Charakter eines nachrichtlichen Verzeichnisses: Die Eintragung wirkt nicht konstitutiv, hat also keine rechtsgestaltende Wirkung. So kann ein Objekt durchaus die Eigenschaften eines Denkmals haben und den Schutz des Gesetzes genießen, auch wenn es nicht in die Liste eingetragen ist. In diesem Sinn sind die Denkmallisten offen für fortlaufende Ergänzungen und Berichtigungen, wobei auch neue Erkenntnisse und Wandlungen des Denkmalverständnisses Anlaß zur Neuaufnahme oder Streichung von Objekten geben können. Durch dieses hohe Maß an Aktualisierbarkeit und Anpassungsfähigkeit ist eine sinnvolle Fortschreibung gewährleistet. Damit verfügen die beteiligten Behörden immer über eine zuverlässige Grundlage für den Vollzug des Denkmalschutzgesetzes. Man kann davon ausgehen, daß Veränderungen oder die Beseitigung von in der Liste verzeichneten Objekten der Erlaubnis der Unteren Denkmalschutzbehörde oder einer Baugenehmigung bedürfen. Im Rahmen dieser Verfahren erfolgt dann eine angemessene Abwägung der verschiedenen privaten und öffentlichen Interessen mit den Belangen des Denkmalschutzes.

Als Verwaltungsinstrumente sind Denkmallisten in Bayern schon aufgrund von Verordnungen in den Jahren 1882, 1904 und 1908 angelegt worden. Auch die Erfassung der ca. 110 000 Baudenkmäler in den vergangenen Jahren mußte nicht vom Nullpunkt anfangen, sondern fußt auf der seit den neunziger Jahren des vorigen Jahrhunderts vom «Kgl. Generalkonservatorium der Kunstdenkmale und Altertümer Bayerns» (seit 1917 «Landesamt für Denkmalpflege») geleisteten Inventarisationsarbeit, vor allem der mehr als hundert Bände umfassenden Großinventarreihe «Die Kunstdenkmäler von Bayern», die inzwischen wieder als Nachdruck vorliegt und auch mit neuen Bänden – in Bearbeitung ist u.a. die Stadt Bamberg – weitergeführt werden soll. Dazu kommt die in der Nachkriegszeit erschienene und inzwischen abgeschlossene Reihe der Kurzinventare von Mittelfranken, Oberfranken und Schwaben, die in der Reihe «Bayerische Kunstdenkmale» erschienen sind. 1978 waren sämtliche Denkmallisten der 96 kreisfreien Städte und Landkreise Bayerns im Entwurf abgeschlossen. Soweit die nötigen Stellungnahmen der Städte und Gemeinden vorlagen, mußte dann das Landesamt für Denkmalpflege entsprechend den Landtagsbeschlüssen vom 11. Juli und 20. September 1978 unter Beteiligung der Kreisverwaltungsbehörden versuchen, sich mit den Gemeinden zu einigen und die dann noch strittigen Fälle dem Landesdenkmalrat vorlegen; ein vielleicht etwas kompliziertes Verfahren, das aber dank des überall im Land geführten intensiven Gesprächs anfängliche Vorbehalte gegen die Denkmallisten abbauen konnte. Vor allem wurden die Listen in enger Zusammenarbeit mit den Gemeinden, die neben Streichungen auch viele wichtige Ergänzungen in Vorschlag brachten, ständig weiter verbessert. In der Diskussion mit den beteiligten Gemeinden hat sich aber auch erwiesen, daß trotz gelegentlicher Meinungsverschiedenheiten in der überwältigenden Mehrzahl der Fälle die fachliche Beurteilung des Landesamtes für Denkmalpflege als sachgerecht anerkannt worden ist.

Denkmäler und Ensembles, bei denen das Eintragungsverfahren noch nicht förmlich abgeschlossen ist, sind in den Bänden mit den Listen der Regierungsbezirke (Denkmäler in Bayern I–VII) durch das Symbol ☐ gekennzeichnet. Dort sind auch die in den bebilderten Einzelbänden weggelassenen Flurnummern der Objekte angegeben. In den durch

Kommentare zu einzelnen Denkmälern erweiterten Bänden der verschiedenen Landkreise und Städte stehen sich jeweils Text und Bilddokumentation gegenüber. Davon abgesehen bleibt die Reihenfolge der Denkmallisten die gleiche. Die Darstellung ist jeweils nach den in alphabetischer Folge aufgeführten kreisangehörigen Gemeinden geordnet. Bei den einzelnen Gemeinden erfolgt eine weitere Untergliederung nach Gemeindeteilen, denn viele Ortschaften, die als selbständige, historisch gewachsene Einheiten anzusehen sind, wurden im Lauf der Zeit in größere Gemeinden eingegliedert, insbesondere durch die Gebietsreform des Jahres 1972. Am Ende jedes Bandes der Reihe «Denkmäler in Bayern» folgt ein Ortsverzeichnis mit eingearbeiteter Konkordanz zu den Inventarreihen «Die Kunstdenkmäler von Bayern» und «Bayerische Kunstdenkmale». Damit soll die gleichzeitige Arbeit mit Denkmalliste und Inventaren erleichtert werden. Ein Personenregister bietet zusätzliche Nachschlagemöglichkeiten.

Der Band «Landkreis Miesbach» ist ein Ergebnis der bewährten Zusammenarbeit mit der örtlichen Unteren Denkmalschutzbehörde, dem Landratsamt Miesbach unter Landrat Wolfgang Gröbl, sowie mit allen Gemeinden des Landkreises und ihren Bürgermeistern. Zahlreiche Verbesserungsvorschläge sind vor allem dem inzwischen verstorbenen Heimatpfleger des Landkreises Miesbach, Herrn Fritz Gloetzl, zu danken. Ebenso zu danken ist Herrn Kreisbaumeister Karl Schmid, einem tatkräftigen und immer verständnisvollen Partner des Landesamtes in allen Fragen der praktischen Denkmalpflege.

Die Arbeit an den Entwürfen für die Denkmalliste des Landkreises Miesbach wurde bereits 1972/73 von Landeskonservator a. D. Dipl.-Ing. Wilhelm Neu begonnen und von Oberkonservator Dr. Klaus Kratzsch weitergeführt, der dann in jahrelanger Arbeit neben seiner Tätigkeit in der praktischen Denkmalpflege die umfangreichen zusätzlichen Texte verfaßte, wobei er zum Teil auf Vorarbeiten von Dr. Günter Wachmeier zurückgreifen konnte, die – gestützt auf neuere Forschungen und Restaurierungen – einen wesentlichen Beitrag zur Würdigung vor allem der sakralen Baudenkmäler des Landkreises darstellen. Die Texte zu den Gemeinden Tegernsee und Weyarn, dazu die historische Einführung zu Beginn des Bandes, wurden von Konservator Dr. Sixtus Lampl verfaßt. Die Aufnahmen fertigte unser Amtsphotograph Joachim Sowieja, zum Teil auch Dr. Kratzsch, die Luftaufnahmen wieder Otto Braasch. Die Betreuung der Herstellung des Buches hat statt des R. Oldenbourg-Verlages, bei dem die Bände I–VII erschienen sind, der Verlag Schnell & Steiner übernommen.

Zu danken habe ich schließlich der Messerschmitt-Stiftung und ihrem Vorsitzenden Dr. Hans Heinrich Ritter von Srbik: Ohne die überaus großzügige Hilfe der Stiftung, die bereits die ersten Bände der Reihe gefördert hat, hätte der Band «Landkreis Miesbach» nicht in dieser Form erscheinen können.

Prof. Dr. Michael Petzet
Generalkonservator

Der Landkreis Miesbach als Kulturlandschaft

Als im Jahre 1972 in Bayern die Gebietsreform durchgeführt wurde, ging der Landkreis Miesbach fast unverändert daraus hervor. Lediglich im Nordwesten wurde die Gemeinde Otterfing dem Kreisgebiet angeschlossen. Diese Abrundung aus statistischen Gründen brachte zugleich eine Zusammenführung von historischen Bezügen, denn das einst vom Kloster Tegernsee geförderte Otterfing ist die Weghälfte zwischen Tegernsee und München; der nahe, geographisch herausragende Jasberg war deshalb vom Kloster mit einer Kirche des Tegernseer Patrones St. Quirinus markiert worden.

Der Landkreis Miesbach hat das Glück, nicht aus heterogenen Einheiten zusammengeworfen, sondern aus geschichtlich gewachsenen Kulturlandschaften gebildet worden zu sein. Diese Kulturlandschaften sind klar mit der Geographie der drei abgeschlossenen Nord-Süd-Täler und der Öffnung des Gebietes nach Norden verknüpft. Hier entwickelten sich vier Herrschaftsgebiete, welche eine gut durchwachsene Mischung von geistlicher und weltlicher Ordnungseinheit repräsentieren: Im westlichen Tal mit dem Becken des Tegernsees und den zugehörenden Flußsystemen von Weißach, Rottach und Mangfall haben die zwei dem bayerischen Hochadel angehörenden Brüder Adalbert und Ottkar das Kloster Tegernsee gegründet. Im mittleren Tal mit dem Schliersee und der aus ihm fließenden Schlierach haben fünf Brüder aus ihrem Erbgut das Kloster Slyrse errichtet und nach Annahme der Benediktinerregel dem Bischof von Freising anheimgestellt. Im östlichen Durchflußtal der Leitzach hatte Gräfin Haziga von Istrien auf dem Grundbesitz ihres Gemahls, des Pfalzgrafen Otto I. von Scheyern-Wittelsbach, die Gründung einer klösterlichen Zelle vorbereitet. Dazu hatte sie aus dem Schwarzwäldischen Reformkloster Hirsau zwölf Mönche erbeten und bald darauf im Tausch mit dem Freisinger Bischof den Grund für eine Klosterverlegung nach Fischbachau vermittelt; der Ursprungsort im heutigen Bayrischzell war als zu rauh und unwirtlich empfunden worden.

Im Westen entstand somit die Verwaltungseinheit des Tegernseer Klostergerichts, welches von der Tiroler Grenze über Tegernsee, Waakirchen, Warngau, Holzkirchen bis nach Otterfing reichte. Im mittleren Tal der Schlierach hatte sich die Familie der Waldecker durch Arbeit und Einsatz für den Freisinger Bischof hochgedient und konnte sonach ihr Stammland zwischen der Tiroler Grenze und dem Taubenberg gegenüber den Ansprüchen der bayerischen Herzöge zu einer Grafschaft ausbauen. Im Osten hat sich – nach abermaligem Wegzug der Benediktiner von Fischbachau in den endgültigen Klosterort Scheyern – die sogenannte Scheyrische Hofmark herausgebildet, welche sich ebenfalls von der Tiroler Landesgrenze entlang der Leitzach bis nach Berbling am Ostabhang des Irschenbergs erstreckte.

Bäuerliche Haglandschaft mit Einödhöfen und Weilern nordöstlich von Hundham, Gde. Fischbachau

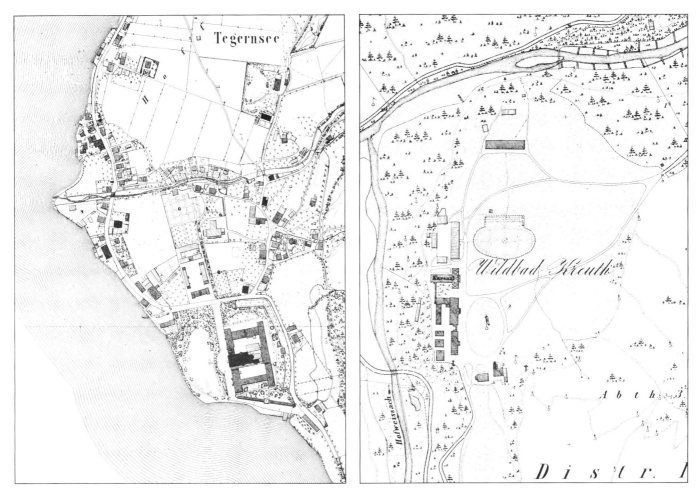

Topographische Aufnahme des Königreichs Bayern im 19. Jahrhundert, Ausschnitte aus den Katasterplänen von Tegernsee (1858/61), Wildbad Kreuth (1859/61) und Rottach (Urkatasterblatt)

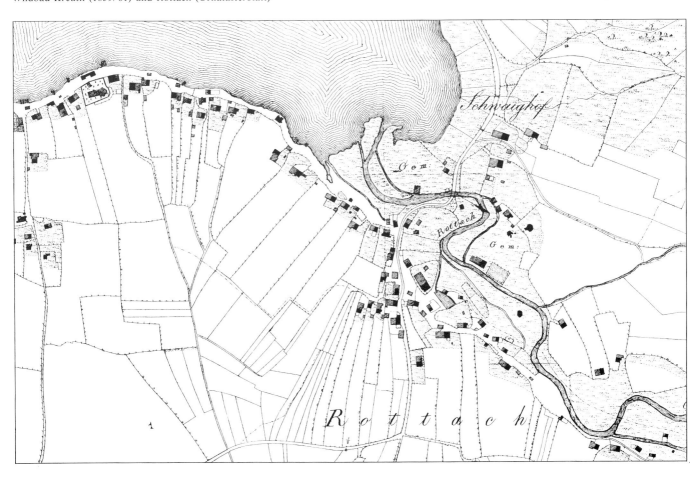

XIII

Unteröstnerhof in Geitau, 1778, Gde. Bayrischzell

Wo sich das Landkreisgebiet im Norden ohne merkliche Zäsur in die große Schotterebene bzw. in die nördlich anschließenden Forstgebiete öffnet, lag das vierte Herrschaftsgebiet der Falkenstein-Neuburger, welche am rechten Hochufer der Mangfall ihre Burgen errichteten. Nachdem 1133 Graf Sigbot II. von Falkenstein seine Burg Weyarn für die Besiedelung durch ein Augustinerchorherrenstift zur Verfügung stellte, blieb im Norden die Herrschaft Valley als einziges, schließlich wittelsbachisches Herrschaftsgebiet übrig.

Die Lage des Landkreises Miesbach an der nördlichen Alpenflanke ist dadurch gekennzeichnet, daß kein Durchgangsfluß von Süden aus dem Gebirge heraustritt, wie westlich Isar und Lech oder östlich der Inn, und daß somit auch keine direkten nord-südlichen Verkehrs- und Kulturströmungen zu verzeichnen sind, wie etwa die Inn-Salzach-Bauweise. Dies besagt auch, daß die im Süden aufragenden Kalkgebirge eine beständige Grenzeinhaltung nach Tirol hin garantierten. Der Landkreis Miesbach war deshalb in seiner kul-

Königsalm, nordwestlich unter dem Schildenstein, um 1800, Gde. Kreuth

turgeschichtlichen Entwicklung mehr altbairisch, mit Blickrichtung nach München bestimmt. Die Binnengliederung von der südlichen Flankenhöhe bis zum nördlichen Flankenfuß ergibt drei Landschaftsbereiche:

1. Den Kamm des Mangfallgebirges, in dem die Besiedelung naturgemäß dünn ist und das Bauwesen sich hauptsächlich auf Almhütten beschränkt.

2. Daran nördlich anschließend den Gürtel der Vorberge, die ebenfalls aus Kalkfelsen bestehen, aber durch die Glet-

scher abgeschliffen wurden und heute bewaldet sind; in diesem Gürtel liegen als Relikte der Gletschertätigkeit die beiden Wasserbecken des Tegernsees und Schliersees.

3. Das noch etwas niedriger gelegene Vorland des Moränengürtels, dessen Untergrund aus Geschiebeablagerungen der Gletscher zusammengesetzt ist und das eine lebhafte Hügelstruktur aufweist; dieses Vorland ist der Hauptbereich des bäuerlich genutzten Landes.

Das Landschaftsbild ist demnach vielgestaltig, aber in

Der Markt Miesbach. Kupferstich von Michael Wening, um 1700

sich ausgewogen: Es gibt nicht die Gleichförmigkeit einer weiten Ebene, aber auch nicht die Schroffheit eines jäh aufragenden Hochgebirges, da die Höhe im Flankenanstieg langsam vorbereitet wird. Die beiden schon genannten natürlichen Seen sowie der durch Aufstau entstandene Seehamer See haben daher eine heiter anmutende Umgebung, die von den Tal- und Hangwiesen zu den bewaldeten Vorbergen aufsteigt, im Gegensatz zu manch anderem Gebirgssee, bei dem die schroff in den Wasserspiegel abfallenden Felswände einen düsteren Ernst verbreiten.

Aus diesen natürlichen Gegebenheiten läßt sich auch die Verkehrsentwicklung ableiten: Nachdem keine Gelegenheit zu einem Nord-Süd-Durchgangsverkehr bestand, entwickelte sich um so kräftiger ein Ost-West-Verkehr. Die nördliche Zone hatten bereits die Römer mit ihrer Straße von Salzburg nach Augsburg tangiert. Später wurde die Salzstraße von Rosenheim über Miesbach nach Tölz geführt, was den Gründungsanlaß für den Brückenort Miesbach ergab. 1857 nahm die Maximilians-West-Ost-Eisenbahn von München über die Großhesseloher Brücke nach Holzkirchen, von dort weiter durch den Teufelsgraben und das Mangfalltal ihren Weg nach Rosenheim. Heute schließlich ist die von Nordwest nach Südost führende Autobahn München – Irschenberg – Inntaldreieck – Salzburg fast zu einer europäischen Völkerwanderungsroute geworden. Bezeichnenderweise sind am gleichen Irschenberg vor mehr als 1300 Jahren die beiden iroschottischen Wandermönche Marinus und Anianus vorübergezogen – die Legende bezeichnet sie als Bischof und Diakon. Sie haben hier einen Zwischenaufenthalt zur Missionierung der Bevölkerung eingelegt, was jedoch Marinus als Märtyrer mit seinem Leben bezahlen mußte.

Die Zentren der alten Herrschaftsordnungen sind auch heute noch Mittelpunkte im Landkreisbereich. Der Übergang in die Gegenwart erfolgte deshalb nahtlos, weil diese Zentren jeweils schon in einer Mittellage ausgebildet waren – geographisch wie sozialgeschichtlich. Das Werden unserer Kulturlandschaft entspringt der benediktinischen Ordnung, welche ja gerade extreme Positionen meidet. Die drei Benediktinerklöster Tegernsee, Schliersee und Bayrischzell-Fischbachau haben in einem «Goldenen Mittelweg» weder durch zu große Strenge noch durch zu große Nachgiebigkeit eine Herrschaftsform aufgebaut, welche man am besten durch die Liberalität eines «Leben und Leben lassen» kennzeichnen kann. Ein Schwarz-Weiß-Bild von ausbeuterischer Klosterherrschaft und unterdrückten Bauern existiert hier nicht. Die Fröhlichkeit, Farbenpracht und somit Lebensbejahung der bäuerlichen Kulturerzeugnisse in den Gebäuden, dem Mobiliar und den Trachten beweist dies: Ein von seiner Klosterherrschaft unterdrückter Bauernstand hätte sicher die Lust auf das Spiel mit Formen und Tönen verloren. Unterm Krummstab war also im Landkreis Miesbach gut leben. Zwei Bräuche, die im Bereich des Klosters Tegernsee überliefert wurden, werfen auf das gute Verhältnis von Kloster und Untertanen ein bezeichnendes Schlaglicht: Zusätzlich zu den auch in anderen Klöstern üblichen karitativen Leistungen sollen die Tegernseer Äbte der Barockzeit die Anweisung gegeben haben, daß der Kellermeister bei jeder Kindstaufe im Tegernseer Gebiet der glücklichen Mutter eine Flasche «Osterwein» überbringen lassen solle. (Der Osterwein war nicht nach dem Osterfest benannt, sondern nach den klösterlichen Weinbergen in der Wachau, also im Osten, im Gegensatz zu den Weinbergen, die das Kloster im Süden bei Bo-

Wallfahrtskirche Wilparting, Gde. Irschenberg

zen in Besitz hatte.) Eine solche Geste, die noch mehr durch ihre menschliche Aufmerksamkeit als durch den materiellen Wert auffällt, hat in einer Geste der Bäuerinnen eine Antwort gefunden, die ihren Stolz darein setzten, jährlich zum Kirchweihfest dem Abt und Konvent ihre Kirchweihnudeln kosten zu lassen. Der alte Tegernseer Begriff von der «Familia Sancti Quirini», der Familie des hl. Quirinus, ist kein leeres Schlagwort, sondern durch eine enge Zusammengehörigkeit von Konvent und Abt, Klosterbediensteten und der gesamten Landbevölkerung innerhalb des Klostergerichts erfüllt worden. Auch wenn es sich dabei zweifellos um eine hierarchische Struktur gehandelt hat, so kann nicht übersehen werden, daß den Repräsentanten dieser Struktur täglich ein Kapitel aus dem Neuen Testament und ein Kapitel aus der Benediktusregel vorgelesen wurde. Erfahrungsgemäß läßt sich der Grundsatz aufstellen, daß dann, wenn im Kloster die Regel des hl. Benedikt gewissenhaft beachtet wurde, eine Blüte nach innen und außen die Folge war. Denn das Kloster soll nach den Worten Benedikts eine Werkstätte für die Konkretisierung der Liebe Christi, eine Umsetzung der Bergpredigt sein. Ein Beispiel:

Als am Weihnachtstag 1741 Pater Marianus Praunsberger im Kloster Tegernsee seine Augen für immer schloß, verbreitete sich diese Kunde wie ein Lauffeuer, und zur Beerdigung kam eine unübersehbare Menschenmenge in der Klosterkirche zusammen. Pater Marianus war nämlich nicht nur ein hervorragender Musiker und bedeutender Komponist gewesen, als «Granarius» war er auch für die Landwirtschaft verantwortlich. Die Totenrotel (Todesanzeige) berichtet, daß er von vielen Menschen Pater Amantissimus, d. h. vielgeliebter Vater, genannt wurde.

Aus dem heutigen Abstand von fast zweieinhalb Jahrhunderten erscheint dieser bescheidene Tegernseer Benediktiner als der vielleicht erste Agrarwissenschaftler Bayerns. Der Klosterchronist berichtet über ihn: «Er führte genaueste Aufzeichnungen, verbesserte die Qualität des täglich zu verabreichenden Brotes und brachte durch seine weise Ökonomie solchen Überschuß zusammen, daß den durch Hagel oder Unglück getroffenen Stiftsuntertanen ein Teil der Abgaben erlassen und Unterstützung gewährt werden konnte.» Dies besagt, daß Pater Marianus als Systematiker die Buchführung zur Kontrollmöglichkeit einsetzte und damit zu wissenschaftlicher Erkenntnis und schließlich Verbesserung der volksökonomischen Lage vorstieß. Dank seiner schriftlich fixierten Beobachtungen über Eigenschaft und Ertragsverhalten der Kornsorten konnten agrarzüchterische Leistungssteigerungen erreicht werden, durch die in Verbindung mit geeigneter Lagerung und Weiterverarbeitung die Qualität des Hauptnahrungsmittels verbessert wurde. Nicht von ungefähr wurde in der Amtszeit von Pater Marian ein neues Mühlenwerk für das Kloster Tegernsee angeschafft. Und möglicherweise ist Pater Marian der Förderer, wenn nicht gar der Erfinder der sogenannten Hag- oder Ehgartenbepflanzung, durch welche das Tegernseer Umland bis zum heutigen Tage gekennzeichnet ist. Durch diese Haglandschaft, bei welcher zwischen den Wiesengrenzen Laubbaumreihen gepflanzt sind, meist Ahorne mit Haselgesträuch in der Bodenzone, wurde unsere Landschaft nicht nur abwechslungsreich wie ein weitläufiger englischer Landschaftspark gestaltet, sondern für die Landwirtschaft und Ökologie nachweislich ein positiver Effekt erzielt, als Windschutz, zur Energieumwandlung (Laub–Dünger) als Wohnstätte für

XVII

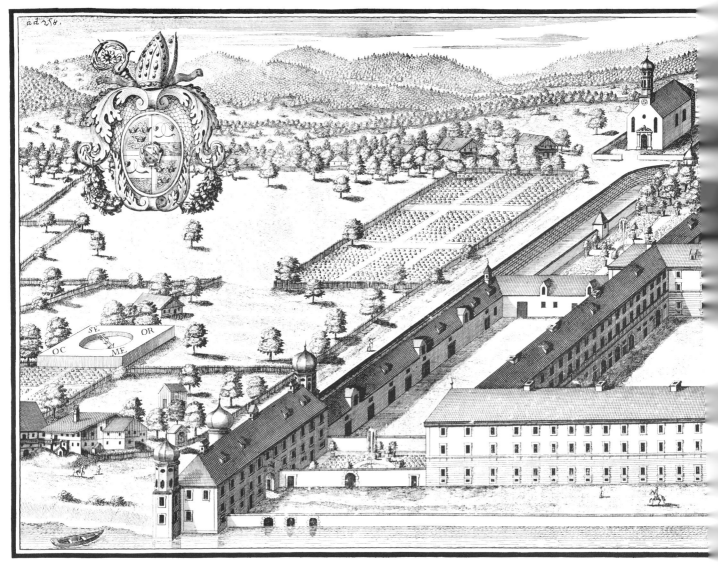

Das Benediktinerkloster Tegernsee, Kupferstich von Michael Wening, um 1700

Vögel und Kleintiere sowie als Schattenspender für die Weidetiere im Sommer. Dies war die Voraussetzung für eine intensivere Bewirtschaftung in dem an sich rauhen Oberlandklima und konnte die Einkommenslage der bäuerlichen Bevölkerung verbessern. Am Baubestand läßt sich das bis heute ablesen, da die meisten Bauern ihre Anwesen ab dem zweiten Drittel des 18. Jahrhunderts neu erbauen konnten, und zwar in einer Qualität, daß sie jetzt noch zu den prächtigsten Zeugnissen bäuerlichen Bauens nicht nur in Bayern zählen. Somit war es historisch fundiert, wenn drei Jahre nach dem Amtsantritt des Pater Marianus der aus Ingolstadt gerufene Maler Melchior Pucher für das Fresko des klösterlichen Rekreationssaales (heute sog. «Barocksaal») eine Huldigung des Poseidon, der Architectura, der Ceres, der Minerva, des Apoll und der Musen an den Tegernseer Abt Gregor Plaichshirn darstellte: die Fischzucht, die Baukunst, die Land- und Waldwirtschaft, die Musik und die schönen Künste sowie die Wissenschaften standen im Kloster Tegernsee tatsächlich in hoher Blüte und ließen die ganze Umgebung daran teilhaben.

Als das Kloster Tegernsee im Zuge der allgemeinen Säkularisation 1802/03 aufgelöst wurde, traf dies nicht ein wirtschaftlich, geistig, religiös und künstlerisch morsches Gebilde, sondern verurteilte eine umfassend wirkende Kraft zur

Untätigkeit, wodurch die gesamte Bevölkerung für die nächsten Jahrzehnte in große wirtschaftliche Bedrängnis geriet, obwohl die noch verbliebenen Tegernseer Mönche mit ihren Abfindungspensionen einen Distrikts-Armen-Fonds und eine Krankenanstalt stifteten und somit das Restvermögen des Klosters zum Segen der Notleidenden eingesetzt hatten. König Max I. Joseph, welcher 1815 erstmalig nach Tegernsee gekommen war und danach die noch nicht abgetragenen Klostergebäude auf Drängen seiner Gemahlin Caroline als Sommerresidenz angekauft hatte, bemerkte die Not, welche im Gefolge der Säkularisation über das Land gekommen war, und versuchte, durch gezielte Maßnahmen gegenzusteuern. Eine dieser Maßnahmen war von 1818 bis 1820 der Neubau des nach der Säkularisation verwahrlosten klösterlichen Heilbades in Wildbad Kreuth. Der König verfügte ausdrücklich, daß zu gewissen Zeiten des Jahres auch mittellose Patienten gratis Kur machen durften. Die Reihe sozialer Hilfeleistungen, welche nach dem Erlöschen der Klöster dringend geworden waren, haben auch Prinz Carl von Bayern und Herzog Carl Theodor in Bayern als nachfolgende Schloßbesitzer fortgesetzt. Die Tatsache, daß das Haus Wittelsbach am Tegernsee engagiert war, hat nicht nur Mitglieder des Hochadels, sondern auch viele Künstler hierher gebracht, so daß durch Neubauaufträge die Wirtschaftslage verbessert

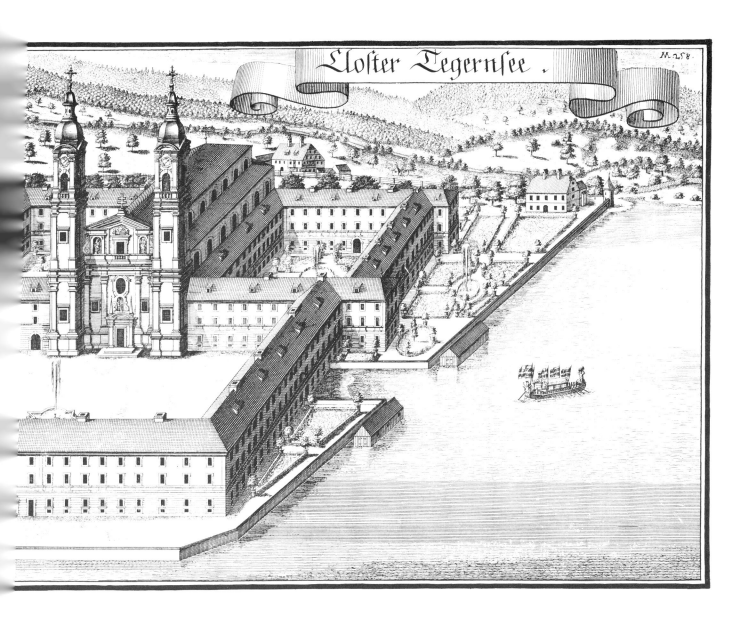

und die Hauslandschaft mit neuen Akzenten versehen wurde.

Im Schlierach- und Leitzachtal konnte man nicht auf eine so herausragende Klosterherrschaft wie in Tegernsee zurückgreifen, aber dennoch waren auch hier durch die benediktinischen Anfänge gewisse Grundbedingungen erfüllt: Die Besiedelung und der Einsatz für die Bodenbewirtschaftung reichen bis in die Gründungszeit der beiden Klöster Schliersee und Bayrischzell–Fischbachau zurück; heute noch gebräuchliche Hofnamen lassen sich zum Teil bis ins 13. oder gar 12. Jahrhundert nachweisen.

Nachdem 1483 die Waldecker ausgestorben waren, ging die Herrschaft im Schlierachtal nach einigen Jahrzehnten durch Kauf an die Maxlrainer über, welche ihr Stammschloß bei Bad Aibling hatten. Die Maxlrainer konnten 1637 die Reichsunmittelbarkeit erreichen; als mit dem Tod Johann Josef Max Veits 1734 der männliche Stamm der Maxlrainer erloschen war, fiel die Grafschaft an Kurbayern. Der Grundbesitz in dieser Grafschaft war von alters her zu großen Teilen in Händen des Klosters Schliersee. Nachdem in dessen Nachfolge 1141 durch Bischof Otto von Freising das Kanonikerstift Schliersee errichtet und 1494 bei der Übertragung dieses Stiftes an die Münchener Frauenkirche der zugehörige Grund und Boden dem Kapitel bei U. L. Frau übereignet

worden war, wurde dieses der größte Grundbesitzer im Schlierachtal.

Im Leitzachtal waren nach der Verlegung des Klosterortes nach Scheyern die Liegenschaften ebenfalls beibehalten worden. Die Aufsicht darüber oblag dann der Propstei Fischbachau.

Der Grundbesitz des Klosters Weyarn war so geringfügig, daß die Klosterhofmark keinen größeren Umfang erreichte. Die jenseits der Mangfall liegende Hofmark Valley ging im 13. Jahrhundert in den Besitz des herzoglich-wittelsbachischen Hauses über und wurde fortan als herzogliches Lehen vergeben. Darüber hinaus übten die Herzöge ihre landesherrlichen Rechte über alle Hofmarken durch ihre Gerichte in Wolfratshausen und Aibling aus. Zwischen den einzelnen Herrschaftsbereichen in den drei Haupttälern blieb der Grenzverlauf durch die Jahrhunderte weitgehend unverändert, identisch mit der jeweiligen Wasserscheide. Noch heute bildet diese die Grenzlinie des Landkreises im Osten und im Westen.

Der Landkreis Miesbach ist als das Kerngebiet des «Oberlandes» zu verstehen: dieses «oberhalb» gelegene Land wird anschaulich einerseits von Nordwesten aus Richtung der Münchener Schotterebene und andererseits von Osten aus Richtung des Inntales. Die Münchener Schotterebene ist von

Natur aus wasserarm und weist deshalb auch kein prägendes Flußtal auf, während im östlichen Inntal der Wasserüberschuß zur Bildung weiter Moorgebiete von Feilnbach bis Kolbermoor führte. Diese extremen Bedingungen haben dort Klostergründungen verhindert. Stattdessen drängten sich die klösterlichen Niederlassungen in dem geographisch günstigeren und daher leichter zu bewirtschaftenden Zwischenbereich. Dies wurde für die Kulturgeschichte des Landkreises Miesbach bestimmend und zeigt sich in der sakralen Kunst noch heute.

Während aus der ersten Klostergründungszeit vor über 1200 Jahren kein einziges bauliches Dokument erhalten ist, gibt es aus der Zeit des Wiederaufbaues nach den Zerstörungen durch die Ungarneinfälle in dem 978 durch Kaiser Otto II. wieder aufgestiftete Kloster Tegernsee noch Mauerwerk: vom 11. Jahrhundert den Unterbau der beiden Türme, von Oberbayerns erstem Westturmpaar, und die Umfassungsmauern der ehemaligen Quirinuskrypta, Oberbayerns frühester fünfschiffiger Hallenkrypta, die 1895 leider in entstellender Weise in eine Herzogsgruft umgewandelt wurde. Aus der Zeit der zweiten Klostergründungswelle am Ende des 11. Jahrhunderts besitzen wir in Fischbachau mit der 1087 geweihten Mariäschutzkirche und dem 1100 oder 1110 geweihten Münster zwei großartige Dokumente. Beide Kirchen tragen zwar jetzt das Kleid des Barock, der alte Mauerkern ist aber zu erkennen. Ein anderes, schon spätromanisches Beispiel aus der Zeit um 1200 ist die kleine Kirche in Bruck beim Seehamer See, deren gerundete Apsis in ihrer heute barock eingefärbten Außengliederung noch einen schlichten Rundbogenfries und eine Wandfelderung aufweist. Rundbogenfriese finden wir auch am Turm der benachbarten Filialkirche von Esterndorf. Das Langhaus der kleinen Georgskirche am Weinberg in Schliersee und die Kapelle St. Jakob in Weyarn stammen ebenfalls aus dieser Zeit. Das herausragende figürliche Denkmal dieser frühen Epoche ist wieder dem Einflußbereich des Klosters Tegernsee zuzuordnen, der lebensgroße romanische Cruzifixus in der ursprünglich zu Tegernsee gehörigen Heiligkreuzkirche in Schaftlach. Dieses Schnitzwerk zählt zu den ältesten und ehrwürdigsten Großplastiken Bayerns. Es bietet Anlaß, daran zu denken, daß im 11. und 12. Jahrhundert im Kloster Tegernsee viele Gattungen der Künste gepflegt wurden, von der Buch- und Wandmalerei bis zum Erzguß und der Glasmalerei, nicht zu vergessen die großartigen literarischen Werke des Antichrist und Ruodlieb.

Wenn Kirchenbauten des 13. und 14. Jahrhunderts im Landkreis nahezu ganz fehlen, so hängt dies mit der Tatsache zusammen, daß das Kloster Tegernsee in jener Zeit wegen innerer Schwierigkeiten als kultureller Schrittmacher ausfiel. Dafür häufen sich ab 1450 die Spuren einer breitgestreuten spätgotischen Bautätigkeit, wenn sich auch heute die gotische Mauersubstanz zumeist hinter barockem Stuck verbirgt und Veränderungen der Fenster, neue Ausstattung und Gesamtfarbigkeit die Erinnerung an das 15. und 16. Jahrhundert erschweren. Ab 1426 war nämlich im Kloster Tegernsee die benediktinische Ordensreform nach Vorbild der Melker Reform eingeführt worden, so daß sich das Kloster binnen kürzester Zeit wieder zu einem Kristallisationspunkt süddeutscher Benediktinerkultur entwickelte. Für seine eigenen Bauten hatte sich das Kloster Bauleute herangezogen, u.a. die Baumeisterfamilie der Gugler, welche in der Zeit ab

etwa 1470/80, als die Baumaßnahmen am Klosterort selbst abgeschlossen waren, in die nächstgelegene Umgebung abwanderten, d.h. eben in den übrigen Bereich des heutigen Landkreises Miesbach: So wurden damals die Kirchen in St. Quirin, Egern, Neukirchen, Esterndorf, Reichersdorf neugebaut, danach noch eine Reihe im beginnenden 16. Jahrhundert, etwa Gotzing, Hollzolling, Parsberg, die Nikolauskirche in Schliersee oder die schon genannte Heiligkreuzkirche in Schaftlach. Die Sakralbauten dieser Zeit wurden entsprechend dem Vorbild der Klosterkirche Tegernsee gewölbt, wobei meist der Chor durch eine dichtere Rippenführung gegenüber dem weitmaschiger überwölbten Langhaus hervorgehoben war. Bei scheinbar gleichen Mitteln ist der Charakter der einzelnen Bauten durchaus verschieden: Stoßen wir in Sufferloh und Wettlkam in relativ kleinen Räumen auf eine bäuerlich kräftige Spätgotik, so sind die Kirchen in Agatharied und Georgenried von spürbar feinerer Struktur. Vor allem die zeitlich schon weit ins 16. Jahrhundert hineinreichende Kirche von Georgenried läßt einen leicht und schwebend wirkenden Spätstil erkennen: Ein breitbogig angelegtes Rippennetz mit lebhafter Binnengliederung, tief herabreichend und in zartester Weise mit Pflanzen und Tiermotiven bemalt, formt eine nahezu zeltartige Überwölbung des Raumes von filigraner Wirkung. Die hohe Qualität dieses Baues in einer neuartigen Raumstimmung des 16. Jahrhunderts zeugt von der Vorreiterrolle des Klosters Tegernsee, das diese Kirche in Auftrag gegeben hatte. Die ebenfalls Tegernsee inkorporierte, zeitlich frühere Kirche von Otterfing folgte noch einer strengeren Auffassung.

Daß die spätgotische Wölbungskunst weiteste Verbreitung fand und selbst in Weiler- und Hofkapellen angewendet wurde, bezeugt das Netzgewölbe von 1506 der Kapelle von Mittenkirchen, einstmals zum Kloster Fürstenfeld gehörig. Von der einstigen Ausstattung der gotischen Kirchen ist im Laufe der Jahrhunderte das meiste verlorengegangen. Dennoch besitzen wir gerade in Agatharied und Georgenried erstaunliche Beispiele einer frühbarocken Altarkunst, welche die gotischen Vorgängeraltäre mitübernahm. In Georgenried bewahrt der 1631 geschaffene Hauptaltar ein großes Kreuzigungsbild mit Christus, Maria und Johannes, um 1670 wurde im barocken Hochaltar von Agatharied nahezu der komplette spätgotische Altar miteinbezogen. In ähnlicher Weise wurden eine ganze Anzahl spätgotischer Madonnenfiguren (Frauenried, Westenhofen, Glashütte, Gmund), ein Weihnachtsrelief (Westenhofen), der Marientod (Egern, Fischbachau), die Pietà (Kreuth, Oberwarngau) oder die Schutzmantelmadonna (Fischbachau) in barocke Altäre übernommen. Hier zeigt sich nicht nur eine besondere Traditionsverbundenheit gegenüber mittelalterlichen Andachtsdarstellungen, sondern auch ein hohes Maß künstlerischer Toleranz, welche stilistisch andersartige Auffassungen miteinander zu verbinden verstand. Beispiele gotischer Wandmalerei hingegen sind selten, Reste sind in Kreuth, Frauenried oder Fischbachau zutage getreten.

Trotz der Fortschreibungen in späterer Zeit stößt man gelegentlich auf einen fast unverfälscht erhaltenen gotischen Kirchenbau, wie etwa die 1523 vollendete Kirche von Bergham bei Otterfing, in welcher ein ganzes Ensemble gotischer Ausstattungsstücke vereinigt ist. Durch die ab 1494 gegebene Stifts-Verbindung von Schliersee nach München gelangten bedeutende Meister der Spätgotik wie Erasmus Grasser oder Jan Pollak mit einigen Werken in den Landkreis, Pollak mit

St. Georgskapelle auf dem Weinberg in Schliersee. Stahlstich von J. Poppel nach W. Gail, 1854

der Schutzmantelmadonna von 1494 in der Pfarrkirche Schliersee und mit dem Allerheiligenbild von Unterdarching, Grasser mit dem «Gnadenstuhl» in Schliersee, dem Altar in Reichersdorf und der Hochaltarfigur St. Michael in Mitterdarching. Das Kloster Tegernsee hatte sich die Münchener Steinmetzfamilie der Haldner, eine ganze Anzahl von Malern, darunter Gabriel Mäleskircher, oder schließlich im 16. Jahrhundert für den Turm der Pfarrkirche in Otterfing den Architekten Friedrich Sustris herangezogen. Ein letzter Vertreter eines spätgotischen Flügelaltares ist der Schlierseer Nikolausaltar von 1541, in dem ein Renaissance-Triumphbogenmotiv im Mittelschrein noch von dem herkömmlichen Kielbogensprengwerk bekrönt wird.

Die beiden größten gotischen Altartafeln, welche es im Landkreis gab, die beiden Hauptaltäre der Klosterkirche Tegernsee, sind heute nicht mehr an Ort und Stelle, sondern in den Sammlungen des Bayerischen Nationalmuseums und der Alten Pinakothek in München. Die große Tegernseer Hochaltartafel, die sogenannte Tabula magna, wurde 1445 im Hinblick auf das 700-Jahr-Jubiläum der Einweihung der Klosterkirche in Auftrag gegeben; gleichzeitig wurde ein neues Stifterhochgrab in der Mitte der Kirche für die Gebeine der Klostergründer Adalbert und Ottkar geplant sowie ein Quirinus-Brustbild-Reliquiar und eine große Monstranz bei Meister Hans in Landsberg bestellt. 1446 wurde auch der untere Chor gewölbt und danach der Hochaltar «zum zweiten Mal zu Ehren der Heiligen Petrus, Paulus und Quirinus geweiht». Die Tradition hielt also damals schon an dem Wei-

hedatum der Klosterkirche 746 fest. Dies ist eines der ersten Beispiele, daß bereits in gotischer Zeit Kunstaufträge im Hinblick auf ein Jubiläumsdatum erfolgt sind; später wird uns solches noch öfter begegnen.

Die Pause der Kunsttätigkeit in der Zeit nach 1550 hängt sicher mit den unruhigen Verhältnissen während der Reformation zusammen, die damals in Miesbach unter Wolf Dietrich von Maxlrain vorübergehend ein Zentrum gefunden hatte. Die erste bekannte Baumaßnahme des 17. Jahrhunderts war unter dessen Sohn Ludwig von Maxlrain im Jahre 1606 die Anlage einer kleinen Gruft vor dem Hochaltar der Georgskirche auf dem Schlierseer Weinberg, ebenso eine Vergrößerung der Fenster und des Rundbogenportales im romanischen Langhaus. Die frühesten Altäre des 17. Jahrhunderts wurden von Ludwigs Sohn Wilhelm IV. von Maxlrain in Auftrag gegeben, 1624 der Hochaltar und 1628 der Leonhardsaltar der Weinbergkirche; diese beiden Altäre erinnern wiederum an ein Stück Zeitgeschichte, nämlich die Türkengefahr an der Südostfront des Abendlandes; Wilhelm IV. von Maxlrain war nämlich 1605 an dieser Türkenfront in Ungarn Reiterfähnrich geworden; seine Abzeichen, die Standartenstange und den runden Schild mit Wappen, hatte er nach seiner Rückkehr als Verlöbnis zum hl. Georg rechts vom Hochaltar der Weinbergkapelle aufstellen lassen. Der Auftrag für die Altäre, den er noch aus der Ferne hatte ergehen lassen, war ein Dankvotiv für glückliche Rückkehr. 1637 war seine Grafschaft schließlich in den Reichsgrafenstand erhoben worden.

Die nächstfolgenden Bauvorhaben und Kunstausstattungen stammen aus einer Zeit, aus der man es am wenigsten vermuten möchte, aus dem Dreißigjährigen Krieg, und zwar aus den Jahren nach 1632/33, in denen nach dem Einfall der Schweden in Altbayern die Pest grassierte. Daß die ersten Baumaßnahmen an der Mariäschutzkirche in Fischbachau und den Mariahilfkapellen in Gmund und Weyarn erfolgten, darf man als Verlöbnisse in dieser schrecklichen Zeit deuten, worauf ja auch die Patronatstitel schließen lassen. Neben diesen drei Kirchen erhielten gleichzeitig die Kirchen von Georgenried und St. Quirin ihre Altarausstattungen. Schon ein Jahrzehnt später, beim Abklingen des Dreißigjährigen Krieges, wurden einige kleine Zentralbauten errichtet, die Allerheiligenkapelle von Reichersdorf, die Kapelle in Hirschstädt, die Leonhardskirche in Fischhausen, die Portiunkulakirche in Miesbach und die Vituskapelle in Wilparting. Hinter diesen Zentralbauten dürfte das Ideengut der italienischen Renaissance gestanden haben. Zumeist auf freiem Feld errichtet, wurden diese Kapellen zu Mittelpunkten einer neu sich belebenden Volksfrömmigkeit. Die meisten dieser Bauten wurden von einheimischen Maurern aus Schliersee errichtet, welche schon bald danach getrachtet haben, ihre Bauten auch mit Stuck zu zieren. Der bekannteste Zentralbau im Landkreis Rosenheim, die Kirche von Westerndorf, einst mit der Pfarrei Pang dem Stift Schliersee inkorporiert, gehört ebenfalls in diese Reihe. Das neue Raum-, Licht- und Dekorationsempfinden des Barock regte sich allenthalben. Die Stucktechnik der Schlierseer Stuck-Maurer beruhte auf Vorfertigung von in Modeln gegossenen Stuckteilen, welche in den Kirchenräumen zu größeren Gruppierungen zusammengesetzt wurden. Die eingefahrene Bezeichnung «Miesbacher Stuck» ist nicht korrekt, da alle uns bekannten Stukkatoren aus Schliersee stammten; die Bezeichnung «Miesbacher» Stukkatoren rührt von daher, daß sie in der Ferne – sie arbeiteten im ganzen Bereich des südlichen Oberbayern – als Maurer und Stukkatoren aus dem «Gericht Miesbach» bezeichnet wurden. Anfänge dieser Stuckkunst finden sich in der Mariäschutzkirche in Fischbachau und in der Nikolauskapelle im Schlierseer Friedhof um 1635, weitgehend stuckiertes Rahmenwerk, welches den vorausgehenden, jedoch abgenommenen gotischen Gewölberippen folgt. Mit dem Beginn des letzten Jahrhundertdrittels setzt auch der Höhepunkt der Schlierseer Stuckkunst ein, etwa in der Wallfahrtskirche Föching, wo nun das Gewölbe nicht mehr nur mit Rahmenstuck, sondern mit reichen pflanzlichen und figürlichen Elementen besetzt wird. Die Detailformen für diesen Stuck allerdings wurden wohl von den Bildschnitzern in Miesbach gefertigt, welche ihrerseits Vorbilder der Münchner Hofkunst anwendeten. Aus den geschnitzten Positivformen wurden durch Abdruck Modeln in Keramik hergestellt – auch dafür befand sich ein Handwerkszweig in Schliersee, die «Urtlbach-Hafner» –, in diese konnte der Gipsbrei eingefüllt werden und ergab dann schließlich nach dem Aushärten die positive Form des Stuckgebildes. Besonders eindrucksvolle Beispiele befinden sich in der Heiligblutkapelle in Elbach, in der Pfarrkirche Egern, in der Leonhardskirche in Fischhausen oder in St. Quirin. Diese Stuckierung sah ursprünglich weißes Ornament auf weißem Grund vor, die Einfärbung wurde erst im 18. Jahrhundert nachträglich aufgebracht.

Zu seinem 900-Jahr-Jubiläum von 1646 hat das Kloster Tegernsee einen neuen Hochaltar bestellt, von dem noch die beiden Apostelfiguren Petrus und Paulus erhalten sind; ebenfalls dürfte zu dieser Jubiläumsausstattung noch die Kanzel der Klosterkirche zählen. Die eigentliche barocke Bauphase im Kloster Tegernsee beginnt aber erst einige Jahrzehnte später, allerdings ebenfalls verknüpft mit einem Jubiläumsjahr, 1678, in dem der zweiten Gründung Tegernsees durch Kaiser Otto II. im Jahre 978 gedacht wurde. Abt Bernhard Wenzl und sein Konvent ließen durch den Münchener Hofbaumeister Enrico Zuccali einen neuen Gesamtplan entwerfen, in dem nur die mittelalterliche Klosterkirche beizubehalten war. Aus den Grundformen des gleichseitigen Dreiecks als eines Symbols für den dreifaltigen Gott wurde die größte barocke Klosteranlage Altbayerns entwickelt, die, obwohl zur Hälfte nach der Säkularisation abgetragen, heute noch respektable Ausmaße aufweist. In den Höhenschnittpunkt, also das Zentrum der umfassenden gleichseitigen Dreiecke, wurde eine Vierung mit darüberliegender Flachkuppel eingesetzt, an deren Scheitelpunkt Georg Asam in seinem Allerheiligen-Fresko den dreifaltigen Gott darstellte, konsequenterweise ebenfalls in ein kleines gleichseitiges Dreieck einbezogen. Der üppige Stuck der Klosterkirche stammt aus italienischen Stukkatorenhänden, welche den Stuck an Ort und Stelle formten und mit ihrer Methode das Stuckgußverfahren der Schlierseer Stukkatoren beiseite drängten. Durch die überaus reiche Freskoausmalung Georg Asams wurde die Klosterkirche Tegernsee kurz vor der Jahrhundertwende zum fortschrittlichsten Kirchenraum Altbayerns, welcher über die jungen Gebrüder Asam und Johann Baptist Zimmermann, der vermutlich im Gefolge Johann Schmuzers nach Tegernsee kam, für die Nachfolgeentwicklung des bayerischen Kirchenbarock von nicht zu unterschätzender Bedeutung wurde. Insbesondere hat der Tegernseer Abt Quirin Millon durch die Ermöglichung eines Romstudiums für die Gebrüder Asam entscheidende kunstgeschichtliche Weichen gestellt.

Etwas strenger in ihrer architektonischen Form, aber immerhin eindrucksvoll als neue Einheitsräume gerieten die Klosterkirche in Weyarn und die Pfarrkirche in Gmund, welche beide nach Plänen des Graubündener Baumeisters Lorenzo Sciasca errichtet worden waren. Diesen Räumen fehlte freilich noch die Farbe, wie sie in den Fresken in der Klosterkirche Tegernsee dominierend wurde und schließlich im 18. Jahrhundert zum Raumkonzept dazugehörte. Erst 40 Jahre nach der Erbauung, 1729, wurde Johann Baptist Zimmermann in der Stiftskirche Weyarn – wohl ebenfalls im Hinblick auf das Gründungsjubiläum von 1133 – beauftragt, mit farbigem Stuck und Fresken der Steifheit des Raumes abzuhelfen.

In der Nachfolge von Gmund entstanden die Pfarrkirchen in Elbach, Irschenberg und Niklasreuth sowie die Kirchen von Wilparting und Glashütte, in der Nachfolge von Weyarn wurde in Schliersee statt der ehemaligen Stiftskirche die neue St. Sixtuskirche aufgeführt. Durch die Mitarbeit des jungen, damals in Miesbach wohnhaften Johann Baptist Zimmermann wurde die Schlierseer Kirche zu einer wichtigen Station auf dem Weg zum bayerischen Rokoko. Hier

Klosterkirche Weyarn, Deckenfresken und Stuck
von Johann Baptist Zimmermann, 1729

XXIII

Kapelle St. Sebastian in Schmidham, Gde. Valley, als Beispiel einer in der Pestzeit 1634 erbauten und im Rokoko umgestalteten Kapelle mit spätgotischem Hochaltar

wird zum ersten Mal im Landkreisbereich die weiße Stukkatur mit leicht farbigen Flächen hinterlegt; die gravitätisch würdige Fassung der früheren schwarz-goldenen Altarausstattungen wurde in Schliersee durch Verwendung von Nußbaumholz zu einem angenehmeren, aber dennoch prunkvollen Erscheinungsbild in braun-gold verwandelt. Der von Johann Baptist Zimmermann gefertigte Marienaltar der Schlierseer Kirche wurde durch seine vornehme und symbolträchtige Stuckmarmorfarbe zu einem richtungweisenden Werk für die Hauptfarben des bayerischen Rokoko. Später hat Johann Baptist Zimmermann im Landkreisgebiet neben der schon genannten Ausstattung der Weyarner Stiftskirche die Johannes von Nepomuk-Kapelle in der Großhartpenninger Pfarrkirche, das nicht erhaltene Refektorium des Klosters Tegernsee und das glücklicherweise erhaltene Schöne Zimmer in Schloß Wallenburg mit Stuck ausgeziert. Gerade der Stuck in Schloß Wallenburg gehört zu den liebenswürdigsten kleinen Werken des Meisters, wohl entstanden in Erinnerung an die Jahre, in denen er seine Frau Elisabeth, einst im Schloß tätige Kammerzofe der Gräfin von Maxlrain, kennengelernt hatte.

Nach Beendigung des Österreichischen Erbfolgekrieges erfaßte neuer schöpferischer Schwung auch das Gebiet des heutigen Landkreises. Als Folge zogen in verschiedene Kirchen glanzvolle Rokokodekorationen ein, so im Münster von Fischbachau, in Wilparting, in Reichersdorf, in Neukirchen

oder in Pienzenau. In Weyarn wurde der Rokokobildhauer Ignaz Günther für Aufträge gewonnen, seine weltweit bekannten Werke stehen in der dortigen Stiftskirche, ebenfalls in dem zugehörigen Kleinhöhenkirchen, ein kleines Relief vom barmherzigen Samariter übrigens auch in der Pfarrkirche von Gmund. Das Kloster Fischbachau hat sich in der kleinen, aber überreich ausgestatteten Kapelle auf dem Birkenstein eine bis zum heutigen Tage zugkräftige Wallfahrt geschaffen, während der vom Kloster Tegernsee erbauten Wallfahrtskirche in Allerheiligen bei Oberwarngau trotz eines stattlichen Kirchengebäudes und kraftvoller Altäre kein solcher Zulauf beschieden war. Das Aufblühen des Rocailleornamentes kam offenbar dem Kunstempfinden der damaligen Landkreisbewohner so sehr entgegen, daß sie dieses Ornament bei allen Dekorationsaufgaben von der Lüftlmalerei an der Hausfassade bis zum Möbelstück angewendet haben.

Nach der fast überschäumenden Schaffensfreude in der Epoche des Rokoko von der Mitte des 18. Jahrhunderts an war das 19. Jahrhundert wieder zurückhaltender, zunächst zwangsläufig wegen der bedrohlichen wirtschaftlichen Einbrüche im Gefolge der Säkularisation, und beschränkte sich später ebenfalls auf nur wenige Maßnahmen wie die neugotischen Turmaufstockungen in Schliersee, Kleinpienzenau und Irschenberg oder die gelegentliche Erneuerung von Innenausstattungen wie der Neurenaissance-Hochaltar von Westenhofen oder die neuromanischen Altäre in Miesbach (verloren) und Holzolling. Im Schloß Tegernsee setzte im früheren 19. Jahrhundert die Bautätigkeit wieder ein, als Leo von Klenze vom König als dem Schloßherrn den Auftrag zu korrigierenden Maßnahmen am ehemaligen Kloster und in der Klosterkirche erhalten hatte, welche aber teilweise kaum als Verbesserungen anzusehen sind. Geglückt hingegen ist die neugotische Ausstattung der Weinbergkapelle in Schliersee, welche zeit- und entwicklungsgeschichtlich an einer Wende des Landkreisgebietes steht: In der Mitte des 19. Jahrhunderts hatte nämlich die Münchener Künstlerschaft die Anmut des Schliersees entdeckt und daher mehr und mehr ihre Aufenthalte während der Sommerfrische dorthin verlegt – der Anfang des modernen Fremdenverkehrs. Die durch den Münchener Historienmaler Wilhelm Gail initiierte neugotische Umgestaltung der Weinbergkirche war somit eine der frühesten Gotisierungen einer Landkirche, welche für andere Kirchen Schule machen sollte. 1908 schließlich leitete als bedeutender Kirchenbau, in dem neubarocke Formen mit Elementen des Jugendstiles zusammentrafen, die Antonius-Pfarrkirche von Hausham den Übergang zur kirchlichen Kunst unserer Zeit ein, als deren typische Beispiele die Bernhardskirche am Spitzing, die Mariä-Himmelfahrts-Kirche in Bad Wiessee, oder die beiden Gulbransson-Kirchen in Schliersee und Rottach-Egern zu nennen sind.

Das mittlere der drei Täler nahm in der zweiten Hälfte des 19. Jahrhunderts eine deutlich andere Entwicklung als die Nachbartäler, welche sich auch in der Erbauung der Eisenbahnstrecke nach Miesbach im Jahre 1861 wiederspiegelte. In Miesbach bzw. dann später in Hausham war ein Braunkohlebergwerk eröffnet worden, als dessen Folge eine bedeutende Industrieansiedlung mit den entsprechenden Werks- und Wohngebäuden entstand.

Während im Tegernseer Tal damals schon viele Baumaßnahmen von nichteinheimischen Bauherren durchgeführt wurden, ist der Bereich des Leitzachtales und des Nordostens des Landkreises überwiegend von der bäuerlichen Baukultur bestimmt: Der Landkreis Miesbach ist die klassische Region für den Typ des Einfirsthofes. Unter den Bauern war der Spruch verbreitet daß nur derjenige rechte Ordnung habe, der alles unter einem First aufräume. Die Einfirsthöfe, also komplette Wohn-Stall-Scheunen-Häuser, unterscheiden sich damit von den hakenförmigen, dreiseitigen oder gar vierseitigen Hofanlagen des Flachlandes mit seinem Getreide- und Feldbau. Wer nur Heu und Grummet als Futter für die Tiere erntet, will dieses möglichst nahe an der Futterstelle, am praktischsten gleich über dem Stall lagern, weil es durch das Heuloch fast mühelos in den Stall hinuntergleitet. Dagegen wäre naturgemäß der Platz über einem Stall für die Lagerung von Korn wegen der aufstei-

«Holzarbeit in der Rainer-Säge», historische Aufnahme, um 1900. Beispiel eines Holzblockbaus mit Legschindeldeckung

XXV

Wiedenbauernhof in Schreiern, Gde. Fischbachau, mit Lüftlmalerei von Johann Baptist Pöhaim, 1772

XXVI

Der Weiler Roggersdorf bei Holzkirchen

genden Dämpfe sehr ungünstig. Die ein behäbiges Aussehen verleihende flache Neigung der Dächer erklärt sich aus der Dachdeckung mit Legschindeln, da es in dem lehmarmen Gebiet kaum Ziegeleien und ebensowenig Stroh oder Schiefer gab. Legschindeln, d. h. Bretter von etwa 1 m Länge, die auf die Dächer gelegt und zur Befestigung mit Kalksteinen beschwert wurden, wie wir es gelegentlich noch von Almdächern kennen, verlangen flache Neigungen, damit die Steine, welche durch unterlegte Stangen gehalten werden, nicht abrollen. Das Fehlen von Ziegeln wirkte sich natürlich auch auf die Mauertechnik aus, für die man gebrochene Tuff- oder gesammelte Kalksteine nehmen mußte, «Bummerln», wie letztere wegen ihrer unbequemen Verarbeitungsweise geringschätzig genannt wurden. Trotz mehrerer landesherrlicher Verordnungen, die wegen der Brandgefahr und Holzknappheit die Steinbauweise durchzusetzen suchten, hielt man bis über 1800 hinaus an einer Mischlösung fest: Erdgeschoß in Mauerwerk, Obergeschoß in Holzblockbau mit aufeinandergeschichteten, d. h. «aufgeblockten» Balkenlagen. Zum Teil wurden diese Obergeschoßblockbauten auch durch Verputz und Lüftlmalerei dem gemauerten Erdgeschoß angeglichen. Bezeichnenderweise finden sich die prächtigsten Lüftlmalereien im Leitzachtal, der Jodlbauernhof in Hagenberg, der Wölflbauernhof in Aurach und der Wiedenbauernhof über Wörnsmühl. Ein weiteres Merkmal des Miesbacher Bauernhofes belegt wieder den Kunsteinfluß des Klosters Tegernsee, nämlich die auffallend hoheitsvollen, oft dreiseitig umlaufenden Balkonanlagen: Mit ihren aufwendigen Balusterreihen in Vierkantquerschnitt sind sie Nachformungen der stolzen Marmorbaluster, die in den Werkstätten des Klosters Tegernsee für die Vierungsbalustrade der eigenen Klosterkirche und für die Verwendung an vielen anderen Orten angefertigt worden waren.

Neben diesen bäuerlichen Einfirsthöfen und den klassizistisch bestimmten Herrschaftshäusern am Tegernsee ist noch eine weitere Gruppe zu benennen, welche unser Landkreisgebiet allenthalben in charakteristischer Weise prägt, nämlich die zahlreichen Gebäude des Heimatstils aus dem ersten Drittel unseres Jahrhunderts, worunter das 1919 aus dem alten spätgotischen Richterhaus umgestaltete Schlierseer Rathaus sicher eines der schönsten Beispiele in Oberbayern darstellt.

Die vielen herausragenden sakralen und profanen Baudenkmäler sind nicht nur die unverwechselbare Visitenkarte des heutigen Landkreises, sondern sie repräsentieren mit ihrem Werden, Sich-Verändern und Vergehen auch seine Geschichte; diese Gesetze des Werdens, Veränderns und Vergehens aber zu erfahren, heißt nicht nur in Geschichte und Heimat verwurzelt sein, sondern unverzichtbare Maßstäbe und Bezugspunkte für die eigene menschliche Existenz zu gewinnen.

Sixtus Lampl
Kreisheimatpfleger

Die Gemeinden
des Landkreises Miesbach

GEMEINDE BAD WIESSEE

Wiessee, seit 1922 amtlich Bad Wiessee, dehnt sich am Westufer des Tegernsees aus. Die wichtigsten Siedlungsteile der
Gemeinde sind der weitflächige Kurteil und die heutige Ortsmitte, die sich erst seit 1912 nordwestlich des erhalten geblie-
benen bäuerlichen Weilers (Alt-)Wiessee entfaltet haben,
dazu Altwiessee selbst, der Bauernweiler Abwinkl im Süden,
die bäuerliche Streusiedlung Holz im Norden und einige
große Einödhöfe.
Das Landschaftsbild des Gemeindegebietes ist stark differen-
ziert und bewirkte entsprechend verschiedene siedlungsge-
schichtliche Entwicklungen.
Am Seeufer (ca. 745 m Höhe) liegen (Alt-)Wiessee und Abwinkl und wesentliche Teile des Kurortes, während sich auf
den meist landwirtschaftlich genutzten Schotterterrassen bei
Holz und in den spätmittelalterlichen Rodungsinseln der Mit-
telgebirgszone große Einödhöfe finden.
Die Gemeinde schließt westlich auch den Hochgebirgsbereich
beim Fockenstein (1562 m) ein, wo die Wasserscheide gegen
das Isartal verläuft. Diese Zone weist zwischen großen Waldflächen spätmittelalterliche Rodungen auf, die almwirtschaft-
lich genutzt werden.
Die mittelalterliche Besiedlung am Westufer und die weiteren
geschichtlichen Vorgänge bis zur Säkularisation 1803 waren
wie überall um den See eng mit der Geschichte des um 760 am
Ostufer gegründeten *Benediktinerklosters Tegernsee* verbunden, zu dessen Klostergericht die Siedlungen gehörten.
Im 9.Jh. wird eine *curia wesses*, ein klösterlicher Hof, erwähnt, aus dem 12. und 13.Jh. sind zwei weitere Höfe in
Westsee (= Wiessee) und Mitglieder einer Wiesseer Ministe-
rialenfamilie bekannt. Um 1800 besteht der engere Weiler
(Alt-)Wiessee aus 11 Anwesen, die sich im Spätmittelalter herausgebildet haben und bis 1803 wie alle anderen Höfe auch
Lehen des Klosters Tegernsee waren. In Abwinkel hatten sich
aus einem Urhof bis zum ausgehenden Mittelalter 9 Anwesen
gebildet, die noch als bäuerliche erkennbar sind. Die meist
noch landwirtschaftlich betriebenen alten Anwesen in Holz
sind schon im Salbuch des Klosters von 1480 genannt. Auch
die vom Ufer zurückliegenden, oft schon zur Mittelgebirgs-
zone gehörigen Einödhöfe oder Zweihöfeweiler wie *Grundner, Winner, Rohbogen, Buch* sind mittelalterliche Klosterlehen, die heute allerdings nur noch zum kleineren Teil landwirtschaftlich genutzt sind. Zu dieser Gruppe gehörten auch
der 1971 durch Feuer zerstörte berühmte *«Bauer in der Au»*,
ein Einfirsthof der Barockzeit, den König Max I. Josef 1825
erworben hatte, sowie der durch reiche barocke Lüftlmalereien geschmückte Natzihof in der Wiesseer Au, der 1980/82
trotz aller Bemühungen der Denkmalpflege um die Erhaltung
zugrundeging.
Der historische Bauernhaustyp ist der Einfirsthof. Er ist im
16. und 17.Jh. ein reiner zweigeschossiger Holzblockbau. Der
Sperrhof, Bad Wiessee, Sterneggerstraße 14, ein Blockbau, bezeichnet 1592, ist das älteste erhaltene Haus der Gemeinde
und eines der ältesten Bauernhäuser des Landkreises.
Die Almwirtschaft, seit 979 im Tegernseer Tal bezeugt, hat
sich spätestens im 14./15.Jh. in der Wiesseer Hochgebirgs-
zone unter Anleitung der Benediktiner ausgebreitet.
Bis in das letzte Viertel des 19.Jh. und teilweise noch länger
besaß das Gemeindegebiet bäuerlichen Charakter. Vorherrschend war Rinder-, daneben auch Pferdezucht. Einige Höfe
besaßen Fischrecht im See. Das Bild der historischen bäuerlichen, nach benediktinischen Bewirtschaftungsregeln in einem
Jahrtausend geformten Kulturlandschaft hat sich mit dem Erlöschen des Ackerbaus seit der Jahrhundertwende teilweise

verändert; die verbliebenen landwirtschaftlichen Flächen
sind jetzt reine Grünflächen.
Die Ausgestaltung des ehem. Klosters Tegernsee zur königlichen Sommerresidenz durch Max I. Josef seit 1817, die Anwesenheit des Hofes, von Hofbeamten und -gästen, Künstlern,
Adligen und das romantische Interesse an der Voralpen- und
Hochgebirgslandschaft verlieh der Bau-, Kultur- und Sozial-
geschichte am See neue Züge. Es entstanden im Tegernseer
Tal Landhäuser, Gasthäuser, Hotels, es wurden ganze Ortsbil-
der überformt und Uferzonen bebaut.

Bad Wiessee

In Wiessee, das im Gegensatz zu Tegernsee keine alte Durchgangsstraße besaß, setzte diese Entwicklung spät, ab etwa
1865, und zunächst langsam ein. Sie konzentrierte sich nicht
bei der Höfegruppe von (Alt-)Wiessee sondern nördlich, an
der Breitenbachmündung, bei den drei Anwesen *«Am Bach»*.
Hier war bereits 1864 der stattliche Gasthof *«Zum Hackermann»*, seit 1901 Postgasthof, entstanden, auf den das neue
Wegenetz und die Baustrukturen sich bezogen.
Zu den ersten bedeutenden Fremden, die in der Gemeinde zu-
zogen, gehörten u.a. der Münchner Erzgießer Ferdinand v.
Miller (1813–1887) und der Archäologe Adolf Furtwängler
(1853–1907). Sie beeinflußten die vom Späthistorismus und
vom künstlerischen Heimatstil geprägte Spätstufe der Kultur
des Tegernseer Tals. Bezeichnenderweise bevorzugte die Familie v. Miller historische Bauernhöfe als Wohnsitze und
Furtwängler baute sich mit dem Haus Tanneck ein Holzhaus,
in dem auch sein Sohn, der Dirigent Wilhelm Furtwängler, einen Teil seines Lebens verbrachte.
Eine rasante Besiedlung und Bebauung an dem ehemals einsamen bäuerlichen Westufer setzte mit der Entdeckung der
Jodschwefelquellen seit 1904 durch den holländischen Inge-
nieur Adrian Stoop ein.
Ein Kurviertel, Hotels und Pensionen, große locker bebaute
Landhauszonen, Rathaus, Postamt, Schule u.a. entstanden.
Schon 1912 wurden ein erstes Badehaus und eine Wandelhalle errichtet, die bald erweitert oder durch größere Bauten
ersetzt wurden. Nach dem 2. Weltkrieg setzte eine neue Be-
siedlungswelle in dem heute ca. 5000 Einwohner zählenden
bedeutenden Fremdenverkehrsort und Heilbad ein.
Seit dem Mittelalter bis 1924 waren die Einwohner von Wiessee, Abwinkl und den umliegenden Einöden nach Tegernsee
eingepfarrt. Am Westufer befand sich keine Kirche.
Kirchfahrten, Prozessionen und Leichenzüge zum Tegernseer
Friedhof vollzogen sich über den See hinweg in Ruderkäh-
nen. Mit dem Bau der katholischen Pfarrkirche 1924 auf dem
Wasserpoint erhielt der Ort, der inzwischen 540 Einwohner
zählte, endlich einen eigenen Sakralbau, der sich indes eher
auf die Altwiesseer Höfegruppe als auf das neue Ortszentrum
bezog und dessen hoher spitzer Turmhelm darüberhinaus als
Gegenstück zu dem ungleich älteren, den See und das Tal beherrschenden Turm der Egerner Kirche am jenseitigen Ufer
gestaltet wurde.
Das Dorf (Alt-)Wiessee besteht aus den zehn (ehemals elf)
Anwesen Dorfplatz 1, 3, 5, 7, 9, 12, Fischergasse 6, 8, Sterneggerstraße 9, 12, 14, von denen sechs noch landwirtschaftlich
genutzt werden.
Die Bauten liegen bis auf den ufernahen *Kainzenhof* (Dorfplatz 9) und den *Fischerbauern* (Fischergasse 6) erhöht über
dem See, einem unregelmäßig verlaufenden Anger zugeord-

net, der westlich beim kleinen *Gassenmannanwesen* beginnt (Sterneggerstraße 9). Wenigstens zwei der Höfe an der Ostseite, das abgegangene *Steinbrecheranwesen* (ehemals gegenüber Dorfplatz 1) und der alte, 1931 durch den jetzigen ostgerichteten Bau ersetzte *Hagnhof* (Dorfplatz 5) wendeten ihre Giebel unüblicherweise westwärts, dem Anger zu, der somit als historischer Dorfplatz bezeichnet werden kann, lange vor 1894, als er teilweise durch die Familie v. Miller im Sinn des Heimatstils ausgestaltet wurde und lange vor den einsetzenden Fremdenverkehrsbemühungen, die ihn als *«Altwiesseer Dorfplatz»* bekannt machten und zur Sehenswürdigkeit aufwerteten.

Aus älterer Zeit haben sich das bedeutende alte *Sperrhaus* (Sterneggerstraße 14) und das alte *Fischerhaus* (Fischergasse 6) erhalten, beide Holzblockbauten. Da sie den Bedürfnissen um die Jahrhundertwende nicht mehr genügten und keine Fremdenzimmer bieten konnten, entstanden 1908 der neue *Sperrhof,* 1914 der neue *Fischerhof* jeweils daneben, beide stattliche Einfirstanlagen, die aus heutiger Sicht bereits wieder historische Zeugnisfunktion besitzen. Auch Dorfplatz 5 und 7 sind große Einfirsthöfe des 20. Jh., während die Wohnteile der barockzeitlichen Obergeschoß-Blockbauten Dorfplatz 1, 3, 9, 12 wie üblich so großzügige Wohnverhältnisse boten, daß an einen Ersatz nicht gedacht werden mußte.

Der Weiler und sein Anger besitzen besondere historische und malerische Werte durch noch vorhandene Hausgärten und Viehweiden, durch den alten *Hagnbauern-Getreidekasten,* der an den früheren Getreidebau erinnert, durch die *Sterneggerkapelle* und den *Wendelinsbrunnen.*

Dorfplatz 1. Stattliches *Bauernhaus «Beim Manglbauer»,* Wohnteil mit Blockbau-Obergeschoß bez. 1737.

Einer der größten und ältesten Höfe am See, vielleicht der Nachfolger des Urhofes Wesses aus dem 9. Jh. Der Giebel, sieben Fensterachsen breit, beherrscht den Dorfplatz. Der Blockverband des Obergeschosses über der Laubentür trägt die Jahreszahl 1737. Die nachträglich vergrößerten Erdgeschoßfenster, mit gewölbten Gläsern, Ende des 19. Jh. Die letzten Ausbauten zum Teil nicht sachgerecht.

Dorfplatz 3. *Bauernhaus «Beim Moar».* Wohnteil verputzt, im Kern 18. Jh., Ausbau und Erneuerung im 2. Viertel 19. Jh.

Das Äußere des Hauses erscheint biedermeierlich (Doppelflügel-Haustür, Putzfassaden), erweist sich im Kern aber teilweise als Blockbau und besitzt im Inneren barocke Türen und Wandkästen.

Dorfplatz. *Ehem. Getreidekasten,* zweigeschossiger Blockbau mit Laube, 17. Jh., ehemals zu Dorfplatz 5 (Hagnbauer) gehörig.

Zum *Hagnbauern,* dessen altes Holzblockhaus 1931 der heutige große Hof ersetzte, gehörte der altertümliche *«Troadkasten»,* der 1977 von der Gemeinde erworben und instandgesetzt wurde. Das alte Hagnbauernhaus war ostgerichtet, sein Giebel und die Front des freistehenden kleinen Speicherbaus wendeten sich also einander zu.

Dorfplatz 9. Ehem. *Bauernhaus «Kainzenhof»,* Einfirstanlage, Wohnteil mit Blockbau-Obergeschoß und dreiseitiger Laube, Anfang 19. Jh., geschnitzte und stuckierte Fensterbekrönungen sowie Architekturmalerei im Erdgeschoß Anfang 20. Jh.

Dorfplatz 9 und 12 sind ursprüngliche Bauernanwesen, die seit 1894 von dem Münchner Goldschmied und Professor an der Kunstgewerbeschule, Fritz v. Miller, dem Sohn des Erzgießers Ferdinand v. Miller, erworben und als Künstler- wie als Familiensitz ausgestaltet wurden. Im direkt am See gelegenen *Kainzenhof* richtete Miller u. a. eine Bauernstube mit Anklängen an den Jugendstil ein und bereicherte das Äußere des Hauses. Am *Sterneggerhof* wurde der *Wendelinbrunnen* aufge-

Bad Wiessee (Altwiessee), Höfegruppe am Seeufer, Luftbild von Osten

Altwiessee, Dorfplatz 7, Kirchturm, Dorfplatz 5

Altwiessee, Dorfplatz 1 und 3

2

Altwiessee, Dorfplatz 1, Bauernhaus «Beim Manglbauer»

Altwiessee, Dorfplatz 3, Bauernhaus «Beim Moar»

Altwiessee, Dorfplatz 3, Detail Hauseingang

Altwiessee, Dorfplatz 9, ehem. Bauernhaus und Zuhaus

Altwiessee, Dorfplatz 9, ehem. Bauernhaus

Altwiessee, Dorfplatz 5, ehem. Getreidekasten

stellt und 1902 von Prof. Spieß die Nordfassade bemalt. Im
Giebel des alten *Sterneggerhauses* ein Kruzifix und eine
Schmerzhafte Muttergottes aus nachgotischer Zeit, im übrigen
barocke Brettbaluster in den Laubenbrüstungen und reich
profilierte Balkenköpfe.

Dorfplatz 12. Ehem. *Bauernhaus «Sterneggerhof»,* Einfirstanlage, Wohnteil mit Blockbau-Obergeschoß, Laube und Giebellaube, bez. 1749 (ehem. Wirtschaftsteil neuzeitlich ausgebaut).

Dorfplatz. *Sternegger-Kapelle,* kleiner Satteldachbau mit
Schutzgitter, im Kern 18.Jh.; zu Nr. 12 gehörig.

Die Kapelle wurde vor einigen Jahren ausgeraubt und hat damit ihre Ausstattung verloren.

Fischergasse 6. Ehem. *Bauernhaus «Beim Fischer»* (Altbau),
westgerichteter zweigeschossiger Blockbau, verbrettert, mit
Stüberlvorbau, wohl 17.Jh. (Ostseite Anfang 20.Jh. ausgebaut).

Von ähnlicher Art wie das alte *Sperrhaus* (siehe Sterneggerstraße 14), ist das nahe dem See gelegene, vom Ufer aber ab-
gewendete alte *Fischerhaus* ein Vollblockbau mit dem nur
noch selten zu beobachtenden vorgezogenen «Stüberl». Der
«neue» stattliche *Fischerhof* mit dem Giebel zum See, wurde
1914 südlich daneben erbaut.

Fritz-von-Miller-Weg. *Kath. Pfarrkirche Mariä Himmelfahrt,*
1924–26 von Rupert v. Miller erbaut; im Friedhof Steinkreuz
(Sühnekreuz), bez. 1543, um 1925 wiederverwendet als Grab-
denkmal Robert Horning; schmiedeeisernes Grabkreuz für
Generalfeldmarschall Werner v. Blomberg (1878–1946);
Friedhofskreuz, 1905, in gotischen Formen.

Für die notwendig gewordene 1924–26 erbaute Kirche wähl-
ten ihr Architekt Rupert v. Miller (1879–1951) und der Kirchenbauverein den Wasserpointhügel, einen Platz außerhalb
der alten Siedlungen Wiessee und Abwinkl wie auch außerhalb der damals neu entstehenden Bebauung. Der spätgotisch
anmutende Kirchenbau beherrscht den Hügel und deutet ihn
um als einen Kirchenhügel, der westlich hinter Altwiessee
aufsteigt. Der Turm versteht sich als Pendant zum Egerner
Kirchenturm am anderen Ufer. Der Bau ist ein hervorragendes Beispiel landschaftsgebundener Architektur um 1925, die
in den Details noch den kunsthandwerklichen Idealen des
späten Jugendstils verpflichtet ist. Letzteres zeigt sich an Portalen, Fenstern, geschmiedeten Gittern und der beweglichen
Ausstattung. An der Westseite ein Rundfenster, dessen steinernes Fensterkreuz als Kreuzigungsgruppe gearbeitet ist,
Entwurf von Karl Killer, München. Am Hauptportal Darstellung des Hl. Leonhard und der Hl. Notburga, am Südportal
des Hl. Nikolaus und der Hl. Elisabeth, darüber der Hl. Georg mit Bauinschrift. Im Inneren Spitztonne mit sichtbarer
Holzkonstruktion, im stark eingezogenen Chor ein an böhmi-
schen Vorbildern orientiertes Zellengewölbe (Eisenbeton, verputzt). Hauptaltar erst 1956/57. Die Kapitelle der Rotmar-
morsäulen unter der Westempore mit Darstellungen des Sün-
denfalls, der Paradiesvertreibung, Kain und Abels, der Arche
Noah.

Fritz-von-Miller-Weg. *Gedächtniskapelle* der Familie v. Miller, offener Bau, errichtet 1900 durch Architekt Rupert v. Miller in neuromanischen Formen.

Die *«Millersche Kapelle»,* westlich der Pfarrkirche am Wald-
rand gelegen, erbaute Miller 1900 zum Gedächtnis an seine
Eltern Fritz und Rosina v. Miller, die am *Kainzenhof* ansässig
waren (Dorfplatz 9). Im Inneren ein von Engeln gerahmtes
Marienrelief und drei bronzene Gedenktafeln von 1915/18.

Altwiessee, Dorfplatz 12, «Sterneggerhof», ehem. Bauernhaus

Altwiessee, Sternegger-Kapelle   Altwiessee, Dorfplatz 12, Brunnen

Altwiessee, Fischergasse 6, ehem. Bauernhaus «Beim Fischer»

Altwiessee, Kath. Pfarrkirche Mariä Himmelfahrt von Westen

4

Altwiessee, Kath. Pfarrkirche, Gitter vom Sakristeifenster

Altwiessee, Kirche, Westportal   und Kapitell der Emporen-Stütze

Altwiessee, Kath. Pfarrkirche, Inneres

Altwiessee, Kath. Pfarrkirche von Südosten

Steinkreuz 1543

Sog. Knigerglocke 1910

Friedhofskreuz 1905

Millersche Kapelle 1900

Kirchenweg. *Evang.-Luth. Friedenskirche,* mit angeschlossenem Pfarrhaus, 1936/37 durch Architekt Bruno Biehler errichtet.

Zwölf Jahre nach dem Bau der katholischen Pfarrkirche wurde auf einem Hügel im Kurteil von Architekt Bruno Biehler für die rasch gewachsene evangelische Gemeinde die Friedenskirche gebaut, ein schlichter Saal mit Holzbalkendecke und Nordempore. Das für diesen Hügel ursprünglich ausgesprochene Bauverbot wurde 1935 im Hinblick auf dieses zweite Wiesseer Sakralbauprojekt aufgehoben. – In die Südseite ist der Turm eingestellt und vor den Ostgiebel legt sich das kleine Pfarrhaus, das die Dachform der Kirche aufnimmt. War der katholische Kirchenbau mehr den alten bäuerlichen Bereichen Wiessees zugeordnet, so fand der evangelische sinnvoll seinen Platz im neuen Kurteil, wo er den Bedürfnissen eines Teils der Gäste und Neubürger am besten dienen konnte.

Lindenplatz 6. *Hotel zur Post,* stattlicher zweieinhalbgeschossiger Bau mit Flachsatteldach und Putzbandgliederungen, Giebelpfetten mit farbig gefaßten Drachenkopfprofilen und Balkons, erbaut 1864 durch den Tegernseer Maurermeister Joseph Poschner.

Das seit 1864 für den Wirt Georg Kanzler anstelle eines älteren Vorgängerbaus neu erbaute *Wirtshaus «Zum Hackermann»,* seit Einrichtung einer Postagentur 1901 *Gasthaus «Zur Post»,* eröffnete die bauliche Entfaltung des neuen Wiessee am sogenannten Lindenplatz, in den die wichtigsten neuen Straßenzüge eingeleitet wurden und der bis heute das Zentrum des Kurorts darstellt. Das fünf Fensterachsen breite, 35 m lange, nach Art eines Einfirsthofes errichtete Haus wurde als erstes in Wiessee in Erwartung zukünftigen Fremdenverkehrs gebaut. Die stattliche Anlage mit ihrem Reichtum an Einzelformen im ländlichen Stil der Maximilianszeit bestimmt städtebaulich die neue Ortsmitte am Lindenplatz.

Sanktjohanserstraße 12. *Rathaus* Bad Wiessee, mit Flachsatteldach, Dachreiter, zwei offenen Erdgeschoßarkaden, Altane an der Südseite und Fassadenmalereien, im reduzierten Heimatstil 1930/31 von Architekt Hermann Lang unter Einbezug älterer Bauteile errichtet (1983 erweitert).

Ebenso wie die beiden Wiesseer Kirchen aus den Zwanziger und Dreißiger Jahren ist die Baugruppe von Rathaus und Postamt ein Zeugnis des sich an historische Bauformen anlehnenden «Neuen Bauens» der Gemeinde und ihrer städtebaulichen Bemühungen um die Schaffung eines angemessenen Ortszentrums. Das Rathaus ist ein durch den Architekten Hermann Lang gestalteter Ausbau eines älteren Gebäudes. Das flachgeneigte Satteldach mit weitem Vorstand und bemalten Untersichten stellt den Bau bewußt in die alpenländische Haustradition, die in Arkaden geöffnete Eingangshalle und die über Konsolen bzw. Bögen aufgemauerten Altane sollen die Anlage als öffentlichen Bau charakterisieren.

Sanktjohanserstraße 14. *Postamt* Bad Wiessee, bemerkenswerter ländlicher Amtsbau der Reichspost, zweigeschossiges Walmdachgebäude mit Elementen des Stils der Neuen Sachlichkeit, des Expressionismus und des Heimatstils, 1927 erbaut.

Das Postamt gehört zu den vorbildlichen Bauten der ehem. Münchner Bauabteilung der Reichspost unter Robert Vorhoelzer. Schalterhalle, Diensträume, Dienstwohnungen wurden in einem bewußt auf die ländliche Umgebung abgestimmten Walmdachbau angeordnet, dessen fernes Vorbild ein barocker Pfarrhof sein könnte. Den Stilrichtungen der Zeit wurde dabei durchaus Rechnung getragen: Rotmarmorportal in expressionistisch gesteigerten Formen der Gotik, Fenstergliederungen im Stil der Neuen Sachlichkeit. – Die vor einigen Jahren südlich angebaute neue größere Schalterhalle dagegen ein reiner Zweckbau ohne baukünstlerische Ansprüche oder Rücksichtnahme auf den Bau von 1927.

Sonnenfeldweg 66. *Hubertuskapelle,* barockisierend, mit Schopfwalmdach und Zwiebel-Dachreiter, 1910; im Park der ehem. Villa Scherl.

Die Kapelle, reizvoll in einem Park am Seeufer gelegen, wurde in Zusammenhang mit dem *«Landhaus Hubertus»* des Berliner Zeitungsverlegers Scherl, jetzt Haus Hubertus, erbaut. Im Inneren ein neubarocker Altar aus der Entstehungszeit.

Bad Wiessee, Evang.-Luth. Friedenskirche von Südosten

Bad Wiessee, Evang.-Luth. Friedenskirche, Inneres

Bad Wiessee, Lindenplatz 6, Hotel Zur Post

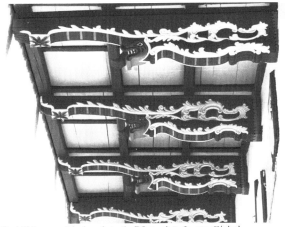
Bad Wiessee, Lindenplatz 6, Pfettenköpfe am Giebel

Bad Wiessee, Postamt und Rathaus von Süden

Bad Wiessee, Postamt und Rathaus von Norden

Bad Wiessee, Postamt, Portal

Bad Wiessee, Hubertus-Kapelle

Bad Wiessee, Hubertus-Kapelle

Bad Wiessee, Hubertus-Kapelle

Sterneggerstraße 14. Ehem. *Bauernhaus «Beim Sperr»* (Altbau), Wohnteil zweigeschossiger Blockbau, bez. 1592, z. T. altverbrettert, giebelseitig vorgezogener sog. Stüberlvorbau, Laube und Giebellaube.

Das Sperrbauernhaus am Dorfplatz (siehe dort) gehört zu den ältesten Bauernhäusern im bayerischen Oberland. An der Laubentür, über dem nachgotischen Eselsrücken-Türsturz, die eingekerbte Zahl 1592, die älteste, die an einem Wohnhaus im Landkreis zu finden ist. Der Vollblockbau ist mit einem alten Brettermantel senkrecht verschalt, das Erdgeschoß des altertümlichen Stüberlvorbaus wurde später ausgemauert. Die Laubenbrüstung und die Giebellaube verbrettert, Laubensäulen z. T. gedreht, Balkenköpfe in nachgotischen Nasenformen, im Obergeschoß ein Butzenscheibenfenster erhalten. Wie beim *Fischerbauern* (siehe Fischergasse 6) auch hier, seit 1908, ein sehr stattlicher Nachfolgerbau auf dem Hofgrund (Sterneggerstraße 12). Im Inneren drei getäfelte Stuben und ein Getreidekasten, bez. 1798.

Bad Wiessee, Sterneggerstraße 14, ehem. Bauernhaus «Beim Sperr»

Abwinkl

Zum historischen Ortskern von Abwinkl zählen die Anwesen Ringbergstraße 43, 48, 49, 52, Ringseeweg 7, 11, 15, Seerosenweg 2, 3. Zwei weitere Anwesen sind abgegangen. Neun dieser ehemals elf Bauern- und Fischeranwesen, die wie die Altwiesseer Anwesen sämtlich Tegernseer Klosterlehen waren, sind erhalten oder nach Ausbauten als solche noch erkennbar, vier besitzen Denkmalcharakter, keines wird mehr landwirtschaftlich betrieben. Wie die Hausnamen belegen, waren einige Höfe zugleich Handwerkeranwesen (*Beim Schustermann, Beim Schlosser, Beim Puderer (Schäffler).* Die südliche Gruppe von Anwesen, Seerosenweg 3 *(Schlosser),* 4 *(Staun),* Ringseeweg 7 *(Bauer),* 11 *(Glasl),* 15 *(Friedl)* liegt direkt zum Seeufer zwischen Hausgärten und Uferwiesen. Ihre Entstehung aus der Vierteilung eines Urhofes ist noch anschaulich, sie sind firstparallel zueinander situiert. Die verbretterten rückwärtigen Westgiebel dieser Bauten markieren die dort entlangführende Gasse. Die nördliche, z. T. seit der Jahrhundertwende bereits veränderte Gruppe Ringbergstraße 48 *(Puderer),* 49 *(Sappl),* 52 *(Schustermann,* neu erbaut 1902) lagert sich um einen kleinen Dorfplatz. Westlich davon abgesetzt liegt das sog. *Flaxhaus* (Nr. 43).

Bad Wiessee, Sterneggerstraße 14, Laubentür

Die Wohnteile der Gebäude besitzen meist noch Blockbau-Obergeschosse des 17. und 18. Jh., seit dem 19. Jh. meist verschalt. Am *Glaslhof* bemerkenswert die nachgotische Laubentür, die den Bau als ältesten des Weilers ausweist. Die Brüstungen der Lauben bilden bei allen Höfen formenreich ausgesägte Bretter, die Giebel sind meist verschalt, die Tennen beim *Baur-* und beim *Staunhof* sind von alten Brettermänteln umgeben. Besonders schöne Aussägearbeiten lassen sich am Staunhof beobachten: Vasenformen, ausgesägte Buchstaben SIHS (Jesus) und MARIA, Zimmermannswerkzeuge. Beim *Pudererhof* altertümlicher Stüberlvorbau. Beim *Sappl* und beim *Friedl* Hofkapellen.

Bad Wiessee, Sterneggerstraße 14, Giebelfront

Bad Wiessee, Sterneggerstraße 14, Südseite, Detail

Bad Wiessee, Sterneggerstraße 14, ehem. Bauernhaus «Beim Sperr» von Südosten

Abwinkl, Höfegruppe am See aus der Luft von Osten

Abwinkl, vom westlichen Seeufer bei Schorn

Abwinkl, Ringseestraße, Rückfronten der Höfe

Ringbergstraße 43. *Beim Fischerhaus, sog. Flaxhaus,* Westteil zweigeschossiger Blockbau des 17. Jh. mit Flachsatteldach und Laube, Ostteil wohl 1936 als Holzbau unter gemeinsamen Dach im malerischen Heimatstil neu gestaltet als Empfangsraum der angeschlossenen Hotelfachschule.

In origineller Weise wurde das alte Tegernseer-Fischerhaus beim Ausbau der bekannten Hotelfachschule in die Anlage einbezogen, um ihr ein historisches, heimatbezogenes Entree zu verleihen.

Ringbergstraße 48. Ehem. *Bauernhaus «Beim Puderer»,* Einfirsthof, Wohnteil verbretterter Blockbau mit Laube und Stüberlvorbau am Nordteil des Giebels, 18. Jh.

Ringbergstraße 49. *Sappl-Kapelle,* wohl 2. Hälfte 18. Jh., Dachreiter und Schutzgitter um 1900.

In dem offenen tonnengewölbten Bau hinter dem neubarokken Gitter eine Votivtafel von 1884/85, die an Unglücksfälle auf der Überfahrt nach Tegernsee erinnert. Zwei weitere Tafeln, die 1669 Melchior Widmann von Wiessee in Auftrag gab, zeigen die Hl. Sebastian, Rochus, Franziskus, Christophorus, Leonhard und Nikolaus.

Ringseeweg 7. Ehem. *Bauernhaus «Beim Baur»,* Einfirstanlage, Wohnteil verbretterter Blockbau, Kammer in der Nordostecke ausgemauert, mit Laube und verbrettertem Giebel, Wirtschaftsteil mit Brettermantel, 1. Hälfte 17. Jh., Fenster 19. Jh.

Ringseeweg 11. Ehem. *Bauernhaus «Glaslhof»,* Einfirstanlage, Wohnteil verbretterter Obergeschoß-Blockbau, mit dreiseitig umlaufender Laube und verbrettertem Giebel, 17./18. Jh. (Wirtschaftsteil modern ausgebaut).

Ringseeweg 15. *Friedl-Kapelle,* Satteldachbau mit schlichten Putzgliederungen, 17. Jh.

Erhalten sind zwei Votivtafeln aus der Mitte des 18. Jh. und ein Kreuzweg des 19. Jh.

Seerosenweg 2. Ehem. *Bauernhaus «Zum Staun»,* Einfirstanlage, Wohnteil verbretterter Obergeschoß-Blockbau, mit Laube und Giebellaube, Wirtschaftsteil mit alt-verbrettertem Mantel und Aussägearbeiten, 18. Jh.

Grundner

Holz-Ost 2. *Gutshof «Grundnerhof»,* stattliche langgestreckte Einfirstanlage, Wohnteil mit Lauben und Fassadenmalereien, 1901 erbaut.

Der Grundnerhof, in Einödlage über dem Tegernseeufer zwischen Wiessee und Kaltenbrunn gelegen, ist eines der besten Beispiele der Renaissance des klassischen Miesbacher Einfirsthofes zu Beginn des 20. Jh., als Architekten wie Gabriel v. Seidl und August Thiersch die funktionellen wie ästhetisch-malerischen Qualitäten dieser Bauten in ihren Skizzenbüchern fixierten, für ihre Arbeiten nutzbar machten und damit das «Bauen auf dem Lande» im Sinn der neuen Heimatschutzbewegung beeinflußten. Von dem einheimischen Architekten Lorenz Hofmann wurde der Grundnerhof, dem ein kleines altes Block-Bauernhaus vorausging, als Ökonomie wie auch gleichzeitig als Landhaus für den kgl. Bezirksamtsassessor und Gutsbesitzer Wilhelm Merk erbaut. Reiche Details – etwa die Rautentür, die Brettbaluster der Laube, die Neuempire-Fenstergitter, die Rocaillemalereien.

Abwinkl, Ringbergstraße 43, sog. Flaxhaus

Abwinkl, Ringbergstraße 48, «Beim Puderer»

Abwinkl, Ringbergstraße 49, Sappl-Kapelle

Abwinkl, Ringseeweg 11, «Glaslhof», ehem. Bauernhaus

Abwinkl, Ringseeweg 7, ehem. Bauernhaus «Beim Baur»

Abwinkl, Seerosenweg 2, ehem. Bauernhaus «Zum Staun»

Abwinkl, Friedl-Kapelle   «Grundnerhof», Fenster

Grundner, Holz-Ost 2, Gutshof «Grundnerhof»

Grundner, «Grundnerhof»

Holz

Nahezu ungestört durch spätere Veränderungen ist die Rodungs- und bäuerliche Kulturlandschaft von Holz, die durch große, gestreut an Osthängen und auf Schotterterrassen liegende ehemalige, seit dem 12. Jh. genannte Klosterlehen und durch die Heckengliederungen der Grünflächen (Haage) gekennzeichnet ist. Der Bereich umfaßte 1808 neunzehn Anwesen. Zur südlichen Höfegruppe (Holz-Mitte) gehören *Reit, Graben, Gundisch, Deierl.* Eine westliche Gruppe bilden die eindrucksvoll in heckengesäumten Schotterterrassen liegenden großen Höfe *Frais* und *Schwaiger* und eine nördliche Gruppe stellen *Baier, Meister* (oder *Binder*) und der in diesem Jahrhundert neu erbaute *Buchberghof* dar.

Holz-Mitte 4 (Reit). Ehem. *Bauernhaus «Zum Deierl»*, Einfirstanlage, Wohnteil mit Blockbau-Obergeschoß, dreiseitig umlaufende Laube und Giebellaube, 17. Jh.

Bemerkenswert die an drei Seiten umlaufende verbretterte Laube, die an der Nordseite geschlossen ist und zum gedeckten Gang wird; auch die Giebellaube ist verschalt.

Steinkreuz. Steinernes Gedenkkreuz, bez. 1819; bei Holz-Mitte 1.

Das nachbarocke Gedenkkreuz erinnert an einen tödlichen Unfall des Bauern Georg Kirchberger, verursacht durch einen Stier am 12. Oktober 1819.

Holz-Nord 14. Stattliches *Bauernhaus «Baierhof»*, Wohnteil mit Blockbau-Obergeschoß, wohl 1. Hälfte 18. Jh., Umgestaltung seit 1871.

Das alte große Klosterlehen wurde 1871 von dem Erzgießer Ferdinand v. Miller (1813–87) gekauft, zum Gutshof ausgebaut und durch Fassadenstukkierungen, Bemalungen und andere Details bereichert. Die nördliche Einfahrt mit Torpfeilern bezeichnet, betont die Ausdehnung dieses herrschaftlichen Bereichs und Künstlerlandsitzes am Tegernsee.

Sog. *Pestkapelle,* mit Zwiebeldachreiter, 2. Hälfte 18. Jh., Bemalung der Fassaden seit 1946.

Zwischen *Gundisch-, Baier-* und *Schwaigerhof* am Weg gelegene Flur-Kapelle, nach Volksmeinung ursprünglich als Pestkapelle erbaut. – Der Altar von 1918 wurde 1953 restauriert.

Holz-Nord 29. Ehem. *Bauernhaus «Binder- oder Meisterhof»*, Wohnteil mit Blockbau-Obergeschoß, Mitte 18. Jh. (Westteil neuzeitlich ausgebaut und erweitert).

Holz-Ost 2 Siehe *Grundner.*

Holz-West 15. *Bauernhaus «Schwaigerhof»*, stattlich, mit Blockbau-Obergeschoß, wohl 1. Hälfte 18. Jh., Dachaufbau 1923 (Fassadenmalereien neuzeitlich).

Holz-West 19. Ehem. *Bauernhaus «Beim Frais»*, Einfirstanlage, Wohnteil mit Blockbau-Obergeschoß, Balusterlaube und -giebellaube, bez. 1778.

Fraiskapelle (ehem. Hofkapelle), barock, 2. Hälfte 18. Jh.

Holz, Holz-Mitte 4, «Zum Deierl»

Holz, Holz-Mitte, Steinkreuz   Holz, Holz-Nord 14, Detail

Holz, Holz-Nord, Pestkapelle   Holz, Holz-Nord, Kapelle

Holz, Holz-Nord 14, Bauernhaus «Baierhof»

Holz, Holz-Nord 14, «Baierhof» Toreinfahrt

Holz, Holz-Nord 29, ehem. Bauernhaus «Binderhof»

Holz, Holz-West 19, Frais-Kapelle   Holz, Fraiskapelle, Altar   Holz, Holz-West 15, Bauernhaus «Schwaigerhof»

Holz, Holz-West 10, ehem. Bauernhaus «Beim Frais»

Rohbogen

Quirinskapelle, mit Vordach über Holzstützen, 1828 über einer seit 1430 bekannten Steinölquelle erbaut.

Nachdem 1430 beim *Rohbogenhof,* einem sehr alten Doppelhof, ein Ölfluß bemerkt worden war, der sich gegen den See hin ergoß und dort der Quirinskapelle am jenseitigen Ostufer entgegenfloß, ließ Abt Kaspar Ayndorffer von Tegernsee die Quelle fassen und eine Kapelle bauen. Das Oleum Sancti Quirini wurde als heilsames Mittel von den Benediktinern bekannt gemacht. Die Kapelle wurde zum Wallfahrtsziel und gehörte zur spätmittelalterlichen und barocken Tegernseer Sakrallandschaft. Über der Quelle wurde 1828 die bestehende Kapelle neu errichtet. Das Öl wurde im 19. Jh. als Erdöl erkannt und mehrfach seit 1838 durch Bohrungen gefördert. Das Interesse am Wiesseer Öl erwachte seit 1904 von neuem; bei den Bohrungen wurde die Jod-Schwefelquelle entdeckt, die zur Grundlage der Entwicklung Wiessees zum Heilbad wurde. Die Kapelle liegt heute in einem großen Golfgelände, das bei den Rohbognerhöfen entstanden ist.

Rohbogen, Quirinskapelle

Winner

Haus Nr. 2. *Villa Amalienburg,* herrschaftlicher erdgeschossiger Bau mit Halbgeschoß und Exedra-Vorbau an der Seeseite, 1899 durch die Architekten Thumig und Pabst gebaut, die Seitenflügel später.

Die Villa Amalienburg wurde in der Art eines intimen barocken Gartenpalais in einem zum ehemaligen *Winnerhof* gehörigen großen Seegrundstück für seinen ehemaligen Diener des Wiener Hofes, Ernst v. Otto-Kreckwitz, erbaut. Sie gehört zu den besten Villen des Späthistorismus am Tegernsee, wurde dem zentralen Teil der Nymphenburger Amalienburg nachgebildet und zeichnet sich besonders durch eine Halle mit Glasdach aus.

Winner, Villa Amalienburg, Eingangssituation

Almhütten und -kapellen

Neuhüttenalm (Hagnhütte; nordöstlichste Hütte), Blockbau, z.T. verbrettert, 1. Hälfte 19. Jh.; südöstlich unter dem Fockenstein, 1328 m Höhe.

An den freien Südhängen unter dem Fockenstein dehnt sich zwischen 1000 m und 1560 m Höhe die über 200 ha große Neuhüttenalm aus. Diese größte und eindrucksvollste der Wiesseer Almen wurde im 16./17. Jh. unter Leitung des Klosters Tegernsee gerodet. Nur die Anlage solcher Hochgebirgsweiden als Ergänzung zu den begrenzten Möglichkeiten in den Tälern vermochte die Einkünfte der Bauern und damit auch des Klosters zu steigern. Von den vier Hütten der noch mit etwa 50 Rindern «bestoßenen» Alm ist die des *Hagnbauern* von (Alt-)Wiessee die älteste bzw. am unverfälschtesten erhaltene. Auf keiner der umliegenden Wiesseer Almen – *Aueralm, Pangarten, Waxlmoos, Scheibenau, Söllbachalm* – hat sich ein vergleichbarer Bau erhalten. Der Blockbau ist z.T. verbrettert, Kammer und Arbeitsraum des Senners (Ostteil) und Stall (Westteil) der beidseits giebelseitig erschlossenen Hütte liegen unter einem First.

Winner, Villa Amalienburg, Park am See

Gedächtniskapelle des Clubs Alpiner Skiläufer, 1922; auf der *Neuhüttenalm.*

Die Kapelle erbaute der Club Alpiner Skiläufer zum Gedenken an seine im 1. Weltkrieg gefallenen Mitglieder.

Aueralmkapelle, um 1850, stark erneuert; östlich vom Fockenstein bei der *Aueralm.*

Bei einer Viehseuche gelobten die Bauern und Senner der Aueralm um 1850, diese Kapelle zu bauen, bei der bis in jüngste Zeit vor dem Almabtrieb ein Gottesdienst gefeiert wurde.

Neualmhütte, Gedächtniskapelle   Aueralmkapelle

Winner, Villa Amalienburg, Gartenseite mit Park

Neuhüttenalm unter dem Fockenstein (1562 m)

Neuhüttenalm, Hagnhütte

GEMEINDE BAYRISCHZELL

Das abgelegene Hochgebirgstal der oberen Leitzach bei Bayrischzell stand im 11.Jh. unter Vogteihoheit der Sulzbacher und ihnen verwandter Grafen v. Kastl sowie der Falkensteiner. Sie erschlossen es von ihren Höfen bei Aibling aus und Haziga, Witwe des Grafen Hermann v. Kastl (gest. nach 1050), in zweiter Ehe vermählt mit Pfalzgraf Otto I. v. Scheyern-Wittelsbach, gründete 1076 eine «cella», eine Eremitenklause, beim späteren Bayrischzell. Danach wurde eine erste Kapelle, «Margarethenzell», geweiht und 1079 ein förmliches Kloster gegründet, das um 1080 durch das Reformkloster Hirsau besiedelt wurde. Der Gründung in dem rauhen, von Bergen gesäumten Hochtal war kein Erfolg beschieden, das Kloster wurde 1085 zunächst nordwestlich nach Fischbachau, dann 1104 auf den Petersberg bei Dachau, schließlich 1120 nach Scheyern verlegt.

Das Dorf *Zell* oder *Margarethenzell*, seit 1835 amtlich *Bayrischzell*, 800 m hoch in einem Wiesenboden gelegen, bestand seit der mittelalterlichen Besiedlung bis in die Neuzeit nur aus den fünf Höfen des *Zeller-*, des *Peter-*, des *Steffl-*, des *Marx-* und des *Unterlarchbauern* sowie der Kirche. Erst 1605 kam mit dem Kooperatorhaus ein weiteres, um 1750 mit dem «*Alten Wirt*» ein siebtes Anwesen hinzu. Das malerische Bild eines rein bäuerlichen kleinen Gebirgs- und Kirchdorfes bewahrte Bayrischzell bis in die 1880er Jahre.

Das Gemeindegebiet, das seit dem frühen 19.Jh. aus drei weiteren Dörfern, *Osterhofen, Geitau* und *Dorf*, einigen Weilern, 17 Einöden und einer großen Zahl von Almen besteht, 1812 377 Einwohner, 1910 aber 1717 zählte, wird vom Wendelstein (1838 m), vom Hochmiesing (1888 m), vom Seebergkopf (1538) m und dem Großen Traithen (1853 m) eingefaßt und ist nur gegen Schliersee geöffnet. Zwischen den Bergen erstreckt sich das im Mittelalter gerodete, bis 1968 mehrfach wegen häufiger Hochwassergefahr regulierte Tal, das sich südlich von Bayrischzell als Ursprungtal bis zur Tiroler Landesgrenze beim Ursprungpaß (838 m) fortsetzt. Die Straße nach Schliersee, bis 1825 nur ein Karrenweg, und nach Tirol, ausgebaut erst 1923, mußten mehrfach verlegt werden.

Grundherr war mit Ausnahme von *Geitau* bis zur Säkularisation die *Propsteihofmark Fischbachau* des *Klosters Scheyern*.

Die humusarmen Talböden taugten nur für Viehhaltung, und für ihre gute Rinderzucht waren und sind die Bauern «in der Zell» bekannt. Um die Möglichkeiten dafür zu erweitern, wurden seit dem Mittelalter, bevorzugt auf Bergsätteln, in gerodeten Flächen, Almen angelegt. Diese Hochgebirgsweiden, die zwischen 80 und 100 Tagen im Jahr «bestoßen» werden, bilden mit ihren historischen Hütten und Einfriedungen eine spezifische Kulturlandschaft, der aus heutiger Sicht die Aufmerksamkeit der Denkmalpflege gelten muß, zumal regelmäßig überall dort, wo diese Almbereiche mit touristischen Einrichtungen, wie Lifts und Gaststätten, überzogen werden, Kulturlandschaft und zugehörige Baudenkmäler gestört oder zerstört werden. Im Gemeindegebiet befanden sich bis zur Mitte des 19.Jhs. 90 Almen; u.a. durch staatliche Aufforstungen seit etwa 1860 hat sich die Zahl auf heute rund 55 reduziert.

Kirchplatz 1. *Kath. Pfarrkirche St. Margareth,* barocker Neubau von 1733/34, erweitert 1786, Westturm spätgotisch, im Kern romanisch.

Die Kirche ist das bedeutendste Baudenkmal der Gemeinde. Der unter Erhaltung des mittelalterlichen Turms errichtete, durch Pilaster gegliederte Frührokokobau entstand seit 1733 unter den Äbten Maximilian Rest (gest. 1734) und Placidus Forster von Scheyern. 1786 nach Westen erweitert.

Bayrischzell, Ansicht von Westen mit Kirche

Bayrischzell, Kirche von Nordosten

16

Bayrischzell von Nordosten

Bayrischzell, Pfarrkirche, Ausschnitt aus dem Deckenfresko

Im Gewölbe des nahezu quadratischen Schiffs großes Fresko von Melchior Puchner (1695–1759), das die gräfliche Stifterin Haziga zeigt, die Bayrischzell mit seiner Kirche und Landschaft dem Schutz des Himmels empfiehlt. Dabei ist nicht nur die Berufung auf die Gründung von 1076 sondern auch die Darstellung des Wendelstein bemerkenswert, des bekannten, das Tal beherrschenden Gipfels, an dem sich nicht erst das romantische Landschaftsverständnis des 19.Jhs. entzündete sondern der bereits zum Bild der lokalen barocken Kultur- und Sakrallandschaft gehört hatte. Die Stuckierung der Kirche von Thomas Glasl, 1736. – Noch aus dem 17.Jh. der nachträglich höher gestellte Hochaltar, ein frühbarockes Werk mit älteren Figuren. Die z.T. gotisierenden Veränderungen der Kirche von 1876 sind bis auf die Turmspitze bei den großen Restaurierungen 1904 und 1950 wieder beseitigt, die alten Fensterformen wieder hergestellt worden.

Die Kirche, um die sich bis heute der Friedhof mit der Seelenkapelle und den Familiengräbern der alten Bauerngeschlechter des Tals legt, beherrscht weiterhin das Ortsbild, auch nach der starken baulichen Veränderung, die Bayrischzell seit etwa 1900 zunächst mit der Entwicklung zur Sommerfrische und zum Hochgebirgs-Tourenstützpunkt, in den letzten Jahrzehnten zum modernen Fremdenverkehrsort genommen hat.

Kirchplatz 1. *Friedhofskapelle* (Seelenkapelle), barock, 1785.

Die an Stelle des alten gotischen Karners 1785 erbaute Seelenkapelle birgt im Rokokoaltar die wundertätige Mater-Dolorosa-Statue von 1621. Tabernakel aus der 1.Hälfte des 17.Jh. mit zwei spätgotischen Holzfiguren. – Bemerkenswert das volkstümliche Deckengemälde, bez. «J. Pöhaim, Pinx. Vischpachau 1785». Es zeigt u.a. die Zeller Bauern mit ihrem Seelsorger im «Schiff der Kirche» sitzend, das gegen schwere Wellen ankämpft, durch welche Häresie und verschiedene Laster symbolisiert sind. Eine ebenfalls von Johann Baptist Pöhaim (1752–1838) gegebene Darstellung desselben Themas findet sich in der Kapelle in Osterhofen (1798).

Kirchplatz 1. *Denkmal des Gebirgstrachten-Erhaltungsvereins* Bayrischzell, 1933, Rotmarmor; an der Nordseite der Friedhofskapelle.

Der Bayrischzeller Lehrer Josef Vogl (1848–86), Wiedererwekker der oberbayerischen Gebirgstracht, gründete zusammen mit einigen Burschen des Dorfes 1883 den Gebirgstrachten-Erhaltungsverein, den ältesten dieser Art. Dem Stifter und verdienten Vereinsmitgliedern wurde beim Fünfzigjährigen Jubiläum das Denkmal gesetzt.

Schlierseer Straße 19. *Mainwolfkapelle,* wohl 2.Hälfte 18.Jh.

Die Hofkapelle gehört zum *Mainwolfbauern,* einem der großen Einödhöfe des Bayrischzeller Tals, genannt 1300, der südlich gegenüber liegt.

Bayrischzell, Kath. Pfarrkirche St. Margareth, Inneres

Bayrischzell, Schlierseer Straße 19, Mainwolfkapelle mit Mainwolfhof

Bayrischzell, Kirchplatz 1, Kath. Pfarrkirche St. Margareth, Inneres gegen Osten

Bayrischzell, Kirchplatz 1
Gedenktafel

Bayrischzell, Schlierseer Straße 19
Mainwolfkapelle

Bayrischzell, Kirchplatz 1, Friedhofskapelle, Deckengemälde

Bayrischzell, Friedhofskapelle

Bayrischzell, Friedhofskapelle
Inneres

19

Sudelfeldstraße 3. Ehem. *Bauernhaus «Beim Peter»*, Wohnteil mit Bodenerker an der Giebelseite und verputztem Blockbau-Obergeschoß, mit Balusterlaube und Hochlaube, 2. Hälfte 18. Jh., im Kern älter.

Als einziger der fünf Zeller Bauernhöfe, die sich um die Kirche gruppierten, ist der Peterbauer, zuerst erwähnt 1481, in seinem Wohnteil erhalten geblieben. Bemerkenswert der Stubenerker, ein Architekturmotiv aus dem nahen Tirol. Die Fassadenbemalung modern. Das Anwesen wird nicht mehr landwirtschaftlich betrieben wie überhaupt das bäuerliche Element aus dem Ortskern nahezu verschwunden ist, dessen Bild mit Ausnahme der Kirche inzwischen von anderen baulichen Anlagen bestimmt wird: *Pfarrhof* 1859, *Hotel Wendelstein* 1910 am Platz des alten *Marxbauernhofes*, *Bahnhof* 1911, *Postamt* 1933, Abbruch des alten *Zellerbauernhofes* 1952, *Rathaus* und *«Haus des Gastes»* nach Abbruch des alten *Stefflbauernhofes*.

Sudelfeldstraße 21. *Rosenkranzkapelle (Schönbornkapelle)*, barockisierend mit Dachreiter, 1913.

Der dem ehem. *Landsitz Graf Schönborn*, jetzt *Hotel Schönbrunn*, zugeordneter Bau im barockisierenden Heimatstil nach Plänen von Gabriel von Seidl, Ausmalung des Altarraums von Max Graf von Courten.

Sudelfeldstraße 26. Ehem. *Bauernhaus «Oberlarch»*, Wohnteil mit Blockbau-Obergeschoß von 1678, Fassadenmalerei 1777, Laube und verbretterte Hochlaube (letztere 2. Hälfte 19. Jh. erneuert); kleiner Blockbau, wohl *ehem. Kornkasten*, 17./18. Jh., z. T. erneuert.

Der Oberlarchhof befand sich ehemals in Einödlage außerhalb der «Zell», ist jetzt von moderner Bebauung umgeben, wurde 1956 umgebaut und wird als Tanzlokal genutzt. Alter Blockbau-Oberstock, über der Laubentür bez. 1678. Bemerkenswert die Architekturmalerei von 1777 auf den Putzwänden des Erdgeschosses, die vor kurzem wieder freigelegt wurde: rotweiße Eckquaderungen und Rahmungen um Türen und Fenster, die das Haus im Sinne des Barock gliedern. – Der kleine alte Blockbau daneben ist jetzt als Zuhaus ausgebaut.

Tannerhofstraße 33. Ehem. *Bauernhaus «Tannerhof»*, Wohnteil mit Blockbau-Obergeschoß, Balusterlaube und Hochlaube, Ende 18. Jh., Überarbeitungen im Heimatstil vom Anfang des 20. Jh..

Der Tannerhof, östlich außerhalb über Bayrischzell am Hang gelegen, gehörte seit dem Spätmittelalter bis zum Verkauf und der Einrichtung eines Sanatoriums 1904 zu den stattlichsten Höfen des Tals. Seinen Besitzern oblag der Mesnerdienst an der Zeller Kirche. Von dem Ende des 18. Jh. neu erbauten Anwesen ist der Wohnteil erhalten geblieben, dem sich die mehrfach erweiterten und veränderten Betriebsgebäude des Sanatoriums wenig harmonisch anschließen.

Bayrischzell, Sudelfeldstraße 21, Rosenkranzkapelle

Bayrischzell, Sudelfeldstraße 26, Haustüre

Bayrischzell, Tannerhofstraße 33, «Tannerhof»

Bayrischzell, Sudelfeldstraße 3, ehem. Bauernhaus «Beim Peter»

Bayrischzell, Sudelfeldstraße 26, ehem. Bauernhaus «Oberlarch»

Bäckeralpe

Gedenkstein mit Inschrifttafel von 1931 zur Erinnerung an die in den Befreiungskriegen 1805–09 gefallenen Bayern und Tiroler; an der Landesgrenze Bayern/Tirol, Tiroler Straße.

Dorf

Am nördlichen Hochrand des dünn besiedelten oberen Leitzachtals in 800 m Höhe am Wendelsteinfuß gelegen, bilden die 1218 zuerst genannten, aus der Teilung von zwei Schwaigen entstandenen vier Höfe von Dorf *(Steffl, Bauer, Sixt, Moar)* eine bäuerliche Siedlung von großem denkmalpflegerischen Interesse.

Die vier eng aneinander gerückten Einfirsthöfe, zwei ostgerichtet, zwei südwärts orientiert, sind sämtlich Baudenkmäler und veranschaulichen die Entwicklung des Miesbacher Bauernhauses vom offenen zum verputzten Blockbau und insbesondere die für die 1. Hälfte des 19. Jhs. typischen Ausbauten und Gestaltungen wie Kniestöcke, verschalte Vordächer, Speicherfenster in Halbrundbogenform. Eine altertümliche, aus dem nahen Tirol stammende Bauform ist der Bodenerker bei Nr. 4.

Die neugotische *Lourdeskapelle,* Haus- und Obstgärten vervollständigen den gebirgsbäuerlichen Charakter des Ortes, der sich im übrigen nach 1936 durch Anlage eines Aussiedlerhofes (Nr. 1), den neuen *Sixthof,* um ein weiteres Anwesen vermehrte, das sich organisch an die alte Siedlung anschließt. Aus historischer Zeit bis in die Gegenwart besteht die Almgemeinschaft der Bauern von Dorf, die im Verlauf eines Almsommers gemeinsam ihr Vieh auf die gemeinsame *Soinalm* oder, wenn diese erschöpft ist, auf die gemeinsame Wendelsteiner *Spitzingalm* treiben (siehe dort). Zwischen den Höfen im Tal und den jeweils vier Hütten am Berg vollzieht sich eine historische Bewirtschaftungsmethode, deren zugehörige bauliche Anlagen über den Denkmalrang dieser Einzelbauten hinaus eine Denkmallandschaft bilden.

Lourdeskapelle, mit Dachreiter, neugotisch, 1884.

Die zu Ehren der Muttergottes von Lourdes erbaute neugotische Kapelle ist eine Stiftung des Bürgermeisters Johann Schmid, den die vier Bauern in Dorf durch unentgeltliche Hand- und Spanndienste unterstützten. Im eingezogenen Chor ein als Tropfsteingrotte gestalteter Altar mit einer Muttergottesfigur.

Haus Nr. 2. *Bauernhaus «Beim Mair»,* Einfirstanlage, Blockbau-Obergeschoß des 17. Jh., im frühen 19. Jh. verputzt, Balusterlaube und Hochlaube gleichzeitig.

Haus Nr. 3. *Bauernhaus «Beim Sixt»,* Einfirstanlage, im Kern Obergeschoß-Blockbau wohl des 18. Jh., Neugestaltung als Putzbau mit Balusterlaube, Hochbalkon, weitem Dachvorstand um 1830/40.

Haus Nr. 4. *Bauernhaus «Beim Steffl»,* Wohnteil im Kern 17./18. Jh., Ausbau mit hohem Kniestock, Balusterlaube und Hochbalkon, um 1820/30; ehem. Backhaus, jetzt Werkstatt, gemauerter Klaubsteinbau mit hölzernem Vorbau, wohl 1. Hälfte 19. Jh. östlich des Hofes.

Haus Nr. 5. Ehem. *Bauernhaus «Beim Bauer»,* Einfirstanlage, mit Blockbau-Obergeschoß, 2. Hälfte 17. Jh.

Bäckeralpe, Gedenkstein   Dorf, Lourdeskapelle

Dorf, von Südosten mit alten Weidezäunen

Dorf, Backhäusl

Dorf von Süden

Dorf, Haus Nr. 2, Bauernhaus «Beim Mair»

Dorf, Haus Nr. 5, ehem. Bauernhaus «Beim Bauer»

Dorf, Haus Nr. 4, Bauernhaus «Beim Steffl»

Geitau

Am hochwasserfreien Talrand, wie die Siedlung Dorf, liegt auf einer übergrünten Schotterbank, einem ehem. Gries am Nordfuß des Hochmiesing und des Seeberg, das 1224 zuerst genannte Dorf Geitau, das bis zum späten 19. Jh. aus zehn alten Bauern- und Handwerkeranwesen bestand, die auch Almwirtschaft betrieben (siehe *Geitauer Alm*). Durch Zusammenlegungen reduzierte sich die Zahl zunächst auf acht und wuchs dann mit dem Bau eines Postgasthofes 1907 und weiterer nichtbäuerlicher Neubauten seit etwa 1960 über den historischen baulichen Umfang hinaus.

Zum historischen Ortskern gehören Haus Nr. 5, 7, 10, 15, 35, 36, 38, 42, 52 und die Kapelle.

Die älteren Anwesen und selbst noch der neben der Bäckerei und Kramerei erbaute Gasthof, dessen Vorplatz sich zum Dorfplatz ausbildete, ordnen sich meist locker süd- und ostgerichtet dem alten Weg von Bayrischzell über Klarer nach Fischbachau und Schliersee zu, während die heutige Bundesstraße 307 keinen Bezug auf das Dorf nimmt und nördlich daran vorbeiführt.

Grundherr der *Geitauer Lehen* war der bayerische Herzog, nicht die Klosterhofmark Fischbachau; der Ort war deswegen auch bis 1892 in das relativ weit entfernte *Elbach* eingepfarrt, das zum herzoglichen *Pflegamt Aibling* gehörte.

Die beiden größten, auch baulich eindrucksvollsten Höfe, der *Unter-* und der *Oberöstner* am östlichen Ortsrand (Haus Nr. 5 und 7), sind im Spätmittelalter durch Teilung einer Schwaige entstanden und 1778 nach einem Brand neu erbaut worden.

In der Ortsmitte erinnern das *Nagelschmiedanwesen* (Nr. 10) und das altertümliche *Schmied-Häusl* (Nr. 35) an kleine Hammer- und Hüttenwerke, die wie im nahen Josefstal bis in die 1. Hälfte des 19. Jhs. in Geitau arbeiteten.

Im nördlichen Dorf dominieren die großen um die Jahrhundertwende neu erbauten Einfirstanlagen des *Nicklbauern* (Haus Nr. 36) und des *Hainzlbauern* (Nr. 51), welche die Nachbaranwesen des *Göderbauern* (Nr. 41) und des *Hürmerbauern* (Nr. 38) beerbt und z. T. auch die Hofnamen übernommen haben, während deren alte Wohnteile noch bestehen.

Zum *Nicklhof* (Nr. 36, jetzt *Göderbauer*) gehört die *Geitauer Kapelle*, ein größerer altertümlicher Holzbau mit reicher Ausstattung.

Kapelle zur Schmerzhaften Muttergottes, verschalter Holzständerbau, wohl 2. Hälfte 17. Jh., Verbretterung 1885, Turm 1920, Restaurierung 1982.

Der äußerlich bescheidene zum *Gödenbauern* gehörige Holzbau mit Satteldach und vorgesetztem Westturm besitzt vier wohl aus der 2. Hälfte des 17. Jh. stammende bemalte Holztafeln, welche die Untersichten der Dachschrägen füllen. Zusammen mit dem stilistisch verwandten Bild der Altarseite, einer Schmerzhaften Muttergottes sowie einigen Heiligentafeln wurden die Bilder in der Säkularisation vom *Kloster Fischbachau* hierher übertragen. Auf dem ersten Bild die Gräfin Haziga als Stifterin von Fischbachau mit dem Modell der Klosterbasilika, auf der Tafel gegenüber der Hl. Benedikt mit Mönchen und Nonnen. Auf dem Altar eine Pietà sowie Holzstatuetten des 18. Jh., ferner eine bemerkenswerte Darstellung des Hl. Martin mit einem Bettler in zerrissener Gebirgstracht. – Kreuzwegstationen 1735 von Johann Baptist Pöhaim (1752–1838).

Geitau, Kapelle, alter und neuer Göderbauer

Geitau, Kapelle, Inneres, Tafelbild Hl. Benedikt mit Mönchen und Nonnen

Geitau, Ansicht von Norden   Haus Nr. 5   Haus Nr. 39   Haus Nr. 42

Geitau, Kapelle

Geitau, Kapelle, Pietà

Geitau, Kapelle, Inneres

Geitau, Kapelle, Tafelbild Gräfin Haziga als Stifterin

25

Haus Nr. 5. *Bauernhaus «Beim Unteröstner»,* stattliche Einfirstanlage, Wohn- und Wirtschaftsteil mit Blockbau-Obergeschoß, umlaufende Balusterlaube und Hochlaube, 1778.

Der Unteröstner-Hof ist nach Lage, Proportionen, Bauweise ein klassischer, mit 60 m Länge überaus stattlicher Vertreter des historischen Miesbacher Bauernhauses und eines der bedeutendsten bäuerlichen Baudenkmäler Oberbayerns. Beispielhaft die strenge Ordnung von Wohn- und Wirtschaftsteil unter einem First, die giebelseitige Erschließung des in althergebrachter Weise nach Osten gerichteten Hauses, prächtig die auf drei Seiten umlaufende Balusterlaube, selten die erhaltenen Blockwände der Hochtenne, die hinter einer Bretterschürze liegen; sie setzt sich als «Katzenlaube» am Wohnteil fort.

Haus Nr. 7. *Bauernhaus «Beim Oberöstner»,* Wohnteil mit Blockbau-Obergeschoß, hohem Kniestock, Balusterlaube und Hochlaube, 1778.

Nach einem Brand 1778 wurde der Hof ebenso wie der benachbarte Unteröstner neu erbaut. Der stattliche, sieben Fensterachsen breite Wohnteil ist nach Südwesten gerichtet, er wurde mehrfach erneuert, die Bemalung ist neuzeitlich. Dem Wohnteil schloß sich ursprünglich der Roßstall an, der Rinderstall lag separat wie beim *Kloobauern* (siehe S. 30). Mit dem modernen Ausbau zu einem großen Dreiseithof wurde diese altertümliche, wohl auf Tiroler Einflüsse zurückgehende Disposition aufgegeben.

Haus Nr. 10. Wohnhaus *«Beim Nagelschmied»,* Putzbau mit Blockbau-Kniestock, Hochlaube und geschnitzter Haustür, 1804.

Das *Geitauer Kramer- und Bäckeranwesen,* im 18./frühen 19. Jh. mit einer Nagelschmiede verbunden, mit seiner für das beginnende 19. Jh. typischen, in das Giebeldreieck eingespannten Hochlaube, zeichnet sich besonders durch seine geschnitzte, von zwei kleinen Heiligenbild-Nischen begleitete Haustür in Empireformen und das geschweifte Fenster des Stiegenhauses aus. Bei der Erneuerung der Front wurde leider auf unterteilte Fenster verzichtet; die moderne rahmende Wandmalerei in Rokokoformen kehrt diesen Mangel noch hervor.

Haus Nr. 35. Ehem. *Kleinbauernhaus und Schmiede («Schmiedhäusl»),* Einfirstanlage mit Blockbau-Obergeschoß im Wohn- und Wirtschaftsteil, Ostteil der Giebelfront vorgezogen, 16. Jh.

Das Anwesen wird 1532 zuerst genannt, die bestehende bauliche Anlage dürfte wesentlich aus dieser Zeit stammen. Wie bei Schmieden üblich, liegt der Bau direkt an der alten Durchgangsstraße. Der sog. Stüberlvorbau am Giebel, eine altertümliche Hauserweiterung bei gewachsenem Raumbedarf, war wohl ursprünglich eine Austragswohnung. Die Anlage gehört zu den ältesten erhaltenen Bauern- und Handwerkerhäusern des Landkreises und Oberbayerns.

Haus Nr. 38. Ehem. *Bauernhaus «Beim Hürmer»,* Wohnteil eines ehem. Einfirsthofes, mit verputztem Blockbau-Obergeschoß, Balusterbalkon und Hochlaube, 1795.

Das Haus ist etwa gleichzeitig mit Nr. 10 entstanden, zeigt die gleiche Giebellaube, über der Haustür aber zusätzlich einen geschweiften Balkon. An der Ostseite im 19. Jh. Erweiterung um eine Fensterachse, das Dach über den Anbau hinweggeschleppt. Der Wirtschaftsteil um 1970 abgetragen, nachdem schon 1881 die Wirtschaft an die des Nachbarhofes übertragen worden war. Im Obergeschoß des Hauses u. a. eine bemalte Schlafkammer von 1795. Einzigartig der Herrgottswinkel in der Bauernstube im Erdgeschoß: zwei runde, schachtartige, verglaste Öffnungen belichten von außen eine Nische im Stubeneck und leiten im Sinn barocker Lichtikonologie Morgen- und Abendlicht auf den Corpus Christi.

Geitau, Haus Nr. 7, Bauernhaus «Beim Oberöstner»

Geitau, Haus Nr. 38, ehem. Bauernhaus «Beim Hürmer»

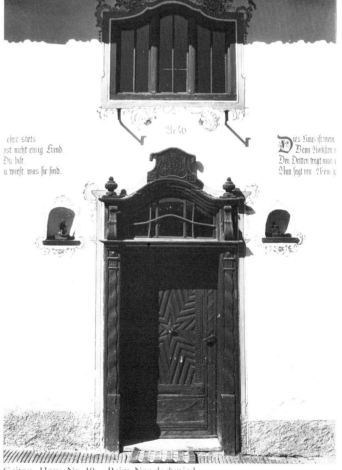

Geitau, Haus Nr. 10, «Beim Nagelschmied»

26

Geitau, Haus Nr. 5, Bauernhaus «Beim Unteröstner»

Geitau, Haus Nr. 38, bemalte
Türe im 1. Obergeschoß

Geitau, Haus Nr. 38, Belichtungsöffnungen für den Herrgottswinkel der Stube

Geitau, Haus Nr. 35, ehem. Kleinbauernhaus und Schmiede «Schmiedhäusl»

Haus Nr. 65. Siehe Ortsteil *Kloo.*

Kalvarienbergkapelle, erbaut 1889, und Kreuzigungsgruppe, 1878, auf dem Kreuzberg.

Der *Kalvarienberg,* auf einem Hügel am südlichen Dorfrand angelegt, ist eine Stiftung des Oberöstnerbauern. Die Kapelle, eine überdachte Grotte, wurde 1889 von italienischen Maurern erbaut.

Mieseben- oder *Baumgarten-Kapelle,* 18. Jh.

Die Geschichte der südlich von Geitau im Mieseben-Wiesboden gelegenen Kapelle geht nach der Legende auf die Wette eines Bauern mit seinem Knecht zurück, der behauptet hatte, an einem Tag in den Grenzen dieser großen Wiese ein Andreaskreuz ausmähen zu können. Am Platz der Kapelle wurde der Knecht durch ein Gottesurteil mit dem Tod bestraft.

Geitauer Almen – siehe S. 38.

Geitau, Kalvarienbergkapelle   Geitau, Miesebenkapelle

Klarer

Haus Nr. 1. *Bauernhaus,* mit Stüberlausbau (Bodenerker) an der Südseite, 17./18. Jh., Verputz des Blockbau-Obergeschosses, 1. Hälfte 19. Jh. – Der Wohnteil wurde 1985/86 durch einen Neubau ersetzt. *Brechlbad* (Dörrhütte), Blockbau, Doppelanlage, First bez. 1725.

Am großen Einödhof des 1488 zuerst genannten *Klarerbauern,* dem Mittelpunkt eines einsamen Wiesenbodens am Fuß des Seebergs, führte bis 1825 der alte Weg von Bayrischzell nach Schliersee vorbei. Die Hofform der ursprünglichen Schwaige mit dem Einfirsthaus (der Wirtschaftsteil modern erweitert), dem Zuhaus (einem Neubau, der erst kürzlich den baufälligen Vorgängerbau des 17. Jh. ersetzte) und der Brechhütte von 1725 erinnert an einen altertümlichen Haufenhof. Der Wohnteil, dessen Blockbau-Oberstock im frühen 19. Jh. verputzt wurde, zeichnet sich durch einen Steherkerausbau an der Südseite aus, eine seltene Form, die nur beim alten *Dicklhaus* in Osterhofen, beim *Peterhof* in Zell und beim *Steffl* in Dorf noch zu beobachten ist. Die *Brechhütte* (Brechlbad) ist ein Blockbau von 1725, die Feuerstellen zum Dörren des Flachses, damit zum Aufbereiten vor dem Brechen, Kämmen, Spinnen, sind gemauert.
Die zum Hof gehörigen *Klareralmen* (siehe S. 38) liegen am Seeberg.

Bildstock, Tuffpfeiler mit Laternenaufsatz, angeblich zum Gedächtnis an Gefallene der Sendlinger Bauernschlacht von 1705 errichtet, sog. *Pestsäule,* an der nordöstlichen Hofzufahrt.

Geitau, Miesebenkapelle, Inneres, Tafelbild

Klarer, Haus Nr. 1, zugehöriges Brechlbad

Klarer von Norden mit Hochmiesing

Klarer, Haus Nr. 1, Bauernhaus

Klarer, Bildstock

29

Kloo

Haus Nr. 65. *Bauernhof «Beim Kloo»,* Zwiehofanlage; stattliches Bauernhaus, mit Wohnteil und ehem. Roßstall unter einem First, Blockbau-Obergeschoß 1699, gemauertes Erdgeschoß im Kern spätmittelalterlich (Umbauten 1950/55).

Das Kloobauernanwesen, das größte der Gemeinde, wird bereits 1085 genannt, als die Gräfin Haziga mit dem Freisinger Bischof im oberen Leitzachtal Güter tauschte. Wenigstens seit dem 14. Jh. besitzt das Bauerngeschlecht der Kloo den von den weiteren Siedlungen völlig abgeschiedenen Einödhof. Hausname, Familien- und amtlicher Ortsname sind bis heute identisch. «Kloo» bedeutet Klaue und bekannt für gute Klauenvieh-, also Rinderzucht, sind die Kloobauern seit Jahrhunderten.

Das Haus wurde nach einem Brand 1699 über den erhaltenen gemauerten Teilen neu aufgezimmert; leider wurden die Blockwände des Oberstocks beim Umbau 1950/55 außen verschalt, auch Verputz des Erdgeschosses und Dachaufbau sind neu. Die historische Bedeutung des Gebäudes erschließt sich im Inneren. Unter einem First liegen Stuben, Kammern und der ehem. Roßstall mit zugeordneter Kammer für die Roßknechte, die liegend von ihrer Bettstatt aus durch einen «Spion» nachts die Tiere im Stall beobachten konnten. Auch für seine Rösserzucht war der Kloohof ehemals berühmt. Der Rinderstall, 1937 über altem Grundriß neu erbaut, steht separat seitlich des Bauernhauses – eine vom oberbayerischen Hoftyp abweichende, wohl tirolisch beeinflußte Form (Zwiehof oder Paarhof). Am Giebel des Hauses ein nachgotischer Kruzifix, ehemals an einem Feldkreuz in der Nähe. Im Inneren gewölbte Keller mit alter Pflasterung, die ehem. Rauchküche, gewölbt, jetzt als Bad ausgebaut, mit Sorgfalt gepflegte meist Leitzachtaler Bauernmöbel des 17. und 18. Jh. sowie ein Urschenthaler Kachelofen.

Zum Hof, der schon 1858 sechzig Rinder besaß, gehören als notwendige Ergänzung zur Wirtschaftsweise im Tal die im Sommer betriebenen *Almen im Spitzingseegebiet.* Wertvolle Zeugnisse dieser Almgeschichte sind die im Haus verwahrten Almglocken, bei denen es sich z.T. um barocke Treibarbeiten handelt. Ebenso als Viehweide besaßen die Kloo von 1434 bis 1858 mit der *Aschachalm* den gesamten Talboden der *Kloo-Aschau* (siehe S. 36).

Kloo, Haus Nr. 65, Bauernhof «Beim Kloo»

Kloo, Haus Nr. 65, Kellertür

Kloo, Haus Nr. 65, Kruzifix im Giebel

Kloo, Haus Nr. 65, Kellerpflaster

Kloo, Haus Nr. 65, Schrank

Kloo, Haus Nr. 65, Bauernhaus «Beim Kloo»

Kloo, Haus Nr. 65, Oberstockflur

31

Osterhofen

Osterhofen, eine wohl im 13. oder 14. Jh. von *Geitau* aus im «Osten» am hochwassersicheren Leitzach-Talrand gegründete Schwaige wurde 1321/27 zwischen vier, dann drei Brüdern in einzelne Einheiten geteilt, die als *Köhler-, Wirtl-, Wölflanwesen* (Haus Nr. 15, 17, 20) bis heute zusammen mit dem 1375 zuerst genannten *Dicklhof* (Haus Nr. 16/19) und mit der 1798 erbauten *Kapelle* anschaulich den historischen Ortskern der sonst stark durch Neubebauung veränderten Siedlung Osterhofen bilden.

Haus Nr. 1. *Sollacher Jägerhaus,* Blockbau, 18. Jh., nach 1815 versetzt, verputzt und mit Balusterlauben versehen.

Das Jäger- und Gütlerhaus hatte bis 1815 als unverputzter Blockbau am Nordfuß des Seebergs seinen Platz, wurde bei einem Bergrutsch z. T. zerstört, abgebaut und nördlich in den Leitzachwiesen als Einödanwesen wieder aufgebaut, verputzt und erweitert. Gute symmetrische Giebelfront, Laubenbrüstungen und Flaschenbaluster der Empirezeit, gedrehte Laubensäulen.

Haus Nr. 4. *Bauernhaus «Beim Schneider in Hofstatt»,* Einfirstanlage mit Blockbau-Obergeschoß um 1730/40 nach Brand neu erbaut, Kniestock, Dachaufbau, verbretterter Giebel und Laubenbrüstung 19. Jh.

1607 zuerst genanntes Anwesen, bis in die neueste Zeit in Einödlage östlich von Osterhofen, jetzt weitgehend inmitten neuer Bebauung. Zum Schneiderbauern gehört die barocke Wegkapelle südlich an der Bundesstraße.

Hof- und Wegkapelle, sog. *Schneiderbauernkapelle,* 18. Jh.; an der Bundesstraße.

Kapelle St. Mariä Himmelfahrt, barocke Anlage, 1798 erbaut.

Die barocke Marienkapelle im ältesten Osterhofener Ortskern betont die bogenförmig nach Norden leicht ansteigende Dorfgasse, der an der Westseite die drei aus einer mittelalterlichen Schwaige hervorgegangenen Anwesen «Köhler», «Wirtl» und «Wölfl» (Haus Nr. 15, 17, 20) mit den Giebeln, beim «Köhler» mit der Traufseite anliegen, während auf der Ostseite der alte und neue «Dicklhof» (Nr. 16, 19) mit ihren westlichen verbretterten Rückfronten den Straßenraum begrenzen.

Die Kapelle, schindelgedeckt, im Inneren in zwei Jochen über Pilastern gewölbt, weist 1798 von Johann Baptist Pöhaim (1752–1838) geschaffene Deckenmalereien auf: Darstellung des Sichelwunders der Hl. Notburga, das sich in der Landschaft von Osterhofen vollzieht, dazu die Veranschaulichung des «Schiffs der Kirche» wie in der Bayrischzeller Seelenkapelle. Wie Notburga genießen auch die auf Leinwandbildern dargestellten Wetterheiligen St. Johann Martyr und St. Paul Martyr besondere Verehrung bei den Bauern.

Osterhofen, Haus Nr. 1, Sollacher Jägerhaus

Osterhofen, Kapelle St. Mariä Himmelfahrt, Notburga-Fresko

Osterhofen, Haus Nr. 4, Hofkapelle

Osterhofen, Weilerkapelle

Osterhofen, Haus Nr. 4, Bauernhaus «Beim Schneider in Hofstatt»

Osterhofen, Haus Nr. 20,   17,   15,   Kapelle,   16

Osterhofen, Weilerkapelle von Innen

33

Haus Nr. 16. Ehem. *Bauernhaus «Beim Dickl»* (Altbau), altertümliche Einfirstanlage mit Blockbau-Obergeschoß im Wohn- und Wirtschaftsteil, verbretterten Lauben und schindelgedecktem Stubenerker vor der Giebelfront, 17. Jh. bis 1. Hälfte 18. Jh.

Neben dem bereits 1909 erbauten neuen Dicklhof, einem kräftig gegliederten Putzbau, der als gutes Beispiel des ländlichen Bauens jener Zeit gelten kann, ist der alte Dicklhof erhalten geblieben, ein altartiger Bau, der wohl auf das späte 17. Jh. zurückgeht, an der Giebelfront einen verschindelten Steherker, alt verbretterte Laubenbrüstungen und ein ebenso verbrettertes Giebeldreieck besitzt. An den Putzflächen Reste alter Bemalung. Im Inneren teilweise getäfelte Stuben, in der Schlafkammer bez. 1742, und alte, im 19. Jh. mit Kammstrichmalereien versehene Türblätter. Der Hof war im 18. Jh. der größte des Ortes. Sein Zuhaus – siehe Haus Nr. 19; seine Almen liegen nördlich oberhalb am Wendelstein (siehe unter *Dicklalm,* S. 36).

Haus Nr. 17. *Bauernhaus «Beim Wirtl»,* mit Blockbau-Obergeschoß, Laube und Hochlaube, 1798.

Das prächtige spätbarocke Bauernhaus wurde 1798 neu errichtet, das Anwesen selbst geht auf das 14. Jh. zurück.

Haus Nr. 19. *Austragshaus des Dicklhofes,* sog. *Paradieshäusl,* zweigeschossiger verputzter Blockbau, 18. Jh., mit Wandmalereien des 19. Jh.

Das einzigartige, an der Giebelfront lediglich einachsige Austraghaus, im Kern ein Blockbau, wurde in beiden Geschossen offensichtlich im früheren 19. Jh. verputzt und bemalt. Die Ekken sind mit gemalten Pilastern eingefaßt. Auf den Putzflächen ist die «Erlösung der Welt» dargestellt durch den Paradiesesbaum, die Kreuzigung Christi und das Lamm Gottes. Auf das Erlösungsthema beziehen sich auch die aufgemalten Sprüche und die plastische Gruppe des Gekreuzigten und der beiden Schächer.

Großer *Kruzifix* mit Schmerzhafter Muttergottes, 2. Hälfte 19. Jh.; bei Haus Nr. 22.

Haus Nr. 56. *Wohnhaus «Beim Maurer in Oberberg»,* zweigeschossiger Blockbau auf gemauertem Sockel, 1756, Laube und Hochlaube Ende 19. Jh. erneuert (Malereien modern).
Die beiden Häuser Nr. 56 und 57 sind die alten Handwerkeranwesen *«Beim Maurer»* und *«Beim Rotweber»* in Oberberg, nördlich abgerückt vom Bauernweiler Osterhofen. Beide unverputzten Vollblockbauten liegen unmittelbar nebeneinander und wurden nach einem Brand 1756 neu erbaut.

Haus Nr. 57. *Wohnhaus «Beim Rotweber in Oberberg»,* zweigeschossiger Blockbau, 1756, Laube, Hochlaube und Fenster 19./20. Jh.

Wendelsteinhaus

Gipfelkapelle auf dem Wendelstein, 1718 von Georg Klarer erbaut.

Die Kapelle auf dem Gipfel des 1837 m hohe Wendelstein – nicht zu verwechseln mit dem *Wendelsteinkircherl,* das auf seiner Rosenheimer Seite liegt – wurde von Georg Klarer, Sixtnbauer in Bayrischzell, als Votivkapelle für die Errettung von Pferden und Rindern errichtet, die sich oberhalb der Almen verstiegen hatten. Klarer widmete den kleinen Bau dem Hl. Wendelin. Zu dieser Zeit, 1718, kannten nur Jäger, Sennerinnen und Hüterbuben den Gipfel. Doch schon seit 1780 erklommen ihn Reiseautoren und Gelehrte wie Lorenz Westenrieder, Franz von Paula Schrank und Aloys Baader aus wissenschaftlichem Interesse, bis er im 19. Jh. – und vor allem nach der Besteigung durch König Max II. 1858 – zu einem

Osterhofen, Haus Nr. 17, Bauernhaus «Beim Wirtl»

Osterhofen, Haus Nr. 16, ehem. Bauernhaus «Beim Dickl»

Wendelsteinhaus, Gipfelkapelle auf dem Wendelstein

Wendelsteinhaus, Gipfelkapelle, Inneres

Osterhofen, Haus Nr. 19 (links) und Haus Nr. 16 (rechts), neuer und alter Dickl-Hof

Osterhofen, Haus Nr. 19,
sog. Paradieshäusl, Zuhaus

Osterhofen, Haus Nr. 19, Paradieshäusl, Detail des Giebelschmucks

Osterhofen, Kruzifix bei
Haus Nr. 22

Osterhofen, Haus Nr. 7 (links) und Haus Nr. 6

populären Bezugspunkt der allgemeinen Hochgebirgsromantik wurde.

Joseph von Obernberg, Kreisdirektor des Miesbacher Bezirks, beschreibt 1815 die Wendelsteinspitze nach seiner Begehung: «...kühn genug hat man auf ihr ein Kapellchen gelagert und ihm die runde Form gegeben, weil diese den Stürmen die wenigste Oberfläche entgegenstellt, sohin am leichtesten ihre Wut aushält. Es hat zwei Bretterwände zur Einfassung, deren Zwischenwände mit losen, aber dicht übereinander gelegten eckigen Steinen ausgefüllt ist, und das ganze umfaßt ein eisernes Band.» – Der kleine Bau wurde später mit Blech ummantelt, die Ausstattung volkstümlich, Ende 19. Jh.

Der Vorgängerbau des heutigen *Wendelsteinhotels* war das 1882 erbaute älteste Unterkunftshaus in den bayerischen Alpen. Seit 1912 konnte es von Brannenburg (Lkr. Rosenheim) aus durch die älteste deutsche Zahnradbahn erreicht werden.

Zipflwirt, Großer Stallstadel

Zipfelwirt

Großer *Stallstadel,* Holzblock- und -bohlenverband, 17./18. Jh.; südwestlich von Zipfelwirt, Tiroler Straße.

Der altertümliche Holzbau, am Eingang in die *Klooaschau* gelegen, hatte wohl die Funktionen einer Niederalm; er gehört jetzt zum *Stefflbauernanwesen* in Dorf.

Almhütten, Forstbauten, Flurdenkmäler

Kloo-Aschau. Forstdiensthütte, zweigeschossiger Blockbau in Formen eines Einfirsthofes, 1863 erbaut.

Die anstelle der 1858 aufgelassenen Aschauer Alm im Hochgebirgstal der Kloo-Aschau errichtete Forsthütte, damals zugleich Jagdhaus des Herzogs Karl Theodor in Bayern, ist ein in traditioneller Blockbautechnik aufgezimmerter Bau mit gotisierender Laube und originellen Balkendurchsteckungen, darunter solchen in Umrißformen von Kapellen.

Benebrandalm (vordere), Blockbau mit weitem Vordach, 1796, abgebrochen 1982; am Westhang des Großen Traithen, 1162 m Höhe.

Abgeschieden hoch über dem Ursprungtal gelegene, nicht mehr bestoßene Almhütte, über dem Eingang bezeichnet 1796, ehemals zum *Oberniederhoferanwesen* bei Osterhofen jetzt dem Forstamt Fischbachau gehörig.

Christerhütte – siehe *Soinalm* und *Spitzingalm.*

Kloo-Aschau, Forstdiensthütte

Dicklalm (untere), Hütte und Kälberstall parallel nebeneinander in Firstrichtung, rückwärts querlaufender Kuhstall, in Blockbauweise und gemauert, 18. Jh. und um 1900; Klaubstein-Einfriedungsmauer des Almangers, überfangen durch Stangenzaun, um 1900; südwestlich unterm Wendelstein, 1148 m Höhe.

Die beiden *Dicklalmen* an den Südwesthängen des Wendelstein – *Hochleger* und *Niederleger* – gehören zum *Dicklanwesen* in Osterhofen, mit dem sie – auf drei Höhenebenen mit je nach Lage verschiedener Anzahl jährlicher Weidetage – eine historische viehwirtschaftliche, noch intakte Einheit bilden. Bei den begrenzten landwirtschaftlichen Möglichkeiten in den Tallagen, die bis zur Jahrhundertwende auch Hafer, Korn, Flachs und Hackfrüchte erbringen mußten, bot nur diese wohldurchdachte aber beschwerliche Bewirtschaftungsform ausreichende Existenzmöglichkeiten für die Bauern am Gebirgsrand. Die Almfläche (73 ha) umfaßt 50 ha Lichtweide, der Rest in Almwald: sie wird an rund 113 Weidetagen im Jahr von 20 Rindern bestoßen.

Beide Hütten gehören zu einem zwischen Oberaudorf (Inn), Wendelstein und Soinsee noch zu beobachtenden, wohl älteren Typ mit seitlich, firstparallel zum Wohnteil liegenden und

Benebrandalm, vordere

Dicklalm, untere

Kloo-Aschau, Detail

Dicklalm, untere

Kloo-Aschau, Detail der Balkendurchsteckungen

Dicklalm, untere, Klaubstein-Einfriedungsmauer

37

von der Giebelfront her erschlossenen Kälberstall, der bei der unteren Hütte noch besonders vorgezogen ist. Eine Besonderheit, und sonst in Oberbayern kaum üblich, ist der hakenförmig an die untere Hütte angeschlossene Stall. Bemerkenswert auch die Einfriedung des Almgartens oder -angers, eines Reservats für einzubringendes Heu, das zur Vorsorge vor Futtermangel bei plötzlichem Schnee-Einbruch auf der Alm lebensnotwendig ist.

Geitauer Aipl (untere Hütte), verputzter Bruchsteinbau mit erneuertem Schindeldach und verbrettertem Giebel, First bez. 1765 (Stallteil abgetragen); nordöstlich unterm Aiplspitz, 1331 m Höhe.

Geitauer Aipl (obere Hütte), verputzter Bruchsteinbau mit erneuertem Schindeldach und verbrettertem Giebel, First bez. 1724 (Stallteil abgetragen); nordöstlich unterm Aiplspitz, 1331 m Höhe.

Geitauer Aipl, obere Hütte

Beide ehemals Geitauer Bauern, jetzt der Gemeinde gehörenden Hochalmen liegen in einer großen, z.T. kesselartigen Rodungsfläche im Quellgebiet des Aiplgrabens, überragt von der Aiplspitze. Die datierten, relativ alten, in jüngster Zeit vorbildlich erneuerten Bauten sind in Kalkbruchstein gemauert. Bei der Wiederherstellung wurden die beiden Stallteile aufgegeben, die Hütten sind dadurch stark verkürzt. Die Weideflächen, zu denen auch Almwald gehört, werden noch mit Jungvieh bestoßen. Große Teile der Mauern der Almgärten haben sich erhalten.

Geitauer Aipl, obere Hütte, First bez. 1724

Geitauer Anglalm, Blockbau mit Schindeldach, wohl noch 18. Jh.; östlich vom Kleinmiesing, 1302 m Höhe.

Altertümliche Hütte südwestlich über Geitau, nicht mehr bestoßen, jetzt privat.

Grundalm. – Grenzstein Bayern/Tirol bei der Grundalm, bez. 1557 und 1844, mit Tiroler Adler und bayerischen Rauten; am Südwestende der *Kloo-Aschau* an der Landesgrenze.

Festgelegt nach dem Landshuter Erbfolgekrieg 1503 und seitdem unverändert, markiert der spätmittelalterliche Grenzstein bis heute die Staats- und Landesgrenze.

Hansenbauernhütte – siehe *Krottentalalmen*.

Geitauer Anglalm

Klareralm (obere Hütte), Blockbau, First bez. 1816, jetzt Jagdhütte; südwestlich unterem Seebergkopf, 1060 m Höhe.

Der *Klarerbauer* (siehe Ortsteil Klarer) und der *Mainwolfbauer* von Niederhofen teilen sich den Almgrund zwischen Seebergkopf und Gamswand, einen hervorragend gepflegten Wiesenboden. Die *untere Klareralm (Klarer-Niederleger)* ist ein neuerer, ansprechender Blockbau, die obere, jetzt als Jagdhütte ausgebaut, ein für die Zeit der Intensivierung der Almwirtschaft im frühen 19. Jh. typischer, ebenso schlichter wie solider Blockbau (*Niederhoferalm* – siehe unten).

Kleintiefentalalm (südliche Hütte, Salmerhütte), gemauerter Bau mit erneuertem Schindeldach, First bez. 1822; Einfriedungsmauern des kleinen und des großen Almangers, 18./19. Jh.; nördlich unter der Rotwand, 1555 m Höhe.

Kleintiefentalalm (nördliche Hütte, Heißenhütte), gemauerter Bau mit mittelsteilem Dach, ehemals mit Schindeln gedeckt, First bez. 1861; Kälberstall, freistehender Bruchsteinbau mit steinbeschwertem Schindeldach, wohl noch 18. Jh.; Einfriedungsmauern des Almangers, 18./19. Jh.; nördlich unter der Rotwand, 1555 m Höhe.

Grundalm, Grenzstein

Klareralm, obere

Geitauer Aipl

Kleintiefentalalm, Salmerhütte (vorne) und Heißenhütte von Süden

Die Kleintiefentalalm, im Kessel zwischen Rotwand und Taubenstein gelegen, ist mit 152 ha eine relativ große, aber steinige Alm, in die sich der *Salmerbauer* von Fischbachau und der *Heißenbauer* von Hagnberg teilen. Aus Steinen gemauert ist auch die eindrucksvolle Gruppe der drei Hütten mit ihren sorgfältig erneuerten und gepflegten Schindeldächern, umzogen von den Klaubstein-Einfriedungsmauern der Almgärten. Während die Salmerbaueralm zum Normaltyp der Almhütten gehört, der Mensch und Tier unter einem First vereint, sind bei der Heißenbaueralm beide Bereiche getrennt.

Kleintiefentalalm/Großtiefentalalm, Grenzmauer aus Klaubsteinen am Miesingsattel, 18./19. Jh.

Die Mauer, genau über den Sattel laufend, trennt zwei Täler, zwei Alm- und Gemarkungsbereiche.

Krottentalalmen (nördliche Hütte, *Hansenhütte*), Blockbau auf Bruchsteinsockel, First bez. 1831 (Dach erneuert 1956); im oberen Krottental, zwischen Aiplspitz und Taubenstein, 1437 m Höhe.

Krottentalalmen (südliche Hütte, *Lechnerhütte*), Blockbau auf Bruchsteinsockel, First bez. 1864; im oberen Krottental zwischen Aiplspitz und Taubenstein, 1437 m Höhe.

Die noch bestoßene Alm liegt in einem Kessel am Ende des Krottentals. Den Almgrund nutzen gemeinsam der *Hansenbauer* von Hagnberg und der *Lechnerbauer* von Osterhofen. Die beiden Hütten – mit einer Alpenvereinshütte in der Nachbarschaft – sind gut erhaltene Blockbauten des 19. Jh., allerdings leider ohne die originalen Schindeldächer.

Kleintiefentalalm, südliche Hütte

Kleintiefentalalm, Stall

Kleintiefentalalm, Steinmauer am Miesingsattel

Krottentalalmen, Lechnerhütte (links) und Hansenhütte (rechts)

Kleintiefentalalm, Almgarten

41

Kümpflalm (untere Hütte, *Sunnererhütte*), Blockbau, 17./ 18. Jh., dreimal nach Lawinenverschüttung an anderem Ort wieder aufgebaut, zuletzt 1900, Legschindeldach und Verschindelung der Wände modern erneuert; südlich unter der Rotwand, 1450 m Höhe.

Kümpflalm (obere Hütte, *Mairhoferhütte*), Blockbau, First bez. 1843; südlich unter der Rotwand, in 1540 m Höhe.

Zwei der drei Kümpflalmen, die auf langen Wegen über die Valepp, dann durch den Pfanngraben zu erreichen sind, werden durch den *Wirt von Aurach* und *Wörnsmühler Bauern* bestoßen, die dritte Hütte *(Schönaueralm)* ist abgegangen. Die ausgedehnten Weideflächen erreichen Höhenlagen bis zu 1800 m. Bei den mehrfach erfolgten Wiederaufbauten der Sunnereralm nach Zerstörungen am lawinengefährdeten Südhang wurden die einmal zubereiteten Blockhölzer stets wieder verwendet. Die *Mairhoferalm,* ein guter Blockbau von 1843 mit schön geschwungenen Balkenköpfen, besitzt leider kein Schindeldach mehr.

Larcheralm, langgestreckter Blockbau, z. T. verbrettert, auf gemauertem Sockel, Dach nur noch z. T. mit Schindeldeckung, wohl 1. Hälfte 19. Jh.; am Zeller Berg beim Wirtshaus Sudelfeld, 1133 m Höhe.

Die Hütte ist zwar teilweise nachteilig verändert worden, zeichnet sich aber durch ihre stattliche Größe und den mächtigen Blockverband aus; sie gehörte zum *Oberlarchanwesen* in Bayrischzell, jetzt zum Versuchsgut Grub.

Lechnerhütte – siehe *Krottentalalm.*

Mairhoferhütte – siehe *Kümpflalm.*

Mairalm – siehe *Soinalmen* und *Wendelsteiner Spitzingalmen.*

Mühlauer Alm – siehe *Steilenbergalm.*

Neuhüttenalm, altertümlicher Blockbau auf gemauertem Sokkel, mit steinbeschwertem Legschindeldach, über dem Eingang bez. 1678, über der Zwischentür zum Stall bez. 1809, First bez. 1822; südöstlich des Seebergkopfs am «Wachtl», 1232 m Höhe.

Die Almhütte ist nach der *Hölleialm* bei Glashütte (1676) die zweitälteste erhaltene im Landkreis, in der Fülle der historischen Details aber die bedeutendste. Der Bau, eine Einfirstanlage des normalen Typs, ist in Bayern wohl der letzte mit offener Feuerstelle, die Einfassung der Feuergrube ist bezeichnet 1797. Der rußgeschwärzte zentrale Arbeitsraum, dessen Blockwände mit zahllosen datierten Inschriften von Sennern, Sennerinnen und Hüterbuben seit 1809 übersät sind, ist von zwei kleineren Räumen flankiert, der Kammer des Senn und einem Abstellraum. Der Hauptraum ist – wie bei den meisten alten Hütten – unterkellert. Am Außenbau lassen sich die alten Lichtöffnungen der Erbauungszeit neben den vergrößerten Fenstern des 19. Jh. beobachten; originell sind die Öffnungen am Stallteil für den Mistauswurf. Die Alm, von dem Bayrischzeller Senn Franz Staudacher bis 1981 durch 61 Almsommer besorgt, gehört zum *Mainwolfbauern* bei Bayrischzell, dessen Familie in männlicher Geschlechterfolge seit dem 13. Jh. auf demselben Hof sitzt.

Kümpflalm, untere Hütte

Larcheralm

Neuhüttenalm

Neuhüttenalm

Neuhüttenalm, Senn F. Staudacher

Neuhüttenalm, Stall

Neuhüttenalm, Mistauswurfloch im Holzblock

Kümpflalm, obere Hütte, Detail

Neuhüttenalm, 1678 dat. über Türsturz Giebelseite

Niederhoferalm, stattliche massive Einfirstanlage, in Formen eines Bergbauernhofes 1779 erbaut; zwischen Seebergkopf und Gamswand, 1035 m Höhe.

Die sehr stattliche, gut erhaltene und sachgerecht erneuerte Hütte wurde 1779 durch die *Klosterpropstei Fischbachau,* den maßgeblichen Grundherren des Bayrischzeller Tals, neu erbaut. Laube und Fenstererweiterungen sind Zutaten des 19. Jh. (siehe auch oben – *Klareralm).*

Salmerhütte – siehe *Kleintiefentalalmen.*

Sandbichleralm, Blockbau, First bez. 1844; südlich unter der Maroldschneid, 1410 m Höhe.

Durch Haushamer Bauern bestoßene Alm an einem ausgedehnten Südhang. Der sonst wohlerhaltene, leider durch ein Eternitdach beeinträchtigte Blockbau zeigt charakteristische Details des mittleren 19. Jh.

Schellenbergalm, gemauerter Bau, First bez. 1869; am Schellenberg, unterhalb des Soinsees, 1320 m Höhe.

Die Alm, von fast 100 ha Größe, gehört zum *Wölflanwesen* in Osterhofen. Die gemauerte Hütte hat seitlich, firstparallel, doch aus der Giebelfront zurückgesetzt, einen separaten Kälberstall mit eigenem Eingang. Die Hütte ist im Sommer als Berggasthaus bewirtschaftet.

Seebergalm, altertümlicher gemauerter Bau, wohl noch 18. Jh.; am Südhang des Seebergkopfs, 1460 m Höhe.

Die Alm liegt in Nähe der *Neuhüttenalm* (siehe oben) und gehört ebenfalls dem *Mainwolfbauern.* Der Wohnteil, auf blanken Fels aufgemauert, ist wegen der Hanglage traufseitig erschlossen. Ein zusätzlicher ehem. Stall, im Kern ein Blockbau, hat sich neben der Hütte erhalten; auch die Almanger-Einfriedungsmauern sind z. T. noch vorhanden.

Sillbergalm (untere Hütte), Blockbau, First bez. 1810; südöstlich unter dem Sillberg, 1030 m Höhe.

Guter Blockbau, in z. T. verfremdeter Umgebung (Hotel); die obere Hütte durch moderne Veränderungen entstellt.

Sixthütte – siehe *Soinalm* und *Wendelsteiner Spitzingalm.*

Soinalm (Stefflhütte), gemauerter Bau, Wohnteil und Kälberstall first-parallel nebeneinander, First bez. 1850; am Soinsee, 1400 m Höhe.

Soinalm (Mairhütte), verschindelter Blockbau, 18./19. Jh.; am Soinsee, 1400 m Höhe.

Soinalm (Sixthütte), altertümlicher Blockbau mit steinbeschwertem Legschindeldach, 17./18. Jh.; am Soinsee, 1400 m Höhe.

Die Gruppe der *Soinalmen,* in einem Kessel unterhalb der Ruchenköpfe und des Soinsees gelegen, bestand ursprünglich aus sieben Almhütten der Bauern von Dorf und Osterhofen. Von diesem Almdorf sind vier Hütten verblieben, die den Bauern von Dorf und dem *Christerbauer* in Grandau gehören. Die gleichen Bauern bewirtschaften gemeinsam mit dem gleichen Almpersonal auch die Gruppe der *Spitzingalmen* unter dem Wendelstein.

Stefflhütte – siehe *Soinalmen* und *Wendelsteiner Spitzingalmen.*

Niederhoferalm

Sandbichleralm

Schellenbergalm

Schellenbergalm

Seebergalm

Sillbergalm, untere Hütte

Soinalm (Stefflhütte)

Soinalm (Stefflhütte), im Hintergrund die Kuchenköpfe

Soinalm (Sixthütte), Legschindeldach

Soinalm, Mairhütte, im Hintergrund Sixthütte

45

Steilenbergalm (untere; *Mühlauer Alm*), gemauerter Bau, Giebel mit verbretterter Laube, wohl Mitte 19. Jh.; südöstlich unter dem Hochmiesing, 1180 m Höhe.

Sunnererhütte – siehe *Kümpflalm*.

Walleralm, Blockbau, First bez. 1783; am Sudelfeld, 1410 m Höhe.

Die Hütte, mitten im Skigebiet auf dem oberen Sudelfeld gelegen, ist nach der typischen Art der Oberaudorfer Almen ausschließlich giebelseitig erschlossen. Die Zugänge zum Stall liegen also an der Frontseite und sind rechts und links am Wohnteil bzw. der Kaserei vorbeigeführt. – Bemerkenswert die z. T. figurierten Balkendurchsteckungen des Holzblockverbands (Klingschrot).

Walleralm

Steilenbergalm (untere Hütte), mit Sennerin

46

Steilenbergalm (untere Hütte)

Walleralm, Detail Klingschrot

Walleralm, Detail Tür

47

Wendelsteiner Spitzingalm (Stefflhütte), Blockbau, Längsseiten verbrettert, First bez. 1827; südwestlich unter dem Wendelstein, 1236 m Höhe.

Wendelsteiner Spitzingalm (Sixthütte), ursprünglich wohl Vollblockbau, 18. Jh., später bis zur Fensterhöhe massiv untermauert; südwestlich unter dem Wendelstein, 1236 m Höhe.

Wendelsteiner Spitzingalm (Bauernhütte oder *Christerhütte)*, Blockbau auf gemauertem Sockel, mit mittelsteilem Schindeldach, 2. Hälfte 19. Jh.; südwestlich unter dem Wendelstein, 1236 m Höhe.

Die Spitzingalm am Wendelstein ist ein kleines «Almdorf» wie die *Soinalm*. Die vier Hütten, hintereinander gestaffelt und nach Osten gerichtet, gehören den Bauern in Dorf; sie liegen eindrucksvoll auf einem nach Süden ausgreifenden Sattel in sehr charakteristischer Situation. Die Hütten sind z. T. schon im 19. Jh. erneuert worden (aufgesteiltes Dach der Bauernhütte, Auswechseln der Blockhölzer durch Mauerwerk). Besonders sorgfältig und sachgerecht erhalten erscheint die *Stefflhütte*.

Wildfeldalm, altertümlicher Blockbau mit steinbeschwertem Legschindeldach, wohl noch 18. Jh.; südwestlich unter der Rotwand, 1620 m Höhe.

Die Wildfeldalm, Besitz des *Jodlbauern* von Hagnberg, am bekannten Weg von der Valepp zur Rotwand gelegen, ist nach Ursprünglichkeit und Lage eine der eindrucksvollsten Hütten Oberbayerns. Der historische Triebweg führte über Josefstal, Stockeralm und Spitzingsee.

Inschrifttafel, um 1830, an der *Wirtsalm;* südöstlich unter der Maroldschneid, 1324 m Höhe.

Die Tafel erinnert an Aufenthalte des Passauer Bischofs Heinrich Hofstätter als Gast des Wirts von Marbach bei Fischbachau auf dieser Alm im Sillberggebiet.

Wendelsteiner Spitzingalmen

Wendelsteiner Spitzingalm (Sixenhütte), Detail

48

Wildfeldalm

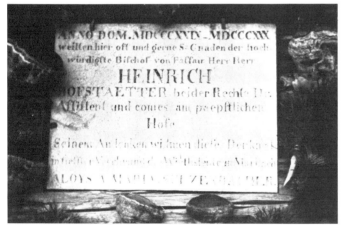

Wirtsalm, Inschrifttafel

Wildfeldalm, mit Legschindeldach

Wendelsteiner Spitzingalm (Stefflalm)

GEMEINDE FISCHBACHAU

Der Ort, der in Verbindung mit seinem ehemaligen Kloster zuerst 1095 in einer Urkunde des Papstes Urban II. als «cellula S. Martini, quae dicitur Vischbachoa» genannt wird, liegt auf einer Schotterterrasse im oberen Leitzachtal in 772 m Höhe.

Das süd-nördlich verlaufende Hochtal, dessen Fluß, die Leitzach, sich am Westrand tief eingegraben hat, ist nach Norden bis über das Dorf Hundham hinaus weit geöffnet, sonst eingefaßt von bewaldeten Vorbergen, im Südosten überragt von den Felsmassiven des Breitenstein (1622 m) und Wendelstein (1838 m).

Die Besiedlung und Kultivierung des Gebietes wurde im 11./12.Jh. von den großen Maierhöfen in Fischbachau, Elbach und Hundham und von den Schwaigen getragen, die im Spätmittelalter häufig geteilt wurden, zuweilen im 16. und 17.Jh. eine nochmalige Teilung erfuhren, wodurch typische bäuerliche Zwei- und Vierhöfeweiler wie *Aurach, Deisenried, Effenstätt, Gern, Oppenried, Steingraben, Trach* u.a. entstanden sind, die sich nach der Siedlungsstruktur meist unverändert erhalten haben. Seltener sind aus Teilungen hervorgegangene Dreihöfeweiler.

Daneben bestehen seit dem Hochmittelalter reine Einödsiedlungen wie *Granzer, Kreit, Salmer, Wiedenbauer (Schreiern)* und die meisten Mühlen.

In den Kirchdörfern tritt das bäuerliche Element zugunsten der Anwesen von Wirt, Kramer, Lehrer, Richter und von Handwerkern zurück. Bei den mehr handwerklich strukturierten Orten wie Dürnbach und z.T. Hundham fällt die Straßendorfform der Siedlungen besonders auf. Unter diesen war Hundham mit 30 alten Anwesen der größte Ort der Gemeinde.

Zusammenfassend kann festgestellt werden, daß die historischen Siedlungsbilder, zu denen auch die Temporärsiedlungen der *Fischbachauer Almen* gehören (z.B. die *Bucher-, Durhamer-, Holzer-, Kesselalm*) sehr vielfältig und insgesamt gut erhalten sind.

Rinderzucht im Tal und auf den Almen am Wendelstein wie auch südlich der Gemeinde im Rotwandgebiet (siehe Gemeinde Bayrischzell), Holzwirtschaft, Handwerk und seit etwa einem Jahrhundert der Fremdenverkehr, sind die traditionellen Erwerbszweige der Bevölkerung nicht nur in Fischbachau selbst, sondern in der gesamten 1978 aus den früheren Gemeinden Fischbachau und Hundham (mit dem sehr alten Pfarrdorf Elbach) sowie Teilen der früheren Gemeinden Niklasreuth und Wörnsmühl gebildeten Großgemeinde, die kirchlich zu den Pfarreien Fischbachau und Elbach, am Auerberg auch zu Niklasreuth und Au bei Aibling gehört und heute ca. 4700 Einwohner zählt.

In Süd-Nord-Richtung folgt das heutige Gemeindegebiet dem Leitzachlauf, von dem unter der Aiplspitz an der Bayrischzeller Straße gelegenen kleinen Dorf Aurach in fast zehn Kilometer Länge bis zum Leitzachgrund bei Wörnsmühl und zum Auerberg, der als ost-westlich quer verlaufender 904 m hoher Moränenrücken die Talöffnung schließt und die Gemeindegrenze gegen das tief unterhalb sich ausdehnende Aiblinger Moos und das untere Leitzachtal und Irschenberggebiet bildet.

Westlich gegen das Schlierseer Tal stellt der völlig bewaldete Rohnberg (auch Schliersberg genannt; 1257 m), östlich gegen das Inntal neben Wendelstein und Breitenstein der Schwarzenberg, ebenfalls ein Waldberg, eine natürliche Barriere dar.

Fischbachau

Die Geschichte des ehemaligen *Klosters und des Ortes Fischbachau* nimmt um das Jahr 1085 erkennbare Züge an, als die klösterliche Gründung der Gräfin Haziga von dem Ort Margaretenzell (siehe Bayrischzell) etwa zwei Stunden nordwestwärts an den günstiger gelegenen Fischbach verlegt wurde, wo Haziga durch Tausch ein Gut vom Freisinger Bischof erworben hatte.

Die zwölf Benediktinermönche, die Abt Wilhelm aus seinem berühmten Reformkloster Hirsau in die «Zell» gesandt hatte, konnten bei ihrer neuen Niederlassung schon 1087 die Weihe einer Marienkirche feiern, die Bischof Meginward von Freising vornahm. Als spätere Pfarr- und jetzige Friedhofskirche ist dieser Bau, wenn auch verändert, erhalten geblieben. Unter den sieben Klöstern, die der große Reformabt Wilhelm neu errichtete, wird Fischbachau genannt, ein Beleg dafür, welcher Rang der Gründung zugedacht war, die 1096 zur Abtei erhoben wurde und über die nach dem Tod der Stifterin Haziga ihr Sohn Graf Otto II. die Vogtei ausübte.

Bereits 1104 endet die Fischbachauer Abteigeschichte mit einer weiteren Verlegung des vermutlich in der noch kaum kultivierten und weithin unbesiedelten Gegend wirtschaftlich nicht lebensfähigen Klosters in die verlassene Burg Eisenhofen auf dem Petersberg bei Dachau.

Zur endgültigen Niederlassung des Klosters wurde jedoch zwischen 1119 und 1123 die aufgegebene Burg Scheyern des Grafen Otto I. von Scheyern-Wittelsbach bestimmt, mit dem Haziga in 2.Ehe verheiratet war und durch welchen sie zur Stammutter des wittelsbachischen Fürstenhauses wurde.

Mit der Abtei Scheyern, die als Hauskloster und Grablege der Wittelsbacher zu großer Bedeutung gelangte und noch heute besteht, war die Geschichte von Fischbachau bis 1803 eng verbunden. Denn als *Propstei Fischbachau*, welche der Abtei unterstellt war sowie als eine zwar innerhalb des kurfürstlichen Landgerichts Aibling gelegene, doch in grundherrschaftlicher und wirtschaftlicher Hinsicht von Scheyern abhängige *Klosterhofmark* (der die nachgeordneten Scheyerner Hofmarken in Bayrischzell und Berbling bei Aibling angeschlossen waren) hatte die Gründung der Gräfin Haziga bis zur Säkularisation Bestand.

Wirkte die Abtei im 18.Jh. in der Regel auch nur mit zwei Patres in Fischbachau, so barockisierte sie doch glanzvoll die romanische Basilika, förderte intensiv, und nicht zuletzt im wirtschaftlichen Interesse, die aufblühende *Marienwallfahrt* im nahen *Birkenstein* (siehe S.62) und trug so zur Ausgestaltung der barocken Sakrallandschaft bei, die sich zwischen den beiden Fischbachauer Kirchen, der Wallfahrtskirche, der Bayrischzeller Kirche und zwischen den Kapellen und Bildstöcken im Tal bei den Höfen, am Berg bei den Almen und auf dem Gipfel des Wendelstein entfaltete.

Vom ältesten Siedlungsbild des Klosterortes Fischbachau ist nur die unverändert gebliebene Lage der beiden im 11.Jh. gegründeten Kirchen bekannt. Die mittelalterlichen Klostergebäude, die 1492 durch Brand beschädigt worden waren, dürften sich bereits auf dem Platz an der Südseite der Martinskirche befunden haben, auf dem 1733/34 die neue Propstei erbaut wurde.

Trotz der etwa 1890 einsetzenden neueren Bebauung längs der Straßen nach Birkenstein und Bayrischzell ist die historische Ortsstruktur von Fischbachau erhalten oder noch anschaulich. Vor allem blieb den quer zur Talrichtung gelagerten beiden Kirchen die eindrucksvolle Fernwirkung nach Norden belassen. Westlich der Propstei und der beiden Kirchen mit dem Friedhof befand sich bis in die jüngste Zeit ausschließlich der schon 1315 in den Urkunden genannte *Maierhof* (Hauptstraße 4), der als ganzer Hof und Schwaige beträchtlichen Umfang hatte. Mit dem Bau eines neuen *Pfarrhofes* (St. Martin-Straße 5) vor einigen Jahren ist das historische Grundrißbild des Ortes an dieser Stelle gestört worden.

Von den weiteren acht alten Fischbachauer Anwesen sind vier

Fischbachau von Norden

Fischbachau gegen den Breitenstein

der nord-südlichen Durchgangsstraße zugeordnet, die den Bezirk der ehem. Propstei östlich tangiert, dann im Bogen nach Südwesten umschlägt. An der aus dem Straßenbogen südwärts abzweigenden Gasse (Wolfseeweg) liegen zwei weitere alte Höfe.

In den aus dem 17. bis 19. Jahrhundert überkommenen Bauten, ihrer Lage und gegenseitigen Zuordnung, ist der Fischbachauer Ortskern, wie er sich seit dem Mittelalter bis etwa 1875 darstellte, noch anschaulich. Es gehören dazu Kirchplatz 5, *«Beim Mesner»*, nach Brand 1875 neu erbaut; Kirchplatz 8, *«Beim Eder»*, seit 1887 Kramerei; Wolfseeweg 3, *«Beim Friedl»*, 1488 genanntes Bauernanwesen, 1892 zertrümmert; Wolfseeweg 5, *«Beim Bernhard»*, 1453 genanntes, noch bestehendes Bauernanwesen; am Fischbach liegt das Anwesen *«Hinterbacher»*, eine ehem. Schmiede (Weiherweg 1), an der Straße nach Birkenstein das *«Kramerlhaus»* (Birkensteinstraße 6) und das alte *Richter- und Amtmannhaus* (Birkensteinstraße 14), wo der Klosterhofmarksrichter die niedere Gerichtsbarkeit ausübte, letzteres ist im Kern noch erhalten. Ersatzlos abgebrochen wurde von den Uranwesen nur das Haus *«Beim Schuller»* (Lehrerhaus; Abbruch 1910), dessen Platz heute die Raiffeisenbank einnimmt (Kirchplatz 3).

Birkensteinstraße – siehe auch Ortsteile *Birkenstein* und *Lehermühl*.

Hauptstraße 19. *Landhaus* im oberbayerischen Heimatstil, mit Balusterlauben, Erker und Fassadenmalereien in Formen des Rokoko, erbaut 1910.

Unter den neueren Gasthaus-, Wohnhaus-, Landhausbauten, die in größerer Zahl seit etwa 1890, beginnend mit dem *Gasthaus zur Post* (Birkensteinstraße 1), gebaut wurden, ist das Landhaus von 1910 am damaligen südlichen Ortsausgang der eindrucksvollste Bau.

Kirchplatz 1. Ehem. *Benediktiner-Propsteikirche,* seit 1803 *kath. Pfarrkirche St. Martin,* als dreischiffige flachgedeckte romanische Basilika ohne Querhaus, Krypta und Turm um 1096/1101 (oder 1110) in Tuffstein erbaut, 1628/29 Anbau der Sakristei und Requisitenkammer an Stelle der Nebenapsiden und Ostteile der Seitenschiffe, 1698/1702 Erhöhung der Hauptapsis und Bau des Turms mit Zwiebelhaube von Johann Mayr d. Ä., barocke Fenster 1705, Einwölbung 1733, Stuckierung 1737/38 und 1765.

Die bestehende, im 18. Jahrhundert umgebaute und um den Ostturm erweiterte Martinskirche gibt sich nicht allein durch ihre Dreischiffigkeit und ihren basilikalen Querschnitt augenfällig als mittelalterliche Klosterkirche zu erkennen: in ihrem Tuff- und Backstein-Mauerbestand ist fast der gesamte romanische Bau aus der Zeit um 1100 erhalten, eine für Bayern typische querhauslose Basilika, mit gleich langen Schiffen, ohne Krypta, einfach, mit gedrungenen Pfeilern, welche die je acht Arkaden des Mittelschiffes stützen. Die Putzflächen des romanischen Innenraums, der mit einer Flachdecke abschloß, muß man sich ursprünglich bemalt vorstellen. Die Apsiden der Seitenschiffe wurden beim barocken Umbau der Kirche 1628/29 abgetragen, ihre Fundamente sind 1898 durch Grabungen im Boden nachgewiesen worden.

Die Barockisierung der Basilika, die beim Brand 1492 beschädigt worden war, begann 1628 und vollzog sich in einem Zeitraum von 140 Jahren. Zunächst wurden anstelle der Nebenapsiden Sakristei und Requisitenkammer angebaut, 1698/1702 durch den im Leitzachtal, im Aiblinger und Rosenheimer Gebiet vielbeschäftigten Maurermeister Johann Mayr d. Ä. von Hausstatt (1643–1718) die Hauptapsis erhöht und der Ostturm erbaut. 1705 vergrößerte man die romanischen Fenster der Seitenschiffe. Nach Erhöhung der Mauern einschließlich der Giebel des Mittelschiffs um etwa 50 cm wurden ab 1733 hölzerne Tonnengewölbe mit Stichkappen eingebaut und im

Fischbachau, Kirchplatz 1, Kath. Pfarrkirche St. Martin

Fischbachau, Hauptstraße 19, Landhaus

52

Fischbachau, ehem. Benediktiner-Propsteikirche, jetzt Kath. Pfarrkirche St. Martin

Fischbachau, Kath. Pfarrkirche, Inneres

Fischbachau, Kath. Pfarrkirche, südliches Seitenschiff

Hochschiff Rundfenster angelegt. Danach folgte die neue Ausgestaltung der Kirche durch drei aufeinanderfolgende Stuckdekorationen vom Bandlwerkstil (Régence) 1737/38 bis zum reifen Rokoko um 1765.

Mit der ersten Stuckierung wurden auch die romanischen, leider 1957 durch Betonstützen ausgewechselten Pfeiler ummantelt und durch Pilaster und Kapitelle barockisiert. Zur Erneuerung der Kirche ab 1737/38 unter dem Scheyerner Abt Placidus Forster gehört die Ausmalung durch den Ingolstädter, an Cosmas Damian Asam und niederländischen Vorbildern geschulten und in Scheyern, Ingolstadt und der Eichstätter Gegend bewährten Maler Melchior Puchner (1695–1759), der an den Gewölben und Mittelschiffwänden in 87 Bildfeldern vier große Themen entwickelte, welche im Mittelschiff das Leben und die Tugenden des Patrons der Kirche, des Hl. Martin, darstellen, während die Bilder des nördlichen Schiffs dem Ordensstifter, St. Benedikt, die des südlichen dem Marienleben, gewidmet sind. Die entsprechenden Rokoko-Seitenaltäre sind der Benediktusaltar und der Rosenkranzaltar der 1731 eingeführten Rosenkranzbruderschaft, in welchem seit 1892 das bedeutendste Einzelwerk der Kirche, die sogenannte Fischbachauer Madonna, eine nach ihrer künstlerischen Herkunft schwer einzuordnende Skulptur der Zeit um 1740, steht.

Im Chor hat Puchner in den Gewölbefresken ein der Hl. Dreifaltigkeit dargebrachtes Engelskonzert gemalt. Das Gemälde des sechssäuligen Hochaltars (um 1765) stammt vom Freisinger Hofmaler Johann Baptist Deyrer (1766) und zeigt Haziga als Klosterstifterin, zwei Mönche mit dem Plan der Kirche, darüber die Heiligen Benedikt und Martin in den Wolken. Um 1765 die elegante Stuck-Kanzel, um 1760 die Kreuzwegtafeln.

Kirchplatz 2. *Ehem. kath. Pfarrkirche*, jetzt *Friedhofskirche Maria Schutz*, romanisches Langhaus 1087 geweiht, spätgotischer Chor und Wölbung des Langhauses 1494, frühbarocke Ausgestaltung und Stuckierung um 1635; Turm und Erweiterung des Langhauses nach Westen 1695 durch Johann Mayr d. Ä.

Bei der Restaurierung der Kirche 1984/85 wurde an den Turmfassaden und den Fensterleibungen die frühbarocke Graufassung, z. T. seltene Diamantquaderung, aufgedeckt und freigelegt. Außerdem wurden bis 1 m tiefe Bachkugel-Mauerwerksfundamente aufgefunden. Der Kirchenboden wurde leider betoniert.

Der Innenraum der ältesten aber vielfach baulich umgestalteten Fischbachauer Kirche, der früheren Pfarrkirche der Klosteruntertanen, wurde um 1630 durch die Umgestaltung des gotischen Gewölbes und die gleichzeitige Stuckierung mit einfachem Rahmenwerk, Engelsköpfen und Rosetten durch die Schlierseer Stuck-Maurer vereinheitlicht. Die Stuckdekoration gehört zu den frühesten Beispielen barocker Deckengestaltung im Landkreis.

Der schwarz-gold gefaßte frühbarocke Altar von 1634 schließt das spätgotische Relief einer Schutzmantelmadonna ein, um 1503, dem Hans von Pfaffenhofen zugeschrieben; gleichzeitig, doch von anderer Hand, das Predellarelief. An der Nordwand Reste spätgotischer Fresken des frühen 15. Jh., an der Südwand eindrucksvoller überlebensgroßer Kruzifixus des späten 17. Jh.

Fischbachau, Kath. Pfarrkirche, Mittelschiffgewölbe

Fischbachau, Kath. Pfarrkirche, Fischbachauer Madonna

Fischbachau, Friedhofskirche Maria Schutz

Fischbachau, Friedhofskirche Maria Schutz, Deckenstuck

Fischbachau, Friedhofskirche Maria Schutz, Inneres

Fischbachau, Friedhofskirche, Schutzmantel-Madonna

55

Kirchplatz 9/10. Ehem. *Propsteigebäude,* jetzt Gemeindeverwaltung und Forstamt, einfache barocke Dreiflügelanlage, zweigeschossige Putzbauten mit Satteldächern, Ostseite durch Hofmauer mit zwei Torbögen geschlossen, 1733/34 Nord- und Westflügel, 1790 Südflügel; im Treppenhaus hölzerner Bildstock von 1649, ehem. bei der «Steilen Wand».

Das Propsteigebäude für die wenigen Scheyerner Mönche, die in Fischbachau lebten und für den Pfarrvikar, der vor 1725 in der Regel ein Weltgeistlicher war, wurde 1733/34 als langgestreckter, nach Osten gerichteter Giebelbau südlich parallel zur Klosterkirche neu erbaut. Der Vorgängerbau war nach einer Beschreibung von 1636 ein «dreigädiges Haus», wohl an gleicher Stelle, mit daran angebautem Jägerhaus und Ställen gewesen. In einem Holzblockhaus, daneben, wohnte der Benefiziat. Den Neubau von 1734 teilten sich Propst und Pfarrvikar, beide Patres, sowie ein Kurat, ein Jäger und ein Propsteiagent. Hofmarksrichter und Gerichtsdiener wohnten im Richter-, der Lehrer im «Schuller»-Haus.

Der zweigeschossige, durch Ecklisenen, Putzbänder und gekehlte Ortgänge schlicht gegliederte Propsteibau weist auch im Inneren klare Raumdispositionen auf. Im Oberstock, in dem jetzt, nach Auszug des Pfarrers, die Gemeindeverwaltung eingerichtet ist, sind Rahmenstuckdecken über Hohlkehlen, z. T. originale Dielenböden und Türen erhalten, im Erdgeschoß, jetzt Fremdenverkehrsamt und Lesesaal, befanden sich Wirtschaftsräume, die Dachräume dienten als Speicher. Der winkelförmig an die alte Propstei angeschlossene Westtrakt war stets Wirtschaftsteil mit Ställen und Remisen gewesen.

Zur Form der Dreiflügelanlage wurde der Bau erst um 1790 ergänzt, als für den Scheyerner Abt, der sich jährlich im September in Fischbachau einfand, ein eigener, dem Nordflügel von 1734 angeglichener Prälatenstock im Süden an den Wirtschaftstrakt angebaut wurde. Nach einer Beschreibung von 1803 gab es in diesem Neubau u. a. ein Prälatenwohnzimmer, einen Speisesaal und ein Prälatenschlafzimmer. Dieser Flügel von 1790, mit dem Nordflügel durch eine Hofmauer um einen geschlossenen Innenhof verbunden, dient seit 1808 als Revierförsterwohnung bzw. Forstamt.

Martinsweg 3. *Friedhofskapelle* (Karner), wohl 2. Hälfte 18. Jh.; *Friedhof,* alter Teil, ummauert, 17./18. Jh.; schmiedeisernes Grabkreuz Franz Lippert, Schmied von Hammer, in barocken Formen; schmiedeisernes Grabkreuz Staatsminister Dr. Otto Meißner (1880–1953), in barocken Formen, im neuen Teil des Friedhofes.

Salmerweg – siehe Ortsteil *Salmer.*

Weiherweg 1. *Handwerkerhaus «Beim Hinterbacher»,* ehem. kleine Hammerschmiede, Obergeschoß verschalter Blockbau mit Balusterlaube vor dem Ostgiebel, Pultdachvorbau, 2. Hälfte 18. Jh.

Das kleine Handwerkerhaus am Fischbach mit dem eigentümlichen Werkstattvorbau wurde erstmals 1589 von Mathias Pichler erbaut, war Mühle, Hammerschmiede und Kramerei, ist jetzt Schusterwerkstatt und -wohnung und wurde 1979 instandgesetzt.

Fischbachau, Kirchplatz 9/10, Gang im Obergeschoß

Fischbachau, Kirchplatz 9/10

Fischbachau, Martinsweg 3, Friedhofskapelle

Fischbachau, Kirchplatz 9/10, Bildstock   Fischbachau, Friedhof

Fischbachau, Kirchplatz 9/10, ehem. Propsteigebäude von Nordosten, jetzt Rathaus

Fischbachau, Weiherweg 1, Handwerkerhaus «Beim Hinterbacher»

Wolfseeweg 1. Ehem. *Bauernhaus «Beim Friedl»*, bemerkenswerter zweigeschossiger Blockbau, Ende 16.Jh., Laube und Hochlaube 19.Jh., der Nordteil des Hauses unter geschlepptem Dach wohl 1. Hälfte 19.Jh.

Der altertümliche Blockbau ist der letzte Rest eines ehemals großen, 1892 zertrümmerten Hofes, der vor 1497 mit dem südlich benachbarten Anwesen *«Beim Bernhard»* eine ursprüngliche Einheit gebildet hatte. Die nachgotischen Formen der Balkenvorköpfe am Giebel weisen auf das späte 16.Jh. als Entstehungszeit des Holzblockbaus.

Fischbachau, Wolfseeweg 1, ehem. Bauernhaus «Beim Friedl»

Achau

Haus Nr.1 und 2. *Ahrainer Mühle* (Unterachau), Einfirsthof mit verputztem Wohnteil, biedermeierlich, mit Rundbogenfenstern im Kniestock und mit zwei Giebelbalkons, erbaut 1851; Mühlengebäude (Säge), massiv, mit Blockbau-Kniestock, um 1800.

Die im Leitzachtal südwestlich von Hundham gelegene Ahrainer Untermühle, eine bis heute mit Wasserkraft betriebene Sägmühle, wird schon im 14.Jh. in einem herzoglichen Urbar genannt. Im typischen ländlichen Biedermeier der Miesbacher Gegend wurde das Haus 1851 neu erbaut. Die ursprüngliche Einödlage im Talgrund ist noch ebenso gewahrt wie bei der flußaufwärts gelegenen *Obermühle* in *Oberachau* (S.94).

Achau, Haus Nr. 1/2, Ahrainer Mühle

Ahrain

Bis in die neuste Zeit bestand die Siedlung Ahrain auf dem Leitzachhochufer bei Hundham aus drei jeweils durch Teilungen entstandenen Zweihöfegruppen: *Ahrain, Häuserbichl* und *Neumaier*. Die letztere Gruppe, *Vorder- und Hinterneumaier*, besteht in heutiger Form erst seit einem Brand von 1780; beide Anwesen waren nachweislich bis dahin baulich verbunden, zusammengebaut. 1780 baute der Vorderneumaier am selben Platz, doch aus Brandschutzgründen in massiver Bauweise, wieder auf. Der Hinterneumaier suchte sich einen neuen Bauplatz nördlich vom Nachbarn. Er besaß reichlich Bauholz und ließ den Oberstock wieder in traditioneller Weise aufzimmern.

Haus Nr.30. *Bauernhaus «Beim Hinterneumaier»*, Einfirstanlage, mit Blockbau-Obergeschoß, Laube und Hochlaube, erbaut 1780 (modern erweitert).

Haus Nr.32. *Bauernhaus «Beim Vorderneumaier»*, Einfirstanlage, Wohnteil verputzt, mit Putzbandgliederungen, Balkon, Giebellaube und zwei Sterntüren, erbaut 1780.

Achau, Haus Nr. 1/2, Ahrainer Mühle

Auerberg

Kapelle. Hofkapelle, 1900 erbaut; zu Haus Nr.2 gehörig.

Die *Hofkapelle beim Hinterauerbergeranwesen* ist eine Marienkapelle mit volkstümlicher Ausstattung aus der Entstehungszeit.

Aurach

Beim Weiler Aurach durchdringen sich die Talböden der Leitzach und Aurach, laufen die Wege von Fischbachau, Schliersee und Bayrischzell zusammen. Der Ort war im 12.Jh. eine Schwaige des Freisinger Bischofs, die 1339 zweigeteilt, 1470 erneut jeweils geteilt wurde, so daß vier Viertelhöfe entstanden. Dieses Siedlungsbild ist noch erhalten oder erkennbar.

Der *Bartl-* und der *Wölflhof* (Alpenstraße 2 und 3) bilden Unteraurach; sie sind 1470 aus der unteren Schwaige von 1339 entstanden. *Irg-* und *Martahof* (Alpenstraße 6 und Benzing-

Ahrain, Haus Nr. 32, Bauernhaus

58

Ahrain, Haus Nr. 30 und 32, «Vorder- und Hinterneumaier»

Ahrain, Haus Nr. 30, Bauernhaus

Auerberg, Kapelle

Aurach, Weiler von Nordosten

straße 2), beide jetzt Handwerksbetriebe, sind 1470 aus der halben Schwaige Oberaurach hervorgegangen. Etwa in der Mitte zwischen den vier Anwesen, die mit den Giebeln in charakteristischer Weise nach Osten stehen, befindet sich die barocke *Ortskapelle*.

Kapelle. Auracher Kapelle, 1. Hälfte 18. Jh.; an der Alpenstraße.

In der barocken Marienkapelle, die einen Dachreiter mit Zwiebelhaube besitzt, ein reizvoller Altar mit gedrehten Säulen und einem Gemälde mit einer Mariendarstellung. Die Darstellung des Gottvater in einem Wolkenring am Tonnengewölbe ist wohl ein Werk des Johann Baptist Pöheim (1752–1838).

Alpenstraße 2. *Gasthof Mairhofer («Beim Bartl»),* Wohnteil mit verputztem Blockbau-Obergeschoß, Giebellaube und geschweiftem Balkon. Ende 18./Anfang 19. Jh.

Alpenstraße 3. *Bauernhaus «Beim Wölfl»,* stattliche Einfirstanlage, Wohnteil verputzt und 1735 barock bemalt, mit zwei giebelseitigen Balusterlauben und reich provilierten Balkenköpfen, bez. 1765, Obergeschoß im Kern Blockbau mit hohem unverputztem Kniestock, Wirtschaftsteil z. T. Blockbau, verbrettert mit barocken Aussägearbeiten.

Der stattliche langgestreckte Einfirsthof gehört zu den bedeutendsten Bauernhäusern der Barockzeit in Oberbayern. Die Putzflächen sind durch Architekturmalereien gegliedert (Eckquaderungen, rahmende Bänder und Faschen) und durch volkstümlich abgewandelte barocke Ornamente sowie christliche Symbole geschmückt. Prächtige Balusterbrüstungen überspannen den sieben Fensterachsen breiten Giebel, dessen weites Vordach und dessen Laubenböden auf Balkenvorköpfen liegen, die aufwendig profiliert sind. Am Holzblock-Oberbau des Wirtschaftsteils weist der außen vorgelegte Brettermantel weitere christliche Symbole und Monogramme als barocke Aussägearbeiten auf (z. T. 1940 kopiert).

Bildstock. Tuffpfeiler mit Laterne, wohl 2. Hälfte 17. Jh.; an der Benzingstraße.

Der 2 m hohe Bildstock steht am Almweg von Aurach südlich durch das Aurachtal zur Benzingalm und zum Rotwandgebiet, dem Almgebiet der Auracher Bauern.

Fischeralmstraße 9. *Landhaus,* Blockbau mit umlaufender Laube und reichen Details, 1933 im Heimatstil erbaut, 1935 erweitert um die Werkstatt.

Das Gebäude liegt nördlich von Aurach beim ehem. Anwesen Fischhaus. Es stellt ein bemerkenswertes Beispiel für den Heimatstil der zwanziger und dreißiger Jahre dar, der sich das Miesbacher Bauernhaus des 17. und 18. Jh. zum Vorbild nimmt.

Bichl

Haus Nr. 1. Ehem. *Bauernhaus «Beim Bichler am Bichl»,* mit Giebellaube und kleinem Giebelbalkon, um 1800 (Fassadenmalerei 1934).

Dominierend auf einem Moränenzug südlich über Fischbachau in 800 m Höhe gelegen, ist das 1346 zuerst erwähnte Anwesen Teil einer Folge von Einzelhöfen, die ostwärts die jeweils höher gelegenen Moränenterrassen besetzen, zu denen der *«Karler»* (Bichl, Haus Nr. 4), *«Bock»* (Nr. 6), *«Zach»* (Nr. 8) und *«Widmeß»* (Nr. 11) gehören.

Aurach, Kapelle | Aurach, Kapelle, Chor

Aurach, Alpenstraße 2, Gasthof Mairhofer

Aurach, Alpenstraße 3, «Beim Wölfl», Detail

Aurach, Fischeralmstraße 9, Landhaus

Aurach, Alpenstraße 3, Bauernhaus «Beim Wölfl»

Bichl, Haus Nr. 1, ehem. Bauernhaus

Aurach, Alpenstraße 3, Bauernhaus, Detail

Aurach, Alpenstraße 3, Bauernhaus Detail Wirtschaftstrakt

Aurach, Bildstock

61

Birkenstein

In Birkenstein, einem der volkstümlichsten Wallfahrtsorte des bayerischen Oberlandes, bestehen auch nach den baulichen Veränderungen seit etwa 1865 außer der Kapelle und den weiteren Wallfahrtsbauten noch die fünf Uranwesen des 16. bis frühen 19. Jahrhunderts, von denen vier Denkmalcharakter besitzen («Schuster», «Unter»- und «Oberbergschmied», «Kramerwirt», «Zimmermeister»/Birkensteinstraße 65, 76, Kapellenweg 4, Birkensteinstraße 80, 85). Überragt von dem Wallfahrtshügel und seiner Kirche folgen die Bauten locker dem Lauf des ost-westlich, gegen Fischbachau, verlaufenden Bergbaches, der für die beiden ehem. Schmieden die Existenzgrundlage bildete. Die Wohnteile der Bauten besitzen bis auf den um 1900 zum Hotel ausgebauten Kramerwirt noch Blockbau-Obergeschosse.

Birkensteinstraße 41. Ehem. *Bäckerei,* stattlicher Putzbau mit überstehendem Steilsatteldach, Balusterbalkons und Aufzugsgiebel, bez. 1877.

Mit seinem Steilstatteldach, unter dem sich Speicherräume befinden, entzieht sich das am alten Wallfahrerweg nach Birkenstein als Bäckerei erbaute Haus dem traditionellen bäuerlichen Haustyp und beansprucht als nachbiedermeierliches Handwerkerhaus eine eigene «Tracht», wie dies bei Pfarr- und Benefiziatenhäusern, Amts- und Schulbauten oft üblich war.

Birkensteinstraße 65. *Bauernhaus «Beim Schuster»,* mit Blockbau-Obergeschoß, Giebel- und Hochlaube, Ende 18. Jh.

Birkensteinstraße 76. Ehem. *Bauernhaus «Beim Unterbergschmied»,* mit Blockbau-Obergeschoß, Giebel- und Hochlaube, Ende 17. Jh.

Das Anwesen, eine ehem. *Messerschmiede,* wird 1564 erstmals genannt.

Birkensteinstraße 85. Ehem. *Bauernhaus «Beim Zimmermann»,* mit Blockbau-Obergeschoß, im Kern 17. Jh.

Das Anwesen, ursprünglich *«Beim Lenzkramer»* genannt, wird 1564 zuerst genannt. Nachdem 1791 westlich das neue Lenzkrameranwesen (Kramerwirt) erbaut worden war, blieb das alte Haus als Wohnhaus, in neuerer Zeit als Kaffeehaus, weiter bestehen.

Birkensteinstraße 91. *Ölbergkapelle* mit drei barocken Figuren, um 1830; im Garten des Oberwirts.

Schlichter volkstümlicher Ölberg mit betendem Christus und zwei schlafenden Jüngern am hinteren Kapellenweg, einer der auf die Wallfahrtskirche zulaufenden Wallfahrerwege.

Kalvarienweg. *Kalvarienberg,* Ende 19. Jh.

Monumentale Gruppe des Gekreuzigten und der beiden Schächer auf einem Hügel gegenüber der Wallfahrtskapelle.

Kapellenweg 4. Ehem. *Bauernhaus «Beim Oberbergschmied»,* Wohnteil mit Blockbau-Obergeschoß, Ende 17. Jh., umlaufende Laube erneuert.

1564 zuerst genannte Schmiede, die Werkstatt 1845 abgebrannt. Das Haus dient seit 1917 den Franziskanerinnen in Birkenstein aufgrund einer Schenkung als Hospiz.

Kapellenweg 10. *Kath. Wallfahrts- und Kuratiekirche Mariä Himmelfahrt,* kleine doppelgeschossige Anlage nach Art des Hl. Hauses von Loreto, erbaut 1709/10 von Johann Mayr, Untergeschoß mit Hl. Grab-Kapelle, offener Umgang des Obergeschosses 1744/69.
Klause mit Wallfahrerladen, Satteldachbau, 1709/10, in baulicher Verbindung mit der Kirche; Freialtar, in offener hölzerner Halle in Formen des Heimatstils, 1926.

Birkenstein, Birkensteinstraße 41, ehem. Bäckerei

Birkenstein, Birkensteinstraße 76, ehem. Bauernhaus

Birkenstein, Kapellenweg 4, ehem. Bauernhaus

Birkenstein, Birkensteinstraße 65, «Beim Schuster»

Birkenstein, Birkensteinstraße 85, ehem. Bauernhaus

Birkenstein, Kalvarienberg

Birkenstein von Südwesten

Ihren Ursprung hatte die Marienwallfahrt bei einer Marter-
säule auf einem übergrünten Felsstock am Fuß des 1622 m hohen Breitenstein, eine halbe Wegstunde östlich der Fischbachauer Propsteikirche in Richtung zu den Bergwäldern und
Almen am Breiten- und Wendelstein. Bei dem Bildstock hatte
der Vikar der Fischbachauer Pfarrei, Johann Stiglmaier, der
seit 1663 amtierte, eine Marienerscheinung. Mit dem Hof-
markstavernwirt Christoph Haffner von Marbach und dem
wohlhabenden Bauern Michael Müllauer von Widmeß, die
ähnliche Erscheinungen gehabt hatten, erbaute Stiglmaier am
Ort des ursprünglichen Wunders, der mit Birken bepflanzt
und mit Mauern befestigt wurde, eine kleine Kapelle, in welche feierlich ein seit langem verehrtes Marien-Gnadenbild aus
der Propsteikirche übertragen wurde, nachdem dort ein neuer
Marienaltar gestiftet worden war.

1692 vergrößerte der Pfarrvikar Johann Kaiser die Kapelle.
Die von der Propstei und der übergeordneten Abtei Scheyern
geförderte, das Ansehen und die Einkünfte der Fischbachauer
Benediktiner mehrende Wallfahrt belebte sich zu Beginn des
18. Jh. stark. Seit 1709 wurden die Gebetserhörungen nieder-
geschrieben, im gleichen Jahr ließ sich ein Klausner auf dem
Birkenstein nieder und 1710 wurde unter Propst Rupert Mozl
von Fischbachau eine Kirche mit Klause nach Vorbild und
Maß des Heiligen Hauses von Loreto von dem Maurermeister
Johann Mayr von Hausstatt bei Aibling (1643–1718) neu erbaut und 1734 benediziert.

Der untere Teil der zweigeschossigen Anlage wird von einer
Folge großer, nach außen geöffneter Wölbnischen, den Sta-
tionen eines Kreuzweges, gebildet, die einen Gebetsraum und
eine Heilig-Grab-Kammer umschließen. Diese beiden
Räume, eine Pietà- und eine Heilig-Grab-Figur bergend, stel-
len die 13. und 14. Station des Kreuzweges dar, den Höhe-
punkt der Wallfahrts- und Prozessionswege und der religiösen
Übungen der Wallfahrer vor dem Zutritt zur eigentlichen
Gnadenkapelle und dem Gnadenbild im Obergeschoß, dem
«Lauretanischen Haus».

Dieser kleine Rechteckraum erscheint als ein überreich ausge-
staltetes goldfunkelndes Rokokokabinett, die Altarnische mit
dem Marien-Gnadenbild als eine Bühne, die durch vergoldete
Wolken, Engel und Gloriolen Züge eines himmlischen Ortes
erhält.

Mit dem weiteren Anwachsen der Wallfahrt entstand nach
1744 der offene Obergeschoß-Umgang, zu dem eine doppelte
Freitreppe hinaufführt. Vorbei an einem Bilderzyklus des Rokoko (1761) und des mittleren 19. Jh., der die Entstehung und
Entfaltung der Wallfahrt schildert und die Wände des Um-
gangs bedeckt, werden die Wallfahrer zum Gnadenbild geleitet.

Südlich quer gegen den First der Kapelle schließt sich das
kleine *Wallfahrtshaus* mit Sakristei, Beichtkammer, Wall-
fahrtsladen an, daran das 1847/48 erbaute sog. *Klösterl,* das
Haus der Armen Schulschwestern, gestiftet 1847 als *Mädchenschulhaus.*

Nordöstlich gegenüber entstand 1840/41 das *Wallfahrtskura-
tenhaus,* ein schlichter biedermeierlicher Bau wie das Schul-
schwesternhaus, ursprünglich auch Knabenschulhaus.

Dieser Gruppe von Wallfahrts- und Schulbauten unter einheitlichen Holzschindeldächern schließen sich kleine Kapellen, ein Freialtar, ein Ölberg an. Birkenalleen begleiten die
auf die Kapelle zuführenden Wege.

Kapellenweg 11. *Kuratenhaus,* biedermeierlich, mit flachem
Walmdach, 1841.

Kapellenweg 12. Sog. *Klösterl,* Haus der Armen Schulschwestern, biedermeierlicher Walmdachbau, 1848.

Kapellenweg. *Kapellenbildstock,* mit Figur des Hl. Johann v.
Nepomuk, 2. Hälfte 18. Jh.

Birkenstein, Kath. Wallfahrts- und Kuratiekirche

Birkenstein, Wallfahrtsbetrieb

Birkenstein, Kuratenhaus

Birkenstein, Kapellenbildstock

Birkenstein, Freialtar und Kanzel

Birkenstein, Kath. Wallfahrtskirche, Altar

Birkenstein, Kath. Wallfahrtskirche, Umgang mit Votivtafeln

Brunnfeld

Haus Nr. 1. Ehem. *Kleinbauernhaus «Beim Fischer»*, mit Blockbau-Obergeschoß, Ende 18. Jh.

Haus Nr. 3. Ehem. *Kleinbauernhaus «Beim Galli»*, zweigeschossiger, z. T. ausgemauerter Blockbau, angeblich 1740.

Dicht beieinanderliegende Kleinhäusergruppe auf dem Hochuferrand der Leitzach, die bis in jüngste Zeit von keiner weiteren Bebauung umgeben war (siehe auch Ahrain).

Buchberg

Haus Nr. 16. *Blockbau-Oberstock* des 17. Jh., aus Point, Gemeinde Kreuth, 1979 transferiert und in einem Wohnhausneubau wiederverwendet.

Beim Neubau des Hauses bzw. der Neuaufstellung des aus dem Tegernseer Tal stammenden Blockbau-Oberstocks wurde die übliche historische Giebelstellung nach Osten leider nicht berücksichtigt.

Deisenried

Der östlich von Hundham am Fuß des Schwarzenberges gelegene Bauernweiler bestand ursprünglich aus einem einzigen Gut, das im 15. Jh. zwischen vier Brüdern geteilt wurde. Die daraus entstandene anschauliche historische Siedlungsstruktur mit den vier Höfen *«Beim Jedl»*, *«Beim Kaspar»*, *«Beim Maurer»*, *«Beim Jodl»* wurde leider in neuerer Zeit durch mangelhaft situierte Wohnhausneubauten gestört.

Kapelle. Hofkapelle des Jedlhofes, 1899 erbaut; zu Haus Nr. 1 gehörig.

Die Kapelle wurde von Johann und Amelie Deisenrieder 1899 als Lourdeskapelle erbaut.

Haus Nr. 3. Bauernhaus *«Beim Jodl»*, Einfirstanlage, Wohnteil mit Blockbau-Obergeschoß der 2. Hälfte 17. Jh., Lauben im 19./20. Jh. erneuert.

Drachenthal

Der Weiler Drachenthal dehnt sich im schmalen Talgraben der Leitzach südlich von Wörnsmühl aus. Die drei alten Anwesen waren ursprünglich *herzogliche Hammerschmieden,* die auf das 15. Jh. zurückgehen. Zu der Ortschaft, die sich in neuerer Zeit um zwei Häuser erweitert hat und u. a. durch ihren Mühlbach, ähnlich wie das benachbarte Wörnsmühl, noch immer das Gepräge eines Mühlenortes besitzt, gehört auch das *Lippmühlanwesen*.

Die beiden Baudenkmäler, streng giebelseitig erschlossen, mit verputzten Wohnteil-Fassaden, die hölzernen Balusterlauben nur noch auf die regelmäßig gegliederte Giebelfront beschränkt, sind beide um 1800 entstanden, dem Zeitpunkt, in welchem das Miesbacher Bauernhaus seine «klassizistische» Vollendung erfuhr.

Haus Nr. 1. *Lippmühle, Sägmühle und Bauernhaus,* stattliche Einfirstanlage, Wohnteil verputzt, mit hohem Kniestock und zwei giebelseitigen Balusterlauben, First bez. 1809.

Haus Nr. 7. Bauernhaus *«Beim Hammerschmied»*, Einfirstanlage, Wohnteil verputzt, mit zwei giebelseitigen Balusterlauben, Anfang 19. Jh.

Brunnfeld, Haus Nr. 1 und 3, ehem. Kleinbauernhäuser

Buchberg, Haus Nr. 16   Deisenried, Kapelle

Deisenried, Haus Nr. 3, Bauernhaus «Beim Jodl»

Drachenthal, Haus Nr. 7, Bauernhaus

Deisenried von Norden

Drachenthal, Haus Nr. 1, Lippmühle, Sägmühle und Bauernhaus

Drachenthal, Haus Nr. 1 und 7

Dürnbach

Das Straßendorf dehnt sich in Nord-Süd-Richtung längs der Leitzachtalstraße aus. Am nördlichen Ortsende, beim östlich vom Schwarzenberg her querenden Dürnbach, von dem der Ort den Namen hat, läuft von Nordosten der alte Weg von Aibling, dem kurfürstlichen Landgerichtsort, zu dem auch Dürnbach gehörte, über Au, Feilnbach und den «Kirchstiegl» in die Talstraße ein, die über Wörnsmühl (von Miesbach und Irschenberg kommend) nach Fischbachau führt. Den Ort überragt im Norden der einzigartige, im Kern mittelalterliche *Elbacher Pfarrhof,* eines der bedeutendsten profanen Baudenkmäler des Landkreises. Er liegt in Sichtbeziehung zur *Pfarrkirche St. Andreas,* die am Gegenhang in Elbach aufragt. Von den neun weiteren historischen Anwesen, die meist locker an der über einen Südhang abfallenden Straßenachse liegen, sind vier Baudenkmäler (s. u.), haben drei ihr historisches Bild weitgehend bewahrt (Leitzachtalstraße 128/130, ehem. *Mühle;* Nr. 149, *«Martlbauer»;* Nr. 160, *«Uhrmacher»*). Das *Ortmann-Anwesen* (Nr. 157) wurde 1891 nördlich vom alten Standort neu errichtet und fügte sich wieder in das Dorfbild ein. Lediglich der Abbruch des alten *Weberhauses* um 1970 und der darauffolgende Neubau sowie das große neue Schulhaus derselben Zeit östlich am Hang, haben das Ortsbild verändert.

Die Lage der ehem. *Mühle* (Nr. 128/130) und ehem. *Hammerschmiede,* seit 1830 auch *Gasthaus Schmiedwirt* (Ötzstraße 2), bezieht sich auf den Lauf des Elbachs, der im Süden die Grenze bildet zum unmittelbar sich anschließenden Pfarrdorf Elbach (siehe S. 74). Bis 1978 war er auch Grenze zwischen den Gemeinden Fischbachau und Hundham.

War Dürnbach vorwiegend eine Handwerkersiedlung, wie schon die Hausnamen belegen, so waren in Elbach Kirche, Friedhof, Schule, Wirt, Mesner auf dichtem Raum vereint, eine Siedlungsstruktur, die u. a. durch den Schulneubau einen Eingriff erfuhr.

Leitzachtalstraße 134. Ehem. *Handwerkerhaus «Beim Sattler»,* Wohnteil mit Blockbau-Obergeschoß, modern bez. 1659, Laube und Hochlaube 19. Jh.

Leitzachtalstraße 143. Ehem. *Handwerkerhaus «Beim Schuster»,* Putzbau, im Kniestock Rundbogenfenster, zwei Giebelbalkone, biedermeierlich, nach 1850.

Das alte Schusterhaus war 1850 abgebrannt, wurde in den für diese Zeit typischen, etwas spröden Formen neu erbaut und ist im Äußeren ursprünglich erhalten. Der kurze Wirtschaftsteil mit dem Tennentor an der rückwärtigen Seite erinnert daran, daß die Handwerkeranwesen auch kleinbäuerlich bewirtschaftet wurden.

Leitzachtalstraße 144. *Elbacher Pfarrhof,* stattlicher Putzbau mit verschindeltem Schopfwalmdach, im Kern Anfang 16. Jh., Ausbau Anfang 19. Jh., mit spätgotischer Hauskapelle zur Hl. Dreifaltigkeit.
Pfarrstadel, Unterteil Bruchsteinbau, Aufbau verschalter Holzständerbau, 1835.

Das hohe Alter und der schloßhafte Charakter des Elbacher Pfarrhofes geben eine Erinnerung an das hohe Alter und die große Bedeutung der Pfarrei und des ausgedehnten Gutes, das der Bischof von Freising im Hochmittelalter in Elbach und im Leitzachtal besaß. Nach der Überlieferung soll der Vorgängerbau der Hauskapelle eine Taufkirche und Klause gewesen sein, von der die Gründung von Margarethenzell (Bayrischzell) und damit des Klosters Fischbachau ausging. Ein Pfarrherr ist bereits 1089 nachweisbar. Seit 1390 hatte die Abtei Scheyern für die Pfarrei das Besetzungsrecht erwirkt und im frühen 15. Jh. wohnten ständig vier Patres von Fischbachau im Pfarrhof und hielten in der *Kapelle* ihr Chorgebet.

Dürnbach, Dorfstraße

Dürnbach, Leitzachtalstraße 134, «Beim Sattler»

Dürnbach, Leitzachtalstraße 143, «Beim Schuster»

Dürnbach, Leitzachtalstraße 144, Pfarrhof

Dürnbach, Pfarrhof, Hauskapelle

Dürnbach, Pfarrhof, Flur

Dürnbach, Fenster der Hauskapelle des Pfarrhofs

Die Unterhaltung der Kapelle oblag bis 1806 deswegen auch nicht den Elbacher Pfarrern, die seit Mitte 15. Jh. wieder Weltgeistliche waren, sondern dem Kloster Fischbachau.

Der Eingang zu dem stattlichen Rechteckbau, dessen Obergeschoß im Kern aus Holzblockwänden besteht, liegt an der Westseite, wo die südliche Fassadenhälfte etwas zurückspringt, sodaß ein schützender Dachvorstand entsteht. Im Erdgeschoß, das ehemals Wirtschaftsräumen vorbehalten war, ein Raum mit gotischer Holzbalkendecke. Aus dem gewölbten Flur führt eine malerische gewendelte Schachttreppe in ein Hochparterre zur Kapelle in der Nordostecke und zu den Wohnräumen, die gefelderte Holzdecken des 17. Jh. besitzen. Das Gewölbe des zweijochigen Sakralraumes hat im Ostteil Sternform (die Rippen wurden in der Barockzeit abgeschlagen), im Westen ist es als Tonne gebildet; hier auch eine gemauerte Empore. Aus dem mittleren 17. Jh. stammt der schwarz-gold gefaßte Altar mit einem Relief der Marienkrönung. Zu Seiten des Altars hervorragende spätgotische Figuren der Hll. Johann Ev. und Petrus, die aus dem ehem. Hochaltar der mittelalterlichen Elbacher Kirche, der Vorgängerin der jetzigen, stammen. Die Glocken der Kapelle wurden um 1803 nach Gerstenbrand verkauft und hängen in der dortigen Kapelle.

1835 wurde der *Pfarrstall* neu erbaut; das alte *Kooperatorhaus* wurde 1879 abgebrochen.

Leitzachtalstraße 151. *Kramerei und Wohnhaus «Beim Hennerer»*, verputzt, mit Balusterlaube und geschweiftem Hochbalkon, um 1800.

Der «Hennerer» war der Hühner- und Eieraufkäufer, im 19. Jh. war mit dem Anwesen auch der Botendienst nach München verbunden. Am historischen Wohnteil die rautenförmige Vordachunterschalung und die Balkons auf geschwungenen Balkonkonsolen ursprünglich erhalten, die Fassadenmalereien modern.

Leitzachtalstraße 160. Am Giebel des Hauses große *Uhr* mit Zifferblatt, dahinter im Inneren des Gebäudes Uhrwerk, 19. Jh.

Zu dem im 19. Jh. am nördlichen Ortsende erbauten *Handwerkerhaus «Beim Uhrmacher»* (auch *«Glaser»*) und *«Beim Binder»* (Schäffler) lebten zwei Familien unter einem First.

Der tüchtige Uhrmacher Johann Hechenleitner (1825–1911) fertigte die Uhr an, die er als Werbung für seine Werkstatt im Hausgiebel anbrachte. Das Gerät ist aus heutiger Sicht als technisches Denkmal zu würdigen.

Ötzstraße 2. *Schmiedwirt, ehem. Hammerschmiede,* Wohnteil verputzt, mit Balusterlaube, Hochlaube und barocken Lüftlmalereien, vor 1790.

Wie die *Drachenthaler Hammerschmiede,* so entstand auch die am Elbach in Dürnbach in der Mitte des 15. Jh., als im oberen Leitzachtal Eisenerze abgebaut und verhüttet wurden. Das Anwesen war kurfürstliches Lehen, während die östlich benachbarte, schon um 1300 genannte *Malmühle* (Nr. 128/130) dem Kloster Fischbachau gehörte.

Im Wohnhaus, das der Schmied Josef Achertswieser (1747–90) bemalen, mit geschnitzten Haustüren und Laubenbrüstungen versehen ließ, wurde um 1830 auch eine Gastwirtschaft eingerichtet. Die Lüftlmalereien an der Südwand sind bei den Fensterumrahmungen schon im Empire-Stil gehalten, die figürlichen Darstellungen zeigen den Gekreuzigten mit der Mater dolorosa und die Hll. Sebastian und Johann Nepomuk als begleitende Figuren.

Die alte Hammerschmiede wurde 1904 abgebrochen, an ihrer Stelle entstand ein kleines Elektrizitätswerk.

Dürnbach, Leitzachtalstraße 151, «Beim Hennerer»

Dürnbach, Leitzachtalstraße 151, Detail

Dürnbach, Leitzachtalstraße 160, Uhrwerk

Dürnbach, Ötzstraße 2, Schmiedwirt, ehem. Hammerschmiede, Wandmalerei an der Südfassade

Dürnbach, Leitzachtalstraße 160, Uhrwerk der Hausuhr

Dürreneck

Haus Nr. 1. Ehem. *Bauernhaus «Dürreneck»*, Einfirstanlage, zweigeschossiger Blockbau, z. T. ausgemauert, mit verbretterter Laube, 1. Hälfte 17. Jh.

Der nicht mehr bewirtschaftete, westlich unter der höchsten Erhebung des Auerbergs gelegene Einödhof wird 1457 zuerst erwähnt. Bemerkenswert ist, daß die alten Blockwände selbst im Erdgeschoß, wo oft seit dem späten 18. Jh. die Auswechselung gegen massive Mauern erfolgte, weitgehend erhalten sind.

Eben

Breitensteinstraße 1. *Ehem. Bauernhaus «Vordereben»*, Wohnteil mit Blockbau-Obergeschoß, Balusterlaube und Hochlaube, Ende 18. Jh.

Die Höfe *Vorder- und Hintereben,* am Bemberg westlich über Wörnsmühl gelegen, sind nach Parzellierung und dichter Bebauung der hofnahen Wiesen nur mehr bäuerliche Traditionsinseln innerhalb einer neuzeitlichen Wohnanlage. Der Vorderebenhof in «klassischer» Giebelgliederung des späten 18. Jh., die Balusterbrüstungen original, die Wandmalerien modern.

Effenstätt

In einem Wiesenboden am Südfuß des Auerberges dehnt sich der Bauernweiler Effenstätt aus. Das historische Siedlungsbild mit den alten fünf streng nach Osten gerichteten Höfen *«Beim Krumm»* (Nr. 13), *«Beim Weber»* (Nr. 15), *«Beim Six»* (Nr. 21), *«Beim Schuster»* (Haus Nr. 2, in dem 1850 auch das *Hoislanwesen* aufgegangen ist) und *«Sitzing»* sowie der südlich bei der Wegkreuzung gelegene Effenstätter *Kapelle* ist nahezu ungestört erhalten geblieben.

Kapelle (Rosenkranzkapelle), 1747 erbaut, Erneuerung und Turm 1809, weiterer Ausbau 1819/20.

Die barocke Effenstätter Kapelle, 1747 als Nachfolgerin eines Holzbaues errichtet, war um 1805 dermaßen baufällig, daß sie in den Urkatasterblättern der Zeit nicht erscheint. Seit 1807 erfolgte eine Wiederherstellung durch die Effenstätter und die benachbarten Bauern, 1820 konnte der Pfarrer von Au die Weihe vornehmen. Der einfache, tonnengewölbte Bau, dem an der westlichen Eingangsseite ein Türmchen mit Spitzhelm vorgestellt ist, enthält ein nachbarockes Altärchen, mit zwei spätgotischen Schnitzfiguren der Hll. Katharina und Ulrich, die aus Kleinholzhausen bei Feilnbach stammen. Die weiteren Figuren und der Kreuzweg sind volkstümlich-barocke Arbeiten.

Haus Nr. 11. *Bauernhaus («Sitzing»)*, Einfirstanlage, Wohnteil verputzt, mit Laube und Hochlaube, Ende 18. Jh.

Klassisch gegliederter typischer Miesbacher Hof, der 1973 sorgfältig instandgesetzt wurde (Balusterbrüstungen, Fenster, Dach mit Hochlaube).

Haus Nr. 15. *Bauernhaus «Beim Weber»*, Einfirstanlage, Wohnteil mit Blockbau-Obergeschoß, Laube und Hochlaube, 1780 erbaut.

Das Haus ist wenig älter als der *Sitzinghof* und weist dieselbe Giebelgliederung auf, doch ist der Oberstock noch als Holzblockbau aufgezimmert.

Elbach

Das Pfarrdorf Elbach, an der Leitzachtalstraße gelegen, schließt sich unmittelbar südlich an Dürnbach an; Grenze ist der Elbachlauf bzw. die Straßenbrücke.

Dürreneck, Haus Nr. 1, ehem. Bauernhaus

Eben, Breitensteinstraße 1, ehem. Bauernhaus

Effenstätt, Rosenkranzkapelle, Altar

Effenstätt, Bauernweiler von Südosten

Effenstätt, Haus Nr. 11, Bauernhaus «Sitzing»

Effenstätt, Haus Nr. 15, Bauernhaus «Beim Weber»

Elbach, Ansicht von Norden mit der Kath. Pfarrkirche St. Andreas und der Heilig-Blut-Kirche

73

Die *barocke Pfarrkirche* hoch über dem steilen Bachufer, umgeben vom ummauerten Friedhof und begleitet von der *Hl. Blut-Kirche,* überragt majestätisch den Ort, der 1085 zuerst erwähnt wird. Bis zum frühen 19. Jh. bestand die haufendorfähnliche Siedlung aus lediglich acht Anwesen, zu denen Wirt, Schmied, Schneider, Mesner, Lehrer, Bäcker, Kistler, Schlosser, jedoch keine Bauern gehörten – mit Ausnahme des sehr großen ehem. *Huberhofes,* der den Kern des ausgedehnten geschlossenen Grundbesitzes des Freisinger Bischofs in Elbach im Hochmittelalter gebildet hatte, 1635 an das Kloster Weyarn übergegangen war und jahrhundertelang zusammen mit den beiden Elbacher Kirchen das Ortsbild geprägt hatte. Die stattliche Hofanlage, südlich der Pfarrkirche in der Mitte des Ortes gelegen, wurde 1895 ersatzlos abgebrochen, der Friedhof an dieser Stelle erweitert. Die organisch gewachsene Maßstäblichkeit zwischen den profanen und sakralen Bauten am Dorfplatz wurde damit beeinträchtigt, der Platz mit seiner alten Dorflinde verlor die westliche Begrenzung und durch die baulichen Veränderungen am großen *Gasthof «Sonnenkaiser»* auch seinen historischen Charakter.

Kirchenstraße 6. Ehem. *Handwerkerhaus «Beim Kistler»,* Putzbau mit Mansarddach, 1815.

Nach einem späteren Besitzer «Beim Kistler» genannt, jedoch von einem Elbacher Mesnerssohn und geschickten Schlosser als *Wohnhaus und Schlosserwerkstatt* erbaut. Bemerkenswert ist das ungewöhnliche Mansarddach, welches das Haus eindeutig als ein nichtbäuerliches erkennen läßt.

Leitzachtalstraße 21. *Kath. Pfarrkirche St. Andreas,* stattlicher Barockbau, wohl von Johann Mayr, vollendet 1689, Ostturm 1722 von Caspar Glasl (Cläsl);
Friedhofskirche Hl. Blut, barock, 1660/70 von Jörg Zwerger, Chor im Kern spätgotisch;
Friedhof, alter Teil, Ummauerung 17. Jh. bis 1856, drei *Heiligenhäuschen* an den Ecken, 18. Jh., Ost- und Südosteingang mit Torpfeilern 1722; schmiedeeiserne Grabkreuze des 18. und 19. Jh.

Mit dem Neubau der Elbacher Pfarrkirche St. Andreas 1689 durch den Hausstatter Maurermeister Johann Mayr (1643–1718) wurden erstmals im Leitzachtal hochbarocke Stilprinzipien durchgesetzt. Der stattliche, 31 m lange Bau ist ein Nachfolger der 1655 ausgebrannten gotischen Andreaskirche, die danach erneuert worden war.

Der Innenraum ist ein klarer, lichterfüllter tonnengewölbter Saalbau mit fünf Langhaus- und zwei Chorjochen. Die Wände sind durch korinthische Pilaster, die Gewölbe durch einfaches strenges Rahmenstuckwerk gegliedert. Die volkstümlich-derbe Ausmalung der Kirche, mit Darstellungen aus der Andreaslegende und dem Marienleben, wahrscheinlich durch den Maurermeister Caspar Glasl, folgte erst 1722, wurde 1855 übermalt und 1929 wieder freigelegt. Der Hochaltar wurde 1697 aufgestellt, die Seitenaltäre 1706 für die Bedürfnisse der Armeseelenbruderschaft (nach 1864 verändert). Aus dem Jahr 1788 stammt die Kanzel. Die geschnitzten Gestühlwangen, das Chorgestühl und die Gitter der Oratorien im Chor schuf der Elbacher Bildschnitzer Caspar Schindler um 1689. Bemerkenswert sind auch die kunstvolle Eingangstür der Kirche (um 1689), eine große spätbarocke Weihnachtskrippe in mehreren Bildern, nach Art der Tiroler Krippen, die zwischen Advent und Mariä Lichtmeß in der oberen Sakristei aufgebaut wird, und die barocken Prozessionsstangen, die im Mittelgang der Kirche stehen.

Bis 1722 bestand an der Südseite der Kirche der mittelalterliche Turm, der abgetragen und von Caspar Glasl (Cläsl), dem Maurermeister des Klosters Weyarn und Baumeister der Kirche von Schliersee, durch einen neuen Turm an der Ostseite, wie in Fischbachau, ersetzt wurde. Dieser Turm, mit

Elbach, Kath. Pfarrkirche St. Andreas und Heilig-Blut-Kirche

Elbach, Friedhofsmauer

Elbach, Kirchenstraße 6, «Beim Kistler»

Elbach, Kath. Pfarrkirche St. Andreas, Heilig-Blut-Kirche und Friedhofsmauer

Elbach, Kath. Pfarrkirche, Inneres

Elbach, Heilig-Blut-Kirche, Inneres

75

dreigeschossigem rechteckigem Unterbau und achteckigem Obergeschoß, dem eine Kuppel mit Laterne und abschließender Zwiebel aufsitzt, gehört zu den eindrucksvollsten Kirchtürmen des bayerischen Voralpenlandes und wirkt mit 45 m Höhe als eine Landmarke des Tals. In einer Nische an der Turmostseite steht die spätgotische Figur des Hl. Andreas aus dem Hochaltar der Vorgängerkirche als Schutzherr des Ortes und der Pfarrei.

Seitlich der Andreaskirche erhebt sich die sog. *Blutkirche.* Anlaß für ihre spätmittelalterliche Entstehung ist nach der Legende ein Hostienwunder. Eine der Versionen der Legende berichtet von einer baulichen Erweiterung einer ältesten kleinen, beim Volk beliebten Friedhofskapelle. Der schwarze Hahn des benachbarten bischöflichen Huberhofes habe während der Arbeiten eine heilige Hostie aus dem Boden gescharrt. Der Zulauf zur Wunderkapelle entwickelte sich zu einer Wallfahrt, die in nachmittelalterlicher Zeit verebbte und um 1630 während einer Seuche wieder auflebte. 1669 wurde die alte Kapelle weitgehend abgebrochen und durch die Schlierseer Maurermeistersippe Zwerger unter Leitung des Jörg Zwerger neu erbaut und stuckiert. Während der Außenrestaurierung 1984, welche die Wiederherstellung der geritzten hellen Fassung des 17. Jhs. zum Ziel hatte, wurden spätgotische Bauteile und Putzfassungen, darüberhinaus romanische Fundamente, aufgefunden.

Der helle Innenraum gehört zu den stilgeschichtlich wichtigen sakralen Frühbarockräumen aus der Zeit nach dem Dreißigjährigen Krieg. Das vierjochige Schiff ist überwölbt durch eine Stichkappentonne über kannelierten Wandpfeilern, der dreiseitig geschlossene Altarraum ist zweijochig, ebenfalls gewölbt. Der üppige Miesbacher Stuck, ursprünglich weiß, zeigt nicht nur Fruchtgirlanden, Vasen und Ranken, sondern am Gewölbe auch ganzfigurige frontale Engel mit Spruchbändern, in der Mitte eine Christusfigur mit Wundmalen und Leidenswerkzeugen, ein einzigartiges «Wappen Christi», den Hahn des Hostienwunders sowie über den Eingängen den Elbacher Pfarrer Benno Plabst (1635–76) als knieenden Stifter sowie eine Beweinung Christi. Neben dem schwarz-gold gefaßten Hauptaltar wurden um 1760 im Altarraum noch ein Leonhards- und ein Antoniusaltar errichtet. Diese Bereicherung im Sinn des Rokoko wurde 1791 mit einer farbigen Tönung des Raums vollendet.

Der *Friedhof,* der sich um beide Kirchen zieht und 1674 und 1856 nach Westen erweitert wurde, besitzt trotz der neuzeitlichen Vergrößerung 1895 nach Süden historischen Charakter. Wesentliche Teile der schweren, ehemals mit Holzschindeln gedeckten Mauern des 17./18. Jh., die barocken Torpfeiler von 1722 mit Kugelaufsätzen und drei der ehemals vier kleinen barocken Eckkapellen auf den vier Mauerecken, sind erhalten. Sie dienten besonderen Andachten in dem einst dichter als heute belegten Gräberfeld, in welchem jede der Familien der Pfarrei, die Dienstboten eingeschlossen, ihre Grabstätte mit einem Kreuz besaß. Eine Reihe barocker oder nachbarocker Schmiedeeisenkreuze ist erhalten.

Leitzachtalstraße 115. *Bauernhaus «Beim Bruckböck»,* Wohnteil zweigeschossiger Blockbau, bez. 1695 (z. T. modern abgemauert).

Der altertümliche, breitgelagerte, liebevoll gepflegte Blockbau am südlichen Ortsende ist das älteste erhaltene Haus des Dorfes. Das Anwesen, ein Viertelhof, wird seit 1469 genannt.

Leitzachtalstraße 120. Haustür, doppelflügelig, wohl 1862; zu Gasthaus und Bäckerei Schneiderhauser gehörig.

Das *Schneideranwesen* östlich gegenüber der Kirche, 1509 zuerst genannt, im 18. Jh. Kramerei, war 1863 auch Bäckerei und wurde um diese Zeit großzügig erweitert. Segmentbogenfenster, Stucktondi und die gotisierende Haustür sind Zeugnisse dieses Ausbaus im ländlichen Stil der Maximilianszeit.

Elbach, Heilig-Blut-Kirche

Elbach, Leitzachtalstraße 115, Bauernhaus

Elbach, Leitzachtalstraße 120, Haustüre

Elbach, Friedhof, Grabkreuz

Elbach, Heilig-Blut-Kirche, Deckenstuck

Elbach, Heilig-Blut-Kirche, Stuck

Elbach, Heilig-Blut-Kirche, südl. Langhauswand

Elbach, Heilig-Blut-Kirche, südl. Seitenaltar

Leitzachtalstraße 125. Ehem. *Elbacher Lehrerhaus,* Blockbau von 1666 und 1789, Ausbau mit Flachsatteldach, Verputz und Balusterbalkon 1852.

Das Haus ist das älteste Elbacher Schulhaus, ein 1666 errichteter erdgeschossiger Blockbau, der 1789 aufgestockt und 1829 als Lehrerhaus eingerichtet wurde, nachdem daneben eine neue größere Schule erbaut worden war. Das heutige Erscheinungsbild gewann das Gebäude beim Umbau vor 1852.

Leitzachtalstraße – siehe auch *Dürnbach.*

Elbacher Pfarrhof – siehe *Dürnbach.*

Endstall

Die beiden Endstaller Höfe, westlich von Elbach gelegen, gingen aus einer Schwaige der Herren von Waldeck hervor, die im 14. Jh. geteilt wurde. Die damit geschaffene Grundrißstruktur des Zweihöfeweilers ist erhalten.

Haus Nr. 4. *Bauernhaus «Beim Zehentmair»,* stattliche Einfirstanlage, Wohnteil mit Blockbau-Obergeschoß und Stüberlvorbau (Bodenerker), 16./17. Jh., Ausbau im 18. und Anfang 20. Jh.; *Zuhaus* (Nr. 2), mit Blockbau-Obergeschoß, 2. Hälfte 18. Jh.

Der Hof, seit etwa 1327 dem *Stift Schliersee,* nach dessen Auflösung dem Kollegiatstift bei der Münchner Frauenkirche gehörig, zählt zu den stattlichsten im Leitzachtal. Für das Stift hatte der Zehentmair den Zehent einzutreiben und im Zehentstadel, der nicht erhalten ist, zu lagern.
Das *Zuhaus,* die Wohnung für den Austragsbauer, ist vom Hauptbau abgesondert und eigens umzäumt; seine Größe ist die eines Kleinbauernhauses.

Haus Nr. 5. *Bauernhaus «Hinterendstall»,* Einfirstanlage, Wohnteil stattlicher Blockbau des 17. Jh., Mitte 19. Jh. verputzt und umgestaltet, Laube mit Aussägearbeiten.

Die geringe Stärke der Außenwände des stattlichen, sieben Fensterachsen breiten Hauses, dem nördlich ein Anbau angefügt ist, läßt den unter dem Putz verborgenen Holzblockbau erkennen. Diesem spätbiedermeierlichen Umbau des alten *Weyarner Klosterlehens* sind auch die großen hochrechteckigen Fenster und die ausgesägten Laubenbrüstungen sowie die Giebelverschalung zuzurechnen.

Engelsberg

Haus Nr. 1. *Bauernhaus «Engelsberg»,* Einfirstanlage, Wohnteil mit Blockbau-Obergeschoß, 17. Jh., umlaufende Balusterlaube und Hochlaube Ende 18. Jh.

Der völlig abgelegen am nördlichen Auersbergabhang gelegene Einödhof ist schon 1270 in den Urkunden genannt. Der mächtige Blockbau-Oberstock des Wohnteils stammt aus dem frühen 17. Jh. Die ältesten kleinen, mit Holzbalken zugesetzten Fensteröffnungen sind an der Südseite noch sichtbar. Nach Auflassung des landwirtschaftlichen Betriebs wurde der Hof 1985 unter Erhaltung des historischen Wohnteils zu einem Landsitz ausgebaut.

Feilenberg

Haus Nr. 1. *Bauernhaus «Feilenberg»,* mit Blockbau-Obergeschoß, Ende 18. Jh., verbretterter Hoch- und Giebellaube 19. Jh.

Kleiner Einödhof, nicht mehr bewirtschaftet, auf der Höhe des Auerbergs.

Funk

Haus Nr. 1. Stattlicher *Einfirsthof «Beim Funk am Bach»,* dreigeschossiger verputzter Wohnteil mit drei Giebelbalkonen, erbaut 1881 (Fassadenmalerei neuzeitlich).

Der mächtige Einödhof an der Straße von Hundham nach Wörnsmühl wurde 1881 neu erbaut, besitzt drei Vollgeschosse und ist ein typisches Beispiel für den gründerzeitlichen Bauaufschwung auch in bäuerlichen Gebieten durch die Intensivierung der Landwirtschaft und für die Bevorzugung des massiven verputzten Bauernhauses im 19. Jh. auch im Alpenvorland. Die Wandmalereien nach Art des Rokoko gehören nicht zum ursprünglichen Bild des Hauses.

Gasteig

Haus Nr. 5. Ehem. *Bauernhaus «Beim Gasteig»,* Einfirstanlage, Wohnteil mit Blockbau-Obergeschoß, 1. Hälfte 18. Jh.

Am Steilweg (Gasteig) von Niklasreuth in den Wörnsmühler Leitzachgrund gelegener, 1270 zuerst genannter kleinerer Einfirsthof, jetzt nicht mehr bewirtschaftet.

Elbach, Leitzachtalstraße 125, ehem. Lehrerhaus

Endstall, Haus Nr. 4, «Beim Zehentmair»

Endstall, Haus Nr. 4, Zuhaus

Endstall, Haus Nr. 5, Bauernhaus

Engelsberg, Haus Nr. 1, Bauernhaus

Feilenberg, Haus Nr. 1, Bauernhaus

Funk, Haus Nr. 1, stattlicher Einfirsthof

Gasteig, Haus Nr. 5, ehem. Bauernhaus

Gern

Der Zweihöfeweiler liegt in 800 m Höhe auf dem freien Rükken des Auerbergs und hat sich aus der mittelalterlichen Teilung eines Urhofes gebildet. Das Siedlungsbild bezeugt noch diesen geschichtlichen Vorgang. Dieselbe Entwicklung und derselbe heutige Zustand läßt sich bei den benachbarten Höfepaaren *Aich* und *Hub* noch beobachten, während weitere Nachbaranwesen wie *Lammerhof, Schnitzenbaum, Dürreneck* noch die ursprüngliche Einödlage aufweisen.

Haus Nr. 1. *Bauernhaus «Obergern»,* Einfirsthof, Wohnteil mit feinen Putzbandgliederungen und zwei Balusterbalkons, Balkenköpfe bemalt, erbaut 1863.

Charakteristisches biedermeierliches Bauernhaus mit gegliederten Putzflächen und auf Balkondimension reduzierten Lauben. Das Anwesen um 1300 bezeugt.

Haus Nr. 2. *Bauernhaus «Untergern»,* kleiner Einfirsthof mit Hakenschopf, Wohnteil mit verputztem Blockbau-Obergeschoß, Traufseit- und Giebellaube, im Kern Ende 16. Jh.

Die Blockwände des kleinen Hofes wurden im späten 19. Jh. verputzt, die Fenster vergrößert.

Gern, Haus Nr. 1, Bauernhaus «Obergern»

Gerstenbrand

Auch dieser Zweihöfeweiler am Südosthang des Auerbergs entstand durch Teilung eines Urhofes im 15. Jh. Beide Anwesen gehörten zur nördlich am Bergfuß gelegenen *Marien- und Leonhardskirche von Lippertskirchen.*

Das reizvolle altertümliche Bild der beiden historischen Bauernhäuser *Ober- und Untergerstenbrand* mit der dazwischenliegenden barocken *Gerstenbrandkapelle,* wurde leider erst in jüngster Zeit zerstört durch einen unangemessen gestalteten Wohnhausneubau westlich und einen Stallneubau südlich des *Obergernanwesens,* deren Firste quer zur bis dahin für alle drei historischen Bauten verbindlichen Firstrichtung gestellt wurden.

Haus Nr. 3. *Bauernhaus «Untergerstenbrand»,* mit Blockbau-Obergeschoß, 1667 als neu erbaut genannt (Dachaufbau neuzeitlich).

Die Proportionen des Hauses wurden durch den viel zu hohen Dachaufbau leider erheblich gestört.

Hofkapelle, barock, um 1780; zu Haus Nr. 4 gehörig.

Die verwahrloste, zuletzt 1890 neu ausgemalte Kapelle des Obergerstenbrandbauern soll in Kürze restauriert werden. Der gewölbte und gegliederte Innenraum besitzt noch sein ursprüngliches Spätbarockaltärchen und Gestühl.

Haus Nr. 4. *Bauernhaus «Obergerstenbrand»,* altertümlicher Einfirsthof, Wohnteil mit Blockbau-Obergeschoß, Ende 16. Jh., Dachaufbau 1790.

Der Hof wird 1429 zuerst genannt, der nordöstliche vordere Hausteil ist nachgotischen Ursprungs (die Fenster im Blockbau-Oberstock erst im späten 19. Jh. erweitert). Das Haus, welches ungenutzt steht, weist reiche Details aus mehreren Jahrhunderten auf: nachgotische Balkenvorköpfe und Laubentürstürze, in den Putz geritzte barocke Fensterumrahmungen an der Südseite, barocke Laubensäulen und langgestreckte Brüstungsbaluster.

Mittelalterliche Abschnittsbefestigung «Alte Birke», ca. 450 m östlich von Gerstenbrand an der neuen Kreisstraße; Hundham, Plan Nr. 1994–1997, So 18–14.

Sichtbare Reste der mittelalterlichen Befestigungsanlage sind mehrere bis zu 180 m lange Gräben und Wälle.

Gern, Haus Nr. 2, Bauernhaus «Untergern»

Gerstenbrandt, Haus Nr. 3, Bauernhaus

Gerstenbrand, Haus Nr. 4, Bauernhaus

Gern, Ansicht von Südosten; links Haus Nr. 2, rechts Haus Nr. 1

Gerstenbrand, Hofkapelle zu Haus Nr. 4

Gerstenbrand, Kapelle

Gerstenbrand, Kapelle, Haus Nr. 3, Haus Nr. 4

Gmais

Haus Nr. 5. Ehem. *Bauernhaus «Beim Fontasch»*, jetzt Café, Wohnteil mit Blockbau-Obergeschoß und Laube, 2. Hälfte 17. Jh.

Der kleine abgelegene Hof, nahe der Bayrischzeller Gemeindegrenze gelegen, 1336 zuerst genannt, im 17. Jh. als Blockbau neu aufgezimmert und später teilweise ausgemauert, wurde in neuerer Zeit als Gaststätte ausgebaut.

Grabenau

Hofkapelle, mit Dachreiter, 1846 ff. erbaut; zu Haus Nr. 29 gehörig.

Dem *Christerbauer* Marinus Zehetmair von Grabenau (Haus Nr. 29) wurde am 24. November 1846 vom königlichen Ministerium des Inneren die Erbauung einer Kapelle bei seinem etwa gleichzeitig neu errichteten Haus eigens genehmigt, da diese auch der Andacht der Nachbarn dienen sollte. Westlich von Hundham im bewegten Moränengelände gelegen, hat der Bauernweiler Grabenau mit seinen fünf Anwesen wesentliche Züge seines Bildes aus dem 19. Jh. erhalten. Die Kapelle ist baulicher Mittelpunkt der Siedlung. Die Architektur zeigt die Einflüsse des gleichzeitigen Münchner Rundbogenstils Gärtners. Das klassizistische Altärchen wird von einigen volkstümlich-barocken Heiligenfiguren umstanden, ihre Herkunft ist unbekannt. Die beiden hochbarocken Putten sollen aus der Elbacher Kirche stammen.

Grandau

Der Weiler liegt in extremer Abgeschiedenheit auf einer Schotterterrasse am Nordostabfall des Rohnberg, über dem Wörnsmühler Drachenthal in fast 800 m Höhe. Aus dem ursprünglichen mittelalterlichen Sitz und Hof der *Grandauer,* eines kleinen edelfreien Geschlechts, entstanden im Laufe der Zeit fünf Bauernanwesen in *Obergrandau,* eines im östlich weitab gelegenen *Untergrandau* (Letten).

In neuerer Zeit sind ein weiterer Hof und ein Gestüt errichtet worden, doch ist die historische Siedlungs- und Baustruktur mit einer Gruppe von drei streng nach Osten gerichteten Höfen im südlichen Obergrandau (*«Beim Wilhelm»*, Nr. 7; *«Beim Demmel»*, Nr. 9; *«Beim Stoll»*, Nr. 11) gut erhalten. Nördlich liegt eine Zweiergruppe (*«Beim Holzer»*, Nr. 4; *«Beim Aigner»*, Nr. 6); diese Höfe sind baulich stark verändert.

Haus Nr. 2. Bauernhaus *«Beim Letten»* (Untergrandau) Wohnteil verputzt, mit Giebelbalkon, Tür bez. 1817.

Kleiner Einödhof am steilen Weg vom Drachenthal in die Grandau, gemauert, mit Kniestock und profilierten Balkenvorköpfen.

Haus Nr. 11. Bauernhaus *«Beim Stoll»*, kleiner altertümlicher Einfirsthof, mit Blockbau-Obergeschoß im Wohnteil und z. T. im Hakenschopf, Laube und verbretterter Hochlaube, Ende 17. Jh.

Bemerkenswert der südlich unter das Dach geschleppte Anbau (Hakenschopf) mit kleiner Werkstatt im Oberstock und Wagenschuppen.

Granzer

Haus Nr. 1. Bauernhaus *«Beim Granzer»*, Einfirstanlage, Wohnteil mit Blockbau-Obergeschoß, bez. 1778, Balusterlaube und Hochlaube, am verputzten Erdgeschoß Lüftlmalerei, Ende 18. und 19. Jh. (mehrfach erneuert), Wirtschaftsteil als Blockbau, verschalt, wohl 1778; *Stadel,* auf Feldsteinun-

Gmais, Haus Nr. 5, ehem. Bauernhaus «Beim Fontasch»

Grabenau, Hofkapelle   Grabenau, Kapelle, Inneres

Grandau, Haus Nr. 2, Bauernhaus «Beim Letten»

Grandau, Haus Nr. 11, Bauernhaus «Beim Stoll»

Granzer, Haus Nr. 1, Bauernhaus «Beim Granzer»

Granzer, Haus Nr. 1, Granzer-Bauernstube

terbau, Oberteil verbrettert, wohl Ende 18.Jh.; *Hauskreuz*, Corpus Christi und Mater dolorosa, Gußeisen, Anfang 20.Jh.

Auf dem freien Südhang des Auerbergs liegt der zuerst 1478 erwähnte, ehemals der *Kirche Niklasreuth* gehörige *Granzerhof* gegenüber dem Schwarzenberg, dem Breiten- und Wendelstein sowie dem Rhonberg in 830 m Höhe. Der Einfirsthof wurde 1778 neu erbaut. Die Holzblockwände des Wohn- und des Wirtschaftsteils, die gesamte typische Raumdisposition des Inneren, die Türen und ein großer Teil der Fenster und Fensterläden sind sorgfältig original erhalten. Die mehrfach erneuerten Lüftlmalereien an den Putzflächen des Erdgeschosses, besonders die Fensterumrahmungen, erinnern an Johann Baptist Pöhaim (1752–1838), den Lüftlmaler des *Jodlbauernhofes*. Die Balusterlauben wurden 1979 nach Vorbild der barocken erneuert.

Die Stube, wie beim Miesbacher Haus üblich in der Südostecke, wurde 1843 biedermeierlich überarbeitet, die Wandkästen sind barock. Südöstlich vor der Giebelfront des Hauses, das als klassischer Miesbacher Einfirsthof gelten kann, ist der «Schupfen» aus dem späten 18.Jh. erhalten, ein verbretterter Ständerbau auf einem gemauerten Klaubsteinunterbau, in den auch ein Backofen einbezogen ist.

Die Weideflächen des Anwesens schließen sich rings um das Bauernhaus und sind von einer durchlaufenden Hecke gesäumt. Haus, Stadel und bäuerliche Kulturlandschaft bilden eine Einheit.

Greisbach

Zur Streusiedlung Greisbach, zwischen Hundham und Dürrnbach gelegen, gehört neben vier weiteren alten Höfen der *Sebaldbauer*. Die weiteren Anwesen, zunächst meist Handwerker, entstanden erst seit dem frühen 19.Jh.

Leitzachtalstraße 186. *Bauernhaus «Beim Sebald»*, Einfirstanlage, Wohnteil mit Blockbau-Obergeschoß und Balusterlauben, bez. 1795.

Das Anwesen ist seit 1392 bekannt und liegt frei an der Leitzachtalstraße. Der Oberstock wurde 1795 neu aufgezimmert. Die Lauben besitzen besonders schöne Balusterbrüstungen, die Haustür eine sternförmige Aufdoppelung der Zeit um 1795.

Großkirchberg

Haus Nr. 1. *Bauernhaus «Beim Großkirchberger»*, Wohnteil mit verputztem Blockbau-Obergeschoß, bez. 1797, Balusterlaube und Hochlaube, am verputzten Erdgeschoß erneuerte Lüftlmalerei.

Wie der benachbarte *Granzerhof* liegt auch der Großkirchberger als stattliches Einödanwesen am freien Südhang des Auerbergs inmitten seiner Weideflächen. Er gehörte zum Kloster Dietramszell und wurde 1797 weitgehend neu erbaut. Der Oberstock wurde nachträglich verputzt, die Fenster sind später vergrößert und ummalt worden. Nördlich hinter dem Bergrücken befindet sich der wohl im Spätmittelalter abgetrennte *Kleinkirchberger Hof*.

Grub

Haus Nr. 1. *Bauernhaus «Beim Gruber»*, mit Blockbau-Obergeschoß, 1. Hälfte 18.Jh.

Der stattliche Einödhof mit Blockbau-Oberstock lagert auf einem Absatz am steilen Auerberg-Südostabhang. Mit den am gleichen Hang gelegenen Höfen von *Sonnleiten, Stipfing* und *Schneeberg* schließt er sich zu einer malerischen Höfegruppe zusammen, die noch überwiegend historische Bausubstanz aufweist.

Granzer, Haus Nr. 1, Haustür

Granzer, Haus Nr. 1 von Westen

Großkirchberg, Haus Nr. 1, Bauernhaus

Granzer, Blick in die bäuerliche Kulturlandschaft des Leitzachtals

Greisbach, Leitzachtalstraße 186, Bauernhaus

Grub, Haus Nr. 1, Bauernhaus «Beim Gruber»

Greisbach, Leitzachtalstraße 186, Haustür

Hagnberg

Der Weiler Hagnberg, in den Wiesenböden der oberen Leitzach am alten Weg von Fischbachau über Hammer nach Bayrischzell gelegen, hat eine *herzogliche Schwaige* als Ursprung, die 1270 dreihundert Käse an den Kasten Aibling zu liefern hatte und wohl im 15. Jh. in drei Anwesen geteilt wurde, den *Jodl-*, den *Steffl-* und den *Hansenbauern* (Haus Nr. 3, 2, 4), welche durch die drei Dorfgassen gegeneinander begrenzt sind. Die drei Einfirstanlagen mit ihrer streng östlichen Giebelstellung bestimmen seit Jahrhunderten das Ortsbild. Erst in neuerer Zeit kam ein Haus hinzu (Haus Nr. 63¼, jetzt Nr. 1). Die drei Hagnberger Bauern waren wie die benachbarten Auracher und die zu Bayrischzell gehörigen Geitauer, Osterhofener und Dorfener erfahrene Almbauern. Sie bezogen 96 Tage im Jahr die *Wildfeldalm* an der Rotwand (siehe Gemeinde Bayrischzell) mit 32 Rindern und 16 Geißen. Der Hansenbauer bestößt auch die *Krottentalalm*.

Haus Nr. 2. Lüftlmalerei, Hl. Familie, 2. Hälfte 18. Jh.; an der Front des Hauses.

Am sonst baulich stark erneuerten *Stefflbauernhaus* ist an der Giebelfront unter der Laube ein spätbarockes, jedoch mehrfach überarbeitetes Wandbild mit Darstellung der Hl. Familie erhalten geblieben.

Haus Nr. 3. *Bauernhaus «Jodlbauer»*, stattliche Einfirstanlage mit Giebelbalkon und Hochlaube, am verputzten Wohnteil reiche spätbarocke Lüftlmalerei von Johann Baptist Pöheim 1786.
Barocke Weilerkapelle, erbaut um 1785.

Das reich bemalte Haus des Jodlbauern von Hagnberg ist eines der bedeutendsten altbayerischen Bauernhäuser. Die Lüftlmalereien auf den Putzflächen, die mit «1786» datiert sind, wurden schon im Kunstdenkmälerinventar von 1902 gewürdigt und sind in die bayerische Kunstgeschichte eingegangen. Das stattliche, sieben Achsen breite Haus mit drei in der Mittelachse des Giebels übereinanderliegenden Türöffnungen und strenger giebelseitiger Erschließung ist nach Grund- und Aufriß ein ausgeprägter Vertreter des Miesbacher Bauernhauses des späten 18. Jh., doch sind an Stelle des hölzernen Oberstocks Putzwände getreten, ist die Laube zum Balkon reduziert um große Malflächen für die wohl von Anfang an vorgesehene aufwendige Gestaltung der drei Fassaden zu gewinnen. In den Intervallen zwischen den Fensterachsen erscheinen nahezu lebensgroß die gemalten Figuren von Heiligen, an der Südseite sind es Leonhard, Papst Sixtus, Katharina, Isidor, Notburga, am Giebel Johann Baptist, Sebastian, Florian, Andreas, Christophorus, an der Nordseite Benno, eine Fürstengestalt und ein Orientale mit einer Krone. Von diesen Namenspatronen der Hofbesitzer Johann und Katharina Hagnberger, den Bauern- und Viehheiligen und Patronen umliegender Kirchen ist die Behausung des Jodlbauern gleichsam umstellt. Als Schützer und Helfer der Bewohner und des Viehs des Jodlbauern treten diese Heiligen auf. Daneben erscheint an der südöstlichen Hausecke das erste Menschenpaar: um das Hauseck reicht Eva dem Adam den Apfel. Zu diesem Sündenfall-Thema gehört das der Erlösung in Gestalt einer Kreuzigungsgruppe im Hochgiebel des Hauses unter dem schützenden weiten Vordach. Darüber hinaus wird der Haustür und den Laubentüren mittels schwungvoller Architekturmalereien der Rang von Portalen verliehen, sind alle Fenster durch reichste Rokoko-Ornamente gerahmt, aus denen auch Blumen hervorwachsen und in denen sich Vögel niedergelassen haben. Diese Gestaltungen wollen die Illusion aufwendigen Stuckdekors schaffen, sie vollenden das Bild vom palaisartigen Bauernhaus des Rokoko.
Als Schöpfer dieser Lüftlmalereien kommt wohl der Maler Johann Baptist Pöheim (1752–1838) in Frage, der vor 1785 in

Hagnberg, Haus Nr. 2, Lüftlmalerei, Hl. Familie

Hagnberg, Haus Nr. 3, Weilerkapelle

Hagnberg, Haus Nr. 3, Adam und Eva, Lüftlmalerei

Hagnberg, Haus Nr. 3 mit Weilerkapelle

Hagnberg, Haus Nr. 3, Bauernhaus «Jodlbauer»

Hagnberg, Haus Nr. 3, Hll. Florian, Andreas, Christophorus

Hagnberg, Haus Nr. 7, Papst Sixtus, Hll. Katharina, Isidor

Fischbachau gewirkt hat und dann seine Werkstatt in Aibling aufschlug. Die Signatur und Datierung 1786 H. P. am Schluß des Hausspruches über der unteren Laubentür dürfte als «Hans Pöheim» aufzulösen sein. Pöheims Werk sind wohl auch die Lüftlmalereien am *Wiedenbauernhof* in *Schreiern* (S. 100, 101).

Von Pöheim ließen die drei Bauern von Hagnberg auch die neben dem Jodlbauernhof gelegene *Weilerkapelle* ausmalen. Auf dem Tonnengewölbe des zweijochigen, mit Pilastern gegliederten Raums sind die Verkündigung Mariä und die Anbetung der Hirten dargestellt, in der halbrunden Altarnische Gottvater über einem gemalten Vorhang, in der Nische selbst die Hll. Sebastian, Katharina, Barbara und Andreas auf Scheinkonsolen; die Darstellungen sollen Skulpturen vortäuschen. Die Eingangsfront der 1868 und 1977 restaurierten Kapelle zeigt über der Tür außerdem die Hll. Johann Baptist, Georg und Michael unter einem Trinitätssymbol. Das Altärchen der Kapelle stammt wohl noch aus dem 17. Jh.

Hundham

Hundham, bis 1978 Mittelpunkt einer eigenen Gemeinde, zeigt das Siedlungsbild eines Straßendorfes. Unregelmäßig, verhältnismäßig dicht beieinander, reihen sich die etwa 25 alten Anwesen, die das Dorf in der Mitte des 19. Jh. zählte, an der bogenförmigen Durchgangsstraße. Die Giebel der Häuser sind nach Süd- und Nordosten gewendet, die Rückseiten, die auch im Straßenbild wirksam werden, verbrettert.

An den gebündelten Abzweigungen der Wege von der Straße in die freien Fluren entstehen platzartige Ausweitungen.

Das größte Anwesen in dem 1224 zuerst erwähnten Ort, dessen Höfe überwiegend den Herzog und damit das Aiblinger Kastenamt zum Grundherren hatten, war durch alle Jahrhunderte die große *Wirtstaverne* am Südende des Ortes, zugleich Krämerei und Bäckerei sowie Sitz des Zehnteinnehmers. Hier bauten die Hundhamer Bauern, deren Almen sich im Kleintiefental an der Rotwand befanden, auch ihre gemeinsame *Kapelle* zu Ehren des Viehpatrons *St. Leonhard*.

In den letzten Jahrzehnten ist der Ort nach Südosten und Nordwesten stark gewachsen, hat aber in der Mitte des Ortskerns wesentliche Züge der historischen Baustrukturen bewahrt.

Dorfkapelle St. Leonhard, vor 1604 errichtet, im 18. Jh. barockisiert, mit Zwiebelturm.

Am südlichen Ortsrand in freien Wiesen, nahe dem Wirtshaus, liegt die seit 1604 bestehende Leonhardskapelle, der gemeinsame Besitz der ehemals etwa 25 Hundhamer Bauern. Sie ist das Ziel einer jährlich stattfindenden Leonhardiwallfahrt im Leitzachtal. In die Westfront des schlichten, dreiseitig schließenden, mit einer Holztonne gewölbten Saalbaus ist ein Turm mit Zwiebelhaube eingestellt, dessen Untergeschoß noch nachgotische Details an den Pfeilern zeigt. An den Wänden wurden 1983–86 sechs Wandgemälde des Spätrokoko mit Darstellungen der Hll. Johannes Martyr und Paulus Martyr (Wetterheilige), Quirinus, Katharina, Georg und Martin, die wohl Johann Baptist Pöheim zuzuschreiben sind, freigelegt. Sie erheben sich, wie in der Hagnberger Kapelle, über gemalten Konsolen.

Egererweg 1. *Bauernhaus «Beim Saliter»,* Einfirstanlage, Wohnteil mit verputztem Blockbau-Obergeschoß, Hochlaube unter verschaltem Vordach, Balkon an der Südseite, Ende 18. Jh. (Abbruch des Hauses 1985).

Auf dem breitgelagerten Haus, dessen Blockbau-Oberstock nachträglich verputzt wurde, lag die Salitergerechtsamkeit. Die rautenförmige Unterschalung des Vordaches, die Balkenköpfe, z. T. in Drachenkopfgestalt, und die Flaschenbaluster der Brüstungen stammen aus dem späten 18. Jh.

Egererweg 2. *Bauernhaus «Beim Hanslackner»,* Einfirstanlage, mit Blockbau-Obergeschoß, wohl 17. Jh., umlaufende Balusterlaube und Sterntür bez. 1783.

Der stattliche quererschlossene Bau weist noch den altertümlichen Stüberlvorbau in der Nordostecke und ein verbrettertes Giebelfeld auf. Auf eine Erneuerung des Hauses, 1783, gehen die Flaschenbalusterbrüstungen der Laube und die aufgedoppelte Sterntür zurück.

Egererweg 6. *Bauernhaus «Beim Spielberger»,* Wohnteil mit Blockbau-Obergeschoß, Laube und Hochlaube, 18. Jh., erneuert im 19. Jh.

Leitzachtalstraße 226. Ehem. *Bauernhaus «Beim Straßer»,* Wohnteil zweigeschossiger Blockbau, z. T. geschlämmt, mit Hakenschopf und an der Nordostecke des Giebels vorgezogenem Stüberlvorbau unter geschlepptem Dach, 17. Jh., Laube und Dachaufbau Ende 19. Jh.

Der Wohnteil mit dem Vorbau ist dem Haus Egererweg 2 ähnlich. Er wurde Ende des 19. Jh. erhöht unter Vergrößerung der Fenster und Erneuerung der Laubenbrüstungen.

Hundham, Dorfkapelle

Hundham, Luftbild des historischen Ortskerns von Osten (freigeg. Reg. v. Obb. GS 300/9573-83)

Hundham, Egererweg 1, Bauernhaus

Hundham, Egererweg 6, Bauernhaus

Hundham, Egererweg 2, Bauernhaus

Hundham, Egererweg 1, Detail

Hundham, Egererweg 2, Haustür

Hundham, Leitzachtalstraße 226, Bauernhaus

Hundham, Egererweg 2, Bauernhaus

Leitzachtalstraße 232. Stattliches *Bauernhaus «Beim Franzlweber»*, Wohnteil mit Blockbau-Obergeschoß, Laube und Hochlaube, 1815 erbaut.

Der Bau zeigt die klassische Gestalt des Miesbacher Bauernhauses der Zeit um 1800 und prägt, nicht zuletzt auch mit seiner Hausfigur, einem spätbarocken Gottvater, das Bild des historischen Ortskernes von Hundham.

Leitzachtalstraße 234. Stattliches *Bauernhaus «Beim Meister»*, Einfirstanlage, Wohnteil verputzt, mit Balusterbalkon, im Giebel Heiligenfresken, Anfang 19. Jh.

Leitzachtalstraße 235. Ehem. *Kleinbauernhaus «Beim Metzger»*, Wohnteil verputzt, Dach nördlich geschleppt und mit weitem Vorstand, Balkon und Giebellaube, Ende 18./Anfang 19. Jh.

Kogl

Die drei Anwesen des Weilers Kogl besetzen eine äußerste nordöstliche Landkanzel des Auerbergs, die in 689 m Höhe großartig das Aiblinger Moos überragt. Der Weiler ist aus einer freieigenen Hube entstanden, die vor 1469 geteilt wurde. Das *Handwerkerhaus «Beim Meister»* war vor 1469 ebenfalls schon vorhanden. Nur das *Pai-Anwesen* ist noch bewirtschaftet; hier ist auch ein weiteres Wohnhaus (Haus Nr. 1) vor wenigen Jahren entstanden.

Hohenkoglkapelle, um Mitte 19. Jh. erbaut, 1949 erneuert.

Haus Nr. 2. Ehem. *Bauernhaus «Beim Veicht»*, mit Blockbau-Obergeschoß, z. T. verputzt, am Eingang modern bez. 1709, Dachaufbau, Lauben, Bemalung modern um 1930/40.

Das an der Hangkante gelegene ehem. Bauernhaus wurde in den dreißiger Jahren von dem Schriftsteller Jo Hanns Rösler als Landhaus ausgestaltet.

Haus Nr. 3. *Bauernhaus «Beim Pai»*, stattliche Einfirstanlage, dreigeschossiger Wohnteil, bez. 1849.

Der relativ späte und schlichte massive Bauernhausbau interessiert besonders wegen des sehr seltenen zweiten Obergeschosses. Balusterbalkons, Balkenköpfe und verschaltes Vordach stehen in spätbarocker Tradition; die Bemalung ist moderne Zutat.

Haus Nr. 4. Ehem. *Handwerkerhaus «Beim Meister»*, zweigeschossiger Blockbau, wohl 2. Hälfte 17. Jh., Dachaufbau 19./20. Jh.

Sehr alter, unverputzter, durch das neuzeitliche erhöhte Dach leider in seiner Wirkung beeinträchtigter Blockbau, nach der hier im 17. Jh. ansässigen Maurersippe «Beim Meister» genannt.

Koller

Haus Nr. 1. *Bauernhaus «Beim Koller»*, Einfirsthof, Wohnteil mit Blockbau-Obergeschoß, Laube und Hochlaube, neu erbaut 1806.

Der zuerst 1513 genannte Einödhof südöstlich von Effenstätt über dem sogenannten Graben ist ein typisches und guterhaltenes Miesbacher Bauernhaus der Zeit um 1800.

Hundham, Leitzachtalstraße 232, Bauernhaus

Hundham, Leitzachtalstraße 234, Bauernhaus

Kogl, Weilerkapelle

Koller, Haus Nr. 1, Bauernhaus

Hundham, Leitzachtalstraße 232, Hausfigur

Hundham, Leitzachtalstraße 235, ehem. Kleinbauernhaus

Kogl, Haus Nr. 2

Kogl, Haus Nr. 3

Kogl, Haus Nr. 4, ehem. Handwerkerhaus «Beim Meister»

Kreit

Haus Nr. 1. *Bauernhaus «Kreitnerhof»,* Wohnteil des 17. oder 18. Jh., erneuert Anfang 19. Jh. (Verputz des Blockbau-Obergeschosses und hohen Kniestocks, Balusterlauben, Balkenköpfe); *Stadel,* altverbretterter Blockbau mit Laube, bez. 1723, errichtet über gemauertem Backofen.

Haus Nr. 2. *Zuhaus,* zweigeschossiger Putzbau mit Flachsatteldach, nach Mitte 19. Jh.

Wegkreuz, 1868; bei Haus Nr. 4.

Am Südwesthang über Fischbachau, oberhalb von *Salmer* und gegenüber den *Bichlerhöfen* gelegen, bildet der im 13./14. Jh. nach Rodung des Hanges entstandene Kreitnerhof eine eindrucksvolle Baugruppe mit Bauernhaus, Stadel und Zuhaus nach Art der spätmittelalterlichen Haufenhöfe. Der Wohnteil ist im frühen 19. Jh. verputzt und erhöht worden.

Lammerhof

Haus Nr. 1. *Bauernhaus «Lammerhof»,* Einfirstanlage, mit hohem Blockbau-Kniestock und Hochlaube über profilierten Balkenköpfen, Ende 18. Jh.

Der Einödhof auf dem südlichen Auerberg, bekannt seit 1404, besitzt noch den Blockbau-Kniestock und die Hochlaube des späten 18. Jh., während die darunterliegenden Putzfassaden im späteren 19. Jh. umgestaltet worden sind.

Lehenmühle

Haus Nr. 1. *Bauernhaus «Lehenmühl»,* Putzbau mit zwei Giebelbalkons, 1828.

Das Anwesen mit der ursprünglich zugehörigen *Mühle am Fischbach* vor Birkenstein war ein *Lehen der Propstei Fischbachau* bzw. der Abtei Scheyern.

Das bestehende Haus errichtete Marinus Auer 1828 neu. Mit seiner symmetrischen Front, den auf Balkondimensionen reduzierten hölzernen Lauben und dem geschnitzten Türstock mit klassizistischen Details ist der Bau ein einprägsamer Vertreter des ländlichen Biedermeier.

Marbach

Fischergreinweg 7. Ehem. *Bauernhaus «Beim Fischerkrain»,* kleine Einfirstanlage, Wohnteil mit Blockbau-Obergeschoß und Laube, 1. Hälfte 18. Jh., Ausbauten und Dach 19. Jh.

Das im Obermarbacher Graben gelegene kleine ehemalige Bauernanwesen wird 1491 zuerst genannt. Es gehörte zur Propstei Fischbachau und hatte offenbar Fische dorthin zu liefern.

Leitzachtalstraße 39. *Inschrifttafel* von 1906 zur Erinnerung an Christoph und Simon Hafner, gefallen 1705; an der Front des Wirtshauses.

Die historische *Taverne der ehemaligen Klosterhofmark Fischbachau* an ihrer Südgrenze gegen Elbach in Marbach (Marbach = Markbach = Grenzbach) war im 16. bis 18. Jh. verliehen an das wohlhabende Geschlecht der Hafner, eine Bauern- und Wirtefamilie, von deren Mitgliedern sich im Aiblinger Museum eindrucksvolle Bildnisse, im Bayerischen Nationalmuseum München die Rüstkammer erhalten haben.

Die alte Taverne, im Kunstdenkmälerinventar von 1895 noch als Renaissancebau der Zeit um 1600 mit bedeutenden Decken, Türstöcken, Schränken beschrieben, wurde vor dem 1. Weltkrieg durch einen Neubau ersetzt, an dessen Fassade eine Gedenktafel an die Teilnahme von Christoph und Simon Hafner an der Sendlinger Bauernschlacht 1705 erinnert.

Kreit, Haus Nr. 1, Bauernhaus «Kreitnerhof»

Kreit, Haus Nr. 1, Bauernhaus mit Zuhaus von Osten

Kreit, Haus Nr. 1, Stadel

92

Kreit, «Kreitnerhof»: Baugruppe mit Wohnhaus, Stadel und Zuhaus

Lammerhof, Haus Nr. 1, Bauernhaus

Lehenmühle, Haus Nr. 1, Bauernhaus

Marbach, Fischergreinweg 7, ehem. Bauernhaus «Beim Fischerkrain»

Marbach, Inschrifttafel

93

Mittelgschwend

Die in drei Teile auf drei verschiedenen Höhenlagen gegliederte Siedlung Gschwend am Osthang des Rohnbergs, *Unter-, Mittel-* und *Obergschwend,* ist eine exemplarisch anschauliche Rodungssiedlung des 11. oder 12. Jh. Der Bereich ist noch heute außerordentlich abgelegen. Die Urschwaige dürfte der *«Schwaiger»* in Mittergschwend (820 m Höhe) gewesen sein, von dem sich zuerst der *«Halmer»* (Halbmair) abtrennte. Beide eng benachbarten Anwesen bieten noch heute ein eindrucksvolles historisches Bild. In ihren Rodungsinseln gelegen, sind sie von Haus- und Obstgärten umgeben. Vom oberen Hang her tritt auch der *Obergschwendhof* in das Blickfeld (siehe auch Obergschwend und Untergschwend).

Haus Nr. 1. *Bauernhaus «Beim Schwaiger»,* Einfirstanlage, Erdgeschoß des Wohnteils 17. Jh. oder älter, verputzter Blockbau-Obergeschoß mit hohem unverputztem Kniestock, Laube und Hochlaube, Ende 18. Jh.

Aus der Zeit des Umbaus des im Kern sehr viel älteren Hauses im späten 18. Jh. sind besonders die reich profilierten Balkenvorköpfe, die aufgedoppelte Sterntür und die Brettbaluster der Lauben bemerkenswert.

Haus Nr. 2. *Bauernhaus «Beim Halmer»,* stattliche Einfirstanlage, Wohnteil mit Blockbau-Obergeschoß, umlaufender Balusterlube und Hochlaube, 1789; Badstube (Brechlbad), 18./19. Jh.

Den Hof hatten 1505 die Herren von Maxlrain erworben, 1554 verliehen sie ihn an Hans Halbmayr (Halmer).

Nach einem Brand 1788 baute Wolfgang Mainwolf aus dem bekannten Bayrischzeller Bauerngeschlecht den Hof neu auf, der mit seinem prächtigen aufgezimmerten Oberstock über dem gemauerten Erdgeschoß, mit den original erhaltenen Fenstern, Türen, Laubenbrüstungen zu den klassischen, ungestört erhaltenen Bauernhäusern der Miesbacher Gegend gehört.

Im Bauerngarten ist auch das *Brechlbad* erhalten geblieben, in welchem Flachs gebrochen und gedörrt wurde, bevor er versponnen werden konnte.

Neuhäusler

Haus Nr. 1. *Kleinbauernhaus,* mit Blockbau-Obergeschoß und originalen Balusterbalkons, nach 1807.

Der kleine Einödhof liegt nordöstlich über dem Wörnsmühler Leitzachtal.

Oberachau

Haus Nr. 1. Ehem. *Bauernhaus und Mühle «Oberachau»,* Wohnteil mit Balusterbalkons, Putzgliederungen und geschnitzter Tür, 1870.

Die einsam am linken Leitzachufer gelegene ehemalige Achauer Obermühle, neu erbaut 1870, weist noch unverändert die historisierenden Einzelformen der Entstehungszeit auf. – Siehe auch *Achau 1 und 2* (S. 58, 59).

Obergschwend

Die 1206 zum Altar von *St. Martin in Fischbachau* gehörige *Schwaige Obergschwend* am Rohnberg-Osthang ist aus einer Rodung des 11. oder 12. Jh. hervorgegangen, zu der auch die unterhalb am Berg gelegenen Höfe von *Mittel-* und *Untergschwend* gehören (siehe dort). Stark bewegte Steilwiesen und Bergahorne geben noch heute einen nachhaltigen Eindruck von der Beschaffenheit der Gegend bei Gschwend zur Zeit der Rodung. Während Mittelgschwend an die Herren von Pienzenau und Maxlrain, Untergschwend an die Herzöge von

Mittelgschwend, Haus Nr. 1, Bauernhaus

Mittelgschwend, Haus Nr. 2, Bauernhaus

Mittelgschwend, Haus Nr. 2, Brechlbad

Neuhäusler, Haus Nr. 1, Kleinbauernhaus

Mittelgschwend von Süden

Oberachau, Haus Nr. 1, ehem. Mühle

Obergschwend, Haus Nr. 1

Obergschwend, Luftbild mit den Weilern Ober-, Mittel-, Untergschwend von Osten (freigeg. Reg. v. Obb. GS 300 / 9573-83)

95

Bayern kam, ging Obergschwend 1311 an das Kloster Fürstenfeld über, bei dem es bis 1803 verblieb.

Die Familie Schönauer, welche das 887 m hoch gelegene große Anwesen seitdem besitzt, erbaute zwischen 1840 und 1845 den stattlichen, über dem Leitzachtal einzigartig dominierenden Hof im sachlichen Stil der Zeit neu auf. Zum Hof gehörte auch ein Drittel der 446 Tagwerk umfassenden *Großtiefentalalm* an der Rotwand in Bayrischzell.

Der Hausspruch auf der Giebelfront ist als Chronodistichon gestaltet, welches das Jahr der Bauvollendung, 1848, ergibt.

Die im Hof erhaltene *Brechhütte*, noch 1935 zur Flachsdarre genutzt, ist mit einem steinbeschwerten Legschindeldach gedeckt.

Haus Nr. 1. *Bauernhaus «Obergschwend»*, stattlicher massiver Wohnteil mit ausgebautem Kniestock und Giebelbalkons, 1840–45 erbaut; *Badstube (Brechlbad)*, verbretterter Blockbau mit gemauerter Feuerstelle, 18. Jh.

Oed

Haus Nr. 9. *Bauernhaus*, Wohnteil mit Blockbau-Obergeschoß, Laube und Hochlaube, bez. 1820; *Badstube (Brechlbad)*, 17./18. Jh.

Der kleine Einödhof liegt auf dem rechten Hochufer über dem Wörnsmühler Leitzachtal.

Oppenried

Die drei Bauernanwesen in der Wiesentafel von Oppenried, am Südfuß des Auerbergs, «*Beim Strein*», «*Beim Hinter*» und «*Beim Bernhard*», sind mittelalterlichen Ursprungs und gehörten zu den Hofmarken Maxlrain und Wallenburg.

Haus Nr. 3. *Bauernhaus «Beim Bernhard»*, Wohnteil zweigeschossiger Blockbau von 1676, Dachaufbau, Laube und Hochlaube Anfang 19. Jh.

Das gut erhaltene Holzblockhaus «Beim Bernhard» wurde 1676 von Michael Oppenrieder errichtet und im späten 18. Jh. ausgebaut.

Poetzing

Barocke *Hofkapelle*, 1750 erbaut; zu Haus Nr. 3 gehörig.

Die reizvolle barocke Hofkapelle wurde 1750 von Abraham Sieberer, Saliterbauer von Pötzing erbaut. Seine eigenen und die Initialen seiner Frau sind über dem Eingang zu lesen. Auf dem Altärchen des tonnengewölbten Raumes eine Schnitzfigur des Hl. Johann Baptist aus dem 17. Jh., an den Wänden ein Kreuzwegzyklus mit volkstümlichen barocken Hinterglasmalereien.

Point

Haus Nr. 2. *Bauern- und ehem. Handwerkerhaus*, stattliche massive Einfirstanlage mit hohem Kniestock, 1824.

Das *Pointner- oder Ledereranwesen* westlich von Fischbachau an dem für den Gerbereibetrieb unerläßlichen Bachlauf, erbaute 1824 der Salinenholzmeister Bartholomäus Beilhack nach Abbruch der alten Hofstatt. Am Kniestock des Putzbaues sind in barocken Formen Lüftungsöffnungen zum Trocknen der Tierhäute auf dem Dachspeicher ausgeschnitten. Bemerkenswert ist die barocke Figurengruppe des den Mantel spendenden Hl. Martin im Hausgiebel, die der Bauherr aus dem Fischbachauer Säkularisationsgut erwarb; sie befand sich ehemals in der Klosterkirche.

Obergschwend, Haus Nr. 1, Inschrifttafel

Obergschwend, Haus Nr. 1, Brechlbad

Oed, Haus Nr. 9, Bauernhaus

Oed, Haus Nr. 9, Brechlbad

Oppenried, Haus Nr. 3, Bauernhaus «Beim Bernhard»

Poetzing, Kapelle, Inneres

Point, Haus Nr. 2, Hl. Martin

Poetzing, Hofkapelle zu Haus Nr. 3

Point, Haus Nr. 2, Bauern- und ehem. Handwerkerhaus

Ried

Feldstraße 9. *Ehem. Kleinbauernhaus «Beim Färber»*, Blockbau-Wohnteil des 16./17. Jh., Verputz und Balusterlaube 19. Jh. (Umbau 1985).

Die acht alten Anwesen des Weilers Ried, westlich von Elbach in den Wiesenböden gelegen, sind aus einer mittelalterlichen Schwaige entstanden.

Der Ort, welcher noch vor wenigen Jahrzehnten acht alte Anwesen zählte, hat sich in neuerer Zeit baulich stark verändert. Der Wohnteil des Färberanwesens zeigte sich bis vor kurzem als verputzter Blockbau. Diese typische Überarbeitung des 19. Jhs., zu der die vergrößerten Fenster gehören, wurde bei der letzten Instandsetzung zugunsten einer Freilegung der Blockwände des Oberstockes leider aufgegeben. Die Erdgeschoßbalkenlagen mußten durch massive Mauern ersetzt werden.

Ried, Feldstraße 9, ehem. Kleinbauernhaus

Salmer

Haus Nr. 1. *Bauernhaus «Salmerhof»*, stattliche Einfirstanlage, Ende 18. Jh., im Kern älter, Blockbau-Obergeschoß des Wohnteils verputzt, verschaltes Vordach über profilierten Balkenköpfen, zwei Giebelbalkons, Sterntür (Fassadenmalereien neuzeitlich).

Der Einödhof, 1458 zuerst erwähnt, liegt beherrschend am Südwesthang über Fischbachau. Die Blockwände des Oberstocks wurden im späten 18. Jh. verputzt, Balkons, Haustür, Dach, Fenster erneuert. Die Fassadenmalereien sind neuzeitliche Zutaten.

Sandbichl

An der Straße südlich von Fischbachau liegt auf einer eiszeitlichen Leitzachterrasse der aus dem Anwesen *Großsandbichl (Hintersandbichl*; Haus Nr. 21) und den im 15. Jh. durch Teilung eines Lehens entstandenen beiden Höfen *«Beim Krug»* (Haus Nr. 4) und *«Beim Kaiser»* (Haus Nr. 3) sowie dem um 1600 noch abgetrennten Hof *«Beim Birkmann»* (Haus Nr. 5) in *Vordersandbichl* besteht.

Haus Nr. 4. *Bauernhaus «Beim Krug»*, Einfirstanlage, Wohnteil mit massivem Erdgeschoß 17./18. Jh., verputztes Blockbau-Obergeschoß mit Laube und Hochbalkon Anfang 19. Jh., verbretterter Wirtschaftsteil.

Haus Nr. 21. *Bauernhaus «Großsandbichl»*, Einfirstanlage, Wohnteil mit Blockbau-Obergeschoß, Balusterlaube und Hochbalkon, 1795; Ausbau des Hauses und Verputz der Blockwände Mitte 19. Jh.

Am Platz des heutigen Einfirsthofes bestand vor 1300 bereits die *Schwaige Sandbichl,* von welcher alle anderen Höfe des Weilers im Laufe der Zeit abgetrennt wurden. Das stattliche, sieben Achsen breite Haus erfuhr seine Gestaltung zwischen 1795 und dem mittleren 19. Jh.; die Wandmalereien in Rokoko-Art sind neuzeitlich.

Schnitzenbaum

Schnitzenbaumkapelle, erbaut 1603, barockisiert 1733.

Die stattliche Kapelle auf dem Auerberg, in der Nähe des *Schnitzenbaumhofes* an der Straße gelegen und ursprünglich wohl als Votivkapelle errichtet, ist gewölbt, der Altarraum dreiseitig geschlossen. Die Fenster, in Dreipaßformen, wohl 1733 in dieser Weise gestaltet, sind besonders bemerkenswert. Aus dem späten 17. Jh. stammt der Altar, aus dem 18. Jh. das Gestühl. Die Deckengemälde, im 19. und 20. Jh. überarbeitet, sind barocken Ursprungs. Der an die Eingangsseite gelehnte Turm mit offenem Durchgang wurde wohl erst im 19. Jh. angebaut.

Salmer, Ansicht von Norden

Salmer, Haus Nr. 1, Bauernhaus

Salmer, Haus Nr. 1, Bauernhaus «Salmerhof»

Sandbichl, Haus Nr. 4, Bauernhaus «Beim Krug»

Sandbichl, Haus Nr. 21, Bauernhaus

Schnitzenbaum, Schnitzenbaumkapelle

Schnitzenbaum, Kapelle, Inneres

99

Schreiern

Schreiern liegt nordöstlich von Hundham in bewegtem Wiesengelände zwischen Hecken und Hagen in einer eindrucksvollen bäuerlichen Kulturlandschaft über dem Leitzachgrund. An die drei Häuser gliedern sich malerisch Schupfen, Zuhäuser, Back- und Dörrhütten sowie Hausgärten an, über welchen die langen, streng westöstlich gerichteten Firste der drei Hauptbauten dominieren. Dem Ort wird jetzt auch der weiter östlich gelegene *Wiedenbauernhof* zugerechnet.

Haus Nr. 1. Stattliches *Bauernhaus «Wiedenbauernhof»*, Wohnteil verputzt, mit hohem Kniestock, zwei giebelseitigen Balusterlauben und reicher Lüftlmalerei, erbaut 1772; *Hofkapelle*, erbaut 1799.

Beim Neubau des Hofes, der laut Bauinschrift 1772 errichtet wurde, rechnete der Bauherr, Korbinian Mayr, offensichtlich bereits mit einer reichen Fassadenbemalung. Der Verzicht auf den um diese Zeit noch durchgehend üblichen Holzblockbau-Oberstock und die Beschränkung der Lauben auf den Ostgiebel wären sonst nicht zu erklären.

Mayr, der von 1731 bis 1803 lebte, hatte den Hof, der vor 1646 ein freieigenes Anwesen war, von der Kirche Elbach zu Lehen. Dort bestanden alte Beziehungen zu Freising, und der Bistumspatron, St. Korbinian, zugleich Namenspatron des Bauherren, erscheint auch als Schutzherr des Hauses und seiner Bewohner im Giebel, über dem Sturz der oberen Balkontür, flankiert von den Hll. Sebastian und Florian, den Helfern bei Krankheit und gegen Feuersnot. In den Giebelecken erscheinen links und rechts in gemalten Fenstern Korbinian Mayr, ein gelehrter Bauer, der in der rechten Hand eine Schreibfeder führt, und seine Frau Maria Seidl, die in einem aufgeschlagenen Buch liest. Reiche Rocaillerahmenformen umschließen alle Fenster, die Haus- und Balkontüren. Die Hausecken sind durch ein Band besonders betont.

Die Südwand des Hauses bot zwischen den Geschossen am Kniestock die Möglichkeit, die Galerie der Heiligen fortzusetzen, die gleichsam schützend das Haus umstehen. Darüber hinaus veranschaulichen vier große Darstellungen in Rokokorahmen das Thema der «Vier letzten Dinge». Diese Bilder wirken wie barocke Prozessionsfahnen, welche, unter dem Dach angebracht, den Schmuck des Hauses vervollkommnen. Die Lüftlmalereien sind Johann Baptist Pöheim (1752–1838) zuzuschreiben, dem Maler des *Jodlbauernhofes in Hagnberg* (S. 86–88), unter Mithilfe des Vaters Jakob Pöheim.

Der Hof und die Malereien wurden bereits 1900 in dem großen Tafelband «Bauernhäuser im bayerischen Hochland», von Franz Zell, veröffentlicht.

An dem Hof, der heute völlig abgeschieden liegt, führte ehemals die alte Straße von Miesbach über Wörnsmühl nach Hundham, Elbach und Fischbachau vorbei und auf Durchreisende und Passanten sollten die reichen Fassaden des Wiedenbauern wirken. Korbinian Mayr war sich wohl bewußt, daß er ein ungewöhnliches Haus errichtet hatte, als er folgenden Hausspruch malen ließ:

Pauen einen jeden zu gefallen das ist unmöglich.
Ich hab Paut nach mein Sinn.
Den es nit gfallt der geh nur Hin.
Ich hab gebaut um mein Geld.
Drum hab ich gebaut wies mir gefällt.
Die Leute muß man reden lassen
Wohl zu Haus wie auf der Gaßen.
Es mag einer wünschen was er will
So geschiehts doch wies Gott haben will.

Die 1799 erbaute *Hofkapelle* besitzt noch das ursprüngliche Gestühl, der hochbarocke Altar dürfte vom Vorgängerbau übernommen worden sein. Die Ausmalung der Gewölbe in romanisierender Art ist neuzeitlich.

Schreiern, Haus Nr. 1, Bauernhaus «Wiedenbauernhof»

Schreiern, Stube des Wiedenbauern

Schreiern, Lüftlmalerei, Hl. Korbinian

Schreiern, Lüftlmalerei, Hl. Maria und Hl. Joseph

Schreiern, «Wiedenbauernhof»

Schreiern, Lüftlmalerei, Porträt Maria Seidl und Hl. Sebastian

Schreiern, Lüftlmalerei, Hl. Florian

Schreiern, Lüftlmalerei

Schreiern, Kapelle des Wiedenbauern

Schreiern, Kapelle, Inneres

Haus Nr. 7. *Bauernhaus «Beim Heiß»,* Wohnteil mit Block-bau-Obergeschoß, Anfang 17. Jh., Dachaufbau über hohem Kniestock und Lauben 1850.

Das bestehende Haus stammt im unteren Teil aus dem 16. oder frühen 17. Jh., wie die Folge der nachgotischen Balkenvorköpfe unter der Laube zeigt, und wurde 1850 erhöht, um einen Getreidespeicher zu gewinnen.

Haus Nr. 11. *Bauernhaus «Beim Hans»,* Wohnteil mit Block-bau-Obergeschoß, umlaufender Laube und Hochlaube, 1776.

Am Oberstock des Wohnteils sind die kandelaberartigen Laubensäulen und der weite Dachüberstand über der sogenannten Katzenlaube bzw. dem sogenannten Spatzenbaum, der die Sparrenüberstände stützt, besonders beachtenswert.

Schwarzenberg

Das Dorf am unteren Westhang des Schwarzenberges besteht aus einer östlich gelegenen oberen Gruppe von vier alten Höfen und einer westlichen unteren Gruppe mit ebenfalls vier alten Anwesen. Durch Neubebauung hat sich das historische Ortsbild stark verändert; die Grenzen gegen die Bebauung von Greisbach und Kirchstiegl sind nicht mehr wahrnehmbar.

Almweg 9. *Bauernhaus «Beim Jager»,* Einfirstanlage, Wohnteil verputzt, mit Kniestock und Hochbalkon, biedermeierlich, 1834.

Das Schwarzenberger Jägeranwesen wurde nach einem Brand 1833 in typischen ländlich-biedermeierlichen Formen neu erbaut. Charakteristisch sind der weitgehende Verzicht auf die hölzernen Lauben und die Fensterformen. Die Fassadenmalerei aus neuerer Zeit.

Schwarzenbergstraße 32. *Bauernhaus «Beim Köhler»,* langgestreckte stattliche Einfirstanlage, Wohnteil mit Laube, Hochlaube, verbretterter Dachzone und Wandmalereien, 1917 neu erbaut.

Der stattliche Einfirsthof, der die untere Gruppe von Anwesen beherrscht, ist ein außerordentliches Beispiel für die handwerkliche und künstlerische Weiterführung der historischen bäuerlichen Bauweise und Hausgestaltung im frühen 20. Jh. unter dem Einfluß der Heimatbewegung und des regionalen barockisierenden Heimatstils.

Sonnenleiten

Haus Nr. 1. *Bauernhaus,* Einfirstanlage, Wohnteil mit Block-bau-Obergeschoß, z. T. verbrettert, 17. Jh., Dachaufbau 2. Hälfte 19. Jh.; *Hofkapelle,* mit eingestelltem Turm, um 1870, in der Anlage älter.

Der kleine Einödhof sitzt wie ein Bergbauernhof am steilen Südhang des Auerberges, begleitet von seiner Hofkapelle. Im Altar der Hofkapelle eine Marienfigur, die bis 1856 im rechten Seitenaltar der Elbacher Kirche stand.

Sitzing

Siehe *Effenstätt.*

Schreiern, Haus Nr. 7, Bauernhaus

Schreiern, Haus Nr. 11, Bauernhaus

Schwarzenberg, Schwarzenbergstraße 32, Bauernhaus

Schwarzenberg, Almweg 9, Haustür

Sonnenleiten, Kapelle

Schreiern, Ansicht von Süden

Schwarzenberg, Almweg 9, Bauernhaus «Beim Jager»

Sonnenleiten, Haus Nr. 1 und Hofkapelle von Nordwesten

103

Sonnenreuth

Am südwestlichen Auerberg liegt in einer Wiesenterrasse zwischen Niklasreuth und Wörnsmühl der Weiler Sonnenreuth mit ursprünglich vier, seit dem 17. Jh. fünf Höfen.

Der Ort wurde vom nahen, nördlich gelegenen *Niklasreuth* (Gemeinde Irschenberg) her im Spätmittelalter gerodet und besiedelt (Sonnenreuth bedeutet entweder das «südliche» oder das «ausgesonderte» Reuth).

Das historische Siedlungsbild des Ortes ist hervorragend erhalten. Die Höfe sind noch reine Einfirstanlagen, streng west-östlich gerichtet und von Haus- und Obstgärten umgeben.

Haus Nr. 11. Stattliches *Bauernhaus «Pfeiferbauer»*, mit dreiseitig umlaufender Laube, Hochlaube, Vortreppe, 1920 neu erbaut (Wandmalereien 1952).

Der Pfeiferbauer war ursprünglich ein Lehen der Herren von Waldeck, das 1434 zum Frühmeßbenefizium in Au bei Aibling gestiftet wurde. Nach Abbruch des historischen Hauses ließ der Pfeiferbauer Marinus Estner 1920 durch den Gmunder Zimmermeister Rummel den bestehenden aufwendig gestalteten neuen großen Hof errichten, der wie der *Köhlerhof* in Schwarzenberg ein hervorragendes Beispiel für das Einwirken des Heimatstils auf den Bauernhausbau im frühen 20. Jh. darstellt.

Haus Nr. 13. Zugehörige barocke *Hausfigur*, Christus an der Geißelsäule, 18. Jh.; ehemals im Giebel des *Bauernhauses «Beim Bock»*.

Haus Nr. 14. *Bauernhaus «Beim Christer»*, Wohnteil verputzt, mit Balusterlaube und Hochlaube, um 1800.

Das gemauerte Haus, giebelseitig erschlossen, doch nicht von symmetrischer Gestalt, da das Fenster nördlich neben der Haustür zum Hausgang gehört, ist das bedeutendste des Ortes. Die Laubenbrüstungen und die Laubentür stammen noch aus der Bauzeit, ebenso das kunstvoll in Sternform unterschalte Vordach.

Steingraben

922 m hoch am Südhang des Schwarzenbergs sind die beiden Höfe von Steingraben gelegen, die nach 1483 aus der Teilung einer 1270 erwähnten Schwaige entstanden.

Beide Anwesen bestehen als bewirtschaftete Höfe. Die Siedlung ist die höchstgelegene der Gemeinde.

Haus Nr. 2. *Bauernhaus «Vordersteingraben»*, Einfirstanlage, Wohnteil altertümlicher zweigeschossiger Blockbau mit Laube und Hochlaube, Anfang 17. Jh.

Das Vordersteingrabenhaus besitzt den Charakter eines Bergbauernhofes. Der sehr alte Blockbau kann aufgrund der nachgotischen Nasenformen der Balkenköpfe in das frühe 16. Jh. datiert werden.

Stipfing

Haus Nr. 2 *Bauernhaus «Unterstipfing»*, Einfirstanlage, Wohnteil über hohem Kellergeschoß, mit Blockbau-Obergeschoß und Laube, wohl 17. Jh. (Dachaufbau modern).

Der 1513 zuerst erwähnte Hof liegt, wie die weiteren Anwesen des Streuweilers Stipfing, am Südhang des Auerberges.

Haus Nr. 5. *Kleinbauernhaus «Pürstling»*, Wohnteil mit Blockbau-Obergeschoß und Laube, 18. Jh.

Das Kleinbauernhaus wurde im 17. oder 18. Jh. aus dem Unterstipfingerhof ausgegrenzt.

Sonnenreuth, Haus Nr. 11, Bauernhaus

Sonnenreuth, Haus Nr. 14, Bauernhaus

Sonnenreuth, Haus Nr. 14, Detail Vordach

Sonnenreuth, Haus Nr. 14, Detail, Balusterlaube

Sonnenreuth, Haus Nr. 13, Hausfigur

Sonnenreuth, der Weiler von Nordosten

Steingraben, Haus Nr. 2, Bauernhaus «Vordersteingraben», altertümlicher Blockbau

Stipfing, Haus Nr. 2, Bauernhaus

Stipfing, Haus Nr. 5, Kleinbauernhaus

Thalhäusl

Die *Einöde Thalhäusl* am alten Weg vom Leitzachtal über den Auerbergsüdfuß nach Aibling entstand erst um 1800; ein *Wirtshaus* kam 1863 hinzu.

Thalhäusl-Kapelle, mit Dachreiter, erbaut 1830.

Der zweite Besitzer des Thalhäusls baute 1830 die Votivkapelle. Sie besitzt keine historische Ausstattung.

Trach

Westlich von Fischbachau, jenseits der Leitzach, bildete sich der Zweihöfeweiler 1448 durch die Teilung einer Schwaige aus dem 11. oder 12. Jh. Das Siedlungsbild, gekennzeichnet durch die beiden im rechten Winkel aufeinander bezogenen Höfe «Beim Kainz» und «Beim Bauer», ist eindrucksvoll erhalten geblieben.

Haus Nr. 1. *Bauernhaus «Beim Kainz»,* Wohnteil verputzt, mit Putzrahmungen, Balusterbalkon und -hochlaube, um 1800.

Der Giebel ist charakteristisch für den ländlich-klassizistischen Hausbau der Zeit um 1800. Das Giebelfeld wird mittels einer durchlaufenden Hochlaube geschlossen, die Laube im Oberstock zum Balkon reduziert. Dafür sind die Putzfassaden durch Faschen und Bänder zart gegliedert.

Haus Nr. 2. *Bauernhaus «Bauer von Trach»,* Wohnteil verputzt, mit Balusterlaube, Hochbalkon und geschnitztem Türstock, biedermeierlich, um 1820/30.

Beim etwa gleichzeitig neu erbauten «Bauer von Trach» ist die Ordnung der Lauben umgekehrt. Typisch biedermeierlich sind die kleinen Rundbogenfenster im Speicherbereich.

Untergschwend

Untergschwend, Teil der dreistufigen hochmittelalterlichen Rodungssiedlung Gschwend am Osthang des Rohnberges, wird 1270 als Schwaige genannt und um 1500 von zwei Brüdern geteilt. Dieser historische Vorgang bzw. die daraus entstandene Zweihöfestruktur ist anschaulich erhalten geblieben (siehe auch *Mittelgschwend* und *Obergschwend*).

Haus Nr. 1. *Bauernhaus «Beim Egerscht»,* Wohnteil als zweigeschossiger Blockbau, 1635 errichtet, Nordostseite später ausgemauert, Erneuerung des Hauses 1935.

Der Wohnteil des Hofes, ein hervorragender zweigeschossiger Blockbau, wurde 1635 von Johann Gschwendtner neu erbaut und beim 300jährigen Bestehen 1935 einfühlsam erneuert (Fenster, Lauben, Laubensäulen, Dach).
Der verputzte große *Nachbarhof «Beim Heiß»* ist ein Neubau der Jahrhundertwende.
Zu beiden Höfen gehörte ehemals die *Kleintiefentalalm* (Gemeinde Bayrischzell) (S. 38–40).

Uslau

Haus Nr. 1. *Bauernhaus,* stattliche Einfirstanlage (modern erweitert), Erdgeschoß 1782, Obergeschoß 1849, mit Laube und Hochlaube, Wirtschaftsteil 1840; *Hofkapelle,* 1830.

Der große Einödhof Uslau ist mittelalterlichen Ursprungs, gehörte zur *Hofmark Maxlrain* und liegt beherrschend in einer breiten Bachfurche am Auerberg. Der Hof, seit 1782 neu erbaut, zeigt die klaren Bauproportionen des frühen 19. Jh. und die Grund- und Aufrißgestalt des klassischen Miesbacher Bauernhauses.

In der gewölbten *Hofkapelle* von 1830 volkstümlich-nachbarocke Ausstattungsstücke.

Trach, Haus Nr. 1, Bauernhaus

Uslau, Haus Nr. 1, Bauernhaus

Uslau, Haus Nr. 1 von Nordosten

Thalhäusl, Kapelle   Uslau, Hofkapelle, Inneres   Uslau, Hofkapelle

Trach, Haus Nr. 2, Bauernhaus   Untergschwend, Haus Nr. 1

Untergschwend, Haus Nr. 1, Bauernhaus «Beim Egerscht»

Weißenbach

An der östlichen Gemeinde- und Landkreisgrenze, zwischen Auer- und Schwarzenberg liegt der Ort Weißenbch, der sich aus dem Grafanwesen in Unterweißenbach und den drei alten Höfen *«Beim Bauer»* (Haus Nr. 7), *«Beim Weber»* (Haus Nr. 8) und *«Beim Hainz»* (Haus Nr. 11) zusammensetzt. Das völlig abgelegene Oberweißenbach, das mit seinem Bachgrund, seinen Steilwiesen und seinem Bergwald das Gepräge eines Bergbauernweilers besitzt, hat sich aus der ursprünglichen mittelalterlichen Schwaige «Beim Hainz» durch Teilung entfaltet.

Das historische Ortsbild ist wesentlich erhalten, der Wohnhausneubau Nr. 5 allerdings als Störung zu bezeichnen.

Haus Nr. 2 (Unterweißenbach). *Bauernhaus «Beim Graf»,* Einfirstanlage, Wohnteil mit Blockbau-Obergeschoß, Laube und Hochlaube, 18. Jh. Dachaufbau 20. Jh.

Grundherr des 1429 zuerst erwähnten Hofes war das *Chorherrenstift Schliersee.*

Haus Nr. 9. Ehem. *Kornkasten,* mit Blockbau-Obergeschoß, Ende 16. Jh. (modern ausgebaut); zugehörig zum *Anwesen «Beim Baur».*

Der historische Speicherbau, der jetzt den Charakter eines Zuhauses trägt, gehörte ehemals zum westlich gegenüberliegenden Hof «Beim Bauer» (Haus Nr. 7), der in neuerer Zeit als Landhaus ausgebaut worden ist, jedoch einen alten Baukern besitzt.

Haus Nr. 8. *Bauernhaus «Beim Weber»,* mit Blockbau-Obergeschoß und Laube, 17./18. Jh.

Das Kleinbauernanwesen wird 1538 zuerst urkundlich erwähnt.

Haus Nr. 11. *Bauernhaus «Beim Hainz»,* Einfirstanlage, Wohnteil mit Blockbau-Obergeschoß und Lauben, 17. Jh.

Der einzige noch bewirtschaftete Hof des Weilers ist auch der älterhaltene. Das gemauerte Erdgeschoß und die Blockwände des Oberstocks gehen auf das 17. Jh. zurück; Erneuerungen des 19. Jh. sind Dach, Laubenbrüstungen und Fenster, die vergrößert wurden.

Westengern

Haus Nr. 1. *Bauernhaus,* mit Blockbau-Obergeschoß, Laube und verbretterter Hochlaube, 1751.

Westlich von Oppenried und Effenstätt in einem Wiesenplan gelegener Einödhof, 1538 erstmals erwähnt, jetzt nicht mehr bewirtschaftet.

Wiedenbauer

Siehe *Schreiern* (S. 51, 52).

Weißenbach, Haus Nr. 2, Bauernhaus

Weißenbach, Haus Nr. 9, ehem. Kornkasten

Weißenbach, Haus Nr. 11, Bauernhaus

Westengern, Haus Nr. 1, Bauernhaus

Weißenbach, Luftbild (freigeg. Reg. v. Obb. Nr. GS 300/9573-83)

Weißenbach, Haus Nr. 8, Kleinbauernhaus «Beim Weber»

109

Winkl

Winklkapelle, 1926 in alter Form wieder aufgebaut.

Die Kapelle des ehem. *Winklhofes* bei Marbach an der Leitzachtalstraße mußte beim Straßenbau 1926 weichen und wurde in der Nähe neu erbaut.

Wörnsmühl

Der Mühlenort Wörnsmühl im Leitzachgrund, bis 1734 Teil der Grafschaft Hohenwaldeck, war vor 1978 Mittelpunkt einer eigenen Gemeinde. Der Name bezieht sich auf die Mühle eines Werinher am Platz des heutigen *Gasthauses Nägele.*

Die rechts und links der Leitzach gestreute Siedlung zählte um 1800 nur fünf bis sechs Anwesen, an erster Stelle die *Grasmühle* (später Säge- und Zementwerk Gschwendtner), dann das Wirtsanwesen, Schmied, Bader, Bäcker und *Lippmühle* (die heute zum Ortsteil Drachenthal gehört).

Seit dem Bau von drei großen Arbeitshäusern 1904 beim Sägewerk und der Errichtung einer Kirche an der Leitzachbrücke 1896, war das Ortsbild einem starken Wandel unterworfen. Der Neubau der Kath. Filialkirche Hl. Dreifaltigkeit im Jahre 1966 nach Abbruch der älteren Kirche schuf einen neuen Ortsmittelpunkt.

Dorfstraße 16. *Gasthaus Nägele,* stattliche Einfirstanlage, Wohnteil verputzt, 1789, im Kern älter, Hochbalkon und geschnitzte Haustür Mitte 19. Jh.

Das sehr alte, ehemals zur Hofmark Wallenburg der Herren v. Waldeck gehörige, zuerst 1517 als Wirtshaus genannte Anwesen wurde 1784 fgür 3800 fl. von Michael Lumberger gekauft, der 1789 den großzügigen, dem klassischen Miesbacher Bauernhaustyp folgenden Neubau errichtete.

Dorfstraße 18. *Wohnhaus,* ehem. *Sennerei,* verputzt, mit Hochbalkon und geschnitzter Haustür, 1798.

Das Nebengebäude gehörte ursprünglich zum Wirtshaus.

Almhütten und -kapellen

Kesselalmkapelle, mit Dachreiter, Anfang 20. Jh.; auf der Kesselalm, südlich vom Breitenstein, ca. 1230 m Höhe.

Erbaut von dem Bauern Johann Auracher (1852–1929) Greinbauer von Birkenstein.

Lehenpointalm, jetzt Privathütte, Blockbau, 1865; westlich von Fischbachau, 903 m Höhe.

Die Almhütte, am Fuß des Rohnberg bei Faistenau gelegen, wurde 1865 nach dem Brand einer älteren Hütte neu erbaut. Der Baukörper ist jetzt verkürzt, die Hütte dient nicht mehr der Viehhaltung.

Maieralm (Killeralm), Blockbau, bez. 1854; nordwestlich von Fischbachau, 874 m Höhe.

Winkl, Winklkapelle

Wörnsmühl, Dorfstraße 16, Gasthaus

Wörnsmühl, Dorfstraße 16, neugotische Saaltür

Wörnsmühl, Dorfstraße 18 und 16, von Osten

Wörnsmühl, Dorfstraße 18, ehem. Sennerei

Kesselalmkapelle

Lehenpointalm

Maieralm (Killeralm)

GEMEINDE GMUND AM TEGERNSEE

Gmund am Tegernsee

Die Gemeinde Gmund, seit der Gemeindegebietsreform 1978 um die ehem. Gemeinde Dürnbach erweitert, umfaßt den nordöstlichen Ufersaum des Tegernsees von *St. Quirin* im Süden bis *Kaltenbrunn* im Nordwesten und erstreckt sich darüberhinaus über die ufernahen End- und Seitenmoränenhänge des kleinen tertiären Tegernseegletschers über die nordöstlich gelegenen, vom Inngletscher aufgeworfenen Moränenzüge rings um die bis 865 m hohe «Eck» und über die nördliche Schotterebene bei Dürnbach, Festenbach, Moosrain, Finsterwald.

Am weitesten dehnt sich das Gemeindegebiet zwischen dem südlichen St. Quirin und dem etwa sechs Kilometer nördlich auf der Schotterhochebene gelegenen *Gasthaus Kreuzstraße*. Die Hochfläche mit ihren charakteristischen Hecken- und Baumzeilengliederungen zwischen den einzelnen Höfen liegt 25 bis 30 m über dem Seespiegel.

Zur Gemeinde gehört auch der Oberlauf der Mangfall, die als Tegernsee-Ausfluß bei Gmund beginnt. Als Verlängerung des Weißbach- und Tegernseer Tales ist der Fluß, der bei Rosenheim in den Inn mündet, eine der drei Hauptwasserachsen des Landkreises neben Schlierach und Leitzach.

Gmund liegt auf 740 m Höhe am nördlichen Hauptzugang zum Tegernsee und an dessen Ausfluß. Der seit dem 10. Jh. bekannte Ortsname spricht diese Lage aus. Die Siedlung entfaltete sich bei der Mangfallbrücke, die seit dem Mittelalter bestand, in massiver Bauweise 1616 und 1726, danach in erweiterter Gestalt 1828 durch König Max I. Joseph und zuletzt nach der Sprengung beim Kriegsende 1945 jeweils neu erbaut wurde. Vor allem für den Verkehr zwischen der südlich am See gelegenen *Benediktinerabtei Tegernsee* und den Klostergütern auf der Ebene im Norden sowie dem Klostermarkt Holzkirchen und München war dieser Übergang, bei dem auch die alten Straßen von Tölz und Miesbach/Schliersee einmünden, lebensnotwendig.

Ein Grundfaktor der Siedlungs- und Zentralortsbildung war die ursprünglich dem Hl. Michael geweihte, hoch über dem südlichen Brückenkopf im befestigten Friedhof gelegene *Pfarrkirche*, das Zentrum einer Urpfarrei, die bis 1111 auch *Egern*, bis 1184 *Kreuth*, bis zum 15. Jh. *Tegernsee* (außerhalb der Abtei), bis 1809 *Waakirchen mit Georgenried* und bis 1946 auch *Schaftlach* umfaßte und in engster Verbindung mit der Abtei stand, die in den meisten Bereichen des Gemeindegebiets Grundherr war und darüberhinaus seit 1321 bis 1803 die Niedergerichtsbarkeit besaß.

Von den Tegernseer Benediktinern wurde maßgeblich auch die mittelalterliche Rodung und Besiedlung, die Kultivierung der Moränenhänge und der sich bis Holzkirchen ausdehnenden Schotterebene angeleitet. Die meisten der bestehenden Höfe und Siedlungen sind schon im ältesten Klosterurbar von 1017 aufgeführt.

Vor allem auf der Ebene bei *Moosrain* finden sich sehr stattliche Einödsiedlungen, die sämtlich ehemals Klosterlehen waren (z. B. in *Baumgarten* «Beim Zist» und «Beim Kanzler», in *Moosrain* «Beim Zoff», «Beim Knoll» und «Beim Kray»); diese Siedlungsform ist auch vorherrschend in den nordöstlichen Moränenbereichen (z. B. *Angerlweber* und *Schweinberg*). Die alten Zweihöfeweiler (z. B. *Bürstling, Niemandsbichl, Öd, Schuß*) sind wie üblich aus spätmittelalterlichen Teilungen eines Urhofes entstanden.

Charakteristisch für die Gemeinde Gmund sind die drei langgezogenen Bauern- und Handwerkerdörfer *Dürnbach, Festenbach, Finsterwald*, alle auf der Ebene gelegen und offenbar wegen des urpfarrkirchlichen Ranges von Gmund ohne eigene Gotteshäuser.

Bis zum frühen 20. Jh. war die Bevölkerung landwirtschaftlich, im kleinen Umfang handwerklich orientiert, mit Ausnahme des Hauptortes Gmund und des *Louisenthals*. Entsprechend waren die Siedlungen überwiegend bäuerliche, geprägt durch das klassische Miesbacher Bauernhaus, den Einfirsthof. Ebenso war die Landschaft ausschließlich eine bäuerliche Kulturlandschaft, entstanden durch die Gemeinschaftsarbeit des Klosters und der Bauern, parkartig gestaltet und genutzt für die Viehzucht.

Seit der Mitte des 19. Jh. sind diese Strukturen längs des Seeufers und der größeren Straßen (Finsterwald, Dürnbach) in Auflösung geraten. Die häufige Anwesenheit des königlichen Hofes am Tegernsee bis 1825, dann des Prinzen Karl und des herzoglichen Hauses, zog hochgestellte Besucher, Münchner Hofadel und Beamte, Maler, Reiseschriftsteller und Münchner Sommerfrischler an. Die Entdeckung des Sees und seiner Ufer manifestiert sich in den Gemälden Münchner Landschaftsmaler wie Lorenzo Quaglio, Franz von Kobell und Johann Georg von Dillis. Am Gmunder Tegernsee-Ufer war das Mustergut König Max I., *Kaltenbrunn*, eine der bevorzugten Sehenswürdigkeiten, ein Aussichtspunkt und Motiv der Maler.

In seinem «Bayerischen Hochland» schildert Ludwig Steub 1860 die Überlagerung der alten klösterlich-bäuerlichen Welt am See durch den neuen Fremdenverkehr: «Wenn man um diese Zeit durch Gmund fährt, sieht man nur die bekanntesten Münchener Köpfe zu den Fenstern herausschauen. Münchener Mütter wandeln auf den Altanen der Bauernhäuser; Münchener Fräulein jodeln aus den Dachluken; Münchener Kinder spielen den Franzosenkrieg auf den Gmunder Wiesen. Die Stadtwelt drängt jetzt furchtbar über ihre Mauern; selbst die abgelegensten Berghöfe werden aufgesucht, um dort arkadisch zu sein. Also ist auch Gmund, das man früher nur teilnahmslos durchfuhr, an Ruhm und Ehre sehr ansehnlich in die Höhe gestiegen, und hat selbst in der Ferne seine Verehrer. Die Aussicht in die nahe Ebene ist durch einen grünen Hügelvorhang benommen, der See lächelt so reizend an schönen Sommertagen, rückwärts ansehnliche Berge, ringsum im kleinen traulichen Kreise freundlich winkende, zierliche Bauernhäuser, stattliche Kirche, reine Luft, das Dunkel des Waldes und das Rauschen der Mangfall, alles zusammen vereinigt sich zu einem sehr angenehmen, wenn auch nicht großartigen Ganzen.»

Diese neue Bedeutung, die dem Ort zuwuchs, erzwang geradezu den Bau der Eisenbahn von München und Holzkirchen nach Gmund, die 1884 eröffnet wurde, den Zustrom von Besuchern und Neusiedlern vermehrte und Gmund eine weitere Schlüsselfunktion für das Tegernseer Tal verlieh. In der Nähe des Bahnhofes, nördlich auf den Moränenabhängen, entstanden die ersten Landhäuser.

Die bauliche Expansion in Gmund und dem weiteren Gemeindegebiet nahm nach dem 2. Weltkrieg erneut stark zu. Bis 1978 waren 280 Zweitwohnsitze bei insgesamt 1210 Häusern entstanden. Dennoch besitzen noch große Gemeindeteile bäuerlich-landwirtschaftlichen Charakter; hier ist auch die überwiegende Zahl der Baudenkmäler zu finden.

Der historische Ortskern von Gmund konstituiert sich aus der beherrschend über dem südlichen Brückenkopf aufragenden *Kirche* mit *Friedhof* und hoher Ummauerung (Kirchenweg) und den weiteren historischen Anwesen am Kirch- und am Osterberg, der alten Miesbacher-/Schlierseer Straße: Ehem. *Pfarrhof* (jetzt *Rathaus*, Kirchenweg 6), *Altes Schulmeister- und Mesnerhaus* (Kirchenweg 3), ehem. *Schul- und Gemeindehaus* (Kirchenweg 4), ehem. *Stumböckanwesen*, nach 1888

Gmund, Münchner Straße von Norden

Gmund, Ortsmitte von Süden

Gmund, Blick auf die Pfarrkirche von Westen

Gmund, Mangfall und Kirchberg von Nordosten

Schulhaus (Kirchenweg 7), ehem. *Klostertaverne* und bis 1803 Sitz des Klosterrichters, dann *Gasthof Maximilian* (Tegernseer Straße 3), ehem. *Nebengebäude der Taverne und Poststation* (Osterbergweg 1), ehem. *Unterstögeranwesen*, jetzt Geschäftshausneubau (Tegernseer Straße 1) sowie die *Maria-Hilf-Kapelle*, die am Fuß des Kirchberges bei der Brücke liegt. Zugehörig sind darüber hinaus die alten Anwesen und Gebäude an der Tegernseer Straße: «*Beim Hascher*» (Nr. 4), «*Beim Kramer*» (Nr. 6), ehem. *Nebengebäude der Klostertaverne* (jetzt Bank, Nr. 8) ehem. *Stall der Taverne*, im Kern 18.Jh. (jetzt ausgebaut, Nr. 10), «*Beim Klosterbäck*» (Nr. 5) sowic die schon genannten Anwesen Tegernseer Straße 3 und 1, dazu das *alte Jägerhaus* an der Mangfall (Seestraße 2) und die ehem. kleinen *Handwerkerhäuser* an der Seestraße, längs der Mangfall. Nördlich der Mangfallbrücke, am Fuß des Gasteigs (Münchener Straße), der noch im 17.Jh. mit einem Tor abgeschlossen war, wie das rechte Seitenaltarbild von Hans Georg Asam in der Pfarrkirche zeigt, gehören das *Bleicherhaus* (ehemals Kramerei und Wirt, Tölzer Straße 2) und das sich nördlich anschließende *Kernhaus* (Münchner Straße 9) zur alten Ortsstruktur, während das gegenüberliegende *Gschwändleranwesen* (Münchner Straße 2) 1974 dem Straßenbau zum Opfer fiel.

Die belebte Kreuzung am nördlichen Brückenkopf mit den nach Tölz/Bad Wiessee und in den Mangfallgrund abzweigenden Straßen fassen ferner das alte 1927 umgebaute *Schmiedhaus* von 1578 (Münchner Straße 3), das stattliche *Schmiedmüllerhaus* (Münchner Straße 5) und das gegenüberliegende *Bruckschneideranwesen* (Mangfallstraße 2) ein. Zum ältesten Bestand sind auch das westlich der Kreuzung gelegene *Gasthaus Oberstöger* (Tölzer Straße 4) und das benachbarte *Wagneranwesen* (Kaltenbrunner Straße 2) zu zählen.

Kaltenbrunner Straße 2. Ehem. *Handwerkerhaus «Beim Wagner»*, mit Blockbau-Obergeschoß, Ende 18.Jh., dreiseitig umlaufende Laube und Giebellaube 1884 erneuert. Am Gmunder Wagnergütl, das zum Geschäftshaus umgebaut wurde, zeigen die originellen Aussägearbeiten in den Verbretterungen der Giebellaube – Werkzeuge, ein Wagenrad – das Handwerk der ehemaligen Besitzer an. Der Wirtschafts- und Werkstatt-Teil wurde im 19.Jh. für Wohnzwecke ausgebaut. In der Straßengabelung am Fuß des Tölzer Berges gelegen, nimmt das Haus eine wichtige städtebauliche Stellung ein.

Kirchenweg. *Kath. Pfarrkirche St. Ägidius*, stattlicher barocker Neubau, 1688–90 von Lorenzo Sciasca, untere Teile des Turmes mittelalterlich (1087 und 1491).

Die älteste hölzerne Gmunder Kirche, wie die bestehende über dem Zugang zum Tegernseer Tal und dem Mangfallübergang gelegen, wurde schon 1087 durch einen Steinbau ersetzt. Sie war dem Hl. Michael geweiht, dem man im Mittelalter gern exponiert liegende Plätze widmete, wurde 1491 erweitert und 1632 durch die Schweden in Brand gesteckt. An ihre Stelle trat 1688–1690 die heutige Kirche nach Plänen des Graubündener Baumeisters Lorenzo Sciasca (um 1643–1694), der fast gleichzeitig die *Klosterkirche in Weyarn* baute. In beiden Fällen handelt es sich um barocke Wandpfeilerkirchen von monumentaler Wirkung, wobei in Gmund die weiträumige Apsis dem Raum etwas ‹Römisches› verleiht. Im Gegensatz zu Weyarn besitzt Gmund noch die innere Ausgestaltung des 17.Jh. Die auf Rahmenwerk und hochbarockes Ornament begrenzte Stukkatur unterstreicht die Hauptlinien der Architektur unter Verzicht auf alles Dekorativ-Kleinteilige.
1274 war die Gmunder Kirche mit allem Besitz dem Kloster Tegernsee übereignet worden. Folgerichtig wurde sie nun 1693 einem Benediktinerheiligen, St. Ägidius, geweiht.
Die großartige spätgotische Michaelsfigur vom mittelalterlichen Hochaltar jetzt in der Vorhalle.

Gmund, Tegernseer Straße von Süden

Gmund, Kaltenbrunner Straße 2, ehem. Handwerkerhaus

Gmund, Kath. Pfarrkirche St. Ägidius

Gmund, Kirche, Grabplatte

Gmund, Kirche, gotisches Tafelbild

Gmund, Kirche, Inneres

Gmund, Kirche, Muttergottes

Gmund, Kirche, Relief

Gmund, Kirche, Hl. Michael

Gmund, Kirche, Hl. Ägidius

Gmund, Kirche, Hl. Philippus

Am frühbarocken Hochaltar, 1692 aus Tegernsee erworben, ein von Johann Georg Asam (1649–1711) gemaltes Altarblatt mit dem Thema der Ägidius-Legende. Die Seitenaltäre 1761 datiert, der linke mit spätgotischer Madonnenfigur vom Ende des 15.Jh., der rechte mit Altarblatt von Hans Georg Asam, der darauf das zeitgenössische Gmunder Ortsbild wiedergibt. An der nördlichen Chorwand eine 1688 aus Rom nach Tegernsee überbrachte marmorne Grabplatte aus einer Katakombe, seit 1805 in Gmund; im Chor ferner zwei Predellenbilder des 15.Jh. mit Darstellung der Anna Selbdritt und Verkündigung und Geburt Christi. Kanzel aus der Erbauungszeit der Kirche. An der südlichen Langhauswand vergoldetes Holzrelief von Ignaz Günther, bez. 1763, mit dem barmherzigen Samariter vor breiter Landschaftskulisse. An den Pfeilern drei große spätgotische Apostelfiguren, die weiteren in gleicher Größe aus dem frühen 18.Jh., die älteren wie die jüngeren einheitlich weiß 1750 gefaßt. Lebensgroßer Kruzifixus von 1770.

Der Außenbau der Kirche besaß ursprünglich wohl gliedernde Architekturmalerei, der Turm, der 1688 um 30 Schuh erhöht und mit einer Zwiebelhaube bekrönt wurde, ist eine über weite Teile des Tegernsees wirkende Landmarke. An der Südseite ist ihm eine Kapelle, die sog. *Totenkirche,* angebaut, die u.a. die *Grabdenkmäler* des Gmunder Geschlechts der Reiffenstuel enthält.

Friedhof, um die Kirche gelegen, Anlage mittelalterlich, hohe Einfriedungsmauern von 1688/90, erneuert Anfang 19.Jh. und 1866, Friedhofstor des 19.Jh. an der Südseite. Ältere Grabdenkmäler in die Kirche eingelassen, u.a. für Hans Simon Reiffenstuel (um 1574–1620), Hofbaumeister in München, und für seine Familie, für Jakob Deisenrieder (1778–1833), Mechanikus und Uhrmacher, für Gregor Fichtner (1828–1901), Papierfabrikant und Reichstagsabgeordneter; schmiedeeiserne Grabkreuze, nachbarock, frühes 19. bis frühes 20.Jh., u.a. Merck, Dörfler, Lechner, Buttmann, Kolb, Raß, Zellermai; Grabstein Hagn mit Inschrift zur Erinnerung an Johann Baptist Mayr, den sog. Wilden Jäger (1784–1834); Grabdenkmal Obermayr, u.a. zur Erinnerung an Max Obermayr (1821–98), Wirt und Züchter des Miesbacher Alpenfleckviehs; schmiedeeisernes Grabkreuz zur Erinnerung an Johann Burger, den sog. Wildschütz Lampi, 2.Hälfte 19.Jh. Der Gmunder Friedhof ist einer der bedeutendsten des Oberlandes. Seine Grabdenkmäler erinnern an die alteingesessenen Bauerngeschlechter, an Wildschützen und Förster, Volksschauspieler, Schriftsteller, Erfinder und bedeutende Pfarrer.

Kirchenweg. *Mariahilfkapelle,* sog. Pestkapelle St. Maria, St. Sebastian und Rochus, 1634/36 erbaut.

Nach der Pestepidemie 1632/34 wurde die Mariahilfkapelle neben der Mangfallbrücke, außerhalb des Friedhofes am Fuß von dessen hoher Westmauer bei einem Begräbnisplatz für die Pesttoten als Votivkapelle erbaut. Sie ist Maria und den Pestheiligen Sebastian und Rochus geweiht, die als barocke Schnitzfiguren des Münchner Johann Gerbl im Altar erscheinen. Der kleine Sakralbau dient als Kriegergedächtniskapelle.

Kirchenweg 3. Ehem. *Schulmeister- und Mesner-Wohnhaus,* schmaler verputzter Traufseitbau an der südlichen Friedhofmauer, mit Holzbalkon, im Kern wohl noch 16.Jh.; östlich angebaute kleine erdgeschossige ehem. Brotläden (westlicher erkerartiger Anbau 1933).

Wie üblich, befanden sich Kirche, Friedhof, Pfarrhof, Mesner- und Lehrerhaus eng beieinander. Sie machten zusammen mit dem Wirtshaus und der Kramerei die Zentralität eines Kirchdorfes aus.

Ein Lehrer wird bereits 1607 in Gmund genannt. Die kleinen, an das Lehrerhaus sich ehemals anschließenden Verkaufsläden wurden 1856 entfernt.

Kirchenweg 6. *Rathaus, ehem. Pfarrhof,* 1664/66 erbaut, ehemals mit hohem Steilsatteldach, 1860/61 Umbau, 1969 erneuter Umbau und Einrichtung als Rathaus mit Kursaal.

Die ehemalige Bedeutung der Gmunder Pfarrei, die ursprünglich das gesamte Tegernseer Tal, bis 1805 bzw. 1946 auch Waakirchen und Schaftlach umfaßte, wird auch in der stattlichen Größe des der Kirche südlich zugeordneten alten Pfarrhofes anschaulich, zu welchem große Wirtschaftsgebäude gehörten, die 1791 und 1964 abgebrochen wurden.

Bauherr des Pfarrhofneubaus von 1664/66 war Abt Ulrich III. von Tegernsee, dessen Wappen in die Giebelfront des Hauses eingelassen ist. Auf dem Gemälde des südlichen Seitenaltars der Kirche ist durch Hans Georg Asam die ursprüngliche Gestalt des Gebäudes mit Steilgiebeldach überliefert. Seit der Mitte des 17.Jh. bis zur Säkularisation hatten Benediktiner aus Tegernsee als Pfarrvikare in Gmund gewirkt, die Filialen wurden von Kooperatoren betreut.

Bei Auflösung dieser klösterlichen Pfarrorganisation 1804 gehörten zur Ökonomie u.a. acht Pferde und 25 Rinder.

Zum Umbau des Hauses 1861 gehören die gotisierenden Stichbogenfenster und das Dach mit Vorstand über Pfettenköpfen, der originale Zustand ist auf dem rechten Seitenaltarbild der Kirche von Hans Georg Asam (1696) überliefert. Der Erwerb durch die Gemeinde 1965 und die Adaption für Verwaltung und Fremdenverkehrseinrichtungen retteten den historischen Bau vor dem Abbruch; ein neues Pfarrwohngebäude war gleichzeitig weiter östlich erbaut worden.

Gmund, Mariahilfkapelle

Gmund, Friedhof, Grabkreuz

Gmund, Friedhof

Gmund, Mariahilfkapelle, Altar

Gmund, Kirchenweg 3, ehem. Schulmeister- und Mesnerhaus

Gmund, Kirche und Rathaus

Gmund, Rathaus, Flur

Gmund, Wappen über Rathaustür

Mangfallstraße 3. Ehem. *Neumühle,* stattliche Einfirstanlage, Wohnteil verputzt, zwei Balusterbalkons, hohes Walmdach mit Überstand, nach Brand 1796 neu erbaut.

Die Neumühle ist eine der wenigen erhaltenen der ehemals 24 Mangfallmühlen zwischen Gmund und Rosenheim. Der Bau folgt dem Typ des bäuerlichen Einfirsthofes, die Dachform zeigt den besonderen Charakter an, das Haus trägt gleichsam eigene Tracht und will – ähnlich wie ein historischer Pfarrhof – nicht mit einem Bauernhaus verwechselt werden.

Mangfallstraße 10. *Inschrifttafel* (Haustafel) von 1828.

Nur die 1930 erneuerte oder wieder angebrachte Haustafel von 1828 an dem sonst völlig veränderten Gebäude ist schutzwürdig. Sie nennt den Gründer der Louisenthaler Papiermühle Johann Nepomuk Haas (siehe Louisenthal, S. 143).

Müllerstraße 9. *Landhaus,* Mansard-Walmdachbau mit halbkreisförmigem Verandavorbau, 1912 von Architekt Ranft, Seitentrakt für Bedienstete von Ludwig Ruf.

Münchner Straße 5. *Schmiedeeiserne Balkonbrüstung,* bez. 1829.

Von dem großen Eckhaus an der Mangfallbrücke, dem alten Schmiedmülleranwesen, einer Getreidemühle mit Hufschmiede, die ehemals ein Schopfwalmdach besaß und um 1900 erhöht wurde, verdient der biedermeierliche geschmiedete Eisenbalkon Beachtung.

Münchner Straße 9. Ehem. *Bauernhaus «Beim Oberlechner»* (Kernhaus), verputzt, mit Laube und Giebellaube, um 1800.

Das Oberlechner-Anwesen am Fuß des Gasteigs ist ein hervorragendes Beispiel für das Miesbacher Haus der Stilstufe um 1800: strenge Achsialität, strenge giebelseitige Erschließung, Abkehr vom Holzbau, dennoch Vorliebe für Balusterlauben und Balkenköpfe in barocken Formen. Die Fenster trugen bis vor wenigen Jahren aufgemalte Empire-Rahmungen, die Fensterläden weisen noch die alten schrägen Einschubleisten und aufgemalte Empire-Ornamente auf, die Verbretterungen am Giebel in Umrissen Darstellungen zweier napoleonischer Soldaten. Das Kleinod in der Fassade ist die aufgedoppelte Haustür, eine kunstvolle Doppelsterntür.

Münchner Straße 18. *Veranda* mit reichen Neurenaissance-Aussägearbeiten, gewölbten Glasscheiben und Balustrade, um 1870/80.

Osterbergweg. *Floriansbrunnen,* Bronzefigur des Hl. Florian auf dem Brunnenpfeiler von Ferdinand von Miller d. J., 1894.

An einem städtebaulichen Angelpunkt, der Abzweigung der alten Schlierseer Straße von der Tegernseer Straße in der Ortsmitte von Gmund, wurde 1894 der Brunnen aufgestellt.

Schlierseer Straße 18. Ehem. *Getreidekasten,* Blockbau, bez. 1752, *aus Schaftlach* um 1978 hierher transferiert.

Seestraße 2. Ehem. *Jägerhaus,* verputzt mit Flachsatteldach und Giebellaube, bez. 1793.

Das «Jagerhaus» am Mangfallufer war Wohnhaus des berühmt-berüchtigten sog. Wilden Jägers Johann Baptist Mayr (1784–1834), eines unerbittlichen Verfolgers der Wildschützen im Tegernseer Tal im frühen 19. Jahrhundert. Das Äußere des Gebäudes mit Ausnahme des inzwischen ausgebauten rückwärtigen Teils nahezu unverändert seit 1793: Stiegenhausfenster mit Stichbogen, originale Haustür mit Oberlicht, davor ausgebauter, durch eine Balustrade begrenzter Vorplatz, um die Lage am Uferhang auszugleichen, sog. Katzenlaube (ausgreifender Kniestock an der Traufseite), Balustergiebellaube, profilierte Balkenköpfe.

Gmund, Mangfallstraße 3, ehem. Neumühle

Gmund, Münchner Straße 5

Gmund, Münchner Straße 5, Detail

Gmund, Müllerstraße 9

Gmund, Schlierseer Straße 18

Gmund, Münchner Straße 18

Gmund, Seestraße 2, ehem. Jägerhaus

Gmund, Osterbergweg,
Floriansbrunnen

Gmund, Münchner Straße 9, ehem. Bauernhaus «Beim Oberlechner»

Seestraße 8. Ehem. *Handwerkerhaus,* Kleinhaus mit steilem Satteldach, traufseitiger Laube und verbretterter Giebellaube, 1. Hälfte 18. Jh., Anbau an der Nordseite später.

Tegernseer Straße 3. *Gasthof «Herzog Maximilian»,* stattlicher zweigeschossiger Bau mit Flachsatteldach, 1846 von Baumeister Joseph Poschner.

Gasthof 1399 erstmals erwähnt, im Dreißigjährigen Krieg zerstört, Mitte 17. Jh. wieder aufgebaut. Wichtige Station an der Straße von Bayern nach Tirol. Von König Max I. 1822 ersteigert und renoviert. Zar Alexander I. und Kaiser Franz von Österreich sowie Zar Nikolaus I. stiegen hier ab. Brückenmautstelle und erste Telegraphen-Station des Tegernseer Tals.

Tegernseer Straße 5. *Wohnhaus und Bäckerei,* verputzt, mit geschnitzter Empire-Haustür, erbaut 1808; Giebelbalkons, geschnitzte Balkenköpfe und Putzgliederungen Ende 19. Jh.

Das *Klosterbäckeranwesen* ist seit 1508 bezeugt. Es bezeichnet bis heute die Ausdehnung des historischen Ortskerns von Gmund nach Süden, gegen Tegernsee. 1807/08 wurde das Haus mit der Bäckerei neu erbaut. Die Haustür zeigt den Stil der Zeit König Max I. Im späten 19. Jh. wurde die Giebelfront durch Putzbandgliederungen und Flaschenbaluster-Balkons sowie die damals am Tegernsee, in der Aiblinger Gegend und im Chiemgau beliebten geschnitzten und bemalten Drachenbalkenköpfe bereichert. Die Wandmalereien modern. Der ehemalige Wirtschaftsteil 1973 leider wenig einfühlsam ausgebaut.

Tegernseer Straße 6. Wohn- und Geschäftshaus (ehem. *Kramerei*), alter Wohnteil mit Putzgliederungen, zwei Giebelbalkons und bemalten Dachuntersichten, erbaut 1884.

Das *Kramer- oder Schwaighoferhaus,* im Ortskern an städtebaulich hervorragendem Platz gelegen, verkörpert weitgehend original den Haustyp und Baustil des zum Fremdenverkehrsort sich entfaltenden Ortes. Dabei mischen sich städtische mit ländlichen Elementen. Typisch sind die Putzgliederungen, großen Fenster und Giebelbalkons.

Tölzer Straße 2. Zugehöriger *Hochbalkon,* Brüstung mit klassizistischen Schnitzereien, Mitte 19. Jh., an der Giebelfront des Hauses.

Das Haus selbst, ehemals *Wirtshaus und Kramerei,* jetzt umgebaut als Geschäftshaus, erhält durch den Balkon eine Steigerung seiner wichtigen städtebaulichen Stellung als Eckhaus am unteren Gasteig (Münchner Straße/Ecke Tölzer Straße).

Tölzer Straße 19. *Villa Helene,* malerischer zweigeschossiger Bau, an der Südseite asymmetrisch Schopfwalmgiebel mit Erker und hölzernem Hochbalkon sowie hölzerne Veranda, in der Nordostecke eingestellter Treppenturm mit Helm, erbaut 1900.

Wiesseer Straße 11. *Bahnhof Gmund.* Empfangsgebäude zweigeschossig, an der Südseite Giebelrisalit, Putzgliederungen in Neurenaissanceformen, überstehende Flachsatteldächer, um 1883.

Das reich gegliederte Bahnhofsgebäude der am 5. August 1882 durch Ferdinand von Miller gegründeten Tegernseer-Bahn AG zeigt Eingänge und Fenster im Erdgeschoß mit Rundbögen, die Fenster im Wohngeschoß mit kräftigen Putzrahmen. In den Dachzonen Zierfach- und Bundwerk, das ebenso wie die Dachform den ländlichen Charakter unterstreichen soll. Die Bahnsteighalle z. T. noch mit den originalen Gußeisenstützen.

Am 1. August 1883 erreichte der erste Zug von Schaftlach her diesen Bahnhof und damit den Tegernsee.

Gmund, Seestraße 8, ehem. Handwerkerhaus

Gmund, Tegernseer Straße 3, Gasthof «Herzog Maximilian»

Gmund, Tegernseer Straße 6, ehem. Kramerei

Gmund, Tölzer Straße 2, Balkon

Gmund, Tölzer Straße 19

Gmund, Tölzer Straße 19

Gmund, Tegernseer Straße 5, Wohnhaus und Bäckerei

Gmund, Tölzer Straße 19, Villa Helene

Gmund, Wiesseer Straße 11, Bahnhof

Gmund, Bahnhof

121

Ackerberg

Herzogweg 6. *Brechlbad,* kleiner Blockbau, wohl 18. Jh., ehemals in Niederhofen bei Bayrischzell, um 1960 hier aufgestellt.

Nebengebäude dieser Art – Brechlbad, Brechhütte, Dörrhütte oder Haardarr genannt – gehörten ehemals zu vielen Bauernanwesen; in ihnen wurde der Flachs vor der Weiterverarbeitung gedörrt.

Angerlweber

Haus Nr. 1. *Bauernhaus,* Einfirstanlage, Wohnteil mit Blockbau-Obergeschoß, Laube und Giebellaube, Ende 18. Jh.

Der Einödhof, der um 1875 von zehn Personen bewohnt war, ist mittelalterlichen Ursprungs und liegt am Nordfuß der Neureuth, ungestört durch neuzeitliche Veränderungen, in einem von Heckenzeilen durchzogenen Wiesenanger, von dem auch der Hofname herrührt. Auch die Nachbarhöfe *Niemandsbichl, Öd* und *Schuß* gehören zu diesem parkartigen Weidegebiet mit seinen historischen Bauernhöfen. Beim Neubau des Wirtschaftsteils, 1978, konnte die historische Hofform erhalten werden.

Baumgarten

Der Weiler Baumgarten liegt auf der unter Leitung des Klosters Tegernsee im Hochmittelalter kultivierten Schotterebene bei Moosrain, die durch ihre rechteckigen, von Baumzeilen begrenzten Wiesengeräumte besonders ausgezeichnet ist. Die beiden sehr stattlichen Höfe von Baumgarten, der *Zisthof* und der *Kanzlerhof,* sind ehemalige Klosterlehen, die im Tegernseer Urbar von 1250 bereits erscheinen. Sie sind großartig in die benediktinisch-bäuerliche Kulturlandschaft, die sog. Haglandschaft eingebettet, die sich östlich gegen *Kreuzstraße* und *Moosrain* in gleicher Struktur fortsetzt.

Haus Nr. 1. *Bauernhaus «Beim Zist»,* stattliche Einfirstanlage, Wohnteil mit Blockbau-Obergeschoß, Laube und Giebellaube, Ende 18. Jh. Die Fenster des sieben Achsen breiten Wohnteils wurden im späten 19. Jh. erweitert, der Wirtschaftsteil im frühen 20. Jh., das Dach 1958 neu erstellt.

Haus Nr. 3. *Bauernhaus «Kanzlerhof»,* stattliche Einfirstanlage, Wohnteil mit verschaltem Blockbau-Obergeschoß und Balusterlauben, 18. Jh., im Kern älter, Bemalung und Erneuerung der Giebellaube um 1915 und 1934.

Der sehr stattliche *Kanzlerhof* gehörte zu den größten Höfen, die das Kloster Tegernsee im Oberland vor 1803 besaß. Der «Kanzler» hatte von den umliegenden Höfen, soweit sie klosterabhängig waren, die Abgaben einzutreiben. Das sorgfältig gepflegte Haus wurde 1891 und 1934 im Heimatstil erneuert und ausgestaltet, wofür die in bester barocker Tradition geschaffene Haustür mit Doppelstern Zeugnis ist.

Berg

Haus Nr. 1. *Bauernhaus «Vorderberg»,* Einfirstanlage, Wohnteil zweigeschossiger Blockbau des 17. Jh., Dachaufbau und umlaufende Laube 2. Hälfte 19. Jh.

Auf einem Moränenhügel rechts der Mangfall gelegener Zweihöfeweiler spätmittelalterlichen Ursprungs mit den Anwesen Vorder- und Hinterberg, das neu errichtete Zuhaus leider nicht angemessen gestaltet. Der altertümliche unverputzte Blockbau ist im 19. Jh. ausgebaut und erneuert worden (Dachaufbau, Fenster, Laubenbrüstungen).

Kapellenbildstock, wohl 17. Jh.; zwischen Rainmühle und Eben, zu Hinterberg gehörig.

Ackerberg, Herzogweg 6, Brechlbad

Berg, Haus Nr. 1, Bauernhaus «Vorderberg»

Berg, Kapellenbildstock

Baumgarten, Haus Nr. 1

Baumgarten, Haus Nr. 3, Bauernhaus «Kanzlerhof»

Angerlweber, Haus Nr. 1, Bauernhaus von Nordosten

Baumgarten mit Haus Nr. 1 (rechts) von Norden

123

Buchleiten

Im steilen Uferhang links der Mangfall zwischen Dürnbach und Louisenthal liegen die beiden kleinen alten Anwesen von Buchleiten, das *Weber-* und das *Fischerhaus* (Haus Nr. 3), am letzteren eine Gedenktafel aus dem Jahre 1819, die an ein gemeinsames Forellenessen König Max I. v. Bayern, Kaiser Franz I. v. Österreich und König Friedrich Wilhelm IV. von Preußen erinnert.

Haus Nr. 5. *Kleinbauernhaus «Beim Weber»,* mit Blockbau-Obergeschoß, Balusterlauben und originalen Fenstern, 1802.

Am sog. Weberhaus sind hervorragende Baudetails aus der Entstehungszeit erhalten geblieben: verbleite Fenster in profiliertem Fensterstock, die geschnitzten Bekrönungen aus der 2. Hälfte des 19. Jh., profilierte spätbarocke Balkenköpfe, prächtige Flaschenbaluster in den Laubenbrüstungen, eine Hausbank von 1833.

Bürstling

Haus Nr. 1. *Inschrifttafel* von 1905 zur Erinnerung an den Uhrmacher und Erfinder Johann Mannhardt (1798–1878); an der Fassade des *Bauernhauses «Beim Meister».*

Mannhardt, der es vom Hüterbuben bis zum damals berühmten Turmuhr-Spezialisten brachte, wurde im Bürstlinger Meisteranwesen geboren.

Dürnbach

Das Dorf, bis 1978 Mittelpunkt einer eigenen Gemeinde, doch von Anfang an zur Pfarrei Gmund gehörig, dehnt sich weitflächig aus auf der Ebene nördlich vor dem Tegernsee, längs der Straße nach Holzkirchen/München (Münchner Straße) und den von dieser östlich abzweigenden Verbindungen nach Festenbach/Miesbach (Miesbacher Straße) und in den Mangfallgrund (Dorfstraße, Mühlthalstraße).

Die ältesten Anwesen sind im Tegernseer Urbar von 1071 genannt. Im 13. Jh. bestanden etwa sieben Klosterlehen, um 1800 etwa 35 Höfe und Gütler- bzw. Handwerkeranwesen, von denen die meisten zum *Kloster Tegernsee* lehenspflichtig waren.

Der Ort hat sich in neuerer Zeit baulich stark verändert, besonders längs der Münchner Straße.

Dorfstraße. *Bildstock,* Tuffpfeiler mit Laterne, wohl 17. Jh., am Fuß bez. 1723; an der Abzweigung Am Graben (siehe Erläuterung bei *Miesbacher Straße).*

Dorfstraße 14. *Bauernhaus «Beim Scheck»,* Einfirstanlage, Wohnteil mit Blockbau-Obergeschoß, Nordseite verputzt, 1. Hälfte 18. Jh.

Miesbacher Straße 2. Ehem. *Bauernhaus «Beim Meister»,* Einfirstanlage, Wohnteil zweigeschossiger Blockbau, z. T. verschalt, 17./18. Jh.

Selten gewordenes Beispiel für einen zweigeschossigen Blockbau, am Erdgeschoß und Giebel verschalt.

Miesbacher Straße 12. *Barocker Kruzifix* (Hauskreuz), am Stadel des Bauernhauses.

Miesbacher Straße. *Bildstock,* Tuffpfeiler mit Laterne, 1. Hälfte 17. Jh.; bei Nr. 13 *(Eisenburghäusl).*

Die beiden gut erhaltenen Dürnbacher Bildstöcke (siehe auch Dorfstraße) sind wie üblich im Landkreis aus Tuffstein und bezeichnen alte, typisch an Weggabelungen gelegene Andachtsstätten. Der Bildstock beim Eisenburghäusl noch in gotischen Formen, mit gefastem Schaft und Kreuzrelief an der

Buchleiten, Haus Nr. 5 (links)

Buchleiten, Haus Nr. 5 «Beim Weber»

Dürnbach, Dorfstraße 14 «Beim Scheck»

Buchleiten, Haus Nr. 5, Hausbank von 1833

Bürstling, Inschrifttafel

Dürnbach, Kruzifix

Dürnbach, Bildstock an der
Dorfstraße

Dürnbach, Bildstock bei
Miesbacher Straße 13

Dürnbach, Miesbacher Straße 2, ehem. Bauernhaus

Laterne; in den Flachnischen beider Denkmäler befanden sich ehemals gemalte Heiligendarstellungen, die vorhandene Bildtafel ist modern.

Moorbäckweg 9. Blockbau-Oberstock des 17./18. Jh., aus Oberleiten, Markt Schliersee, 1979 hierher transferiert und in einem Wohnhausneubau wieder verwendet; übertragene Wandfresken von 1689.

Der historische *Oberleitnerhof,* ein Bergbauernhof östlich über dem Schliersee, konnte an seinem alten Standort leider nicht erhalten werden; die wesentlichen hölzernen Teile wurden transferiert.

Mühlthalstraße 4. Ehem. *Bauernhof «Beim Glasn»,* stattliche Einfirstanlage, Wohnteil überwiegend verputzter Blockbau, reich profilierte Balkenköpfe, Balusterlauben, um 1800, im Kern wohl älter; ehem. *Getreidekasten,* zweigeschossiger Blockbau, 17. Jh., z. T. bemalt; aus der Traunsteiner Gegend 1979 transferiert.

Der stattliche, jetzt nicht mehr bewirtschaftete Einfirsthof war ein ehemaliges *Tegernseer Klosterlehen.* Mit seinem giebelseitig erschlossenen, streng proportionierten Wohnteil und den aufwendigen Balusterbrüstungen der Lauben ist der Bau ein typisches Miesbacher Bauernhaus der klassischen Entwicklungsstufe um 1800.
Oberstock und Südostecke des Erdgeschosses bestehen aus verputzten Holzblockwänden.

Mühlthalstraße 5. *Wohnhaus «Beim Lukas»,* Blockbau-Obergeschoß verputzt, mit umlaufender Balusterlaube und gemaltem Hausspruch, bez. 1790.

An der Südseite der Laubentür in einer aufgemalten Rocaille-Kartusche der Hausspruch «Ich hab Gebaut nach meinem sin, Denck nit auf andre Rädt dahin, Ich geb nur Gott allein die Ehr, Der mir mein bester helfer wer. A. H. St. 1790. 1661.» (Die kleiner geschriebene Jahreszahl 1661 verweist wohl auf den Vorgängerbau). Hervorragende Laube mit Flaschenbalustern, charakteristische Giebellaube mit seitlichen Verschalungen.

Münchner Straße. *Wegkruzifix* mit Mater Dolorosa, barock; bei Nr. 105.

Münchner Straße 121. *Bauernhaus und Kramerei «Beim Doll»,* Einfirstanlage, Wohnteil mit Blockbau-Obergeschoß, Laube und Giebellaube verschalt, mit Aussägearbeiten und Bemalungen, um Mitte 18. Jh.
Dollhof und *Hairerhof* (siehe Nr. 133) sind bemerkenswerte historische Bauernhäuser mit altertümlich verbretterten Laubenbrüstungen, mit Malereien auf Holz und mit Aussägearbeiten am Außenbau.
An der stark durch Verkehr belasteten Münchner Straße gelegen, bezeichnen sie dort zusammen mit der 1950 erloschenen *Alten Schmiede* (Nr. 119, jetzt Gasthaus) und dem Gasthaus Jennerwein (Nr. 127) den erhaltenen Rest der historischen Ortsmitte und des Zentrums einer ehem. Gemeinde, zu der auch die Orte Festenbach, Finsterwald, Louisenthal und Moosrain gehört hatten.

Münchner Straße 133. Ehem. *Bauernhaus «Beim Hairer»,* Einfirstanlage, Wohnteil mit Blockbau-Obergeschoß, Laube und Giebellaube verschalt, mit Bemalungen, bez. 1788.
Siehe Text zu Nr. 121.

Dürnbach, Moorbäckerweg 9, transferiert

Dürnbach, Moorbäckerweg 9   Dürnbach, Moorbäckerweg 9

Dürnbach, Mühlthalstraße 4, ehem. Bauernhof «Beim Glasn»

Dürnbach, Tür des Getreidekastens

Dürnbach, Mühlbachstraße 4, transferierter Getreidekasten

Dürnbach, Mühlthalstraße 5, gemalter Hausspruch

Dürnbach, Mühlthalstraße 5, Wohnhaus

Dürnbach, Mühltalstraße 4

Dürnbach, Münchner Straße 121, Bauernhaus und Kramerei, «Beim Doll»

Dürnbach, Wegkruzifix

Dürnbach, Münchner Straße 133, ehem. Bauernhaus, «Beim Hairer»

Eck

Die «Eck», ein bis auf 865 m ansteigender freier Moränenzug zwischen Gmund und Agatharied, wird im Osten und im Westen jeweils von einem Dreihöfeweiler – «Hintereck» und «Vordereck» –, am höchsten Punkt in der Mitte von dem Einödhof *Mayer in der Eck»* besetzt.

Die Struktur des an eine Bergbauernsiedlung erinnernden Weilers hat sich im Gegensatz zu «Vordereck», das zur Gemeinde Hausham zählt, in «Hintereck» und beim «Mayer» seit wenigstens zwei Jahrhunderten nicht geändert.

Haus Nr. 1. Ehem. *Bauernhaus «Beim Weber in Wies»*, kleine Einfirstanlage, Wohnteil zweigeschossiger Blockbau mit Laube, 1. Hälfte 18. Jh.

Das ehem. Bauernanwesen, ein Einödhof, liegt versteckt am Nordwestabhang der Eck in Wies, das jetzt zum Ortsteil Eck gehört. Der sorgfältig gepflegte Holzblockbau war zuletzt Wohnung und Atelier des Tegernseer Malers Padua.

Haus Nr. 7. *Bauernhaus «Beim Mayer in der Eck»*, Wohnteil mit Blockbau-Obergeschoß, bez. 1659, dreiseitig umlaufende Laube und Giebellaube um Mitte 19. Jh.

Einödhof mittelalterlichen Ursprungs (12. Jh.), der Blockbau-Oberstock datiert 1659. Die Fenster wurden im 19. Jh. erweitert; die Laube mit klassizistischen Kreuzstabbrüstungen.

Sog. *Moarkapelle*, Hof- und Votivkapelle, 1920; zu Haus Nr. 7 gehörig.

Vom Mayerbauern südlich des Hofes 1920 zum Dank für die Heimkehr seiner Söhne aus dem 1. Weltkrieg erbaut.

Eck von Süden

Festenbach

Die alten *Tegernseer Klosterdörfer* auf der Ebene nördlich von Gmund – *Finsterwald, Häuserdörfl, Dürnbach, Festenbach* – haben sich seit dem 12./13. Jh. vorwiegend als Straßendörfer entwickelt, die den alten Verkehrswegen des Klosters folgten. Das eindrucksvollste und an Baudenkmälern reichste dieser Dörfer ist Festenbach. Die im Spätmittelalter aus zehn bis zwölf Klosterlehen bestehende Siedlung, die sich später um fünf Gütleranwesen vermehrt und bis heute im wesentlichen diese Ausdehnung behalten hat, ordnet sich in einer Bachzeilensiedlung, die dem Lauf des Festenbachs und der ihn begleitenden Straße von Dürnbach nach Miesbach bis zur Einmündung des Moosbachs folgt.

Zum historischen Ortsbereich gehören Miesbacher Straße 49 bis 88 mit dem berühmten *Schusterbauernhof* als Höhepunkt, dazu im Nordosten bei der Dorflinde die Gütleranwesen-Gruppe Lindenweg 1, 2, 3, der Hof Kapellenweg 2 und die nördlich vom Schusterbauern gelegene *Schusterbauernkapelle St. Leonhard*.

Die Neubauten der letzten Jahre (Miesbacher Straße 55, Miesbacher Straße 87, nach Brand des Vorgängerbaus neu errichtet) fügen sich dem Ortsbild leidlich ein. Es besteht jedoch die Gefahr seiner baulichen Verdichtung und damit Verfälschung infolge des Rückganges der landwirtschaftlichen Betriebe, in denen ursprünglich auch Handwerke betrieben wurden, wie die Hausnamen belegen.

Kapellenweg. *Schusterbauernkapelle St. Leonhard*, erbaut 1649, erweitert 1799.

Die gewölbte Kapelle besetzt einen jetzt baumbestandenen Hügel nahe dem Hof der Erbauer und war ehemals Ziel der Gmunder Leonhardiwallfahrt. Im Inneren barockisierendes Altärchen (modern) und kleine Figuren von Bauernheiligen des 17./18. Jh.

Eck, Haus Nr. 1, ehem. Bauernhaus

Eck, Haus Nr. 7, Bauernhaus

Eck, Moarkapelle   Eck, Kapelle, Inneres

Festenbach, Ansicht von Nordosten

Festenbach, Schusterbauernkapelle St. Leonhard

Festenbach, Kapelle, Inneres

129

Kapellenweg 2. *Bauernhaus «Beim Stadler»,* Einfirstanlage, Wohnteil mit Blockbau-Obergeschoß und Laube, Mitte 17. Jh. Laube mit Brettbalustern, auf den Obergeschoßfenstern Bekrönungen (Aussägearbeiten), um 1900.

Lindenweg 1. *Bauernhaus «Beim Sixt»,* Einfirsthof, Wohn- und Wirtschaftsteil im Obergeschoß in Blockbauweise, mit Laube, 2. Hälfte 17. Jh., Holzverschalungen und Fenstererweiterungen um 1900; *Schupfen,* Blockbau, weitgehend verbrettert, 1. Hälfte 18. Jh.

Das hohe Alter der Blockbauteile des Sixthofes belegen die Balkenköpfe in nachgotischen Formen am Wohn- wie am Wirtschaftsteil (letzteres sehr selten), altertümliche Laube, die Brüstung ebenso verbrettert wie alle Blockteile des Gebäudes.

Lindenweg 2. *Getreidekasten,* Blockbau über gemauertem Unterbau, 2. Hälfte 18. Jh. (in neuerer Zeit z. T. verändert).

Ehemaliger kleiner Speicherbau, zum besseren Schutz vor Feuer und Mäusefraß wie gewöhnlich separat vom Bauernhaus, hier dem Draxleranwesen, stehend.

Lindenweg 3. Ehem. *Bauernhaus «Beim Eckschuster»,* kleiner Einfirsthof, Wohnteil mit Blockbau-Obergeschoß, 2. Hälfte 17. Jh., Laube und Giebellaube modern erneuert.

Auch dieser Blockbau zeichnet sich wie der des *Sixthofes* (Lindenweg 1) durch nachgotische Balkenköpfe aus. Von späteren Erneuerungen stammen die barocken Vorköpfe und die barocke Haustür an der südlichen Traufseite. Die Wandmalereien nicht ursprünglich.

Miesbacher Straße 49. Ehem. *Bauernhaus «Orthof»,* Wohnteil mit Blockbau-Obergeschoß, bez. 1753, dreiseitige Balusterlaube und -giebellaube.

Der Orthof eröffnet die Bebauung der Miesbacher Straße am südöstlichen Ortsende in städtebaulich wirkungsvoller Weise in einem Straßenbogen.

Am Wohnteil bemerkenswerte barocke Lauben. Der Wirtschaftsteil wurde 1981 nach Aufgabe der Landwirtschaft durch einen weiteren Wohnteil unter gleichem First ersetzt, der die Erinnerung an das historische Bild zu bewahren versucht.

Miesbacher Straße 53. *Bauernhaus «Beim Oberreiter»,* Einfirstanlage, Wohnteil mit Blockbau-Obergeschoß und Laube, bez. 1767.

Guter, wenig veränderter Bau von 1767, mit Erdgeschoßfenstern in ursprünglicher Größe, verbretterten Laubenbrüstungen und geschnitzten Laubensäulen.

Miesbacher Straße 59. Ehem. *Bauernhaus «Beim Schlosser»,* Wohnteil im Kern weitgehend Blockbau des 17./18. Jh., wohl um Mitte 19. Jh. verputzt.

Festenbach, Kapellenweg 2, Bauernhaus

Festenbach, Lindenweg 1, Bauernhaus

Festenbach, Lindenweg 1, Detail Vordach

Festenbach, Lindenweg 2, Getreidekasten

Festenbach, Lindenweg 3, ehem. Bauernhaus

Festenbach, Miesbacher Straße 49, ehem. Bauernhaus

Festenbach, Miesbacher Straße 53, Bauernhaus

Festenbach, Miesbacher Straße 59, ehem. Bauernhaus

Festenbach, Luftbild (freigeg. Reg. v. Obb. GS 300 / 9573-83)

131

Miesbacher Straße 60. *Bauernhaus «Ranharthof»,* Wohnteil mit Blockbau-Obergeschoß, Balusterlaube und -giebellaube, Ende 18. Jh.

Der stattliche Hof liegt als einer der wenigen des Dorfes auf der Ostseite des Festenbaches.

Die Baluster der Laube in den charakteristischen schlanken Formen der Zeit um 1800, die Fenster Ende des 19. Jh. vergrößert. Giebelzier, Pfettenbrettchen und sonstige Abdeckbretter in Aussägearbeit, Anfang 20. Jh.

Miesbacher Straße 65. Ehem. *Bauernhaus «Beim Bäck»,* Wohnteil mit Blockbau-Obergeschoß, wohl 1. Hälfte 18. Jh., mit Laube und Giebellaube.

Das Festenbacher *Bäcker- und Krameranwesen,* neben dem sich bis in jüngste Zeit auch der Wirt befand, besitzt trotz baulicher Veränderungen noch den gesamten Blockbau-Oberstock und Teile des massiven historischen Erdgeschosses.

Miesbacher Straße 68. Ehem. *Kleinbauernhaus «Beim Angerer»,* Wohnteil mit verbrettertem Blockbau-Obergeschoß von 1708, mit Laube und Giebellaube.

Miesbacher Straße 71. *Bauernhaus «Schusterbauernhof»,* sehr stattliche Einfirstanlage, 1798/99 erbaut, Wohnteil mit Blockbau-Obergeschoß, dreiseitig umlaufender Balusterlaube und -giebellaube, originalen Fenstern mit rahmender Lüftlmalerei bzw. geschnitzten Fensterbekrönungen.

Nach seiner Größe und einheitlichen Gestalt sowie dem Reichtum seiner Einzelformen ist der Fenstenbacher Schusterbauernhof heute wohl der bedeutendste unter den erhaltenen klassischen Miesbacher Einfirsthöfen. Das Haus ist, wie bei diesem Typ üblich, eine Mittelfluranlage, der Wohnteil mit sieben Achsen Breite außergewöhnlich stattlich. Der Flur im Oberstock entspricht dem des Erdgeschosses, die Laubentür mit der sternförmigen Aufdoppelung der darunterliegenden Haustür wie auch der darüberliegenden in der Hochlaube. Die Laube selbst ist symmetrisch – dreiseitig – um den Wohnteil geführt. In Empireformen die Lüftlmalereien, Rahmenformen, welche die Wirkung der Erdgeschoßfenster durch Vasen- und Pinienaufsätze steigern. Die Malereien auf den Fensterläden sind leider nur in Resten noch sichtbar, sie sind von gleicher Art wie die beim *Oberlechner* in Gmund, Münchner Straße 9. Noch im Spätrokokostil dagegen die geschnitzten Fensterbekrönungen im Oberstock, ebenso die Pfettenbrettchen und horizontalen Saumbretter. Von großer Seltenheit die noch originale Rundverbleiung der Fenster der oberen Kammern.

Die Bedeutung des Hauses kann daran ermessen werden, daß es bereits 1843 in der (Wiener) Allgemeinen Bauzeitung in einer Folge über «ländliche Gebäude in verschiedenen Hochgebirgen von Deutschland» veröffentlicht und gewürdigt wurde, allerdings nicht ohne zeitbedingte Kritik an den «schnörkeligen Bemalungen» der Holzteile und Putzflächen in den «Formen des verdorbenen französischen Geschmakkes».

Festenbach, Miesbacher Straße 60, Bauernhaus

Festenbach, Miesbacher Straße 65, ehem. Bauernhaus

Festenbach, Miesbacher Straße 68, ehem. Kleinbauernhaus

Festenbach, Miesbacher Straße 71   Festenbach, Miesbacher Straße 71, Stubentür

Festenbach, Miesbacher Straße 71, «Schusterbauernhof»

Festenbach, «Schusterbauern»-Stube

Festenbach, Miesbacher Straße 71, «Schusterbauer»

Festenbach, «Schusterbauer», Detail

Miesbacher Straße 75. Ehem. *Kleinbauernhaus «Beim Weber»*, Einfirstanlage, Wohnteil mit Blockbau-Obergeschoß, mit Laube und verschaltem Giebeldreieck, Ende 17./Anfang 18. Jh.

Das Haus wurde 1978 sorgfältig restauriert.

Miesbacher Straße 77. Blockbau, überwiegend zweigeschossig, 1. Hälfte 18. Jh., 1979 aus Durham, Gemeinde Fischbachau, hierher transferiert und in Wohnhausneubau einbezogen.

Die Erhaltung des *Bauernhauses «Beim Mayr»* in Durham war an Ort und Stelle nicht möglich.

Die hölzernen Teile des Hauses wurden 1978 demontiert und 1979 in Festenbach wieder zusammengefügt. Das Haus kann für das ländliche Bauen sicher als Vorbild dienen, die «Fortschreibung» eines historischen Ortsbildes durch Anreicherung mit transferierfähigen historischen baulichen Anlagen oder Teilen davon ist aus Sicht der Denkmalpflege problematisch.

Miesbacher Straße 88. Ehem. *Kleinbauernhaus «Beim Dimpf»*, Anlage in Hakenform, Wohnteil mit Blockbau-Obergeschoß (Nordseite verputzt) und Laube, 1. Hälfte 18. Jh.

Beim Zusammenfluß von Festenbach und Moosbach gelegenes Anwesen von malerischem Charakter und mit dem originellen Hausnamen «Beim Dimpf-Hintumi».

Finsterwald

Das Straßendorf an der Gmund–Tölzer-Straße hat sich in der Gegenwart baulich sehr verändert. Nur am westlichen Ortsende ist eine historische Gruppe von Bauernhöfen erhalten geblieben (Tölzer Straße 159, 163, 164, 166).

Kaltenbrunner Straße 2. *Gasthaus Finsterwald*, stattliche Einfirstanlage, verputzt, mit zwei Balusterbalkons, Balkenköpfen in Drachenkopfform und geschnitzter Neurenaissance-Haustür, errichtet 1892.

Der Bau ist ein repräsentativer Vertreter der Spätform des Miesbacher Einfirsthofes vom Ende des 19. Jahrhunderts, das darüberhinaus eine städtebauliche wichtige Funktion an der Straßengabelung Gmund/Bad Wiessee erfüllt.

Auf die klare, vom ländlichen Klassizismus des frühen 19. Jahrhunderts abzuleitende Gliederung der Fassade wurde beim Umbau des Ladens der Metzgerei 1978 leider nicht Bezug genommen.

Tölzer Straße. *Lourdeskapelle*, um 1900; nahe dem Bahnübergang.

Offene Kapelle, neubarock in den Formen, mit eisernem Vorgitter, flankiert von Thujen-Bäumen.

Tölzer Straße 145. Ehem. *Kleinbauernhaus «Beim Sixt»*, Wohnteil mit Blockbau-Obergeschoß und Laube, 2. Hälfte 17. Jh.

In dem seit 1978 stark erneuerten Haus logierte 1902–07 Ludwig Thoma, wenn er am Tegernsee weilte.

Tölzer Straße 159. *Bauernhaus «Beim Hagn»*, stattlicher Einfirsthof, Wohnteil mit Blockbau-Obergeschoß und dreiseitig umlaufender Laube, Ende 18. Jh. (Dachaufbau und Wirtschaftsteil, Ende 19. Jh. und modern).

Tölzer Straße 164. *Bauernhaus «Beim Lukas»*, Wohnteil altertümlicher zweigeschossiger Blockbau, 2. Hälfte 17. Jh.

Das Haus des Lukasbauern ist vom Boden bis zur Traufe ein Blockbau, der kurz nach dem Dreißigjährigen Krieg errichtet wurde, wie die sechs erhaltenen nachgotischen Balkenköpfe dokumentieren. Die Nordostecke des Erdgeschosses wurde später ausgemauert, der größte Teil der Blockwände im späteren 19. Jh. verschalt.

Festenbach, Miesbacher Straße 75, ehem. Kleinbauernhaus

Festenbach, Miesbacher Straße 77, transferiertes Haus

Festenbach, Miesbacher Straße 77

Festenbach, Miesbacher Straße 88, ehem. Kleinbauernhaus

Festenbach, Ansicht von Osten

Finsterwald, Kaltenbrunner Straße 2, Gasthof Finsterwald

Finsterwald, Tölzer Straße 145, ehem. Kleinbauernhaus

Finsterwald, Tölzer Straße 159, Bauernhaus

Finsterwald, Tölzer Straße 164, Bauernhaus

Finsterwald, Lourdeskapelle

135

Gasse

Als «Gasse» wird eine spätestens seit dem 13. Jh. ausgebaute, dem *Kloster Tegernsee* lehenspflichtige, bis heute bäuerlich geprägte Siedlung längs einer alten Straße bezeichnet, welche von Kloster Tegernsee kommend bei St. Quirin das ursprünglich dort versumpfte Seeufer verließ, nordöstlich auf die freien Moränenterrassen über den See anstieg und unter Umgehung von Gmund nach Miesbach und Schliersee führte.

In seinem «Geometrischen Grundriß» des Tegernsees aus dem Jahre 1644 weist Matthäus Merian diese Straße nach, die seit dem Bau der neuen Schlierseer Straße in Gmund in den dreißiger Jahren ihre Verbindungsfunktion verloren hat, als Fahrweg und Gemeindestraße weiterlebt und umsomehr als Achse einer zeilenartigen Siedlung von Höfen anschaulich wird, die z. T. Baudenkmäler sind oder doch wenigstens die ursprünglichen historisch-topographischen Strukturen erkennen lassen.

Zu diesem Bereich zählen (von Süden) die großen Höfe *Unter-* und *Oberbuchberg,* die Höfe *Berger* (Nr. 35), *Sternegger* (Nr. 27), *Wieser* (Nr. 32), *Kohlauf* (Nr. 23), *Elgraser* (Nr. 19), *Glaser* (Nr. 22), *Sporer* (Nr. 18), *Schneiderpeter* (Nr. 16) und *Kaiser* (Nr. 12) in der Oberen Gasse, *Ober-* (Nr. 8) und *Unterpartenhauser* (Nr. 4) in der Unteren Gasse, darüberhinaus die östlich die Gasse tangierenden Höfe *Elend, Hof* (2 Anwesen) und *Marold.*

Die Bauten sind in der Regel nach Osten gerichtet, also vom See abgewendet. Die zwischen den Höfen entstandenen neueren kleinen Wohnbauten fügen sich meist nicht in das Ortsbild ein.

Ein wesentliches Element ist die gestaltete bäuerlich-benediktinische Weide- und Haglandschaft, deren Bewegung und deren Zusammenspiel mit dem Seespiegel sowie den Waldhängen der Neureuth schon von den Münchner Landschaftsmalern des frühen 19. Jh. – wie einem Georg Dillis – als besonderer Reiz begriffen und dargestellt wurde.

Haus Nr. 4. *Bauernhaus «Beim Unterpartenhauser»,* stattliche Einfirstanlage, Wohnteil mit Blockbau-Obergeschoß, Balusterlaube und -giebellaube, bez. 1786, zwei Sterntüren an der Südseite.

Im Hofnamen des schon 1250 genannten, im Spätbarock in reichen Formen neuerbauten Bauernhauses ist das Wort «Pforte» enthalten, eine Erinnerung an die ursprüngliche Lage des Anwesens am nördlichen Zugang zur Gasse von Gmund her.

Haus Nr. 12. *Steinernes Gedenkkreuz,* bez. 1797; vor dem *Bauernhaus «Beim Kaiser».*

Nach der Überlieferung für den vor seinem Hof im Winter 1797 erfrorenen Kaiserbauern errichtet.

Haus Nr. 20. *Bauernhaus «Beim Sporer»,* Einfirstanlage, Wohnteil mit verputztem Blockbau-Obergeschoß, Laube und Hochlaube, Anfang 19. Jh.

Haus Nr. 27. *Bauernhaus «Beim Sternecker»,* Einfirstanlage, Wohnteil mit Blockbau-Obergeschoß und Balusterlaube, Ende 18. Jh.

Das Haus besitzt einen fünf Fensterachsen breiten Blockbau-Oberstock mit Balusterlaube; der Dachaufbau modern.
Unangemessen gestaltet ist leider das neue Zuhaus (Haus Nr. 29).

Haus Nr. 32. Ehem. *Bauernhaus «Beim Wieser»,* Wohnteil mit Blockbau-Obergeschoß und Laube, Ende 18./Anfang 19. Jh.

Der Ausbau des Kellers und des ehem. Wirtschaftsteils des Hauses ist modern.

Haus Nr. 35. *Bauernhaus «Bergerhof»,* stattliche Einfirstanlage, Wohnteil mit Blockbau-Obergeschoß, Balusterlaube und -hochlaube, bez. 1774.

Sehr stattlicher und – wie die Baluster und reich profilierten Balkenköpfe zeigen – rassiger Bau. Die Fenster im späten 19. Jh. vergrößert. Auf dem First in hölzernem Stuhl die Feuerglocke.

Zum Hof gehört die südwestlich oberhalb am Weg zur Neureuth gelegene *Bergeralm.*

Haus Nr. 39. *Bauernhaus «Oberbuchberg»,* stattliche Einfirstanlage, Wohnteil mit verputztem Blockbau-Obergeschoß, im Kern 17./18. Jh., Hochbalkon und reich figurierte und bemalte Balkenköpfe in Drachenkopfformen vom 1. Drittel 19. Jh. (Wandmalereien am Giebel 1973 nach altem Vorbild; *Wegkruzifix,* barock, erneuert 1910; nördlich neben dem Hof.

Gasse, Haus Nr. 4, Bauernhaus

Gasse, Haus Nr. 20, Bauernhaus

Gasse, Haus Nr. 35, Bauernhaus

Gasse, Haus Nr. 32, ehem. Bauernhaus

Gasse, Haus Nr. 27, Bauernhaus

Gasse, Steinkreuz

Gasse, Haus Nr. 39, Bauernhaus

Gasse, Haus Nr. 39, Detail

Gasse, Wegkruzifix

Grund

Hofkapelle, barock, Mitte 18. Jh.

Die Hofkapelle des einsam gelegenen Grundnerhofes ist ein im Inneren durch Pilaster gegliederter gewölbter Rechteckbau mit Altarnische. Am Gewölbe und in der Nische barocke Fresken mit Darstellung der Anbetung der Hirten, Verkündigung Mariae, Himmelfahrt Christi, Himmelfahrt Mariae und eines Heiligenhimmels. Die Ausstattung, u.a. ein barocker Kreuzwegbilder-Zyklus, wurde leider vor einigen Jahren, bis auf den Altaraufbau, gestohlen.

Erinnerungstafel, bildstockartig, 1933, zum Gedenken an die Jägerschlacht im Grund, 1833.

Das Denkmal erinnert an den blutigen Zusammenstoß von bäuerlichen Wilderern und königlichen Revierjägern bei Grund im Jahre 1833.

Grund, Erinnerungstafel   Grund, Kapelle, Inneres

Hallmannshof

Haus Nr. 1. *Bauernhaus «Hallmannshof»*, Einfirstanlage, Wohnteil mit Blockbau-Obergeschoß, dreiseitig umlaufender Balusterlaube und -giebellaube, bez. 1770.

Der Einödhof, ein großartiger Neubau des 18. Jh. auf mittelalterlicher Hofstelle, besetzt in 820 m Höhe einen Moränenhügel auf der sog. Miesbacher Höh in der Nähe der ebenso eindrucksvollen Höfe Biberg und Gieshof, die bereits zu den Gemeindegebieten von Hausham und Miesbach gehören.

Der durch je einen Querflez im Erd- und Obergeschoß sehr regelmäßig erschlossene Wohnteil weist unverändert die klassischen Merkmale des Miesbacher Hofes des 18. Jh. auf. Die Laube zieht sich über alle drei Seiten des Wohnteils.

Im Inneren kassettierte Stubendecken, Wandkästchen und Türen des 18. Jh.

Der Wirtschaftsteil wurde 1932 neu erbaut.

Kaltenbrunn

Turmhügel Ebrantshausen, mittelalterlich (Pl. Nr. 1823, SO 19–15).

Auf der nördlichen Endmoräne des Tegernsees, unmittelbar westlich neben dem ehem. Gutshof Kaltenbrunn, ragt ein markanter Turmhügel auf, der nach der Überlieferung aus der Zeit der Gründung des *Klosters Tegernsee*, dem 8. Jh., stammt oder in dieser Zeit ausgebaut wurde. Die adeligen Brüder und Klostergründer Adalbert und Otkar sollen hier eine befestigte Anlage zum Schutz ihrer Klostergründung, des Tegernsees und seiner Zugänge eingerichtet haben.

Erkennen lassen sich heute die Reste einer rechteckigen Grundmauer von ca. 20 × 30 m Ausdehnung, die auf das 11. Jh. datiert werden. Sie wurden im späten 19. Jh. entdeckt. Belegt ist, daß 1286 Wichnand von Eurasburg den Sitz Ebertshausen mit 52 Hufen von der Abtei Tegernsee zu Lehen genommen hatte. 1291 kaufte Tegernsee alles zurück und Abt Kaspar Ayndorffer (1426–61) ließ die Burg schleifen. Jedoch ist ein Turm bei Kaltenbrunn noch 1644 auf dem Tegernsee-Plan Matthäus Merians dargestellt.

Seit dem 14. Jh. hatte die Abtei den Besitz bei der Burg an Bauern zur Bewirtschaftung zu Lehen gegeben. Nach dem Herkunftsnamen eines dieser Besitzer kam der Ortsname *Kaltenbrunn* auf.

Gutshof Kaltenbrunn, um einen großen Vierseithof geordnete Wohn- und Wirtschaftsgebäude, in der Anlage 15. Jh.;

Haus Nr. 1. *Gasthaus* und *ehem. Herrenhaus*, Putzbau mit überstehendem Krüppelwalmdach, um 1825 (1986 fast völlig erneuert).

Grund, «Grundnerhof» und Hofkapelle

Hallmannshof, Haus Nr. 1, Bauernhaus

Kaltenbrunn, Turmhügel Ebrantshausen

Kaltenbrunn, Gutshof von Südosten

139

Haus Nr. 2. *Südliches Nebengebäude,* in gleicher Art wie Nr. 1, östlich Wohnteil mit Hochbalkon und Glockenständer auf dem Dach, westlich Wirtschaftsteil, um 1825;

Haus Nr. 4. *Stallbau,* an der Westseite, mit fünfschiffigen Gewölben über Eisenstützen, bez. 1878.

Am Platz des Gutshofes hatten sich wohl schon im Hochmittelalter die Wirtschaftsgebäude der Burg Ebrantshausen befunden. Unter den Besitzern des 15. bis späten 18. Jh. wurde das Gut ausgebaut und entwickelte sich zur bedeutendsten Ökonomie des Tals. 1732 erwarb Abt Gregor I. von Tegernsee Kaltenbrunn für das Kloster zurück, baute ein Rekreationshaus für kranke Mönche und eine Kapelle und richtete eine Musterschwaige des Klosters mit Rinder- und Pferdezucht ein. Achtzehn Jahre nach der Säkularisation des Klosterbesitzes, 1821, kaufte König Max I. Joseph für 44000 fl. zu seinen Tegernseer und Kreuther Bauten und Gründen auch Kaltenbrunn hinzu, das er baulich erneuern und ökonomisch neu organisieren ließ.

Die zeittypischen Krüppelwalmdächer, z. T. als Schopfwalme vorstehend wie im Salzburger Land, erinnern an die baulichen Erneuerungen des Königs, der von seiner Residenz Tegernsee gern besuchte und 1822 zusammen mit seinen hohen Gästen Zar Alexander I. von Rußland und Kaiser Franz I. von Österreich die berühmten See- und Bergbeleuchtungen beobachtete.

1803 hatten in den Kaltenbrunner Ställen 80 Rösser und 60 Rinder gestanden, unter Max I. wurden Zucht und Tierhaltung vergrößert und verbessert, unter den Erben der Tegernseer Besitzungen, zunächst Prinz Karl, wurde Kaltenbrunn schlechthin die oberbayerische Musterökonomie. In der Absicht, leistungsfähige Rinderrassen zu züchten, holte Max Obermayr, Wirtssohn von Gmund (1821–98) seit 1837 bis in die 80er Jahre in 50 Fahrten aus dem Simmental Vieh nach Kaltenbrunn, das 35 Tage lang getrieben wurde. Um 1850 war als Ergebnis der Bemühungen der Züchter des Miesbacher Alpenfleckvieh weltbekannt und auf Bestellung des Zaren Nikolaus I. wurde eine Herde von Zuchtvieh von Kaltenbrunn bis nach St. Petersburg getrieben.

Die Wohngebäude für die Hüterbuben, Mägde und Knechte, die Speicher und Stallgebäude, voran der fünfschiffig gewölbte Hauptstall, erinnern an diese Glanzzeit von Kaltenbrunn, das als Gutsbetrieb 1968 erlosch.

Zum Gut gehörten ehemals der vor einigen Jahren abgebrannte «Bauer in der Au» über Bad Wiessee und drei große Almen über Wildbad Kreuth, die seit den Tagen Max I. so genannte *Königsalm* (ehem. Kaltenbrunner Alm), die *Geisalm* und die *Hohlensteinalm* (siehe Gemeinde Kreuth), die von Kaltenbrunn aus bestoßen wurden. Der landwirtschaftliche Betrieb übergriff somit das ganze Tegernseer Tal, was sich jeweils an Michaeli bei den berühmten Almabtrieben von der Königsalm hinaus nach Kaltenbrunn festlich manifestierte. Den Hof umgeben die letzten noch unverbauten und von Alleen prächtig überragten Gründe am Tegernsee-Ufer.

Laffenthal

Nahezu ungestört von späteren Veränderungen liegt die nach ihrer Anlage spätmittelalterliche Dreihöfesiedlung Laffenthal im hügeligen Gelände an der nördlichen Gemeindegrenze bei Festenbach.

Haus Nr. 4. *Bauernhaus «Beim Gamer»,* Einfirstanlage, Wohnteil mit Blockbau-Obergeschoß, Laube und Giebellaube, Mitte 18. Jh.

Haus Nr. 8. Ehem. *Bauernhaus «Beim Gaberl»,* Einfirstanlage, Blockbau-Obergeschoß des Wohnteils verputzt und neu verbrettert, mit Giebellaube, Ende 18. Jh.

Kaltenbrunn, Haus Nr. 1 und 2, Gutshof und Gasthaus

Kaltenbrunn, Haus Nr. 2, Gutshof, südliches Nebengebäude

Kaltenbrunn, Haus Nr. 2, Gutshof

Kaltenbrunn, Haus Nr. 2, Gutshof

140

Kaltenbrunn, Gutshof, Luftbild von Südosten (freigeg. Reg. v. Obb. GS 300 / 9573-83)

Laffenthal, Haus Nr. 4, Bauernhaus

Laffenthal, Haus Nr. 8, Bauernhaus

Laffenthal, Höfegruppe von Norden

141

Louisenthal

Für den Betrieb von Mahl- und Sägmühlen bot der Wasserlauf der Mangfall bei Gmund seit dem Mittelalter günstige Voraussetzungen. Das Kloster Tegernsee hatte an diesen Anlagen großes wirtschaftliches Interesse.

Im Gmunder Ortsbereich lebt diese Tradition im Elektrizitätswerk unter dem Kirchberg und im Sägewerk bei der Neumühle noch fort. Flußabwärts folgt die 1829 von dem zugewanderten Württemberger Johann Nepomuk Haas begründete Papiermühle, heute «Maschinen-Bütten-Papierfabrik Gmund», deren im späten 19. Jh. neu errichtete Gebäude bei der Neumühler Mangfallbrücke noch bestehen.

Nach weiteren 500 m folgt die frühere Maschinenfabrik, dann Baumwollspinnerei Louisenthal, seit 1878 gleichfalls eine Papierfabrik, heute Wertpapierfabrik Giesecke & Devrient.

Die Industriegasse im Tal der Mangfall setzt sich fort in den ehem. Papiermühlen Rainmühle (siehe Ortsteil Rainmühle) und Schmerold, außerhalb des Gemeindegebiets in den z. T. aufgelassenen, z. T. bestehenden Mühlen und Industriewerken in Müller am Baum und flußabwärts bei Miesbach und Weyarn.

Haus Nr. 2. Ehem. *Hauptgebäude der Maschinenfabrik Louisenthal,* dreigeschossiger klassizistischer Putzbau, um 1835.

1832 gründete Johann Mannhardt (siehe Ortsteil Bürstling) an der Mangfall eine Turmuhrenfabrik, die 1839 zur Maschinenfabrik erweitert wurde. Das monumentale Hauptgebäude dieser Fabrik mit seinen klassizistischen Dreiecksgiebeln an den Schmalseiten und einem Uhrtürmchen auf dem First ist der bedeutendste historische Industriebau des Landkreises, diente als Wohn- und Verwaltungsgebäude, besitzt bis heute Wirtsstuben und wies ehemals wohl auch Werkstätten auf.

Die weiteren historischen Werksgebäude, eine südöstlich parallel gelegene Halle sowie zwei weitere nordwestlich, jenseits des Flusses, sind baulich fast vollständig verändert.

Um 1865 wurde von einem neuen Besitzer in der Maschinenfabrik zeitweilig eine Baumwollspinnerei eingerichtet. Die Anteilnahme des Königs Max II. an diesen Industrien am Tegernsee erweist sich in der 1865 gegebenen Erlaubnis, die Spinnerei nach der Herzogin Louise in Bayern Louisenthal zu benennen, eine Bezeichnung, die bald auf das gewerbefleißige Tal angewendet wurde.

Moosrain

Moosrain bezeichnet die Mitte der Haglandschaft auf der Dürnbacher Schotterebene (siehe Ortsteil Baumgarten). Der Charakter der mittelalterlichen Besiedlung, Einödhöfe und Zweihöfeweiler, ist seit Jahrhunderten unverändert, die historische Kulturlandschaft mit ihren Hofgrenzen, Wegen, Baum- und Heckenzeilen hervorragend erhalten.

Zu diesem Siedlungsbereich gehören von West nach Ost die Einödhöfe Münchner Straße 234/236 («*Beim Kray*»), Am Moos 1 (*«Beim Woff»*), Am Moos 2/3 (*«Beim Lenz in Wimpasing»*), der Zweihöfeweiler Am Moos 11 und 12 *«Beim Bauern in Moos»* und *«Beim Mooser in Moos»* sowie der Einödhof Am Moos 21 (*«Beim Knoll»*).

Am Moos 1. *Bauernhaus «Beim Woff in Wimpasing»,* Einfirstanlage, Wohnteil mit Blockbau-Obergeschoß und Balusterlaube, Ende 18. Jh.

Der Hof ist nicht bewirtschaftet und dient als Landhaus. Der Wirtschaftsteil 1932 nach Süden erweitert.

Am Moos 12. *Bauernhaus «Beim Mooser in Moos»,* stattliche Einfirstanlage, Wohnteil mit Blockbau-Obergeschoß von 1750 und Balusterlaube.

Moos wird im 12. Jh. und 1250 als Hof genannt, zur Teilung und damit zur heutigen Siedlungsform kam es folglich nach 1250.

Der stattliche breitgelagerte Wohnteil wurde 1960 im Erdgeschoß neu ausgemauert und erhielt einen verfehlt bzw. ortsunüblich gestalteten Dachaufbau. Auch der Wirtschaftsteil von 1960.

Am Moos 21. *Bauernhaus «Beim Knoll»,* stattliche Einfirstanlage, Wohnteil mit Blockbau-Obergeschoß, 1757, Laube um 1950 erneuert.

Mächtiger Einfirsthof, eindrucksvoll in der Dürnbacher Haglandschaft gelegen, um 1950 und 1965 vorbildlich erneuert.

Kreuzstraße 2. *Gasthaus Kreuzstraße,* stattliche Einfirstanlage, Putzbau mit weitem Vordach und bemalten Balkenköpfen, bez. 1840.

Das große Wirtshaus an der Kreuzung der Straßen von Tegernsee nach Holzkirchen und von Miesbach nach Tölz wurde von dem Gmunder Wirtssohn Johann Obermayr erbaut. Dachvorstand kassettiert, geschmiedetes Firstkreuz bez. 1840. Nicht sachgerecht die horizontalen neueren Balkonbrüstungen, die Wandmalereien modern.

Münchner Straße 234. *Kleinhaus,* verputzt, mit Flachsatteldach, Ende 18. Jh., Zuhaus zu Münchner Straße 136.

Münchner Straße 236. *Bauernhaus «Beim Kray»,* stattliche Einfirstanlage, verputzt, im Kern wohl Blockbau, mit umlaufender Balusterlaube und Giebellaube sowie Lüftlmalereien, um 1790.

Der 1127 als Besitz des Klosters Tegernsee genannte Hof erhielt im ausgehenden 18. Jh. sein spätbarockes Erscheinungsbild. Zu Anfang des 19. Jh. befand er sich in Besitz von König Max I. Joseph.

Das *Zuhaus* mit reizvoller Hochlaube über profilierten Balkenköpfen, am Hauptgebäude die originalen Baluster, die (erneuerten) Malereien und das Firstkreuz bemerkenswert.

Louisenthal, Haus Nr. 2, ehem. Hauptgebäude der Maschinenfabrik

Moosrain, Am Moos 21, Bauernhaus

Moosrain, Am Moos 1, Bauernhaus

Moosrain, Am Moos 12, Bauernhaus

Moosrain, Kreuzstraße 2, Gasthaus Kreuzstraße

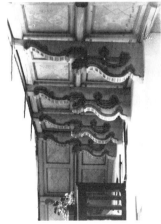

Moosrain, Gasthaus, Detail

Moosrain, Münchner Straße 234

Moosrain, Münchner Straße 236, Bauernhaus

Niemandsbichl

Der kleine Zweihöfeweiler liegt am Fuß der Neureuth in der reizvollen bäuerlichen Wiesen- und Weidelandschaft zwischen Gasse und Ostin. Er besteht aus den Anwesen *Unter-* und *Oberniemandsbichl* (Haus Nr. 1 und 2).

Haus Nr. 2. *Kleinbauernhaus «Oberniemandsbichl»*, Blockbau, 1. Hälfte 18. Jh.

Die kleinen originalen Erdgeschoßfenster und die geschnitzten Balkenvorköpfe gehören zu einem Holzblockbau, der im 19. Jh. verputzt wurde.

Bildstock. Tuffpfeiler mit Laterne und sog. Papstkreuz, angeblich 1712.

Reich profilierter frühbarocker Pfeiler, ehemals dem Hl. Leonhard und den Armen Seelen gewidmet.

Öd

Ähnlich wie Niemandsbichl liegt Öd mit den durch eine spätmittelalterliche Teilung eines Urhofes entstandenen Anwesen *Unter-* und *Oberöd* (Haus Nr. 1 und 2) völlig abgeschieden und unberührt am Nordfuß der Neureuth.

Haus Nr. 2. *Bauernhaus «Oberöd»*, Einfirstanlage, Wohnteil mit Blockbau-Obergeschoß, Südteil des Giebels vorgezogen, 17./18. Jh.

Das Bauernhaus war bis 1939 ein unverputzter Vollblockbau, das Erdgeschoß wurde damals ausgemauert. An der Südostecke ein altertümlicher Steherker (sog. Stüberlvorbau), der wohl ursprünglich als Austragsstube diente.

Bildstock. Tuffpfeiler mit Laterne, 2. Hälfte 17. Jh.; westlich des Weges nach Öd.

Osterberg

Der Ort, am Hang gelegen, schließt sich östlich (wie auch der Ortsname ausdrückt) an den Gmunder Kirchberg an und wurde bis in die 30er Jahre von der alten steilen Straße von Gmund nach Miesbach/Schliersee durchzogen. Um die ursprünglich fünf Bauernanwesen hat sich neue Bebauung angereichert, die mit der von Gmund zusammengewachsen ist.

Haus Nr. 2. *Bauernhaus «Beim Osterberger am Osterberg»*, Einfirstanlage, mit Blockbau-Obergeschoß und dreiseitig umlaufender Laube, Ende 18. Jh., Fenster 1898 vergrößert.

Das Haus wurde 1979 sachgerecht erneuert. Bemerkenswert die Bretterschürze am Wirtschaftsteil, die klassizistischen Kreuzfelder an zwei Seiten der Laubenbrüstung und die barocken Profile der Balkenköpfe unter dem Dachstuhl.

Schlierseer Straße 31. *Bauernhaus «Seppenhof»*, stattliche Einfirstanlage, verputzt, mit Kniestock, zwei Balusterbalkons am Giebel und geschnitzten Balkenköpfen, Ende 19. Jh., wohl über älterem Kern, reich geschnitzte und bemalte Haustüren, bez. 1796; *Zuhaus* mit Blockbau-Obergeschoß, 18. Jh.

Beim Ausbau dieses aufwendigen Hofes um die Jahrhundertwende wurden offenbar Teile des vielleicht 1796 entstandenen Vorgängergebäudes in den zweieinhalbgeschossigen massiven Bau einbezogen, die reich im letzten Rokoko gestalteten Haustüren und wohl auch der untere Balkon wiederverwendet. Die Bemalung des Hauses modern.

Neben dem Haus das *Austragshäusl* aus dem 18. Jh., zwei zu zwei Fensterachsen groß, mit eigenem kleinen Wirtschaftsteil.

Niemandsbichl, Bildstock   Öd, Bildstock

Niemandsbichl, Haus Nr. 2, Bauernhaus

Öd, Haus Nr. 2, Bauernhaus

Osterberg, Haus Nr. 2, Bauernhaus

Osterberg, Schlierseer Straße 31, Pfettenköpfe

Osterberg, Schlierseer Straße 31, Balkon

Osterberg, Schlierseer Straße 31, Bauernhaus

Osterberg, Schlierseer Straße 31, Austragshäusl

Osterberg, Schlierseer Straße 31, Haustür

Ostin

Der Ortsname Ostin, der bereits im ältesten Tegernseer Klosterurbar von 1017 erscheint, bedeutet Siedlung im Osten des Tegernsees (im Gegensatz zu Wesses/Wiessee im Westen). Der Ort, an der west-östlichen Straßenachse zwischen Tegernsee und Schlierachtal (Miesbach, Schliersee) hingestreckt, zählte im späten 19. Jh. acht Bauernanwesen. Das Kistleranwesen war und ist noch heute zugleich Wirtshaus. Auch die Schmiede besteht noch. Die bei ihr abzweigende südliche Dorfgasse (Neureuthstraße) ist zweifellos die ältere, im Bogen über Angerlweber und Schuß ausgreifende Straße nach Miesbach vor der Anlage eines direkten Weges im 18. oder bereits im 17. Jh.

Seit der Neuordnung der bayerischen Gemeinden 1808 hatte die Gemeinde Gmund bis 1926 die Bezeichnung «Ostin» geführt und die Gemeindevorsteher waren fast regelmäßig Bauern von Ostin, aus der Gasse und von der Eck. Die Bauernstube des jeweiligen Gemeindeoberhaupts war auch Amtsstube.

Der vermehrte Amtsbetrieb als Folge der Entwicklung von Gmund als Fremdenverkehrs- und Industrieort, als Eisenbahnstation und zentraler Schulort, machte die Einrichtung eines Gemeindeamtes 1888 in der alten Gmunder Schule notwendig. Das bäuerliche Element trat in der Gemeinde deutlich zurück.

Der wirtschaftliche und soziale Strukturwandel sowie der Straßenbau haben in den letzten Jahrzehnten auch das Ostiner Ortsbild stark verändert, während die unmittelbar umliegenden Orte *Angerlweber, Niemandsbichl, Öd* und *Gasse* eine mehr ursprüngliche Struktur zeigen.

Neureuthstraße 4. *Bauernhaus «Beim Moar»,* stattlicher Einfirsthof, verputzt, mit Vortreppe, dreiseitig umlaufender Balusterlaube, Hochlaube und Fassadenmalereien, bez. 1914.

In Anlehnung an das oberbayerische Bauernhaus des 18. Jh. in bester handwerklicher Tradition wie auch mit schöpferischen Abwandlungen erbauter Hof, zu vergleichen mit dem etwa gleichzeitig entstandenen Pfeiferbauernanwesen in Sonnenreuth und dem Köhlerhof in Schwarzenberg (beide Gemeinde Fischbachau).

Neureuthstraße 5. *Bauernhaus «Beim Löbl»,* Wohnteil mit Blockbau-Obergeschoß, Laube und Giebellaube, bez. 1767.

Neureuthstraße. *Bildstock.* Tuffpfeiler mit Laterne, 2. Hälfte 17. Jh.; bei Nr. 16.
Die Laterne mit tiefer Bildnische, auf der gesamten Pfeilerfront ein Kreuzrelief.

Schlierseer Straße 61. *Bauernhaus «Beim Unterzacherl»,* Einfirstanlage, mit Blockbau-Obergeschoß, Laube und Giebellaube, Mitte 18. Jh.

Schlierseer Straße 62. Ehem. *Bauernhaus «Beim Schmied»,* Einfirstanlage, verputzt, Vorköpfe der Laube bez. 1749, geschnitzte Eckstützen und Dreiecksbaluster der Laubenbrüstungen sowie Drachen-Balkenköpfe am Dach, Anfang 19. Jh.

Das Ostiner Schmiedanwesen liegt direkt bei der alten Durchgangsstraße. In der zugehörigen Tankstelle leben die alten Funktionen fort, doch ist die alte Schmiedewerkstatt als gesonderter kleiner Bau ebenfalls noch vorhanden. Das Haus besitzt hervorragende Details wie die sog. Katzenlaube am Kniestock und die geschnitzten Pfeiler in den Ecken der Laubenbrüstung.

Rainmühle

Haus Nr. 1. *Rainmühle (Müller am Rain),* ehem. Mühle, Einfirstanlage, im Kern 18./Anfang 19. Jh., um 1900 Ausbau zum Arbeiter-Wohnhaus der Papierfabrik Louisenthal, mit Blockbau-Obergeschoß und langgestreckten Balusterlauben.

Der stattliche Bau im Mangfallgrund, unterhalb von Louisenthal, wird im 15. Jh. erstmals genannt und war eine Mahl- und Sägmühle. Um 1880 wurde sie mit der *Papierfabrik Louisenthal* vereinigt und als *Holzschleife* betrieben. Bemerkenswert ist der Ausbau der vom Typ her bäuerlichen, wohl ursprünglich mit einer Landwirtschaft verbundenen Einfirstanlage um 1900 zu einem Arbeiterwohnhaus der Louisenthaler Papierfabrikarbeiter in bäuerlich-ländlichen Bauformen mit langen Balusterlauben.

Rennhäusl

Haus Nr. 1. Ehem. *Kleinbauernhaus,* Wohnteil zweigeschossiger Blockbau mit Laube, wohl noch 17. Jh.

Altertümliches Haus in Einödlage an der Straße Miesbach/ Bad Tölz, ein Teil des Giebels vorgezogen, das Giebeldreieck verbrettert. Biedermeierliche Laubenbrüstungen mit Kreuzfeldern.

Sankt Quirin

Am westlichen Seeufer zwischen Gmund und Tegernsee gelegen, bestand St. Quirin in mittelalterlicher Zeit nur aus der *Quirinuskirche* und einem *Viehhof* (Schwaige) *der Abtei Tegernsee.*

Nach der Legende wurde die Kirche, bzw. ihr Vorgängerbau, an der Stelle errichtet, wo im 8. Jh. ein Uto, der im Auftrag der Tegernseer Klostergründer Reliquien des Hl. Quirinus als päpstliches Geschenk von Rom nach Tegernsee überführte, diese ein letztes Mal vor dem Ziel absetzte. Von dieser Station, wo eine heilsame Quelle entsprang, wurden die Heiltümer in feierlicher Prozession in die Tegernseer Klosterkirche geleitet.

Die wohl hölzerne ursprüngliche Kirche, wie auch ihr von Abt Kaspar Ayndorffer von Tegernsee (1426–61) errichteter massiver Nachfolger, wurden über der gefaßten Quelle erbaut. Heilungssuchende badeten in dem Quellwasser in einem eigenen Baderaum.

Zu neuem Ruhm kam St. Quirin im 15. Jh., nachdem 1430 in Rohbogen, am gegenüberliegenden Seeufer, ein Steinölfluß zu Tage trat, der sich gegen den See ergoß und der Quirinuskirche am Ostufer auf dem Wasserspiegel entgegenschwamm (siehe auch Rohbogen, Gemeinde Bad Wiessee). Man knüpfte auch dieses Wunder an das Wirken des Hl. Quirinus, verkaufte und versandte das Oleum Sancti Quirini und konnte aus dem Ertrag bis zum späten 19. Jh. die Kirche unterhalten, die ein wesentlicher Teil der spätmittelalterlichen und barocken Tegernseer Sakrallandschaft war.

Bis zum mittleren 19. Jh. war das Dorf St. Quirin auf sieben Anwesen, darunter eine Taverne, angewachsen. Die Kirche lag noch unmittelbar am See und war mit Mauern und Torbögen eingefriedet. Die Straße führte anders als jetzt an ihrer Ostseite vorbei.

Seit dem frühen 20. Jh. hat sich die bäuerliche und gesellschaftliche Ortsstruktur stark verändert, den alten Bauernanwesen folgten Landhausbauten.

Lediglich in den älteren Land- und z. T. umgebauten Bauernhäusern Nördliche Hauptstraße 6, 4, 2, die sich nördlich der Kirche an die Straße reihen sowie den Gebäuden Südliche Hauptstraße 3, 5, Wallbergstraße 1, 3, die der Quirinuskirche in südlicher Richtung folgen, ist das Bild des Ortskerns aus der Zeit der Jahrhundertwende noch tradiert.

Ostin, Ansicht von Osten

Ostin, Bildstock

Ostin, Neureuthstraße 4, Bauernhaus

Ostin, Neureuthstraße 5, Bauernhaus

Ostin, Schlierseer Straße 61, Bauernhaus

Ostin, Schlierseer Straße 62, ehem. Bauernhaus

Rainmühle, Haus Nr. 1, Rainmühle

Rennhäusl, Haus Nr. 1, ehem. Kleinbauernhaus

147

Kath. Filialkirche St. Quirin. 1450 erbaut, barockisiert 1676.

Unter Abt Anydorffer wurde 1450 die heutige in der Anlage spätgotische Kirche neu erbaut. Aus der Erbauungszeit stammt die in Rotmarmor gearbeitete, achteckige Einfassung des Quirinusbrunnens, 1461 datiert, 1679 überarbeitet, mit einem schmiedeeisernen, ein Figürchen des Hl. Quirin tragenden Überbau.

Der 1638 datierte Hauptaltar mit der Statue des Hl. Quirin gehört innerhalb des Landkreises zu den ältesten Beispielen einer sich noch während des Dreißigjährigen Krieges neu belebenden frühbarocken Kunsttätigkeit. Eine Generation später (1676) folgte die Stuckierung, die den gotischen Kirchenraum zum hellen, festlich geschmückten Saal steigerte. Zum Motivschatz gehören Muschel und Akanthus, Perlstab, Volutenmäander und Lorbeer, Blüten- und Fruchtgirlanden in lockerer Disposition, der stilistisch über die Beispiele von Föching, Elbach, Egern und Fischhausen hinausgeht und auf Irschenberg vorausweist. Zur selben Stilstufe gehören die in Stuck gearbeiteten Seitenaltäre von 1676. Im zweijochigen Chor mit dreiseitigem Schluß kannelierte Pilaster. Schlichter Außenbau mit Walmdach, Dachreiter mit Zwiebelhaube.

St. Quirin, Kath. Filialkirche St. Quirin

Schmerold

Haus Nr. 2. Ehem. *Bauernhaus «Vorderschmerold»,* Wohnteil mit Blockbau-Obergeschoß des 17.Jh. und dreiseitig umlaufender Laube des späten 18.Jh.

Der Weiler Schmerold liegt in dem außerordentlich abgelegenen, von Bachgräben durchzogenen Moränengelände zwischen der «Miesbacher Höh» und dem Mangfallgrund. Seine beiden Höfe, *Vorder-* und *Hinterschmerold,* sind durch Teilung eines Urhofes im Spätmittelalter entstanden. Beim «Vorderschmerold» ist neben dem neuen Hof das alte Bauernhaus des 17./18.Jh. mit reichen hölzernen Details erhalten geblieben.

St. Quirin, Kirche, Figürchen des Hl. Quirinus

Schmerold, Haus Nr. 2, ehem. Bauernhaus

148

St. Quirin, Kirche, Inneres, Blick zum Chor

St. Quirin, Kirche, Inneres gegen Westen

St. Quirin, Kirche, Deckenstuck

St. Quirin, Kirche, Altar

Schuß

Die Siedlung ist ein klassisches Beispiel für einen Zweihöfe-weiler, der durch Teilung eines mittelalterlichen Urhofes vor 1353 entstanden ist. Sie besteht seit Jahrhunderten aus den beiden parallel eng beieinanderliegenden, mit den Giebeln der Wohnteile nach Osten gerichteten Einfirsthöfen *Unterschuß* (Haus Nr. 2) und *Oberschuß* (Haus Nr. 1).

Haus Nr. 1. *Bauernhaus «Oberschuß»,* Einfirstanlage, Wohnteil mit Blockbau-Obergeschoß, dreiseitig umlaufender Balusterlaube und Hochlaube, am First bez. 1781.

Schwärzenbach

Der Weiler, bis vor wenigen Jahrzehnten nur aus den beiden alten Höfen *«Beim Bauern»* und *«Beim Fuchs»* bestehend, jetzt baulich stark verändert, liegt östlich von Gmund über dem Schwärzenbach, einem Moorwasser, von dem er seinen Namen hat.

Taubenbergkapelle. 1830 erbaut.
Die ehemalige Hofkapelle wurde laut Inschrift von dem Bauern Johann Taubenberger 1830 bei seinem Hof erbaut. Im Inneren fünf nachbarocke Decken- und Wandbilder mit Darstellung der Marienkrönung und von Bauernheiligen.

Haus Nr. 5. *Bauernhaus «Beim Fuchsenbauer»,* Einfirstanlage, Wohnteil im Kern 17.Jh., Verputz, dreiseitig umlaufende Laube, Hochlaube und geschnitzte Fensterrahmungen 1804.
Der Fuchsenbauernhof weist überaus reiche, dem letzten Rokoko verpflichtete Schnitzarbeiten an den Fassaden auf. Sie sollen von einem Zimmermann aus der Wies bei Miesbach stammen. Den sechs Fensterachsen breiten Wohnteil umfaßt eine Laube, deren reich profilierte Flaschenbaluster über Eck gestellt sind. Auf je zehn Baluster folgt ein Zwischenpfosten mit ornamentalen Schnitzereien. Der geschweifte Hochbalkon über Drachenkopfkonsolen gleicht einer Huldigungsempore. Von gleicher Art ist die Laube, die in der Mitte der Brüstung zusätzlich das geschnitzte Wappen des Fuchsenbauern, flankiert von bayerischen Löwen, trägt, im Oberstock über den Fenstern geschnitzte Bekrönungen in feinsten Rocailleformen. Über den schwungvoll profilierten Balkenvorköpfen des Dachwerks das fischgrätig verschalte Vordach.

Zahlersberg

Haus Nr. 1. *Bauernhaus,* stattliche Einfirstanlage, Wohnteil verputzt, am First bez. 1789, geschnitzte Haustür und Giebellaube aus der Bauzeit, Balkon über der Tür Ende 19.Jh.; *Zuhaus,* zweigeschossiger Putzbau mit Halbwalmdach, Anfang 19.Jh.
Der bereits 1250 bestehende, 1789 neu erbaute Hof befindet sich in unverfälschter Einödlage im welligen Moränengebiet nördlich von Festenbach. Die aufgedoppelte Haustür mit Doppelsternmotiv aus der Bauzeit 1789.
Überraschend ist die Dachform für das *Zuhaus,* die diesem ein biedermeierliches Gepräge verleiht und sonst nur bei Mühlen, Schul-, Pfarr-, Forst- und Amtshäusern üblich ist.

Almen

Bergeralm, Blockbau, wohl 1. Hälfte 19.Jh.; am Gaßler Berg, südöstlich über Gmund, 1100 m Höhe.
Die Hütte liegt in einem kleinen Almgebiet nordöstlich unterhalb der Neureuth, am sog. Gaßler Berg. Sie gehört zum *Bergerhof in Gasse* (siehe S.136), von dem das Vieh in etwa einer Stunde zur Alm aufgetrieben werden kann.

Schuß, Haus Nr. 1, Bauernhaus

Schwärzenbach, Haus Nr. 5, Bauernhaus

Schwärzenbach, Haus Nr. 5, Bauernhaus

Schwärzenbach, bäuerliche Kulturlandschaft von Norden

Zahlersberg, Haus Nr. 1, Haustür

Zahlersberg, Haus Nr. 1, Bauernhaus mit Zuhaus

Schwärzenbach, Kapelle

Schwärzenbach, Kapelle, Inneres

Bergeralm

151

GEMEINDE HAUSHAM

Der Industrieort Hausham (760 m), zentral im Landkreis an der Schlierach und der parallel zu diesem Fluß angelegten Straße Weyarn–Miesbach–Schliersee (B 307) sowie der gleichfalls parallel dazu verlaufenden Eisenbahnstrecke nach Schliersee–Bayrischzell am Alpenrand gelegen, entstand seit 1861 im Zuge des intensivierten Bergbaus auf Kohle nordöstlich im Stadelberggebiet, in Großtal und am Bemberg. Die Siedlung der zuziehenden Bergarbeiter wuchs westlich des alten Bauernweilers (Alt-) Hausham und überlagerte einen weiteren an der Schlierach gelegenen ehemals bäuerlichen Weiler, *Abwinkel.*

Der Ort gehörte bis 1922 zu der bis zur Mitte des 19. Jh. bäuerlich geprägten Gemeinde *Agatharied* mit Kirche und Schule in dem gleichnamigen Dorf. Diese Gemeinde, deren Flächenbestand seit dem frühen 19. Jh. unverändert geblieben ist, erhielt 1922 den Namen des aufstrebenden Hausham, das auch neuer Gemeindemittelpunkt wurde.

Das Gemeindegebiet erstreckt sich in einer nordsüdlichen, dem Fluß und der Bundesstraße folgenden Hauptrichtung zwischen der südlichen Miesbacher Ortsgrenze und *Westenhofen* vor Schliersee, zieht sich südwestlich bis zu der noch dem nördlichen Kalkalpenrand zuzuzählenden Gindelalmschneid (1330 m) und umgreift die zum Schlierachtal geneigten Hanglagen des Gschwendtner Berges (Ausläufer der Gindelalmschneid) und des Vorgebirgs-Moränenzüge der Eck (865 m) und der Miesbacher Höh (825 m) im Westen des Tals, des Brentenspitz (922 m) und des Stadelberges (919 m) im Osten.

Diese meist freien Hanglagen sind seit der mittelalterlichen Rodung bis heute Bauernland, mit Ausnahme einiger Bereiche im Osten (Brentenspitz, Tiefental), wo der Kohlenbergbau große Halden schüttete.

In den überwiegend landwirtschaftlich genutzten Bereichen der Gemeinde an den Hängen finden sich auch die meisten Baudenkmäler und ungestört erhaltenen bis in Lagen von 850 m hinaufreichenden Siedlungen. 1974 bestanden 70 bäuerliche Betriebe. Vorherrschende historische Siedlungsform ist der Zweihöfeweiler, entstanden aus der meist spätmittelalterlichen Teilung eines Urhofes. Anschauliche Beispiele sind *Au, Bodenrain, Gunetsrain, Hof, Starz, Tiefenbach.* Durch weitere Teilung konnten auch Vierhöfeweiler entstehen wie *Ed* und *Grub.*

In den 38 kleinen und wenigen größeren Weilern des Gemeindegebiets, wie z. B. *(Alt-) Hausham,* sowie den Einöden wurde 1818 die Zahl von 119 Häusern festgesellt, in denen 683 Seelen wohnten. Nach der großzügigen Entwicklung des Kohlenbergbaus, der Gründung einer Oberbayerischen AG für Kohlenbergbau 1870 und dem Bau der Eisenbahn zählte Hausham allein im Jahre 1900 3887, 1939 5473 und 1969, drei Jahre nach der Stillegung der Grube, 7400 Einwohner.

Hausham war zum größten Industrieort und zur einwohnerstärksten Gemeinde des Kreises geworden.

Die Neubebauung, meist aus dem 1. Viertel des 20. Jh., ist kleinstädtisch geprägt. Mit Ausnahme der Kirche und ihres Umfeldes wurden besondere städtebauliche oder künstlerische Ansprüche kaum gestellt. Westlich sind nach etwa 1950 weitere große Siedlungsgebiete entstanden.

Das bedeutendste Baudenkmal ist die spätmittelalterliche, in der Renaissance und im Frühbarock ausgestaltete *Kirche von Agatharied,* gestiftet von den ehem. Grundherren, den Herren von Waldeck. Daneben ist die verhältnismäßig große Zahl historischer Bauernhäuser bemerkenswert. Es handelt sich wie üblich um Einfirstanlagen mit Blockbau-Oberstock; eine Besonderheit ist die häufige Quererschließung der Wohnteile von der Traufseite her, verhältnismäßig groß ist die Zahl von Bauten des späten 17. bis frühen 18. Jh. Eine Ergänzung ihrer wirtschaftlichen Möglichkeiten suchten fast alle Bauern auf den Almen im Gebiet des Spitzingsees und der Brecherspitz (siehe Gemeinde Schliersee).

Hausham

Die Neusiedlung war westlich der Straße Miesbach–Schliersee entstanden. Östlich der Straße blieb das alte bäuerliche Dorf Hausham in seiner landwirtschaftlichen und baulichen Struktur jedoch fast völlig erhalten, und für den Weiler, der 1170 zuerst als eine Schwaige genannt wird und 1268 durch Otto von Waldeck an das Stift Schliersee geschenkt worden war, bürgerte sich seit etwa 1900 der nicht amtliche Ortsname *Althausham* ein.

Im Laufe des Mittelalters hatten sich aus dieser Schlierseer Schwaige drei Althöfe durch Teilung gebildet: «Beim Ichl» (Nr. 9), «Beim Eham» (Nr. 4), «Beim Winner» (Nr. 14). Durch erneute Drittelung waren im Spätmittelalter insgeamt 9 Höfe entstanden, die bis 1940 Bestand hatten. Seitdem umfaßt der Ort die sieben überwiegend noch bewirtschafteten Anwesen Nr. 2/4, 5, 6, 8, 9, 12, 14, die nicht zuletzt wegen der Einengung ihrer landwirtschaftlichen Flächen durch das ausufernde neue Hausham seit langem auch Almwirtschaft im Spitzinggebiet auf der *Haushamer-, Grünsee-* und *Firstalm* betreiben (siehe Markt Schliersee).

Althaushamer Straße 6. *Bauernhaus «Beim Wölfl»,* Wohnteil mit Blockbau-Obergeschoß, Balusterlaube und -giebellaube, bez. 1788.

Das Wölflbauernhaus ist das letzte erhaltene altartige, wenn auch nicht mehr bewirtschaftete Althaushamer Bauernhaus. Alle weiteren Anwesen wurden – zumeist im späten 19. Jh. – neu erbaut.

Althaushamer Straße 10. *Althaushamer Kapelle,* mit Dachreiter, 1870 erbaut.

Die Kapelle hatte einen Vorgänger nahe der heutigen Bundesstraße 307, der beim Bau der Eisenbahn 1868/69 beseitigt werden mußte. Im Jahr darauf errichteten einige Althaushamer Bauern beim Hof des Hanslbauern eine neue Kapelle, in die sie das Maria-Schutzmantelbild der alten Kapelle, eine Votivtafel von 1634, erneuert 1854, übertrugen, während zwei Bauerntöchter den neuen Altar stifteten.

Kirchstraße. *Kath. Pfarrkiche St. Antonius von Padua,* Neubarockbau, erbaut 1908/09 von Heinrich Hauberrisser.

Mit der Intensivierung des Haushamer Kohlenbergbaus hatte die neue Arbeitersiedlung, in der sich auch oberschlesische und westfälische Bergleute niederließen, einen Umfang angenommen, der den Bau einer eigenen katholischen Pfarrkirche nötig machte. Seit 1902 bestand ein Kirchenbauverein, der sich u. a. mit dem Standort der zukünftigen Kirche befaßte, die einige Mitglieder gern auf dem Moränenhügel gesehen hätten, der mitten im Ort aufragt. Auf diese exponierte Lage wurde schließlich verzichtet zugunsten eines Bauplatzes im Zentrum der neuen Siedlung, die bereits aus über 200 Häusern bestand, in denen 5000 Menschen lebten. Den Baugrund schenkte die Hanslbäuerin von Althausham, die Baupläne für den großen Neubarockbau entwarf der Architekt Heinrich Hauberrisser, Regensburg. Die fünfjochige, durch Pilaster gegliederte neubarocke Saalkirche wird in herkömmlicher Weise von einer Flachtonne mit Stichkappen überwölbt. In den geschweiften Formen des Chorbogens und der Wellengiebel der Westfront und der Vorhalle wird der zeitgenössische Jugendstil wirksam.

152

Althausham, Kapelle

Althausham, Kapelle, Inneres

Althausham, Luftbild von Südosten

Althausham, Althaushamer Straße 6, Bauernhaus

Hausham, Kath. Pfarrkirche St. Antonius von Padua

Hausham, Kath. Pfarrkirche, Inneres

Die drei neubarocken Altäre der Kirche sind Werke des in Schlesien und Ostpreußen durch große Altarbauten bekannt gewordenen Regensburger Bildhauers Georg Schreiner († 1953). Die Glasmalereien aus der Erbauungszeit, die Orgel 1911. Das Deckengemälde im Langhaus von Anton Niedermaier, Hohenbrunn, 1930. Es zeigt die Anempfehlung der Pfarrgemeinde an die Hl. Barbara, die Patronin der Bergleute. Die Kirche erhebt sich auf einem baumbestandenen Rechteckplatz, der sich an die Hauptstraßenachse der Siedlung, die rechtwinklig zur Bundesstraße verlaufende Naturfreundestraße, seitlich anlegt. Sie bildet den bestimmenden städtebaulichen Höhepunkt.

Kreuzweg 4. *Postamt Hausham,* zweigeschossiger Putzbau mit Eckausbildungen in Art von Runderkern mit Freitreppe und Steilwalmdach mit Gauben, 1924 erbaut.

Typischer Postamtsbau der Münchner Bauabteilung der Reichspost in modern-historisierenden Formen, mit Elementen des Stils der Neuen Sachlichkeit der zwanziger Jahre.

Schlierachstraße. *Kapelle an der Schlierach (Braunkapelle),* Ende 18. Jh.

Die spätbarocke ehem. Hofkapelle gehörte zum ehem. *Braunhof in Abwinkel,* dessen sehr altes und bedeutendes Bauernhaus, ein Holzblockbau der Zeit um 1600, leider 1962 abgebrochen werden mußte.

Agatharied

Agatharied, an der Schlierachtalstraße zwischen Miesbach und Hausham/Schliersee und an der Abzweigung der Straße zum Tegernseer Tal gelegen, war entsprechend seiner Bedeutung als ältester Kirchort der Gemeinde, bis zur neuesten Zeit auch ihr Hauptort.

Die früheste Nennung einer Kirche, die wohl schon den Platz der heutigen einnahm und dem Hl. Jakobus geweiht gewesen sein soll, ist aus dem Jahre 1215 überliefert, als der Freisinger Bischof verfügte, daß im Wechsel mit der Kirche von *Westenhofen* b. Schliersee in Agatharied Pfarrgottesdienst gehalten werden soll. Diese gleichrangige Versorgung der beiden Kirchen durch die Schlierseer Priester währte bis 1918 bzw. 1922, als eine eigene Expositur, dann Pfarrei Agatharied errichtet wurde, nachdem 1909 bzw. 1914 eine eigene Kuratie und schließlich Pfarrei in dem aufstrebenden Hausham installiert worden war.

Den historischen Kern des ehemals oft nur als «Ried» bezeichneten Ortes bilden die um 1450 auf dem linken Schlierachhochufer, dem sog. Rieder Bühel auf älterer Grundlage erbaute *Kirche St. Agatha* im ummauerten *Friedhof,* die beiden Bauernanwesen *Hinter- und Vorderrieder* (Haus Nr. 2 und 3, letzteres jetzt Fehnbachstraße 3, das Zuhaus Fehnbachstraße 6), die ebenfalls den Rand der Hochuferterrasse besetzen, sowie das östlich tiefer gegen die Schlierach gelegene Mesneranwesen (Fehnbachstraße 1). Die Gleisanlagen der Bahn, das Bahnwärterhaus und das ehem. Gemeindehaus haben dieses historische Ortsbild nur am Rande verändert. Als schwere Störung muß in diesem Zusammenhang allerdings der 1983 südlich erstellte Wohnblock gewertet werden.

Die alten Anwesen rechts der Schlierach an der Tal- bzw. Bundesstraße bilden den ehemals eigenständigen Weiler *Stauden.*

Auf der Höhe östlich über Stauden, der Kirche gegenüberliegend, finden sich Reste einer kleinen mittelalterlichen Burg Poding der Herren von Waldeck.

Kath. Pfarrkirche St. Agatha, spätgotisch, 15. Jh., wohl auf älterer Grundlage, Langhaus gewölbt 1505, um 1670 nach Westen erweitert.

Der Bau der spätgotischen, im Inneren z. T. barock ausgestalteten Kirche, eines verputzten Tuffquader- und Feldsteinbaus mit schindelgedeckten Dachflächen und Turmspitzhelm, geht nach der Überlieferung auf ein in türkischer Gefangenschaft 1444 abgelegtes Gelübde des gräflichen Grund- und Territorialherren Georg von Waldeck d. J. zurück, der nach glücklicher Heimkehr drei Kirchen zu bauen versprach: *Frauenried* (Gemeinde Irschenberg), *Agatharied* und *Georgenried* (Gemeinde Waakirchen). Die Baugeschichten der drei Kirchen können teilweise mit der Lebensgeschichte des 1456 gestorbenen Grafen verbunden werden, doch fällt vor allem auf, daß die Ausstattungen der drei spätgotischen Sakralbauten außergewöhnlichen künstlerischen Rang besitzen und somit auf einen besonderen Bauherren und Anlaß geschlossen werden kann.

Der Agatharieder Bau des Grafen Georg, benannt nach der Patronin seiner Gemahlin Agatha, wurde im Langhaus erst 1505 gewölbt, war bis dahin also flach gedeckt. Verschiedene Beobachtungen bei der Restaurierung 1936 (u. a. Wandmalereifragmente), belegten, daß die Langhaus-Außenwände älter als ihr Gewölbe sind, dessen spätgotische Rankenmalereien 1936 freigelegt worden sind. Dies gilt auch für die Wände des dreiseitig geschlossenen Chores, dessen mittelalterliches Gewölbe erst um 1670 durch eine barocke Stichkappentonne über Kragsteinen ersetzt wurde. Es ist gegliedert durch die typischen Schlierseer Rahmenstukkaturen, Pflanzenkelchfüllungen und ein großes Trinitätssymbol, ähnlich wie bei den frühbarocken Gewölben in Egern und Elbach – Heilig Blut.

Dieser Umgestaltung und Erweiterung der Kirche waren bereits 1628 die Aufstellung neuer Seitenaltäre und 1649 eines frühbarocken Hochaltars sowie der Kanzel vorausgegangen. In den stattlichen Hochaltar wurde sein Vorgänger, der spätgotische Flügelaltar aus dem Jahre 1495, wohl ein Werk Münchner Werkstätten, in kunstvoller Weise eingefügt. Zu den älteren Teilen zählen die beiden Schnitzfiguren der Hll. Urban und Agatha im ursprünglichen Schrein sowie die gemalten Altarflügel mit je vier Darstellungen des Martyriums der Hl. Agatha auf den Innen- und Außenseiten, die in die barocken Seitenteile des Altars eingefügt sind.

Auch die beiden Seitenaltäre von 1628 bezeugen die schrittweise Barockisierung der Kirche im 17. Jh. unter Erhaltung und Wiederverwendung älterer Gemälde und Skulpturen, u. a. einer großartigen spätgotischen Figur des älteren Kirchenpatrons, des Hl. Jakobus, im neu gestalteten Zusammenhang. Die einheitlichen Überfassungen der drei Altäre und ihrer Figuren aus dem Jahre 1855 wurden bei der Innenrestaurierung 1982/83 respektiert.

Hausham, Kreuzweg 4, Postamt

Agatharied, Kath. Pfarrkirche St. Agatha

Hausham, Kapelle

Hausham, Kapelle, Inneres

Agatharied, Tafelbild

Agatharied, Hl. Jakobus

Agatharied, Kirche, Hauptaltar

Agatharied, Kirche, Inneres

155

Haus Nr. 2. *Bauernhaus «Beim Hinterrieder»,* Einfirstanlage, Wohnteil mit Blockbau-Obergeschoß, Laube und Giebel-laube, 17. Jh.

Der Hinterriederbauer, der sich mit der Kirche, dem Friedhof und dem Vorderriederbauern das Plateau des Agatharieder Kirchbühels teilt, hat mit seinem Wohnteil das älteste erhaltene Haus des Ortes bewahrt (der Wirtschaftsteil wurde 1982/83 neu erbaut).

Die beiden Höfe entstanden wahrscheinlich durch die Teilung eines ursprünglichen Hofes im Spätmittelalter. Im verputzten Erdgeschoß des Wohnteils sind z. T. alte Holzblockwände erhalten.

Fehnbachstraße 1. *Kleinbauernhaus »Beim Mesner»,* verputzt, mit Giebellaube und traufseitigem Balkon, Anfang 19. Jh., im Kern älter.

Das kleine Gütl war wohl ursprünglich ein Blockbau und wurde im 19. Jh. verputzt oder ausgemauert. Die Giebellaube mit den profilierten Abdeckbrettern, die Pfettenbrettchen und die Giebelzier 1977 liebevoll erneuert (die Wandmalereien modern).

Fehnbachstraße 6. Ehem. *Zuhaus,* altverbretterter Blockbau, Ende 18. Jh., das Erdgeschoß z. T. nachträglich ausgemauert.

Das alte Zuhaus des *Vorderriederbauern,* auch *Martlbauer* genannt, ist der älteste erhaltene Teil dieses Hofes, der im übrigen um die Jahrhundertwende neu errichtet wurde. Es ist dem Hauptbau westlich nachgeordnet; zwischen den beiden Bauten verläuft der Zugang zur Kirche und zum *«Hinterrieder».*

Burgstall Poding «Auf der Leiten», mittelalterlich, ca. 500 m östlich der Kirche Agatharied nahe den Weilern Poding und Leiten; Hausham, Plan Nr. 1599, 1621, 1634, So 18–9.

Der Burgstall liegt auf einem nordwestlich gegen das Schlierachtal vortretenden Sporn und weist ein ca. 30 m langes, durch Abgrabungen verändertes Kernwerk auf, das im Osten durch einen ca. 2,5 m tiefen Abschnittsgraben von der Hochfläche getrennt ist.

Au

Die beiden Höfe von Au führen außerordentlich eindrucksvoll bäuerliche Geschichte, Bauernhausgeschichte, vor Augen. Auf einer Wiesenterrasse links der Schlierach zwischen Agatharied und Miesbach liegen sie als Höfepaar in ungestörter bäuerlicher Kulturlandschaft, einer Haglandschaft, nebeneinander. Durch Teilung eines ursprünglichen *Hofes Au,* vielleicht einer Schwaige, dürften beide entstanden sein. Diese Teilungen, die sich wie hier häufig auch in den Hofnamen aussprechen, wurden durch die große Bevölkerungsvermehrung des 15. und 16. Jh. erzwungen und waren aufgrund der fortgeschrittenen bäuerlichen Produktionsweise auch lebensfähig.

Die Häuser Nr. 96 und 97 wurden zu Beginn der neuesten Zeit neu erbaut, der *Vorderauer* 1799, der *Hinterauer* 1843, beide im Wohnteil als Putzbauten, das Haus Nr. 1799, eines der schönsten der Gemeinde, in alter Tradition breit hingelagert, mit altertümlicher traufseitiger Erschließung und mit reichen spätbarocken Zimmermannsarbeiten wie der dreiseitigen Balusterlaube und den prächtigen Sterntüren. Der neuere ist ein Putzbau mit steilerem Dach, hochrechteckigen Fenstern, streng giebelseitiger Erschließung und Giebelbalkons, den Nachkommen der für das 18. Jh. typischen Lauben. Er ist ein Vertreter des klassischen Miesbacher Einfirst-Haustyps mit Mittelflur in seiner für die 1. Hälfte des 19. Jh. charakteristischen Weiterbildung als massiver Bau mit Elementen des gleichzeitigen bürgerlichen Wohnbaus. Die Funktion der alpenländischen Lauben, auf denen Feldfrüchte nachgetrock-

net wurden, die das Gebirgsklima nicht zur Reife gebracht hatte, übernehmen die großen Speicherräume, die über Kniestöcken dem Wohnteil aufgesetzt wurden. Ihre Lüftungsöffnungen sind häufig in klassizistischen Halbrundbögen geformt, die der Volksmund «Limonenscheiblfenster» nennt. – Stolz auf das neu errichtete Haus spricht aus der Inschrifttafel von 1843 beim Hinterauer, die Johann und Helene Kirschenhofer als Bauherren nennt.

Haus Nr. 96. *Bauernhaus «Beim Vorderauer»,* Einfirstanlage, Wohnteil mit dreiseitig umlaufender Balusterlaube, Giebellaube und Sterntüren, 1799 neu erbaut.

Haus Nr. 97. *Bauernhaus «Beim Hinterauer»,* Einfirstanlage, Wohnteil in biedermeierlicher Art mit Balkons, Doppelflügel-Haustür und Kniestock mit Halbrundbogen-Öffnungen, 1843 neu erbaut.

Agatharied, Haus Nr. 2, Bauernhaus

Agatharied, Fehnbachstraße 1, Kleinbauernhaus

Agatharied, Fehnbachstraße 6, Zuhaus

Agatharied, Blick vom Friedhof zum Burgstall Poding

Au, Haus Nr. 96, Bauernhaus, Detail

Au, Haus Nr. 97, Bauernhaus

Au, Haus Nr. 96, Bauernhaus

157

Biberg

Haus Nr. 90. *Bauernhaus «Biberghof»*, stattlicher Wohnteil mit Blockbau-Obergeschoß von 1806, Balusterlauben und Giebellaube, geschnitzte Haustüren bez. 1786.

Der in seinem Wirtschaftsteil in den dreißiger und fünfziger Jahren in Doppelhakenform erweiterte Hof ist eine 600 m hoch gelegene Einödsiedlung auf einem kanzelförmigen Vorsprung des Moränenrückens der sog. Miesbacher Höh. Die Anlage besitzt große Fernwirkung und prägt das Bild der bäuerlichen Streubesiedlung auf diesem Rücken.

Der Wohnteil, im Oberstock 1806 neu aufgezimmert, ist ostgerichtet und quer erschlossen, wie im Gebiet um Hausham im 18. Jh. – im Gegensatz zum Leitzachtal – üblich. Auch die Ausdehnung der Lauben über alle drei Fronten des Wohnteils findet sich in der Gemeinde mehrfach. Die geschnitzten Haustüren (Sterntüren) mit Datierung 1786.

Bodenrain

Bodenrain, am Nordostabhang des Höhenzuges der sog. Eck gelegen, bildete ursprünglich einen einzigen Hof, der Anfang des 14. Jh. von den Herren v. Waldeck an das *Stift Schliersee* geschenkt wurde. Im 15. Jh. wurde in *Unter- und Oberbodenrain* aufgeteilt, eine Siedlungsgestalt, die bis heute besteht.

Haus Nr. 11. *Bauernhaus «Unterbodenrain»*, Einfirstanlage, Wohnteil mit Blockbau-Obergeschoß, dreiseitig umlaufender Laube und Giebellaube, 18. Jh.

Bildstock. Tuffpfeiler mit Laterne, 1. Hälfte 17. Jh.; am Weg vom Unter- nach Oberbodenrain.
Der Bildstock ist noch in gotischen Formen gehalten, der Schaft gefast, die Laterne und die Bildnischen mit Eselsrükkenbogen-Abschluß.

Eck

Auf dem bis zu 865 m Höhe ansteigenden, zwischen Gmund a. Tegernsee und Agatharied west-östlich verlaufenden freien Moränenzug der «Eck» liegen zwei Weiler und kleine Einöden. Der Ostteil, die sog. «Vordereck,» gehört aufgrund der hier verlaufenden alten Pfarrgrenze zwischen Gmund und Schliersee bzw. Agatharied zur Gemeinde Hausham.
Zu den drei alten Höfen *«Beim Stiedl»* (Haus Nr. 15), *«Kothhof»* (Haus Nr. 16) und *«Beim Michl»* (Haus Nr. 17), welche bis vor einigen Jahrzehnten die *«Vordereck»* bildeten, sind vier neue Wohnbauten hinzugetreten. Keines der Anwesen wird mehr landwirtschaftlich genutzt; das Ortsbild hat sich entsprechend verändert.

Stiedlbauernkapelle, 1. Hälfte 19. Jh.
Die Hofkapelle wurde ursprünglich vom Stiedlbauern Johann Kerndl gebaut, 1794 geweiht und in der Säkularisation 1804 ganz oder teilweise abgebrochen. Wenig später muß der Bau neu entstanden sein.

Haus Nr. 17. Ehem. *Bauernhaus «Beim Michlbauern in Vordereck»* Einfirstanlage, Wohnteil zweigeschossiger Blockbau mit Laube und Giebellaube, errichtet 1751.

Das Blockhaus ist nach der Inschrift über der Laubentür 1751 von H. A. (Hans Auracher) erbaut worden. 1922 wurde es Domizil des Schriftstellers Ernst Georg Freissler, 1925 des Schriftstellers, Akademieprofessors und hohen Kulturbeamten Wilhelm Dieß, dem die sorgfältige Erhaltung zu verdanken ist.

Eckart

Der an den nördlichen Ausläufern der Neureuth- und Gindelalmschneid gelegene mittelalterliche Zweihöfeweiler mit den Anwesen *Unter-* und *Obereckart* hat seinen historischen Charakter nach Abbruch des unteren Hofes und Bau eines Schullandheimes 1966 verloren.

Haus Nr. 24. *Bauernhaus «Beim Obereckart»*, Einfirstanlage, Wohnteil mit Blockbau-Obergeschoß, bez. 1660, Laubenbrüstungen und Dachaufbau 19./20. Jh.

Vor allem an einigen Pfettenköpfen in nachgotischen Formen wird das hohe Alter des stattlichen (quererschlossenen) Bauernhauses erkennbar, das in neuerer Zeit ausgebaut wurde.

Ed

Haus Nr. 19. *Bauernhaus «Beim Grimm»*, Wohnteil mit Blockbau-Obergeschoß, Laube und Giebellaube, bez. 1679.
Der Grimmbauer liegt am äußersten Ostrand der Eck, hoch über den drei weiteren Eder Bauern (Vorder-, Hinter-, Untered). 1678 brannte der Hof, damals ein Lehen des Schlierseer Stifts, nieder, 1679 baute ihn Wolf Grimm wieder auf. Der Wohnteil dieses Neubaus besteht noch, der Wirtschaftsteil mußte erneuert werden.

Freigut

Haus Nr. 116. *Bauernhaus «Beim Freibauern»*, Einfirstanlage, Wohnteil mit Blockbau-Obergeschoß, Laube und Giebellaube, 17. Jh.

Dieses einsam gelegene Anwesen im Tiefental am Stadelberg war ursprünglich ein freieigener Hof, sein Besitzer hatte somit einen außerordentlich seltenen Rechtsstatus. Die ausgedehnten Gründe des Freiguts wurden im späteren 19. Jh. vom Bergwerk Hausham aufgekauft und durch seine Halden überdeckt. Das altertümliche Haus selbst wurde als Bergarbeiterwohnhaus genutzt. Es gehört heute der Gemeinde.

Bodenrain, Bildstock

Biberg, Haus Nr. 90, Blick von Gieshof auf den Biberghof

Biberg, Haus Nr. 90, Bauernhaus

Bodenrain, Haus Nr. 11, Bauernhaus

Freigut, Haus Nr. 116, Detail

Eck, Kapelle

Eck, Haus Nr. 17, ehem. Bauernhaus

Ed, Haus Nr. 19, Bauernhaus, Wohnteil

Eckart, Haus Nr. 24, Bauernhaus

Grub

Der noch nicht durch neuzeitliche Straßen erschlossene Ort besteht aus den vier nach spätmittelalterlichen Teilungen entstandenen alten Anwesen «Beim Veichtl in Untergrub» (Haus Nr. 86), «Beim Eberl in Obergrub» (Haus Nr. 87), «Beim Seppn in Obergrub» (Haus Nr. 88) und «Beim Schuster in Graben» (Haus Nr. 89) der ebenfalls zu Obergrub zählt, die weit auseinandergestreut und entlang eines am Osthang der Miesbacher Höh steigenden Weges auf drei verschiedenen Höhenebenen liegen.

Diese Streusiedlung mit ihrem gut erhaltenen historischen Siedlungsbild einschließlich der alten Wege- und Flurenlinien dokumentiert besonders eindrucksvoll die charakteristische bäuerliche Kulturlandschaft im Miesbacher Raum. Darüberhinaus ist auf das hohe Alter der meisten der bestehenden Bauten zu verweisen.

Haus Nr. 86. *Bauernhaus «Beim Veichtl in Untergrub»,* Einfirstanlage, Wohnteil zweigeschossiger Blockbau, 1703, Laube und Dachaufbau mit Giebelbalkon um 1900.

Der traufseitig erschlossene Vollblockbau wurde um die Jahrhundertwende ausgebaut (Vergrößerung der Fenster, neue Laubenbrüstungen mit Aussägearbeiten, höherer Dachaufbau), der Wirtschaftsteil in jüngster Zeit erneuert.

Haus Nr. 87. *Bauernhaus «Beim Eberl in Obergrub»,* Einfirstanlage, Wohnteil mit Blockbau-Obergeschoß, Laube und eingezogener Giebellaube, 17. Jh.

Der altertümliche, am Hang gelegene Hof war wohl bis zum späten 19. Jh. ein Vollblockbau, dann wurde das Erdgeschoß ausgemauert. Traufseitige Erschließung des Hauses auch hier, die Laube bis vor einigen Jahrzehnten an drei Seiten umlaufend, mit biedermeierlichen Kreuzstabbrüstungen. Die Höhe des wohl dem 18. Jh. angehörenden Blockbau-Kniestocks wurde bei der letzten Erneuerung des Dachwerks reduziert.

Haus Nr. 88. Zum *Seppenhof* gehöriger *Getreidekasten,* Blockbau, über der Tür bez. 1563 (Überbauung als Schupfen im 19./20. Jh.).

Außergewöhnlich alter, im 19. Jh. durch eingesägte große Fenster und Überbauung veränderter Getreidespeicher in Blockbauweise, jetzt als Schreinerwerkstatt genutzt.

Haus Nr. 89. *Bauernhaus «Beim Schuster in Graben»,* Einfirstanlage, Wohnteil mit Blockbau-Obergeschoß, dreiseitig umlaufender Laube und Giebellaube, 1789 erbaut.

Der Hof liegt besonders eindrucksvoll am Hang über Agatharied. Schöne Balusterlaube an drei Seiten, geschnitzte Laubensäulen; die Fenster um 1900 vergrößert.

Grub, Haus Nr. 86, Bauernhaus

Grub, Haus Nr. 87, Bauernhaus

Grub, Haus Nr. 87, Detail

Grub, Haus Nr. 88, Detail

Grub, Haus Nr. 89, Bauernhaus

160

Grub, Ansicht vom Stadelberg

Grub, Haus Nr. 89, Ansicht von Südosten

161

Gschwendt

An die sechs alten Bauernanwesen von Gschwendt, die über die nördlichen Hänge des sog. Gschwendtner Berges verstreut sind, haben sich die westlichen Neubaugebiete von Hausham weit herangeschoben.

Eine in Gelände herausgehobene und von den anderen Bauten abgesetzte Baugruppe bilden die Anwesen «Beim Wagner», «Beim Bichlbauer» (Haus Nr. 32 und 33) und die «Erasmuskapelle», die zum *Bichler* gehört.

Haus Nr. 32. *Bauernhaus «Beim Wagner»*, Einfirstanlage, Wohnteil mit Blockbau-Obergeschoß, 17.Jh. (Laubenbrüstung, Dachaufbau über Kniestock und Wirtschaftsteil neuzeitlich).

Die Angleichung des modernen Dachaufbaus an den historischen Baukörper leider nicht zufriedenstellend gestaltet.

Haus Nr. 33. *Bauernhaus «Beim Bichlbauern»*, Einfirstanlage, Wohnteil mit Blockbau-Obergeschoß, 18.Jh. (Balusterlauben und Dachaufbau neuzeitlich).

Stattlicher, im Oberstock sechs Achsen breiter Blockbau des 18.Jh., wie das Nachbarhaus quererschlossen.

Kapelle St. Erasmus, 1749 erbaut (zu Haus Nr. 33).

Der Ursprung der Kapelle geht auf ein Gelübde eines *Bichlerbauern* zurück, der im österreichischen Erbfolgekrieg, als das bayerische Oberland von Panduren- und Kroatenüberfällen heimgesucht wurde, den Bau gelobte, wenn seiner Familie kein Leid und seinem Hof kein Schaden geschehe.

Gunetsrain

Auch *Unter-* und *Obergunetsrain* am Stadelberg sind wie die meisten Höfebildungen der Umgebung Ergebnis der Teilung eines Urhofes, die hier im 16.Jh. erfolgte. Nach der Überlieferung ist ein Streit zwischen zwei Brüdern Gunetsrainer der Anlaß dafür gewesen, daß sich der eine nördlich, der andere südlich eines Hügels neu angebaut hat, wie man heute noch sehen kann.

Im unteren Hof war im 17.Jh. die Zahl der Kinder so groß und das Auskommen so gering, daß die Gunetsrainer sich auch als Zimmerer und Maurer verdingen mußten. Wolfgang, geb. 1636, Sohn des Balthasar, ging nach München und ließ sich als Stadtzimmermeister nieder, sein Stiefbruder Georg, geb. 1641, wurde Hofbräuhauszimmermeister, dessen Bruder Melchior, geb. 1656, Stadtzimmerpolier in München, ein weiterer Bruder Martin, geb. 1639, Stadtmaurermeister in München, war der Vater der bedeutenden Münchner Barockarchitekten und Hofbaumeister Johann Baptist (1692–1762) und Ignaz Anton Gunetsrhainer (1698–1764).

Haus Nr. 113. *Ehem. Bauernhaus «Obergunetsrain»*, Einfirstanlage, Wohnteil mit verputztem Blockbau-Obergeschoß, mit Laube und Giebellaube, im Kern 16.Jh.

Das obere Haus dürfte noch auf die Zeit der Teilung zurückgehen, wie die nachgotischen Pfettenkopfformen bestätigen. Verputz, Fenster und biedermeierliche Kreuzstablauben stammen von einem Ausbau des mittleren 19.Jh.

Haus Nr. 114. *Bauernhaus* und *Gasthaus «Untergunetsrain»*, Wohnteil verputzt, mit traufseitiger Laube und Giebelbalkon, am Wirtschaftsteil Querbau mit Durchfahrt, Äußeres Mitte 19.Jh., im Kern 16./17.Jh.

Gunetsrainkapelle, wohl 18.Jh.

Die Kapelle, auf der Anhöhe zwischen beiden Höfen, entstand wohl im mittleren 18.Jh., die Glocke im Dachreiter trägt die Bezeichnung 1760.

Gschwendt, Haus Nr. 32, Bauernhaus

Gschwendt, Haus Nr. 33

Gschwendt, Kapelle, Inneres

Gunetsrain, Haus Nr. 113, ehem. Bauernhaus mit Kapelle

Gunetsrain, Kapelle, Inneres

Gunetsrain, Kapelle

Gschwendt, Kapelle St. Erasmus

Gunetsrain, Haus Nr. 114, Bauernhaus

Hof

Die beiden Anwesen von Hof, in 870 m auf einem Absatz am südlichen Stadelberg parallel nebeneinander in üblicher West-Ost-Richtung hingestreckt, bildeten im Hochmittelalter eine Einheit. Vom Urhof, dem *«Mair»*, einem alten *Schlierseer Lehen* (Haus Nr. 118, nördlich), dürfte der *«Krain am Hof»* (Haus Nr. 117) um die Wende zum 16.Jh. abgetrennt worden sein. Im 18.Jh. wurden beide Einfirstanlagen als Holzblockbauten neu aufgezimmert.

Haus Nr. 118. *Bauernhaus «Beim Mair»*, stattliche Einfirstanlage, Wohnteil mit Blockbau-Obergeschoß und dreiseitiger Laube, wohl Anfang 18.Jh. (Dachaufbau neuzeitlich).

Holz, Haus Nr. 73, Ansicht des Anwesens

Holz

Haus Nr. 73. *Ehem. Bauernhaus «Vorderholz»*, Einfirstanlage, mit Blockbau-Obergeschoß, Laube und Giebellaube, 1. Hälfte 18.Jh.

Der kleine alte Hof im Tiefenbachtal ging 1912 in den Besitz des Bergwerks Hausham über und diente danach als Arbeiterwohnhaus. Der Wohnteil weist gute Details auf: Balkenköpfe der Giebelseite aus dem frühen 18.Jh., schöne Flaschenbaluster des späten 18.Jh. und profilierte Laubensäulen.

Laim

Haus Nr. 70. *Bauernhaus «Laim»*, kleine Einfirstanlage, Wohnteil mit Blockbau-Obergeschoß, 1797 neu errichtet.

In den Brentenhang nordöstlich über Hausham hineingebautes ehemaliges Gütleranwesen in einsamer Lage.

Holz, Haus Nr. 73, ehem. Bauernhaus

Lehen

Bildstock. Bildstock-Kapelle, 1930 neu erbaut, zu Haus Nr. 98 gehörig.

Der gemauerte Bildstock mit dem Feldkreuz hatte einen Vorgänger von 1866 und einen weiteren von 1792. *Vom Hinterkothbauern* wurde er 1930 neu erbaut.

Poschmühl

Haus Nr. 93. *Bauernhaus und ehemalige Mühle*, Einfirstanlage, Wohnteil biedermeierlicher Putzbau mit zwei Giebelbalkons, 1850.

Das nördlich vor Agatharied an einem Mühlkanal im Schlierachgrund gelegene Haus der *Poschmühle* gehört zu den schönsten biedermeierlichen Bauernhäusern des Landkreises und ist dem *Hinteraueranwesen* (Au, Haus Nr. 96) sehr ähnlich. Charakteristisch ist die Gestaltung der Fassaden als Putzfassaden, was nicht nur neuen ästhetischen Vorstellungen entsprach, sondern sich seit dem beginnenden 19.Jh. auch unter dem Eindruck der Brandschutzbestimmungen und Feuerversicherungsbedingungen im ländlichen Bereich durchsetzte. Typisch die strenge «klassizistische» Symmetrie der Giebelfront, die Doppelflügel-Haustür, die Limonenscheibl-Fenster des Speichers. Das Haus ist am First bezeichnet mit 1850.

Haus Nr. 102. *Bauernhaus «Beim Beham»*, jetzt Nebengebäude, zweigeschossiger Blockbau, wohl 1.Hälfte 18.Jh.

Zum Weiler Poschmühl gehört auch der abgerückte, nördlich an der Straße nach Miesbach gelegene Behamhof. Neben der großen Einfirstanlage der Jahrhundertwende, die neuerdings in Hakenform erweitert wurde, besteht noch der kleine altertümliche, in Blockbauweise aufgezimmerte Vorgängerbau.

Lehen, Bildstock   Poschmühl, Haus Nr. 93

Laim, Haus Nr. 70, Bauernhaus

Poschmühl, Haus Nr. 93, Bauernhaus und ehem. Mühle

Poschmühl, Haus Nr. 102, ehem. Bauernhaus «Beim Beham»

Rettenbeck

An einem der nordöstlichen Abhänge der Gindelalmschneid, unterhalb der Waldgrenze, liegt in etwa 850 m Höhe Rettenbeck, im Spätmittelalter eine Schwaige des Chorherrenstifts Schliersee, im 16. oder 17. Jh. geteilt in die beiden Höfe *Unter-* und *Oberrettenbeck.* Der obere Hof wurde 1877 abgebrannt; ihm folgte eine Almhütte. Die alte Oberrettenbeck-Hofkapelle auf dem höchsten Punkt des Weilers erinnert noch an das aufgelassene Anwesen. Der Unterrettenbeckhof liegt geschützt südwestlich unterhalb des Kapellenhügels.

Haus Nr. 26. *Bauernhaus «Unterrettenbeck»* oder «Beim Hatzl», Einfirstanlage, Wohnteil mit Blockbau-Obergeschoß und dreiseitig umlaufender Laube, 1. Hälfte 18. Jh. (Dachaufbau 1950).

Oberrettenbeck-Kapelle St. Sixtus und St. Laurentius, 2. Hälfte 19. Jh., im Kern wohl älter.

Die Kapelle besitzt einen figurenreichen volkstümlichen Altar des späten 19. Jh.; die Figuren z. T. barock.

Sonnenstatt

Haus Nr. 115. *Ehem. Bauernhaus «Sonnenstatt«,* Einfirstanlage, Wohnteil verputzter Blockbau des frühen 17. Jh.

Das ehemalige Bauernanwesen liegt schwer zugänglich an der Südwestseite des Stadelberges und ist im 15. Jh. wohl von einem älteren Hof aus neu besiedelt worden, worauf der Name (= Sonderstatt) verweist. Der Kern des Wohnteils, ein Blockbau, stammt aus dem frühen 17., wenn nicht sogar aus dem 16. Jh., die vergrößerten Fenster und der Verputz der Wände aus dem 19. Jh., während das Dach schon um 1800 erneuert worden war.

Starz

Unter- und *Oberstarz,* am unteren Westhang des Stadelbergs gelegen, bilden einen der typischen Zweihöfeweiler des Spätmittelalters. Nur der untere Hof ist noch bewirtschaftet.

Haus Nr. 108. Ehem. *Bauernhaus «Oberstarz»,* Einfirstanlage, Wohnteil verputzt, mit Laube und Hochlaube, 1814 erbaut.

Der Oberstock im Kern wohl ein Blockbau, an der Giebelfront, die auch hier streng nach Osten gerichtet ist, obwohl sie gegen den Abhang steht, reizvolle Balusterlaube.

Tiefenbach

Auch die beiden stattlichen, ehemaligen Bauernhöfe von Tiefenbach, die von neuen Besitzern hervorragend instandgesetzt wurden, lassen die Entstehung des Zweihöfeweilers durch die mittelalterliche Teilung eines Urhofes noch anschaulich wie in *Au, Gunetsrain* und *Holz* erkennen. Beide besitzen große «rassige» Blockbau-Obergeschosse aus dem späten 17. und frühen 18. Jh., die an drei Seiten Lauben tragen, beide weisen auch Giebellauben auf, die in die verschalten Giebeldreiecke eingezogen sind. Beide besitzen Stern-Haustüren des 18. Jh. Neue Bebauung der letzten Jahrzehnte ist hart bis an die historische Baugruppe herangerückt.

Haus Nr. 75. Ehem. *Bauernhaus «Obertiefenbach»* oder *«Zum Gori»,* Wohnteil mit Blockbau-Obergeschoß, dreiseitig umlaufender Laube und Giebellaube, bez. 1685.

Haus Nr. 76. Ehem. *Bauernhaus «Untertiefenbach»* oder *«Zum Rasl»* Einfirstanlage, Wohnteil mit Blockbau-Obergeschoß, dreiseitig umlaufender Laube und Giebellaube, 1. Drittel 18. Jh.

Rettenbeck, Haus Nr. 26, Bauernhaus

Sonnenstatt, Haus Nr. 115, ehem. Bauernhaus

Starz, Haus Nr. 108, ehem. Bauernhaus

Rettenbeck, Kapelle, Inneres

Rettenbeck, Kapelle St. Sixtus und St. Laurentius

Tiefenbach, Haus Nr. 75, ehem. Bauernhaus

Tiefenbach, Haus Nr. 76, ehem. Bauernhaus

Tiefenbach, Ansicht des Zweihöfeweilers

MARKT HOLZKIRCHEN

Das Holzkirchener Gemeindegebiet liegt im nordwestlichen Landkreis im leicht bewegten, voralpinen Hügelland, am Übergang zur Münchner Schotterebene.

Bis zur Gemeindegebietsreform 1978 bildeten der *Markt Holzkirchen* und das *Dorf Marschall* die Gemeinde, deren Umfang weitgehend auch dem Holzkirchener Pfarrsprengel entsprach. Seitdem sind die ehemaligen Gemeinden *Hartpenning* im Südwesten und *Föching* im Nordosten angeschlossen, die fast gänzlich landwirtschaftlich orientiert sind. Die überörtliche Bedeutung von Holzkirchen ergibt sich aus der Lage im Schnittpunkt alter, bis zur Gegenwart wichtiger Straßen. Die älteste und wichtigste, die nordwestlich von München durch die Forste und Rodungsinseln der Schotterebene herbeiführende Bundesstraße (B 13), zweigt in Holzkirchen (als B 318) nach Tegernsee ab und verband durch Jahrhunderte die Residenzstadt mit dem bedeutendsten Kloster Oberbayerns, der 946 gegründeten *Abtei Tegernsee.* Holzkirchen war Zwischenstation auf diesem Weg und wurde es im 1. Viertel des 19. Jh. erneut am Reiseweg des Münchner Hofes zwischen der Hauptstadt und der Sommerresidenz des Königs in Tegernsee. Seitdem folgten auch die Ströme des Fremdenverkehrs diesem Weg.

Lebensnotwendig für die in ökonomischer und verkehrlicher Hinsicht ungünstig am Hochgebirgsrand gelegene Abtei war die Straßenverbindung in das nordwestliche Vorland, nach Holzkirchen, wo ein Schwerpunkt ihres Grundbesitzes lag. Holzkirchen wurde zentraler Ort unter der geistlichen Grundherrschaft der Abtei Tegernsee.

Eine weitere alte Straße, zeitweise als Salzstraße bedeutend, verlief von Reichenhall, Rosenheim, Aibling über Holzkirchen nach Tölz und ins Allgäu. An diesem Verkehrsweg liegen die beiden größten Siedlungen des heutigen Gemeindegebietes außerhalb des Marktortes, *Großhartpenning* und *Föching,* die sich als bäuerliche, auch von Handwerkern besiedelte Straßendörfer mit eigenen alten Pfarrkirchen entlang dem Straßenlauf entfaltet haben.

Die alte Funktion als Verkehrsknotenpunkt wurde 1857 durch den Bau der Eisenbahn von München nach Holzkirchen und weiter nach Rosenheim und die Anlage von Stichbahnen 1861 bis Miesbach, später bis Bayrischzell, 1878 nach Tölz und 1882 zum Tegernsee erneuert, und noch beim Bau der Autobahn München–Salzburg in den dreißiger Jahren wurde auf Holzkirchen Bezug genommen unter Vernachlässigung der weiter nördlich gelegenen alten Straße München–Aibling–Rosenheim.

Neben den genannten beiden größeren Pfarrdörfern Großhartpenning und Föching gehören die kleineren, noch heute bäuerlich geprägten Kirchorte *Kleinhartpenning, Sufferloh, Thann, Fellach* und *Roggersdorf,* einige Weiler und im Süden gelegene Einödhöfe zur Gemeinde.

Bei den historischen Bauernhäusern ist wie im übrigen Landkreis der Einfirsthof üblich; einige Bauten besitzen noch Blockbau-Obergeschosse des 17. bis frühen 18. Jh.

Grünlandwirtschaft (Milcherzeugung), Ackerbau und Forstwirtschaft sind außerhalb des Marktortes die traditionell dominierenden Erwerbszweige.

Holzkirchen

Die Entstehung der Siedlung Holzkirchen, dem Ort mit einer Kirche «im Holz», d.h. im Walde, wird mit einem Kammergut in Verbindung gebracht, in welchem König Ludwig das Kind 906 und 909 amtierte. Um das Jahr 1000 wird in den Urkunden die Kirche genannt.

Seit dem Frühmittelalter bis zur Säkularisation 1803/06 übte die *Abtei Tegernsee* die *Grund- und Klosterhofmarksherrschaft* aus und baute den Ort, in dessen Marktplatz drei Straßen zusammenlaufen unter dem Regiment eines Klosterrichters zum *Klostermarkt* aus.

Der Marktort (693 m), bestand 1796 aus 71 Häusern mit 400 Einwohnern. Die häufigen Brandunglücke (u.a. 1490, 1532, 1562), Kriegsdurchzüge u.a. Katastrophen hatten trotz der wirtschaftlichen Standortvorteile eine bedeutendere Entwicklung des Ortes verhindert. Die Marktkirche besaß vor 1855 keine Pfarrechte. Der Markt war unbefestigt, am Marktplatz, auf dem sich der überörtliche und örtliche Getreide-, Salz- und Weinhandel vollzog, und an den drei strahlenförmig von ihm ausstrahlenden Hauptstraßen, herrschte ländliche, offene Bebauung vor.

1844, 1861 und 1895 wurde der Ortskern erneut durch Brände verwüstet. Der Wiederaufbau schuf im wesentlichen das heutige Bild mit drei geschlossen bebauten urbanen Platzfronten im Westen, Süden und Norden in Formen des Historismus. Im östlichen Teil blieb auch nach der Verlegung des Friedhofes 1807, der Freistellung der Marktkirche und der Beseitigung kleinerer Wohnbauten im 19. Jh. der ältere, offene Charakter der Bebauung anschaulich.

Abt-Caspar-Straße. *Bildstock,* Tuffpfeiler, 17. Jh.; bei Haus Nr. 25.

Der Bildstock steht am alten Fußweg nach Marschall. Der Aufsatz mit drei leeren Bildnischen.

Marktplatz 1. *Rathaus,* giebelständiger Bau, gotisierend, mit Treppengiebeln, 1842 und 1896, im Kern wohl 17./18. Jh.

Zu den Tegernseer Amts- und Speicherbauten am Marktplatz zählte der *Zehentstadel,* in den die Abgaben der bäuerlichen Klosteruntertanen einzuliefern waren. Der massive Bau kam 1827 an die Marktgemeinde, die ihn 1842 als Rathaus, Waage und Spritzenhaus ausbaute und 1896 nochmals veränderte. Dabei sollten die Treppengiebel an gotisch-mittelalterliches Städtewesen erinnern und die Wirkung des kleinen Baus steigern, während das getreppte Gruppenfenster im Giebel und die Segmentbogenfenster charakteristisch für bayerische Amtsbauten des 19. Jh. sind. 1935 erfolgten erneut Umbauten. Im Inneren eine Folge von Ansichten des Marktes, die vor und nach dem großen Ortsbrand von 1861 entstanden sind.

Marktplatz 7. *Wohn- und Geschäftshaus,* mit dreieinhalbgeschossiger Neurenaissancefassade und Eisenbalkon, um 1890/1900.

Um den Holzkirchener Marktplatz entstanden nach dem Ortsbrand von 1861 große Gasthöfe und Geschäftshäuser nach städtischer Art, in denen sich auch die neue Bedeutung des Ortes als wichtiger Eisenbahnknotenpunkt im bayerischen Oberland seit 1857 manifestiert. Bevorzugt wurden Fassadengestaltungen im Stil der späten Maximilianszeit, dann der Neurenaissance, wofür das Haus Marktplatz 7 eines der letzten unveränderten charakteristischen Beispiele ist.

Marktplatz 9. *Wohn- und Geschäftshaus,* Putzbau mit Flachsatteldach, Nordwestteil der Giebelfront vorgezogen, im Kern 18. Jh., erneuert um 1900.

Das sog. *Maderschusterhaus* erinnerte mit seinem vorstehenden Flachsatteldach als einziges Haus am Marktplatz an den alpenländischen Charakter der Bebauung vor dem Ortsbrand 1861. Die Putzgliederungen und Segmentbogenfenster gingen auf die Erneuerung im 19. Jh. zurück.

Das Haus wurde leider 1985 abgebrochen.

Holzkirchen, Marktplatz Südseite; Mitte: Tölzer Straße 1

Holzkirchen, Marktplatz Nordseite mit dem Rathaus

Holzkirchen, Luftbild (freigeg. Reg. v. Obb. GS 300/9575-83)

Holzkirchen, Marktplatz 1, Rathaus

Holzkirchen, Abt-Caspar-Straße,
Bildstock

Holzkirchen, Marktplatz 7,
Wohn- und Geschäftshaus

Holzkirchen, Marktplatz 9, Wohnhaus, sog. Maderschusterhaus

Marktplatz 10a. *Gasthof Alte Post,* stattlicher dreieinhalbgeschossiger Bau mit Flachsatteldach, im Kern 16./17.Jh., Erneuerungen Ende 18.Jh., 1928 und nach 1945 (Fassadenmalereien modern).

Vor Eröffnung der Eisenbahn 1857, war der große Brauereigasthof der alteingesessenen Brauerfamilie Moser zugleich Poststation. Hier machte im frühen 19.Jh. der Münchner Hof auf dem Weg zwischen der Residenzstadt und der Sommerresidenz in Tegernsee Station.

Bemerkenswert ist das steinerne Portal des Hauses, das noch spätbarocke und bereits Empireformen zeigt. Auch der kleine Balkon im oberen Giebel mit einer Brüstung in Empireformen. Im gleichen Stil gehalten waren Fassadenstuckierung und -malereien, die leider nach 1928 und einem Brand 1945 verloren gegangen sind. Die jetzigen Malereien von 1948 und 1971. Im Inneren gewölbter Hausgang und zwei reich geschnitzte Türen, die gleichzeitig mit der Haustür entstanden sind.

Marktplatz 19. *Wohn- und Geschäftshaus,* mehrgliedriger dreigeschossiger Eckbau mit zwei Giebeln und Eckerkerturm in Formen des Historismus, 1896 durch Architekt Löhnes erbaut.

Durch seine malerische Gestaltung vermittelt das für den bekannten Kupferschmied Thunot Kiene erbaute Geschäftshaus in städtebaulich beachtenswerter Weise zwischen der Westfront des Marktplatzes und der von Nordwesten schräg einlaufenden Münchner Straße.

Marktplatz 20. *Gasthof Neue Post,* stattlicher dreigeschossiger Neurenaissancebau mit Mansarddach, 1892 über älterer Grundlage errichtet; Kelleranlagen wohl 16.Jh.

Das neun Achsen breite, den Nordteil des Platzes beherrschende Gebäude dokumentiert das Eindringen städtischer Bauformen in Holzkirchen im späteren 19.Jh. Der Trakt erhebt sich über den erhaltenen, wohl spätmittelalterlichen, mächtigen Kelleranlagen seines Vorgängers, des *«Wirt im Bau»* genannten, zum *Kloster Tegernsee gehörigen ehemaligen Amtshauses,* dem der Zehentstadel (siehe Marktplatz 1) zugeordnet war.

Marktplatz 21. Alte *Kath. Pfarrkirche St. Laurentius,* erbaut 1711 über älterer Grundlage, nördlicher Seitengang mit darüberliegenden Oratorien und Kapelle 1758, Erweiterung der Kirche nach Westen 1838/40;
alter Kirchhofaufgang an der Südostseite, Pfeiler bez. 1817 und 1888.

Die mehrfach erheblich veränderte Laurentiuskirche war bis 1855 *Filialkirche der Großhartpenninger Pfarrkirche.* 1711 wurde der ruinöse Vorgängerbau unter Abt Quirin Millon von Tegernsee als barocker Wandpfeilerbau mit vierjochigem Schiff neu gestaltet, 1758 durch Abt Gregor der Turm erneuert und nördlich der sogenannte Kerkergang angebaut, 1840 die Anlage um zwei Achsen verlängert, die doppelte Westempore eingebaut, der Turm abgetragen und wieder errichtet. Mit dem Spitzhelm von 1857 bildet er die städtebauliche Dominante am Marktplatz und im Ortskern. Die Rokokoausstattung der Kirche wurde 1882/86 zugunsten einer romanisierenden aufgegeben, die 1957 wieder entfernt wurde. Dabei wurde auch die 1758 entstandene, schon 1845 übertünchte barocke Deckenmalerei von Julian Breymayer (1716–95) mit Darstellungen der Laurentiuslegende, der Heilig-Geist-Taube und der Eucharistie als Sterbesakrament fragmentarisch wieder freigelegt, ein einheitlicher barocker Innenraum konnte aber nicht zurückgewonnen werden. Von der Ausstattung sind eine spätgotische Anna Selbdritt, ein barocker Ecce-Homo-Altar und ein barockes Altargemälde des Hl. Laurentius zu nennen. Teile des ehemaligen barocken Hochaltars befinden sich jetzt in Föching.

Holzkirchen, Marktplatz 10, Gasthof Alte Post

Holzkirchen, Marktplatz 10, Gasthof Alte Post, Haustür

Holzkirchen, Marktplatz 10, Hausgang

Holzkirchen, Marktplatz 10, Tür im Hausgang

Holzkirchen, Marktplatz 19,
Detail der Fassade

Holzkirchen, Marktplatz 19, Wohn- und Geschäftshaus

Holzkirchen, Marktplatz 20,
Kelleranlage

Holzkirchen, Marktplatz,
Kirchhofaufgang

Holzkirchen, Kath. Pfarrkirche,
hl. Laurentius

Holzkirchen, Marktplatz 20, Gasthof Neue Post

Holzkirchen, Marktplatz 21, Kath. Pfarrkirche St. Laurentius

Holzkirchen, St. Laurentius, Inneres

Münchner Straße. *Bildstock,* nachbarock, Anfang 19. Jh.; bei Haus Nr. 42.

Oskar-von-Miller-Platz 8. *Friedhofskapelle Unserer Lieben Frauen,* erbaut 1639 als Pestkapelle; Friedhofsummauerung, wohl nach 1807.

Die Kapelle, ehemals in freier Landschaft vor dem Markt an der Straße nach München gelegen, wurde in der Not- und Pestzeit des Dreißigjährigen Krieges von Holzkirchener Bürgern gelobt und erbaut.

Das Gewölbe, eine Tonne mit Stichkappen, zeigt dünne aufgeputzte Grate, die ein Netzgewölbe vortäuschen wollen. Im frühbarocken Altärchen die Hll. Leonhard und Sebastian zwischen der Madonna.

Der Friedhof wurde 1807, nach Auflassung des alten Gottesackers neben der Marktkirche, bei der Liebfrauenkapelle neu angelegt. Aus dieser Zeit dürfte die Ummauerung stammen. Die Pestkapelle wurde in dieser Zeit zur Friedhofskirche.

Tegernseer Straße 10. Ehem. *Bauernhaus «Beim Steingräber»,* an der Südseite offene Holzblockwand, sonst verputzt, mit Flachsatteldach, im Kern 18. Jh.

Das Haus gehört zu den sehr wenigen letzten ländlichen Wohnbauten des Marktortes aus der Zeit vor den Ortsbränden des 19. Jh. Es muß leider 1986 abgebrochen werden.

Tölzer Straße 1. Sog. *Spöckhaus,* stattlicher Eckbau mit steilem Halbwalmdach, im Kern wohl 18. Jh., Umbau zum Wohnhaus 1834.

Wie das Holzkirchener Rathaus ist auch dieser Bau ehemals ein *Speichergebäude des Klosters Tegernsee* gewesen, das nach der Säkularisation als Lagerbierkeller diente und 1834 zu einem Wohnhaus in nachbarock-biedermeierlichen Formen umgestaltet wurde, das als Eckbau am südwestlichen Marktplatz einen wichtigen städtebaulichen Akzent setzt. Das Dach besaß im 19. Jh. Schleppgauben, die jetzigen stehenden Gauben, der Erker, die Fassadenbemalung und der traufseitige dreiachsige Anbau sind Zutaten neuerer Zeit.

Allee am Steindlweg. 2. Hälfte 19. Jh.

Die Allee von Holzkirchen zum Kogl, einem Aussichtspunkt, wurde im 19. Jh. von Lehrer Steindl und seinen Schülern gepflanzt. Sie ist Zeugnis spätbiedermeierlichen Natur- und Landschaftsverständnisses.

Baumgarten

Haus Nr. 1. *Bauernhaus «Beim Trieber»* (Altbau), Einfirstanlage, Blockbau der 2. Hälfte 16. Jh., erneuert und z. T. bemalt 1777.

Der sehr alte Einödhof liegt in einer waldgesäumten Rodungsinsel nördlich von Großhartpenning. Neben dem neueren hat sich das alte, jetzt leerstehende Bauernhaus des 16. bis 18. Jh. erhalten. Die unverputzten Holzblockwände wurden im Erdgeschoß nachträglich mit Kalk geschlämmt. Bemerkenswert die Bemalung der Pfettenköpfe mit «Laufendem Hund» – Ornament und Ranken sowie die Laubentür, deren Sturz noch nachgotische Formen aufweist.

Der Blockbau wurde 1985 nach *Sufferloh,* Gde. Otterfing, transferiert.

Holzkirchen, Münchner Straße, Bildstock

Holzkirchen, Oskar-von-Miller-Platz 8, Friedhofskapelle, Inneres

Holzkirchen, Oskar-von-Miller-Platz 8, Friedhofskapelle Unserer Lieben Frauen

Baumgarten, Haus Nr. 1, Detail Balkenköpfe

Holzkirchen, Allee am Steindlweg

Holzkirchen, Tegernseer Straße 10, ehem. Bauernhaus
«Beim Steingräber» (1986 abgebrochen)

Holzkirchen, Tölzer Str. 1, sog. Spöckhaus

Baumgarten, Haus Nr. 1, Bauernhaus «Beim Trieber»

Buch

Der abgelegene Weiler in einer mittelalterlichen Rodungsinsel nordwestlich vor Großhartpenning zählt vier Höfe (Haus Nr. 1–4), die paarweise und in üblicher West-Ost-Richtung angeordnet sind. Eine Entstehung durch zweimal erfolgte Teilungen in spätmittelalterlicher Zeit kann vermutet werden.
Ein neuerer Aussiedlerhof, südlich, fügt sich der historischen Ordnung der Siedlung nicht ein.

Haus Nr. 1. Zwei *Giebelbalkone am Bauernhaus «Beim Sebald»*, mit Aussägearbeiten in den Brüstungen, 1898; *Getreidekasten*, Blockbau, wohl 17.Jh., teilweise in Schupfen eingebaut; südlich gegenüber dem Bauernhaus.

Die beiden beieinanderliegenden Bauernhäuser *«Beim Sebald»* und *«Beim Ment»* besitzen, ähnlich wie eine Reihe von Häusern in Waakirchen, Balkons bzw. Lauben mit ehemals bemalten Brüstungsfüllungen in Aussägetechnik; es sind klassizistische Rundbogenfriese und figürliche Darstellungen von Greifen, die kartuschenartige Formen halten, sowie Ranken zu erkennen.

Haus Nr. 2. Ehem. *Bauernhaus «Beim Ment»*, Einfirsthof, Wohnteil 1870 mit ausgesägten Balkonbrüstungen; Tennenkonstruktion 18.Jh.

Erlkam

Der historische Kern des Bauernweilers ist in den Anwesen Haus Nr. 13, 17, 18, 19, 20 noch anschaulich; an den Rändern Neubebauung.

Kapelle. Ortskapelle, 18.Jh., mit Dachreiter, ausgebaut Mitte 19.Jh.
Malerisch am Ortsweiher gelegene Bauernkapelle mit kleinen volkstümlichen Altarfiguren.

Fellach

Das Dorf, auf einer Rodungsfläche am Südostrand des Hofoldinger Forstes bzw. der Münchner Schotterebene gelegen, wird 1020/35 erstmals genannt. Die Kirche St. Martin und die nördlichen der gegenwärtig neun, 1752 noch dreizehn alten Hofstellen legen sich der alten Straße von Holzkirchen nach Rosenheim an, die südlichen sind zu beiden Seiten einer Dorfgasse aufgereiht, die im Norden mit der Kirche und der Tuffquader-Friedhofsmauer einen eindrucksvollen Abschluß findet.
Das erhaltenswerte, bäuerlich bestimmte Ortsbild mit seiner verhältnismäßig reichen historischen Bausubstanz umfaßt die Höfe bzw. Häuser Nr. 2 *(«Beim Wirt»)*, 3 *(«Beim Berger»)*, 6 *(«Beim Moar»)*, 7 *(«Beim Huber»)*, 8 *(«Beim Scheffler»)*, 9 *(«Beim Leitner»*, Neubau), 10 *(«Beim Messerer»)*, 12 *(«Beim Fink»)*, 17 *(«Beim Peter»)* und die kleine, vom ummauerten *Friedhof* umgebene *Martinskirche*. – Am Südostrand des Dorfes Neubebauung, die sich ungenügend an die Bauten der Dorfgasse angleicht.

Kirche. Kath. Filialkirche St. Martin, barock, 1727 errichtet.
Die 1727 erbaute Kirche ist bis auf den Turmhelm ein einheitlicher Barockbau mit gerundetem Chor, strenger Feldergliederung am Außenbau und einem kräftig durch Pilaster und Gesimse gegliederten, 1728 bezeichneten Turmobergeschoß. Der spitze Helm wohl aus der zweiten Hälfte 19.Jh. Das Innere ist ein einfacher Saalbau mit Stichkappentonne über Pilastern, die Altäre um 1730, im 19.Jh. zum Teil verändert. Die Glasmalereien in den Chorfenstern neugotisch, 1879.

Buch, Haus Nr. 1 und 2

Buch, Haus Nr. 2, Bauernhaus «Beim Ment»

Buch, Haus Nr. 2, Bundwerkteil des Wirtschaftstrakts (Nordseite)

Buch, Haus Nr. 1, Getreidekasten

Erlkam, Kapelle

Erlkam, Kapelle, Inneres

Fellach, Dorfgasse von Süden mit St. Martin

Fellach, Kath. Filialkirche St. Martin

Fellach, St. Martin, Inneres

175

Haus Nr. 3. *Bauernhaus «Beim Berger»,* Wohnteil als stattlicher Blockbau, um Mitte 18. Jh., Laube und Giebellaube Ende 19. Jh.

Der Wohnteil des Bergeranwesens neben der Kirche ist ein stattlicher unverputzter Vollblockbau des 18. Jh. von großartiger und altertümlicher Wirkung. Dachaufbau und umlaufende Laube in Aussägetechnik wurden im späten 19. Jh. erneuert. Aus dieser Zeit auch die Rahmungen der Fenster und der Laubentür im Oberstock.

Haus Nr. 8. *Bauernhaus «Beim Schaffler»,* Wohnteil mit Blockbau-Oberstock, Ende 18. Jh., Dachaufbau und Giebellaube Anfang 20. Jh.

Das Bauernhaus, eine Einfirstanlage, ist gegen alle Regel nach Westen gerichtet, wohl in der Absicht, den Wohnteil der Dorfgasse zuzuwenden. Es besitzt an dieser Wetterseite allerdings keine Laube sondern eine schützende Verschindelung. Balkons mit zierlichen Balustern befinden sich südlich und nördlich. Das überdimensionierte neuere Dach über hohem Kniestock hat den historischen Charakter des interessanten Gebäudes beeinträchtigt.

Haus Nr. 10. *Bauernhaus «Beim Ostler»,* Wohnteil mit Blockbau-Obergeschoß, 2. Hälfte 17. Jh.

Der Blockbau-Oberstock des kleinen malerischen Bauernhauses zeigt Pfettenköpfe in nachgotischen Formen, die auf eine Entstehungszeit im 17. Jh. weisen. Die unteren Teile des Hauses wurden wahrscheinlich im 19. oder frühen 20. Jh. erneuert.

Bildstock. Tuffpfeiler, um 1630; in der Ortsmitte bei der Kirche (1976 versetzt).

Kapelle. Sog. *Forstkapelle,* wohl 1. Hälfte 19. Jh.; nördlich des Kühllechnerhofes an der Straße Kreuzstraße–Otterfing.
Die im Wald gelegene Marienkapelle wurde von früheren Besitzern des *Kühllechnerhofes* an einem alten Pfad erbaut.

Föching

Wie Fellach liegt auch das Kirchdorf Föching an der historischen Salzstraße Rosenheim–Tölz, nahe bei Holzkirchen am Übergang von der Münchner Schotterebene zum Hügelland des unmittelbaren Voralpenbereichs.
Föching (656 m) ist zuerst erwähnt 817, als der Priester Heripert und sein Neffe ihren dortigen Besitz dem Freisinger Dom übergaben. 1795 zählte das von Nordosten nach Südwesten längs der Straße hingestreckte Dorf, das bis 1978 Mittelpunkt einer selbständigen Gemeinde war, neben der *Kirche* und dem *Expositurhaus* ein *Wirtshaus* und 29 weitere Anwesen; die größten gehörten den *Klöstern Tegernsee* und *Weyarn.* Das historische Ortsbild erscheint heute mit Ausnahme der großartigen Baugruppe der vom Friedhof umgebenen Kirche und des Expositurhauses leider weitgehend verändert.

Kirche. Kath. *Expositur- und Wallfahrtskirche St. Johannes d. Täufer,* barocker Neubau 1664–71, Turmunterbau spätgotisch, Oberteil barock, Spitzhelm Ende 19. Jh.; Friedhof mit Ummauerung, 18./19. Jh.
Eine Föchinger Kirche wird 817 erwähnt. Langhaus und Chor des bestehenden Baus sind 1664–71 durch das Kloster Weyarn unter Propst Glas als Wallfahrtskirche im frühbarocken Stil neu errichtet worden. Der Unterbau des spätgotischen Tuffquaderturms blieb erhalten, sein achteckiger Aufbau ist barock, der hohe Spitzhelm stammt aus dem späten 19. Jh. Anlaß zum barocken Neubau war die Übertragung eines gotischen wundertätigen Gnadenbildes der Schmerzhaften Muttergottes durch Kurfürst Maximilian I. und seine Gemahlin Anna, die selbst den Ornat für das Gnadenbild fertigte, im Jahre 1646.

Fellach, Haus Nr. 3, Bauernhaus «Beim Berger»

Fellach, Haus Nr. 10, Bauernhaus «Beim Ostler»

Fellach, Haus Nr. 10, Bauernhaus, Detail Balkenköpfe

Fellach, Bildstock   Fellach, sog. Forstkapelle

Föching, St. Johannes d. T., Chorgewölbestuck

Föching, Kath. Expositur- und Wallfahrtskirche St. Johannes d. Täufer mit Expositurhaus

Föching, St. Johannes d. T., Detail Chorgewölbestuck

Föching, St. Johannes d. T. Detail Chorgewölbestuck

Föching, St. Johannes der Täufer, Inneres

Das Langhaus ist ein Wandpfeilersaal mit schmuckloser Stichkappentonne, der Chor besitzt kannelierte Pilaster und ein reich stuckiertes Gewölbe. Die um 1665 ausgeführten Schlierseer Stuckarbeiten weiß und leicht grau getönt, sind ein kunstgeschichtlich wichtiges Beispiel frühbarocker Dekoration. Sie stehen am Anfang einer Reihe, die sich mit *Elbach, Egern, Fischhausen* und *St. Quirin* fortsetzt. Die Aufteilung der Gewölbefläche in Föching läßt eine erste Verselbständigung von Motiven erkennen, die bis dahin an ein vorgegebenes Kassettenschema gebunden waren.

Der Hochaltar barock, 1729, mit älterer, noch dem 17. Jh. zugehörender Akanthus-Bekrönung und bemerkenswertem manieristischem Altargemälde. Figuren der Hll. Florian und Quirin im Chor, um 1770. Doppelte Westempore und Kanzel, beide 1729. Zahlreiche Votivtafeln.

Ein breiter Anbau an der Nordseite, 1729, mit zum Langhaus geöffneten Oratorien im Obergeschoß, dient auch als Vorhalle, Hl. Grab-Kapelle und Sakristei.

Hauptstraße 13. *Bauernhaus «Beim Lackerschneider»,* Wohnteil verputzt, mit profilierten Pfettenköpfen und Giebelbalkon, 1. Hälfte 19. Jh.

Kleines, gepflegtes biedermeierliches Bauernhaus mit weitem Dachvorstand und den für diese Zeit charakteristischen Rundbogenöffnungen im Giebel.

Hauptstraße 27. Ehem. *Bauernhaus «Beim Unterschleher»,* Wohnteil verputzt, mit Balusterlaube, Giebellaube und profilierten Pfettenköpfen, Ende 18. Jh.

Erneuertes, auch im ehemaligen Wirtschaftsteil zu Wohnzwecken ausgebautes ehemaliges Bauernhaus. Der alte Wohnteil besitzt die klassischen Proportionen des Miesbacher Bauernhauses des späten 18. Jh. Bemerkenswert die Flaschenbaluster der Brüstungen und die profilierten Laubensäulen.

Hauptstraße. *Gemeindebrunnen,* Anlage von 1685, neu gefaßt 1792 (Erinnerungsstein modern); gegenüber Hauptstraße 31.

Hauptstraße 37. *Bauernhaus «Beim Büchl»,* Wohnteil in Blockbauweise, 1. Hälfte 18. Jh., z. T. modern ausgemauert.

Das stark erneuerte alte Büchlhaus gehört (wenn auch eingeschränkt) zu den selten werdenden Vollblockbauten. Die Balkendurchsteckungen sind figuriert. Die Laube an der Südseite mit biedermeierlicher Kreuzstabbrüstung, die Hochlaube verbrettert.

Kirchweg 6. *Expositurhaus,* langgestreckter Satteldachbau mit Putzbandgliederungen, um 1800. Der sieben zu drei Achsen lange, in den zurückhaltenden Formen der Zeit um 1800 errichtete Bau bildet mit der Expositurkirche eine eindrucksvolle Baugruppe in der Niederung unterhalb der Hauptstraße. Gliederung durch schlichte Putzbänder, -rahmen und ein Traufgesims, im Giebel Aufzugsluke.

Der Bau war von 1733 bis zur Säkularisation Sitz eines Weyarner Chorherren, der die Föchinger Wallfahrt zu besorgen hatte.

Schmiedstraße 1. *Bauernhaus «Beim Beernwieser»,* Einfirstanlage, Wohnteil verputzter Blockbau, im Kern 18. Jh.

Das Haus wurde nachträglich – im 19. Jh. – verputzt, gleichzeitig wurden die Fenster vergrößert.

Schulstraße 1. Kleines *Wohnhaus «Jägerhäusl»,* Oberstock z. T. verputzter Blockbau, Giebelbalkon, Flachsatteldach, 18. Jh.

Kapelle. Flurkapelle, 18./19. Jh.; am Kapellenweg.

Schlichte Kapelle, die zum *Kirchmayeranwesen* gehört, mit alter Mönch-und-Nonne-Deckung, im Inneren volkstümlicher nachbarocker Kruzifix und altes Gestühl.

Grasberg

Haus Nr. 1. *Bauernhaus «Grasberger»,* Wohnteil mit Blockbau-Obergeschoß, Balusterlaube und Giebellaube, Ende 18. Jh.

Sehr stattliches, sechs Achsen breites, traufseitig erschlossenes Bauernhaus in Einödlage auf einem Moränenhügel südwestlich von Großhartpenning. Bemerkenswert die schlanken Flaschenbaluster und die für das ausgehende 18. Jh. charakteristischen reich ausschwingenden und durchbrochenen Pfettenköpfe. Der Brettermantel des Giebels und der «Katzenlaube» wohl 19. Jh. Fenster und Haustüren ebenfalls nachträglich erweitert bzw. erneuert.

Kapelle. Grasbergkapelle, Ende 18. Jh.

Schlichte barocke Hofkapelle des Grasbergeranwesens, südöstlich in den Wiesen.

Föching, Hauptstraße 13, Bauernhaus «Beim Lackerschneider»

Föching, Kapelle

Föching, Hauptstraße 27, ehem. Bauernhaus «Beim Unterschleher»

Föching, Hauptstraße, Gemeindebrunnen

Föching, Hauptstraße 37, Bauernhaus «Beim Büchl»

Föching, Schmiedstraße 1, Bauernhaus «Beim Beernwieser»

Föching, Schulstraße 1, sog. Jägerhäusl

Grasberg, Grasbergkapelle

Grasberg, Haus Nr. 1

Grasberg, Haus Nr. 1, Bauernhaus «Grasberger»

179

Großhartpenning

Das Pfarrdorf Großhartpenning dehnt sich längs der alten gewundenen Straße Holzkirchen–Tölz in einer Länge von etwa 1 Kilometer aus. 733 m hoch gelegen, gehört es zum voralpinen Moränenhügelland. Die Kirche, das Schul- und Gemeindehaus der ehemaligen selbständigen Bauerngemeinde und die größeren Höfe liegen an der Straße, die kleinen Gütleranwesen östlich bei den ehemaligen Weihern, am Weg nach Kleinhartpenning.

Als Kirchplatz mit Pfarr- und Taufrechten gehört (Groß-) Hartpenning zu den ältesten des bayerischen Oberlandes. Der 795 zuerst genannte Ort war pfarrlich der *Abtei Tegernsee* inkorporiert, die bis zur Säkularisation auch die meisten grundherrschaftlichen Rechte besaß. Aus dem ursprünglich sehr großen Pfarrsprengel wurden 1855 *Holzkirchen* und 1866 *Sachsenkam* (Lkr. Bad Tölz-Wolfratshausen) herausgelöst.

Das Dorf besaß 1795 neben dem *Pfarrhof* und dem *Gasthaus* 44, im Jahre 1874 52 Häuser (mit 234 Einwohnern). Es hat sein ursprüngliches Ortsbild seitdem nicht unwesentlich verändert.

Kirche. Kath. Pfarrkirche Mariä Heimsuchung, spätgotisch, Anfang 16.Jh., Westturm und *Johanneskapelle 1734; Friedhof mit Ummauerung,* wohl 18.Jh.; kleines *Steinkreuz,* wohl 18.Jh., vor der Friedhofsmauer an der Straße.

Der bestehende Bau aus Tuffquadern ist spätmittelalterlichen Ursprungs und besaß ursprünglich Flachdecken. Die barocke Ausgestaltung des Inneren wurde 1859/60 beseitigt und der Raum unter Einbau eines Stuck-Netzgewölbes regotisiert. Dieses einheitliche Raumbild des Historismus wurde 1950 leider wiederum aufgegeben, die neugotische Ausstattung und die farbige Fassung des Gewölbes wurden entfernt. Der gegenwärtige barocke Hochaltar stammt aus Freising und birgt eine spätgotische Muttergottesfigur, die wohl zum ältesten Hochaltar der Kirche gehörte, während die Figuren des alten Großhartpenninger Barockaltars sich in der Pfarrkirche von Tutzing befinden. Am linken Chorbogen ein erst in neuester Zeit wieder aufgefundenes, 1804 aus Kloster Tegernsee erworbenes Gemälde von Johann Baptist Zimmermann, signiert und datiert 1746, mit Darstellungen der Hll. Petrus und Paulus, des Papstes Gregor d. Großen, des Kaisers Heinrich II., der Kaiserin Kunigunde und des Hl. Korbinian.

Während des 18.Jh. diente der leider abgebrochene alte *Pfarrhof* von Großhartpenning auch als *Sommersitz der Äbte von Tegernsee.* In diesem Zusammenhang entstand 1734 die östlich an den Chor angebaute *Johanneskapelle,* ein Rundbau mit gutem Bandlwerkstuck.

Der Außenbau der Kirche wird bestimmt von einem kraftvollen Tuffquader-Westturm, der nach 1804 die elegante Angleichung an das Langhaus mittels konkaver Wand- und Giebelflächen sowie den prachtvollen, von einem Obelisken bekrönten Turmhelm erhielt, der die Zwiebel von 1734 ersetzte.

Kleinhartpenninger Straße 27. *Kapelle St. Cosmas und Damian* auf dem Kirchberg, im Kern wohl spätmittelalterlich, erweitert 1890.

Im Altarraum ein Relief der Beweinung Christi von 1654 und barocke Figuren der Hll. Cosmas und Damian.

Moosstraße. *Bildstock,* Tuffpfeiler, wohl 17.Jh.; bei Haus Nr. 4.

Großhartpenning, Kath. Pfarrkirche Mariä Heimsuchung

Großhartpenning, Kath. Pfarrkirche, Inneres

Großhartpenning, Kath. Pfarrkirche, Johanneskapelle.

Großhartpenning von Westen

Großhartpenning, Kirche, Tafelgemälde von Joh. Bapt. Zimmermann

Großhartpenning, Kapelle
St. Cosmas und Damian

Großhartpenning, Moosstraße
Pestsäule

Großhartpenning, Kapelle St. Cosmas und Damian, Altar

Tölzer Straße 105. Ehem. *Bauernhaus «Beim Dowaldl»,* Wohnteil unverputzter Blockbau, 2. Hälfte 17. Jh.

Das altertümliche Blockhaus an der östlichen Ortseinfahrt, seit 1972 erneuert, schließt sich mit Haus Nr. 107 zu einer eindrucksvollen altertümlichen Baugruppe zusammen. An beiden Bauten noch Pfettenköpfe in nachgotischen Formen.

Tölzer Straße 107. *Bauernhaus «Beim Aberl»,* Wohnteil mit Blockbau-Obergeschoß, 2. Hälfte 17. Jh.

Warngauer Straße. *Bildstock,* Tuffpfeiler, wohl 17. Jh.; außerhalb des Ortes an einer Weggabelung.

Jede der vier Bildnischen mit einer Kreuzform als Abschluß.

Heignkam

Haus Nr. 1. *Bauernhaus «Heignkam»,* Einfirstanlage, mit Blockbau-Obergeschoß, Laube und Giebellaube, am Wirtschaftsteil Bundwerk, Mitte 18. Jh.

Stattlicher Hof nördlich von Holzkirchen, die Laube an drei Seiten des Wohnteils umlaufend, die erweiterten Fenster von 1907.

Kapelle. St. Maria, Mitte 18. Jh., erneuert 1907.

Die Kapelle, unter einer Linde südöstlich gelegen, gehört zum Heignkamhof. Kleiner barocker Altar.

Kleinhartpenning

Das westlich von Großhartpenning gelegene und wohl von diesem Pfarrdorf aus im Spätmittelalter besiedelte Kleinhartpenning zählte 1874 16 Bauernanwesen bzw. Häuser und hat sich in neuerer Zeit baulich und strukturell stark verändert.

Kapelle. Kapelle St. Sebastian, mit spitzem Dachreiter, 1. Hälfte 17. Jh.

Südlich des Dorfes frei in der Landschaft gelegener kleiner Saalbau mit Stichkappengewölbe und eingezogenem Chor. Der reizvolle, für eine Kapelle recht große Bau ist seit der Restaurierung 1978 wieder mit Schindeln gedeckt, die Ecken der Außenwände sind wieder nach historischem Befund durch aufgemalte Quader betont. Hauptaltar der 2. Hälfte 18. Jh. mit Figur des Hl. Sebastian. Betstühle bez. 1828. Eine Votivtafel von 1791 zeigt die Großhartpenninger Pfarrkirche noch mit dem Zwiebelturm von 1734.

Leitner

Haus Nr. 1. *Bauernhaus «Beim Leitner»,* Einfirstanlage, mit Blockbau-Obergeschoß im Wohn- und nordseitig im Wirtschaftsteil sowie Laube, 2. Hälfte 17. und Ende 18. Jh.

Der altertümliche Einödhof in den Moränenhügeln südlich von Großhartpenning gehört der Stadt München und wurde 1981 instandgesetzt.

Leitnerkapelle, um Mitte 19. Jh.

Großhartpenning, Tölzer Straße 105, ehem. Bauernhaus «Beim Dowaldl»

Großhartpenning, Tölzer Straße 107, Bauerhaus «Beim Aberl»

Großhartpenning, Warngauer Straße, Bildstock

Heignkam, Kapelle St. Maria

Heignkam, beide Heignkam-Höfe von Südosten

Heignkam, Haus Nr. 1, Bauernhaus «Heignkam»

Kleinhartpenning, Kapelle St. Sebastian

Kleinhartpenning, Kapelle St. Sebastian, Inneres

Leitner, Haus Nr. 1, Bauernhaus «Beim Leitner»

Marschall

Der bis vor drei Jahrzehnten rein bäuerliche Weiler am Südrand von Holzkirchen hat sich seitdem durch rege Bautätigkeit stark verändert.

Kapelle St. Maria («Amalienkapelle»), mit Dachreiter, Ende 17. Jh., erneuert Ende 19. Jh.

Amalie Hohenester, eine bekannte Heilkundige und «Doktorbäuerin» aus Marschall, ließ Ende des 19. Jh. die alte Ortskapelle erneuern und den Dachreiter aufsetzen. Im Inneren frühbarocker Marienaltar und Figur des Hl. Sebastian.

Haus Nr. 49. Ehem. *Kleinbauernhaus,* Wohnteil als Blockbau, 2. Hälfte 17. Jh., am Wirtschaftsteil Bundwerk des späten 18. Jh.

Haus Nr. 51. Ehem. *Kleinbauernhaus,* Einfirstanlage, Wohnteil als Blockbau, 2. Hälfte 17. Jh., am Wirtschaftsteil Bundwerk, Ende 18. Jh.

Die beiden Blockbauten, von denen Haus Nr. 51 leider z. T. durch Eternitverkleidung entstellt ist, bilden eine Baugruppe. Beide besitzen nachgotische Pfettenköpfe, die eine Datierung in das 17. Jh. erlauben, bei Haus Nr. 49 erkennt man die mit Holzblockteilen zugesetzten frühesten Fenster. Beide weisen darüber hinaus Bundwerk des 18. Jh. auf, liegen also bereits am Südwestrand des Verbreitungsgebietes dieser Technik zwischen Wolfratshausen und Aibling.

Haus Nr. 61. *Bauernhaus,* Wohnteil mit Blockbau-Obergeschoß, bez. 1767 und Trauflaube.

Ursprünglich ein Vollblockbau, das Erdgeschoß später ausgemauert, im verbretterten Giebel in Aussägetechnik die Jahreszahl 1767. Dach und Wirtschaftsteil 1984 erneuert.

Pelletsmühl

Haus Nr. 1. Ehem. *Bauernhaus und Mühle,* mit Blockbau-Obergeschoß und Laube, bez. 1708.

In den Wäldern zwischen Großhartpenning und Kloster Dietramszell, liegt im Graben des Kirchseebaches die *Pelletsmühle,* in ihrem Wohnteil von 1708 gut erhalten, mit verbretterter Laubenbrüstung und verschaltem Giebel.

Reith

Hofkapelle, Ende 18./Anfang 19. Jh.

Die kleine Reither Kapelle zeigt noch barocke Formen, kenntlich vor allem beim Fenster. Das Dach war ehemals verschindelt. Im Inneren Altar mit Versperbildfigur, volkstümliche Arbeit des 16./17. Jh., wohl vom Vorgängerbau übernommen.

Ried

Haus Nr. 1. *Bauernhaus «Beim Kleinzacherl»,* Wohnteil mit Blockbau-Obergeschoß und Trauflaube, 18. Jh., Dachaufbau 19./20. Jh.

Marschall, Kapelle St. Maria (Amalienkapelle)

Marschall, Kapelle, Inneres

Marschall, Haus Nr. 51, ehem. Kleinbauernhaus

Marschall, Haus Nr. 49, ehem. Kleinbauernhaus

Pelletsmühl, Haus Nr. 1, ehem. Bauernhaus und Mühle

Marschall, Haus Nr. 49, Detail

Reith, Hofkapelle

Reith, Hofkapelle, Altarbild

Ried, Haus Nr. 1, Bauernhaus «Beim Kleinzacherl»

Roggersdorf

Das kleine Kirchdorf westlich von *Holzkirchen* über dem Ostrand des sog. Teufelsgrabens, eines Trockentals, gelegen (710 m) und schon 1098/1137 in Freisinger Urkunden erwähnt, zeigt noch gut sein bemerkenswertes historisches Ortsbild. In Nord-Süd-Richtung sind fünf alte Anwesen, mit nach Osten gerichteten Giebeln am Dorfweiher aufgereiht. Nordwestlich sind die kleine, im Kern romanische *Margarethakirche* und der stattliche *Kurzenbergerhof* aus dem 19. Jh. dieser Reihe nachgeordnet, östlich der sog. *Beihof,* jenseits des Weihers, vorgelagert. Zwei Anwesen sind im 19. Jh. abgegangen. Drei Wohnbauten der 1960er Jahre (Haus Nr. 102, 104, 106) schließen sich nur ungenügend an die reizvolle Baugruppe an.

Kirche. Kath. Filialkirche St. Margaretha, im Kern romanisch, um 1200, Anfang 18. Jh. barockisiert.

Die kleine Kirche ist eine der wenigen romanischen des Landkreises, ein schlichter Bau aus großen Tuffquadern, mit eingezogenem, gerade schließendem Chor und flacher (erneuerter) Langhausdecke. Frühbarocker Altar mit Weinlaubsäulen. Der hohe Dachreiter aus der Zeit der barocken Erneuerung im 18. Jahrhundert (1709?), desgleichen die Anbauten von Vorhalle und Sakristei an der Südseite.

Holzhäuslerweg 2. *Bauernhaus «Beim Berghammer»,* Einfirstanlage, Wohnteil übertünchter Blockbau mit Laube, Erdgeschoß 17. Jh., Obergeschoß Ende 18. Jh.

Die Balkenköpfe des mit Kalk geschlämmten Hauses weisen auf zwei verschiedene Bauzeiten, unten trifft man auf nachgotische, bei den Pfetten auf barocke Formen.

Holzhäuslerweg 4. *Bauernhaus «Beim Moar»,* Einfirstanlage, Wohnteil mit Blockbau-Obergeschoß und Laube, 2. Hälfte 17. Jh.

Der breitgelagerte Bau bildet mit dem Nachbaranwesen Nr. 2 innerhalb des Ortsbildes eine Gruppe kleinbäuerlicher Bauten von altertümlichem Charakter. Bemerkenswert die geschnitzten Laubenstürze.

Roggersdorfer Straße 117. *Bauernhaus «Beim Kurzenberger»,* sehr stattliche Einfirstanlage mit kurzem Querflügel, Wohnteil verputzt, mit Stichbogenfenstern, Giebelbalkons und Kniestock 1867 ff.

Das Haus wurde ab 1867 von einem durch den Holzhandel nach München wohlhabend gewordenen Bauern erbaut. Es gehört zu den sehr wenigen Bauernhäusern des späteren 19. Jh. im Landkreis, denen aus heutiger Sicht Denkmalrang zugesprochen werden muß, weil sich charakteristische Bauformen des Historismus nahezu ungestört erhalten haben.

Der große zweieinhalbgeschossige verputzte Bau zeigt streng achsial angeordnete Folgen von Stichbogenfenstern.

Die Nähe zur klassizistisch-romantischen gleichzeitigen Münchner Architektur wird spürbar. Der hohe Kniestock (Mezzaningeschoß) mit der originellen Anordnung der Fenster erinnert an die bedeutendsten der von italienischen Maurertrupps wenig später vor allem im Chiemgau errichteten Bauernhöfe (sog. Itakerhöfe). Als wichtiges Gestaltungselement erscheinen die grünen Fensterläden, die sich gegen den wechselnd rauhen und glatten hellen Putz absetzen. Zwei Balusterbalkone, z. T. originale aufgedoppelte Türen, im Giebel Rundbild, auf dem First Giebelzier.

Roggersdorf, Kath. Filialkirche St. Margaretha

Roggersdorf, Kath. Filialkirche, Inneres

Roggersdorf, Holzhäuslerweg 4, «Beim Moar»

Roggersdorf, Westteil des Dorfes von Osten

Roggersdorf, Holzhäuslerweg 2, Bauernhaus «Beim Berghammer»

Roggersdorf, Holzhäuslerweg 2, Balkenköpfe an der Süd-Ost-Ecke

Roggersdorf, Roggersdorfer Straße 117, Bauernhaus
«Beim Kurzenberger»

Sufferloh

Östlich von *Großhartpenning* im freien Moränengelände gelegenes, bis in die jüngste Zeit rein bäuerliches kleines Kirchdorf mit etwa 10 Anwesen, jetzt stark verändert.

Kirche. Kath. Filialkirche St. Bartholomäus, spätgotisch, um 1500, Turm 1629.

Einfacher spätgotischer Bau des 15. Jh. mit Netzgewölbe über Wandpfeilern mit runden Diensten im Chor über Konsolen. Neugotische Gewölbebemalung mit Pflanzen. Drei Altäre des späten 17. Jh. mit Weinlaubsäulen. Der Westturm von 1629 greift mit seinem Unterbau in das Kirchenschiff ein. Vorhaus mit Rippengewölbe.

Haus Nr. 8. Ehem. *Bauernhaus,* Einfirstanlage mit Hakenschopf, Wohnteil mit Blockbau-Obergeschoß, 2. Hälfte 17. Jh., Balusterlauben 18. Jh.

Frauenbergkapelle, barock, 1. Hälfte 18. Jh.
Barocke Feldkapelle, errichtet auf dem 731 m hohen Frauenberg, einem Moränenhügel. Nach der Überlieferung wurde hier von Frauen des Dorfes das Flachsopfer dargebracht, ein Rest des heidnischen Nornenkults.
Im Altar volkstümlich-barocke Muttergottes.

Thann

Der breit im Gelände südlich von *Holzkirchen* hingelagerte Weiler besteht aus drei großen Höfen mittelalterlichen Ursprungs und einer eigenen spätgotischen Kirche.

Kirche. Kath. Filialkirche St. Ulrich, spätgotisch, 16. Jh., barokkisiert im 18. Jh.

Kleine, im Kern spätgotische Anlage, das Langhaus mit moderner Flachdecke, im Chor in zwei Jochen rautenförmiges, auf Konsolen ruhendes Netzgewölbe mit quadratischen Schlußsteinen. Die gotischen Fenster wurden im 17. Jh. im barocken Sinn oben wie unten gerundet. Im Langhaus deuten barocke, in Deckenhöhe abbrechende Wandpfeiler des 17. Jahrhunderts auf die Absicht einer Einwölbung. Schlichter Rokokoaltar mit Sitzfigur des Hl. Ulrich. Am Außenbau bei der Restaurierung 1978 die gemalten Eckquaderungen und der Rautenfries am Chor nach historischem Befund erneuert.

Haus Nr. 2. *Bauernhaus «Beim Stadler»,* Wohnteil mit Blockbau-Obergeschoß und Trauflaube, Ende 18. Jh.

Haus Nr. 3. *Bauernhaus «Beim Kainz»,* sehr stattliche Einfirstanlage, Wohnteil mit Blockbau-Obergeschoß und Trauflaube, Ende 18. Jh.

Klassischer großer Hof des 18. Jh., quer erschlossen von den Traufseiten her wie Nr. 2. Reich profilierte und bemalte Pfettenköpfe.

Thannseidl

Steinkreuz, bez. 1797; 200 m südöstlich des Einödhofes am Weg nach Warngau.

Das Kreuz, mit gerundeten Armen, bezeichnet mit «1797» und «IG», erinnert an den Bauern Josef Golhofer, der hier verunglückte.

Sufferloh, Kath. Filialkirche St. Bartholomäus

Sufferloh, Haus Nr. 8, ehem. Bauernhaus

Sufferloh, Frauenbergkapelle

Thann, Kirche und Haus Nr. 3 von Südosten

Sufferloh, Kath. Filialkirche St. Bartholomäus, Inneres

Thann von Südosten

Thann, Kath. Filialkirche
St. Ulrich, Inneres

Thann, Haus Nr. 2, Bauernhaus «Beim Stadler»

Thannseidl, Steinkreuz

GEMEINDE IRSCHENBERG

Die weitverzweigte Gemeinde im voralpinen Hügelland des nordöstlichen Landkreises umfaßt seit der Gebietsreform von 1978 über ihr ursprüngliches Gebiet am Irschenberg hinaus wesentliche Teile der ehem. Gemeinden *Niklasreuth* und *Reichersdorf* und den *Frauenrieder Bereich* der ehem. Gemeinde *Parsberg*.

Der freie Höhenrücken des Irschenberges, der im Westen vom Leitzachgrund, im Norden und Osten vom Aiblinger Moos her bis auf 752 m ansteigt, war vermutlich schon in provinzialrömischer Zeit besiedelt oder bekannt. Seine Bezeichnung wird von dem romanischen Namen Ursinus abgeleitet. Als gesichert kann gelten, daß die beiden Missionare Marinus und Anianus im 7. Jh. am Irschenberg den Märtyrertod erlitten haben.

An der durch wildbachähnliche Gräben zerfurchten Südseite des Berges werden – wohl seit dem 8. Jh. – die beiden Heiligen in den *Wallfahrtskirchen Wilparting* und *Alb* verehrt.

Die Wallfahrt zu ihren Gräbern erforderte im 14. Jh. die Einrichtung einer Pfarrei auf der Höhe des Irschenberges, aus der sich letztlich auch die politische Gemeinde entwickelte. Sie stellt bis vor wenigen Jahrzehnten eine reine Bauerngemeinde mit dem Pfarrdorf Irschenberg, den beiden Wallfahrtskirchen, wenigen kleinen Weilern, davon *Frauenried* und *Pfaffing* mit Filialkirchen, und einer großen Anzahl sehr verstreuter oft sehr abgelegener bäuerlicher Einöden dar. Grundherren waren meist die *Klöster und Stifte Scheyern (Propstei Fischbachau), Schliersee, Weyarn* und *Beyharting* und die *Herrschaften Hohenwaldeck* und *Maxlrain*.

Zogen zum Irschenberg in älterer Zeit vor allem die Wallfahrerströme und querten ihn seit dem frühen 19. Jh. nur die Salztransporte von Rosenheim-Aibling über Dorf Irschenberg nach Miesbach und Tölz, so legt sich seit 1938 mit der Autobahn München–Salzburg eine europäische Hauptverkehrsachse westöstlich über seinen Rücken.

Das späte 19. und frühe 20. Jh. hatten die Höhe als eine der glanzvollsten Aussichtsplätze des Voralpenlandes erkannt, mit der Wilpartinger Kirche im Vordergrund und dem Wendelstein als dominierendem Bergmassiv im Süden, mit Ausblicken in die Innebene und das Aiblinger Moos. Bewußt wurde deswegen die Autobahn über den Irschenberg hinweggeführt, um den Reisenden dieses Erlebnis zu vermitteln.

Die baulichen Strukturen und die übrigen Entwicklungen der Lebensverhältnisse im Gemeindemittelpunkt Irschenberg und den Nachbarorten *Buchbichl* und *Loiderding* haben sich seitdem stark gewandelt, während die sonstigen Weiler und über hundert Einöden von Veränderungen weniger berührt wurden. 1980 bestanden 226 landwirtschaftliche Betriebe, meist als Einödhöfe, in einer wesentlich erhaltenen historischen bäuerlichen Kultur- und Siedlungslandschaft, die sich durch regen Wechsel der Landschaftsformen auszeichnet. Im 19. und frühen 20. Jh. war neben der herkömmlichen Viehzucht auch Obstbau verbreitet.

Die ehem. Gemeinde *Niklasreuth* bzw. deren Orte liegen an den nördlichen Abhängen des Auerberges, des Höhenzuges südlich von Irschenberg. Der eindrucksvoll erhaltene Hauptort umfaßt die Pfarrkirche und wenige Anwesen. Fast alle weiteren Siedlungen sind bäuerliche Einöden.

Das ehem. Gemeindegebiet von *Reichersdorf* dehnt sich im Westen der jetzigen Gemeinde, westlich der Leitzach, aus. Es ist 1978 zwischen Weyarn und Irschenberg aufgeteilt worden, wobei das alte Kirchdorf Reichersdorf und die östlich davon gelegenen sog. Reichersdorfer Einöden an Irschenberg gelangten.

Irschenberg

Das Pfarrdorf, in 732 m Höhe nördlich des Irschenberggipfels gelegen, umfaßte bis zum Beginn des 20. Jh. nur die Kirche mit dem Friedhof, den bewirtschafteten, Ende des 19. Jh. neu erbauten *Pfarrhof*, das *Wirts-* das *Kramer-*, das *Mesneranwesen* (Anzinger Str. 1, Miesbacher Straße 1, 2, 3) und den Hof «*Beim Bauern*» (Kirchplatz 7).

Um diesen teils erhaltenen, teils noch ablesbaren Siedlungskern legten sich in den letzten Jahrzehnten ausgedehnte Neubaugebiete.

Das am Ostfuß des Irschenberges gelegene kleine *Kirchdorf Pfaffing* gilt als ältester Pfarrsitz am Berg. 1141 weihte Bischof Otto v. Freising die etwa drei Kilometer weiter südlich gelegene *Kirche von Kematen* (Lkr. Rosenheim), auf die inzwischen die Pfarrechte übergegangen waren. Erstmals als Pfarrei genannt, mit den *Filialkirchen Kematen, Dettendorf, Niklasreuth* und *Frauenried,* wird Irschenberg im Jahre 1315. Eine größere Nähe zu den beiden *Wallfahrtsstätten Wilparting* und *Alb* könnte ein Grund für die Verlegung gewesen sein. Die abgeschlossene Rodung muß die Voraussetzung dafür gewesen sein.

Der Rang der *Irschenberger Kirche* als Pfarrkirche und des Dorfes als Gemeindemittelpunkt manifestiert sich augenfällig im stattlichen Kirchturm, der in seinen älteren Formen wie auch nach dem Neubau von 1870 eine Landmarke in der großen Pfarrei und im Voralpenland des Mangfall- und Schlierachtals bis hin zum Rosenheimer Inntal darstellt.

Kath. Pfarrkiche St. Johannes d. Täufer, barocker Neubau 1698/97 von Johann Mayr d. Ä., gotisierender Turm mit Spitzhelm, 1870.

Die stattliche hochbarocke, durch Wandpfeiler im Inneren wie auch am Außenbau kräftig gegliederte Kirche wurde nach dem Brand des mittelalterlichen Vorgängerbaus 1691 durch den Hausstätter Maurermeister Johann Mayr d. Ä. (1643–1718) z. T. über älterer Grundlage 1696/97 neu erbaut und zuletzt 1928 und 1971 restauriert. Mayr besaß seit 1675/80 als Kirchenbaumeister in der Gegend um den Irschenberg, um Altötting, um Rosenheim und im Leitzachtal fast eine Monopolstellung. Allein in der damaligen Pfarrei Irschenberg baute er fast gleichzeitig an den Kirchen von Dettendorf, Wilparting, Irschenberg und Niklasreuth. Der für Mayr charakteristische geräumige, hell belichtete, sehr einheitliche, von einer Stichkappentonne überspannte Wandpfeilersaal mit eingezogenem Chor gewinnt eine besondere Spannung durch die Rahmenstuckgliederung nach Miesbacher Art im fünfjochigen Langhaus und die Steigerung dieser Gestaltung durch Blattornament-Füllungen im Chor; hier auch ein Deckengemälde von 1696.

Auch am Außenbau ist der Chor durch querovale Blendfenster besonders hervorgehoben. Der spätmittelalterliche Turm, der offenbar zerstört war, wurde in den Neubau von 1691 einbezogen, sein Spitzhelm 1758 durch eine Zwiebel ersetzt.

Das Gestühl stammt noch aus der Erbauungszeit, ebenso die drei Altäre und die Kanzel, die um 1850 z. T. verändert wurden. Nach dem Einsturz des alten Turmes 1865 wurde ein steinsichtiger Tuffquaderturm mit Spitzhelm errichtet. Das ursprüngliche Steilsatteldach durch ein mittelsteiles ersetzt.

Kirchplatz 7. Ehem. *Bauernhaus «Beim Bauern»*, Wohnteil mit Blockbau-Obergeschoß, bez. 1642, umlaufende Laube und Giebellaube wohl Ende 18. Jh.

Der Wohnteil dieses ehem. Bauernanwesens, dessen Grundherr vor 1803 das Kollegiatstift bei der Münchner Frauenkirche war, ist der letzte erhaltene historische Profanbau des Dorfes.

Irschenberg, Luftbild von Norden (freigeg. Reg. v. Obb. GS 300 / 9573 / 83)

Irschenberg, Kath. Pfarrkirche St. Johannes d. Täufer

Irschenberg, Kath. Pfarrkirche, Stuckdetail Chor

Irschenberg, Kirchplatz 7, ehem. Bauernhaus

Irschenberg, Kath. Pfarrkirche, Inneres

Ahrain

Haus Nr. 86. *Inschrifttafel,* bez. 1837, am Giebel des Wohnteils der ehem. *Ahrainer Mühle.*

Eindrucksvoll in Einödlage an einem Nebenarm der Leitzach gelegene ehem. Mühle mit Landwirtschaft, vor 1803 zur *Propstei Fischbachau* gehörig.

Die Inschrifttafel erinnert an den Neubau der Anlage 1837.

Haus Nr. 96. *Bauernhaus «Beim Bauern»,* Wohnteil mit Blockbau-Oberstock, bez. 1626, mit Laube.

Kleiner Einödhof an der Straße von Irschenberg nach Wörnsmühl.

Alb

Zu den ältesten christlichen Stätten am bayerischen Alpenrand gehört die Siedlung Alb mit ihrer kleinen *Kirche St. Anian* und dem alten *Bauern- und Mesneranwesen «Beim Alber»* (Haus Nr. 1).

Kath. Filial- und Wallfahrtskirche St. Anian, barock, über spätgotischer Grundlage von 1373 ausgebaut.

Durch das *Benediktinerkloster Rott a. Inn,* das sich im 12. Jh. die beiden Heiligen von Irschenberg, Marinus und Anian, zu Patronen erwählt hatte, wurde 1373 eine Kirche an dem Platz südlich von Irschenberg erbaut, wo sich nach der Überlieferung der Hl. Anian im 7. Jh. in eine Klause zurückgezogen hatte und dort verschied. Mit großer Wahrscheinlichkeit ersetzte die Kirche von 1373 einen Vorgängerbau.

Der bestehende, äußerlich bescheidene Rechteckbau mit leicht eingezogenem quadratischen Altarraum und Dachreiter wurde um 1759 unter dem Irschenberger Pfarrer Alexander Joseph Streiter gewölbt und ausgestaltet. Die bedeutenden, von reichem Stuckdekor eingefaßten Deckenfresken auf den Lattengewölben wurden von Joseph Martin Heigl († 1776) geschaffen und zeigen Szenen aus dem Leben der beiden iroschottischen (nach neuerer Meinung südfranzösischen) Missionare, des Bischofs Marinus und seines Neffen, des Diakons Anian, die am Irschenberg gewirkt haben, Anian in Alb, Marinus eine Viertelstunde nördlich, jenseits des tiefen Kaltenbachgrabens, in Wilparting (siehe dort). Als Marinus dort 697 von durchziehenden Wenden zu Tode gemartert wurde, schied Anian zur selben Stunde in seiner Klause aus dem Leben. Über seiner steinernen Liegestatt erhebt sich die Kirche.

Ein zweigeschossiger Anbau war in der Barockzeit an den Sakralbau angefügt und enthielt die Sakristei, ein Schulzimmer und Wohnstuben für einen Eremiten vom 3. Orden der Mindesten Brüder. 1804 wurde die Eremitage aufgelöst, der Anbau aber weiter erhalten.

In der Kirche Rokokoaltar von 1765. Der alte Wallfahrersteig durch den Kaltenbachgraben, der die beiden Gnadenstätten verbindet, wird noch immer als solcher benutzt. Das Hauptfest wird am 15. November gefeiert.

Die Kirche, die 1890 und 1975/76 restauriert wurde und der nach einem Brand 1837 neu erbaute, jüngst erneuerte *Alberhof,* dessen Grundherr bis 1803 das Freisinger Domstift gewesen war, liegen noch heute in eremitischer Abgeschiedenheit auf einem Wiesensattel über schluchtartigen Bachgräben.

Aufham

Haus Nr. 4. *Bauernhaus «Beim Heißn»,* Wohnteil mit Blockbau-Obergeschoß, 1. Hälfte 18. Jh., mit umlaufender Laube.

Letzes erhaltenes historisches Bauernhaus des im 18. Jh. sieben Anwesen zählenden Weilers am Nordabhang des Irschenbergs.

Bäck

Haus Nr. 45. *Bauernhaus «Beim Bäck in Unterberg»,* Einfirstanlage, Wohnteil mit Blockbau-Obergeschoß, Laube und verbretterter Giebellaube, 1. Hälfte 18. Jh. (Erdgeschoß neu ausgemauert 1977).

Der Hof, vor 1803 Eigentum des *Klosters Weyarn,* gehört zur Gruppe der *Reichersdorfer Einöden.*

Bildstock, Tuffpfeiler mit Bildnischen und Kreuz im Laternenaufsatz, bez. 1737.

Hinter dem «Bäck in Unterberg» am Reichersdorfer Kirchweg gelegen.

Briefer

Haus Nr. 1. *Bauernhaus,* Wohnteil in Blockbauweise, Ende 16./Anfang 17. Jh., Erdgeschoß im 18. oder 19. Jh. verputzt, umlaufende Brettbalusterlaube, 2. Hälfte 18. Jh.

Kleiner *Einödhof* nordöstlich von *Niklasreuth,* der sehr alte Wohnteil als Holzblockbau aufgezimmert (Erdgeschoß nachträglich verputzt), der Wirtschaftsteil im 19. Jh. neu errichtet.

Buchfeld

Von Obstanpflanzungen umgebener Zweihöfeweiler am Nordosthang des Irschenberges, die beiden Anwesen ehemals zur *Hofmark Wattersdorf* gehörig.

Haus Nr. 1. *Bauernhaus «Beim Pauli»,* Einfirstanlage, Wohnteil als zweigeschossiger Blockbau, 1. Hälfte 17. Jh., Obergeschoß verbrettert, mit umlaufender Laube.

Am Erdgeschoß des Hauses Pfettenvorköpfe in nachgotischen Nasenformen.

Fragment eines Bildstocks, Kreuzaufsatz, Tuffstein, wohl 17. Jh.; an der Straße Irschenberg–Pfaffing, Abzweigung Lanzing.

Ahrain, Haus Nr. 86, Inschrifttafel

Alb, Kath. Wallfahrts- und Filialkirche St. Anian

Ahrain, Haus Nr. 96, Bauernhaus

Alb, Kath. Wallfahrts- und Filialkirche, Deckenfresko

Aufham, Haus Nr. 4, Bauernhaus

Bäck, Haus Nr. 45

Bäck, Bildstock

Buchfeld, Haus Nr. 1, Bauernhaus

Briefer, Haus Nr. 1

Buchfeld, Steinkreuz

Frauenried

Frauenried ist eine abgeschieden über dem westlichen Hochufer der mittleren Leitzach in 710 m Höhe gelegene hochmittelalterliche Rodungssiedlung mit jetzt vier, bis zum 19. Jh. nur zwei Anwesen (*«Beim Kirchbauer»*, Haus Nr. 3, und *«Beim Agathmeier»*, Haus Nr. 1), dazu *Kuratenhaus* und *Kirche*. Letztere wurde gegen Mitte des 15. Jh. von dem 1456 gestorbenen Grafen Georg v. Waldeck erbaut, der etwa gleichzeitig auch die Kirchen *Agatharied* (Gde. Hausham) und *Georgenried* (Gde. Waakirchen) stiftete. Er widmete die Frauenrieder Neugründung Maria, der Namenspatronin seiner Schwester. 1486 wurde ein Schulbenefizium in Abhängigkeit von der Pfarrei Irschenberg gestiftet, das als Kuratie bis heute und um 1800 die Seelsorge in 28 Familien versah, die in ebensovielen Anwesen, meist Einödhöfen, wohnten. Das *Kuratbenefiziatenhaus* wurde 1855 neu erbaut.

Kath. Kuratiekirche St. Mariä Geburt, spätgotische Anlage der Mitte des 15. Jh., Inneres und Turmobergeschoß barockisiert um 1763; *Friedhof* mit Ummauerung und schmiedeeisernen Grabkreuzen des 18./19. Jh.

Die mit spätgotischen, farbig gefaßten Flachschnitzereien geschmückte Emporenbrüstung (1509), die 1960 an der Langhausnordwand freigelegten Wandmalereien des 15. Jh. mit Passionsszenen und die spätgotische Figur der Muttergottes im barocken Hochaltar lassen erkennen, daß die von Georg v. Waldeck gestiftete Kirche schon im 15. bis frühen 16. Jh. reich ausgestattet war.

Unter dem tatkräftigen Irschenberger Pfarrer Alexander Joseph Streiter, der die Filialkirchen Alb und Wilparting erneuerte, wurde um 1763 auch die Frauenrieder Kuratiekirche barockisiert. Die gotischen Gewölbe des vierachsigen Saalraumes und des eingezogenen Altarraumes wurden nach Abnahme der Rippen von dem Tölzer Maler und Bürgermeister Julian Breymeyer (1716–95) freskiert. Die Bilder zeigen Szenen aus dem Marienleben und Marienerscheinungen, in den Emblemen beim Chorbogen auch Darstellungen der acht Kirchen der Pfarrei und des Frauenrieder Gnadenbildes.

Die Seitenaltäre frühbarock, schwarz-gold gefaßt, der prachtvolle grünmarmorierte Hochaltar, der das spätgotische Gnadenbild umschließt, aus der Zeit der Ausmalung der Kirche.

Haus Nr. 3. Ehem. *Bauernhaus «Beim Kirchbauer»*, Einfirstanlage mit Hakenschopf, Wohnteil im Kern Blockbau, wohl 17. Jh., Verputz 18. Jh.; ehem. *Getreidekasten*, mit Blockbau-Obergeschoß, bez. 1569 neuzeitlich als Wohnhaus ausgebaut; ehem. *Badstube*, 2. Hälfte 18. Jh., neuzeitlich umgebaut, nördlich vom Haus.

Vor wenigen Jahren noch zum Abbruch vorgesehen, wurde der Bauernhof, der direkt nördlich neben der Kirche liegt, inzwischen sorgfältig instandgesetzt.

Wegkapelle (Seestallerkapelle), wohl 2. Hälfte 17. Jh. Nordöstlich der Kirche am Weg zum *Seestallerhof*.

Frauenried, Ansicht von Osten

Frauenried, Kath. Kuratiekirche St. Mariä Geburt

Frauenried, Kath. Kirche, Inneres

Frauenried, Kath. Kirche, Hochaltar

Frauenried, Kirche, Flachschnitzerei an der Westempore

Frauenried, ehem. Brechlbad

Frauenried, Wegkapelle

Frauenried von Westen mit Kirche

Frauenried, Haus Nr. 3, links ehem. Getreidekasten

Fuß

Haus Nr. 1. *Bauernhaus «Beim Fußer»,* Wohnteil mit Blockbau-Obergeschoß, um 1760/80, mit umlaufender Laube.

Einödhof westlich von *Reichersdorf* («Reichersdorfer Einöden»).

Großschönau

Haus Nr. 1. *Lüftlmalereien,* 1785, an der Giebelfront des 1962 neu erbauten Hauses *«Beim Mentl»* (übertragen vom Vorgängerbau).

Das Mentlanwesen, eine Einöde nordwestlich von Niklasrueth, gehörte bis 1803/06 dem *Kloster Tegernsee.* Die Rokoko-Wandmalereien, wohl von Johann Baptist Pöhaim (1752–1838), sind vor Abbruch des alten Mentlhauses 1962 abgenommen und auf die Neubaufassaden übertragen, dabei allerdings stark überarbeitet worden.

Hofkapelle, einfacher Putzbau, um 1875.
Im Altar eine Lourdesmadonna, die barocke Großschönauer Madonna jetzt in der Niklasreuther Kirche.

Grund

Haus Nr. 1. *Bauernhaus «Beim Grundner»,* Einfirstanlage, Wohnteil verputzt, ausladender Blockbau-Kniestock, Balusterlaube, Giebellaube, aufgedoppelte Haus- und Laubentür, am First bez. 1776.

Der *Einödhof,* ehemals ein kurfürstliches Lehen, liegt im sog. Köckergraben, einem tief eingeschnittenen Tal nördlich unterhalb von *Niklasreuth.*

Harrain

Haus Nr. 1. *Bauernhaus «Beim Harrainer»,* Wohnteil zweigeschossiger Blockbau, nordseitig z.T. ausgemauert, mit Giebelbalkon, um 1700.

Einödhof in den Moosböden am oberen Kaltenbach, südlich von Irschenberg, vor 1803/06 zum *Kloster Tegernsee* gehörig, mit erhaltenem altertümlichem Wohnteil.

Harraß

Haus Nr. 1. *Bauernhaus «Beim Harrasser»* (Altbau), Wohnteil mit Blockbau-Obergeschoß, 2.Hälfte 17.Jh., geschnitzte Haustür um 1810, umlaufende Balusterlaube Ende 19.Jh.

Der große *Einödhof* westlich von *Niklasreuth* wird 1224 im herzoglichen Urbar genannt und ist vor 1270 durch Herzog Ludwig d. Strengen an das *Kloster Fürstenfeld* gestiftet worden. Er dürfte in Zusammenhang mit der nahegelegenen Rodungssiedlung Niklasreuth im 12. oder 13.Jh. entstanden sein und ist in dem berühmten Kartenwerk des Philipp Apian (1579) verzeichnet.

Im 17.Jh. wurde der Wohnteil des Hofes (jetzt Altbau) neu erbaut; er besitzt die altertümliche Quererschließung von der Traufseite her. Ein schönes Beispiel des ländlichen Empire ist die aufgedoppelte und z.T. geschnitzte Haustür.

In den sechziger Jahren Neubau eines neuen Einfirsthofes parallel zum Althof.

Heimberg

Hofkapelle, um 1900; beim *Heimberghof.*

Heißkistler

Haus Nr. 1. Ehem. *Bauernhaus,* Wohnteil mit Blockbau-Obergeschoß, bez. 1633, nördlicher Anbau unter geschlepptem Dach wohl 19.Jh., mit Laube und Giebellaube.
Das nicht mehr bewirtschaftete ehem. *Bauern- und Kistleranwesen* über dem Köckergraben bei *Niklasreuth,* ein Einödhof, besitzt mit seiner nachbarocken Haustür ein Zeugnis des handwerklichen Könnens seiner ehem. Besitzer (Kistler). Der Blockbau-Oberstock an der Laubentür bez. 1633.

Burgstall Altenwaldeck, mittelalterlich, ca. 300 m nordöstlich von Heißkistler; Niklasreuth, Plan Nr. 903/3, So 17–12.
Die ehem. Burg, einst auch Seiboltsburg genannt, erhob sich auf einem spitzdreieckigen Plateau, das an drei Seiten steil gegen das Auer Achthal abfällt, während die Westseite durch Halsgräben geschützt ist. Nur geringe Rest sind erkennbar von diesem ältesten Sitz der fünf Brüder, die 779 das Kloster Schliersee gründeten und auch in Parsberg, Miesbach, Holnstein, Waldeck und später in Wallenburg saßen. Im 12.Jh. bauten sie sich eine neue Befestigung, Hohenwaldeck über dem Schliersee.
Altenwaldeck, nach 1497 durch Erbschaft an die Herren von Seiboltsdorf gelangt, welche die Anlage verfallen ließen, wird noch im 15. und 16.Jh. im Zusammenhang mit Vertragsabschlüssen genannt. 1603 kaufte der Wirt von Au b. Bad Aibling die Burg, wohl auf Abbruch, mit den zugehörigen Gütern. Die Befestigungsanlage ist mit einem massigen Bergfried in der Apianischen Karte von 1579 dargestellt. 1790 entdeckte der Miesbacher Amtmann Joseph v. Obernberg die für die Geschichte des Bezirks so bedeutungsvolle Ruine, von der 1867 noch größere Mauerreste vorhanden waren.
Nach der Überlieferung seien Quader der Ruine 1714 für den Pfarrkirchenbau in Au verwendet worden.

Fuß, Haus Nr. 1, Bauernhaus

Großschönau, Haus Nr. 1

Großschönau, Kapelle, Inneres

Grund, Haus Nr. 1, Bauernhaus

Harrain, Haus Nr. 1, Bauernhaus

Harraß, Haus Nr. 1, Bauernhaus

Heißkistler, Haus Nr. 1, ehem. Bauernhaus

Heimberg, Hofkapelle

Harraß, Haus Nr. 1, Tür

Heißkistler, Haus Nr. 1, Tür

Heißkistler, Burgstall, Westteil

Hinterholz

Haus Nr. 1. *Bauernhaus «Beim Hinterholzer»,* Einfirstanlage, Wohnteil mit Blockbau-Obergeschoß, 18. Jh. (Dachaufbau 19./20. Jh.)

Hofer

Haus Nr. 1. *Bauernhaus «Beim Hofer»,* Wohnteil als zweigeschossiger Blockbau, 17. Jh., z. T. ausgemauert, mit umlaufender Laube und Giebellaube.
Einödhof am Heimberg, südlich von *Reichersdorf.*

Hofreuth

Haus Nr. 58. *Bauernhaus «Beim Vorderhofreuther»* stattliche Einfirstanlage, Wohnteil im Oberstock Holzblockbau, verputzt, mit Lüftlmalereien von Johann Baptist Pöhaim, 1786, Balusterbalkons und Freitreppe an der Giebelseite.

Die drei Hofreuther Höfe *«Vorder»*- und *«Hinterhofreuther»* sowie *«Schuster in Hofreuth»* bilden einen Weiler westlich von *Niklasreuth.* Sie gehörten vor 1803 zur Kirche *Agatharied,* waren also wohl Dotationen aus dem Besitz der Herren von Waldeck an diese ihre Kirchengründung.

Der *Vorderhofreuther,* an der Haustüre bezeichnet 1782, gehört zu den wichtigsten mit Lüftlmalereien geschmückten bäuerlichen Bauten, die in der Miesbach-Aiblinger Gegend noch erhalten sind. Der gemalte Hausspruch ist 1786 datiert, eine Zeitangabe, die auch auf die Freskendarstellungen zu beziehen ist. Die Heiligendarstellungen und Rocaille-Rahmen um die leider im 19. Jh. vergrößerten Fenster sind mit großer Wahrscheinlichkeit Werke des Johann Baptist Pöhaim (1752–1838), des Malers des *Jodlbauernhofes* in Hagnberg und des *Wiedenbauernhofes* in Schreiern (beide Gde. Fischbachau). Bemerkenswert ist, daß die Holzblockwände des Neubaus von 1782 im Jahre 1786 verputzt wurden, um die Freskierung zu ermöglichen.

Hollerthal

Haus Nr. 1. *Bauernhaus «Hollerthaler»,* Einfirstanlage, mit verputztem Blockbau-Obergeschoß, 18. Jh.
Kleiner *Einödhof,* an einem Steilhang bei *Frauenried* gelegen. Der Oberstock wurde nachträglich, wohl im 19. Jh., verputzt.

Imbuchs

Burgstall, mittelalterlich, ca. 200 m nordwestlich von Imbuchs; Irschenberg Plan Nr. 1340/1, So 15–12.
Vom Burgstall, der über Lanzing zu erreichen ist, sind nur geringste Reste erhalten. Siehe auch unter Lanzing (S. 202).

Jedling

Fünfhöfeweiler an der Straße von Irschenberg nach Miesbach bzw. ins Leitzachtal, baulich und strukturell in den letzten Jahren verändert.

Haus Nr. 8. Ehem. *Bauernhaus «Beim Melcher»,* Einfirstanlage, verputzt, im Kern Blockbau, First bez. 1821, mit Giebelbalkon und Hochlaube.

Jedlinger Mühle 1. Ehem. *Bauernhaus und Mühle,* jetzt *Gasthaus,* Wohnteil mit Blockbau-Obergeschoß und Balkons, 1. Drittel 18. Jh., am Wirtschaftsteil Bundwerk, 18. Jh.
Die Mühle liegt unterhalb von Jedling an der alten, jetzt aufgehobenen Straße nach Miesbach, am rechten Leitzachufer.

Hinterholz, Haus Nr. 1, Bauernhaus

Hofer, Haus Nr. 1, Bauernhaus

Hofreuth, Haus Nr. 58, Bauernhaus

Hofreuth, Haus Nr. 58, Hl. Familie

Hofreuth, Haus Nr. 58, Hl. Nikolaus

Hofreuth, Haus Nr. 58, Lüftlmalerei

Hollerthal, Haus Nr. 1, Bauernhaus

Jedling, Bildstock

Jedling, Haus Nr. 8, ehem. Bauernhaus

Jedling, Jedlinger Mühle 1

199

Karrenhub

Haus Nr. 42. *Bauernhaus «Karrenhub»* (Kornhub), sehr stattliche Einfirstanlage, Wohnteil verputzt, Giebeldreieck und Kniestock in Blockbauweise, mit Balusterbalkon und Hochlaube, geschnitzter Haus- und Laubentür sowie barocken Hausfiguren; erbaut 1806.

Karrenhub-Kapelle, barock, 3. Viertel 18. Jh.

Der Hof wurde von Kaspar Kreuzmaier, einem reichen Bauern und bis nach Tirol Geschäfte betreibenden Essig-, Obst- und Getreidehändler, 1806 neu erbaut. Er ist massiv gemauert und hervorragend erhalten. Der Hof liegt als Einöde am Fuß des Auerberges, an der Straße von Niklasreuth nach Au, bei der Abzweigung einer Altstraße, die östlich unter Umgehung von Au am Sockel des Höhenzuges entlang über Brettschleifen nach Lippertskirchen und Feilnbach führt. Da die Kornhuber nach Ausweis einer großen Votivtafel von etwa 1719 in der Kapelle im 18. Jh. auch Händler und Fuhrleute sowie Schiffer auf dem Inn waren, dürfte der Feilnbacher Weg ihre Verbindung zu diesem Fluß gewesen sein.

Ihre Spediteurstätigkeit erlaubt ihnen offenbar, den stattlichen Hof 1808 neu zu bauen, eine klassische Miesbacher Einfirstanlage, sieben Achsen breit, streng giebelseitig erschlossen, mit breiten Mittelfluren und großen Stuben, das Dach über einem hohen Kniestock, der einen großen Speicherraum schafft.

Der Bau gehört zu den großartigsten Bauernhäusern des Landkreises und ist ein gutes Beispiel für den Stilwandel auch im ländlichen Bauen im frühen 19. Jh.: Hervortreten der weißen Putzflächen, Rückzug der Holzblockwände in den Dachbereich, Beschränkung der Balusterlauben auf den Giebel, strenge Achsialität. Unter dem Vordach geschnitzte Hausfiguren, zwei Engel und die Bauernheiligen Wendelin und Notburga. Im Inneren des Hauses große Stuben, z. T. mit kassettierten Decken. Die Hofkapelle gehört zu den eindrucksvollsten des Landkreises. Ein Wandgemälde über dem Eingang, macht Tod, Jüngstes Gericht, Hölle und Erlösung anschaulich. Deckengemälde im Inneren, Arbeiten des letzten Rokoko, stellen die Passion Christi dar. Ein reiches barockes Altärchen mit einem Geißelchristus, eine Reihe volkstümlich-barocker Heiligenfiguren, ein Kreuzweg im Empirerahmen, ein bemaltes Gestühl und selbst das ursprüngliche Kommuniongitter sind erhalten.

Durch die Oxydation von Farben, wohl von Bleiweiß, sind die Inkarnate der Deckenmalereien stark gedunkelt.

Kasthub

Burgstall «Schloßberg», mittelalterlich, ca. 250 m östlich von Kasthub; Reichersdorf, Fl. Nr. 1113, So 16–10.

Auf bewaldetem Hochufer, steil über dem Leitzachgrund bei Auerschmiede, sind auf einer schmalen, nach Osten gegen das Tal ausgreifenden Bergzunge mehrere gegen das Hochplateau im Westen sperrende, querverlaufende Halsgräben, nach dem vierten Graben Reste der 50 m langen Vorburg, nach einem weiteren flachen Graben die geringen Mauerwerkreste der gleichfalls 50 m langen Hauptburg erkennbar.

Kindler

Hofkapelle, 1. Hälfte 19. Jh.

Die Kapelle beim *Kindlerhof* wurde im späten 19. Jh. als Lourdeskapelle umgestaltet.

Karrenhub, Haus Nr. 42, Bauernhaus

Karrenhub, Hausfigur   Karrenhub, Hausfigur

Karrenhub, Haus Nr. 42, Haustür

Karrenhub, Haus Nr. 42, Bauernhaus

Kindler, Hofkapelle

Kindler, Hofkapelle, Inneres

Karrenhub, Hofkapelle, Inneres

Karrenhub, Hofkapelle

Kastlhub, Burgstall

Kirchsteig

Der Zweihöfeweiler mit den Anwesen «*Beim Feller*» (Haus Nr. 5) und «*Beim Zacher*» (Haus Nr. 4) liegt westlich von *Irschenberg* malerisch zwischen Obstbäumen und oberhalb eines kleinen Weihers am alten Kirchsteig zwischen Oberhasling und der Irschenberger Pfarrkiche.

Haus Nr. 3. Ehem. *Zuhaus des Zacherhofes,* jetzt Werkstatt, massiver zweigeschossiger in den Hang gesetzter Bau mit verbrettertem Aufbau (Tenne) und Flachsatteldach, 1825.

Im Oberstock zwischen ehem. Wohn- und Schlafkammer geschnitzte Tür, bez. 1825.

Köck

Hofkapelle, wohl um 1900.

Beim *Köckhof,* nordöstlich von *Niklasreuth.* Die Ausstattung von einem Vorgängerbau.

Kogel

Hofkapelle, 2. Hälfte 19. Jh.

Haus Nr. 56. Zum *Bauernhaus «Kogelhof»* gehörige aufgedoppelte Haustür (Sterntür), barock, 18. Jh.

Lanzing

Die ehem. *Schwaige Lanzing,* auch Schwaig genannt, wird 1435 von dem Ritter Warmund v. Pienzenau an Gregor Plank in Rosenheim verkauft. Der stattliche Hof am nordöstlichen Irschenberghang, im Kern aus dem Jahre 1686, erinnert noch an die ursprüngliche herausgehobene Bedeutung. – Südöstlich des Hofes, auf dem sog. Schloßberg, erhob sich die Burg der Lanzinger (siehe Imbuchs).

Haus Nr. 6. *Bauernhaus «Beim Schwaiger»,* stattliche Einfirstanlage, Wohnteil mit verputztem Blockbau-Obergeschoß von 1686, umlaufende Balusterlaube des 18. Jh., Kniestock mit Giebellaube und Dach Ende 19. Jh.

Hofkapelle, 1. Hälfte 19. Jh.

Lehermann

Haus Nr. 1. *Bauernhaus «Beim Lehermann»,* mit Blockbau-Obergeschoß und traufseitiger Balusterlaube, 1. Hälfte 17. Jh.

Altertümlicher *Einödhof,* nordwestlich von *Niklasreuth.*

Locher (Hinteröd)

Haus Nr. 2. Ehem. *Bauernhaus «Beim Holler»,* erhaltener Blockbau-Oberstock, 1. Hälfte 18. Jh.

Das leerstehende und baufällige Haus soll unter Erhaltung des Blockbaues neu errichtet werden.

Loder

Haus Nr. 1. *Bauernhaus «Beim Loderer»,* Einfirstanlage, Wohnteil verputzt, mit Kniestock, mit Balusterbalkon, breiter Giebellaube und geschnitzter Haustür, bez. 1815; ehem. *Dörrhütte,* verputzter Klaubsteinbau mit Flachsatteldach, 18. Jh.

Der Lodererhof, nahe *Niklasreuth,* wird 1513 zuerst genannt. Der Loderer bereitete den Loden aus der Schafwolle.
Das Haus wurde von Wolfgang Babl (Pabl; seine Initialen im Türstock) 1815 neu erbaut und weist reiche Details dieser Zeit am Außenbau auf (Türstock, Pfettenköpfe, Balusterbalkons). Zum Hof gehört ein ehem. *Brechlbad* (Dörrhütte).

Kirchsteig, Ansicht von Osten

Kirchsteig, Haus Nr. 3, Zuhaus des Zacherhofes

Köck, Hofkapelle, Inneres

Köck, Hofkapelle

Kogel, Haus Nr. 56, Tür

Lanzing, Haus Nr. 6, Bauernhaus «Beim Schwaiger»

Lanzing, Hofkapelle

Lanzing, Haus Nr. 6, Bauernhaus, Südost-Ecke

Lehermann, Haus Nr. 1, Bauernhaus

Loder, Haus Nr. 1, Bauernhaus

Locher, Haus Nr. 2

Loder, Haus Nr. 1, Bauernhaus und Brechlbad von Südwesten

203

Loiderding

Das Worf westlich von Irschenberg, 1880 aus 13 Häusern in einem unteren westlichen und einem oberen östlichen Teil bestehend, hat sich in den letzten Jahren baulich stark verändert.

Lediglich am östlichen Ortsende hat sich eine historische Baugruppe erhalten, die aus dem *Bichlweber-,* dem *Kogler-* und dem *Widmooseranwesen* besteht (Haus Nr. 5, 3, 2) letzteres mit dem Giebel nach Süden gerichtet, mit verputztem Wohnteil.

Haus Nr. 3. *Bauernhaus «Beim Kogler»,* Wohnteil mit Blockbau-Oberstock, Balusterbalkon und Holzlaube, bez. 1791.

Giebelseitig erschlossenes Haus mit geschnitztem Türstock und guten barocken Pfettenköpfen.

Haus Nr. 5. *Bauernhaus «Beim Bichlweber»,* Wohnteil mit Blockbau-Oberstock, bez. 1674.

Loiderding, Haus Nr. 5

Marksteiner

Steinkreuz, Tuff, 2. Hälfte 18. Jh.; am Weg zwischen Marksteiner und Mösl.

Das Kreuz mit den Initialen WH erinnert an den Tod eines Bauern an diesem Weg und besaß ehemals einen geschmiedeten Kreuzaufsatz.

Moos (Gemarkung Reichersdorf)

Haus Nr. 23. *Bauernhaus «Beim Mooser»,* Wohnteil mit Blockbau-Obergeschoß, Balusterlaube und Giebellaube, 1. Viertel 18. Jh.

Der Hof gehört zur Gruppe der *«Reichersdorfer Einöden»*

Loiderding, Haus Nr. 3 und 5

Moos (Gemarkung Niklasreuth)

Moosbauer 1. *Bauernhaus,* hakenförmige Anlage, Wohnteil mit Blockbau-Obergeschoß, Laube und verbrettertem Giebeldreieck, 1. Viertel 17. Jh.

Altertümlicher *Einödhof,* 1584 zuerst genannt, mit teilweise altverbretterter Laubenbrüstung und verbrettertem Giebel.

Moosweber

Haus Nr. 1. *Kleinbauernhaus «Beim Moosweber»,* verputzt, mit Giebellaube, bez. 1804.

Dem Hof Moosbauer 1 westlich gegenüberliegendes reizvolles kleines Anwesen, das der Niklasreuther Kirche gehörte, 1804 neu erbaut wurde und weitgehend original erhalten ist. Auch die Stube mit der Eckbank, der vertäfelten Decke und den Wandkästen aus der Erbauungszeit.

Moos, Haus Nr. 23, Bauernhaus «Beim Moser»

Niederhasling

Haus Nr. 6. *Bauernhaus «Beim Schmied»,* Einfirstanlage, Wohnteil in unverputztem Tuffsteinmauerwerk, mit traufseitigem Balkon und Giebellaube, 2. Viertel 19. Jh.

Das Haus, im Weiler *Unterhasling* an der Leitzach gelegen, ist aus Tuffmaterial errichtet, wie es im 19. Jh. am Irschenberg gebrochen bzw. gesägt wurde. In weiten Teilen Südostoberbayerns, z. B. im Chiemgau, in der Traunsteiner und in der Laufener Gegend, war unverputzter Tuffstein bei ländlichen Bauten im 19. Jh. sehr beliebt.

Im Landkreis Miesbach finden sich nur am nördlichen Rand vereinzelt solche Bauten.

Moos, Moosbauer 1, Bauernhaus

Moos (Gemarkung Niklasreuth), Moosbauer 1, Bauernhof

Marktsteiner, Steinkreuz

Moosweber, Haus Nr. 1, Kleinbauernhaus

Niederhasling, Haus Nr. 6, Bauernhaus

Moosweber, Haus Nr. 1, Stube

Niklasreuth

Niklasreuth gehört zu jenen typischen Kirchdörfern des süd-bayerischen Alpenvorlandes deren Gestalt sich nur aus wenigen bestimmten Bauten zusammenschließt, während die Menge der Bauernanwesen, meist Einödhöfe, verstreut und vereinzelt ringsum in den Fluren der Pfarrei und Gemeinde liegt, oft eine Wegstunde und mehr von der Kirche entfernt. Die intensive Viehzucht seit Jahrhunderten und die vorherrschende Grünlandbewirtschaftung haben diese besondere Besiedelungsart hervorgebracht und die chrakteristische bäuerliche Kulturlandschaft geformt. Der Name des in 760 bis 790 m Höhe am Auerbergnordhang gelegenen Dorfes ist zweifellos mit einer hochmittelalterlichen Rodung bei einer Kirche des Hl. Nikolaus zu erklären. Diese Kirche wird zuerst 1315 als Filiale der Irschenberger Pfarrkirche genannt, bei der sie bis zur Errichtung einer eigenen Pfarrei 1883 verblieb.

Das Niklasreuther Ortsbild stellt sich im wesentlichen bis heute wie auf dem großen Votivbild des Jahres 1800 in der Kirche dar, das die kleine geschlossene Siedlung mit dem dominierenden Gotteshaus und umliegenden Friedhof sowie weiteren Gebäuden mit zentralen Funktionen zeigt, das 1654 erbaute *Benefiziatenhaus* (Haus Nr. 2, heute *Pfarrhof*, 1850 neu errichtet), den *Maierhof* (Haus Nr. 4), die Anwesen von *Wirt* (Haus Nr. 5), *Mesner* (Haus Nr. 3) und *Kramer* (Haus Nr. 6), sämtlich mit den Giebeln nach Osten gerichtet. 1790 kam noch die *Schule* hinzu, die 1834 und um die Jahrhundertwende erneuert wurde. Außerhalb des Ortes sind sowohl im Bild wie noch heute verteilt in der Landschaft und nach Osten ausgerichtet die Höfe der Bauern zu sehen, in der weiteren Umgebung die *Kirchen* und damit eine barocke sakrale Landschaft, die sich um den Irschenberg legt.

Kath. Pfarrkirche St. Nikolaus, barocke Anlage; 1694/97, umgestaltet 1779, Turm erhöht 1709; *Lourdeskapelle* im Friedhof, 1886.

Die älteste Niklasreuther Kirche, überliefert durch einen Grundriß aus dem Jahre 1694, war ein schmaler, langgestreckter, wohl spätromanischer Bau. Das Presbyterium war im Spätmittelalter vergrößert worden. Seine Außenmauern und das Turmuntergeschoß wurden in den seit 1694 durch den Hausstätter Maurermeister Johann Mayr d.A. (1643–1718) aufgeführten barocken Neubau einbezogen, einen lichtdurchfluteten, gewölbten Wandpfeilerbau mit eingezogenem Chor und mit Miesbacher Quadraturstuckwerk. 1697 wurde die Kirche geweiht. Von der ursprünglichen Ausstattung ist nur das Gestühl erhalten.

Um 1795 war die Kirche im Sinne des Spätrokoko ausgestaltet worden. 1873 ff. wurden die Altäre, Figuren und Gemälde der Barockzeit entfernt und der Sakralraum nach romantischem Verständnis völlig einheitlich neu ausgemalt und ausgestaltet. Diese Bestrebungen auf den Außenbau auszudehnen, verboten die hohen Kosten.

Schon 1920 wurde eine Rebarockisierung eingeleitet mit der Neuausmalung der Kirche (Deckenbilder von Anton Niedermaier). Seit 1957 wurden die Ausstattungen des Historismus schrittweise beseitigt und durch drei neu erworbene Barockaltäre ersetzt. Erworben wurden auch die Empirekanzel, das barocke Taufbecken und der Kreuzweg. Der Sakralraum erscheint heute wie ein originaler Barockraum.

Haus Nr. 4. *Bauernhaus «Beim Moar»,* stattliche Einfirstanlage, Wohnteil mit Blockbau-Obergeschoß, Balusterlaube, Giebellaube und geschnitzter Haustür, 1804 erbaut.

Wie das Votivbild in der Kirche zeigt, wurde der schon 1469 erwähnte zum *Schloß Valley* gehörige Maierhof 1800 von französischen Soldaten in Brand gesetzt. Der Neubau von 1804 ist in allen wesentlichen Teilen, einschließlich seines einzigartigen Empire-Türstocks und der Stube, erhalten.

Niklasreuth, Kath. Pfarrkirche St. Nikolaus

Niklasreuth, Kirche, Hochaltar

Niklasreuth, Kirche, linker Seitenaltar

Niklasreuth, Kath. Pfarrkirche, Inneres

Niklasreuth, Luftbild von Osten (freigeg. Reg. v. Obb. GS 300 / 9573 / 83)

Niklasreuth, Kirche, Hl. Petrus

Niklasreuth, Kirche, Hl. Nikolaus

Niklasreuth, Haus Nr. 4, Bauernhaus

Niklasreuth, Trachtlerjahrtag 1979, Einzug in die Kirche

Niklasreuth, Haus Nr. 4, «Moar-Stube»

Haus Nr. 5. *Gasthaus* und *Bauernhaus «Beim Ruhwandl»*, Einfirstanlage, Wohnteil verputzt, mit Kniestock, breiter Giebellaube und Lüftlmalereien, bez. 1767.

1522 als zur *Kirche Frauenried* gehörig genannt, das Haus 1767 erneuert und mit reicher ornamentaler Lüftlmalerei dekoriert.

Haus Nr. 6. *Wohnhaus und Kramerei*, Putzbau mit Giebelbalkon und reich profilierten Balkenköpfen, um 1800, Ladeneingang und Schaufenster Ende 19./Anfang 20. Jh.

Oberhasling

Dem Bauernweiler westlich von Irschenberg im Leitzachgrund gehörten 1752 zehn, 1880 neun Anwesen zu. Heute bilden trotz Neubebauung am Rande vier bauerliche Anwesen, die sich um die Ortskapelle ordnen, ein eindrucksvolles historisches Siedlungsbild (Haus Nr. 1, 4, 6, 9, 10, 12).

Ortskapelle St. Maria, mit Dachreiter, 17. Jh.
In dem gewölbten, durch Wandpfeiler gegliederten Innenraum ein bemerkenswertes Altärchen mit Madonna, das noch dem 17. Jh. angehört. Das Gestühl nachbarock, 1819.

Haus Nr. 4. *Bauernhaus «Beim Oesterreicher»*, Wohnteil mit Blockbau-Obergeschoß, umlaufender Laube und Giebellaube, 1. Hälfte 18. Jh.

Haus Nr. 6. Am Wirtschaftsteil des *Bauernhauses «Beim Lechner»* Bundwerk, bez. 1836.

Haslinger Mühle 1. *Bauernhaus* und *ehem. Mühle,* Wohnteil mit Blockbau-Obergeschoß, umlaufender Laube und Giebellaube, bez. 1676 (Dach erneuert 1980).
Die Mühle liegt westlich außerhalb des Weilers am Fluß.

Obholz

Haus Nr. 1. *Bauernhaus «Beim Holler»*, Wohnteil mit Blockbau-Obergeschoß und umlaufender Laube, Giebel verbrettert, 1. Hälfte 18. Jh., Umbau des Hauses 2. Hälfte 19. Jh.

Niklasreuth, Haus Nr. 6, Kramer

Niklasreuth, Haus Nr. 5, Gasthaus «Beim Ruhwandl»

Oberhasling, Ansicht von Süden

Oberhasling, Haus Nr. 4, Bauernhaus

Oberhasling, Ortskapelle St. Maria, Inneres

Oberhasling, Ortskapelle

Oberhasling, Kapelle, Altar

Oberhasling, Haslinger Mühle 1, Bauernhaus

Oberhasling, Haus Nr. 6, Wirtschaftsteil

Oberholz, Haus Nr. 1, Bauernhaus «Beim Holler»

Pfaffing

Am östlichen Fuß des Irschenberges liegt der kleine Kirchweiler Pfaffing, zu dem die 1524 geweihte *Margarethenkirche* und die vier Bauernanwesen «*Beim Moar*» (Haus Nr. 2), «*Beim Oesterreicher*» (Haus Nr. 6), «*Beim Steffl*» (Haus Nr. 3) und «*Beim Schneider*» (Haus Nr. 4) gehören.

Aus dem Ortsnamen kann geschlossen werden, daß Pfaffing in der Frühzeit die Niederlassung eines Pfarrers war (s. o., Irschenberg), auch das Patrozinium St. Margareth spricht für eine alte Tradition dieser Kirche, die in der 2. Hälfte des 12. Jh. und anläßlich der Weihe von 1524 genannt wird.

Die Kirche und die vier von Haus und Obstgärten umgebenen Höfe liegen von Süden nach Norden hintereinander, die Giebel der meist erneuerten Bauten wie die Kirche nach Osten gerichtet.

Kath. Filialkirche St. Margaretha, geweiht 1524, barockisiert im 17. und 18. Jh.

Der bestehende Bau ist im wesentlichen der 1524 geweihte, wie am Dachwerk, am östlichen Chorfenster, am Altarunterbau und dem dahinterliegenden alten Fußboden erkannt werden kann. Unter den Weißdecken des Innenraums dürfte die spätmittelalterliche Holzbalkendecke liegen. In die Langhauswände soll spätromanisches Mauerwerk einbezogen worden sein, wie bei der letzten Putzerneuerung beobachtet wurde.

Der Außenbau wurde 1704 bescheiden barockisiert (Fenstererweiterung, Dachreiterzwiebel).

Ein neuer barocker Altar war schon 1644 aufgestellt worden. Er ist rechts und links bis zur Wand durch bemalte Türen erweitert worden, auf denen die Hll. Korbinian und Bonifatius dargestellt sind. Korbinian, der Freisinger Bischof, wird auch in der benachbarten Dettendorfer Kirche in Erinnerung an ein Blutwunder des Heiligen verehrt.

Es liegt nahe, daß gerade am Irschenberg auch des Organisators der frühmittelalterlichen bayerischen Kirche, des Hl. Bonifatius, gedacht wird. Auch die beiden lokalen Heiligen, die Missionare Marinus und Anian, sind in gemalten Rokoko-Brustbildaufsätzen am Altar vertreten. Die gestohlenen Schreinfiguren (St. Margaretha, St. Dorothea, St. Katharina) sind neuerdings durch volkstümliche Schnitzfiguren ersetzt worden.

Beachtenswert ist ein Zyklus von sechs Ölgemälden mit Darstellungen der Legende der Hl. Margaretha, 1731 von Johann Justus Heigl.

Bildstock, Tuffpfeiler, bez. 1602.
Neuzeitliche Aufstellung westlich der Kirche.

Pfisterer

Bildstock, Tuffpfeiler, um 1600; westlich des Hofes unter alter Linde.

Reichersdorf

Reichersdorf, vor 1978 Mittelpunkt einer eigenständigen kleinen Bauerngemeinde, liegt im hügeligen Moränenland zwischen dem kleinen Seehamer See, Pienzenau und dem ehem. Kloster *Weyarn,* zu dessen Klosterpfarrei im benachbarten *Neukirchen* es schon vor 1315 gehört hatte. Die pfarrliche Verbindung mit Neukirchen, das jetzt zur Gemeinde Weyarn gehört, besteht bis heute. Die grundherrschaftliche Bindung an die Klosterhofmark Weyarn ging 1803 zu Ende.

1078 wird «Richolfesdorf», die Siedlung eines Richolf, genannt. Der einzigartige Grundriß des Ortes läßt erkennen, daß sich die Kirche und die zehn alten Anwesen einem weiten von Nordwesten nach Südosten schwingenden, nach Süden abfallenden Straßenbogen zuordnen, die Siedlung also als

Straßendorf bezeichnet werden kann, dessen Mitte allerdings nur westlich der Straße bebaut ist, während östlich der «Anger», ein Wiesenplan, ausgespart bleibt. Dieses mittelalterliche Grundrißbild und das Ortsbild in der Ausprägung des 17. bis frühen 20. Jh. sind gut erhalten bzw. bleiben neuere bauliche Erweiterungen untergeordnet. Dominierender Bau ist die 1496 geweihte, 1760 bis 1772 barockisierte *Leonhardikirche* im ummauerten *Friedhof.* Ihr Turm, 1839 durch Blitzschlag zerstört, erhielt beim Neubau 1846 seine gotisierende Form, trug aber auch in der Barockzeit einen Spitzhelm.

Nördlich der Kirche liegen an der ansteigenden Straße nach Neukirchen die Höfe «*Beim Schaffler*» (Haus Nr. 21, Zuhaus Nr. 22), «*Beim Berthold*» (Haus Nr. 10), «*Beim Bachtl*» (Haus Nr. 8) und die barocke große Allerheiligenkapelle. Südwestlich schließen sich im Straßenbogen «*Beim Mesner*» (Haus Nr. 17), «*Beim Kleinholzer*» (Haus Nr. 15), «*Beim Wagner*» (Haus Nr. 11), «*Beim Maler*» (Haus Nr. 7) und «*Beim Wirt*» oder «*Beim Schmied*» (Haus Nr. 3 und 5) an.

Östlich abgesetzt am dortigen Ortseingang finden sich parallel nebeneinander die beiden großen Höfe «*Beim Heißn*» (Haus Nr. 1, mit einem neuen, ein Bauernhaus vortäuschenden Wirtschaftsgebäude) und «*Beim Gartmeier*» (Haus Nr. 2; das Zuhaus, Nr. 4, eine Störung im Ortsbild).

Pfaffing, Luftbild von Osten (freigeg. Reg. v. Obb. GS 300 / 9993 / 84)

Pfaffing, Kath. Filialkirche St. Margaretha

Pfaffing, Kath. Filialkirche St. Margaretha, Inneres

Pfaffing, Bildstock   Pfisterer, Bildstock

Reichersdorf, Ansicht von Südosten

Reichersdorf, Luftbild von Süden (freigeg. Reg. v. Obb. GS 300 / 9993 / 84)

Kath. Filialkirche St. Leonhard, spätgotische Anlage, 1496, barocker Ausbau 1760/72, Turm 1846; *Friedhof* mit Tuffquader-
Einfriedungsmauer, wohl 18. Jh.

1760 begann man, die spätgotische Kirche, die seit 1684 auch
Mittelpunkt einer Leonhardifahrt war, zu einem gewölbten,
lichten Wandpfeilersaal umzubauen und an der Nordseite einen Anbau mit offenen Erdgeschoßarkaden nach außen und
Emporen nach innen anzufügen. Auftraggeber waren die
Pröpste August Hamel und Rupert Sigl von *Weyarn* sowie die
1503 begründete örtliche Gut-Tod-Bruderschaft.

Die Deckenfresken im reich stuckierten Chor – Weyarner
Chorherren und Bauern flehen vor dem Hintergrund der Reichersdorfer Kirche zum Hl. Leonhard – sind volkstümliche
Rokokomalereien des Aiblinger Malers Johann Georg Gaill
(1721–93), der auch die *Weyarner Nachbarkirchen Kleinpienzenau* und *Neukirchen* ausmalte.

Die Fresken des nicht stuckierten Langhauses, 12 Jahre später
von Gaill gemalt, wurden wohl von der Gut-Tod-Bruderschaft veranlaßt und zeigen die Hl. Barbara und den Hl. Eligius als Helfer der Sterbenden.

Drei reiche Rokokoaltäre, die Kanzel und die Beichtstühle
aus der Zeit der Umgestaltung der Kirche.

Vom ehem. spätgotischen Hochaltar sind die Schutzfiguren
der Hll. Leonhard und Eligius (1502–05) erhalten, die Erasmus Grasser zugeschrieben werden.

Das wertvollste Ausstattungsstück der sonst völlig einheitlich
in Art des volkstümlichen Rokoko gehaltenen Kirche ist der
kleine Achatius-Flügelaltar von Erasmus Grasser, 1506.

Allerheiligenkapelle (Brunnenkapelle), barocker Ovalbau, 1644.

Nordwestlich oberhalb der Kirche wurden 1640 beim Brun-
nengraben unterirdische Gänge entdeckt, die in verfallenem
Zustand bis heute bestehen aber noch keine Erforschung und
Erklärung gefunden haben.

Dem Quellwasser und Schwemmsand der Gänge die in einer
sog. Kreuzgruft zusammentrafen, wurde heilende Kraft zugeschrieben und 1644 «das neue Sacellum über der Gruft», ein
frühbarocker monumental wirkender Zentralbau über längso-
valem Grundriß mit großer Kuppelhaube, errichtet, der das
Ziel einer vom Weyarner Propst Valentin Steyrer besonders
geförderten Wallfahrt wurde. Der Propst war auch Bauherr
der Kapelle.

Die Raumschale – flache Wandpfeiler, kräftig profiliertes
Gesims, Kuppel mit sechs durch querovale Okuli belichteten
Stichkappen – wurde um 1730/40 noch durch ornamentale
Malerei bereichert.

Frühbarocker, schwarz-gold gefaßter, feierlich wirkender Altar der Mitte des 17. Jh., das Altarblatt mit großer Allerheili-
gendarstellung.

Reichersdorf, Kath. Filialkirche St. Leonhard

Reichersdorf, Kirche von Westen

Reichersdorf, Kirche, Arkadengang

Reichersdorf, Kath. Filialkirche, Inneres

Reichersdorf, Kath. Filialkirche, Chorfresko

Reichersdorf, Kath. Filialkirche St. Leonhard, Hochaltar

Reichersdorf, Kirche,
Achazius-Flügelaltar

Reichersdorf, Kapelle,
Kuppelaufsicht

Reichersdorf, Allerheiligenkapelle von Süden

Reichersdorf, Allerheiligenkapelle, Altar

Haus Nr. 3. *Gasthaus Rank* (*«Beim Wirt»* oder *«Beim Schmied»*) stattliche Einfirstanlage, Wohn- und Gasthausteil mit hölzernem Balkon, Giebellaube, großer Eingangsnische, erbaut 1916 im alpenländischen Heimatstil.

Haus Nr. 7. Ehem. *Bauernhaus «Beim Moler»*, Wohnteil in Blockbauweise, Mitte 17. Jh., mit Laube, Giebeldreieck verbrettert.

Haus Nr. 10. *Bauernhaus «Beim Berthold»*, Einfirstanlage, Wohnteil mit Putzbandgliederungen, am Wirtschaftsteil Bundwerk, erbaut 1836.
Das Haus ist – gegen die sonstige Übung – mit dem Giebel nach Westen gerichtet, auch das Nachbaranwesen *«Beim Bachtl»* (Haus Nr. 8) besaß bis in jüngster Zeit diese Stellung zur Dorfstraße, zum «Innenraum» des Dorfes und zur Brunnenkapelle.

Haus Nr. 11. *Bauernhaus «Beim Wagner»*, kleine Einfirstanlage, Wohnteil mit Blockbau-Obergeschoß, bez. 1719, mit Laube, Giebeldreieck verbrettert.

Bildstock, Tuffpfeiler, bez. 1632; an der Straße nach Neukirchen.

Reiter

Haus Nr. 1. *Bauernhaus «Beim Reit am Berg»*, Einfirstanlage, Wohnteil mit Blockbau-Obergeschoß, Ende 17. Jh., mit giebelseitigem Balkon und verbrettertem Giebeldreieck.
Einödhof nordwestlich von Irschenberg bei *Loiderding*, die Form der Pfettenköpfe der Holzblockwände und der verbretterte Giebel unter dem Vordach typisch für das späte 17. Jh., die aufgedoppelte Stern-Haustür aus dem späten 18. Jh.

Riedgasteig

Haus Nr. 1. *Bauernhaus, «Oberriedgasteiger»*, Wohnteil mit Blockbau-Obergeschoß, 17./18. Jh., Kniestock mit Dachaufbau und Giebellaube 2. Hälfte 19. Jh.
Einödhof nahe der Straße Irschenberg–Miesbach.

Bildstock. Tuffpfeiler, 2. Hälfte 16. Jh.; an der Bundesstraße 472.

Riedl

Haus Nr. 1. *Bauernhaus «Beim Riedler»*, hakenförmige Anlage, Wohnteil mit Blockbau-Obergeschoß, umlaufende Laube, Giebellaube und Haustür mit nachbarocken Schnitzereien, um 1820/30.
Der altertümliche Hof liegt sehr abgeschieden östlich von *Niklasreuth* zu dessen Kirche er ehemals gehörte, am Auerberg-Nordhang.
Das bestehende Bauernhaus, im frühen 19. Jh. neu erbaut, ist im Wohnteil nahezu ursprünglich erhalten. Die geschnitzten Stützen der ungewöhnlichen Laubenbrüstungen in letztem Rokoko, der Türstock der Haustür in Empireformen.

Salzhub

Salzhub-Kapelle, Anfang 19. Jh.
Zum *Salzhubhof,* an welchem jetzt der westliche Ortsrand von Irschenberg grenzt, gehört die Hof- und Wegkapelle nahe der Straße Aibling–Irschenberg–Miesbach, an den Abzweigungen nach Loiderding und Kirchsteig.

Reichersdorf, Haus Nr. 3, Gasthaus Rank

Reichersdorf, Haus Nr. 7, ehem. Bauernhaus

Reichersdorf, Haus Nr. 11, Bauernhaus

Reichersdorf, Haus Nr. 10, Bauernhaus

Reichersdorf, Bildstock

Reiter, Haus Nr. 1, Bauernhaus

Riedgasteig, Bildstock

Riedl, Haus Nr. 1, Bauernhaus von Süden

Riedgasteig, Haus Nr. 1, Bauernhaus

Riedl, Haus Nr. 1, Bauernhaus

Riedl, Haus Nr. 1, Balkon-Detail

Riedl, Haus Nr. 1, Tür

Salzhub, Kapelle

215

Schlachtham

Der Weiler Schlachtham am Ostfuß des Irschenberges zählte bis vor wenigen Jahrzehnten vier alte beieinanderliegende Höfe. Das Ortsbild hat sich inzwischen stark verändert.

Haus Nr. 1. *Bauernhaus,* Einfirstanlage, Wohnteil mit Blockbau-Obergeschoß, Ende 17./Anfang 18.Jh., mit Laube, am Wirtschaftsteil Bundwerk um 1820/30.

Haus Nr. 3. *Vesperbild (Pietà),* 1.Hälfte 15.Jh.; im Giebel des *Bauernhauses «Beim Mesner».*
Die Figur dürfte sich ursprünglich in einer Kapelle befunden haben.

Tuffkreuz, bez. 1732; nördlich der Autobahn.

Schlosser

Haus Nr. 1. *Bauernhaus «Beim Schlosser»,* Einfirstanlage, Wohnteil verputzt, mit verbrettertem Kniestock, Schalbretter mit reichen Aussägearbeiten, Giebelbalkons, 1875.
Der *Einödhof* am Auerberg, 1522 zuerst genannt als Eigentum der *Niklasreuther Kirche,* wurde 1875 vom damaligen Besitzer Joseph Bauer neu errichtet und ist hervorragend erhalten. Er weist u.a. den für das Bauernhaus jener Zeit charakteristischen hohen Speicherstock auf, der durch die allgemeine Verbesserung der Ernteerträge nötig wurde.

Schwaig

Haus Nr. 9. *Bauernhaus «Aigenschneider»,* Wohnteil mit Blockbau-Obergeschoß, bez. 1719.
Der Hof liegt im Leitzachgrund bei *Jedling,* sein Wohnteil wurde unter Erhaltung des Oberstockes 1977/78 erneuert.

Schwibich

Hofkapelle, Ende 18.Jh.
Die Kapelle des stattlichen *Schwibichhofes* bei Reichersdorf, eines ehem. Ortsadelssitzes, der 1195 genannt wird.

Sinnetsbichl

Haus Nr. 68. *Bauernhaus «Vordersinnetsbichl»,* stattliche Einfirstanlage, Wohnteil verputzt, mit Balusterbalkons und reich profilierten Balkenköpfen, Anfang 19.Jh., Wandmalereien 1948 erneuert.

Sperlasberg

Der alte Vierhöfeweiler, südwestlich von Irschenberg auf dem Leitzachhochufer gelegen, hat nach den jünsten baulichen Veränderungen sein historisches Ortsbild eingebüßt.

Haus Nr. 1. *Bauernhaus «Beim Zotz»,* Wohnteil mit Blockbau-Obergeschoß, 2.Hälfte 17. Jh., Laube 19.Jh.

Haus Nr. 3. *Bauernhaus «Beim Schneider»,* Wohnteil mit Blockbau-Obergeschoß, 2.Viertel 17.Jh.

Unterkretzach

Haus Nr. 1. Zugehöriger kleiner Blockbau, ehem. *Getreidekasten,* 17.Jh.; an der Straße.

Wartbichl

Haus Nr.1. *Bauernhaus,* stattliche Einfirstanlage, Wohnteil mit Blockbau-Obergeschoß, umlaufender Balusterlaube und Giebellaube, Ende 18.Jh.

Schlachtham, Haus Nr. 1, Bauernhaus

Schlachtham Haus Nr. 1   Schlachtham, Haus Nr. 3, Pietà

Schwibich, Hofkapelle   Schlachtham, Tuffkreuz

Schwaig, Haus Nr. 9, Bauernhaus «Aigenschneider»

Schlosser, Haus Nr. 1, Bauernhaus «Beim Schlosser»

Sinnetsbichl, Haus Nr. 68, Bauernhaus

Sperlasberg, Haus Nr. 1, Bauernhaus

Sperlasberg, Haus Nr. 3, Bauernhaus

Sperlasberg, Haus Nr. 1, Wirtschaftsteil

Wartbichl, Haus Nr. 1, Bauernhaus

Wendling

Die historische Struktur des nahe der Autobahnausfahrt Irschenberg gelegenen Vierhöfeweilers hat sich seit einigen Jahrzehnten stark verändert.

Haus Nr. 4. Ehem. *Bauernhaus,* Wohnteil in Blockbauweise, 17. Jh., z. T. ausgemauert (1978/79 stark erneuert).

Der Wohnteil noch weitgehend als zweigeschossiger Holzblockbau. Das Anwesen ist nicht mehr bewirtschaftet.

Wieser

Haus Nr. 45. *Bauernhaus «Beim Wieser»,* Wohnteil mit Blockbau-Obergeschoß, 18. Jh., mit Laube, Giebeldreieck verbrettert.

Einöde an der Straße von *Niklasreuth* nach Au, 1513 zuerst erwähnt und bis 1803 dem Münchner Frauenstift gehörig, ursprünglich also wohl von den Waldeckern, deren Stammsitz sich in der Nähe bei Heißkistler befand, an ihre *Klosterstifung Schliersee,* die Vorgängerin des Frauenstifts, übergeben.

Der Wohnteil ist quererschlossen, wie bei vielen Anlagen vor der Mitte des 18. Jh. üblich. Der Wirtschaftsteil in jüngster Zeit neu erbaut.

Wilparting

Die Geschichte am Irschenberg ist seit dem Frühmittelalter mit der Geschichte der beiden Missionare Marinus und Anian und ihrer Verehrung eng verbunden. Es gilt heute als sicher, daß diese Zeitgenossen der Hll. Kilian, Korbinian und Rupert, der Wanderbischof Marinus und sein Diakon und Neffe Anian, zu Ende des 7. Jh., – nach der Überlieferung 697 – am Irschenberg den Märtyrertod fanden, Marinus nach der Legende in seiner Zelle in Wilparting, über welcher sich die *Veitskapelle* erhebt, Anian eine Viertelstunde südlich davon in seiner Zelle in *Alb,* am Platz der dortigen Anianskirche (siehe oben Alb und Irschenberg).
Über dem Grab der beiden Heiligen ragt die Wilpartinger Kirche auf, eine der ältesten christlichen Kultstätten Altbayerns. Der Beginn der Verehrung der Heiligen wird für das 8. Jh. angenommen, seitdem ist mit Kultbauten in Wilparting zu rechnen. Während der Restaurierung der 1697 erneuerten Kirche bestätigte sich, daß die Chor- und Langhauswände spätgotischen Ursprungs sind, im Boden wurde darüberhinaus der Westabschluß eines vorgotischen Baues entdeckt.
Auch die barocke Veitskapelle erwies sich 1962 als im Kern spätgotischer Bau, der im 17. Jh. erhöht und barockisiert wurde.
Zu den großartig am Südabhang des Irschenberges in einem Wiesenplan gelegenen, vor dem Bau der Autobahn völlig abgeschiedenen Gruppe der beiden Sakralbauten gehört auch der *Maierhof* (Haus Nr. 1), dessen Grundherr vor 1803 das Kloster Fürstenfeld war. Er wurde als große Einfirstanlage im späten 19. Jh. neu errichtet. Beim Hof, unter der mehrhundertjährigen Wallfahrtslinde, versammeln sich am Patroziniumstag, dem 15. November, die Wallfahrer nach der Messe.

Wieser, Haus Nr. 45, Bauernhaus

Wendling, Haus Nr. 4, ehem. Bauernhaus

Wilparting, Kath. Filialkirche, Inneres

Wilparting, Kirche, Veitskapelle und Maierhof von Norden

Wilparting, Kirche, Deckenfresko im Langhaus

Wilparting, Kath. Filialkirche, Inneres

219

Kath. Filial- und Wallfahrtskirche St. Marinus und Anian, barocker Ausbau einer spätgotischen Anlage, 1697, erneuert nach Brand 1724 und 1759.

Den Umbau der spätgotischen Kirche zu einem gleichmäßig von Süden und Norden belichteten barocken Wandpfeilersaal mit doppelter Westempore leitete 1697 Johann Mayr d. Ä. von der Hausstatt (1643–1718). Beim Erneuern des Sokkelverputzes im Inneren der Kirche 1984 wurden im Chor die 1697 barock ummantelten gotischen Wandpfeilervorlagen, gotische Putzpartien, eine vermauerte Tabernakelnische und im Westteil der Kirche das vermauerte gotische Nord- wie das Südportal und die Baunaht der westlichen barocken Erweiterung sichtbar. Aus Mayrs Zeit sind die drei Altäre erhalten, ihre barocke Fassung wurde 1985 freigelegt.

Der Kult um die beiden Heiligen breitete sich im frühen 18. Jh. stark aus. Der Freisinger Fürstbischof Johann Franz Eckher v. Kapfing öffnete 1723 das Grab in der Wilpartinger Kirche und ließ die Gebeine in Freising öffentlich verehren. Nach einem Brand, 1724, mußte die Kirche erneuert werden, gleichzeitig wurde der Westturm erbaut. Das bestehende Raumbild wird jedoch bestimmt durch die Rokokoausgestaltung 1759, die Stuckierung der Gewölbe durch einen Meister M. R. und die Ausmalung mit Fresken durch den Münchner Hofmaler Joseph Martin Heigl († 1776), einen Schüler Johann Baptist Zimmermans, der im Auftrag des Irschenberger Pfarrherren Alexander Joseph Streiter die Vita der beiden Heiligen so darstellte, wie Streiter diese neu verfaßt hatte, sowie durch die Fassung der Raumschale in kräftigem und zarten Gelb, in Rosa und in Grün, die bei der großen Innenrestaurierung 1984/85 nach Befund wiederhergestellt wurde. Zur Rokoko-Ausstattung gehören die Kanzel und das Gestühl. Die Gebeine der Heiligen wurden 1776 erneut erhoben und 1778 die Marmortumba vor dem Chorbogen aufgestellt. Vom spätgotischen Vorgängergrab sind die Sandsteinreliefs mit den Darstellungen des Marinus und Anian erhalten und an den Wänden aufgestellt. Sie werden Erasmus Grasser zugeschrieben (um 1480/90). Zwei kostbare Rokoko-Reliquienschreine mit den Schädeln der Wilpartinger Heiligen flankieren rechts und links den Hochaltar.

Kapelle St. Vitus, Zentralbau, spätes 17. Jh., auf mittelalterlicher Grundlage.

Das überwölbte Oktogon am Ort der Zelle des Hl. Marinus ist ein frühbarocker Bau über mittelalterlicher Grundlage. Im Inneren ein Altar des 17. Jh. mit spätgotischen Figuren der Hll. Marinus und Anian, am stuckierten Gewölbe ein stark zerstörtes barockes Deckengemälde, das die beiden Heiligen in einer Himmelsszenerie zeigt.

Wöllkam

Wöllkam liegt südlich von Irschenberg, jetzt hart an der Autobahn. 1752 bestand der Ort aus sieben Bauernanwesen, deren Zuordnung zueinander trotz baulicher Veränderungen noch erkennbar ist.

Haus Nr. 7. Ehem. *Bauernhaus «Beim Scheibnsteiner»,* Wohnteil in Blockbauweise, 17. Jh.

Das älteste Haus des Dorfes, «Beim Schreibnsteiner», ein Blockbau, wurde 1983 auf demselben Grundstück umgesetzt und neu untermauert.

Wilparting, Kirche, Hochgrab St. Marinus und Anian

Wilparting, Kapelle St. Vitus

Wilparting, Kirche, Reliquienschrein des Hl. Marinus

Wilparting, Kirche, Reliquienschrein des Hl. Anian

Wöllkam, Haus Nr. 7, ehem. Bauernhaus

Wilparting, Kapelle St. Vitus, Inneres

Wöllkam, Haus Nr. 7, bei der Versetzung

GEMEINDE KREUTH

Die Gemeinde Kreuth umfaßt das hintere Tegernseer Tal längs der Weißach und der Bundesstraße 307 vom schmalen Südwestufer des Tegernsees (Ringsee) bis zur Tiroler Landesgrenze bei der sog. Kaiserwacht südlich hinter dem Achenpaß.

Diese Tallandschaft, die beim Paß 920 m Höhe erreicht, besitzt alpinen Charakter. Sie wird von den seitlich sie begleitenden Gebirgsstöcken des Hirschbergs (1670 m), des Roß- und Buchsteins (1698 m), des Blankenstein und Risserkogel (1764 und 1826 m) und des Blaubergzuges (Halserspitz 1861 m) eingefaßt.

Die Besiedlung dieses nord-südlich verlaufendes Tales, das sich bei Wildbad südwestlich abwinkelt, ist eng mit der Geschichte des im 8. Jh. gegründeten Klosters Tegernsee verbunden, das im wesentlichen bis 1803 Grundherr im heutigen Gemeindegebiet war.

Die hochmittelalterliche Rodung und Ansiedlung erfolgte auf den Schotterterrassen der Weißach, zunächst im unteren Tal, links des Flüßchens. Ortsnamen wie Kreuth, Reit, Reitrain erinnern an die mittelalterliche Rodung.

Wie üblich kam es auch hier im Spätmittelalter zur Teilung der jeweiligen Urhöfe, im Kreuther Tal meist in 3, 4 bis 7 Anwesen, die fortan Weiler bildeten. Typisch für diese Entwicklung sind z. B. die Orte Brunnbichl und Schärfen.

Die geringe Sonnenscheindauer im Tal erlaubte den Bauern nur Milchwirtschaft und Viehzucht, dazu Waldwirtschaft.

Das obere Tal bei Glashütte, «im Walde» genannt, wurde erst um 1700, gefördert durch das Kloster, besiedelt. Seitentäler wie die Langenau blieben bis heute ohne Besiedlung, wurden aber schon seit dem hohen Mittelalter ebenso wie die freien gerodeten Hanglagen der Berge intensiv für Almwirtschaft genutzt, die bis heute fortbesteht.

Mit der Erneuerung des Wildbades Kreuth seit 1825 durch König Max I. Joseph wurden das Kreuther Tal und seine Berge zunehmend von Kur- und Sommergästen, darunter Potentaten und hochgestellte Persönlichkeiten aus ganz Europa, besucht. Die Verbürgerlichung des Fremdenverkehrs, dann der moderne Tourismus, veränderten die wirtschaftlichen und Bevölkerungsstrukturen z. T. erheblich. Die Gemeinde, deren Gebietsstand sich seit dem frühen 19. Jh. nicht verändert hat, wuchs zwischen 1840 und 1980 von 570 Einwohnern, die in ca. 100 Anwesen wohnten, auf 3790. Das bäuerliche Element ist völlig zurückgetreten.

Kreuth

Das Pfarrdorf Kreuth, links der Weißach an der Straße nach Tirol gelegen, zählte noch kurz vor 1900 lediglich sechs Anwesen, dazu Schulhaus, Pfarrhaus und Kirche. Die Siedlung, die unter Anleitung des Klosters Tegernsee im Hochmittelalter durch Rodung der Schotterterrassen am Fuß des Leonhardstein (1449 m) in 780 m Höhe entstand, gliedert sich in einen östlichen, straßen- und flußnahen unteren Teil mit dem Postgasthof, mit ehem. Handwerkeranwesen, dem früheren Zollamt, dem Postamt und in einen westlichen oberen Teil auf der freien Terrasse mit alten Bauernanwesen und der Pfarrkirche mit ihrem dominierenden Spitzturm, zu der auch der ummauerte Friedhof gehört.

Die historischen Strukturen sind im oberen Ortsteil und seinem Umgriff, den für die Viehzucht gerodeten Wiesenterrassen, eindrucksvoll erhalten. Die alten Anwesen, deren Giebel sich hintereinander staffeln, sind Am Kirchberg 8 («Beim Spitzer»), 10 («Handlhof»), 12 («Beim Zaller» = «Zöllner»).

Am vorderen Terrassenrand, in ausreichender Nähe zur Kirche wie auch zum unteren Siedlungsteil, wurde 1795 das Kreuther Schulhaus erbaut (Am Kirchberg 6, heute kleines

Wohnhaus, die jeweils größeren Nachfolgebauten 1891 und 1974 östlich, auf der unteren Terrasse). Nördlich neben der Schule entstand 1746 das Expositurhaus (Pfarrweg 2, seit 1809 Pfarrhof, jetzt Neubau).

Beherrschender Bau im unteren Teil, der in den letzten 40 Jahren weitgehende bauliche Veränderungen erfahren hat, ist der Postgasthof mit seinem breiten Straßengiebel (Nördliche Hauptstraße 7, «Beim Wirt», der Hotelanbau von 1910 zuvor Poststadel). Zu den historischen Anwesen gehören die gegenüberliegenden Häuser Nördliche Hauptstraße 4 («Beim Mellel») und 8 («Beim Reuther»).

Südlich des Postgasthofes wurde an der Straße nach Tirol im früheren 19. Jh. ein Zollamtsgebäude neu errichtet (Südliche Hauptstraße 8), das ebenso wie das Postamtsgebäude aus der Zeit nach dem 1. Weltkrieg (Südliche Hauptstraße 18) der veränderten wirtschaftlichen und Verkehrs-Bedeutung dieses Alpentaldorfes Rechnung trug. War die Geschichte von Kreuth bis 1803 durch die Abtei Tegernsee bestimmt, zu deren Klostergericht das gesamte Tal gehörte, und entsprechend klösterlich-bäuerlich geprägt, so erschloß König Max I. von Bayern mit der Eröffnung des Wildbades Kreuth dem Tal ganz neue Möglichkeiten (siehe Ortsteil Wildbad, S. 238 ff.). Bade- und Jagdgäste, Touristen, Bergsteiger und Skisportler stellten sich ein und veränderten die wirtschaftlichen und sozialen Grundlagen. Das Dorf, im 19. Jh. zur Unterscheidung vom Wildbad Kreuth meist «Dorf Kreuth» genannt, wurde zunächst gleichsam zu einer Wallfahrtsstätte der Hochgebirgsromantik einzelner herbeigereister Fremder, bis es sich seit dem frühen 20. Jh. dem Massentourismus öffnete.

Kirche. Kath. Pfarrkirche St. Leonhard, spätgotisch, erbaut 1489–91 wohl durch Alexander Gugler, 1776 verlängert; mit Ummauerung des Friedhofes.

Die auf einer künstlich erweiterten Schotterterrasse beherrschend gelegene, als Filiale von Egern unter Abt Konrad V. von Tegernsee durch den Baumeister Alexander Gugler errichtete Kirche ist in ihrer heutigen, im wesentlichen 1489–91 entstandenen Form ein steil proportionierter, spätgotischer Saalbau mit dreiseitigem Chorschluß. Den Außenbau beherrscht ein hoher, in seinen oberen Teilen erneuerter Turm mit Spitzhelm über vier steilen Giebeln.

Der Vorgängerbau der bestehenden Kirche war 1184 unter Abt Rupert erbaut und dem Hl. Leonhard geweiht worden, dem Patron der Roßknechte und Fuhrleute, später auch der viehzüchtenden Bauern. Der Zeitpunkt der Erbauung gibt wichtige Hinweise für den Fortgang der Rodung und Besiedlung im Kreuther Tal. Die Kirche ist die älteste St. Leonhard gewidmete in Altbayern. Die Wallfahrt am 6. November hat sich bis heute erhalten.

1776 wurde die Kirche nach Westen verlängert, der Innenraum barockisiert, u. a. wurden die gotischen Rippen von der Gewölbeschale abgeschlagen und letztere mit Darstellungen aus der Leonhardslegende bemalt. Die spätgotischen Schlußsteine, u. a. einer mit Datierung 1491, wurden in die Westwand eingelassen und dort gleichsam als Urkunden bewahrt. Bei der durchgreifenden Regotisierung des 1809 zur Pfarrkirche erhobenen Sakralbaus, 1864, wurden ein «gotisches» Stuckrippensystem am Gewölbe rekonstruiert, die Deckengemälde übertüncht, die barocke Ausstattung weitestgehend beseitigt und durch eine gotisierende ersetzt. 1930 entdeckte man die Malereien am Gewölbe wieder und legte sie trotz der neugotischen Stuckrippenüberschneidungen frei. Die neugotische Ausstattung wurde in jüngster Zeit bis auf das Gestühl unverständlicherweise wieder entfernt. Eine überzeugende Raumeinheit ist nicht mehr gegeben. Im Chor freigelegtes Wandgemälde, bez. 1491, den Hl. Leonhard und einen Stifter

Kreuth, Kath. Pfarrkirche St. Leonhard von Nordosten

Kreuth, Kirche, spätgot.
Wandmalerei

Kreuth, Kirche, Sitzfigur
des Hl. Leonhard

Kreuth, Kirche, Pietà

Kreuth, Kirche St. Leonhard, Inneres

darstellend, hinter dem Choraltar eine spätgotische Sitzfigur des Hl. Leonhard, an der nördlichen Langhauswand eine große, wohl von Ignaz Günther beeinflußte Pietà.

Leonhardiweg 9. *Landhaus,* malerisch gegliederter Putzbau im barockisierenden Heimatstil, mit Schopfwalmgiebeln nach drei Seiten, mehreren Erkerausbauten und hölzernen Balkons, erbaut 1899 von Emanuel Seidl; mit Parkanlage und Auffahrtsalleen.

Auf der oberen Kreuther Terrasse, doch abseits der Bauernanwesen und der Kirche, errichtete der Münchner Architekt Emanuel Seidl (1856–1919) für den Freiherrn Max v. Tillmann im malerisch-barockisierenden Heimatstil der Jahrhundertwende ein prachtvolles Landhaus mit einer Vielzahl genau studierter historischer Architekturdetails.

Raineralmweg. *Vereinsheim* mit einem 1981 aus Bergham b. Otterfing transferierten Holzblockbau-Oberstock des 18. Jh.

Südliche Hauptstraße 8. Ehem. *Zollamt* Kreuth, schlichter Putzbau mit Flachwalmdach, Mitte 19. Jh.

Das ehem. Königliche Zollamt ist in seiner «klassizistischen» Schlichtheit und Sparsamkeit ein charakteristischer kleinerer Amtsbau der Mitte des 19. Jh. Sieben zu drei Fensterachsen, das Flachwalmdach über einfachem Kastengesims. Treppenbrüstungen im Inneren mit gotisierenden ansteigenden Spitzbögen.

Eine Zollstelle in Kreuth ist seit 1498 bekannt, verzollt wurden Wein- und Salzlieferungen von und nach Tirol. In neuerer Zeit wurde die Zollstelle zunächst nach Stuben am Achenpaß, in den 1960er Jahren nach Achenwald (Tirol) verlegt.

Südliche Hauptstraße 18. *Postamt* Kreuth, Putzbau mit verschiefertem Steilwalmdach, modern-historisierend, mit Details im Stil der 20er Jahre, um 1925/30.

Charakteristischer Bau der Münchner Bauabteilung der Reichspost unter Robert Vorhoelzer (1884–1954), der eine Verbindung zu schlichten barocken Amtsbauten oder Pfarrhäusern suchte und Details, z. B. die Fenstergitter, im charakteristischen Design der Zeit gestaltete.

Die *Posthalterei* befand sich seit 1840 im Wildbad, seit 1886 im Dorf, beim Wirt.

Bayerwald

Haus Nr. 1. Ehem. *Kleinbauernhaus «Beim Waldbauer»,* Wohnteil zweigeschossiger Blockbau von 1632 (untere Teile) und aus dem 18. Jh. (obere Teile).

Sehr altes Blockhaus, um 1970 erneuert, an der Staatsstraße nach Tirol, in Einödlage. Das obere Tal ab Bayerwald ursprünglich «Im Wald» genannt und erst seit etwa 1700 durch die Abtei Tegernsee besiedelt.

Ehem. *Trifthütte,* sog. *Waldhansl-Winterstube,* eineinhalbgeschossiger Blockbau, First bez. 1859.

Die Hütte wurde als Aufenthalt für die Holzknechte erbaut, die auf der Weißach das geschlagene Holz trifteten. Der stattliche und wohlerhaltene Blockbau, jetzt als Niederalm genutzt, liegt nahe dem Bachufer im Wiesenboden der Waldhansl-Ochsenalm. Das Dach bis 1981 mit Holzschindeldeckung, jetzt Blech.

Kreuth, Leonhardiweg 9, Landhaus

Kreuth, Leonhardiweg 9, Eingangssituation

Kreuth, Südliche Hauptstraße 8, ehem. Zollamt

Kreuth, Südliche Hauptstraße 18, Postamt

Kreuth, Leonhardiweg 9, Landhaus

Kreuth, Raineralmweg, «Leonhardstoana-Hof»

Bayerwald, Haus Nr. 1, ehem. Kleinbauernhaus

Kreuth, Raineralmweg, «Leonhardstoana-Hof»

Bayerwald, Trifthütte

Brunnbichl

Der Weiler Brunnbichl weist wie keine andere bäuerliche Siedlung der Gemeinde noch das Grundrißbild des 18. Jh. auf. Dicht zusammen drängen sich auf dem Rand der Hochuferterrasse der Weißach nördlich von Kreuth die aus der Teilung eines mittelalterlichen Ursprungshofes entstandenen vier Anwesen «Beim Böckl» (Haus Nr. 8; mit zwei Zuhäusern nördlich und südlich, Nr. 13 und Nr. 7), «Beim Jagerbauer» (Haus Nr. 14), «Beim Zimmerer» (Haus Nr. 11; der jetzt als Wohnhaus ausgebaute Wirtschaftsteil trägt die Nr. 12), «Beim Hansenbauer» (Haus Nr. 10; anstelle des ehemals zugehörigen Schupfens jetzt ein kleines Wohnhaus, Nr. 9).

Die Höfe, bis auf den «Zimmerer» noch landwirtschaftlich genutzt, sind Einfirstanlagen des 18. und 19. Jh., z. T. mit älterem Baukern und von durchweg malerischem Gepräge, wozu die Hausgärten, Schupfen, Zuhäuser, Tennenauffahrten beitragen.

Auffallend ist, daß die Häuser Nr. 10, 11, 14 mit den Giebeln der Wohnteile gegen die Regel und offenbar aufgrund besonderer Windverhältnisse nach Westen, gegen die Hirschbergabhänge, stehen. Der bäuerliche Umgriff der Siedlung ist ungestört erhalten.

Haus Nr. 14. *Bauernhaus «Beim Jagerbauer»,* Einfirstanlage. Wohnteil mit verputztem Blockbau-Oberstock der 1. Hälfte 17. Jh., mit Giebellaube und verbretterter Hochlaube.
Die Formen der Pfettenvorköpfe am Haus weisen auf das 17. Jh.; am Brettermantel des Wirtschaftsteils Aussägearbeiten des mittleren 19. Jh.

Enterbach

In dem ursprünglich vier Anwesen umfassenden, jetzt baulich stark erweiterten ehem. Bauernweiler am Fuß des Ringbergs, ist die historische Höfegruppe Kainederweg 4 («Beim Desch»), 6 («Beim Wunsch»), 12 («Beim Kaineder») erhalten, gleichsam eine Traditionsinsel, die den Südteil des ursprünglichen Bauernweilers bildet.

Kainederweg 6. Ehem. *Bauernhaus «Beim Wunsch»,* Wohnteil mit Blockbau-Obergeschoß, Laube und Giebellaube, im Kern 1. Hälfte 17. Jh. (Wirtschaftsteil modern ausgebaut).

Glashütte

Das Dorf an der oberen Weißach und dem alten Weg nach Tirol, hingestreckt am Fuß der Paßhöhe, bildete sich bei einer *Glashütte des Klosters Tegernsee,* die 1688 eröffnet wurde, für die großen barocken Ausbauten in der Klosterkirche und Abtei die notwendigen «Scheiben» liefern sollte, 1698 aber wieder einging. Immerhin wuchs die Siedlung «Im Wald», seit 1808 Glashütte genannt, in der 892 m hoch gelegenen Talwiese.

Die Kirche wurde auf Veranlassung von Abt Bernhard Wenzl 1698 erbaut, das *Wirtshaus* (Haus Nr. 28), wird 1704 zuerst erwähnt. Es folgte das *Schlosseranwesen* mit einer *Hammerschmiede* (Haus Nr. 29), danach vier weiter südwestlich begründete Kleinanwesen «Beim Mesner» (Haus Nr. 45), «Beim Peterer» (Haus Nr. 39), «Beim Wau» (Haus Nr. 49), «Beim Karl», von denen drei zwar in baulich veränderter Umgebung, doch in ihrer Bausubstanz aus dem frühen 18. Jh. gut erhalten sind.

Als Stiftung König Max I. wurde 1825 die *Schule* nordöstlich des Wirtshauses gebaut, die der Badbenefiziat von Wildbad zu betreuen hatte. Der Nachfolgebau aus der Jahrhundertwende, diente bis 1963 als Schulhaus (Haus Nr. 26).

Brunnbichl, Blick nach Norden auf Schloß Ringberg

Brunnbichl, Haus Nr. 14 «Beim Jagerbauer»

Brunnbichl, Haus Nr. 14, Detail am Stall

Enterbach von Süden

Enterbach von Südwesten, Mitte: Kainederweg 6

Enterbach, Kainederweg 6, «Beim Wunsch»

Glashütte, von links: Nr. 29, Kirche, Nr. 28, Nebenhaus von Nr. 28, Nr. 26

Kath. Filialkirche Mariä Heimsuchung, erbaut 1698; Ummauerung des *Friedhofs,* am Eingang zwei Tuffsäulen.

Die laut Inschrifttafel am Eingang 1698 von Abt Bernhard gestiftete, auch «Maria im Walde» genannte Kirche ist ein äußerlich schlichter Bau mit giebelseitig vorspringendem, im 19.Jh. erneuerten Dachreiter. Der saalartige Innenraum wird durch kräftige Felderstuckierung des Gewölbes besonders gegliedert. Der frühbarocke, ursprünglich schwarz-gold gefaßte Hochaltar erhielt nach 1700 blau gefaßte Weinlaubsäulen. Das verlorene Altarbild ersetzt heute eine spätgotische Muttergottesfigur. Spätgotisch auch die als Hochrelief gearbeitete Anna Selbdritt-Darstellung sowie eine Madonnenfigur an den Chorpfeilern.

Im ummauerten *Friedhof* Grabsteine der Glashütter Wirte, Jäger und Förster.

Haus Nr. 39. *Kleinbauernhaus «Beim Peterer»,* mit Blockbau-Obergeschoß der Zeit um 1720, Laube und Giebellaube; 1852 erneuert.

Siehe Text zu Nr. 45.

Haus Nr. 45. *Wohnhaus «Mesnerhäusl»,* zweigeschossiger Blockbau, mit dreiseitig umlaufender Laube und Giebellaube, um 1720.

Die altertümlichen Blockbauten trugen bis in die siebziger Jahre Legschindeldächer, die jetzt leider durch Blecheindeckung ersetzt sind. Die Laubenbrüstungen bei Nr. 39 verbrettert, ebenso bei dem um 1720 durch das Kloster Tegernsee erbauten *Mesnerhaus* Nr. 45, dessen Fenster zwar im 19.Jh. vergrößert worden sind, das aber noch die reich profilierten Pfettenköpfe des frühen 18.Jh. und als ehemaliges Doppelhaus einen separaten Außenaufgang zum Oberstock sowie geschnitzte Laubensäulen besitzt (der Dachaufbau 1977 erneuert).

Haus Nr. 49. Ehem. *Bauernhaus «Beim Wau»,* Einfirstanlage, Wohnteil zweigeschossiger Blockbau Anfang 18.Jh. (modern verschindelt).

Ehem. Bergbauernanwesen, dessen zugehörige Gründe erst um 1710 gerodet wurden; jetzt als Jagdhaus ausgebaut.

Grüneck

Südliche Hauptstraße 44. *Villa v. Dreyfuß,* vornehmer Bau im alpenländischen Landhausstil, verputzt, mit Segmentbogenfenstern, verschaltem Dachaufbau und umlaufender Laube, 1890 erbaut; mit Parkanlage.

Die herrschaftliche Villa, in einem Park gelegen und 1890 für einen Bankier erbaut, ist ein repräsentatives Beispiel für den alpenländischen Landhaus- oder Schweizerhausstil des späten 19.Jh. und dokumentiert wie die Tillmannvilla in Kreuth die durch Gebirgsromantik und Fremdenverkehr geprägte Baugeschichte des späten 19.Jh. im Kreuther Tal.

Südliche Hauptstraße 46. Ehem. *Nebengebäude der Villa Dreyfuß,* mit Eckrisaliten und Zierbalkon, um 1890.

Ehem. Bedienstetengebäude, im Kern ein historisches Bauernhaus («*Beim Benedikt»*).

Glashütte, Kirche und Wirtshaus

Glashütte, Kath. Filialkirche Mariä Heimsuchung

Glashütte, Haus Nr. 39, Kleinbauernhaus «Beim Peterer»

Glashütte, Kirche, Inneres gegen Osten

Glashütte, Kirche, Inneres gegen Westen

Glashütte, Haus Nr. 45 «Mesnerhäusl»

Glashütte, Haus Nr. 45 «Mesnerhäusl»

Glashütte, Haus Nr. 49, ehem. Bauernhaus «Beim Wau»

Grüneck, Südliche Hauptstraße 44, Villa von Dreyfuß

229

Oberhof

Schloß Ringberg, umfangreiche Höhenburganlage am Ringberg, seit 1913 bis etwa 1970 erbaut von Herzog Luitpold in Bayern (1890–1973) durch Friedrich Attenhuber (1877–1947) in Formen des mittelalterlichen Wehrbaus, Renaissance- und allgemein alpenländischen Bauformen, bestehend aus Torturm und Torwartswohnung, Umfassungsmauern mit eingestellten Türmen, Vorhof, Wohnbau in vier Flügeln um einen Innenhof mit Bergfried und Ecktürmen, Terrassengärten mit Wasserbassins, an der Südseite mit Zinnenmauern, Teehaus, fünfgeschossigem Gästeturm, Aussichtsterrasse auf der Nordwestseite mit Loggia, vorgelagerten Treppenanlagen und Bogengängen und mit Kapelle. Innenausstattungen von Friedrich Attenhuber, Skulpturen von Arno Breker und Ferdinand Haug.

Diese »moderne«, in späthistoristisch-spätromantischer Haltung erbaute Burg auf dem Ringberg, mit Blick über den Tegernsee, in das Kreuther Tal und auf die Tiroler Berge, ist das Lebenswerk von Herzog Luitpold von Bayern. Idee und Ausführung erinnern an die Bauten der Verwandten des Herzogs, der Könige Ludwig I., Max II. und Ludwig II. Doch ließen hier nicht mehr kunstbegeisterte Regenten ihre Königsträume realisieren, der Herzog war selbst Kunsthistoriker, 1922 promoviert durch Heinrich Wölfflin, und gestaltete selbst wie ein Architekt bis ins Detail zusammen mit seinem Freund, dem Maler Friedrich Attenhuber (1877–1947), sein Bergschloß. Reiseerinnerungen aus Italien oder aus den altbayerischen Herzogsburgen Landshut und Burghausen wurden verarbeitet, kunsthistorisches Fachwissen angewandt. Der gediegenen handwerklichen Ausführung – z. B. beim Quadermauerwerk, bei Steinmetzarbeiten in einheimischem Scharlinger Marmor, fränkischem Sandstein und Südtiroler Rotmarmor – wird größte Aufmerksamkeit beigemessen. Die Inneneinrichtungen – Möbel, Fresken, Gobelins – meist von Friedrich Attenhuber in Stilhaltungen vom Jugend- bis zum monumentalen Heimatstil und Neoklassizismus.

1912 wurde mit dem Bau der Serpentinenstraße begonnen, seit 1913 entstand die Schloßanlage. Die Arbeiten wurden in den beiden Weltkriegen unterbrochen, dann bis zu seinem Tode 1964 von dem Maurerpolier Michael Berghammer, fortgeführt, doch nicht vollendet.

Es erscheint vorstellbar, daß Herzog Luitpold kurz vor Beginn des 1. Weltkrieges das Ende auch der Wittelsbachermonarchie erahnte und für seine Familie über dem geschichtsträchtigen Tegernsee eine neue Residenz schaffen wollte.

Der Max-Planck-Gesellschaft zur Förderung der Wissenschaften wurde die Burg von dem 1973 verstorbenen Herzog mit dem Vermächtnis vererbt, sie für wissenschaftliche Zwecke zu nutzen.

Oberhof, Schloß Ringberg, Blick von der oberen Terrasse

Oberhof, Schloß Ringberg, äußerer Torbau, Einfriedung und Kapelle

Oberhof, Schloß Ringberg, südliche Einfriedungsmauer

230

Oberhof, Schloß Ringberg, Luftbild (freigeg. Reg. v. Obb. GS 300/9993/84)

Oberhof, Schloß Ringberg, Blick auf Terrassengarten

Oberhof, Schloß Ringberg; Teehaus und Gästeturm

Oberhof, Schloß Ringberg, Großer Saal im Nordtrakt

231

Pförn

Der in der Zeit des Tegernseer Klostergerichts sechs Bauernanwesen umfassende, in hochmittelalterlicher Rodungszeit auf einer Niederterrasse im vorderen Tal entstandene Weiler hat sich in neuester Zeit baulich und nach seiner Bevölkerung erheblich verändert. Von der Vierhöfegruppe im Süden und der Zweiergruppe im Norden ist jeweils ein historisches Haus erhalten.

Haus Nr. 5. *Bauernhaus «Beim Hazi»,* Wohnteil mit Blockbau-Obergeschoß, Laube und Giebellaube, erbaut 1722.

Das Haus wurde nach einem Ortsbrand neu errichtet, über der Laubentür ist das Baujahr eingekerbt. Das Dachwerk 1979 erneuert.

Tegernseer Straße 46. *Bauernhaus «Beim Reißn»,* Wohnteil zweigeschossiger Blockbau des 17.Jh., das Erdgeschoß im 19.Jh. verputzt, der Oberstock verbrettert, Dachaufbau 1881.

Malerisches altes Haus mit einigen nachgotischen Balkenköpfen. Dachaufbau, Lauben und untere Fenster vom Umbau im Jahre 1881, damals wohl auch das Erdgeschoß verputzt. Die Fenster im Oberstock vielleicht vom ursprünglichen Bau, zumindest aber aus dem 18.Jh.

Point

Die historischen Grund- und Aufrißstrukturen der Siedlung, die inzwischen baulich in das Dorf *Scharling* übergeht, haben sich in neuester Zeit stark verändert. Aus einem mittelalterlichen Ausgangshof hatte sich bis etwa 1500 durch Teilungen ein Weiler mit fünf Bauernanwesen gebildet, im 19.Jh. waren drei weitere hinzugekommen.

Bachlerweg 4. *Bauernhaus («Bachlerhof»),* langgestreckter Einfirsthof, Wohnteil mit verschaltem Blockbau-Obergeschoß, Giebelfront an der Nordostecke vorgezogen, 1. Hälfte 18.Jh., ausgesägte Fensterumrahmungen und Lauben 2. Hälfte 19.Jh.

Rauheckweg 10. Zugehöriger *Getreidekasten,* zweigeschossiger Blockbau, 2. Hälfte 17.Jh., durch Stadel überbaut.

Der Kasten, zweistöckig, mit vier absperrbaren Kammern, ist wohl der bedeutendste im Landkreis. Er dürfte im 17.Jh. aufgezimmert worden sein und besitzt z.T. geschweifte, nachgotische Türstürze. Der Bau dient jetzt als Werkstatt und wurde nach Abnahme des ursprünglichen Daches schon vor Jahrzehnten durch einen Stadel überbaut. Die Bezeichnung «1779» an einem der unteren Türstürze nachträglich angebracht.

Der stattliche zugehörige, 1350 in den Tegernseer Klosterstiftsbüchern genannte Hof, jetzt ein Neubau, gelangte 1585 in den Besitz der Erlacher. Ein nachgeborener Sohn dieser Familie, Sebastian, der in Miesbach eine Bildhauerlehre absolviert hatte, wanderte 1609 nach Graz aus, wo er 1649 starb. Seine Witwe heiratete in zweiter Ehe den Bildhauer Johann Baptist Fischer, dem sie 1656 einen Sohn, den späteren Barockarchitekten und Kaiserlichen Hofbaudirektor Johann Bernhard Fischer gebar, der sich nach seiner Erhebung 1696 in den Adelsstand nach dem ersten Ehemann seiner Mutter «von Erlach» nannte.

Rauheckweg 45. *Bauernhaus («Pointerhof»),* stattliche Einfirstanlage, Wohnteil mit Blockbau-Obergeschoß, 2. Hälfte 18.Jh.

Der Wohnteil des nach Westen gerichteten Hofes stark erneuert, jedoch unter Beachtung der historischen Formen und Proportionen; die östlichen Teile modern ausgebaut.

Reitrain

Das ehem. Dorf Reitrain baulich und in seinen sonstigen Strukturen völlig verändert.

Buchenweg 4. Ehem. *Bauernhaus,* Wohnteil mit Blockbau-Obergeschoß, Laube und Giebellaube, Ende 18.Jh.

Gut gepflegtes und weitgehend ursprünglich bewahrtes altes Kleinbauernhaus, im gemauerten Erdgeschoß noch die kleinen Fenster der Erbauungszeit erhalten.

Pförn, Haus Nr. 5, Bauernhaus «Beim Hazi»

Point, Rauheckweg 10, Getreidekasten

Pförn, Tegernseer Straße 46, Bauernhaus «Beim Reißn»

Point, Bachlerweg 4, Bauernhaus «Bachlerhof»

Point, Rauheckweg 10

Point, Rauheckweg 45, Bauernhaus «Pointerhof»

Reitrain, Buchenweg 4, ehem. Bauernhaus

233

Tegernseer Straße 65. *Bauernhaus «Gschwandlerhof»,* stattliche Einfirstanlage, Wohnteil mit Blockbau-Obergeschoß, dreiseitig umlaufender Balusterlaube und -giebellaube, 1776 erbaut.

Dieser wohl prächtigste Hof der Gemeinde, auch *«Gschwandler an der Reibn»* (starke Kurve) genannt, wurde 1776 neu erbaut. Der Wohnteil ist traufseitig erschlossen, die Laube mit den originalen barocken Balustern und Laubensäulen läuft um drei Seiten des nach Süden gerichteten Wohnteils. In der Stube im Erdgeschoß die ursprünglichen Fenster erhalten.
Auch die weiteren kunstvollen Zimmermannsarbeiten, wie die Pfettenköpfe und die Balkendurchsteckungen (Klingschrot) unverändert aus der Bauzeit.

Bildstock, Tuffpfeiler, bez. «1685» und «EST»; bei Tegernseer Straße 71.
Das Gemälde in der Bildnische modern erneuert.

Reitrain, Tegernseer Straße 65, «Gschwandlerhof»

Riedlern

Auf einer schmalen Hochuferterrasse der Weißach liegt Riedlern am Fuß des Setzberges, nahe bei *Kreuth,* in 795 m Höhe, einem Bergbauernweiler nicht unähnlich. Drei alte, bis zum 19. Jh. vier Bauernanwesen *«Beim Pförn in Riedlern»* (Jacklweg 3), *«Beim Zobl»* (Jacklweg 7) und *«Beim Langer»* (Jacklweg 12, Zuhaus Nr. 4) bilden den Ortskern, der mit seinen Haus- und Obstgärten, Zuhäusern und Schupfen sehr malerisch wirkt.
Östlich auch Neubebauung mit kleinen Wohnhäusern.
Zu Riedlern gehören – nördlich, jenseits des Riedler Baches – die ehem. *Einöde Wieden,* seit Mitte des 19. Jh. Sitz eines Forstamtes, und weiter nördlich die ehem. *Einöde Mühlau.*

In der Wieden. *Forstamt Kreuth,* in Art eines Einfirsthofes 1837 erbaut, Wohnteil verputzt, Giebel mit Balkon und Hochbalkon, klassizistische Haustür (Wirtschaftsteil des Hauses 1967 abgetragen).

Im Dachstuhl des Hauses eine Inschrift, die berichtet, daß der Königliche Salinen-Oberförster Anton Volkomm das Haus 1837 auf eigene Kosten erbauen ließ. Die Giebelfront des später vom Staat übernommenen Hauses mit streng geordneten Fensterachsen, die aufgedoppelte Haustür und die Kreuzstabbrüstungen der Vortreppe in klassizistischen Formen; Balusterbalkons, Pfettenköpfe und Vordach dagegen wie bei stattlichen oberbayerischen Bauernhöfen der Mitte des 19. Jh. Unter der Traufe Lüftungsöffnungen in Dreipaßform.

Jacklweg 7. *Bauernhaus «Baim Zobl»,* Einfirstanlage, Wohnteil mit verschaltem Blockbau-Obergeschoß, Laube und Giebellaube, wohl 2. Hälfte 18. Jh.

Am Hang gelegenes nach Westen gerichtetes Haus, Ende 19. Jh. und in neuerer Zeit bei Wahrung der alten Formen und Maßverhältnisse erneuert.

Reitrain, Tegernseer Straße 65, «Gschwandlerhof»

Jacklweg 8. *Landhaus Lippart («Sonneck»),* verputztes Erdgeschoß mit polygonalem Eckerker nach Inntaler Art, Obergeschoß überwiegend in Holz, Lauben mit Aussäge- und Schnitzarbeiten, Glockenstuhl, 1921 nach Plan von Ludwig Ruff, Nürnberg, erbaut; mit Park.
Der Bau, ursprünglich nur Sommerhaus, ist ein qualitätsvoller Vertreter des barockisierenden Heimatstils, vergleichbar mit den besten Landhäusern Gabriel und Emanuel v. Seidls und Friedrich und August Thierschs an den oberbayerischen Seen.

Reitrain, Tegernseer Straße 65, Eingangssituation

234

Riedlern, In den Wieden, Forstamt Kreuth

Reitrain, Bildstock

Riedlern, im Vordergrund Jacklweg 12

Riedlern, Ansicht

Riedlern, Jacklweg 8, Landhaus Lippart

Jacklweg 12. *Bauernhaus «Beim Langer»*, Einfirstanlage, Wohnteil mit verschaltem Blockbau-Obergeschoß, Laube und Giebellaube, 18. Jh., im 19. Jh. erneuert (nördlicher Anbau neuzeitlich).

Leonhard-Meßner-Weg *Kapellen-Bildstock*, 18./19. Jh., mit barockem Geißelchristus.

Bildstock, Tuffpfeiler mit Laterne, 16. Jh. bei Mühlauer Weg 15.

Nachgotisch, große Laterne mit spitzbogigen, jetzt leeren Bildnischen, der Sockel im Boden versunken. Die kuriose Blechabdeckung mit Kreuz wohl aus dem 19. Jh.

Ringberg, Schloß, siehe *Oberhof*.

Riedlern, Kapelle, Geiselchristus   Riedlern, Kapelle

Schärfen

Der Weiler dehnt sich in der Wiesenterrasse links der Weissach bei Scharling aus und besitzt noch wesentlich die historische Grundrißstruktur, die der Urkatasterplan der Zeit um 1815 zeigt. Aus einem mittelalterlichen Ursprungshof der frühen Rodungszeit waren zunächst durch Teilung zwei Höfe entstanden. Der nördliche Hof wurde im Spätmittelalter nochmals in drei Anwesen, Haus Nr. 11 (*«Beim Liedl»*), 13 (*«Beim Schorler»*), 15 (*«Beim Zimmerer»*), der südliche sogar in vier, Haus Nr. 18 (*«Beim Schärf»*), 19 (*«Beim Oettl»*), 20 (*«Beim Roth»*), 21 (*«Beim Kasper»*) aufgeteilt, eine Siedlungsentwicklung die v. a. für den südlichen gebirgsnahen Teil des ehem. Klostergerichts typisch ist. In einem Teil der von Hausgärten umgebenen sieben alten Anwesen, die allerdings nicht mehr sämtlich landwirtschaftlich genutzt werden und die wegen der örtlichen besonderen Windverhältnisse gegen die Regel mit den Giebeln südwärts (Nr. 21 sogar nach Westen) gerichtet sind, haben sich alte Holzblockwände erhalten.
Der Neubau Nr. 23 im Süden wurde leider nicht organisch in die Ortsgestalt eingefügt.

Haus Nr. 19. *Bauernhaus «Beim Oettl»*, Einfirstanlage, Wohnteil mit Blockbau-Obergeschoß, dreiseitig umlaufender Laube und Giebellaube, 1793 erbaut.

Vorbildlich gepflegter ehem. Hof mit strenger Fenster- und Türachsengliederung des Wohnteils. Am Wirtschaftsteil noch die alten Bohlenaußenwände (Schredelwände).

Großer *Wegkruzifix* mit Gekreuzigtem und Mater dolorosa, wohl 1. Hälfte 19. Jh. (gleichzeitig als Kriegergedächniskreuz); am Nordrand des Weilers.

Weissach

Rainerweg 12. Ehem. *Bauernhaus «Beim Sagpeter»*, Wohnteil mit Blockbau-Obergeschoß, mit Laube und Giebellaube, Ende 18. Jh., Fenster und Laubenbrüstungen Ende 19. Jh.

Der Wohnteil des ehem. Bauern- und Sägemühlanwesens besitzt einen stattlichen Blockbau-Oberstock mit reich figurierten Balkendurchsteckungen (Klingschrot) aus der Entstehungszeit, ähnlich denen des Gschwandlerhofes in Reitrain. Durch die Vergrößerung der Fenster im späten 19. Jh. gewann der Bau Landhauscharakter. Aus dieser Umbauzeit auch die Laubenbrüstungen mit reichen Aussägearbeiten.

Rainerweg 39. Ehem. *Sägmühle;* Wohnteil massiv, verputzt, Remise mit Holzaufbau über Bruchsteinsockel, gemeinsames Walmdach, 18. Jh.

Die ehem. zum *Kloster Tegernsee* gehörige Mühle gibt sich durch ihr Walmdach als Bau eigener nichtbäuerlicher Art zu erkennen. Diese Ordnung der Haus- und Dachformen war bis in das 18. Jahrhundert ebenso verbindlich wie die der Trachten der verschiedenen sozialen Schichten und Ränge.

Riedlern, Bildstock   Schärfen, Wegkruzifix

Schärfen, Haus Nr. 19, Bauernhaus «Beim Oettl»

Weissach, Rainerweg 12, ehem. Bauernhaus «Beim Sagpeter»

Weissach, Rainerweg 39, ehem. Sägmühle

Wildbad Kreuth

Wildbad Kreuth, Anlage von Bade- und Kurhäusern des 18. und 19. Jh. in parkmäßig gestalteter Landschaft sowie barocker Kapelle von 1696.

Wildbad Kreuth, Haus Nr. 1, Neues Bad, dahinter Königs- und Posthaus

«Ich thue in Tegernsee soviel für mein Vergnügen, ich will auch hier etwas für die leidende Menschheit thun» – unter diesem Programm stehend erneuerte und erweiterte König Max I. Joseph von Bayern die Kreuther Badeanlagen, die er 1817 zusammen mit weiteren ehemals Tegernseer Klosterbesitzungen erworben hatte. – Die aus dem Hohlenstein entspringende Schwefelquelle «Zum Hl. Kreuz» war bereits im Spätmittelalter den Tegernseer Benediktinern als heilkräftig bekannt. 1498 wird ein Bademeister genannt und Abt Heinrich V. erbaute 1511 in der abgelegenen Wildnis ein Badhaus, Abt Bernhard Wenzl 1696 daneben die noch bestehende Heilig-Kreuz-Kapelle. Gleichzeitig mit der Kapelle wurde nach dem Brand des Vorgängerbaus ein neues Badhaus erbaut, das baulich mit ihr verbunden ist und ebenso wie die Kapelle noch heute die äußere Gestalt besitzt wie auf dem großen Deckengemälde von 1731 im Rekreationssaal des Klosters Tegernsee, während der zugehörige Stadel 1860 durch den «Neuen Bau» ersetzt wurde.

Der Ausbau des verwahrlosten alten Mönchs- und Bauernbades durch den König begann 1818. Schrittweise bis 1825 erbaute er durch den königlichen Hofbauinspektor Simon Mayr ein erstes, dann ein zweites neues Badhaus für Schwefel- und Molkenkuren mit schon 1832 120 Gästezimmern, der offenen Wandelhalle, einem klassizistischen Kursaal, weiteren Repräsentationsräumen, einem Wohnhaus für den König und Nebengebäuden.

1824 stiftete er ein eigenes Badbenefizium für die steigende Zahl der Gäste, die sich nach der Einführung der Ziegenmolkenkur nach Appenzeller Vorbild, 1822, noch vermehrte.

Haus Nr. 1, 5, 7. *Neues Bad;* zwei gleichartige, 15 Fensterachsen lange, zweigeschossige, verputzte Trakte mit kräftig vorspringenden Mittelrisaliten und Walmdächern mit Lauben (Südbau und Nordbau), mit kleinem Verbindungsbau; klassizistisch, von Simon Mayr, 1820 der Süd-, 1824 der Nordbau für König Max I. erbaut; offene *Wandelhalle* (Trinkhalle) und rückwärts angeschlossener *Kur- und Speisesaal,* klassizistisch, 1825 von Mayr, nördlich des Nordtrakts (der Verbindungsbau zur Halle nachträglich); *Königs- und Posthaus* (Nr. 7 und 5), zweigeschossige verputzte Pavillonbauten mit Walmdächern, klassizistisch, um 1825 von Mayr; westlich hinter dem Südbau.

Wildbad Kreuth, Haus Nr. 1, Saalbau, Wandelhalle

Die historische Baugruppe des Wildbades Kreuth, das Alte Bad im Süden, das Neue im Westen, entfaltet sich vor einem weiten Wiesenplan, der gegen die zwei Talgräben Weißach und der ihr zufließenden Hofweißach steil abfällt.

Die drei Hauptgebäude des Neuen Bades, Südbau, Nordbau, Wandelhalle mit nachgeordnetem Saal ordnen sich einer gemeinsamen Fassaden-Baulinie zu. Sie erhoben sich ursprünglich freistehend, ohne Zwischenbauten, und entwickelten ihre würdevoll-schlichten klassizistischen Formen eindrucksvoller als nach den späteren Veränderungen.

Wildbad Kreuth, Haus Nr. 1, Saalbau, Wandelhalle

Wildbad Kreuth, Haus Nr. 1, Ansicht

Wildbad Kreuth, Haus Nr. 1, Saalbau, Saal

239

Im Inneren der beiden Bauten ist die ursprüngliche Raumeinteilung relativ gut erhalten. Treppenhäuser, Gänge, Gästezimmer, Salons sind von sehr zurückhaltend ländlich-klassizistischem Charakter.

Der repräsentativste Innenraum des Neuen Bades ist der klassizistische Kur- und Speisesaal von 1825, mit je acht Rundbogenfenstern an den Längsseiten, einer zwischen Pilastern eingespannten Empore an der schmalen Westseite und mit Büsten der Könige Max I. und Ludwig I. von Johannes Leeb über den Türen beiderseits der Empore.

Die östlich dem Saal vorgelegte, zur Wiese offene Wandel- und Trinkhalle ist ein Holzbau mit Pfeilergliederungen und Kassettendecke. Eine marmorne Treppe führt ins Freie. Erhalten sind die zwei ursprünglichen Trinkbrunnen und eine Gedenktafel von 1838, die an den Besuch des Zaren Nikolaus I. im Wildbad erinnert.

Saal und Halle waren von der Jahrhundertmitte Treffpunkte hochgestellter Kurgäste aus aller Welt. Die Anwesenheit dieser Gäste und später des in größeren Zahlen auftretenden bürgerlichen Publikums trug wesentlich zur romantischen Entdeckung des Tegernseer Tals bei, zeigte Auswirkungen auf seine neuere Baugeschichte.

Dem Südbau ist das schlichte Wohnhaus für den König nachgeordnet, in einem gleichartigen Bau, nördlich, befand sich die Poststation, die 1886 nach Dorf Kreuth verlegt wurde. Zwischen den beiden Gebäuden befand sich das Sudhaus, das 1945 zerstört wurde.

Hinter dem Nordbau, parallel situiert, erhob sich ein Badehaus, das in den 1970er Jahren abgetragen wurde. Nördlich des Saalbaus und am Nordrand des Wiesenplans befinden sich ehem. Ställe, Remisen und andere Nebengebäude von untergeordneter Bedeutung. Der Ökonomiebau ist in den 1960er Jahren abgebrannt, ein Teil der Bauten wurde in neuester Zeit abgebrochen.

Das Sanatorium Wildbad Kreuth mußte 1973 geschlossen werden, nachdem es erst 1956/57 instandgesetzt worden war. Nach weiteren Erneuerungen eröffnete die Hanns-Seidl-Stiftung der CSU im Neuen Bad ein Bildungszentrum, womit erneut ein großes, auch internationales Publikum hierher geführt wird.

Haus Nr. 2. *Kapelle Hl. Kreuz,* barock, 1696, geweiht 1707; *Altes Badhaus,* mit Blockbau-Obergeschoß, Flachsatteldach und Lauben, 1706; südlich angeschlossen; sog. *Schusterhäusl,* kleiner zweigeschossiger Bau mit Steilsatteldach, wohl Anfang 19. Jh.; zwei klassizistische *Brunnen,* bei der Kapelle und beim Badhaus.

Wildbad Kreuth, Neues Bad, Portrait König Max I. Joseph in der Eingangshalle

Wildbad Kreuth, Neues Bad, Nordbau, Stiegenhaus

Wildbad Kreuth, Neues Bad, Südbau, Gang im Obergeschoß

Wildbad Kreuth, Neues Bad, Südbau, Salon im Obergeschoß

240

Wildbad Kreuth, Haus Nr. 2, Altes Badhaus mit sog. Schusterhäusl

Wildbad Kreuth, Haus Nr. 2 mit Kath. Kapelle Hl. Kreuz und Haus Nr. 3

Die *Kapelle* ist ein schmaler Bau, zweijochig, mit Kreuzgratgewölben. Der gerundete Altarraum ist durch einen Triumphbogen ausgeschieden. Der in das Alte Badhaus eingreifende rückwärtige Kapellenteil wurde durch Aufbrechen eines Raums des Gebäudes gewonnen, der darüber gelegene Raum als Abtsloge ausgestaltet. An der geschnitzten Brüstung die Buchstaben AQ, als ‹Abt Quirinus› zu lesen.

Herausragendes Ausstattungsstück ist eine frühbarocke, durch die Abtei Tegernsee um 1700 aus Warngau erworbene, farbig gefaßte Kreuzigungsgruppe des 17. Jahrhunderts mit den Hll. Maria, Johannes und Magdalena sowie Engeln, die mit ihren Kelchen das Blut Christi sammeln. Im rückwärtigen Kapellenteil verschiedene Votivgaben, darunter ein spätgotisches Auferstehungsrelief, um 1550, aus Bremen, 1887 von einem Badegast gestiftet.

Im östlich an den Altarraum anschließenden fensterlosen Raumteil eine dreiseitig ausgebildete *Grotte* mit einer Figur des gegeißelten Christus, offenbar älter als die heutige Kirche und vielleicht aus der ältesten im Wildbad bestehenden Wallfahrtskapelle.

Das *Alte Bad* wurde 1706 im Auftrag von Abt Bernhard Wenzl von Tegernsee erbaut, es diente im 19. Jh. als *Benefiziatenhaus*. Erhalten sind alte Holzdecken und barocke Türen.

Das rückwärts angeschlossene *Schusterhäusl*, ein kleiner Putzbau aus der Zeit Max I., ist ein ehem. Handwerkerhaus, wie der Name sagt.

Der sog. Neubau von 1860 (Haus Nr. 3), westlich gegenüber der Kapelle, wurde in den 1960er Jahren von drei auf zwei Geschosse reduziert.

Denkmal für König Max I. Joseph, nach Entwurf von Jean Baptist Métivier 1828 errichtet, Erzbüste des Königs von Johann Baptist Stiglmaier.

Im Walde, südlich des Bades, am Weg zum Hohlenstein, erhebt sich über der Fassung der Heilquelle ein bedeutendes Denkmal für König Max I. nach Entwurf von Métivier, die Büste gegossen von J. B. Stiglmaier.

Wildbad Kreuth, Kath. Kapelle Hl. Kreuz, Altar

Wildbad Kreuth, Kath. Kapelle Hl. Kreuz, Inneres

Wildbad Kreuth, Brunnen

Wildbad Kreuth, Brunnen

Wildbad Kreuth, Max I. Joseph-Denkmal, Detail

Wildbad Kreuth, Max I. Joseph-Denkmal, Detail

Wildbad Kreuth, Max I. Joseph-Denkmal, Detail Relieftafel

Almen und Holzerstuben

Seit 979 ist die Almwirtschaft im Tegernseer Tal bezeugt, 1427 sind 43 Almen bekannt (es dürften in Wirklichkeit etwa 20 mehr gewesen sein), aus dem Jahre 1529 wird von 74 Almen berichtet. Die ältesten Anlagen sind die frei gelegenen Hochalmen gewesen, während es sich bei den Niederalmen meist um spätere Rodungsalmen im Bergwald handelt, die bis in die 1. Hälfte des 19. Jh. z. T. neu entstanden oder ausgebaut wurden. Aus diesem späteren Kapitel der Almgeschichte sind relativ viele Hütten erhalten, aus der mittelalterlichen Zeit keine einzige.

Bayerische Wildalm, obere Hütte, Bruchsteinbau, wohl 1874; östlich der Halserspitz an der Tiroler Landesgrenze in 1447 m Höhe.

Die Hütte liegt großartig unter den Südabhängen der Blaubergkette, die südlich von Kreuth eine natürliche Landesgrenze bildet.

Die weiten, durch das Waldtal der Langenau führenden Triebwege zwischen den Siedlungen des Kreuther Tals und der Alm haben zu ihrer Auflassung geführt. Die Hütte, ein Bau aus Kalkbruchsteinen, mit Schindeldach, am First bez. Ignaz Walser, 1874, dient jetzt Forstzwecken. Südlich unterhalb ein ehem. Stallstadel.

Bodigbergalm, Blockbau, am First bez. 1837 (Stallteil abgetragen; nördlich vom Reitstein bei Bayerwald in 1210 m Höhe).

Auf einem südlichen Vorberg der Roßstein-/Buchsteingruppe gelegener Blockbau auf gemauertem Sockel, 1948 erneuert. Die Alm ist nicht mehr bestoßen und wird als Forsthütte genutzt.

Bucheralm (Großbucherhütte), gemauerter Bau von 1808, der Wohnteil als verschindelter Blockbau 1913 angefügt; am Roßstein/Buchstein in 1295 m Höhe.

Stattliche Hochalm mit ehemals zwei Hütten, bereits 1427 in den Tegernseer Klosterarchivalien genannt. Die bestehende Hütte 1808 erbaut und bei Auflassung der zweiten Hütte, 1913, erweitert.

Geißalm, stattliche gemauerte Hütte, 1816; am Gernberg, südwestlich über Wildbad, 1113 m Höhe.

Die stattlichste unter den wenigen gemauerten Almhütten des Tegernseer Tals (40 m lang) gewann als Ziegenalm um 1820/30, kurz nachdem sie erbaut worden war, besonderen Ruf. Die Ziegenmolke, der Absud der Käseproduktion, wurde von der Alm in Fässern ins Wildbad transportiert, wo sie als Kurmittel bei den Gästen der von König Max I. eingerichteten Bade- und Molkenanstalt begehrt war. Die Hütte war auch beliebte Etappenstation bei den Ausflügen der Badegäste zur Königsalm.

Hölleialm, altertümlicher Blockbau, bez. 1676, in 1153 m Höhe.

Diese älteste erhaltene Almhütte des Tegernseer Tals und darüber hinaus des Landkreises Miesbach, weist über dem Eingang die Bezeichnung «1676» und «Simon ...» (unleserlich) auf. Wohnteil und Stall sind hier nicht – wie seit dem 18. Jh. die Regel – hintereinander senkrecht zum First in Angleichung an das Bauernhaus, sondern nebeneinander – parallel zum First – angeordnet, wenn auch der Stall im hinteren Teil des Blockhauses die volle Breite der Hütte einnimmt. Vor allem diese altertümliche Anordnung verleiht dem Bau neben der frühen Inschrift einen hohen Denkmalwert. Am Giebel nachgotische Balkenköpfe und ein erhaltenes originales Fenster. Die Hütte besitzt jetzt leider ein Blechdach; eine Wiederherstellung des Schindeldaches wäre wünschenswert.

Bayerische Wildalm unter der Halserspitz

Bayerische Wildalm, Ansicht von Westen

Rodigbergalm

Bucheralm, Großbucherhütte

Geißalm von Südosten

Geißalm von Nordosten

Hölleialm, Detail

Hölleialm

Königsalm, sehr stattlicher Blockbau, angeblich 1723 erbaut, First bez. 1801 oder 1810, Hütte nach Westen verlängert um Mitte 19. Jh., auf Bruchsteinsockel, mit Legschindeldach; *Kaserei,* (sog. *Kavaliershaus*) massives Erdgeschoß, Blockbau-Obergeschoß mit Balkons, 1818 erbaut; nordwestlich unter dem Schildenstein, 1115 m Höhe.

Königsalm, Kaserei sog. Kavaliershaus

Diese mit 46 m Länge größte historische Almhütte im Landkreis, wohl auch eine der größten der bayerischen Alpen, ist in ihren Dimensionen nur mit der Unteren Wallenburgalm im Rotwandgebiet vergleichbar. Beides waren Herrschaftsalmen, hier des Klosters Tegernsee, dort der Gräflich Hohenwaldeck'schen Herrschaft auf Wallenburg. Die Königsalm, in der Klosterzeit Klambach- oder Kaltenbrunner Alm genannt, war die Ochsenalm der Abtei. Sie gehörte zu den Tegernseer Klosterbesitzungen, die König Max I. 1817 erwarb und wurde von ihm als Rinderalm für etwa 60 Kühe und Kälber, besonders gefördert. In dieser Zeit, die den König selbst auf seiner Alm sah, wurde der zehn Joche lange Bau um drei weitere verlängert.

Das Konstruktionsprinzip des Gebäudes kann als ingenieurmäßig gewertet werden. Kräftige Binder mit einfachem Sprengwerk tragen den Firstbaum der stützenlosen Halle, zwischen die verdoppelten Binderstützen sind die Blockwände eingesetzt. Das Flachsatteldach ist mit Legschindeln gedeckt (jetzt erneuert), die durch schräg aufgelegte, mit Holznägeln befestigte Rundstangen beschwert werden.

Königsalm

Das Kavaliershaus ist innerhalb der bayerischen Alpen ein Unikat, vergleichbar wohl nur mit den frühesten Chalet-Bauten in der Schweiz. Das Erdgeschoß ist gemauert, enthält «eine ziemlich große Molkenküche, die Wohnung des Senners und, von der ansteigenden Erde umgeben, die Milch- und Butterkammern», wie es in der Allgemeinen Bauzeitung, Bd. 8, Wien 1843, Blatt 534, heißt, die den Bau mit Grund- und Aufrissen veröffentlichte. In der Molkenkammer «wird die Milch in 5 Zoll hohen und 18 Zoll im Durchmesser haltenden hölzernen Gefäßen aufbewahrt und in einem Trog unter stetem Zufluß von Quellwasser frisch erhalten; letzteres geschieht auch mit der Butter. Über eine an beiden Seiten des Hauses von außen aufsteigende Treppe gelangt man in das obere ganz von Holz gebaute Stockwerk. Man kommt … in den Salon, von dessen Balkon man den schönsten Überblick der Gebirgslandschaft genießt.»

Das rational für eine intensivierte Produktion auf der Alm organisierte Erdgeschoß, andererseits der für das Hochgebirgserlebnis mit großen villengemäßen, feingegliederten Fenstern versehene Salon im Obergeschoß, darüber hinaus die Rezeption traditioneller bäuerlicher Bauformen und -techniken, setzen das Gebäude in den Rang eines für das frühe 19. Jh. außerordentlich bemerkenswerten und charakteristischen Baudenkmals.

Langenaualm, südliche Hütte

In der Glanzzeit des Kreuther Bade- und Kurbetriebs im 2. Viertel des 19. Jh. gehörte die Königsalm zu den bevorzugten Ausflugszielen der Gäste. Sie entsprach dem romantischen Bild, das sich das Publikum vom Hochgebirge und seinen Bewohnern machte und wurde in entsprechenden Darstellungen von Malern und Stechern verbreitet.

Langenaualm, südliche Hütte, Blockbau auf gemauertem Klaubsteinsockel, mit Legschindeldach, Mitte 19. Jh. nördliche Hütte, Blockbau auf gemauertem Klaubsteinsockel, mit Legschindeldach, First bez. 1850; in der Langenau, 960 m Höhe.

Beide Hütten sind gut erhalten; die noch bestoßene Alm ist eine Niederalm in einem Wiesenboden der Langenau und bestand ehemals aus mehreren Hütten.

Luckenalm, untere Hütte, (Zimmererhütte), gemauerter Bau, mit Legschindeldach, Anfang 19. Jh.; nordöstlich vom Hirschberg, 1460 m Höhe.

Luckenalm

Königsalm

Luckenalm, untere Hütte

Die beiden Luckenhütten (ehemals drei) liegen in dem von Wanderern und Skifahrern viel begangenen Hirschberggebiet. Beide sind gemauerte kleine Bauten des frühen 19. Jahrhunderts. Die Erneuerung der oberen Hütte führte leider zu einer starken Vereinfachung; sie hat ihren Denkmalcharakter verloren. Der unteren Hütte ist eine behutsamere bauliche Sanierung zu wünschen.

Luckengrabenalm, gemauerter Bau, am First bez. 1812 und 1911 (Erneuerung nach teilweisem Brand); im Söllbachtal, 944 m Höhe.

Der hölzerne Kniestock der Hütte läuft in schön profilierten Balkenköpfen aus. Der Firstbalken in zwei Lagen, die obere 1812, die untere 1911 bezeichnet.

Plattenalm, drei Hütten; *südwestliche Hütte,* Blockbau, mit Schindeldach, First bez. 1822 MH; *mittlere Hütte,* langgestreckter Blockbau, mit Legschindeldach, um 1820/30, westlicher Teil später (Verlängerung); *südöstliche Hütte,* Blockbau, mit Schindeldach, First bez. 1826 MIMGP; am Platteneck, westlich der Blauberge, 1510 m Höhe.

Die abgeschiedene Plattenalm, eine ehemalige Gemeinschaftsalm, liegt direkt an der Landesgrenze, beim Platteneck, am westlichen Anstieg zum Blauberggrat. Es handelt sich um eine der sehr früh entstandenen Hochalmen. Von den drei einander zugeordneten Blockhütten aus dem frühen 19. Jahrhundert ist die mittlere später verlängert worden. Die Baugruppe ist unverfälscht erhalten geblieben, die Hütten besitzen noch Schindeldächer, die südöstliche und die südwestliche außer genauen Bezeichnungen der Baujahre und Bauherren schön profilierte nachbarocke Balkenköpfe.

Rieselsbergalm, nordöstliche (obere) Hütte. stattlicher Blockbau, z.T. verschalt, 1. Hälfte 19.Jh., Teil des Daches noch mit Legschindeln; am Aufstieg von der Langenau zum Schinder beim Rieselsberg, 1500 m Höhe.

Auf der abgelegenen, noch bestoßenen Hochalm befinden sich drei Hütten; die obere ein langgestreckter, südgerichteter Blockbau, leider jetzt weitgehend mit Blechdach, die beiden westlichen (unteren) gleichfalls Blockbauten, doch aus dem späteren 19. Jahrhundert und verändert bzw. sehr stark erneuert. Wenige Schritte östlich – jenseits der Landesgrenze – die beiden alten Blockhütten der Tiroler Ritzelbergalm.

Scheureralm, Blockbau, am First bez. 1798; am Südhang des Risserkogl, 1045 m Höhe.

Die Alm, ursprünglich zum *Scheureranwesen* in Rottach gehörig, entstand 1694; sie ist heute Niederalm (Niederleger) der berühmten, vor einigen Jahren neu erbauten *Ableitenalm* am Südhang des Risserkogl.

Schwaigeralm, zugehöriger ehem. Stallstadel, Bohlenbau mit Schindeldach, 1839, bei der ehem. Schwaigeralm (*Pletschereralm*), jetzt Gaststätte; am Eingang in die Langenau, 800 m Höhe.

Schwarzentennalm; Mangelhütte, Blockbau, 18.Jh.; im Schwarzentennboden (Söllbach-/Schwarzenbachtal), 1050 m Höhe.

Von den Almhütten dieses Wiesenbodens südlich unter dem Hirschberg, auf dem Sattel zwischen Söllbach und Schwarzenbach, ist nur dieser Blockbau verhältnismäßig unverändert erhalten geblieben.

Siebenhütten; Kaser und Berggasthaus (obere Hütte), Blockbau, mit Schindeldach, First bez. 1843; ehem. *Geißstall* (mittlere Hütte), langgestreckter Blockbau, mit Schindeldach, Mitte 19.Jh.; *Heustadel* (untere Hütte), Blockbau, mit Schindeldach, First bez. 1851; an der Hofbauernweißach bei Wildbad, 855 m Höhe.

Luckengrabenalm

Plattenalm

Plattenalm, mittlere Hütte

Plattenalm, südöstl. Hütte

Plattenalm, südwestl. Hütte

Rieselsbergalm, obere Hütte

Scheureralm

Schwaigeralm

Schwarzentennalm

Siebenhütten, links: Heustadel, mitte: Geisalm, rechts: Kaser und Berggasthof

249

Die Siebenhüttenalm, eine Niederalm im Wildwassergrund der Hofbauernweißach, gehörte bis zum Verkauf an König Max I. den sieben Bauern von *Pförn*, die hier ursprünglich sieben bei der Besitzübergabe drei Hütten besaßen. Die drei bestehenden sind wohlerhaltene, in der Mitte des 19. Jahrhunderts neu errichtete Blockbauten, die sich auf den schmalen Rasenplätzen am Bachufer verteilen. Der Besuch des malerischen Almdörfchens gehörte schon im frühen 19. Jahrhundert zum Pflichtprogramm der Gäste des Wildbades; in den Gästebüchern der Wirtschaft verewigten sich höchste und hohe Besucher aus ganz Europa, Künstler, Volkssänger, Jäger und Alpinisten. Maler machten die «pittoresken Schönheiten» des Ortes in romantischen Darstellungen bekannt.

Weidbergalm; Lidlhütte, Blockbau, z.T. verschindelt, mit Legschindeldach, wohl noch 18.Jh.; südöstlich vom Hirschberg, 1420 m Höhe.

Die Weidbergalm ist die größte noch heute bestoßene Gemeinschaftsalm im Tegernseer Tal, eine Hochalm, die sich ursprünglich die Bauern von Point und Schärfen teilten. Eine der acht Hütten und Stadel besitzt mit ihrem Legschindeldach und den gut profilierten Balkenköpfen das Blockhaus noch weitgehend historischen Charakter.

Gurnbach-Holzerstube, Diensthütte des Forstamts Kreuth, zweigeschossiger Blockbau auf Bruchsteinsockel, 1912 erbaut; im oberen Söllbachtal, am Eingang in den Schwarzentennboden, 1000 m Höhe.

Holzer- und Winterstuben richteten die Forstverwaltungen im 19. und frühen 20. Jahrhundert überall in den von Talsiedlungen weit entfernten Bergwäldern und holzreichen Tälern ein.

Grenzsteine und Kreuze in der Flur

Grenzsäule, bez. 1557, 1676 und 1844, mit Inschrift und Wappenreliefs; an der Staatsstraße Tegernsee/Achensee bei Stuben (km 75), an der Landesgrenze Bayern/Tirol.

Einzigartige Grenzsäule, auf der Südseite der Tiroler Adler und die Bezeichnung 1557 (wohl 1676 eingeschlagen), auf der Nordseite das bayerische Rautenwappen. Die Inschrift der Westseite dokumentiert eine erneute Aufrichtung der Grenzmarkierung: «An das alte Ort Gesötzt AD 1676»; an der Ostseite belegt die Zahl 1844, daß der Stein durch die moderne Landesvermessung des 19. Jahrhunderts nicht nur erhalten, sondern erneut verwendet wurde. – Eine Serie von kleineren Grenzsteinen (1557 und 1844) schließt sich südwärts bis zum Reitstein an.

Grenzstein Nr. 160, sog. *Großer Legerstein,* seit 1557 genannt, Kalksteinbrocken mit eingehauenem Steinkreuz; auf der Landesgrenze Bayern/Tirol an der Bayerischen Wildalm, ca. 1550 m Höhe.

Wegkruzifix beim «Schwarzen Kreuz», errichtet 1825, später erneuert; in der Langenau bei 863 m Höhe.

Sog. *Steinernes Kreuz,* bez. 1701, GF und IHS; in der Langenau bei 883 m Höhe.

Grenzstein Nr. 181, bez. 1557 und 1722, mit Reliefs Tiroler Adler und bayerisches Rautenwappen; am Reitstein auf der Landesgrenze, 1500 m Höhe.

Grenzsteine, Folge von ca. 20 Grenzsteinen, bez. 1844, B(ayern), T(irol); auf der Landesgrenze zwischen Reitstein und Platteneck, 1500/1600 m Höhe.

Grenzstein Nr. 136, Pfeiler auf Sockel, mit dachartigem Aufsatz, wohl 1771, bez. 1557 (nachträglich), 1771, 1844, mit Reliefs Tiroler Adler und bayerische Rauten; östlich der Rieselsbergalm.

Siebenhütten, Obere Hütte

Weidbergalm, Lidlhütte

Gurnbach-Holzerstube

Grenzstein an der Bayerischen Wildalm
sog. großer Legerstein

Siebenhütten, Heustadel

Sog. steinernes Kreuz in der Langenau

Grenzsäule am Achenpaß

Wegkruzifix beim
«Schwarzen Kreuz»

Grenzstein am Reitstein

Grenzstein an der Rieselsbergalm

STADT MIESBACH

Das Miesbacher Gemeindegebiet umfaßte bis zur Gemeindegebietsreform 1972 nur den 1918 zur Stadt erhobenen Markt Miesbach mit dem Ortsteil *Harzberg* am Stadlberg-Westhang. Die Reform brachte vor allem den Zuwachs der ehem. Gemeinde *Wies,* einer fast rein bäuerlich-landwirtschaftlich strukturierten weitflächigen Streusiedlung ohne zentralen Ort. Sie unterscheidet sich in die *obere Wies,* die sich südwestlich von Miesbach bis zur Miesbacher Höh', einem Vorgebirgsrükken, hinaufzieht, die *untere Wies* im Westen und Nordwesten in den Hochterrassen über der Mangfall und der Schlierach, und in die *Hofwies,* die Hochebene nördlich von Miesbach, über dem rechten Schlierachufer, mit dem Schloß *Wallenburg* im Zentrum. Die Reform brachte auch die Erweiterung um die ehemalige Gemeinde *Parsberg* im Osten und Teile der ehemaligen Gemeinde *Wörnsmühl* am Stadlberg.

Eindrucksvoll hat sich historische bäuerliche Kulturlandschaft vor allem in der Wies erhalten. Die Wiesenflächen sind durch Baumhecken begrenzt und gegliedert, die auch Weidegrenzen, Flurgrenzen, Windschutz bilden.

Überwiegend sind die Bauernanwesen Einödsiedlungen, im Hochmittelalter durch Rodung entstanden. Spätmittelalterliche Teilungen, die in der Regel zu Zwei- und Vierhöfweilern führten, hat es in der Wies offenbar kaum gegeben. Das hochmittelalterliche Siedlungsbild ist also weitgehend erhalten.

Die historischen Höfe, wie üblich Einfirsthöfe, sind meist breit gelagert, oft von der südlichen Traufseite her erschlossen. Die Obergeschosse der Wohnteile sind – soweit historisch – in Holzblock-Bauweise aufgezimmert; sie stammen meist aus dem 18. Jahrhundert. Die Wirtschaftsteile wurden regelmäßig seit dem 19. Jh. neu errichtet.

Die ehem. Gemeinde Parsberg weist in geringerem Maße historische Siedlungsbilder und Einzelbaudenkmäler auf, da sie im Westen dem neueren Siedlungsdruck der Stadt Miesbach ausgesetzt war. Darüberhinaus sind durch den Kohlenbergbau am Stadelberg schon im 19. Jh. v. a. am Stadelberg neue Siedlungen und Bauten entstanden, die das bäuerliche Element zurückgedrängt haben.

Die Anfänge der heute ca. 9000 Einwohner zählenden *Stadt Miesbach,* des Sitzes der Kreisbehörde, der zentralen Ämter und überörtlichen Schulen, liegen bei einer mittelalterlichen Burg der Freisinger Bischöfe, die seit dem 8. Jahrhundert am Schliersee und im Schlierachtal begütert waren. Miesbach, das 1114 zuerst genannt wird, war Verwaltungsort für diesen Immunitätsbereich des Hochstifts, und der Ministeriale Rudolf v. Parsberg erhielt um 1140 Amt und Burg als freisingisches Lehen. Möglicherweise war er auch der Bauherr der völlig verschwundenen *Burg,* die sich östlich über dem Stadtplatz, südlich gegenüber dem späteren *Pflegschloß* von 1611 (jetzt Vermessungsamt) erhob. Sie kontrollierte die Straße von Freising und München über Weyarn nach Schliersee und zugleich eine alte Ost-West-Verbindung im Voralpenland, die Salzstraße von Rosenheim nach Tölz, die in Miesbach die Schlierach querte.

Unterhalb der Burg, auf einer Schotterterrasse, entfaltete sich die Siedlung Miesbach, 1294 castrum Muespach genannt. Ein Verwandter und Erbe der Parsberger Herren, Arnold v. Waldeck, zerstörte 1312 die Burg, sagte sich von der Freisinger Abhängigkeit los, beanspruchte freie Grafenrechte in Miesbach und der Schlierseer Herrschaft. Seine Nachfolger, die auf Altenwaldeck bei Irschenberg, auf Hohenwaldeck über dem Schliersee und auf Wallenburg bei Miesbach saßen, hatten in der Mitte des 15. Jh. die vom Kaiser bestätigte Reichsfreiheit erwirkt.

Sie förderten ihren Hauptort, der seit dem 13. Jahrhundert Marktrechte besaß und zunächst im wesentlichen nur aus dem oberen Markt (Stadtplatz) bestand.

1483 starben die Waldecker aus, und die Herren v. Maxlrain folgten als Landesherren in der kleinen freien *Reichsgrafschaft Hohenwaldeck.* Sie residierten in der Regel auf Schloß Wallenburg bei Miesbach. Sitz der Verwaltung, der ein Pfleger vorstand, war jedoch das 1611 neu erbaute Pflegschloß (heute Vermessungsamt) östlich oberhalb des oberen Marktes, wo sich im 19./20. Jahrhundert weitere Behörden wie das Finanzamt, das Amtsgericht, das Bezirksamt (Landratsamt), das Landwirtschaftsamt ansiedelten, während das neue Rathaus von 1880 im unteren Teil des Marktes, an seinem westlichen Rand, entstand.

1754 zählte der Markt Miesbach 154 Häuser, das *Kurfürstliche Pflegschloß* (die Grafschaft war 1734 an Bayern gefallen), das *Kurfürstliche Bräuhaus* (jetzt Waitzinger), *Pfarrkirche, Pfarrhof, Priesterhaus* und eine große Zahl von Gasthöfen; stark bäuerlich geprägt war der untere Markt, wo sich nach 1886 die Mehrzahl der 46 Miesbacher bäuerlichen Anwesen befand.

Im Jahre 1796, dreizehn Jahre nach dem verheerenden Miesbacher Ortsbrand, wohnten 740 Einwohner in 153 Häusern, die Feldbau und Viehzucht betrieben und bürgerlichen Gewerben nachgingen.

Das barocke Miesbacher Wallfahrtswesen um das Gnadenbild der Pfarrkirche hatte in erheblichem Umfang auch das örtliche Gewerbe und nicht zuletzt Künstlerwerkstätten genährt. Durch den Brand von 1783 rissen diese Traditionen ab, und es ist noch kaum bekannt in welchem Umfang der Ort Bauten, Ausstattungen, Einzelwerke etwa der Baumeistersippe Zwerger, des Baumeisters Johann Baptist Gunetsrainer, des großen Johann Baptist Zimmermann, der Bildschnitzer Johann Millauer und Joseph Hagn und anderer Künstler besaß, deren Lebenswege Miesbach berührt hatten.

Das spätere 19. Jahrhundert und die Prinzregentenzeit umringte von allen Seiten mit neuer Bebauung das ländliche Miesbach, das sich als Mittelpunkt der alpenländischen Fleckviehzucht und der alpenländischen Trachtenbewegung einen Namen gemacht hatte. Der benachbarte Haushamer Kohlenbergbau wirkte sich auch auf die wirtschaftliche Entwicklung des Marktes aus, der schon 1861 mit München durch die Eisenbahn verbunden war. Ein *Bergwerksverwaltungsgebäude* (Frauenschule), die *Evang.-luth. Kirche* und die *Oberlandhalle* von 1910 entstanden am West- und Südrand von Miesbach.

Auch der seit etwa 1870 sich vermehrende Fremdenverkehr zum Schliersee, zum Stadlberg und ins Leitzachtal fand in Miesbach, das über Eisenbahnanschluß und viele Gasthöfe verfügte, einen Stützpunkt.

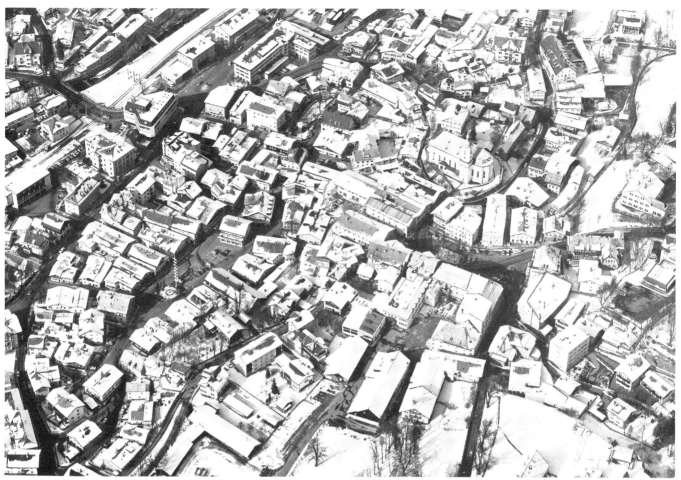

Miesbach, Luftaufnahme des Ortskerns von Südosten (freigeg. Reg. v. Obb. GS 300/9378-83)

Miesbach von Südwesten, Blick vom Kreuzberg

253

Miesbach

ENSEMBLE ORTSKERN MIESBACH – *Umgrenzung: Stadt-platz 8, 10, 12, Schlierseer Straße 1, 2, Salzweg 1, 3, 5, Stadt-platz 11, 13, 15, Rosenheimer Straße 2, Münchner Straße 1 mit Schloßleite, Stadtplatz 7, 9, Ledererstraße 6a, 6, 8, 10, 12, Kol-pingstraße 1, 2, 4, Frühlingstraße 8, 10, 12, 14, 16, 18, 20, 22, 24, 28, Marienplatz 11. Frühlingstraße 15, 17, 19, Marienplatz 5, Frühlingstraße 21, 23, 25, 27, Bahnhofstraße 2, 4, 6, Fraun-hoferstraße 13, Rathausstraße 1, 3, 5, 7, 9, Marktplatz 19, 20, Haidmühlstraße 1, 3, 5, 7, Marktwinkl 18, 19, 20, 21, Schmied-gasse 10, Marktwinkl 13, 15, Schmiedgasse 1, 3, 4, 6, 8.*

Miesbach, Stadtplatz, Nordseite

Das Ensemble umfaßt den Kernbereich, der 1114 urkundlich genannten Siedlung Miesbach, die sich im Spätmittelalter zu einem ländlichen Marktort des voralpinen Oberlandes und zum Herrschaftsmittelpunkt der 1734 erloschenen Freien Reichsgrafschaft Hohenwaldeck entwickelte und 1918 zur Stadt erhoben wurde.

Die Siedlung entfaltete sich wohl zunächst am Stadtplatz, ehe-mals Oberer Markt genannt, einem nach Westen abfallenden Plateau direkt unter dem ältesten Miesbacher Burgberg, des-sen Wehranlage 1312 von den Herren von Waldeck zerstört wurde. Diesen Platz durchlief wahrscheinlich bereits die Salz-straße von Rosenheim nach Tölz, die beim östlichen Eintritt in den Ort die Burganlage passierte, dann westlich weiter ge-gen den Talgrund und den Schlierachübergang abfiel, wo sich auch bis 1819 der Salzstadel befand. In Ost-West-Richtung floß auch das Gewässer des Miesbaches bis 1824 in offenem Lauf über den Platz, um dann nördlich durch die Lederer-straße gegen die Schlierach abzufließen.

Miesbach, Stadtplatz, Südseite

Im Spätmittelalter dürfte sich die Grundrißbildung des Stadt-platzes, in den von Süden her auch die Straße von Schliersee, einem weiteren Herrschaftszentrum der Waldecker Herren einmündete, abgeschlossen haben. 1926 wurde die Platzfläche reguliert und z.T. aufgefüllt.

Die historische Bebauung von Miesbach ist überwiegend un-regelmäßig, locker und offen. Der historische Haustyp, meist ehemalige Handwerker-, Gast- und auch Bauernhäuser, folgt dem Typus der bäuerlichen Umgebung, zweigeschossig, mit weit vorkragendem Flachsatteldach, jedoch ohne Laube, al-lenfalls mit Hochlaube. Im Zuge des Wiederaufbaus nach dem großen Ortsbrand 1783 sind in größerer Zahl gleichartige verputzte Flachsatteldach-Bauten entstanden, die in den letz-ten 30 Jahren allerdings häufig durch unsachgemäße Verän-derungen baulich verfälscht wurden.

Vor dem großen Brand lag das städtebauliche Schwergewicht eindeutig am Oberen Markt, der von dem im 17.Jh. nördlich des ältesten Burgplatzes neu erbauten Schloß überragt wurde und in dessen Platzbild die barocken herrschaftlichen Bauten des sog. Anwartshauses und des Kurfürstlichen Bräuhauses dominierten.

Gegen das Schloß und die von Osten in den Platz einmün-dende Rosenheimer Salzstraße war der Obere Markt bis 1874 durch ein Torhaus abgeschlossen. Seit 1783 ist der Nachfol-gerbau des Bräuhauses, der stattliche Walmdach-Eckbau des Waitzingerbräu, der berrschende Bau. Die übrigen Gebäude sind meist ehemalige, in Zusammenhang mit dem Marktver-kehr, dem Salztransport und der einst blühenden Miesbacher Marienwallfahrt entstandene, z.T. dreigeschossige Gasthöfe, zwischen denen seit etwa 1875 auch Geschäftshäuser städti-schen Zuschnitts mit barockisierenden Fassaden errichtet wurden. Der Michaelsbrunnen von 1905 und die Lindenbe-pflanzung setzten einen für die Prinzregentenzeit charakteri-stischen Akzent in das Platzbild.

Der Bereich des sog. Unteren Marktes weist giebelständige Bebauung, in dem südlich anschließenden Marktwinkl lok-kere, z.T. gestaffelte Bauweise mit verschieden gerichteter Giebelstellung auf. Sein nördlicher Teil, der kleine intime

Miesbach, Lebzelterberg von Osten

Miesbach, Ledererstraße/Kolpingstraße von Süden

Miesbach, Kirchgasse von Westen

255

Marienplatz, ist in nachmittelalterlicher Zeit durch die eingestreute Bebauung an der Fraunhoferstraße, im Heimbucher- und Mannhartswinkl, vom Hauptteil abgetrennt worden. Der historische Haustyp dominiert noch in diesem Bereich; es handelt sich um frühere Bauernanwesen und Häuser der ehemals bedeutenden Miesbacher Zunfthandwerker – Schmiede, Hutmacher, Säckler, Schäffler u. a. – sowie um Wohnhäuser der Bergleute. An der westlichen Grenze des Ensembles treten auch Geschäftshäuser der Jahrhundertwende auf und aus neuester Zeit das Ortsbild leider nur ungenügend berücksichtigende Kaufhäuser. – Lebzelterberg, Kirchgasse und Pfarrgasse stellen als kurze abschüssige Gassen die direkte Verbindung zwischen den beiden Märkten her; sie haben ihren historischen Charakter weitgehend bewahren können. Die wichtigste Verbindung zwischen oberer und unterer Stadt ist die in weitem Bogen nach Norden ausgreifende Ledererstraße, die dem Wasserlauf des Miesbaches folgt; hier hatten sich bis in jüngste Zeit die Lederer niedergelassen, die wichtigste Miesbacher Handwerkergruppe. Die ehemals sehr enge Straße, die sich in der Frühlingsstraße fortsetzt, besaß mit ihren Gerberwerkstätten und den typischen Lauben der Gerberhäuser bis zur Mitte des 20. Jh. ein malerisches Gepräge.

Der frühere Charakter als Handwerkerviertel wird noch durch das Gerberhaus Nr. 6 anschaulich.

Beherrscht wird dieser Bereich vom frühklassizistischen, über dem erhöht liegenden Friedhof aufragenden Bau der Stadtpfarrkirche.

Zum Ensemble gehört in der Umgebung des Stadtplatzes die historische Bebauung eines Teils der Schmiedgasse, der Schlierseer Straße und des Salzweges; hier stellt das unmittelbar angrenzende Hochhaus Salzweg 4 leider eine empfindliche Störung dar. – Von wesentlicher Bedeutung für das historische Ortsbild ist die Dachlandschaft, die nur für das bäuerliche und überwiegend auch für das Handwerkerhaus das flache vorkragende Satteldach kennt, während sich Amtsgebäude und ähnliche Bauten durchweg durch Steildächer, z. T. in abgewalmter Form auszeichnen (vgl. Kirchgasse 6, Kolpingstraße 4, Tölzer Straße 1; vor seiner Umgestaltung auch der Pfarrhof, Pfarrgasse 4).

Miesbach, Marktplatz, südlicher Teil

Miesbach, Marktwinkl mit Haus Nr. 4

Miesbach, Marktplatz, westlicher Teil von Südosten

Miesbach, Marktplatz, Ostseite

Miesbach, Marktplatz mit Michaelismarkt

Miesbach, Marktplatz von Süden

Bahnhofstraße 2, 4, 6. Vgl. Ensemble Miesbach.

Bayrischzeller Straße 11. *Wohn- und Atelierhaus* des Malers Richard Schaupp, erdgeschossiger barockisierender Mansarddachbau mit Altane, Atelierfenster und Eingangsportikus, um 1910.

Am Südostrand von Miesbach baute sich der um 1905 aus der Schweiz zugezogene Maler Richard Schaupp ein Wohn- und Atelierhaus in den typischen malerisch-barockisierenden Formen der damaligen, u. a. von Emanuel Seidl geprägten Landhausarchitektur, die auch Heimatstilelemente, z. B. bei den gedrehten Pfosten zwischen den Fenstern der Altane und an der Balkonbrüstung, und solche des klassizierenden Jugendstils, z. B. am Portikus an der Westseite, aufnahm.

Frauenschulstraße 1. Ehem. *Direktionsgebäude der Oberbayerischen Bergbau AG.*, jetzt Staatliches Berufsbildungszentrum; repräsentativer dreigeschossiger unverputzter Backsteinbau mit Hausteingliederungen, Neurenaissance, mit reichgestalteten hölzernen Balkons im Schweizerhausstil, um 1875; mit Parkanlage.

Der frei über dem linken Schlierachufer in einem Park gelegene Bau ist ein repräsentatives Verwaltungsgebäude, das die einstige Bedeutung des seit 1850 intensiv betriebenen Miesbacher Kohlenbergbaus manifestiert. Die Fassaden in Neurenaissance-Gliederung, zweifarbig wechselnd das Rot des Backsteins und das Grau der Hausteingliederungen. Mit den überstehenden flachen Dächern und den hölzernen übergiebelten Hochbalkons im Schweizerhausstil wird der ländlichen Umgebung Rechnung getragen.

In dem Gebäude wurde 1903 eine «wirtschaftliche Frauenschule auf dem Lande» eingerichtet, die weit über Oberbayern hinaus großes Ansehen besaß und unter anderen Bezeichnungen fortbestand und noch besteht.

Fraunhoferstraße 2. *Wohn- und Geschäftshaus* (Südteil des Gebäudes), Putzbau mit Flachsatteldach und Baluster-Hochlaube, erbaut 1783, umgebaut 1952.

Das *Hirschmüllerhaus*, ein altes Miesbacher Seilereianwesen, wurde neu erbaut nach dem großen Ortsbrand 1783. Aus dieser Zeit sind u. a. die Hochlaube unter dem weiten Vordach mit ihrer Flaschenbaluster-Brüstung und die profilierten Balkenvorköpfe erhalten. Die 1952 gut umgestaltete Giebelfront erfüllt eine wichtige städtebauliche Funktion am Gelenk zwischen unterem Lebzelterberg, Spitzwegstraße, Fraunhoferstraße und Marktplatz.

Fraunhoferstraße 6. Aufgedoppelte *Haustür* an der Ostfassade, Anfang 19. Jh.

Fraunhoferstraße 7. *Wohnhaus*, Putzbau mit Flachsatteldach und Hochlaube, nach 1782 erbaut.

Das sog. *Holzmesserhaus*, jetzt eine Holzdreherei, ist ein kleines altes Miesbacher Handwerkeranwesen mit der charakteristischen Hochlaube, die hier eine einfache altertümliche verbretterte Brüstung besitzt. Ursprünglich vier Fensterachsen breit, wurde das Haus in den 60er Jahren um zwei Achsen nach Westen erweitert.

Fraunhoferstraße 13. Vgl. Ensemble Miesbach.

Frühlingstraße 8–14 (ungerade), **15–20.** Vgl. Ensemble Miesbach.

Frühlingstraße 21. *Saalbau der Konditorei Kern* 1936, Putzbau mit Flachsatteldach über Blockbau-Kniestock, Details im Stil der zwanziger Jahre, großes Giebel-Wandgemälde von Heinrich Bickel.

Zu dem gefälligen, im sog. Heimatstil wohl überwiegend in den dreißiger Jahren gestalteten Gebäudekomplex der Konditorei Kern gehört der kleine, rückwärts östlich gegen den intimen angerartigen Marienplatz 1936 anstelle eines älteren kleinen Hauses von Architekt Hermann Lang, München, errichtete Saalbau. Er verbindet in bemerkenswerter Weise den Stil der neuen Sachlichkeit mit dem sog. Heimatstil. Interessant auch die Balkenvorköpfe, eine Bündelung von Kanthölzern, die in gestaffelter Form unregelmäßig ausgreifen und an kubistische Strömungen der gleichzeitigen bildenden Kunst denken lassen. Im Giebel ein großes Gemälde der Hochzeit von Kanaan mit dem Weinwunder. Die Szene ist in der Scheinarchitektur einer alpenländischen Wirtsstube angeordnet.

Frühlingstraße 22–25, 27, 28. Vgl. Ensemble Miesbach.

Haidmühlstraße 1, 3, 5, 7. Vgl. Ensemble Miesbach.

Kirchgasse 2. *Kath. Stadtpfarrkirche St. Mariä Himmelfahrt*, nach dem Brand 1783 neu errichtet von Johann Baumgartner 1783/85 unter Einbezug des gotischen Chors und des Turmes von 1713.

Die älteste bekannte Miesbacher Kirche, ein kleiner romanischer Bau, befand sich bereits am Platz der jetzigen Stadtpfarrkirche auf dem sog. Rosenbühl, unweit nördlich des oberen Marktes (Stadtplatz). Reste ihrer Grundmauern, u. a. die Apsis, waren bei Bauarbeiten vor 20 Jahren zutage getreten. Der spätgotische Nachfolgerbau, 1527 beim ersten großen Ortsbrand sicher beschädigt, war bis 1584 Filiale der Parsberger Pfarrkirche.

1663/65 wurde das kleine alte Miesbacher Kirchlein vom damaligen Grund- und Landesherren, Graf Johann Veit von Maxlrain, erweitert und neu ausgestaltet. Dieser frühbarocke, in der Folgezeit bis zum Spätrokoko reich ausgestaltete Bau, der nicht zuletzt auch durch die blühende Wallfahrt zur Schmerzhaften Muttergottes überörtlichen Rang besaß, ging leider beim großen Ortsbrand 1783 bis auf den mittelalterlichen Mauerkern des Chors, der an den noch vorhandenen Strebepfeilern anschaulich wird, und den Turm von 1713 (Unterbau mittelalterlich) zugrunde. Über ein Hauptwerk der barocken Schliersee-Miesbacher Maurermeister- und Stukkatorenschule und über die sicher nicht unbedeutende Miesbacher Bildschnitzerei der Spätgotik bis zum Rokoko besteht deswegen kaum Kenntnis.

Der Bau des Münchner Baumeisters Johann Baumgartner, ein schlichter sechsjochiger Saalbau mit Stichkappentonne über Wandpfeilern sowie zweijochigem Chor, konnte schon 1786 geweiht werden. Charakteristisch für den Außenbau sind der elegante frühklassizistische Turmabschluß und das gefällige, nach Art eines Mansarddaches gebrochene Chordach.

Die reiche neuromanische Ausmalung und Ausgestaltung der Kirche von 1863/66, in der sich das Selbstverständnis des wohlhabenden Miesbacher Bürgertums des 19. Jh. manifestierte, wurde leider in einem ersten Schritt 1936/37 und in einem zweiten 1962/63 entfernt. Der Raum wirkt nunmehr spannungslos und entleert. Erhalten blieb u. a. das frühklassizistische Kirchengestühl von 1784 und das aus den Flammen gerettete Gnadenbild der Mater dolorosa, 1665 von Johann Millauer geschnitzt, das 1963 in die damals neu zusammengestellte, frei im Chor herabhängende Kreuzigungsgruppe eingefügt wurde; der Corpus Christi ist ein Werk des Roman Anton Boos (1733–1810) vor 1783.

Auf dem künstlichen, von Stützmauern eingefaßten Plateau, welches die Kirche trägt, dehnte sich bis 1808 der alte Miesbacher Gottesacker aus.

Miesbach, Bayrischzeller Straße 11, Wohn- und Atelierhaus

Miesbach, Fraunhoferstraße 6

Miesbach, Fraunhoferstraße 2

Miesbach, Fraunhoferstraße 7, sog. Holzmesserhaus

Miesbach, Frauenschulstraße 1, ehem. Bergwerksdirektion

Miesbach, Frühlingsstraße 21, Saalbau

Miesbach, Kath. Stadtpfarrkirche, Inneres

Miesbach, Kath. Stadtpfarrkirche St. Mariä Himmelfahrt

259

Kirchgasse 4. *Wohnhaus,* (Südteil) Putzbau mit Flachsatteldach, nach 1783 erbaut, Bildmedaillon im Giebel von Richard Schaupp, Ladeneinbau im Erdgeschoß Ende 19. Jh.

Malerisch am Kirchberg gelegen, in seinem Vorderteil unveränderter Bau, ehemals *Hutmacherei,* das alte Ladenlokal mit Klappläden an den Schaufenstern noch erhalten. Das Medaillon am Giebel nach Vorbild der Madonna Tempi von Raffael.

Kirchgasse 6. Wohnhaus, *ehem. Schulhaus,* Putzbau mit Krüppelwalmdach am Westgiebel, wohl Ende 18. Jh. erbaut.

Das Gebäude zeigt seinen ehemals öffentlichen Charakter durch seine besondere Dachform an, die es vom bäuerlichen Haus unterscheidet, als trüge es eine eigenständige Tracht. Im Haus bis 1817 ein Schulzimmer, bis zur Jahrhundertmitte zwei Räume. 1857 Anbau des Nebenflügels, ursprünglich Zeichensaal, in dem sich seit 1908 das erste Miesbacher Museum befand. (1865 wurde die Mädchenschule bei den Armen Schulschwestern, 1886 die Knabenschule im neuen Rathaus eingerichtet).
Der Erker am Westgiebel des Hauses vom Beginn des 20. Jh.

Kirchgasse 8. Wohnhaus und *Handwerkerhaus,* breitgelagerter verputzter Giebelbau mit Flachsatteldach und Hochlaube, erbaut nach 1783, um 1937, Wandmalerei im Giebel von Ludwig Sieckmayer, gleichzeitig.

Das alte Handwerkerhaus *«Beim Bachschneider»,* ursprünglich zwei Häuser, jetzt Schreinerei, wurde 1937 nach den Vorstellungen des Ortsverschönerungsvereins «Gemeinschaftsring» umgestaltet.
Die Malereien von Ludwig Sieckmayer, eines in Großseeham ansässig gewordenen Berliners, zeigen ein Thema der Miesbacher Lokalgeschichte, das Haberfeldtreiben, ein Volks- und Femegericht der Bauern, das bis zum frühen 20. Jh. trotz strikter Behördenverbote immer wieder aufflammte.

Kolpingstraße 1. Ehem. *Handwerkerhaus,* Wohnteil mit reichen barockisierenden Putzgliederungen und Flachsatteldach, nach 1782 erbaut (Wirtschaftsteil 1981 ausgebaut).

In dem großen Bogen der Ledererstraße in einem Hausgarten gelegen, als Blickziel von unübersehbarer städtebaulicher Bedeutung, zeichnet sich das sog. *Wagnersix-Anwesen* durch seine kräftigen Putzbänderungen und die Schablonen-Rahmenformen aus, welche die Fenster umschließen. Die Fassadengestaltung, stilistisch zwischen Rokoko und Biedermeier anzusiedeln, gewinnt ihre besondere Wirkung auch durch den Wechsel von hellem Glattputz- und dunklen Rauhputzflächen.

Kolpingstraße 2. Vgl. Ensemble Miesbach.

Kolpingstraße 4. Ehem. *Fronveste,* zweigeschossiger Putzbau über hohem Kellergeschoß, mit Krüppelwalmdach, 17./ 18. Jh.

Die Fronveste war das ehem. hochherrschaftliche Gerichtsgebäude, von 1862–1901 Amtsgericht. Das Haus ist im Inneren leider bis auf die historischen Gefängniskeller stark verändert. Das Steildach weist das Gebäude als herrschaftlichen Bau aus, seine Dominanz im Ortsbild blieb bis heute so gewahrt, wie diese in den historischen Miesbacher Ansichten erscheint.

Lebzelterberg 1. (Kleines Wohnhaus). *Gottvater-Haus-Figur,* Spätrokoko, im Giebel des Hauses.

Das kleine, stark veränderte *Handwerkerhäusl* von 1783 trägt nach der vielleicht vom örtlichen Bildschnitzer Joseph Hagn geschaffenen Rokoko-Hausfigur den Namen *«Beim Heilig-Geist-Schuster.»*

Lebzelterberg 2. *Wohn- und Geschäftshaus,* Putzbau mit Gliederungen und Flachsatteldach, nach 1783 erbaut.

Miesbach, Kirchgasse 4, ehem. Hutmacherei

Miesbach, Kirchgasse 6, ehem. Schulhaus

Miesbach, Kirchgasse 8, «Beim Bachschneider»

Miesbach, Kolpingstraße 1, ehem. Handwerkerhaus

Miesbach, Ledererstraße von Süden

Miesbach, Lebzelterberg 2

Miesbach, Lebzelterberg 1,
Gottesvater-Hausfigur

Miesbach, Lebzelterberg 2, von Osten, «Haus Ferstl»

Das *Haus Ferstl*, ein *Lebzelteranwesen*, mit breitem Giebel im Zug des Lebzelterbergs stehend, wurde nach dem großen Ortsbrand 1783 neu erbaut. Die Fassade ist durch Eckrustizierungen eingefaßt, die Stuck-Fensterfaschen und die Bemalung der Dachuntersichten Ende 19. Jh., die Wandmalereien mit Szenen aus dem Oberländer Bauernaufstand 1705 von Richard Schaupp (um 1935). An der Westseite des Hauses aufgedoppelte klassizistische Haustür.

Lebzelterberg 3. *Wohn- und Geschäftshaus*, Putzbau mit hohem Sockelgeschoß, mit Flachsatteldach, über reich profilierten Balkenköpfen, nach 1783 über älterer baulicher Grundlage errichtet.

Schmales, steil am Lebzelterberg aufragendes Haus, ehemals «Beim Herrnbäck» genannt, also die frühere herrschaftliche Bäckerei. Verschaltes Vordach über reich profilierten spätbarocken Balkenvorköpfen. An der Nordostseite aufgedoppelte Sterntür, Ende 18. Jh. darüber, unter der Traufe, ein Wandbild.

Ledererstraße 1/3. *Wohn- und Geschäftshaus*, Putzbau mit Flachsatteldach, nach 1783 erbaut, um 1910 Umgestaltung der Fassade im Sinne des Jugendstils; Torbogen bez. 1832 und 1949.

Die städtebaulich wichtige Stellung des historischen Hauses, genannt *«Beim Schlosserfritz»*, am Übergang vom Stadtplatz in die Ledererstraße und gleichzeitig am Hauptzugang zur Kirche und zum Kirchberg, wurde um 1910 durch die Umgestaltung der Giebelfront und ihre Bereicherung durch einen Erker mit farbigen Jugendstilfenstern unterstrichen und aufgewertet. Am Firstpfettenkopf die Bezeichnung 1784, wohl als Baujahr des Hauses zu deuten.

Ledererstraße 6. *Gerberwerkstatt;* verbretterter hölzerner Ständeraufbau mit steilem Satteldach und Hochlaube (Gerberlaube), auf massivem zweigeschossigem Unterbau, Ende 18. Jh.; aufgedoppelte Sterntür am Übergang zum Wohnhaus.

Die Ledererstraße, in ihrer Führung vom ehemals offen fließenden Lauf des Miesbaches bestimmt, beherbergte ursprünglich ausschließlich Gerberanwesen, die entweder in der 1. Hälfte des 20. Jh. abgebrochen oder baulich verändert worden sind. Charakteristisch waren die Steildächer der Werkstätten und Wohnhäuser mit ihren mehrgeschossigen Trockenböden, Trockenlauben und Dachluken mit Klappläden. Als einzige noch genutzte Gerberwerkstatt ist die der *Gerberei Stumbeck* erhalten geblieben, die aus der Zeit nach dem Stadtbrand stammt. Im 1. Stock die Gerberwerkstatt, im 2. Oberstock der Trockenboden mit Klappluken und Aufzugsvorrichtungen.

Ledererstraße 6a, 8, 10, 12. Vgl. Ensemble Miesbach.

Marienplatz 5, 11. Vgl. Ensemble Miesbach.

Marktplatz 1. *Wohn- und Geschäftshaus*, breitgelagerter Giebelbau mit Flachsatteldach, nach 1783 errichtet, geschnitzte Haustür um 1850/60.

Das stattliche Gebäude am unteren Markt, fünf Fensterachsen breit, eine sechste Achse nördlich nachträglich angebaut und unter das Dach geschleppt, ist ein altes Miesbacher Handwerkeranwesen und beherbergte bis in die jüngste Zeit die bekannte *Hutmacherei Kohlndorfer*, die u. a. auch Trachtenhüte herstellte. Bemerkenswert die Vierpaß-Lüftungsluken, die schweren profilierten Balkenvorköpfe, die Aufzugsluke am hinteren Giebel und die geschnitzte Doppelflügel-Haustür aus der Biedermeierzeit. Die Ladeneinbauten von 1959.

Marktplatz 15. *Wohn- und Geschäftshaus*, ehem. *Schmiede*, biedermeierlicher Putzbau, um 1860.

Schlichtes, doch städtebaulich bedeutendes Eckhaus, biedermeierlich, mit mittelsteilem Dach. An historischen Details

sind u. a. die aufgedoppelte Zweiflügel-Haustür, die geschmiedete Balkonbrüstung und die typische Halbrundbogenluke im Giebel zu nennen.

Marktplatz 16. *Wohnhaus*, Putzbau mit Flachsatteldach und Hochlaube, nach 1783 erbaut.

Kleines bis auf den Ladeneinbruch in die östliche Haushälfte gut proportioniertes historisches Handwerkerhaus, ehemals *Schmiede*, am Ausgang des unteren Marktes zur Rathausstraße. Reich geschnittene Pfettenvorköpfe, z. T. mit Drachenköpfen, die Balkonbrüstung aus dem mittleren 19. Jh., die Fassadenmalereien neuzeitlich.

Marktplatz 18. Kleines *Wohnhaus*, Putzbau mit Flachsatteldach, nach 1783 erbaut.

Bescheidenes *Handwerker- oder Bergarbeiterhaus*, das im Äußeren unverändert das Erscheinungsbild des mittleren 19. Jh. bewahrt hat.

Marktplatz 19. *Wohn- und Gasthaus Baderwirt*, Putzbau mit Flachsatteldach, nach 1783 erbaut, umgestaltet Mitte 19. Jh.

Eckbau mit durch Glattputzbänder gegliederter biedermeierlicher Fassade, mit strengen Fensterachsen und typischen «Limonenscheiblfenstern» im Giebel. Am rückwärtigen Südgiebel Hochlaube.

Marktplatz 20. Vgl. Ensemble Miesbach.

Miesbach, Lebererstraße 6

Miesbach, Lebererstraße 1/3

Miesbach, Marktplatz 1

Miesbach, Lebzelterberg 3, «Beim Herrnbäck»

Miesbach, Marktplatz 15, ehem. Schmiede

Miesbach, Marktplatz 16

Miesbach, Marktplatz 18 (Mitte)

Miesbach, Marktplatz 19, Gasthaus Baderwirt

263

Marktwinkl 4. *Kleinhaus,* verputzt, mit Laube und verbretterter Hochlaube, nach 1783 erbaut.

Liebevoll gepflegtes kleines Wohnhaus, das typisch ist für die malerisch aufgelockerte Bebauung am hinteren Markt.

Marktwinkl 9. *Wohnhaus,* Putzbau mit Flachsatteldach über Blockbau-Kniestock und Baluster-Hochlaube, nach 1783 erbaut.

Stattliches, an drei Seiten freistehendes, den hinteren Markt beherrschendes Haus, «*Zum Moar am Hackn*» genannt. Die Putzfronten durch Glattputzbänder gegliedert, die in den Giebel eingespannte Laube mit guten spätbarocken Flaschenbalustern.

Marktwinkl 10. *Wohn- und Gasthaus «Zum Himmisepp»,* mit Blockbau-Oberstock, Balusterlauben und Hausfigur, 2. Viertel 18. Jh.

Das wenigstens teilweise als Blockbau erhaltene Winterholleranwesen, seit 1954 Gasthaus und nach einem früheren Besitzer, Josef Himmi, «Zum Himmisepp» genannt, wurde als einziges Miesbacher Haus beim Ortsbrand 1783 verschont und ist somit auch der einzige Blockbau am Ort. Vom Markt abgewendet ist es mit dem Giebel nach Süden gerichtet; hier auch die offenen Oberstock-Holzblockwände, während die der Ostseite im 19. Jh. verputzt wurden. Anhebung des Daches unter Einbau eines Kniestocks um 1970. Barocke Flaschen- und Brettbalusterbrüstungen der Lauben. Hervorragend die barocke geschnitzte Gottvaterfigur in den Wolken, mit Zepter und Reichsapfel als Attributen, ehemals farbig gefaßt, 2. Viertel 18. Jh.

Marktwinkl 15, 18–21. Vgl. Ensemble Miesbach.

Münchner Straße 1. Ehem. Maxlrainsches, seit 1734 kurfürstliches *Schloß und Pfleghaus,* einfacher Rechteckbau mit Kapellenanbau, 1611 errichtet, nach 1734 und im 19. Jh. vereinfacht, jetzt Vermessungsamt.

Der nord-südlich gerichtete, auf dem Rand der Hochterrasse steil über dem Stadtplatz gelegene, heute sehr schlicht erscheinende Bau wurde nach Ausweis der großen Bauinschrift im Inneren im Jahre 1611 von Wilhelm v. Maxlrain (reg. 1603–1652, Reichsgraf seit 1637) von Grund auf neu erbaut. Die mittelalterliche, 1294 als «castrum Muespach» genannte, 1312 dem Freisinger Bischof gehörende und damals von den Waldeckern zerstörte Miesbacher Burg hatte wahrscheinlich nur 200 m südlich der Anlage von 1611 gelegen, jedenfalls in dem ehemals herrschaftlichen Bezirk an der Rosenheimer und Münchner Straße, der noch heute wichtige Amtsbauten beherbergt.

Das 1516 erloschene und von den Maxlrainern beerbte Geschlecht der Herren von Waldeck, eines der ältesten Altbayerns, hatte im hohen Mittelalter auf Altenwaldeck nahe dem Irschenberg (siehe *Heißkistler,* Gemeinde Irschenberg), dann auf *Hohenwaldeck* über dem Schliersee, im Spätmittelalter auf Schloß Wallenburg, nördlich vor Miesbach, gesessen, das bis zum Erlöschen der Eigenständigkeit der Grafschaft 1734 als Residenz galt.

Das Miesbacher Schloß wurde durch den Grafen Wilhelm primär als neuer Sitz des Pflegers und der herrschaftlichen Verwaltung direkt beim zentralen und ökonomisch wichtigsten Ort der Herrschaft, errichtet. Die herrschaftliche Familie residierte dagegen im nahen Wallenburg. Die zweigeschossige Anlage besaß ein hohes Krüppelwaldmach und vier Eckerkertürme mit Zwiebelhauben, folgte also einem weit verbreiteten Typ altbayerischer Landschlösser des 16. Jh. Im Miesbacher Ortsbild der Zeit vor dem großen Brand 1783 nahm das Schloß einen beherrschenden Rang ein, wie der Kupferstich von Michael Wening aus der Zeit um 1700 zeigt. Die starken Vereinfachungen seit Entfernung der Erkertürme 1734 und

dem Ortsbrand von 1783 haben einen ungegliederten Rechteckbau von sechs zu fünf Achsen, mit wesentlich niedrigerem Dach als dem von 1611, ohne Türme, doch mit dem östlichen Schloßkapellenanbau, hinterlassen. Im Inneren ein gewölbter Erdgeschoßflur mit der in die Wand eingelassenen großen Rotmarmor-Bauinschrift von 1611. Zum Teil barocke Türstöcke und -blätter erhalten. Zwischen der Südwestecke des ehem. Schlosses und dem oberen Markt war zur Zeit des Barock durch eine Freitreppenanlage eine repräsentative Verbindung gegeben.

Pfarrgasse 1. Kleines *Wohnhaus,* verputzt mit Flachsatteldach und Hochlaube am Westgiebel, 1782 erbaut.

Pfarrgasse 4. *Pfarrhof,* zweigeschossiger Putzbau, 1790 erbaut, Dach um Mitte 19. Jh.

Das Haus bildet mit der Pfarrkirche eine im Ortsbild dominierende Baugruppe. Es konnte erst acht Jahre nach dem Ortsbrand über den Resten des Vorgängerbaus, die im Keller noch erkennbar sind, errichtet werden und trug ursprünglich ein Halbwalmdach. 5 zu 5 Fensterachsen, die Putzgliederungen schlicht, dem Übergangsstil zum Klassizismus entsprechend, die großen Ochsenaugen im Giebel noch barock. Im Erdgeschoß geschmiedete Fensterkörbe. Inneres mit breitem Flur im Erdgeschoß und ringförmig begehbaren Zimmern im Obergeschoß. Originale Türstöcke und -blätter erhalten. 1984/85 Restaurierung des Gebäudes.

Rathausplatz 1. *Rathaus,* Neurenaissance, mit Giebelrisalit an der nördlichen Eingangsseite, 1878/79 durch Baumeister Johann Bernlochner errichtet.

Der repräsentative, am Platz des ehem. Miesbacher Salzstadels seit 1878 errichtete dreigeschossige, mit flachem Walmdach über Konsolgesims gedeckte Bau dokumentiert das Selbstbewußtsein des Miesbacher Bürgertums und seines Magistrats in der sog. Gründerzeit. Das Gebäude wurde unter dem tatkräftigen Bürgermeister Johann Baptist Wallach, zugleich als *Knabenschulhaus,* erbaut. Es ist durch Eckrustizierungen, Gesimse, Fensterverdachungen, einen reich gegliederten Kniestock und einen klassizisierenden Dreiecksgiebel besonders ausgezeichnet. Leider wurde durch den Bau des benachbarten Kaufhauses in den sechziger Jahren das Erscheinungsbild des Baues stark gestört, sein Sockelgeschoß an der Nordseite beschnitten und der Eingangsportikus mit daraufsitzendem Balkon und die Freitreppe zerstört. Auch die neueren Einscheibenfenster haben eine Verarmung des ursprünglichen Fassadenbildes bewirkt.

Rathausstraße 1–9 (ungerade). Vgl. Ensemble Miesbach.

Miesbach, Marktwinkl 4

Miesbach, Marktwinkl 9

Miesbach, Marktwinkl 10, Hausfigur

Miesbach, Marktwinkl 10, Gasthaus «Zum Himmisepp»

Miesbach, Münchner Straße 1, ehem. Schloß und Pfleghaus

Miesbach, Münchner Straße 1, ehem. Schloß, Erdgeschoßflur

Miesbach, Münchner Straße 1, Inschrifttafel

Miesbach, Pfarrgasse 4, Pfarrhof

Miesbach, Pfarrgasse 1

Miesbach, Rathausplatz 1, Rathaus

265

Rathausstraße 10. *Evang.-luth. Pfarrkirche,* erbaut 1908/11; mit *Einfriedungsmauer.*

1908 konnte die kleine Miesbacher evangelische Gemeinde, bis dahin von Tegernsee und Rosenheim her pastoriert, nach langen Vorbereitungen ihr eigenes Gotteshaus bauen. Der Außenbau erscheint in modern-historisierenden Formen, der Südturm mit Spitzhelm, der Westgiebel und das vorgelegte Vorhaus mit malerischen Schopfwalmen, im übrigen sehr schlicht. Im Inneren offene Holzdecke, der Altarraum gewölbt. Über dem Chorbogen Wandgemälde mit Darstellungen der vier Evangelisten, die Rundbogenfenster mit farbigen Glasgemälden. Der Altar modern, das Altarbild mit Darstellung des Gekreuzigten vom Miesbacher Maler Fritz Freund. Neben der Kirche 1984/85 ein Gemeindehaus erbaut.

Rosenheimer Straße 1/3. *Landratsamt Miesbach,* zwei zweigeschossige Walmdachbauten durch erdgeschossigen Zwischenbau miteinander verbunden, in modern-historisierenden Formen 1914 als Bezirksamt nach Plänen von Lorenz Grün erbaut (1977 nach Osten erweitert).

Die Rosenheimer Straße, am ehem. Schloß ansetzend, entwickelte sich mit der Errichtung des Amtsgerichts, 1901, zu einer Ämterstraße die aus dem alten Ortskern hinausführt. Knüpfte man beim Bau des Amtsgerichts an schloßhafte, barocke Formen an, so fällt bei dem 13 Jahre späteren Bezirksamt die Zurückhaltung bei der Baumassenentwicklung auf die Reduktion der historischen Formen auf. Der westliche Bau, drei Fensterachsen breit, mit halbrundem steherkerartigen Vorbau vor der Mittelachse der Straßenfront, wurde als Dienstwohnung des Amtsvorstandes errichtet. Der 7 Achsen breite, 1977 nach Osten um 4 Achsen firstgleich verlängerte eigentliche Amtsbau ist durch ein großes bildhauerisch gestaltetes Portal besonders ausgezeichnet.

Rosenheimer Straße 2. Sog. *Haindl-Keller,* ehem. *Anwartshaus;* ausgedehnte Tonnengewölbe des 16./17.Jh., 1923 nach Plänen von Karl Wegele mit einem Wohngeschoß unter einem Mansardwalmdach in historisierenden Formen überbaut.

Zur Barockzeit war das unterhalb des Schlosses, am Ostrand des oberen Marktes (Stadtplatz) gelegene Anwartshaus ein hoch aufragender Herrschaftsbau, in welchem der Anwärter auf die Regierung residierte. Die Miesbacher Ansicht von Wening zeigt eine dreigeschossige Anlage mit Krüppelwalmdach, einem Eckerker zum Platz und einer Nordfassade mit zwei Zwerchhäusern. Baulich verbunden mit dem Anwartshaus, das 1984/85 instandgesetzt wurde, war bis zu seinem Abbruch 1872 das Markttor.

Rosenheimer Straße 14. *Villa Kammerer,* zweigeschossige Anlage im Stil der Maximilianszeit, asymmetrisch, mit Giebelrisalit im Ostteil und eingestelltem Belvedereturm im Westteil, erbaut 1863 von L. Renner.

Nach dem Harzbergschlößl der älteste Villenbau in Miesbach, gelegen zwischen den Amtsbauten des Schloßberges, erbaut für den Kgl. Notar Kammerer von dem Architekten L. Renner. Repräsentativer, durch Gesimse, Putzbänder, Fensterverdachungen und Putzfriese gegliederter Bau im Stil der Maximilianszeit mit dem italianisierenden Belvedere und den weiten Dachvorständen auf die ländliche Umgebung eingehend. An der Südseite, zum Park hin, übergiebelte Veranden und Balkons. – Im Hause logierte mehrmals zwischen 1887 und 1892 der Dichter Paul Heyse.

Rosenheimer Straße 16. *Amtsgericht Miesbach,* dreigeschossiger gegliederter Putzbau in barockisierenden Formen, mit Mansarddach, Westteil der Fassade licht vorgezogen, 1901; Nebengebäude zweigeschossig, in gleicher Art, mit Eingangsrisalit, wohl 1901.

Die beiden sehr repräsentativen, am Ostrand der Stadt gelegenen Amtsbauten wurden um 1970 unter Erhalt der reichen Fassadengliederungen instandgesetzt, im Inneren allerdings weitgehend verändert bzw. ausgekernt.

Schlierseer Straße 1, 2. Vgl. Ensemble Miesbach.

Schlierseer Straße 16. Sog. *Waitzingerkeller,* gewölbte Bierkellerhallen, darüber Saalbau mit Bühne, Galerien an den Längsseiten und darunterliegenden Nebenräumen, erbaut 1877; Ausgestaltung des Saals (Stuckierung, farbige Jugendstilfenster) und der Fassaden um 1905 (Wandmalereien von Alois Dirnberger, übertüncht).

Die Bierkellerhallen des Waitzingerbräu, südlich des großen Brauereianwesens am Schlierseer Berg, wurden 1877 eröffnet. Miesbach konnte damit ein den großen Münchner Kellern vergleichbares Etablissement bieten, zu dem auch ein großer Biergarten gehörte. Der Saalbau über den Kellergewölben wurde um 1905 neu ausgestaltet und von Alois Dirnberger (1823–97) ausgemalt. Er war langezeit Mittelpunkt des Miesbacher Gesellschafts- und Vereinswesens. Seine Instandsetzung als Stadthalle steht zur Diskussion. – 1986 Teilzerstörung durch einen Brand.

Salzweg 1. Am Giebel des Hauses *Fresko,* nach 1783, im Empire-Rahmen.

An dem Wohnhaus, einem *Nebengebäude des ehem. Postgasthofes,* ein Wandbild in Freskotechnik, das den noch kindlichen Jesus mit dem Kreuz als Überwinder des Bösen zeigt.

Salzweg 3, 5. Vgl. Ensemble Miesbach.

Miesbach, Rathausstraße 10,
Kirche, Inneres

Miesbach, Rosenheimer Straße 2,
sog. Haindlkeller

Miesbach, Rathausstraße 10, Evang.-luth. Pfarrkirche

Miesbach, Rosenheimer Straße 14, Villa Kammerer

Miesbach, Rosenheimer Straße 1/3, Landratsamt

Miesbach, Rosenheimer Straße 16, Amtsgericht

Miesbach, Schliersee Straße 16

Miesbach, Schlierseestraße 16, sog. Waitzingerkeller

Miesbach, Salzweg 1

Schmiedgasse 1, 3, 4. Vgl. Ensemble Miesbach.

Schmiedgasse 6. *Wohnhaus,* im Landhausstil, Putzbau mit Kniestock, Flachsatteldach und Hochlaube, am Westteil Salettl-Anbau, um 1860/70.

Am Rande des historischen Miesbacher Marktbereiches zur Zeit der Blüte des Kohlenbergbaus errichtetes *Direktoren-Wohnhaus,* das sich traditionelle Hausformen zum Vorbild nimmt. Geschnitzte Haustür; Stiegenhaus mit Treppenbrüstungen in gotischen Formen.

Schmiedgasse 8, 10. Vgl. Ensemble Miesbach.

Schulberg 6. *Kath. Kirche St. Franziskus* (Portiunkulakirche), achteckiger Zentralbau, 1659, westlicher Anbau 1901.

Für den seit 1659 im nördlichen Teil des Miesbacher Schloßberges errichteten Neubau, genannt nach der kleinen Kirche in Assisi, in welcher der Hl. Franziskus 1226 gestorben ist, stiftete Graf Wilhelm v. Maxlrain 3000 fl. Wie in anderen benachbarten Städten und Märkten, so in München, Rosenheim, Tölz hatte sich im Zeitalter der Gegenreformation auch in Miesbach die Franziskusverehrung von neuem ausgebreitet, und der achteckige Zentralbau, den man dem Heiligen widmete, gehört zu den bemerkenswerten frühen barocken Zentralbauten Altbayerns. Dem Oktogon ist ein Ostturm beigestellt, dessen Untergeschoß die Sakristei enthält. Der Außenbau ist streng, auffallend blockhaft flach gegliedert und wesentlich durch die Rundfenster und das wohl erst im 18. Jh. aufgesetzte Kuppeldach, das einem Stichkappengewölbe aufsitzt, bestimmt. Er gehört seit dem 17. Jh. zu den dominierenden Bauten Miesbachs. Der ursprüngliche Charakter des Innenraums ist schwer bestimmbar. Nachdem die Kirche nach der Säkularisation bereits zum Abbruch versteigert war, blieb ihr dieses Ende letztlich doch erspart, wurde sie 1832 wieder sakralisiert und 1843 und u.a. 1861/62 im Inneren umfassend neu ausgestaltet, zuletzt mit farbigen Glasfenstern, Fresken des Miesbacher Malers Alois Dirnberger (1823–1897) zum Leben des Hl. Franziskus nach Entwürfen von Karl v. Piloty, mit neuem Altar, Gestühl, Kommuniongitter. Dieses reiche, schwere, romantisch-historisierende Raumbild wurde in den sechziger Jahren aufgegeben. Der seitdem leider kraftlos wirkende Raum gewinnt wenigstens in dem großen Altarbild des 17. Jh. einen zwingenden Höhepunkt. 1865 ließen sich die Armen Schulschwestern in dem neuen Mädchenschulhaus neben der Kirche nieder, das «Klösterl» ist seitdem ihre Haus- und Schulkirche.

Stadtplatz 1. *Stadtapotheke,* als dreigeschossiges Giebelhaus nach dem Brand 1783 neu erbaut, drittes Obergeschoß mit Schopfwalmdach und Balusterbalkons 1905.

Das Haus an der Nordwestecke des Stadtplatzes, ein Eckbau der den Platz wirkungsvoll gegen den Bereich um die Pfarrkirche und die Ledererstraße abgrenzt, diente zwischen 1722 und 1804 als *«Priesterhaus zum Hl. Petrus zu Miesbach»* während der Blüte der Miesbacher Wallfahrt zur Schmerzhaften Muttergottes, den damals zehn bis zwölf Pfarrkooperatoren und Wallfahrtspriestern als Wohnung. Es besaß einst ein Krüppelwalmdach. Nach der Säkularisation wurde 1804 die alte Weyarner Klosterapotheke, nunmehr erste Apotheke des Marktes Miesbach, in dem Gebäude eingerichtet, wo sie noch heute besteht. Das Dach von 1905 ist charakteristisch für den barockisierenden Heimatstil jener Zeit.

Stadtplatz 3. Zum ehem. *Gasthaus Goldener Hirschen* gehöriger *eiserner Balkon,* Mitte 19. Jh. (nicht abgebildet).

Der stattliche Giebel des nach 1783 neu erbauten Hauses beherrscht die nördliche Stadtplatzseite. Das Anwesen war ehemals größter Miesbacher Gasthof, wurde aber in neuerer Zeit stark verändert. Original erhalten hat sich der biedermeierliche Eisenbalkon mit einem springenden Hirsch in der Brüstung.

Stadtplatz 5. Zugehöriger *eiserner Balkon* um 1900; an der Giebelfassade des Hauses (nicht abgebildet).

Der Balkon gehört zu einem ehem. *Gasthaus,* das 1981 unter Erhaltung des äußeren Erscheinungsbildes als Geschäftshaus umgebaut wurde.

Stadtplatz 7. Vgl. Ensemble Miesbach.

Stadtplatz 8. *Gasthaus Wendelstein,* dreigeschossiger gegliederter Putzbau mit mittlerem Giebelrisalit, hölzernen Balkons und weiten Dachvorständen, 1864 erbaut.

Das Haus, das zusammen mit dem ähnlich gestalteten, benachbarten *Mayrhaus* und dem stattlichen *Waitzingerbräu* die Stadtplatz-Südseite bildet, und als aufwendiger Eckbau ein anschauliches Denkmal des Miesbacher Fremdenverkehrs bildete, der nach der Mitte des 19. Jh. in Gang kam und den Sommergästen entsprechende Etablissements anzubieten suchte, deren Erscheinungsbild alpenländische Merkmale aufwies. In diesem zeittypischen «Schweizerhausstil» ließ der Bauherr, Georg Bernmüller, Gutsbesitzer im nahen Wallenburg, seinen Gasthof am Stadtplatz neu errichten, nachdem der Vorgängerbau, das *Wirtshaus zum Goldenen Lamm,* durch Brand zerstört worden war.

Stadtplatz 9. *Weinhaus Beer,* Putzbau mit Flachsatteldach, am First bez. 1783, am Giebel Lüftlmalerei.

Am Anlauf des Stadtplatzes zum Schloßberg gelegen, die weitgehend original erhaltene Fassade mit rustiziertem Erdgeschoß, mit einem Wandbild der Zeit um 1800 mit Miesbacher Ortsansicht und einem weiteren mit Darstellung des Hl. Florian, mit Fenster-Stuckrahmen des Rokoko, fischgrätartig verschaltem Vordach und barocken Balkenköpfen, der Firstkopf bezeichnet FA MDCCLXXXIII WH. Im Inneren historische Räume und z.T. spätbarocke Türen erhalten.

Stadtplatz 10. Zugehöriger *eiserner Balkon,* neubarock, um 1900; an der Fassade des Hauses (nicht abgebildet).

Der Balkon gehört zum neuerdings umgebauten *Mayr-Moser-Haus,* einem Geschäftshaus der Gründerzeit, das in Angleichung an das benachbarte *Gasthaus Wendelstein* errichtet worden ist.

Stadtplatz 11. Vgl. Ensemble Miesbach.

Stadtplatz 12. *Waitzingerbräu,* stattlicher dreigeschossiger Walmdachbau mit 10 Fensterachsen zum Stadtplatz, 1783–85 erbaut, Eingangsnische im Jugendstil, 1922.

Die Geschichte des traditionsreichen *Brauereigasthofs,* des größten Baus am Stadtplatz, geht auf die Gründung eines Kurfürstlichen Bräuhauses in Miesbach unter Kurfürst Karl Albrecht um 1740 zurück. Die erfolgreiche landesherrliche Unternehmung in dem blühenden spätbarocken Markt- und Handwerkerort, zugleich Wallfahrts- und Amtszentrum, wurde beim großen Ortsbrand 1783 zerstört. Die Anlage war ein hoher, reich gegliederter Barockbau mit Steherker gewesen; ihr Standort war etwas weiter östlich als der jetzige. Nach dem Wiederaufbau in der jetzt noch erhaltenen schlichten Form ging der Gasthof mit der Brauerei 1817 an August Waitzinger über und entwickelte sich zur bedeutendsten Privatbrauerei Südbayerns. Die Eingangsnische und die darüberliegende Fassadenmalerei, eine Darstellung des Miesbacher Gnadenbildes, aus der Zeit des vorletzten Umbaus, 1922. Im Inneren gewölbte Erdgeschoßräume. – Die südseitigen Erweiterungen des Baukomplexes 1866 und 1905, z.T. mit Gewölbehallen (Südhaus).

Waitzinger Saal – siehe Schlierseer Straße 16.

Miesbach, Schmiedgasse 6

Miesbach, Stadtplatz 1,
Stadtapotheke

Miesbach, St. Franziskus, Inneres

Miesbach, Schulberg 6, Kath. Kirche St. Franziskus

Miesbach, Stadtplatz 9

Miesbach, Stadtplatz 8, Gasthaus Wendelstein

Miesbach, Stadtplatz 9, Lüftlmalerei an der Giebelseite

Miesbach, Stadtplatz 12, Waitzingerbräu

Stadtplatz 13. Vgl. Ensemble Miesbach.

Stadtplatz 15. Wohn- und Geschäftshaus, ehem. *Postgasthof Fellerwirt,* dreigeschossiger achtachsiger Traufseitbau, Anfang 19. Jh. über älterer Grundlage erbaut.

Der beherrschende Bau an der Ostseite des Stadtplatzes, vor dem Ortsbrand ein Giebelbau mit Steherker, ehemals ein bedeutender Postgasthof mit zahlreichen Fremdenzimmern. Das Gebäude wurde einige Zeit nach dem Stadtbrand von 1783 über historischen Kelleranlagen, die wohl dem 17. Jh. zugehören, neu errichtet. Im sechsachsigen Südgiebel ist die Nordostaußenwand des im übrigen 1783 zerstörten Kurfürstlichen Bräuhauses erhalten.

Stadtplatz, *Stadtplatzbrunnen,* Schalenbrunnen mit Figur des Hl. Michael, 1905 von Bernhard Bleeker (1881–1968).

Tölzer Straße 1. Ehem. *Salzeinnehmeramt,* danach Bayer. Bergschule, zuletzt Gemeindeamt Wies, schlichter klassizistischer Amtsbau, zweigeschossig, mit Zeltdach 1811/13 erbaut.

Im frühen 19. Jh. war Miesbach Etappenort der Salztransporte von der Saline Rosenheim über Irschenberg und Parsberg nach Tölz und ins westliche Oberbayern. Nahe der Miesbacher Schlierachbrücke befand sich der große Salzstadel, ein Speicher und Umschlagplatz, gegenüber das erhaltene Amtshaus der Salzbeamten, ein für die Zeit König Max I. Joseph typischer, äußerst schlichter Amtsbau, der später, bis 1882, die *Bayerische Bergschule,* dann die Verwaltung der bäuerlichen Streugemeinde Wies bis zu ihrer Auflösung beherbergte.

Tölzer Straße 6. Zugehörige gefaßte *Schnitzfigur des Hl. Johann Nepomuk,* spätbarock. 2. Hälfte 18. Jh.; an der Fassade des Hauses in einer Nische.

Die lebensgroße Barockfigur des Brückenheiligen war ehemals auf der Gmunder Mangfallbrücke, dann an der Miesbacher Schlierachbrücke aufgestellt.

Tölzer Straße 29. *Villa Rothmund,* malerischer zweigeschossiger Bau in historisierenden Formen, mit Erkerturm und Loggia, 1902 von Hofrat Eugen Drollinger für August v. Rothmund erbaut.

Westlich über Miesbach am Hang errichtete Herrschaftsvilla, für den Leiter der Münchner Augenklinik, Geheimrat August v. Rothmund (1830–1909), durch Drollinger im zeittypischen malerisch asymmetrischen Burgvilla-Stil erbaut. Zur Straße wehrhafter Eindruck (behelmter Turm mit Fachwerkobergeschoß), zum Garten Rundbogenloggia und barockisierender Krüppelwalmgiebel, im Inneren auch Jugendstildetails.

Anger

Haus Nr. 23. Ehem. *Bauernhaus,* Wohnteil mit Blockbau-Obergeschoß, bez. 1673, mit umlaufender Laube.

Der ehemalige *Zweihöfeweiler Anger* liegt am heutigen Südrand von Miesbach in völlig veränderter Umgebung. Bemerkenswerte Zeugnisse der bäuerlichen Geschichte des Weilers und des Hauses Nr. 23 sind der alte Blockbau-Oberstock, über der südlichen Laubentür bez. H 1673 L (die Fenster im 19. Jh. vergrößert), und die Flaschenbaluster-Brüstungen des späten 18. Jh. an der Giebelfront.

Au

Schießstattstraße 17. Kleines *Bauernhaus,* Wohnteil mit Blockbau-Obergeschoß, 18. Jh.

Ältestes Haus des Dreihöfeweilers Au, östlich von Miesbach gelegen, jetzt baulich stark verändert.

Miesbach, Stadtplatz 15, ehem. Postgasthof Fellerwirt

Miesbach, Stadtplatz 15, Kelleranlage

Miesbach, Stadtplatz, Stadtplatzbrunnen

Miesbach, Tölzer Straße 1, ehem. Salzeinnehmeramt

Au, Schießstattstraße 17, Bauernhaus

Miesbach, Tölzer Str. 29, Loggia

Miesbach, Tölzer Straße 6
Schnitzfigur d. Hl. Joh. Nepomuk

Miesbach, Tölzer Straße 29, Villa Rothmund

Anger, Haus Nr. 23, ehem. Bauernhaus

Au von Osten mit Schießstattstraße 17

Bach

Haus Nr. 20. *Bauernhaus,* Wohnteil mit Blockbau-Obergeschoß, Mitte 18. Jh., umlaufende Laube und Hochlaube 19. Jh.

Von den beiden Bacher Höfen, die am südwestlichen Stadtrand von Miesbach einen Bauernweiler am Birknerbach bilden, besitzt der südliche noch seinen alten Blockbau-Oberstock aus dem 18. Jh. Der Bau ist quererschlossen, die Haustür eine barocke aufgedoppelte Sterntür. Die Laubenbrüstungen im späteren 19. Jh. erneuert.

Baumgartner

Baumgartnerkapelle, 2. Hälfte 19. Jh.; westlich an der Bucherstraße.

Einfache offene Wegkapelle in der «Wies», an einer Kreuzung südwestlich des Baumgartnerhofes unter großem Baum, 1967 erneuert (Bemalung). Die barocke Figur, Christus an der Geißelsäule, jetzt im *Baumgartnerhof.*

Bach, Haus Nr. 20, Bauernhaus

Baumstingl

Haus Nr. 55. *Bauernhaus «Beim Baumstingl»,* Wohnteil mit Blockbau-Obergeschoß des 18. Jh., mit umlaufender Laube (steiler Dachaufbau 1957).

Einödhof in der charakteristischen bäuerlichen Haglandschaft der nördlichen, sog. unteren Gemarkung Wies. Beim Umbau des Hauses 1957/58 das Dach zu steil angehoben und die Laubenbrüstungen erneuert.

Bildstock, Tuffpfeiler, 1. Hälfte 17. Jh.; an der Wegabzweigung nach Halmer.

Wohlerhaltener Bildstock, noch in gotischer Formentradition, mit gefastem Schaft, Laterne mit vier Bildnischen (in die neuerdings wieder gemalte Heiligendarstellungen eingefügt sind) und bekrönendem Kreuz.

Bemberg

Hofkapelle beim Heiß, Ende 18. Jh.; zu Haus Nr. 6 gehörig.

Der 1978 instandgesetzte und mit Scharschindeldach gedeckte Bau liegt in der Einöde Bemberg, auf dem Stadlberg. Der Altar nicht mehr vorhanden. Gute geschnitzte Tür in Rokoko- und biedermeierlichen Formen, um 1800.

Baumstingl, Bildstock

Birkner

Haus Nr. 9. *Bauernhaus «Beim Birkner»,* stattliche Einfirstanlage, Wohnteil mit Blockbau-Obergeschoß, bez. 1720, mit umlaufender Laube, Wirtschaftsteil 1876.

Der streng orientierte, langgestreckte Birknerhof, über dem linken Schlierachufer, westlich von Miesbach, gehört zu der weitgestreuten Gruppe der großen *Einödhöfe der Oberen Wies.* Der Blockbau-Oberstock 1978 vom Ölfarbanstrich des 19. Jh. befreit, ist über der südlichen Laubentür mit «1720» bezeichnet. Das Dach mit der Hochlaube sowie der Wirtschaftsteil wurden 1876 neu erstellt. Die vergrößerten hochrechteckigen Fenster, Haus- und Laubentür gleichzeitig, ebenso wohl die Wandmalereien an der Südfassade, St. Leonhard und St. Florian darstellend. Die Kreuzstabbrüstung der Laube typisch biedermeierlich-klassizistisch, wohl Mitte 19. Jh.

Brandhof

Brandhofkapelle, Ende 19. Jh.
Gemauerter *Kapellenbildstock* östlich des Brandhofes.

Baumstingl, Haus Nr. 55, Bauernhaus «Beim Baumstingl»

Baumgartner, Kapelle

Bemberg, Hofkapelle beim Heiß

Bemberg, Kapellentür

Brandhof, Kapelle

Birkner, Haus Nr. 9, Bauernhaus «Beim Birkner»

Birkner, Haus Nr. 9

273

Bucher

Haus Nr. 52. *Bauernhaus «Bucherhof»*, stattliche Einfirstanlage, Blockbau-Obergeschoß des Wohnteils bez. 1775, umlaufende Laube und Wandmalereien.

Bucherkapelle, 1749 erbaut, erneuert 1860; mit Ausstattung.

Der *Bucherhof,* am Blockbau-Oberstock an der südlichen Laubentür bez. 1775, gehört zu den charakteristischen großen historischen *Einödhöfen* in der Haglandschaft der ehem. *Bauerngemeinde Wies.* Die Wandmalereien an der Giebelseite des Erdgeschosses, ursprünglich wohl Lüftlmalereien des späten 18. Jh., wurden 1967 überarbeitet, leider nicht fachgerecht restauriert. Sie stellen die Hll. Isidor und Notburga sowie einen Bauern mit seiner Frau, wohl frühere Hofbesitzer, und einen Chorherren, wohl des Klosters Weyarn, dar.
Die geräumige, außen durch Blendnischen gegliederte *Kapelle,* dem Hof zugeordnet, besaß einen 1647 erbauten Vorgänger, den Joseph Schöpfer 1749 durch den bestehenden barocken Neubau ersetzte der von der Familie Schöpfer, die noch heute auf dem Bucherhof ansässig ist, 1860 erneuert wurde. – Im Altarblatt des Barockaltärchens Jesus und Johannes als Kinder, im Gewölbe zwei Fresken mit Darstellung der Verkündigung Mariä. Barockes Trenngitter, darüber hängender Kruzifixus. Die in Nischen an der Ostseite ehemals angebrachten Figuren – barocke Nachbildungen der Miesbacher Gnadenmadonna und des Geißelheilands der Wieskirche b. Steingaden – jetzt im Hause aufbewahrt.

Eberl

Haus Nr. 63. *Bauernhaus «Beim Eberl»,* Wohnteil als Putzbau, mit Baluster-Hochlaube und geschnitzter Haustür, 1807 erbaut (1980 um einen Kniestock erhöht und mit umlaufender Laube versehen).

Einödhof in der Unteren Wies, im Jahre 1807 dem klassizistischen Geschmack und den damals aktuellen Feuerschutzvorkehrungen gemäß als Putzbau errichtet, ursprünglich nur mit Giebel-Hochlaube und traufseitigem Balkon auf geschnitzten Konsolen über der Haustür. Die Erweiterung dieses Balkons zur umlaufenden Laube erst 1914 und 1980, desgleichen Erhöhung des Wohnteils und Neubau des Wirtschaftsteils. Das Haus dadurch stark verändert. Bemerkenswert die reich geschnitzte Haustür, einschließlich Türstock, in Formen des spätesten Rokoko. In der Küche einzigartige geschnitzte Eichensäule als Stütze eines Hauptdeckenbalkens. Stiege im Hausgang mit prachtvoller Balusterbrüstung.

Ed

Haus Nr. 51. *Bauernhaus «Beim Jager»,* Einfirstanlage, Wohnteil mit nachträglich verputztem Blockbau-Obergeschoß, dreiseitig umlaufender Laube und Hochlaube, 2. Hälfte 18. Jh., erneuert 1876 und seit 1979.

Kleineres Bauernhaus in der Oberen Wies, dessen originale spätbarockzeitliche Proportionen bei der Erneuerung 1876 (Verputz der Blockwände, neues Dach, Haustüre, Teil der Fenster) bewahrt wurden. Im Inneren Schlafkammer mit originaler Einrichtung, bemalt von Johann Baptist Pöhaim, (1752–1838) im Jahre 1811. Ein Teil der Fensterläden mit Rokoko-Flachschnitzerei.

Gasteig

Bildstock, Fragment eines Tuffpfeilers, 1,50 m Höhe, wohl 17. Jh.; westlich von Gasteig ins Mangfalltal.

Bucher, Haus Nr. 52, Bauernhof «Bucherhof»

Bucher, Hofkapelle

Gasteig, Bildstock

Bucher, Hofkapelle von Innen

274

Eberl, Haus Nr. 63, Bauernhaus «Beim Eberl»

Ed, Haus Nr. 51, Bauernhaus «Beim Jager»

Eberl, Haus Nr. 63, Stütze in der Stube

Gieshof, Gieshofkapelle von Innen

Gieshof, Ansicht von Osten

Gieshof

Gieshofkapelle, erbaut 1818, erweitert 1829, Turm 1841.

Die Kapelle, deren Vorgängerbau 1639 errichtet, 1750 und 1800 erneuert und in der Säkularisation 1803 abgebrochen worden war, besetzt den höchsten Punkt der oberen Wies, die sog. Miesbacher Höh' (825 m), und bildet mit den Anwesen Vorder- und Hintergieshof den großartig die bäuerliche Kulturlandschaft des Höhenrückens beherrschenden Weiler Gieshof. Johann Mayr von *Vordergieshof* erbaute die Kapelle 1818 neu und verlängerte sie 1829. Der Turm mit Spitzhelm wurde 1841 angefügt. Tonnengewölbter Raum, in der nachträglich als Grotte gestalteten Altarnische nachbarocker großer Geißelchristus von Anton Fröhlich (1776–1841), Tölz; originales Gestühl und geschmiedetes Trenngitter. Türblatt mit Rokoko-Flachschnitzerei, Ausmalung des Raumes spätes 19.Jh.. An den Innenwänden 1984 Wandmalereien freigelegt, wohl 1818 entstanden, noch im Stil des Spätrokoko, die Hll. Leonhard, Florian, Franziskus, Johann Nepomuk darstellend.

Haus Nr. 38. *Bauernhaus «Hintergieshof»,* Einfirstanlage, Wohnteil als Putzbau, mit Giebelbalkons, um 1850.

Ganz im klassizistischen Sinne klar gegliedertes, gemauertes und verputztes Haus, giebelseitig erschlossen, mit zwei Giebelbalkons und den charakteristischen Lünettenfenstern im Kniestock zur Belichtung des Dachraumes. Balkenvorköpfe am Giebel in Drachenkopfform, kassettierte Dachuntersichten. Die Fassadenmalereien nach Rokoko-Art erst 1949; sie verfälschen den originalen Charakter des Hauses, das zusammen mit dem Vordergieshof und der Gieshofkapelle eine bedeutende bäuerliche Baugruppe bildet.

Großthal

Haus Nr. 4. *Bauernhaus «Beim Uhrmacher»,* Einfirstanlage, Wohnteil mit Blockbau-Obergeschoß, bez. 1732, umlaufende Laube Mitte 19.Jh.

Am Westfuß des Stadlbergs in ungestörtem bäuerlichen Umfeld gelegener Einfirsthof. Die Laube mit biedermeierlichen Kreuzstabbrüstungen.

Haidmühl

Haus Nr. 66. Ehem. *Bauernhaus und Mühle (Haidmühl),* Einfirstanlage, Wohnteil mit Blockbau-Obergeschoß, bez. 1616, mit dreiseitig umlaufender Laube.

Das von neuer Miesbacher Stadtrandbebauung umgebene Haus, ehemals eine Einöde, zeichnet sich neben dem hohen Alter seines Blockbau-Oberstocks, bez. 1616, durch seltene Details wie die geschuppten Laubensäulen, figurierte Balkendurchsteckungen und in der Barockzeit bemalte Balkenvorköpfe aus. Das Haus wurde in den letzten Jahren instandgesetzt, der ehem. Wirtschaftsteil für Wohnzwecke ausgebaut.

Haus Nr. 68. *Mühlgebäude* der Haidmühl, jetzt Kistenmacherei, erdgeschossiger Putzbau mit Schopfwalmdach und weitem Dachvorstand an der Ostseite, 1836 erbaut.

Der biedermeierliche *Werkstattbau,* südlich des ehemals zugehörigen Wohn- und Bauernhauses Nr. 66, ist durch eine Solnhofer Inschrifttafel von 1836 datiert. Ein drittes zugehöriges Gebäude, das Säggatter, wurde in den sechziger Jahren abgebrochen.

Halmer

Haus Nr. 53. *Bauernhaus «Beim Halmer»,* Einfirstanlage, Wohnteil mit Blockbau-Obergeschoß bez. 1777, mit barocker Balusterlaube.

Einer der stattlichsten Einödhöfe der Wies, beherrschend zwischen seinen heckengesäumten Wiesengründen, den Hagen, gelegen. Der Wohnteil von 5 zu 5 Achsen, die Erschließung traufseitig. Über der Laubentür die Bezeichnung «1777», die Brüstungen noch mit originalen barocken Balustern. – Der Wirtschaftsteil wurde 1934 neu erbaut, das Dach des Wohnteils 1979 leicht angehoben.

Harzberg

Haus Nr. 6. *Harzbergschlößl,* klassizistische Villa, dreigeschossiger Walmdachbau mit Mittelrisalit, erbaut 1840.

Am Harzbergabhang östlich über Miesbach in damals freier Lage erbaut, war das Harzbergschlößl zu seiner Erbauungszeit der standesgemäße Wohnsitz der Freiherrn v. Gumppenberg. Schlicht klassizistisch, würdevoll, der Mittelrisalit mit strengem Dreiecksgiebel, ist die Villa einer der wenigen Bauten dieser Art und dieses Stils im Landkreis und im bayerischen Oberland. Durch spätere Anbauten ist der Bau allerdings nachteilig verändert. Auch ist durch die Verbauung der Umgebung die ursprüngliche Wechselwirkung zwischen Villa und Landschaft zerschnitten. Von den klassizistischen Innenräumen hat sich so gut wie nichts erhalten.

Kreuzfeldweg 10. *Bauernhaus «Beim Vorderhilm»,* Einfirstanlage, verputzter Wohnteil mit Giebel- und Hochlaube, 1816 erbaut.

Die nahe beieinander gelegenen Höfe Vorderhilm und Hinterhilm, zwei bäuerliche Traditionsinseln am jetzt fast völlig überbauten Harzberghang, haben sich wohl im Mittelalter, nach Teilung eines einzigen Anwesens gebildet. Der 1816 neu erbaute Vorderhilmhof ist ein charakteristischer klar gegliederter Putzbau jener Zeit, dessen wenige hölzernen Details am Außenbau kunstvoll ausgebildet sind, wie die Drachenkopf-Balken zeigen.

Gieshof, Gieshofkapelle von Süden

Gieshof, Haus Nr. 38, Bauernhaus «Hintergieshof»

Großthal, Haus Nr. 4, Bauernhaus «Beim Uhrmacher»

Haidmühl, Haus Nr. 66, ehem. Bauernhaus bei der Mühle

Haidmühl, Haus Nr. 68, ehem. Mühlgebäude

Halmer, Haus Nr. 53, Bauernhaus «Beim Halmer»

Harzberg, Haus Nr. 6, Harzbergschlößl

Harzberg, Kreuzfeldweg 10, Bauernhaus «Beim Vorderhilm»

Höger

Haus Nr. 1. *Bauernhaus «Beim Höger»,* stattlicher Einfirsthof, Wohnteil mit Blockbau-Obergeschoß, Ende 16./Anfang 17.Jh. (Ausbau 1958–68)

Großer Einfirsthof in der unteren Wies, mit den in Sichtweite auf einer Süd-Nord-Linie gelegenen, gleichfalls streng geosteten Einöden Loferer, Klafflehen und Walch eine großartige bäuerliche Baugruppe in einem unverfälschten Umfeld bildend.

Der Blockbau-Oberstock, der nördlich wohl im 18.Jh. um eine Achse erweitert wurde, sehr alt, mit nachgotischem geschnitzten Rollbandfries am ehemaligen Dachansatz. – Neubau von Stall und Tenne 1958, Anhebung des Daches über Kniestock 1968, Laube 1981.

Ehemals vorhandene hölzerne *Hofkapelle* um 1960 abgebrochen.

Hof

Haus Nr. 74. *Bauernhaus «Beim Hofer»,* Einfirstanlage, Wohnteil mit Blockbau-Obergeschoß, Laube und Hochlaube, Ende 18.Jh.

Einödhof in der unteren Wies, benachbart den Höfen Walch und Winkl, traufseitig erschlossen, mit barocken Balkenvorköpfen und Aussägearbeiten in der Verschalung der Tenne und der Hochlaube. Die hochrechteckigen Fenster und die Laubenbrüstungen aus der Zeit um 1900; an der Südseite sind kleine ältere mit Holzblockteilen zugesetzte Fenster zu erkennen.

Hofwies

Ramsenthal-Hofkapelle, erbaut 1799, Dachreiter wohl 1907; zu Haus Nr. 40 (Ramsenthal) gehörig.

Die stattliche *Kapelle «Zum Gegeißelten Heiland»* beim *Ramsenthalhof* wurde 1799 von Wolfgang Eder auf ein Gelübde hin nach vielfachem Unglück erbaut und 1802, also noch kurz vor der Säkularisation, vom Weyarner Propst Rupert zu Ehren des Gegeißelten Heilandes geweiht. Sie entwickelte sich im frühen 19.Jh. zu einer Bauernwallfahrt für die nähere Umgebung und wurde 1907 und 1965 erneuert. Im Inneren barockes Altärchen, das ursprüngliche Gestühl, Votivtafeln und Kreuzweg, das Trenngitter 1840, das Deckengemälde 1907.

Hohenlehen

Haus Nr. 40. *Bauernhaus «Beim Hohenlechner»,* Einfirstanlage, Wohnteil mit nachträglich z.T. verputztem Blockbau-Oberstock, 1807, dreiseitig umlaufender Laube und Giebellaube; *Hohenlechner-Hofkapelle,* 1934 auf Grundlage eines älteren Vorgängerbaus neu errichtet.

Prachtvoll gelegener *Einödhof* in der oberen Wies, der Blockbau-Oberstock bei der Erneuerung des Hauses im späten 19.Jh. überputzt, gleichzeitig die Fenster vergrößert.

Die Lauben mit den alten barocken Baluster- und Brettbaluster-Füllungen, im Inneren z.T. originale Türblätter.

Der Geißelchristus der *Hofkapelle* leider gestohlen. Kleine volkstümlich-barocke Figuren, Kreuzweg und geschnitzte Tür aus dem Vorgängerbau.

Kalchöd

Sog. *Vogelherddenkmal,* Tuffpfeiler, im Aufsatz Portraitreliefs, um 1890.

Originelles Denkmal auf dem Vogelherd, einem Höhenzug nördlich über Parsberg, zur Erinnerung an den Miesbacher

Notar Kammerer und seine Gemahlin, deren Portraitreliefs die Bildnische des in der Tradition alter Tuffbildstöcke gestalteten Denkmals füllen.

Kleinthal

Floigerweg 18. *Bauernhaus «Koaserhof»,* Einfirstanlage, Wohnteil mit Blockbau-Obergeschoß, bez. 1761, dreiseitig umlaufende Laube und Giebellaube; *Lourdeskapelle,* in barocken Formen, um 1900, im Garten.

Am Westfuß des Stadlbergs gelegener Bauernhof, von einem von Westen heranwachsenden Siedlungsgebiet fast eingeholt. Die historischen Proportionen des Hauses gut bewahrt, die Laubenbrüstungen und Fenster im späten 19./frühen 20.Jh. erneuert.

Im Bauerngarten in barocken Formen gegliederter gemauerter *Kapellenbildstock* mit Lourdesmadonna in grottenartiger Nische.

Höger, Haus Nr. 1, Bauernhaus «Beim Höger»

Hof, Haus Nr. 74, Bauernhaus «Beim Hofer»

Hofwies, Ramsenthal-Kapelle

Hohenlehen, Hofkapelle

Hofwies, Ramsenthal-Hofkapelle, Altar

Hohenlehen, Haus Nr. 40, Bauernhaus «Beim Hohenlechner»

Kalchöd, Vogelherddenkmal

Kleinthal, Floigerweg 18, Bauernhaus «Koaserhof»

Kleinthal, Floigerweg 18, Kapellenbildstock

279

Harztalstraße. *Brunnenhaus* der Miesbacher Wasserversorgung, neubarocker Pavillon, bez. 1889 und 1912.

In anspruchsvollen barockisierenden Formen gestaltet und deswegen einst spöttisch nach dem Bauherren, einem Miesbacher Bürgermeister, *Schröck-Kapelle* genannt.

Köpferl

Köpferlkapelle, gegliederter Putzbau, um 1900 auf älterer Grundlage erbaut; östlich vom *Großköpferlhof* an der Bundesstraße (1963/64 um 3 m versetzt).

Krauthof

Krauthofkapelle St. Magnus, 1818 erbaut.

Die große Kapelle im Mittelpunkt der unteren Wies, an Gabelungen mehrerer Bauernwege in Sichtweite großer Höfe gelegen, wurde erstmals 1637 erbaut, nachdem sich 30 Bauern bei einer Ungezieferplage dem Hl. Magnus verlobt hatten. 1818, bei neuem Unheil, entsann man sich erneut dieses Heiligen und erneuerte den Bau, der seitdem einen Dachreiter trägt. Im Inneren Pilastergliederung, Rahmenstuckdecke, zehn einfache Barockbänke, barockes Altärchen (1822) mit Altarblatt, das den Hl. Magnus zeigt. Die meisten der Figuren wurden leider vor einigen Jahren gestohlen.

Leitzach

Mühlweg 7. Stattlicher *Bauernhof «Beim Christoph»,* Einfirstanlage, ehem. zur Mühle gehörig, Wohnteil biedermeierlicher Putzbau, mit hölzernen Balkons und geschnitzten Haustüren, bez. 1839, im Kern wohl älter.

Einzigartiges klassizistisches *Müller-Wohn- und Bauernhaus* im Leitzachgrund, östlich von Parsberg, von Franz und Maria Freichl 1839 erbaut. In hervorragender Weise die originalen, für die Zeit charakteristischen Baudetails erhalten: Rundbogenportale, Rundbogenfenster im Giebel und Kniestock, gegliederte, z. T. rustizierte Putzflächen, Balkons am Giebel (als biedermeierlicher Ersatz für die barockzeitlichen umlaufenden Lauben). Das Haus will als Putzbau wirken, um so kunstvoller gearbeitet sind die wenigen verbliebenen geschnitzten Haustüren und in die Balkonbrüstungen eingefügten Reliefs.

Loferer

Haus Nr. 2. *Bauernhaus «Beim Loferer»,* Einfirstanlage, Wohnteil mit Blockbau-Obergeschoß und Balusterlaube, bez. 1773 (Dachaufbau mit Kniestock und Hochlaube 1980).

Stattlicher *Einödhof* in der unteren Wies, mit den großen *Nachbarhöfen Höger, Linner, Klafflehen, Walch* eine eindrucksvolle Höfegruppe in klassischer bäuerlicher Kulturlandschaft bildend. Geburtshaus des barocken Bildschnitzers Balthasar Ableithner (1613–1705).
Der Wirtschaftsteil des Hofes um 1975 neu erbaut, das Dach des Wohnteils danach angehoben und ausgebaut; die Belichtung des Kniestocks durch große Ochsenaugenfenster gestalterisch problematisch. Schöne Flaschenbaluster in der Laubenbrüstung, wohl von 1773.

Oberhöger

Haus Nr. 33. *Getreidekasten* oder Zuhaus, mit Blockbau-Oberstock, 2. Hälfte 18. Jh. (Mit Schupfen überbaut.)
Südlich vom Hof über einem wohl später ausgemauerten Erdgeschoß ein Holzblockaufbau mit zwei Kammern, eine mit getäfelter Decke, beide mit originalen Südfenstern.

Kleinthal, Harztalstraße, Brunnenhaus

Leitzach, Mühlweg 7, Balkondetail

Köpferl, Köpferlkapelle   Krauthof, Kapelle St. Magnus

Leitzach, Mühlweg 7, Müller-, Wohn- und Bauernhaus

Krauthof, Kapelle St. Magnus, Altar

Loferer, Haus Nr. 2, Bauernhaus «Beim Loferer»

Oberhöger, Haus Nr. 33, Getreidekasten

Parsberg

Parsberg, bis 1584 Pfarrort von Miesbach, ist eines der ältesten kirchlichen Zentren des Miesbacher Raums, der Ort selbst im hohen Mittelalter Sitz eines Adelsgeschlechts, das mit den Waldeckern, den späteren Inhabern der Hohenwaldeckischen Landesherrschaft, verwandt war. Um 1785 zählte der Ort, der bis 1972 Sitz einer eigenständigen Gemeinde war, 16 Anwesen. Die historische Ortsstruktur jetzt stark verändert.

Kath. Filialkirche St. Laurentius, Saalbau mit eingezogenem Chor, 1724 auf mittelalterlicher Grundlage erbaut, Turm 1795.

1724 wurde die Kirche als barocker Saalbau mit Stichkappentonne und eingezogenem Chor über der Grundlage des gotischen und vielleicht auch des romanischen Vorgängerbaus neu errichtet. Am Choraußenbau wird in den noch vorhandenen mittelalterlichen Strebepfeilern die ältere Baugeschichte anschaulich. Der Turm mit dem großartigen Obelisk über der Haube von 1795.
1876ff. völlige Umgestaltung des Innenraums, Ausmalung in romantisch-historisierenden Formen durch den Miesbacher Maler Alois Dirnberger (1823–1897), die Altäre 1886 in Renaissanceformen. Die Dirnberger-Ausmalung wurde 1957/58 abgenommen, die bescheidene barocke Ausmalung mit Darstellungen aus dem Leben des Hl. Laurentius sowie mit Laurentius-Emblemen freigelegt.

Kirchgasse 4. *Bauernhaus «Zehetmeierhof»,* Einfirstanlage, Wohnteil mit Blockbau-Obergeschoß, dreiseitig umlaufender Laube und Hochlaube, bez. 1756.

Im Ortskern von Parsberg nördlich neben der Kirche gelegener Maierhof, ursprünglich wohl das bedeutendste Anwesen des Kirchdorfes und noch heute mit der Kirche eine bemerkenswerte Baugruppe bildend. Der Wohnteil weist die klassischen Proportionen des Miesbacher Hauses des 18. Jh. auf.

Bildstock, Tuffpfeiler, bez. 1622; östlich der Kirche, vor 1975 am westlichen Ortsrand an der Straße.

Einer der ältesten Bildstöcke des Landkreises, mit gefastem Schaft, Laternenaufsatz mit Rundbogennischen und Kreuz.

Potzenberg

Waldkapelle, Mitte 19. Jh.; südlich von Potzenberg; zu Haus Nr. 23 gehörig.

An einem Höhenzug, dem Vogelherd, gelegene einfache offene Kapelle. Die zugehörige Muttergottes aus dem frühen 19. Jh. jetzt im Bauernhof.

Rauscher

Bildstock, Tuffpfeiler, Ende 17. Jh.; südlich vom Hof.
Gedrungene Form mit schwerem Sockel und kurzem Schaft.

Reisach

Großes *Brunnenhaus* der Münchner Wasserversorgung, sog. *Wasserschloß,* Zentralbau in Barockformen, 1906/11.

Die Anlage ist der repräsentativ gestaltete Hauptbau der dritten Ausbaustufe der Münchner Wasserversorgung im Mangfalltal von 1902–12 (siehe auch unter Grub und Mühlthal, Gde. Valley). Der Hauptverteilungsschacht der Reisacher Grundwasserfassung ist durch einen barockisierenden Rundbau mit geschweiftem Kuppeldach und Laterne überbaut.

Parsberg, Kath. Filialkirche St. Laurentius

Parsberg, Kath. Filialkirche, Inneres

Parsberg, Kath. Filialkirche St. Laurentius und Kirchgasse 4

Potzenberg, Waldkapelle

Parsberg, Kirchgasse 4, Bauernhaus

Parsberg, Bildstock

Rauscher, Bildstock

Reisach, Brunnenhaus, sog. Wasserschloß

283

Schönberg

Bildstock, Tuffpfeiler, 17.Jh.; am Weg von Schönberg nach Stoib, im Wald.

In den Bildnischen ehemals kleine barocke bemalte Tafeln mit Darstellungen der Armen Seelen.

Schweinthal

Kriegergedächtniskapelle, barockisierender Bau, 1922, nach Süden versetzt 1978.

Für die Gefallenen des 1.Weltkrieges von den Bauern der Wies errichtete Kapelle an der Tölzer Straße. Georgs-Darstellung von Max Graf Courten, um 1922.

Segenhaus

Haus Nr. 45. *Bauernhaus «Beim Segenhauser»,* Wohnteil mit Blockbau-Obergeschoß und Balusterlaube, bez. 1765; *Zuhaus,* zweigeschossiger Blockbau, bez. 1766, überfangen von verbrettertem Ständerbau mit Flachsatteldach.

Einödhof mit Zuhaus in der oberen Wies. Am Bauernhaus, das über der südlichen Laubentür mit «1765» bezeichnet ist, bemerkenswerte originale Details: aufgedoppelte Sterntür, barocke Vorköpfe, Flaschenbaluster, Laubensäulen. Das Dach in neuerer Zeit leider angehoben.

Das *Zuhaus* ist einzigartig im Landkreis. Der Kernbau besteht aus zwei Stuben, einer unteren die z.T. in einer Mischkonstruktion aus Holzblockverband und vermörteltem Brockenmauerwerk gebildet und innen verputzt ist sowie eine getäfelte Decke besitzt – sowie einer oberen, über dem inneren Türsturz mit «1766» bezeichnet und in Holzblockbauweise aufgezimmert. Zum Teil sind die originalen Fenster mit bleiverglasten Scheiben erhalten. Überfangen werden die beiden Stuben durch einen schuppenartigen verschalten Bau, der für Kleinställe, Vorräte und Futterlagerung des Austragsbauern Platz bot.

Siebzger

Bildstock, Tuffpfeiler, bez. 1821 HS; südlich vom *Sachs-Anwesen, Thalhamer Straße 64.*

Der Pfeiler mit dem würfelförmigen Kopf und den vier rundbogig geschlossenen, jetzt wieder mit bildlichen Darstellungen versehenen Nischen, markiert die Stelle, an der 1821 der Botengänger Hans Sachs erschlagen und beraubt worden sein soll.

Stadlberg

Bergstraße 32 (Rain). *Hofkapelle des Rainhofs,* im Kern 18.Jh., Umgestaltung als Lourdeskapelle um 1900.

An der Stadlbergauffahrt nördlich gegenüber vom Rainhof gelegen, 1953 stark verändert.

Böbergweg 6. Ehem. *Bauernhaus «Beim Böberger»,* Einfirstanlage, Wohnteil mit Blockbau-Obergeschoß, Laube und Hochlaube, 2.Hälfte 18.Jh., am Oberstock Reste barocker Bemalung.

Der *Einödhof* am Westfuß des Stadlbergs, jetzt als Landhaus eingerichtet, steht streng geostet mit dem Giebel gegen den Berg. Der Wohnteil wurde behutsam im späten 19.Jh. erneuert, aus dieser Zeit die Haustür mit geschnitzten Füllungen, die Brettbalusterbrüstungen und die Fenster, deren obere Reihe durch Sprenggiebelaufsätze geziert wurden.

Buchenweg 16. Ehem. *Bauernhaus «Beim Widmesser»,* Einfirstanlage, Wohnteil mit Blockbau-Obergeschoß, bez. 1657, Laube und Hochlaube (Dachaufbau neuzeitlich).

Stattliches Bauernhaus mit fünf Achsen breitem Giebel in großartiger Einödlage am Stadlberg-Nordhang. – 1985 instandgesetzt.

Ruhebank mit Gedenksäule zur Erinnerung an Minister Theodor von Zwehl, bez. 1875; auf der Stadlberghöhe.

Steinberg

Parsberger Höhe 8. *Bauernhaus «Köhlpointhof»,* Wohnteil mit Blockbau-Obergeschoß, Balusterlaube und Hochlaube, bez. 1792.

Am östlichen Stadelberg einsam gelegener *Einödhof,* der Wohnteil, wie meist im Leitzachtal, giebelseitig erschlossen, in weitgehend originalem Zustand, der Wirtschaftsteil hier wohl wegen der Steilhanglage mit querliegender Tenne und First.

Schönberg, Bildstock

Schweinthal, Kapelle

Segenhaus, Haus Nr. 45,
Detail Ostwand

Siebzger, Bildstock

Segenhaus, Haus Nr. 45, Bauernhaus

Segenhaus, Haus Nr. 45, Tür

Stadlberg, Bergstraße 32

Stadlberg, Böberweg 6, ehem. Bauernhaus

Stadlberg, Buchenweg 16, ehem. Bauernhaus

Stadlberg, Ruhebank

Segenhaus, Haus Nr. 45, Zuhaus,
Detail

Steinberg, Parsberger Höhe 8, Bauernhaus

285

Stoib

Haus Nr. 25. *Bauernhaus «Beim Holzer»,* mächtige dreigeschossige Einfirstanlage, Wohnteil mit Blockbau-Obergeschoß von 1788, zweiter Blockbau-Oberstock 1912, Wirtschaftsteil 1912; *Kornkasten,* zweigeschossiger Blockbau,
16. Jh., überbaut durch Schupfen des 18. Jh., östliche Holzblockwand im späteren 18. Jh. verputzt, z. T. bemalt, mit Fenster und Uhr versehen; *Stoibkapelle,* gemauerte Hofkapelle,
1883 erbaut, im Kern 18. Jh.

Der eindrucksvoll in seiner baulichen Substanz erhaltene
Zweihöfe-Weiler Stoib am östlichen Fuß der sog. Miesbacher
Höh' weist mit dem Holzeranwesen eine bemerkenswerte
Baugruppe auf. Dem immerhin 5 zu 6 Fensterachsen großen
Wohnteil aus spätbarocker Zeit setzte der Urgroßvater der
heutigen Besitzer 1912 einen zweiten hölzernen Oberstock
auf, um Zimmer für Sommergäste zu gewinnen, so daß ein
ungewöhnlich hohes Bauernhaus mit doppelgeschossiger
Laube und an den First des Wohnteils angeglichener Tenne
entstand, die Wohnteile ocker, braun und grün bemalt, ein
Bau, der zwar nicht charakteristisch für den Miesbacher Hoftyp ist, aber doch bemerkenswerte geschichtliche Vorgänge,
hier den Tourismus selbst in abgelegenen Weilern des Voralpenlandes, manifestiert.
Im Schupfen, südlich des Hauses, der *Getreidekasten* in zwei
Geschossen, mit drei Türen, z. T. alten Schlössern und Lüf-
tungsluken. Seine Ostwand in spätbarocker Zeit an der Au-
ßenseite verputzt, mit der Darstellung eines Bauern mit Roß
bemalt und mit zwei Fenstern symmetrisch versehen, die noch
die originalen bleigefaßten Scheiben besitzen, dazwischen
eine Uhr mit großem bemalten Zifferblatt. Das Uhrwerk jetzt
im Heimatmuseum Miesbach. An der Nordostecke des
Schupfens altertümliche Schnitzfigur des Hl. Florian. Die
Schalbretter des Schupfens noch mit Holznägeln befestigt.
Die *Stoibkapelle,* 1883 erneuert, wurde vom schon genannten Bauherren von 1912, einem Liebhaber von Altertümern, der
selbst auch schnitzte, reich ausgestattet. Aus einer vom Brand
1783 verschonten Kapelle bei der Miesbacher Pfarrkirche
stammt der barocke lebensgroße Geißelchristus mit Glas-
augen. Andere Figuren und das Altärchen sollen aus der
Schlierseer Kirche kommen. Bemerkenswert auch die eiser-
nen figürlichen Reliefs unbekannter Herkunft.

Sulzgraben

Kapellenbildstock, um 1900.

An einem Weg auf dem Stadelberg beim Krughof gelegener
gemauerter Kapellenbildstock mit Kruzifixus der Jahrhundertwende und dazu gemaltem Kalvarienberg und Heiligen-
bildern aus neuerer Zeit.

Stoib, Haus Nr. 25, Stoibkapelle, Inneres

Stoib, Haus Nr. 25, Stoibkapelle, Inneres

286

Stoib, Haus Nr. 25, Holzeranwesen von Osten mit Kapelle, Getreidekasten und Bauernhaus

Stoib, Haus Nr. 25, Bauernhaus «Beim Holzer»

Stoib, Stoibkapelle

Stoib, Haus Nr. 25, Getreidekasten

Sulzgraben, Kapellenbildstock

287

Thalhammer

Haus Nr. 16. Stattliches *Bauernhaus «Vorderthalhammer»*, Wohnteil mit Blockbau-Obergeschoß, dreiseitig umlaufender Balusterlaube und Hochlaube, am First bez. 1798.

Zwei Höfe, *Vorder- und Hinterthalhammer,* dazu westlich eine Wegkapelle, bilden den Weiler Thalhammer in der oberen Wies. Sie sind das Ergebnis einer wohl schon in mittelalterlicher Zeit erfolgten Teilung eines einzigen Anwesens. Der Vorderthalhammer wurde wahrscheinlich 1798 neu erbaut, der über 5 zu 5 Fensterachsen sich ausdehnende Wohnteil ist in den entscheidenden hölzernen Details original erhalten (rassige Flaschenbaluster, Balkenvorköpfe, ausgesägte Fensterrahmungen), während der Wirtschaftsteil mehrmals ausgebaut und erweitert wurde.

Hinterthalhammer-Feldkapelle, im Kern 18. Jh.; westlich in der Flur; zu Haus Nr. 17 gehörig.

Einfacher, mehrfach erneuerter offener Bau an einem Bauernweg, mit Lourdesmadonna.

Thalhammer, Feldkapelle

Unterhöger

Haus Nr. 37. Ehem. *Gütlerhaus,* sog. *Birkhäusl,* mit Blockbau-Oberstock, First bez. 1605 und 1807 (Ausbau und Erweiterung an der Westseite 1981).

In dem kleinen Haus in der oberen Wies in einem Quellgebiet gelegen, wohnte der Wasser- und Quellenaufseher des Marktes Miesbach, der sog. Wasserbürge. Das einsam gelegene, angeblich 1601 erbaute Haus, zuletzt sehr verwahrlost, wurde 1981 instandgesetzt; der Blockbau mußte ummantelt, das Dach etwas angehoben werden, die Balkons sind neu.

Walch, Kreuz   Unterhöger, Haus Nr. 37

Walch

Haus Nr. 76. Ehem. *Bauernhaus «Beim Walch»,* Einfirstanlage, Wohnteil mit Blockbau-Obergeschoß und dreiseitig umlaufender Balusterlaube, Ende 18. Jh. (Dachaufbau und Hochlaube aus neuerer Zeit).

Stattlicher, prachtvoll in der Haglandschaft der unteren Wies gelegener barockzeitlicher Bauernhof, jetzt als Landhaus dienend. Streng traufseitig erschlossen und je zwei Haus- und Laubentüren an der Süd- und Nordseite, die Türen selbst als aufgedoppelte Sterntüren, die unteren in moderner Nachbildung. Barocke Brüstungsbaluster und Fenster.

Kreuz auf Sockel, wahrscheinlich Sühnekreuz, bez. 1772, Tuffstein; ehemals im Loferer Holz, seit 1953 in Walchhof, Nordseite des Hauses.

Walch, Haus Nr. 76, ehem. Bauernhaus

Wallenburg

Haus Nr. 79. *Schloß Wallenburg.* Dreigeschossiger Putzbau mit Walmdach, um 1660/75 letzte Umgestaltung des Außenbaus 1962.

Das heute im Äußeren sehr schlicht erscheinende Schloß Wallenburg war vom Spätmittelalter bis zur Mitte des 18. Jh. neben dem Miesbacher Schloß, seit 1659 auch neben dem Maxlrainer Schloß, Sitz der Reichsgräflich Hohenwaldeckschen Herrschaft.

Wallenburg liegt am Nordwestrand einer ausgedehnten Wiesenterrasse, der sog. Hofwies, auf einem kanzelartigen Vorsprung über dem Schlierachtal. Zwei Alleen führen von Süden und Südosten auf den Guts- und Schloßbezirk zu, kündigen ihn gleichsam von weitem schon an und gliedern die Kulturlandschaft. Ein Park nach Art englischer Gärten ist dem Hauptbau unmittelbar südlich vorgelegt.

Wallenburg, Haus Nr. 79, Schloß Wallenburg

Thalhammer, Haus Nr. 16, Bauernhaus «Vorderthalhammer»

Wallenburg, Allee bei Schloß Wallenburg

Wallenburg, Schloß Wallenburg

Als Burgplatz ist Wallenburg hochmittelalterlichen Ursprungs; 1270 wird es erstmals anläßlich einer Waldeck'schen Erbteilung als Waldenberg genannt, zu einer Zeit also, als die Burg Hohenwaldeck über Fischhausen am Schliersee, jetzt ein Ruinenrest, noch Sitz dieser Ritter war.

1467 brannte Wallenburg bis auf die Schloßkapelle ab und wurde von dem 1483 gestorbenen Ritter Wolfgang v. Waldeck wieder aufgebaut. Er ließ auch den Gutshof beim Schloß anlegen, dessen Nachfolgebauten aus dem späteren 19. und frühen 20. Jh. noch vorhanden sind.

Nach neuerlichem Brand im 17. Jh. baute Graf Johann Veit v. Maxlrain (1659–1705) das Schloß über mittelalterlicher Grundlage als prächtige Vierflügelanlage mit südlich vorgelegtem Barockgarten und großem Bräuhaus wieder auf, richtete im Hauptbau einen Festsaal und repräsentative Wohnräume ein. Zum Schloß gehörte auch eine 1673 geweihte Kapelle und ein Turm, die im frühen 19. Jh. abgebrochen wurden. Den gesamten barocken Komplex zeigt Michael Wening in seinem großen Kupferstich der Zeit um 1700. Unter dem letzten Grafen v. Hohenwaldeck-Maxlrain, nach dessen Tod 1734 die Herrschaft an Kurbayern fiel, erfuhr das Schloß die glanzvollste Ausgestaltung seiner Baugeschichte, als der von den Maxlrainern hochgeschätzte Johann Baptist Zimmermann (1680–1758) in Miesbach 1706 bis ca. 1715 ansässig, den Plafond des Rittersaals, des zentralen Hauptraums im ersten Obergeschoß, stuckierte. 1965 wurde dieses Frühwerk Zimmermanns restauriert.

Ende des 18. Jh. ging das Schloß aus kurfürstlichem in privaten Besitz über und erfuhr seitdem häufigen Eigentümerwechsel.

Vor 1830 wurden die Seitenflügel entfernt. 1879 und 1882 wurden die Ökonomie und der berühmte Bierkeller von 1604 durch Brand zerstört.

Der heutige Außenbau erhielt seinen nüchternen Charakter bei der Purifizierung der Fassaden 1962 durch den Architekten Karl Erdmannsdorfer.

Im Erdgeschoß sehr breiter, mit einer Stichkappentonne gewölbter zentraler Flur. Auch die anliegenden Räume gewölbt; z. T. die barocken Türstöcke und -blätter erhalten. Im ersten Obergeschoß der Rittersaal und die Wohnräume.

Winkl

Haus Nr. 73. *Bauernhaus «Winklhof»*, Einfirstanlage, Wohnteil mit Blockbau-Oberstock der Mitte 17. Jh., Balusterlaube 2. Hälfte 18. Jh., Hochlaube, Fenster und Haustür 1885.

Das Winkl-Anwesen ist das nördlichste der einzigartigen Höfegruppe der unteren Wies, in klassischer Einödlage in einer heckengesäumten Wiesenterrasse gelegen, den Anwesen Walch und Hof benachbart und wie diese und alle anderen historischen Höfe der Wies streng geostet und traufseitig erschlossen. Die Flur führt auch den Namen Turnierplatz in Erinnerung an eine alte Kampfstätte der Herren von Hohenwaldeck, nahe ihrem Schloß Wallenburg. Sein Oberstock, ehemals mit «1651» bezeichnet, ist der älteste erhaltene dieser Denkmälergruppe. Die Balkenvorköpfe unter dem Dachansatz zeigen die seltenen nachgotischen Formen des 17. Jh.; es sind auch ältere kleine mit Holzblockstücken zugesetzte Fenster zu erkennen.

Die Balusterlauben stammen aus dem 18. Jh., ein wesentlicher Umbau des Hauses erfolgte 1885 unter Vergrößerung der Fenster, Erneuerung des Daches und Gestaltung der Hochlaube. Auch die spätbiedermeierliche aufgedoppelte Haustür aus dieser Zeit. Bis 1980 war auch die Tenne in alter Blockkonstruktion erhalten, mußte aber wegen Baufälligkeit abgetragen werden. Südlich vor der Haustür ein alter gemauerter Hofbrunnen.

Wallenburg, Schloß, Detail Stuckdecke im Rittersaal

Wallenburg, Schloß, Stuckdecke mit Wappen im Rittersaal

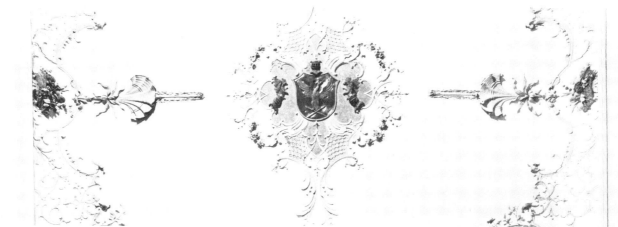

Wallenburg, Schloß, Detail Stuckdecke im Rittersaal

Wallenburg, Schloß, Rittersaal von Norden

Wallenburg, Schloß, Gewölbehalle im Erdgeschoß

Winkl, Haus Nr. 73, Bauernhaus

GEMEINDE OTTERFING

Die Gemeinde Otterfing nimmt den äußersten Nordwesten des Landkreises Miesbach ein, dem sie bei der Auflösung des Landkreises Wolfratshausen 1972 angeschlossen wurde, gehört im Norden zur Münchner Schotterebene mit ihren charakteristischen, von Wäldern umschlossenen mittelalterlichen Rodungsinseln, im südwestlichen Teil zur meist offenen voralpinen Moränenlandschaft.

Otterfing

Das verhältnismäßig große Dorf Otterfing, auf 672 m Höhe an der Bundesstraße 13 nördlich von Holzkirchen gelegen, ist seinem Namen nach wohl eine frühmittelalterliche (bajuwarische) Siedlung eines Otolf, die urkundlich allerdings erst im 11. Jh., als Pfarrort erstmals 1280, nachgewiesen werden kann. Sie gehörte im frühen Hochmittelalter zum Sundgau-Herrschaftsbereich der Grafen von Wolfratshausen, die 1248 von den wittelsbachischen Herzögen beerbt wurden.

Unter herzoglicher Verfügung stand die Pfarrkirche St. Georg, womit auch die Beauftragung des Malerarchitekten und 1582 als Kunstintendant an den Münchner Hof Herzog Wilhelm V. bestellten Friedrich Sustris (um 1540–1599) mit der Entwurfsfertigung für den 1584 neu erbauten Otterfinger Kirchturm zu erklären ist.

Grundherr der meisten Bauernanwesen des Dorfes war bis 1803 die Abtei Tegernsee. Schon in ihrem ältesten Urbar aus der Mitte des 13. Jh. lassen sich 20 Otterfinger Höfe nachweisen.

Um 1800 bestand das im waldreichen «Holzland» gelegene Dorf, das dem kurfürstlichen *Pfleggericht Wolfratshausen* unterstellt war, aus etwa 40 Anwesen von bäuerlichem und kleinbäuerlich-handwerklichem Charakter, die sich der München–Holzkirchener Chaussée und den abzweigenden Straßen nach Dietramszell und Helfendorf sowie kleinen Dorfgassen zuordneten. Die Siedlungsgestalt des Urkatasterblattes erinnert an ein Haufendorf, mit dem Schnittpunkt mehrerer Straßen und Wege beim Dorfweiler als Mitte (heute St. Georgs-Platz). Nördlich schließen sich der *Pfarrhof* (Im Kirchwinkel 28, jetzt Neubau) und die ehem. herzogliche *Ortstaverne* (Münchner Straße 6, *Gasthof Moser*, Neubau um 1900) dem dicht bebauten Ortskern an. Auffallend abgesondert, am Rand, mit einem vom Dorf abgewendeten Nordturm, liegt die *Kirche*.

Wirtschaftliche Grundlage war in historischer Zeit der Ackerbau in der meist ebenen, wohl erst im Hochmittelalter in bestehender Ausdehnung kultivierten Rodungsinsel, gefolgt von Viehzucht und Waldwirtschaft.

Seit dem Anschluß an die Eisenbahn, 1857, und vor allem seit etwa 1950, hat sich Otterfing nach seiner Wirtschafts- und Bevölkerungsstruktur und folglich auch baulich sehr stark verändert. An die historische bäuerliche Holzblockbauweise, die für das «Hochland» der Münchner Schotterebene typisch war, wurde nicht mehr angeknüpft. Die großen Neubaugebiete am Ortsrand, nochmals ausgeweitet nach dem Anschluß des Ortes an das großstädtische S-Bahnnetz, besitzen den Charakter von Stadtrandsiedlungen. Die Otterfinger Bevölkerungszahl stieg von 800 im Jahre 1925 auf 3200 1984, die Zahl der landwirtschaftlichen Anwesen ging im Gemeindegebiet auf über die Hälfte zurück, und die ehem. Bauernweiler *Bergham* und *Holzham,* die mit dem Hauptort zusammengewachsen sind, zeigen kein bäuerliches Gepräge mehr. Ein inselartiger Otterfinger Dorfkernrest wird anschaulich in der Bebauung der östlichen Bereiche der Berghamer Straße (Nr. 7 – Bauernhaus, Nr. 5a – ehem. Bauernhaus), der Dietramszeller Straße (Nr. 6 – Bauernhaus von 1896, Nr. 9 und 10 – ehem. Bauern- und Handwerkerhäuser) des St. Georgs-Platzes (Nr. 3

– ehem. Bauernhaus, Nr. 4 – Kleinhaus, alte Dorflinde, Nr. 5 – altes «Jörgkasparhaus», vor einigen Jahren abgebrochen) sowie des Kölblwegs (Nr. 4 – Bauernhaus) und der Palnkamer Straße (Nr. 6 und 7 – Bauernhäuser).

Das historische Bild der Hauptstraße des Ortes (Münchner-/ Tegernseer Straße bzw. Bundesstraße 13) ist hingegen fast völlig verändert.

Trotz des reduzierten Bestandes an historischen Bauernhäusern im Gemeindegebiet sind die urtümlichsten Bauten – die Vollblockbauten – in relativ großer Zahl erhalten. Otterfing zeigt damit seine Zugehörigkeit zur lokalen Bauernhausregion des sog. Holzlandes, dessen Dörfer bis weit in das 19. Jh. überwiegend Holzbauten aufwiesen.

Kath. Pfarrkirche St. Georg, spätgotische Anlage um 1530, Turm 1584 nach Plan von Friedrich Sustris; Teile der *Friedhofsmauer* aus Tuffquadern, wohl 17./18. Jh.

Die Kirche ist ein ansehnlicher Neubau der Zeit von 1530 mit geräumigem Schiff und leicht eingezogenem Chor, der dreiseitig geschlossen ist. 1584 ließ die herzogliche Regierung nach Plänen Friedrich Sustris' (um 1540–1599) einen Nordturm anbauen, dessen viereckigem Unterbau ein doppelgeschossiges Oktogon mit Spitzhelm aufsitzt. Die östlich daran anschließende Sakristei ist datiert 1651.

Die Apiansche Karte (um 1560) zeigt die Kirche zusammen mit einer Burg (oder Burgruine) auf einem Hügel liegend, während jetzt nur mehr die nicht weniger signifikante Lage auf dem Rand einer Geländestufe – vor allem von Norden her – wahrnehmbar ist. Auf eine Burg oder Befestigungsanlage kann auch das Georgspatrozinium der Kirche hinweisen, die einen Vorgängerbau besessen haben dürfte.

Der Charakter des Inneren der Kirche, die zuletzt 1984, 1936 und 1892 restauriert wurde, ist wesentlich spätgotisch, die Netzgewölberippen im Schiff wurden in der Barockzeit abgeschlagen, ihre Figuration zeichnet sich noch ab. Der Hochaltar, von stattlichen Ausmaßen, in frühbarocken Formen (1. Hälfte 17. Jh.), ursprünglich schwarzgold gefaßt, im 18. Jh. farbig marmoriert und seitlich erweitert. Im Schrein Schnitzfigur des Hl. Georg, flankiert von den Bistumspatronen Korbinian und Benno. Die schräg gegen den Chorbogen gestellten Rokoko-Seitenaltäre um 1730. Im Chor seitlich ein weiterer frühbarocker Altar mit einer Nikolausfigur, um 1520, die dem Meister von Rabenden zugeschrieben wird. Der Kreuzwegzyklus nachbarock, 1817.

Die Kirche ist vom *Friedhof* umgeben. Südlich gegenüber befand sich neben der alten Dorflinde bis 1980 das alte Otterfinger Gemeindehaus, südwestlich die *alte Schule* (Münchner Straße 13, jetzt Gemeindeverwaltung).

Otterfing, Dietramszeller Straße von Osten

Otterfing, Ortsmitte von Süden

Otterfing, Kath. Pfarrkirche St. Georg

Otterfing, Kath. Pfarrkirche St. Georg, Inneres

Berghamer Straße 5. Ehem. *Bauernhaus «Beim Christer»,* Wohnteil in Blockbauweise, mit Laube, um Mitte 18. Jh., erneuert 1980.

Das Christeranwesen, 1557 erstmals erwähnt, ist Teil des restlich erhaltenen Otterfinger Ortskerns (s. o.). Nach einem Brand wurde der Holzblockverband des barockzeitlichen Wohnteils, der im späteren 19. Jh. verputzt worden war, um einen Massivbau vorzutäuschen, freigelegt; die bemerkenswerte Umgestaltung des 19. Jh. ging damit leider verloren.

Dietramszeller Straße 16. Ehem. *Bauernhaus «Beim Haidbauern»,* Wohnteil in Blockbauweise, mit Laube, 1. Hälfte 18. Jh.

Der eindrucksvolle Vollblockbau des 18. Jh. wurde in der 2. Hälfte des 19. Jh. ausgebaut und erneuert (Vergrößerung der Fenster, Brüstung der Laube). Sein Ostgiebel begrenzt das Straßenbild der östlichen Dietramszeller Straße (siehe S. 7/8).

Dietramszeller Straße siehe auch Ortsteil Bergham.

Im Kirchwinkel 16. Ehem. *Bauernhaus,* Einfirstanlage, Wohnteil mit Blockbau-Obergeschoß, wohl 1. Hälfte 18. Jh., Dachaufbau 20. Jh.

Ähnlich wie beim Haus Berghamer Straße 5 wurden im 19. Jh., dem Zeitgeschmack folgend, die Holzblockwände mit Kalk geschlämmt oder verputzt. Die Laube leider abgeschnitten.

Kölblweg 4. *Bauernhaus «Beim Kölbl»,* Einfirstanlage, Wohnteil mit Blockbau-Obergeschoß und Laube, 2. Viertel 18. Jh.

Im Ortskernrest vom Otterfing gelegen, die Holzblockwände auch hier geschlämmt. Profilierte Balkenköpfe in barocken Formen, die Laube mit Kreuzstabbrüstung nach biedermeierlicher Art.

Kreuzstraße 107. *Hofkapelle St. Leonhard,* erbaut 1907.

Die Privatkapelle gehört zum 1861 an den östlichen Ortsrand ausgesiedelten *Lindmaierhof.* Im neubarocken Altärchen je eine gemalte Darstellung Mariens und des Hl. Leonhard.

Palnkamer Straße 6. *Kleinbauernhaus «Beim Haidkramerl»,* hakenförmige Anlage, Wohnteil in Blockbauweise, mit Lauben, 2. Hälfte 17. Jh.

Das kleine Blockhaus, dem sich der Wirtschaftsteil in Hakenform anschließt wurde im späten 19. Jh. und nochmals in jüngster Zeit liebevoll erneuert. Abdeck- und Brüstungsbretter mit Aussägearbeiten, geschnitzte Laubensäulen, maßvoll vergrößerte Fenster.

Otterfing, Berghamer Straße 5 (Zustand vor 1980)

Otterfing, Dietramszeller Straße 16, ehem. Bauernhaus

Otterfing, Im Kirchwinkel 16, ehem. Bauernhaus

Otterfing, Kreuzstraße 107, Hofkapelle St. Leonhard

Otterfing, Kölblweg 4, Bauernhaus «Beim Kölbl»

Otterfing, Palnkamer Straße 6, Kleinbauernhaus «Beim Haidkramerl»

Palnkamer Straße 7. Ehem. *Bauernhaus «Beim Jodl»*, Wohnteil mit Blockbau-Obergeschoß, Ende 18.Jh., erneuert 1981.

Ehemals Vollblockbau, der im 19.Jh. mit Kalk geschlämmt und im Erdgeschoß ausgemauert worden war, 1981 instandgesetzt, der Wirtschaftsteil ausgebaut. Barocke Balkenvorköpfe und -durchsteckungen (Klingschrot).

Palnkamer Straße 41. Ehem. *Bauernhaus «Beim Rechenmacher»*, kleine Einfirstanlage, Wohnteil mit verputztem Blockbau-Obergeschoß, Laube und Giebellaube, um 1812.

Erneuertes Kleinbauernanwesen mit gotisierender Laubenbrüstung des mittleren 19.Jh.

Tegernseer Straße 16. Wohnteil eines ehem. *Bauernhauses* mit zwei giebelseitigen Balkonen, rustizierender Putzgliederung im Erdgeschoß und figürlichen Stuckreliefs am Obergeschoß, 1875/90.

Charakteristischer Bauernhausneubau der Zeit des Historismus am südlichen Ortseingang.

Tegernseer Straße 23. *Wohnhaus «Beim Bader»*, Putzbau mit Mansarddach, um 1760 erbaut.

Kubische Hausform, Putzfassaden und Mansarddach lassen erkennen, daß es sich um kein bäuerliches Haus handelt. Es wurde als Baderhaus von dem Otterfinger «Chirurgen» und Bader Georg Kaindl um 1760 erbaut und beansprucht einen spezifischen, einem Pfarr- oder Amtshaus ähnlichen baulichen Charakter.

Bildstock-Fragment, Tuffpfeiler auf Basis, 17.Jh., Nähe Wallbergstraße auf einer Wiesenhöhe.

An einem früheren Flurweg südlich des Ortes gelegen, 1941 durch Blitzschlag beschädigt.

Bergham

Der ehemalige Bauernweiler weist einen nördlichen Teil um die mittelalterliche Kirche und einen Südteil längs der äußeren Dietramszeller Straße auf. Der Ortsname (Berg-Heim) weist auf fränkische Entstehung der Siedlung, die in jüngster Zeit ihr historisches Gepräge fast ganz verloren hat.

Kath. Filialkirche St. Valentin, spätgotisch, 1523 erbaut.

Der verputzte Tuffquaderbau, bezeichnet 1523, besitzt einen Ostturm, der auf ungewöhnliche Art in das Chorhaupt eingestellt ist. Im Inneren ist nahezu unverändert das Bild einer spätgotischen Landkirche bewahrt. Die Ausstattung ist eine Stiftung des Otterfinger Pfarrers und päpstlichen Protonotars Hans Sauer. Durch das Portal, dessen Tür samt Beschläg und Schloß aus der Bauzeit stammen, betritt man ein dreijochiges netzgewölbtes Schiff, dem sich der eingezogene Chor anschließt.

Einzigartig im Landkreis ist der siebenreihige südseitige Gestühlsblock, mit Abschrägungen an den vier Ecken und Wangen, die mit reichen Flachschnitzereien geschmückt sind, deren Ornamente vor dunkel eingefärbtem Grund stehen. In gleicher Technik und gleichzeitig, bez. 1523, ist die Emporenbrüstung gearbeitet, die noch auf ihrem ursprünglichen Stützpfeiler ruht. Am zweigeteilten Südostfenster des Chores Glasmalerei, 1524, mit der Darstellung des Hl. Valentin als Patron der Fallsüchtigen und Epileptiker, eingefügt in eine neugotisch ergänzte Verglasung. Von der einstigen Ausmalung der Kirche, von der sich 1913 geringfügige Spuren nachweisen ließen, ist nichts erhalten. Der frühbarocke Altar dürfte der 2. Hälfte des 17.Jh. angehören, errichtet über dem gotischen Altarblock. Die Sitzfigur des Hl. Valentin wohl aus der Erbauungszeit.

Otterfing, Palnkamer Straße 7, ehem. Bauernhaus

Otterfing, Palnkamer Straße 41, ehem. Bauernhaus

Otterfing, Tegernseer Straße 16   Otterfing, Bildstock-Fragment

Otterfing, Tegernseer Straße 23, «Beim Bader»

Bergham, Kath. Filialkirche St. Valentin

Bergham, Kirche, Fenster

Bergham, Kirche, Altar

Bergham, Kirche, Detail Emporenbrüstung

Bergham, Kirche, spätgotisches Eingangsportal

Bergham, Kirche, Blick zur Empore

Haus Nr. 4. *Kleinbauernhaus «Beim Weber»*, Wohnteil in Blockbauweise, mit Laube, 1. Hälfte 17. Jh. (Abbruch 1986).

Der altertümliche Blockbau des 17. Jh. ist nach dem Abbruch des Hauses Nr. 17 im Jahre 1983 das letzte historische Bauernhaus im nördlichen Ortsteil und erinnert an die historische Bauweise und Grund- und Aufrißstrukturen der Siedlung.

Dietramszeller Straße 27. *Bauernhaus «Beim Schneider»*, Einfirstanlage, Wohnteil in Blockbauweise, mit dreiseitig umlaufender Laube, Mitte 18. Jh., Dachaufbau Anfang 20. Jh.

Beim Neubau des Wirtschaftsteils des Hofes am Anfang des 20. Jh. ist der stattliche Blockbau-Wohnteil firstgleich mit dem Dach des Westteils erhöht worden; den Ausgleich mußte ein mit einer Bretterschürze verkleideter Kniestock erbringen. Zusammen mit dem vor kurzem instandgesetzten Haus Nr. 38 stellt das Schneideranwesen eine bedeutende historische Baugruppe dar.

Dietramszeller Straße 38. Ehem. *Bauernhaus «Beim Stazihias»*, Einfirstanlage, Wohnteil Blockbau des 17. oder 18. Jh., Verputz, Lauben, Hochbalkon und Bundwerk am Wirtschaftsteil vom Anfang des 19. Jh.

Das Haus erhielt im frühen 19. Jh. eine neue «Fassung» im ländlichen Empirestil, die durch den Putzton, die feinen Putzbänder die Brüstungsformen, der Lauben und des Balkons bestimmt wird. Reizvoll auch die Aussägearbeiten der mehrschichtig angebrachten Ortgangbretter am Giebel sowie an den Pfettenbrettchen. Die Bundwerkkonstruktion am Wirtschaftsteil ist ein Beleg für die Zugehörigkeit der Gemeinde zum historischen Verbreitungsgebiet des Bundwerks, wenn auch zum äußersten nordwestlichen Randbereich.

Holzham

Haus Nr. 3. Ehem. *Bauernhaus «Beim Lindl»*, in Blockbauweise, mit umlaufender Laube, 17. Jh., Ausbau im 18. und 19. Jh. und 1981 f.

Der Weiler, eine Siedlung wohl fränkischen Ursprungs, noch vor vier Jahrzehnten aus sieben alten Bauernanwesen bestehend, wurde seitdem von moderner Wohnbebauung förmlich überrollt.
Der Blockbau Haus Nr. 3, an dem Balkenköpfe in nachgotischen Formen beobachtet werden können, und das nördlich gegenüberliegende Haus Nr. 2 bilden eine letzte Holzhamer Traditionsinsel.

Palnkam

Der Bauernweiler, wie Bergham, Holzham und Wettlkam zur Zeit der fränkischen Besiedelung entstanden, hat sich baulich bereits im späten 19. Jh., dann erneut seit 20 Jahren, stark verändert.

Palnkamer Kapelle. 1701 erbaut, erneuert 1896.

Am nördlichen Ortseingang zwischen zwei alten Linden liegender schindelgedeckter Putzbau, von dem Bauern Georg Killer 1701 gestiftet und 1896 und 1958 restauriert. Das Altarbild mit qualitätvoller Rahmung im frühbarocken Ohrmuschelstil.

Bildstock. Tuffpfeiler mit Laterne, 1702; neben der Kapelle.

Einer der bedeutendsten Tuffbildstöcke des Landkreises, der Schaft achtseitig, die Laterne in nachgotischen Formen mit vier Bildnischen.

Bergham, Haus Nr. 4, Kleinbauernhaus

Bergham, Dietramszeller Straße 27, Bauernhaus

Bergham, Dietramszeller Straße 38, Detail

Bergham, Dietramszeller Straße 38, ehem. Bauernhaus

Bergham, Dietramszeller Straße 27, Detail

Holzham, Haus Nr. 3, ehem. Bauernhaus

Palnkam, Kapelle, Altar

Palnkam, Kapelle und Bildstock

Wettlkam

Der Achthöfeweiler, 1145 zuerst genannt, bis zur Gegenwart bäuerlich geprägt, ist die Mitte des westlichen Teils der Großen Otterfinger Rodungsinsel.

Der Ort geht wohl auf die fränkische Kolonisationszeit zurück. Bemerkenswert ist der freie Anger in der Ortsmitte, der Platz für den Maibaum, um den sich im Bogen die Bauernhöfe, ein kleines Wirtshaus und die Kirche schließen.

Kath. Filialkirche Hl. Kreuz, spätgotisch, Anfang 16. Jh., Einfriedungsmauer um die Kirche, Tuffquadern, wohl 17. Jh.

Die kleine altertümliche Kirche, deren Raumteile und Anbauten unter einheitlichen tief herabgezogenen Dachflächen zusammengeschlossen sind, wird von einem schmalen sehr spitzen Dachreiter überragt. An den Fassaden sind ein gemalter Fries, Reste spätgotischer Putze und Quadermalereien erkennbar.

Unter dem spätgotischen Netzgewölbe der frühbarocke Hochaltar aus dem Jahre 1682 mit üppigen Weinlaubsäulen, mit einer Dreifaltigkeitsgruppe und Figuren der Hll. Helena und Barbara. Das zweisitzige Chorgestühl mit Flachschnitzerei aus der Bauzeit der Kirche, vier Tafelbilder mit Darstellungen der Legende vom Hl. Kreuz, stark übermalt, vom ursprünglichen Hochaltar des frühen 16. Jh.

Wegkapelle, 19. Jh., am südwestlichen Ortsausgang unter zwei Linden.

Bildstock, Tuffpfeiler mit Laterne, 1678; in der Ortsmitte.

Bildstock, Torso eines Tuffpfeilers mit Laterne, 17. Jh.; am südwestlichen Ortsausgang unter einer Eiche.

Haus Nr. 5. Ehem. *Bauernhaus «Beim Haberl»,* Einfirstanlage, Wohnteil in Blockbauweise, mit Lauben, Ende 17. Jh.; ehem. *Getreidekasten,* Blockhaus, 16. oder 17. Jh.; südlich des Hauses.

Am Nordwestrand des Dorfes hat sich der alte Haberlhof mit stattlichem Wohnteil und Blockbau erhalten, der figurierte Balkendurchsteckungen (Klingschrot), profilierte Balkenköpfe und die Spuren der ältesten Fensteröffnungen aufweist. Fenster im 19. Jh. vergrößert. Der Blockbau wird z. Z. etwa 100 m nach Westen auf ein neues Fundament versetzt.

Der ehem. *Getreidekasten* mit nachgotischem Türsturz jetzt als Salettl in moderner Aufstellung südlich des Hofes.

Wettlkam, Ansicht mit Maibaum von Osten

Wettlkam, Kath. Filialkirche Hl. Kreuz

Wettlkam, Kapelle

Wettlkam, Tür des Getreidekastens

Wettlkam, Bildstock, 17. Jh.

Wettlkam, Bildstock, bez. 1678

Wettlkam, Haus Nr. 5, ehem. Bauernhaus

Wettlkam, Kirche, Inneres

Wettlkam, Dorfansicht von Westen

GEMEINDE ROTTACH-EGERN

Die Gemeinde Rottach-Egern dehnt sich hinter dem südöstlichen Ufer des Tegernsees aus und wird seeseitig begrenzt vom Uferstreifen zwischen der Einmündung der Rottach in den See im Osten und der Mündung der Weißach im Süden. Vom Ufer erstreckt sie sich ostwärts gegen die Schlierseer Berge, umfaßt also die im Frühmittelalter gerodeten Wiesenböden der unteren Rottach und die Bergzüge der Baumgartenschneid (1449 m) und der Bodenschneid (1605 m), die das Rottachtal nördlich, des Blankenstein (1764 m), des Risserkogel (1825 m) und des Wallberg (1722 m), die es südlich einfassen.

Beherrscht wird Rottach-Egern, das seit 1951 diesen Doppelnamen führt, vom Wallberg, der in den dreißiger Jahren durch eine Straße, 1952 durch eine Bergbahn erschlossen wurde. Die 20 alten Ortschaften der Gemeinde zählten seit der mittelalterlichen Rodungs- und Besiedlungszeit zur Grundherrschaft des *Klosters Tegernsee*. Hauptort war Egern mit seiner schon 1111 durch Abt Aribo von Tegernsee geweihten ersten Pfarrkirche. Größere Siedlungen waren schon im Spätmittelalter *Rottach* mit 47, *Hagrain* mit 17, *Oberach* mit 14 Anwesen. In allen etwa 140 Anwesen, die bei Ende des Klostergerichts bestanden (1803), wurden Rinder und Rösser gezüchtet und in geringerem Maße Ackerbau betrieben. In den seenahen Orten traten Handwerksausübung und Fischfang hinzu. Die alten, durch das Kloster Tegernsee planmäßig seit dem 10. Jahrhundert begründeten Höfe im Rottachtal, in Zwei- bis Fünf-Höfe-Weiler zusammengeschlossen und z. T. von erheblichen Tagwerksgrößen, haben sich bis heute als landwirtschaftliche Betriebe erhalten. Weiler wie Brandstatt, Ellmau, Unterwallberg sind von der Expansion der Bebauung seit ca. 1950 weitgehend verschont und damit bäuerlich geblieben.

Die Landwirtschaft wurde bereits seit dem 10. Jahrhundert, wie überall im Tegernseer Tal durch Almwirtschaft ergänzt, die auf etwa 30 Almen noch nachzuweisen ist. Ein klassischer Erwerbszweig war und ist die Holzwirtschaft, insbesondere in den Bergwäldern des hinteren Rottachtals und der Weißen Valepp.

Zu erwähnen ist der allerdings wenig erfolgreiche spätmittelalterliche Weinbau der Abtei Tegernsee am Südfuß der Baumgartenschneid, weil die Spuren in der Flur bei Erlach und Kühzagl noch bemerkt werden können.

Der häufige Aufenthalt König Max I. und seines Hofes am See seit 1817 lockte auch hier Fremde an, die sich dem Erlebnis des Gebirges hingaben und Landhäuser bauten, das älteste, 1822 von Staatsrat Egid v. Kobell (1772–1847) erbaut, ist noch erhalten.

Schon um 1910 waren fast alle Anwesen auch mit Gästezimmern eingerichtet und die Bebauung am See hatte sich wesentlich verändert und erweitert. Nach dem 1. und 2. Weltkrieg verstärkte sich diese Entwicklung bis hin zum Verlust alter Orts- und Straßenbilder.

Die Gemeinde, die 1840 882 Einwohner zählte, ist auf 5359 (1986) angewachsen, die meist vom Fremdenverkehr leben. 34 Anwesen werden noch landwirtschaftlich genutzt.

Rottach

Das Dorf Rottach, im Südostwinkel des Tegernsees auf dem Schuttkegel des seit 1827 mehrfach regulierten Rottachflüßchens gelegen, ist eine vergleichsweise alte Siedlung, deren Wurzeln in die Frühzeit der Rodungstätigkeit des Klosters Tegernsee im 11./12. Jahrhundert zurückreichen.

Die 47 Anwesen, die der Ort im späten 18. Jahrhundert zählte, hatten sich meist durch Teilung in der Zeit der großen spät-

mittelalterlichen Bevölkerungsexpansion, hier zwischen 1480 und 1600, aus den wenigen großen Ausgangshöfen der früh- und hochmittelalterlichen Rodungszeit gebildet. Die dadurch entstandene Dichte der Bebauung ist noch heute, nach sonst völliger Umstrukturierung des Dorfes, wahrnehmbar.

Wirtschaftlich lebensfähig waren die Anwesen offenbar nur in Verbindung mit handwerklicher Produktion, woran historische Hausnamen wie *«Zinngießer»*, *«Färber»*, *«Maurer»*, *«Glaser»* erinnern. Die Nähe zum Kloster und zur Egerner Kirche, die vor 1803 Mittelpunkt einer großen, bis zum Achenpaß im Süden reichenden Pfarrei war, sowie die Lage an der Tiroler Straße, begünstigten sicher diese handwerkliche Komponente von Rottach.

Die historische Siedlung erstreckt sich von der Rottachbrücke im Norden bis zum Straßenbogen bei der Abzweigung Oberach im Süden (Nördliche Hauptstraße bzw. Bundesstraße 307); dazu gehören die Bebauung des vorderen Teils der westlich abzweigenden Straße nach *Egern* bis zum ehemaligen *Unterkaiseranwesen* (Seestraße, ehem. genannt Rottacher Gestad) und die des vorderen Bereichs der Straße ins Rottachtal (Ludwig-Thoma-Straße, alte Bezeichnung «An der Leiten»).

Rottach, bis zur Säkularisation einer der Hauptorte des *Klostergerichts Tegernsee,* das 1529 mit dem Kauf des seit 1147 erwähnten Sedlhofes, eines zuletzt im Eigentum der Stöckl stehenden Ministerialiensitzes, die Geschlossenheit seiner Grundherrschaft hergestellt hatte, veränderte sich seit etwa 1825 grundlegend, öffnete sich dem Fremdenverkehr, zählte bereits 1907 77 Häuser mit 478 Einwohnern und zeigt seit ca. 1950 ein weitgehend verändertes Ortsbild, in welchem die Baudenkmäler und selbst bereits Bauten der jüngeren Ortsgeschichte, wie die *Gasthöfe «Post»* (1851) und *«Lindl»* sowie das *Postamt* (1926), wie inselhafte historische Zeugnisse erscheinen.

Ludwig-Thoma-Straße 4. Ehem. *Bauernhaus «Beim Hanninger»*, stattliche Einfirstanlage, verputzt mit geschnitzten und bemalten Balkenköpfen und Balkon, 1830 erbaut (Wirtschaftsteil modern ausgebaut).

Das Hanninger-Anwesen ist ein charakteristisches Bauernhaus der Biedermeierzeit im Tegernseer Tal, stattlich, von schlichter Gestaltung, glatt verputzt und nur bei den traditionell reich geformten Balkenköpfen, der Doppelflügel-Haustür und der darüberliegenden Balkontür von größerem gestalterischem Aufwand (die Wandmalereien modern).

Ludwig-Thoma-Straße 12. Ehem. *Bauernhaus «Beim Crepaz»*. Einfirstanlage, Wohnteil mit Blockbau-Obergeschoß, umlaufender Laube und verbrettertem Giebelfeld, 18. Jh., Holzwerk der Tenne bez. 1797.

Das Crepaz-Anwesen, auch *«Glaser in der Leitn»* genannt, ist in seinem Wohnteil eines der letzten Alt-Rottacher Häuser. Im ehemaligen Wirtschaftsteil wurden kleine Wohnungen eingebaut. Dabei konnte u. a. das Holzwerk der Tenne mit einer aufgemalten Inschrift von 1797 erhalten werden, die den Bauherren und den Zimmermann, ein Mitglied der Tegernsee-Gmunder Reiffenstuel-Sippe, nennt.

Ludwig-Thoma-Straße siehe auch Ortsteil Hagrain.

Nördliche Hauptstraße 24. *Haus Greif,* stattlicher langgestreckter Putzbau, zweigeschossig, mit ausgebautem Kniestock und Flachsatteldach sowie Balusterbalkons, 1895 erbaut, Erneuerung 1957 durch Mathias Padua (nördlicher Anbau modern, 1978).

Das Rottacher Geschäftshaus wurde als Kramerei und Fremdenpension erbaut, mehrfach sorgfältig erneuert und besitzt

Rottach-Egern mit der Egerner Kirche und dem Wallberg von Nordwesten

Rottach, Ludwig-Thoma-Straße 4, ehem. Bauernhaus «Beim Hanninger»

Rottach, Ludwig-Thoma-Straße 12, ehem. Bauernhaus «Beim Crepaz»

Rottach, Nördliche Hauptstraße 24, Haus Greif

als einziges Haus der Rottacher Hauptstraße noch historischen Charakter. Bemerkenswert die großen noblen, den Hauskörper streng gliedernden Fenster der ehemaligen Fremdenzimmer, einzelne mit gewölbten Scheiben, alle noch mit Klappläden.

Salitererweg *(Salitererhof).* Siehe Tegernsee.

Salitererweg 12. Kleines Wohnhaus, sog. *Basehaus,* verputzt, Oberstock wohl im Kern Blockbau, mit kleiner Balusterlaube, 17./18. Jh., Dachaufbau 2. Hälfte 19. Jh.

In einer der letzten Rottacher Bauernwiesen gelegen, die unverbaut geblieben sind. Die Erdgeschoßfenster noch in den Dimensionen des 18., die des Oberstocks in denen des mittleren 19. Jh.; an den unteren Klappläden Reste alter Bemalung, am Oberstock Wandgemälde (Madonnendarstellung), 19. Jh. Das Dach besaß bis vor kurzem die historische Legschindeldeckung.

Berg

Der vier Höfe umfassende Bauernweiler im Rottachtal, am Südfuß der Baumgartenschneid hingestreckt, bildete sich durch Teilung eines sehr großen mittelalterlichen Ausgangshofes vor 1454. Bis zum 17. Jh. waren durch weitere Teilung vier noch immer sehr stattliche Höfe entstanden. Die dabei entstandene Grundstruktur der Siedlung ist trotz Zu- und Umbauten erhalten geblieben.

Haus Nr. 2. Ehem. *Bauernhaus «Beim Triftmeister»,* Einfirstanlage, Wohnteil mit Blockbau-Obergeschoß, Laube und Giebellaube, 18. Jh.

Der in klassischer Ost-West-Richtung am Hang lagernde Triftmeisterhof ist eine langgestreckte Einfirstanlage. Im gemauerten Erdgeschoß-Ostteil sind die ursprünglichen Fenster erhalten, die barocke Balusterlaube erneuert, die Tenne mit Brettermantel verkleidet, der an der Südseite über die erdgeschossige Stallwand hinausspringt.
Der Triftmeister, nach dem der Hof genannt ist, leitete die gefährliche, erst nach dem 1. Weltkrieg aufgegebene Holztrift auf der Rottach.

Brandstatt

Zweihöfeweiler, hoch- bis spätmittelalterlichen Ursprungs, am Fuß der Baumgartenschneid. Der Ortsname erinnert an die Rodungstätigkeit.

Hofkapelle, mit Steilsatteldach, Ende 18. Jh.
Die Kapelle gehört zum *Kandlingerhof.* Dieses sehr alte Blockhaus mit altertümlichem sog. Stüberlvorbau mußte 1977 abgetragen werden.
Unter dem steilen verschalten Vordach der Kapelle barockes Wandgemälde mit Darstellung der Himmelskönigin, im Inneren ein lebensgroßer bäuerlicher Kruzifixus, wohl des späten 17. Jahrhunderts, über einem Heiligen Grab. Die Figuren sollen aus dem alten Egerner Totenkarner stammen.

Haus Nr. 3. *Bauernhaus «Brandstatthof»,* Wohnteil mit Blockbau-Obergeschoß, Laube und Giebellaube, Ende 17. Jh.; ehem. *Getreidekasten,* erdgeschossiger Blockbau, wohl 18. Jh., aus Lenggries, nordöstlich vor der Giebelfront modern aufgestellt; ehem. *Getreidekasten,* erdgeschossiger Blockbau, bez. 1742, aus Markt Schwaben, an der Südwestseite des Hauses modern aufgestellt.

Berg, Haus Nr. 2, ehem. Bauernhaus

Berg, Haus Nr. 2, ehem. Bauernhaus

Brandstatt, Haus Nr. 3, Bauernhaus

Brandstatt, Haus Nr. 3, Getreidekasten

Brandstatt, Kapelle, Inneres

Brandstatt, Kapelle

Rottach, Saliterweg 12, sog. Basehaus

Egern

Das Pfarrdorf Egern schließt sich westlich an das Rottacher Gestad an (siehe Rottach), Hauptstraße (Seestraße) und historische Siedlung folgen dem Seeufer, das bei der Abzweigung zu den (ehem.) Weilern Staudach und Weißach bis zur sog. Überfahrt nach Norden ausgreift.

Beherrschende Mitte des seit dem späteren 19. Jahrhundert um ein Vielfaches gewachsenen Ortes, der 1803 17 Anwesen, 1907 mehr als das doppelte zählte, ist die Egerner Kirche, eine der drei alten Pfarrkirchen des Tegernseer Tales.

Die historische Siedlungsentwicklung und -struktur trägt ähnliche Züge wie in Rottach, dessen Bebauung bereits in historischer Zeit mit der von Egern ineinander griff.

Kirche und Pfarrhof und die meist kleinen Häuser der Handwerker-Bauern und Fischer, sämtliche Bauten mit Ausnahme der Schiffshütten mit ost-west-gerichtetem First, prägten bis zur Mitte des 19. Jahrhunderts das Ortsbild, dessen malerische Entfaltung über dem Seespiegel und vor dem Hintergrund des Wallbergs seit der Zeit König Max I. zahllose Maler, Reisende, Sommergäste anzog. Gasthöfe, Pensionen, Villen, Hotelbauten folgten den meisten der alten Anwesen, die Entwicklung der letzten 30 Jahre führte z.T. zu bedenklichen Verfälschungen und Verfremdungen des Ortsbildes und erzwang den Abbruch bedeutender historischer Häuser.

Aribostraße 1. Stattliches *Landhaus,* malerischer zweigeschossiger Putzbau mit Wandmalereien und zwei Erkern, Terrassenausbau an der Ostseite, umlaufenden Balusterlauben und weit ausladendem Flachsatteldach über Balkenköpfen bzw. Giebel-Blockwänden, erbaut 1905 durch Leonhard Romeis.

Das Haus wurde vom Münchner Architekten Leonhard Romeis (1854–1904) für den bayerischen Kultusminister v. Wehner erbaut. Charakteristisch der malerische barockisierende Landhaus- oder Heimatstil der Zeit, den auch Gabriel und Emanuel Seidl sowie August Thiersch pflegten, z.T. nach genauem Studium von Details an historischen Bauten, hier etwa bei dem polygonalen Oberinntaler Eckerker, der Sterntür, den Balkenköpfen, Balustern, Laubensäulen.

Aribostraße 2. Siehe Überfahrtstraße 1.

Seestraße. *Denkmal für König Max I. Joseph,* Büste auf Sockel, 1906; in der Max-Joseph-Anlage am Seeufer.

König Max I. lebt im Bewußtsein der Gemeinden des Tegernseer Tals seit 1817, als er *Kloster Tegernsee, Kaltenbrunn* und *Wildbad Kreuth* kaufte, als Wohltäter. 1906, hundert Jahre nach seiner Krönung, setzte die Gemeinde, die ihm den Bau eines *Schulhauses* verdankte, dieses Denkmal (siehe auch Seestraße 38).

Zwischen 1934 und 1964 war das Denkmal aus der Anlage entfernt.

Seestraße 3. Ehem. *Bauernhaus,* jetzt Geschäftshaus, erhaltener Ostgiebel mit Balusterlaube, Laubentür und Giebellaube, Ende 18. Jh.

Am sonst völlig veränderten und von seinem ursprünglichen Charakter entkleideten Haus, das ursprünglich zu Rottach gezählt wurde, in der zur Geschäftsstraße umfunktionierten Seestraße ist der von der Straße weggewendete Giebel mit guten spätbarocken Balkenköpfen, Balusterlauben und originalen Fenstern erhalten geblieben.

Seestraße 13. Ehem. *Bauernhaus «Ingerlhaus»,* Einfirstanlage, Wohnteil mit Blockbau-Obergeschoß. First bez. 1793, Verschalung der Blockteile 2. Hälfte 19. Jh. (Wirtschaftsteil modern ausgebaut).

Kleines malerisches ehem. Bauernhaus des späten 18. Jahrhunderts, ehemals zu Rottach gezählt, im späteren 19. Jahr-

hundert neu gestaltet, vor allem durch die Brüstungen (Aussägearbeiten) der Laube und Verschalungen, jetzt Goldschmiedewerkstatt.

Seestraße 27. *Villa Elisabeth,* zweieinhalbgeschossiger Putzbau auf hohem Sockelgeschoß, im Landhausstil, mit Flachsatteldächern, Giebelrisalit zum See und gleichgearteten Zwerchgiebeln an den weiteren Seiten, erbaut 1895.

Charakteristisches, fast unverändertes Pensionsgebäude im Landhaus- bzw. Schweizerhaus-Stil der Gründerzeit. Die Rauhputzflächen von Glattputzrahmungen unterbrochen, die hölzernen Balkons mit Aussägearbeiten, die Dachzone mit Bretterverschalungen und Bundwerk.

Seestraße 38. Inschrifttafel von 1821 zur Erinnerung an die Stiftung der Egerner Schule durch Max I. Joseph, an der Südfront des Hauses.

Egern, Aribostraße 1, Landhaus

Egern, Aribostraße 1, Detail

Egern, Seestraße, Denkmal für König Max I. Joseph

Egern, Seestraße 38, Inschrifttafel

Egern, Seestraße 3, ehem. Bauernhaus

Egern, Seestraße 13, ehem. Bauernhaus «Ingerlhaus»

Egern, Seestraße 27, Villa Elisabeth

Seestraße 55. *Alter Pfarrhof* Egern, stattlicher, zweigeschossiger Putzbau über hohem Kellergeschoß, wohl Anfang 19. Jh. Das stattliche, durch Ecklisenen, Gesimse und Fensterfaschen gegliederte Gebäude mit seinem charakteristischen Krüppelwalmdach wurde wahrscheinlich kurz nach der Säkularisation erbaut.

Seestraße 57. *Kath. Pfarrkirche St. Laurentius,* spätgotische Anlage, 1466 wohl von Alex Gugler erbaut, barockisiert 1671/72; Taufkapelle, spätgotisch, erbaut 1508 als *Friedhofskapelle (Totensakrer) St. Sebastian und Rochus,* am nördlichen Friedhofseingang; *Friedhof,* Anlage mittelalterlich, Ummauerung wohl 17./18. Jh., an der Südseite 1892; Grabdenkmäler des 19. bis frühen 20. Jh., Grabdenkmal für Baron Ponsonby (†1861), für Ludwig Thoma (1867–1921), für Ludwig Ganghofer (1855–1920), für Leo Slezak (1873–1946); Steinplatte mit Antritt, nach Überlieferung im 17. Jh. als *Pranger* verwendet, am nördlichen Friedhofseingang.

Über dem Seeufer aufragend, von einem bedeutenden Friedhof umgeben und begleitet von der Totenkapelle, dem alten Pfarrhof, dem Mesnergütl und den zusammenhängenden Baukörpern des ehemaligen Schul- und des Lehrerhauses, bezeichnet die Egerner Laurentiuskirche die Mitte einer alten Pfarrei, die bis 1803 auch das Kreuther Tal einschloß. Die Baugruppe gilt seit dem 19. Jahrhundert als eines der berühmtesten malerischen Dorfmotive aus Oberbayern.

Die erste Egerner Kirche entstand 1111 unter Abt Aribo von Tegernsee, die jetzige, in der Anlage spätgotische, 1466 wohl durch den Klosterbaumeister Alex Gugler, unter Abt Konrad Ayrinschmalz. Von der Ausstattung dieser Kirche ist ein Marientod-Relief des späten 15. Jh., vom spätgotischen Freskenschmuck u. a. eine Darstellung der Kreuzigung Christi und des Stifters Jörg Erlacher, bez. 1478, an der südlichen Fassade erhalten. Der Innenraum wurde 1671/72 im Frühbarockstil umgestaltet. Der Schlierseer Meister Martin stuckierte in der typischen geometrischen Schlierseer Art Gewölbe und Fensterleibungen. In origineller Weise wurden die spätgotischen Wandvorlagen bis auf ihre Sockel ummantelt und mit Rankenwerk und Kapitellen verziert. Der Hochaltar von 1689, mit einer Darstellung des Hl. Laurentius von Hans Georg Asam (1649–1711), wurde 1746 im Frührokokostil nochmals umgestaltet (gewundene Säulen, reich bewegter Auszug). Die Seitenaltäre 1685 aufgestellt. Im Marienaltar «Unsere Liebe Frau von Egern», ein spätgotisches Gnadenbild, das in der Barockzeit große Verehrung genoß. In diesem Zusammenhang mußte die Kirche 1707/08 um drei Joche nach Westen verlängert werden.

Die *Friedhofskapelle* an der Nordseite der Kirche, in Egern Totensakrer genannt, wurde 1508 zu Ehren der Pestheiligen Sebastian und Rochus erbaut; sie ist seit 1966 als Taufkapelle genutzt. Eine Grabplatte erinnert an den letzten Benediktiner des 1803 aufgelösten Tegernseer Konvents.

Im alten ummauerten, Anfang des 20. Jahrhunderts nach Süden erweiterten *Friedhof* die Familiengrabstätten der alteingesessenen Bauern-, Fischer-, Handwerker- und Hoteliersfamilien, z. T. in barocker Tradition mit geschmiedeten Grabkreuzen, darüber hinaus z. T. aufwendige Grabdenkmäler der seit der Mitte des 19. Jahrhunderts in Rottach-Egern ansässig gewordenen Aristokraten, Fabrikanten und Künstler, von letzteren besonders die Grabstätten der Dichter Ludwig Thoma und Ludwig Ganghofer sowie des Kammersängers Leo Slezak. Bemerkenswert auch das spätklassizistische Grabdenkmal für den Engländer Ponsonby, der sich Mitte des 19. Jahrhunderts in Egern als einer der ersten Fremden niedergelassen hatte.

Egern, Alter Pfarrhof und Kirche

Egern, Seestraße 55, Alter Pfarrhof, Gartenseite

Egern, Kath. Pfarrkirche St. Laurentius

Egern, St. Laurentius, Gewölbestuck im Chor

Egern, Friedhofskapelle

Egern, Friedhof, Grabdenkmal

Egern, St. Laurentius, Inneres

Egern, Friedhofskapelle, Inneres

Seestraße 61. *Gästehaus und Schlosserei Schmotz,* stattlicher zweieinhalbgeschossiger Putzbau auf hohem Sockelgeschoß, im Landhausstil, mit Giebelrisalit zum See, Vortreppe und Balusterbalkons, 1877 erbaut.

Das Haus Schmotz, am Platz des ehem. *Schwaigerbauern,* gehört zu den wenigen original überlieferten Gästehäusern des späten 19. Jahrhunderts. Der Bauherr richtete in dem hohen Kellergeschoß seine Werkstatt ein, darüber führt eine zweiläufige Treppe mit Balusterbrüstungen zum zentralen Haupteingang mit geschnitzten Doppelflügeltüren hinauf. Gliederung und Schmuck des Baukörpers durch Putzbänder, schmiedeeiserne Arbeiten des Bauherrn (Haustür-, Fenstergitter, Ausleger), originelle Aussägearbeiten in der Giebelspitze.

Seestraße 79. Ehem. *Austragshaus,* kleiner zweigeschossiger Putzbau mit Schopfwalmdach, Anfang 19. Jh.

Das Austragshaus gehörte ursprünglich zum *Schwaigerhof,* dann zum *Mesnergütl* und dient heute als Geschäftshaus. Der kleine freistehende Baukörper an der Verzweigung mehrerer Straßen begrenzt und bezeichnet städtebaulich wirksam deren Zusammentreten.

Überfahrtstraße 1. *Bauernhaus «Beim Fischerweber»,* Einfirstanlage, Wohnteil verputzt, mit Stüberlvorbau, Laube und Giebellaube, 3. Viertel 19. Jh., Wirtschaftsteil wohl im Kern älter; *Zuhaus* (Aribostraße 2), zweigeschossiger Putzbau, mit Balkon, kleinem verbretterten Wirtschaftsteil und eingebauter Hauskapelle, Ende 19. Jh.

Beim alten Fischerweberanwesen, am sog. Fischerbichl, greift das Seeufer nördlich aus. Die Gruppe der beiden gleichgearteten, im späten 19. Jahrhundert in Tradition der Vorgängeranlagen wohl vom Baumeister Josef Tölzer (1822–1897) neu errichteten Bauten über der Biegung des Seeufers ist von eindrucksvoller, das Ortsbild prägender Wirkung. Bemerkenswert ist die Wiederaufnahme der im 16. und 17. Jahrhundert wurzelnden Tradition des Stüberlvorbaus.

Das nördlich anschließende alte *Schormeierhaus* besaß reiche barocke Lüftlmalereien und wurde 1900 von Franz Zell veröffentlicht («Das Bauernhaus im bayerischen Hochland»). Es wurde 1910 von dem Kammersänger Leo Slezak gekauft und ist jetzt stark verändert. Weiter nördlich schloß sich das *Überführerhaus* an, das der Fährmann bewohnte, der nach Tegernsee übersetzte. Es folgten der alte *Gasthof zur Überfahrt* mit dem Theatersaalbau von 1907, dann das alte malerische *Nadleranwesen,* das erst 1966 abgebrochen wurde.

Überfahrtstraße. *Steinkreuz,* bez. 1544; bei der Überfahrt (Dr.-Fritz-Winter-Anlage).

Steinkreuz in seltener Tatzenkreuzform zur Erinnerung an ein Bootsunglück 1544 bei dem auf der Überfahrt von Tegernsee nach Egern 18 Personen einer Hochzeitsgesellschaft ertranken. Das Gegenstück befindet sich bei der Tegernseer Hoffischerei.

Der Punkt am See, die Überfahrt genannt, bietet den klassischen Einblick in den Egerner Winkel, den schon die Maler und Zeichner des frühen 19. Jahrhunderts bevorzugten.

Ellmau

Der Weiler Ellmau, ausgebreitet in einem Wiesenplan des Rottachtales am Wallbergfuß, ist ebenso wie das nahe Unterwallberg als geschlossene, ausschließlich bäuerlich geprägte Siedlung mit fünf großen alten Einfirsthöfen erhalten geblieben, neben denen allerdings in jüngster Zeit auch Zubauten entstanden sind.

Um 1250 entstanden zwei wohl aus einem Ausgangshof der ersten Rodungszeit gebildete Anwesen, die im 15. Jahrhundert jeweils geteilt worden sind. Etwa 1427 wurde vom *Derschhof*

noch der *Festlhof* abgetrennt, so daß ein Fünfhöfeweiler entstand, wie er bis heute Bestand hat.

Haus Nr. 1. *Bauernhaus «Beim Wenel»,* Einfirstanlage, Wohnteil verputzt mit Laube und Giebellaube, der Oberstock wohl im Kern Blockbau, Anfang 19. Jh., Tenne als Blockbau, 18. Jh.

Hervorragend proportioniertes und erhaltenes Haus. Die nachträglich erweiterten quadratischen Fenster in strenger Ordnung, charakteristisch für das frühere 19. Jahrhundert. Auf der Tenne die Blockwände des 18. oder sogar 17. Jahrhunderts mit Lüftungsabständen («Schredelwand»). Sie bilden offenbar den ältesten Baukern der Anlage.

Egern, Seestraße 61, Gästehaus und Schlosserei

Egern, Seestraße 79 (rechts), ehem. Austragshaus

Egern, Überfahrtstraße 1, Bauernhaus «Beim Fischerweber»

Egern, Überfahrtstraße, Steinkreuz

Egern, Überfahrtstraße, Überfahrt nach Tegernsee

Egerner Seeufer bei der Überfahrt

Ellmau, Haus Nr. 1, Bauernhaus «Beim Wenel»

311

Haus Nr. 3. *Bauernhaus «Beim Hagn»,* stattliche Einfirstanlage, Wohnteil mit Blockbau-Obergeschoß, Laube und Giebellaube, 17. Jh.

Eindrucksvoller breitgelagerter Bau in der Mitte des Weilers, mit Fenstern des späten 18. oder beginnenden 19. Jahrhunderts. Die Verschalung des Blockbaus, die Laubenbrüstungen und wohl auch der auskragende Brettermantel am Wirtschaftsteil aus dem späteren 19. Jahrhundert.

Haus Nr. 4. *Bauernhaus «Beim Dersch»,* stattliche Einfirstanlage, Wohnteil mit Blockbau-Obergeschoß, Laube und Giebellaube, bez. 1790.

Der prächtige Hof ist, ebenso wie Haus Nr. 6, gegen die Regel nach Süden gerichtet. Der Wohnteil besitzt somit eine Westseite, die durch einen Brettermantel vor dem Wetter geschützt wird und keine Laube aufweist. Besonders schöne spätbarocke Balkenköpfe und Flaschenbaluster. Die Fenster Ende des 19. Jahrhunderts vergrößert.

Haus Nr. 5. *Bauernhaus «Beim Festl»,* stattliche Einfirstanlage, Wohnteil Blockbau, das Erdgeschoß verputzt, dreiseitig umlaufende Laube und Giebellaube, um Mitte 18. Jh.

Wohlgepflegtes Haus, im Erdgeschoß noch die originalen Fenster des 18. Jahrhunderts. Die Lauben mit Brettbalustern. Im Hof eine moderne Kapelle des Roßheiligen St. Eligius.

Haus Nr. 6. *Bauernhaus «Beim Gloggner»,* Einfirstanlage, Wohnteil mit Blockbau-Obergeschoß, 18. Jh., Verschalung und Lauben Ende 19. Jh.

Aus gleichen Gründen wie bei Haus Nr. 4 liegt die traufseitige Laube an der Ostseite. Das Haus, dessen Alter an den kleinen Erdgeschoßfenstern der Giebel- und Ostseite abzulesen ist, wurde im späten 19. Jahrhundert erneuert. Der Einfluß des Landhausstils ist dabei unverkennbar.

Erlach

Der Zweihöfeweiler liegt im hinteren Rottachtal am Südhang. 1250 ist nur ein Anwesen genannt, das geteilt wurde. An den Hängen am Fuß der Baumgartenschneid versuchte die Abtei Tegernsee im Spätmittelalter Wein anzubauen.

Haus Nr. 1. *Bauernhaus «Beim Saur»,* Wohnteil mit Blockbau-Obergeschoß und Laube, 2. Hälfte 17. Jh. (Wirtschaftsteil modern ausgebaut und wohl verkürzt).

Relativ kleines, altertümliches Haus, der Blockbau im 19. oder frühen 20. Jahrhundert verschalt, das Giebeldreieck verbrettert. Es bildet mit dem *Sumpereranwesen,* Haus Nr. 3, eine historische Baugruppe.

Haus Nr. 3. *Bauernhaus «Beim Sumperer»,* Einfirstanlage, Wohnteil mit Blockbau-Obergeschoß und Laube, 1. Hälfte 18. Jh.

Der Sumperer wurde im 19. Jahrhundert und 1949 sorgfältig erneuert und selbst das Problem der Feuermauer dabei vorbildlich gelöst. Haustür mit Rautenmuster aus der Zeit um 1800, auf der Tenne die Blockbaukonstruktion des 18. oder 17. Jahrhunderts erhalten.

Gasse

Karl-Theodor-Straße 48. Geschnitzte *Haustür,* doppelflügelig, 1865, zum *Gasthof Glasl* gehörig.

Nur die Tür an dem wohl 1865 erbauten Haus verdient besondere Beachtung. Die je drei Felder zeigen neugotische Ornamente im Stil der Zeit und Jagdszenen, wie sie die Hochgebirgsromantik der 2. Hälfte des 19. Jahrhunderts liebte. – Der Gasthof liegt in der Gasse, dem alten Weg von Egern und Rottach zum Wallberg.

Ellmau, Haus Nrn. 1, 3, 4

Ellmau, Haus Nr. 4, Bauernhaus «Beim Dersch»

Ellmau, Haus Nr. 5, Bauernhaus «Beim Festl»

Ellmau, Haus Nr. 6, Bauernhaus «Beim Gloggner»

Ellmau, Haus Nr. 3, Bauernhaus «Beim Hagn»

Erlach, Haus Nr. 3, Bauernhaus «Beim Sumperer»

Erlach, Haus Nr. 1, Bauernhaus «Beim Saur»

Erlach, Haus Nrn. 3 und 1

Gasse, Karl-Theodor-Straße 48,
Haustür

Hagrain

Die Siedlung am linken Ufer der unteren Rottach, in untere, mittlere und obere Hagrain unterschieden, umfaßte zur Zeit des Klostergerichts siebzehn meist kleine Anwesen. Sie erweiterte sich seit dem 19. Jahrhundert erheblich, ist mit Rottach zusammengewachsen und weist keine besonderen historischen Merkmale mehr auf.

Ludwig-Thoma-Straße 26. Ehem. *Bauernhaus «Beim Kriegerweber»*, stattliche Einfirstanlage, Wohnteil verputzt, mit Giebelbalkon und doppelflügeliger Haustür, 1827 (Wandmalerei modern).

Das Haus ist ähnlich dem *Hanninger-Anwesen*, Ludwig-Thoma-Str. 4, ein charakteristischer bäuerlicher Bau des Biedermeier mit dichten Folgen regelmäßig angeordneter großer Fenster. Die hölzernen Lauben reduzieren sich bei diesen Häusern zu kleineren Balkons, damit die weißen Putzflächen dominieren. Die moderne Wandbemalung in Art des Rokoko wird diesem historischen Hauscharakter nicht gerecht. Der Eingang mit Doppel-Feldertüren, darüber Oberlicht, aus der Bauzeit. Reiche geschnitzte Pfettenköpfe, verschaltes und bemaltes Vordach.

Pitscherweg 4. Ehem. *Kleinbauernhaus «Beim Pitscher»*, Wohnteil mit Blockbau-Obergeschoß, Stüberlvorbau und Laube, 17./18. Jh.

Kleines altes Anwesen, der ehem. Wirtschaftsteil modern ausgebaut; am Giebel des Wohnteils altertümlicher Stüberlvorbau.

Kalkofen

Haus Nr. 3. Sog. *Enzianhütte, Gaststätte und Brennerei;* zwei modern aufgestellte, senkrecht zueinander stehende Blockbauten des 16. und 17. Jh.

Beim nördlichen Bau handelt es sich um den ehem. *Kornkasten des Stachelbauern von Unterwallberg,* bez. 1576, der genau 400 Jahre an seinem Ort stand, bis er gastronomisch-nostalgische Verwendung in neuer Umgebung fand. Der westliche Blockbau, ebenfalls ein *Kornkasten,* aus *Ellmau.*

Kühzagl

Kühzaglstraße. *Brechlbad* (Flachsdarre), massiv, mit Außenfeuerung, 1. Hälfte 19. Jh.

Das kleine bäuerliche Nebengebäude ist letztes historisches Zeugnis des alten Dreihöfeweilers im hinteren Rottachtalboden. Der beheizbare Bruchsteinbau diente zum Aufbereiten (Dörren) des geschnittenen Flachses.

Oberach

Der ehem. Bauernweiler, südlich von Rottach am rechten Weißachufer gelegen, zählte um 1800 14 Anwesen. Die Strukturen der Siedlung, die mit Rottach zusammengewachsen ist und heute meist aus Landhäusern besteht, haben sich seitdem völlig verändert.

Kapellenweg 11. Ehem. *Bauernhaus «Beim Schoinger»,* neu erbaut 1984/85 unter Einbezug des Blockbau-Oberstocks des 17. Jhs.

Das Haus ist auch nach der weitestgehenden Erneuerung eine Traditionsinsel in sonst veränderter Umgebung, dessen hohes Alter an dem nachgotischen Türsturz der Laubentür in Eselsrückenform nachgewiesen werden kann.

Kapellenweg. *Kapelle,* 1868 erbaut, 1965 Umbau mit Glockenstuhl und Vordach.

Der kleine Bau, der früher zum *Schoingerhof* gehörte, ist Andachtsstätte der Oberacher Bauern und Gedenkkapelle für ihre Kriegsgefallenen. Der Eingang wurde um 1965 von der Straßen- auf die gegenüberliegende Südseite verlegt.

Schorn

Schorn umfaßte das nördliche Seeufer, westlich der Egerner Überfahrt, wo sich bis zur Mitte des 19. Jahrhunderts nur zwei Bauernhöfe befanden und seitdem Landhäuser in großen parkartigen Gärten längs einer Seepromenade entstanden sind.

Ludwig-Ganghofer-Straße 11. *Landhaus* mit Erkern, Loggia und aufgezimmertem Obergeschoß mit Lauben und Balkons im oberbayerischen Landhausstil, 1898/1900 von Baumeister Lorenz Hofmann, Gmund, errichtet.

Landhaus mit Park, für die Familie Seldte vom Gmunder Baumeister Hofmann errichtet, vor dem ersten Weltkrieg Treffpunkt von Künstlern wie Ludwig Ganghofer, Ludwig Thoma, Frank Wedekind.

Ludwig-Ganghofer-Straße 15. *Villa,* neuklassizistischer Putzbau mit Walmdach, 1907 erbaut.

Das Haus wurde 1907 für den Bankier Heintz errichtet und ist einer der bemerkenswertesten Vertreter jener Villen am Tegernsee, die nicht dem Gebirgshausstil folgen, sondern klassizisierende Herrenhausarchitektur bevorzugen. Es war jahrzehntelang Wohnsitz und Atelier des Malers Mathias Padua (1903–1981).

Hagrain, Ludwig-Thoma-Straße 26, ehem. Bauernhaus

Hagrain, Pitscherweg 4, ehem. Kleinbauernhaus «Beim Pitscher»

Kalkofen, Haus Nr. 3, sog. Enzianhütte

Kühzagl, Kühzaglstraße, ehem. Brechhütte, sog. Brechlbad

Oberach, Kapellenweg, Kapelle

Oberach, Kapellenweg 11, ehem. Bauernhaus (vor Umbau 1985)

Schorn, Ludwig-Ganghofer-Straße 11, Landhaus

Schorn, Ludwig-Ganghofer-Straße, Villa

315

Ludwig-Ganghofer-Straße 21. Ehem. *Bauernhaus «Beim Gied-ler»*, Wohnteil mit Blockbau-Obergeschoß, Stüberlvorbau und Laube, im Kern 17./18.Jh., Ausbau zum Landhaus Ende 19.Jh.

Das Haus besitzt an der Nordostecke des Giebels den altertümlichen Stüberlvorbau, eine erkerartige Hauserweiterung unter dem weiten Vordach. Verschalung der Blockwände und Ausbau des Wirtschaftsteils Ende 19.Jh.

Sonnenmoos

Ehemals bäuerlicher Dreihöfeweiler, jetzt baulich verändert und mit Rottach und Oberach zusammengewachsen.

Sonnenmoosstraße 43. Ehem. *Bauernhaus «Beim Bauer»*, Wohnteil zweigeschossiger verschalter Blockbau mit umlaufender Baluster- und Giebellaube, First bez. 1780 (Wirtschaftsteil z.T. modern ausgebaut und nach Norden erweitert.)

Der stattliche, nicht mehr landwirtschaftlich genutzte Hof ist ein reiner Blockbau mit Ausnahme der ausgemauerten kleinen Kammer an der Nordostecke; er wurde im 19.Jahrhundert verschalt. Gute einheitliche Balkenköpfe aus der Erbauungszeit, geschnitzte Laubensäulen.

Staudach

Der ehem. Bauernweiler Staudach, nahe der Mündung der Weißach in den Tegernsee, umfaßte zur Zeit des Klostergerichts sieben Höfe. Dieses bäuerliche Gepräge wurde durch die frühe Landhäuserkolonie der Zeit König Max I. völlig zurückgedrängt oder überformt.

Fürstenstraße 5. *Landhaus*, sog. *Radolinhaus*, Haupt- und Nebengebäude, um 1822 erbaut, in Parkanlage; Haupthaus, langgestreckter Putzbau mit Schopfwalmdach und hölzernen Balkons in den Giebeln und unter den Zwerchgiebeln der beiden Längsseiten; Nebenhaus, Putzbau, mit Schopfwalmdach; Park im englischen Gartenstil, gleichzeitig.

Staatsrat Egid von Kobell, (1772–1847), Mitglied der bekannten aus der Pfalz eingewanderten Beamten- und Künstlerfamilie, war der erste Fremde, der sich um 1822 am Tegernsee ein Landhaus baute. Seit etwa 1810 war der See Ziel von Sommergästen, nicht zuletzt angezogen durch die Aufenthalte König Max I. in seiner Sommerresidenz, der ehemaligen Abtei. Seit 1818 wurde das Wildbad Kreuth erneuert und zog Kurgäste und damit Besucher des Tegernseer Tales an.

Kobells Anwesen, das gleichzeitig mit den ersten Villen am Starnberger See entstand, ist Vorreiter einer baulichen Entwicklung längs der bis dahin nur von Benediktinern, Bauern, Fischern, Handwerkern besiedelten Tegernseeufer, die bis heute andauert. Die Bauformen der beiden klassizistisch-schlichten Landhäuser knüpfen noch nicht an die der Bauernhäuser des Oberlandes, eher an barocke Pfarrhöfe oder ländliche Amtsgebäude und die um 1800 im Salzburger Land üblichen Häuser mit hohen Schopfwalmdächern an. Doch die weiten Dachvorstände über balkenkopfartigen Konsolen, die flachgeneigten überstehenden Dächer der Zwerchgiebel und die hölzernen Balkonbrüstungen zeigen bereits die Tendenz zum «bäuerlichen» Landhaus, zum «Schweizerhaus».

Fürstenstraße 8/10. *Landhaus*, sog. *Kobellhaus*, Herrenhaus und Nebengebäude, um 1840 erbaut, in Parkanlage; Herrenhaus, stattlicher langgestreckter Putzbau mit hohem Kniestock, Flachsatteldach mit weitem Überstand, Balkons und hölzernen laubenartigen Vorhäuschen mit Verbindungsgang zum Nebenbau; Nebengebäude, langgestreckter Putzbau mit Flachsatteldach und Balkons; Park im englischen Gartenstil, gleichzeitig.

Um 1840 verkaufte Staatsrat Egid v. Kobell sein Landhaus (siehe Fürstenstraße 5) an die Gräfin Rechberg und erbaute unweit davon, auf einem vom Hofbauern erworbenen Grund, ein neues Haus mit Nebengebäude. In vielem dem ersten Kobellhaus von etwa 1818 ähnlich, unterscheidet es sich von diesem doch grundlegend durch das flachgeneigte Satteldach mit weitem Überstand, das für die historischen Bauernhäuser der Alpenländer üblich ist. Dieser folgenreiche und erfolgreiche Villen- bzw. Landhaustyp, tritt hier zu einem sehr frühen Zeitpunkt im Umkreis Münchens auf. Er bezeugt das Interesse von Malern und Schriftstellern, Reisenden und Sommergästen und der Münchner Gesellschaft jener Zeit einschließlich des Hofes am Leben des Volkes, an seinen Häusern, Trachten, Bräuchen und Liedern, wobei das Oberländische Vorrang genoß. Während selbst Details wie die ausgesägten Brüstungsbretter der Balkons und die Balkenköpfe mit ihren ausgesägten Abdeckbrettchen vom bäuerlichen Haus übernommen sind, wurde sonst auf Komfort und die Bedürfnisse des hohen Beamten Kobell und seiner Familie keineswegs verzichtet.

Schorn, Ludwig-Ganghofer-Straße 21, ehem. Bauernhaus

Sonnenmoos, Sonnenmoosstraße 43, ehem. Bauernhaus

Staudach, Fürstenstraße 5, Landhaus, sog. Radolinhaus

Staudach, Fürstenstraße 5

Staudach, Fürstenstraße 8/10, Landhaus, sog. Kobellhaus

Staudach, Fürstenstraße 8/10

Der Bau wurde entgegen bäuerlicher Bautradition nach Süden, gegen das Gebirge, gerichtet. Große Fenster sorgen für lichte Räume, die vornehmen hohen Fenster des Obergeschosses verleihen diesem den Charakter eines piano nobile, sie lassen den Bau wie ein Herrenhaus erscheinen. Von besonderem Reiz sind das hölzerne, in Bundwerktechnik errichtete Salettl sowie die gleichgearteten Vorhäuschen und Vordächer an den Eingängen, von denen ein zum Nebenhaus führender gedeckter Verbindungsgang abzweigt. Das Nebenhaus in gleicher Art, doch schlichter, der Südteil ehemals mit Bedienstetenwohnungen und Küche, der Nordteil ehemals mit Ställen und Remisen, die rundbogigen Stalltore noch erhalten. Der Park, im englischen Stil, ist aus einem Teil der ehemaligen Wiese des Hofbauern gestaltet worden, jenes im 18. Jahrhundert größten Hofes des ganzen Tegernseer Tales, dessen bäuerliche Geschichte 1873 erloschen ist; seitdem Landhaus Sayn-Wittgenstein.

Kobell verkaufte sein Anwesen schon 1856 an einen preußischen Offizier, der es an hochgestellte Gäste, u.a. den König von Neapel, vermietete. Seit 1899 besitzt die Familie des Fürsten Henckel-Donnersmarck das ehemalige Kobellhaus.

Fürstenstraße 21. Ehem. *Bauernhaus,* mit Blockbau-Obergeschoß, Laube und Giebellaube, First bez. 1756, an der Westseite Erweiterung, wohl des 19. Jh., unter geschlepptem Dach.

Das kleine, 1895 zum Landhaus ausgebaute, dann mehrfach veränderte Haus zeichnet sich durch den verhältnismäßig alten Blockbau-Oberstock aus. Laubensäulen geschnitzt, profilierte Balkenköpfe.

Fürstenstraße 30. *Villa Svendson,* Putzbau mit flachgeneigtem Satteldach im Landhausstil, mit reichen umlaufenden Balusterlauben und kleiner Vorhalle am Eingang, 1907.

Bei dieser für den Justizrat Diesbecker erbauten Villa verbindet sich alpenländischer Landhausstil mit Jugendstilelementen. Bemerkenswert in diesem Zusammenhang die in Beton ausgeführte Vorhalle in gotisierenden und romanisierenden Jugendstilformen, die Laubenstützen mit eingekerbten geometrischen Formen sowie die Bundwerkpartien in den Giebeln.

Unterwallberg

Unterwallberg, ein unverändert bäuerlicher Weiler, im hinteren Rottachtal in Wiesenböden gelegen, zählt vier alte Höfe, die wie üblich durch Aufteilungen eines Ausgangshofes («Sub Walberge», im 14. Jahrhundert genannt) entstanden sind. Aus einer ersten Teilung, vor 1427, entstehen zwei, bei einer weiteren Teilung eines der beiden Höfe, vor 1460, drei Anwesen, *Staucher, Derntl* und *Stachel* genannt, vom letzteren trennt sich um 1732 noch der *Donibauer* ab. Die Höfe sind noch von ihren alten Haus- und Obstgärten und an allen Seiten von weitläufigen Wiesen umgeben, die Siedlung bietet das gut erhaltene Bild eines kleinen Gebirgsweilers.

Haus Nr. 1. *Bauernhaus «Beim Stachel»,* Wohnteil mit Blockbau-Obergeschoß, Laube mit Stüberlvorbau an der Giebelfront, 16. oder Anfang 17. Jh., Dachaufbau mit Kniestock und weitem Überstand 1844.

Der Stachelhof ist in seinem Wohnteil ein außerordentlich alter, noch vor dem Dreißigjährigen Krieg errichteter Bau. Er besitzt das im Tegernseer Tal wie in Bayrischzell einst häufige

Staudach, Fürstenstraße 8/10

Staudach, Fürstenstraße 8/10, gedeckter Bundwerkgang

Staudach, Fürstenstraße 21, ehem. Bauernhaus

Staudach, Fürstenstraße 30, Villa Svendson

Staudach, Fürstenstraße 30, Nordseite, Eingangssituation

Unterwallberg von Südosten

Unterwallberg, Haus Nr. 1, Bauernhaus «Beim Stachel»

«Stüberl», einen Vorbau an der Nordostecke der Giebelfront. Wohl im Zusammenhang mit dem Neubau des Wirtschaftsteils im 19. Jahrhundert wurde auch über den alten Wohnteil das mächtige neue Dach gezogen, das Haus erhielt dadurch sein einzigartiges und malerisches Gesicht. Auf die Zeit dieses Umbaus gehen die Fenster und die Haustür, vielleicht auch die Verschalung der Blockbauteile zurück. Die Unterfangung des Dachvorstandes wurde in neuerer Zeit notwendig. Der zum Hof gehörige Kornkasten, ein freistehender, sehr alter Blockbau mit der Bezeichnung «1576» vor einigen Jahren abgetragen und in Kalkofen Nr. 3 neu aufgestellt (siehe dort).

Haus Nr. 3. *Bauernhaus «Beim Staucher»*, Einfirstanlage, Wohnteil mit Blockbau-Obergeschoß und Laube, 18. Jh., Dachaufbau und Erneuerung des Hauses Ende 19. Jh.

Der Wohnteil des Hauses, im späten 19. Jahrhundert erneuert, zeigt beispielhaft die Einwirkung des Landhausstils des Tegernseer Tals auf ein historisches Bauernhaus. Die Stilentlehnungen, inzwischen weiterentwickelt, wirken zurück. Der Blockbau wird senkrecht verschalt, der Kniestock ummantelt, die Fenster sind vergrößert, die Laubenbrüstungen weisen Aussägearbeiten auf.

Haus Nr. 6. Ehem. *Zuhaus*, zweigeschossiger Blockbau, mit Laube, 18. Jh.

Ehemaliges Zuhaus des *Derntlhofes*, dem es östlich zugeordnet ist.

Wallberg

Bergkapelle Hl. Kreuzerhöhung auf dem Wallberg, barockisierende Anlage, erbaut von Hans Schurr, 1907.

Vom Münchner Architekten Hans Schurr (1864–1934) südlich unter dem 1722 m hohen Wallberggipfel erbaut.

Weißach

Der Weiler an der Weißachmündung mit vier alten Bauernanwesen zeigt sich seit dem späten 19. Jahrhundert baulich stark erweitert.

Ringbergstraße 22. *Wohnhaus* und ehem. *Leistenfabrik («Reichenbachhaus»)*, langgestreckte Anlage, der östliche biedermeierliche Wohnteil verputzt, mit Balustergiebelbalkons und langer Laube an der Südseite, Mitte 19. Jh.

Der stattliche, acht Achsen lange biedermeierliche Baukörper, der sich durch große Fenster in den herrschaftlicheren Räumen des Obergeschosses besonders auszeichnet, erinnert an das Radolin- und das Kobellhaus in unmittelbarer Nähe (Staudach, Fürstenstr. 5 und 8/10).

Ringbergstraße 24. Ehem. *Bauernhaus «Oettlhof»*, Einfirstanlage, Wohnteil mit Blockbau-Obergeschoß, Laube und Giebellaube, 1780.

Zusammen mit seinen drei Nachbaranwesen, zwei davon noch bewirtschaftet, und der *Kaindlkapelle* bezeichnet der Oettlhof den restlichen bäuerlichen Ortskern. Der historische Wohnteil des Hauses ist in seinen Dimensionen in eindrucksvoller Ursprünglichkeit erhalten, die Fenster scheinen noch die originalen zu sein. Die Blockwände erhielten im 19. Jahrhundert eine Verschalung, mit der die Bretterbrüstung der Laube und der Giebellaube harmonisieren. – Der Wirtschaftsteil ist jetzt für Wohnzwecke modern ausgebaut.

Ringbergstraße 26. *Kaindlkapelle*, 1843 erbaut.

Die Kapellennische, mit einem offenen Vorbau über Säulen, ist die Hofkapelle des Kaindlbauern. Mehrfach, zum Teil unbekümmert erneuert, ist sie Zeugnis der bäuerlichen Volksfrömmigkeit.

Unterwallberg, Haus Nr. 3, Bauernhaus «Beim Stachel»

Unterwallberg, Haus Nr. 6, ehem. Zuhaus

Weißach, Ringbergstraße 26, Kaindlkapelle

Wallberg, Bergkapelle Hl. Kreuzerhöhung

Weißach, Ringbergstraße 22, Wohnhaus und ehem. Leistenfabrik

Weißach, Ringbergstraße 24, ehem. Bauernhaus «Oettlhof»

Almen, Holzerstuben, Jagdhütten

Wie die Gemeinden Bayrischzell, Kreuth und Schliersee weist auch die Gemeinde Rottach-Egern einen verhältnismäßig großen Bestand an historischen Hütten auf den Almen und von sonstigen Gebäuden in der Flur auf.

Die Rodung von Weideflächen auf den Gebirgsstöcken, die das Rottach- und das östlich sich anschließende weiße Valepptal einfassen, auf der Baumgarten- und Bodenschneid, auf dem Stümpfling, dem Risserkogel und Blankenstein, dem Wall- und dem Setzberg, wurde durch die *Abtei Tegernsee* als Grundherrin intensiv gefördert; schon 979 wird von Almen berichtet. 1427 werden 43 Almen im Klostergericht, also im Tegernseer Tal, 1529 schon 78 gezählt. Sie bildeten eine willkommene Ergänzung der durch enge Täler begrenzten wirtschaftlichen Möglichkeiten der Bauern, ihrer Milcherzeugung und Viehzucht, zumal in dem durch starke Bevölkerungsexpansion gekennzeichneten 15. Jahrhundert.

In den Rottacher Gemarkungen befanden sich 1770 33 Almen, die fast ausschließlich als Hochalmen zu bezeichnen sind. 28 Almböden wurden 1980 noch landwirtschaftlich genutzt, allerdings fand sich auf keiner Alm mehr temporäre Besiedlung während der Sommermonate. Das Almpersonal kehrte also über Nacht ins Tal zurück.

Auf 25 Almen wurden Hütten, meist Holzblockbauten oder Reste solcher Hütten, vorgefunden, die aus dem 18. bis mittleren 19. Jahrhundert stammen, die meisten aus der 1. Hälfte des 19. Jahrhunderts. 14 dieser Hütten, auf einigen Almen sind es jeweils zwei, sind als Baudenkmäler zu werten, darüber hinaus einige Jagd- und Diensthütten. Leider besitzen die wenigsten noch die bis vor kurzem üblichen Legschindeldächer. An den intensiv für den Skisport genutzten Bergen wie der Sutten, dem Stümpfling und dem Roßkopf sind keine alten Hütten mehr vorhanden. Die Hütte der Schlagalm ist im Deutschen Museum in München aufgestellt.

Angermeieralm. Siehe Lämmeralm.

Ankerstube; drei Jagdhütten, erbaut für Graf Törring, um 1906/16; im Weißen Valepptal zwischen Monialm und Zwieselstube, in 1002 m Höhe; östliche Hütte, Holzbohlenbau mit aufgedoppelter Tür, Fenster mit Läden, originaler Inneneinrichtung, 1906; mittlere Hütte Holzbohlenbau mit weitem Vordach, sonst ähnlich der vorigen, um 1906/16; westliche Hütte, Holzbohlenbau mit weitem Vordach, schindelgedeckt, sonst ähnlich der vorigen, bez. 1916.

Die drei Jagdhütten liegen im Weißen Valepptal bei der alten Forstdiensthütte Ankerstube, umgeben von Bergwäldern. Sie sind in bester Zimmermanns- und forstlicher Bautradition Anfang des 20. Jahrhunderts errichtet und seither mit fast allen Details erhalten worden.

Bernaueralm, zwei Hütten; obere Hütte *(Saurhütte),* verschalter Blockbau, bez. 1809 und 1947 (Erneuerung); untere Hütte *(Sumpererhütte),* verschalter Blockbau, modern bez. 1811 und 1947 (Erneuerung); am Südhang des Risserkogel, in 1453 m Höhe.

In diese abgelegene, charakteristische, schon 1427 genannte Hochalm am Risserkogel, teilen sich seit 1596 zwei Bauern von *Kühzagl.* Die Hütten, zu denen eine dritte, nur noch an ihren Fundamenten erkennbar, gehörte, hatten ihren Platz nach der Überlieferung ehemals näher unter der Risserkogelsüdwand; sie wurden bei einem Bergsturz zertrümmert und in größerem Abstand vor der Wand kurz nacheinander wieder aufgebaut. Beide Blockbauten wurden später verbrettert bzw. verschindelt. Bei der oberen Hütte die geschweiften Balkenköpfe am Giebel und der Bruchsteinunterbau bemerkenswert, bedauerlich die Neueindeckung der Hütte 1979 mit aggressiv reflektierendem Aluminium im Gegensatz zu den sachgerechten Erneuerungen von 1947.

Blankensteinalm, sehr stattlicher verschindelter Blockbau, First bez. 1903; nördlich unter dem Blankenstein, in 1304 m Höhe.

Die 25 m lange, unter dem zerklüfteten Blankenstein gelegene, Hütte wurde 1903 in bester Almhütten-Bautradition neu errichtet. Die verschindelten Blockwände auf hohem Bruchsteinunterbau, so daß eine Treppe zur «Veranda» notwendig wird. Der Almboden selbst ist schon seit dem Spätmittelalter bestoßen.

Ankerstube, drei Jagdhütten von Süden

Ankerstube, östliche Jagdhütte

Bernaueralm, obere Hütte

Bernaueralm vom Risserkogel

Bernaueralm, untere Hütte

Blankensteinalm

323

Bodenalm, zwei Hütten; obere Hütte, stattlicher Blockbau, First bez. 1802, später bergseitig erweitert, wohl unter Hebung des Daches und unter Verschindelung der Wände und des Daches; untere Hütte, Blockbau, bez. 1809, mit Schindeldach; südlich unter der Bodenschneid, in 1400 m Höhe.

Die Bodenalm ist eine große Rodungs-Hochalm auf der Südseite der Bodenschneid. Der Blick von der Alm in das Tegernseer Tal und in die Wiesengründe des Rottachtales am Fuß des Wallbergs verdeutlicht, wie die einzelnen Bauernhöfe angesichts der natürlichen Begrenztheit ihrer Weide- und Waldflächen zu einer Ergänzung ihrer Wirtschaftsgrundlage durch angelegte Hochweiden gezwungen waren.

Beide Hütten wurden, wie andere auch, während oder kurz nach der Säkularisation errichtet, also wohl häufig in Zusammenhang mit der Neuordnung der Rechts- und Besitzverhältnisse. Die Erweiterung der oberen Hütte unter Respektierung der Bauteile von 1802 erfolgte wohl in den zwanziger Jahren dieses Jahrhunderts. Die 1809 erbaute untere Hütte von hervorragenden Proportionen, 1979 vorbildlich erneuert und wieder mit Schindeldach versehen.

Bodenalm, obere Hütte

Lämmeralm (Angermeieralm), stattlicher Blockbau, z.T. verbrettert, First bez. 1832 GA; am Lämmeralpeneck im Weißen Valepptal, in 1000 m Höhe.

Oberhalb der Zwieselstube gelegene Alm, vom Stillbauern in Kühzagl bestoßen. Der stattliche Blockbau von 1832, etwa 15 m lang, über Bruchsteinsockel, auch in Details (Fenster und Türbeschläge) gut erhalten.

Lahneralm, Wohnteil gemauert, Stall z.T. Blockbau, z.T. später ausgemauert, Schindeldach, Anfang 19.Jh.; Wohnteil (Kaserstock) der unteren Almhütte, Blockbau mit Legschindeldach, Anfang 19.Jh.; nördlich unter dem Lahnerkopf, 1265 m Höhe.

Bodenalm, untere Hütte

Die einsame Lahneralm liegt in einem wasserreichen Kessel unter dem Lahnerkopf und gehört zu den verhältnismäßig seltenen (wenn auch nur im Wohnteil) gemauerten Bauten des früheren 19.Jahrhunderts. Den unverfälscht-«almerischen» Charakter der Lahneralm bestimmt neben ihren Bruchsteinmauern auch das Schindeldach, darüberhinaus das Almkreuz und die zum Teil erhaltene malerische zweite Hütte, jetzt als Stall genutzt.

Mittertalalm, verschalter Blockbau, bez. 1816; südöstlich unter dem Wallberg, in 1450 m Höhe.

Typische Rodungsalm, reizvoll in einem nach Norden geöffneten Kessel im Wallberggebiet gelegen. Der Giebel des Blockbaus mit drei schönen barocken Balkenköpfen, der Firstkopf bezeichnet «18 AK MK 16 MIÖ CM».

Lämmeralm

Niedeialm, obere Hütte, Blockbau, z.T. verbrettert, First bez. 1857; am Südhang der Baumgartenschneid, in 1000 m Höhe.

In den Bergwald der Baumgartenschneid hineingerodet, mit gut proportioniertem Blockbau von 1857 (ein weiterer Blockbau unterhalb, erbaut 1884).

Schönleitenalm, obere Hütte, stattlicher Blockbau, verbrettert, wohl Ende 18.Jh.; in der Bernau, südlich unter Lahnerkopf/Lahnerschneid, in 1300 m Höhe.

An einem steilen Südhang gelegene große Alm, im Klosteralmbuch von 1710 erwähnt, 1820 Besitz König Max I., die Weidefläche bis auf 1600 m Höhe hinaufreichend. Die Hütte auf der Hochalm ist ein langgestreckter, mit Brettern verschalter Blockbau des ausgehenden 18. oder frühen 19.Jahrhunderts, jetzt mit Blechdach. Auf der Niederalm eine kleinere, jetzt stark verbaute Hütte (Niederleger).

Lämmeralm, Detail Tür   Lämmeralm, Fenster

Lahneralm, untere und obere Hütte

Lahneralm, obere Hütte

Lahneralm, Wohnteil der unteren Hütte

Mittertalalm

Niedeialm, obere Hütte

Schönleitenalm

Siebli-Forstdiensthütte, zweigeschossiger Blockbau mit giebelseitiger Laube und Außentreppe, 1926.

Arbeiterhütte des Forstamts Tegernsee (jetzt Forstamt Kreuth) von 1926, in bester Oberländer Holzbau-Tradition und Anlehnung an ältere Forstdiensthütten und Winterstuben, z.B. die Zwieselstube und Gurbach-Winterstube in der Gemeinde Kreuth, erbaut.

Stolzenalm, stattlicher Blockbau, verschalt, First bez. 1845; südwestlich unter dem Stolzenberg, in 1820 m Höhe.

Hochalm mit Weidefläche bis zu 1600 m Höhe. Die Hütte ein wohlerhaltener Blockbau mit kleinen modernen Erweiterungen am Wirtschaftsteil. Der Wohnteil steht zum Schutz vor dem Wetter in Richtung zum Berg. Ein alter Serpentinenweg führt von der *Ankerstube* zur Alm hinauf.

Wechselalm, stattlicher Blockbau, First bez. 1855 KK (Anbau modern); zwei Holzbohlen-Heustadel, zusammengebaut unter einem Dach, wohl 1. Hälfte 19. Jh.; auf der Wasserscheide Rottach-/Valepptal, in 1040 m Höhe.

Der kleine Wiesenboden «auf dem Wechsel», dem Sattel zwischen Enterrottach und Valepp, ist eine wohlgepflegte Niederalm. Neben der Blockhütte von 1855, die auch bei der modernen Erneuerung wieder ein Schindeldach erhalten hat, ist der originelle Heustadel im Bohlenverband von Interesse, dem ein weiterer Stadel angeschlossen wurde; beide unter gemeinsamem altem Legschindeldach.

Weiße Valeppalm, Blockbau, First bez. 1843 (erneuert 1963); im Weißen Valepptal, beim Eingang in die Bernau, in 980 m Höhe.

Die Alm, bereits in den mittelalterlichen Tegernseer Klosteralmbüchern genannt, liegt gut zugänglich im Hochtal der Weißen Valepp auf einem hochwassersicheren Wiesenplateau. Der Blockbau dürfte 1843 anstelle des Vorgängerbaus errichtet worden sein. Bei den Erneuerungen, seit 1963, wurde das Dach wieder mit Schindeln gedeckt, während bei der Fenstererneuerung leider Einscheibengläser verwendet wurden.

Zwieselstube, Forstdiensthütte mit Blockbau-Obergeschoß über massivem Erdgeschoß, First bez. 1855; im Weißen Valepptal in 930 m Höhe.

An der Forststraße nach Valepp gelegene große Diensthütte für das Forstpersonal, mit großen Wärmestuben und Schlafkammern.

Siebli-Forstdiensthütte

Stolzenalm

Wechselalm, Heustadel und Hütte

Wechselalm, Hütte

Wechselalm, Detail Heustadel im Bohlenverband

Wechselalm, Detail Heustadel

Wechselalm, Heustadel

Weiße Valeppalm

Zwieselstube

Zwieselstube

327

MARKT SCHLIERSEE

Viehzucht auf den Moränenzügen nördlich vor dem Schliersseebecken bei Westenhofen, an den Ufern des Sees, an den freien Südwesthängen über dem See am Schliersberg, in Fischhausen, auf den Almen um den Spitzingsee sowie in der Valepp, war vom 11./12. bis zum mittleren 19. Jahrhundert materielle Lebensgrundlage für die Bewohner des Gemeindegebietes, dazu die Waldwirtschaft in den Bergwäldern, deren Flächen dreimal größer sind, als das landwirtschaftlich nutzbare Grünland, sowie in kleinem Umfang die Fischerei in dem 2,6 km langen Schliersee.

Diese Erwerbsmöglichkeiten entsprachen den naturräumlichen Gegebenheiten in dem von Norden nach Süden in einer langen, schmalen etwa rechteckigen Gestalt sich erstreckenden Gemeindegebiet. Seine Grenzen sind mit Ausnahme der kurzen nördlichen, 1812 gegen *Hausham* festgelegten, identisch mit denen des südlichen, gebirgigen Teils der alten Herrschaft, seit 1637 freien *Reichsgrafschaft Hohenwaldeck,* die 1734 an Kurbayern fiel.

Die Besiedlung des Gemeindegebiets, das in seinem größten Teil, zwischen Brecherspitz (1683 m), Rotwand (1885 m) und Tiroler Landesgrenze beim Forsthaus Valepp, den nördlichen Kalkalpen (Mangfallgebirge) zugehört, mußte sich mit den geringen see- und talnahen Flächen des Schlierseer Winkels begnügen.

Die Gründung einer «cellula», eines Klosters «Schliers», auf dem Westenhofener Kirchbichl durch fünf, den Tegernseer Klostergründern offenbar verwandte Brüder vor dem Jahre 779, setzt ein erstes frühes Datum für den Beginn der Rodung und Besiedlung an dem 777 m hoch gelegenen Moränensee. Die Verlegung des in Abhängigkeit vom Freisinger Domstift stehenden Klosters in die nahe Siedlung Schliersee und seine Neugründung als Chorherrenstift, beeinflußte die Entfaltung dieses Ortes zum Hauptort, der er heute noch ist. Eine geschlossene Herrschaft am Schliersee konnten im Hochmittelalter die Herren von Waldeck ausbauen. Als Ministeriale des Bischofs von Freising hatten sie das Vogteirecht über das Schlierseer Stift erworben. Die damit verbundenen Einkünfte, der Gewinn aus eigenen, wohl meist durch Rodung entstandenen Gütern und die Herrschaft in Miesbach und Wallenburg ermöglichte es ihnen, sich der Landesherrschaft der bayerischen Herzöge zu entziehen. Mit Wolfgang v. Waldeck starb das Geschlecht, von dessen Sitzen am Schliersee die Ruine Hohenwaldeck und der Burgstall Hochburg nachgewiesen werden können, 1483 aus. Ihre Nachfolger, die Herren von Maxlrain, konnten 1637 die Erhebung der Herrschaft zur Freien Reichsgrafschaft Hohenwaldeck durchsetzen.

Waldecker und Maxlrainer förderten die Besiedlung und Verbesserung der wirtschaftlichen Verhältnisse, bauten die Almwirtschaft aus. Der letzte Maxlrainer Graf gründete um 1730 ein Eisenschmelzwerk in Josefsthal und ließ dort eine Neusiedlung entstehen.

Etwa 60 Anwesen hatten sich in Schliersee, am Ostufer des Sees, bis zum Ausgang des Spätmittelalters gebildet, dazu vier in Unterleiten und zwei in Ledersberg, die heute zum Markt zählen. In fast allen Anwesen wurden auch Handwerke betrieben. Seit etwa 1660 standen die Schlierseer Maurer und «Stukkateure», die wegweisende frühbarocke Sakralräume schufen, voran die Familie Zwerger, in den Nachbartälern, in Miesbach und im Unterland bis nach Erding und Ilmmünster in besonderem Ruf.

In bäuerlich-handwerklich strukturierten Anwesen, die sich von der weiteren Bebauung nicht wesentlich unterschieden, wohnten auch die Kanoniker des allerdings 1492 nach München verlegten Stifts.

Die verhältnismäßig dichte Schlierseer Besiedlung konzentriert sich auf das nordöstliche Seeufer (777 m Höhe). Der lange östliche Uferstreifen blieb bis heute fast ganz, der westliche völlig von Bebauung frei.

Der Entdeckung des Sees durch Reisende und Sommergäste seit etwa 1830 folgten grundlegende geschichtliche, v.a. auch bauliche Veränderungen. Bereits 1869 erreichte die Eisenbahn von München über Holzkirchen den Schliersee und wurde 1911 über Neuhaus bis Bayrischzell weitergeführt. 1892 wurde in Schliersee, dessen Einwohner bereits wesentlich vom Fremdenverkehr lebten, das Bauerntheater gegründet, kurz nach 1900 stellten sich die ersten Skisportler aus München ein. Die auf 3000 Einwohner angewachsene Gemeinde wurde 1917 zum Markt erhoben.

Für viele öffentliche und private Neu- und Umbauten war seit etwa 1905 ein teilweise sehr qualitätvoller Heimatstil verbindlich, den am Schliersee zugezogene Künstler und andere Persönlichkeiten anregten. Beispiele dafür sind die Adaption des alten *Richterhauses* als Rathaus und eine Reihe von Bauten in der *Landhäuser-Kolonie Neuhaus.*

Der Wirtschaftsentwicklung und dem Massentourismus seit etwa 1950 sind in Schliersee viele historische Bauten und bauliche Zusammenhänge zum Opfer gefallen, die das ältere Ortsbild geprägt hatten. Nur partiell, wie am Weinberg, wie um die Pfarrkirche und wie an der südlichen Seestraße sind diese Zusammenhänge noch anschaulich.

Die Mehrzahl der Baudenkmäler erscheint isoliert in veränderter Umgebung. Dies gilt auch für den sehr alten Kirchort *Westenhofen* im Nordwesten, für den ehemaligen Bauernweiler *Abwinkl* an der Schlierach, für den Kirch- und Wallfahrtsort *Fischhausen* am Südende des Sees.

Dagegen lassen einige Einöden und Zweihöfeweiler in Hochlage, wie *Schwaig, Kreith* und *Ledersberg* noch gut die mittelalterlichen Besiedlungs- und Teilungsvorgänge ablesen.

Schliersee

Am Gstatterberg 9 c. Ehem. *Getreidekasten,* zweigeschossiger Blockbau, bez. 1735, neu aufgestellt um 1970, ausgebaut und erweitert 1977 (nicht abgebildet).

Am Waxenstein 2 – siehe Ortsteil Breitenbach.

Breitenbachstraße – siehe Ortsteil Westenhofen.

Hans-Miederer-Straße 4. *Kapelle St. Georg,* auf dem Weinberg, Langhaus angeblich 1368/87 erbaut, wohl auf älterer Grundlage, Chor um 1500; frühbarocke Erneuerung der Kapelle seit 1606.

Auf dem Weinberg, einem steilen Hügel im ältesten Schlierseer Ortskern, erhebt sich die malerische alte Georgs- oder *Weinbergkapelle.* Der Hügel wird auch «Burg», der nördlich unweit gegenüberliegende noch höhere «Hochburg» genannt, doch nur auf dem letzteren Platz läßt sich bisher eine befestigte mittelalterliche Anlage nachweisen.

Die Anfänge der Kapelle sind ungeklärt. Nach der Überlieferung hat der Ritter Georg d. Ä. v. Waldeck († 1380), damaliger Grundherr am Schliersee, den Bau um 1368/87 gestiftet. Der bestehende zweijochige, von einem Netzgewölbe überspannte Chor ist nach seinen Bauformen auf die Zeit um 1500 zu datieren. Die offensichtlich älteren Wände des flachgedeckten Langhauses können vielleicht mit der Stiftung Georg d. Ä., vielleicht auch mit einem romanischen sakralen Vorgängerbau oder sogar einem hochmittelalterlichen Wehrbau in Verbindung gebracht werden. Nach den Berichten von Reiseautoren aus den Jahren 1838–54 wies die Nordwand des Schiffes hinter dem Leonhardsaltar ein Wandgemälde auf, das der 1456 gestorbene Ritter Georg d. J. v. Waldeck den Schlierseer Heiligen Sixtus, Leonhard und Katharina als

Schliersee, Blick vom Weinberg auf die Ortsmitte mit der Kath. Pfarrkirche

Schliersee, Kapelle St. Georg

Schliersee, Kapelle St. Georg, Hochaltar

329

Dank für die Errettung aus türkischer Gefangenschaft gewidmet hatte. Georg war darauf als betender Kreuzritter im weißen, mit dem roten Ritterkreuz gekennzeichneten Mantel dargestellt.

Die Grafen von Maxlrain, Nachfolger in der Waldeckischen Herrschaft, zeigten im 1. Drittel des 17. Jahrhunderts ein auffallendes Interesse an der Kapelle. Eine Inschrift am Eingang berichtet von einer Erneuerung 1606 durch Ludwig v. Maxlrain, der 1608 in seiner vorbereiteten Gruft vor dem Hochaltar bestattet wurde. Die Grabplatte wurde 1781 gehoben und links vom Hochaltar in die Wand eingelassen. Auch Ludwigs Bruder und Nachfolger Georg wurde 1635, sein Sohn Wilhelm IV., der Georg nachfolgte, 1655 in der Kapelle begraben.

Wilhelm IV., Reiterfähnrich in den Türkenkriegen des frühen 17. Jahrhunderts, ließ nach glücklicher Rückkehr in die oberbayerische Grafschaft seines Hauses dem Ritterheiligen St. Georg 1624 einen neuen Hochaltar in der Weinbergkapelle errichten. Dieser für seine Entstehungszeit beispiellose Altar wird aus einer geschnitzten, freistehenden, kraftvollen Figurengruppe des zu Pferde sitzenden, den Drachen bekämpfenden Heiligen gebildet, die von einem Säulenpaar und einem Ziergiebel wie von einem Triumphbogen eingefaßt wird. Die Figurengruppe, die dem Miesbacher Bildschnitzer Stephan Zwinck zugeschrieben wird, wirkt dramatisch vor dem Gegenlicht des Chorscheitelfensters und die vergleichbare Idee des berühmten Weltenburger Georgsaltars des Egid Quirin Asam, 1721, scheint in dem Schlierseer Altar ihre Voraussetzung zu finden. Das Predellenbild des schwarz-gold gefaßten Altars, eine Darstellung der Kreuztragung Christi, manieristisch, 1570, wurde vom Vorgängeraltar übernommen.

Ein zweiter von Wilhelm IV. gestifteter, dem Hl. Leonhard gewidmeter Altar wurde 1628 aufgestellt, er gehört zu den wichtigsten Beispielen frühbarocker Altarbaukunst im Landkreis. Erst 1708 kam es zur Aufstellung des südlichen Seitenaltars.

Seit der Zeit um 1830 sahen die fremden Besucher des Schliersees und romantischen Entdecker seiner Berge in der Weinbergkapelle eine altertümliche Sehenswürdigkeit von großem Reiz, weckte sie doch auch die Erinnerung an christliches mittelalterliches Rittertum. In diesem Sinne erfuhr die Kapelle 1850–52 eine gotisierende Restaurierung durch den Münchner Historienmaler Wilhelm Gail (1804–90), der den Raum mittels farbiger Fenster mystifizierte und eine mit Maßwerk gezierte Holzdecke sowie Gestühls- und Emporeneinbauten schuf, jedoch den frühbarocken Altarbestand unangetastet ließ.

Diese für das oberbayerische Land überraschend frühe romantische Gotisierung eines Sakralraumes, die einem größeren Publikum bereits 1854 durch Aufnahme in die Landesbeschreibung des «Königreiches Bayern in seinen ...malerischen Schönheiten» mit einem Stich vorgestellt wurde, erfuhr leider bei der Restaurierung 1957 ihre Zerstörung.

Die Kapelle unter der alten Linde gehört zu den das Ortsbild bestimmenden Bauten, wie schon die romantischen Ansichten des 19. Jahrhunderts bestätigen.

Hans-Miederer-Straße 7. *Wohnhaus «Wagner hinterm Weinberg»,* mit Blockbau-Obergeschoß des 18. Jh. und Balusterlaube, Dachaufbau mit Giebellaube Anfang 20. Jh.

In lockerer Reihung schließen sich um den Fuß des Weinbergs ehem. Handwerkerhäuser, die z. T. in ihrer historischen Substanz, meist wenigstens in der Maßstäblichkeit ihrer Baukörper, erhalten sind. Beim Wagneranwesen sind noch der alte Blockbau-Oberstock, die aufgedoppelte Rautenhaustür und die Balusterlauben erhalten.

Hans-Miederer-Straße. Burgstall *«Hochburg»,* ca. 400 m nö. der Kirche Schliersee (Schliersee, Fl.Nr. 379/6, SO 20–10).

Die Schlierseer Ansicht von Michael Wening, 1701, zeigt auf der «Hochburg» über dem Weinberg ein befestigtes Haus, das wohl den Herren von Waldeck gehörte und spätmittelalterlichen Ursprungs gewesen sein dürfte (siehe auch Hans-Miederer-Straße 4 und Fischhausen/Hohenwaldeck). – Kein aufgehendes Mauerwerk mehr vorhanden.

Hans-Miederer-Straße. *Denkmal* für den Maler *Karl Haider* (1846–1912) auf der Hochburg; steinerne Ruhebank, Steinpfeiler mit Bronzebüsten, 1921.

Denkmal für den in Schliersee gestorbenen, aus dem Kreis um Wilhelm Leibl hervorgegangenen Maler.

Schliersee, Kapelle St. Georg, Inneres

Schliersee, Kapelle St. Georg, linker Seitenaltar

Schliersee, Hans-Miederer-Straße von Nordwesten

Schliersee, Denkmal für Karl Haider

Konrad-Dreher-Straße 1. *Wohnhaus «Zum Vierzgerschuster»*, Putzbau mit figurierten Balkenköpfen, geschweiftem Giebelbalkon und Rautentür, um 1810/20, im Kern wesentlich älter.

Das Anwesen wurde um 1477 von den Waldeckern an die Weinbergkapelle geschenkt. Im frühen 19. Jahrhundert wurde das Bauern- und Handwerkerhaus in der für die Zeit charakteristischen Weise mit kalkweißen Putzflächen, dem typischen geschweiften Giebelbalkon und bemaltem Vordach über Pfettenköpfen in Drachenformen erneuert. Der Kernbau stammt aus dem 18. Jahrhundert (Erneuerung 1751), die bauliche Grundlage ist wohl noch älter (Inschriftentafel von 1575). Der Giebelbalkon am 1. Obergeschoß nicht ursprünglich. Alte aufgedoppelte Rautentür.

Krainsberg siehe Ortsteil Krainsberg

Lautererstraße 1. *Pfarrhof*, Putzbau mit Walmdach, 1721/24, wohl nach Plänen von Caspar Gläsl erbaut, Zwerchhaus um 1880.

Der stattliche, durch Ecklisenen und Fensterfaschen schlicht gegliederte Putzbau von 8:5 Achsen Ausdehnung wurde wahrscheinlich vom Weyarner Klostermaurermeister Caspar Gläsl (Cläßl, Glasl) erbaut. Das Zwerchhaus an der Seeseite um 1880, das steile Walmdach wohl ehemals mit Scharschindeln gedeckt. Die letzte Fassadenrestaurierung und Tönung nach der ursprünglichen Farbigkeit, ocker mit weißen Gliederungen, 1982. Im Inneren Küchengewölbe und barocke Balustertreppenbrüstung erhalten; 1986 teilweise entkernt.

Lautererstraße 6. Wohnteil des ehem. *Bauernhauses «Beim Schrödl»*, seit 1915 Heimatmuseum, mit verputztem Blockbau-Oberstock, Balusterlaube, bemalter Laubentür, bez. 1732, und Sterntür; östlicher Hausteil in unverputztem Feld- und Bruchsteinmauerwerk, 15./16. Jh., unter gemeinsamem Dach mit verbretterter Giebellaube.

Der östliche, sehr alte Gebäudeteil aus Naturstein besaß wohl ehemals eine herrschaftliche Funktion. In dem wohlerhaltenen historischen Wohnteil wurde 1916 auf Anregung des Kommerzienrates Franz Radspieler, München, und des Historienmalers Hermann Kaulbach (1846–1909) ein Gemeindemuseum gegründet. Der Wirtschaftsteil wurde 1931 abgebrochen. Von den reichen baulichen Details sind die spätbarocke aufgedoppelte Sterntür im Erdgeschoß, die darüberliegende bemalte Laubentür (1782), die Baluster der Laubenbrüstung in seltener Dreiecksform, die bemalten Fensterläden (Anfang 20. Jahrhundert), die «Katzenlaube» unter den traufseitigen Dachüberständen zu nennen.

Lederberg 2. Ehem. *Bauernhaus «Kistler am Ledersberg»*, Wohnteil mit bemalten Balkenköpfen, wohl Ende 18. Jh., Laubenbrüstung und Giebelzier in reicher Aussägearbeit, 3. Viertel 19. Jh.

Die beiden alten *Ledersberganwesen*, Nr. 2 *Hinter-*, Nr. 1 *Vorderledersberg*, bilden östlich hoch über dem Ortskern von Schliersee einen Zweihöfeweiler, der durch Teilung eines mittelalterlichen Hofes entstanden ist.

Das Anwesen ist nicht mehr landwirtschaftlich genutzt. Das Obergeschoß des Hauses ist wohl erst im späten 19. Jahrhundert verputzt und mit den beiden Balkons mit Aussägebrüstungen versehen worden. Es erhielt dadurch an seiner Giebelfront Landhauscharakter.

Die Pfettenköpfe mit biedermeierlicher Bemalung, die Haustür in Neurenaissanceformen.

Mesnergasse 2. Sog. *Hofhaus*, dreigeschossiger Putzbau mit Flachsatteldach und Giebelbalkons, Erdgeschoß im Kern wohl 16. Jh., mit Stuckdecken der Zeit um 1700, zweites Obergeschoß und Dachaufbau spätes 19. Jh.

Schliersee, Konrad-Dreher-Straße 1, Wohnhaus

Schliersee, Lautererstraße 1, Pfarrhof

Schliersee, Lautererstraße 6, ehem. Bauernhaus

Schliersee, Lautererstraße 6, Südseite

Schliersee, Lederberg 2, ehem. Bauernhaus

Schliersee, Lautererstraße 6, Detail

Schliersee, Mesnergasse 2, sog. Hofhaus, Stube

Das Gebäude, westlich der Pfarrkirche am See gelegen, war im 15. und 16. Jahrhundert die Behausung der Herren von Waldeck und ihrer Nachfolger der Grafen von Maxlrain, im Schlierseer Teil ihrer Grafschaft. Im Urbar der Herrschaft Waldeck wird es 1560/61 als «das alt Waldeckerische Haus an den See stoßend so der Herr widererpaut hat» genannt. Das Erdgeschoß dürfte dem 16. Jahrhundert angehören, die zwei großen Stuben erhielten um 1700 einfache barocke Stuckdecken, Türblätter und Wandkästen sind spätbarock. Im späten 18. Jahrhundert Umbau des Hauses, im späten 19. Erweiterung um ein 2. Obergeschoß. Die Bemalung der Fassade, der untere Balkon und der Eingangsvorbau 1930er Jahre.

Mesnergasse 4. *Wohnhaus «Seehäusl»*, mit verputztem Blockbau-Obergeschoß, umlaufender Balusterlaube und Giebelbalkon, Ende 18. Jh.

Am See gelegenes ehem. *Schusteranwesen* mit original erhaltenen Fassaden des späten 18. Jahrhunderts.

Ortererstraße 1. Offene *Kapellennische* in barocken Formen, angeblich 1843, mit Figurengruppe (Kreuzigung).

In der nachbarocken Kapellennische, die durch einen Ortgang über Gesimsstücken kräftig gegliedert ist, eine volkstümliche barocke Figurengruppe, Maria und Johannes unter dem Gekreuzigten.

Radspielergasse 1. *Wohnhaus «Beim Bauernbader»*, Putzbau mit Laube und Giebellaube, Ende 18. Jh., umgestaltet Anfang 20. Jh. im Heimatstil.

An der Radspielergasse, südöstlich unter dem Weinberg hat sich eine eindrucksvolle historische Gruppe von Häusern erhalten. Auch ihre Lage in Hausgärten und das alte Wegenetz ist unverändert.
Zu dieser Gruppe zählen auch Hans-Miederer-Straße 5,6,7. Das frühere Baderanwesen (bis 1855) liegt unweit vom Osterbach. Die aufgedoppelte Stern-Haustür, die geschweiften Balkenvorköpfe und die Brüstungsbaluster der Laube bezeugen die Entstehungszeit des Gebäudes im 18. Jahrhundert, die vergrößerten Fenster und die im Heimatstil bemalten Klappläden belegen den Einfluß des Landhausstils des 19. und 20. Jahrhunderts.

Radspielergasse 2. *Wohnhaus «Beim Stidl»*, kleiner Putzbau mit originalen Fensteröffnungen und zwei Giebelbalkons, Anfang 19. Jh.

Das Stidlgütl hinterm Weinberg ist nahezu vollständig in seinem Zustand aus dem frühen 19. Jahrhundert erhalten geblieben, was zweifellos dem Münchner Kunsthändler und Restaurator Kommerzienrat Franz Radspieler zu verdanken ist, der das Anwesen seit 1884 besaß.

Radspielergasse 3. *Landhaus* mit Flachsatteldach, Balusterlauben, aufgedoppelten Türen und dekorativen Malereien, 1911 im Heimatstil erbaut.

Landhaus in parkähnlichem Garten in dem von Architekten wie Emanuel Seidl, August Thiersch und Leonhard Romeis gepflegten, am spätbarocken oberbayerischen Bauernhaus orientierten Stil.

Rathausstraße 1. *Rathaus*, als *Richterhaus* zwischen 1460 und 1484 erbaut, Umgestaltung 1919/20 durch Architekt Carl Wegele in Formen des alpenländischen Heimatstils; Giebelfassade durch Rücksprung geteilt, mit offenen Eingangsarkaden und Altane, mit Erker und Giebelbundwerk des 17. Jhs. vom Vorgängerbau, an den weiteren Fassaden malerische Ausbauten, über dem Flachsatteldach Belvedere; reich ausgestaltete Innenräume.

Schliersee, Mesnergasse 2, sog. Hofhaus

Schliersee, Mesnergasse 4, «Seehäusl»

Schliersee, Ortererstraße 1, Kapellennische

334

Schliersee, Radspielergasse 1, Wohnhaus

Schliersee, Radspielergasse 3, Landhaus

Schliersee, Radspielergasse 2, Wohnhaus

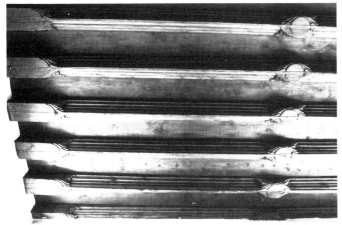

Schliersee, Rathaus, geschnitzte Balkendecke

Schliersee, Rathaus, Erker

Schliersee, Rathaus, Fensterkorb

Schliersee, Rathausstraße 1, Rathaus

Im alten Richterhaus, unweit nördlich der Kirche übten die Vogteirichter des alten Stifts Schliersee Gericht über die Stiftsmitglieder und ihre Untertanen aus. Unter Erasmus Waltenhofer, der dem Chorherrenstift 1460–84 als Dekan vorstand, wurde dieses damals einzige gemauerte Haus am Ort erbaut, das seit der Aufhebung des Stifts 1492 bis zur Auflösung der Reichsgrafschaft Hohenwaldeck 1734 Sitz des gräflichen Vogteirichters war. Aus der Bauzeit des Hauses sind zwei gotische Holzdecken und eine Inschrifttafel erhalten. 1918 erwarb die zum Markt erhobene Gemeinde Schliersee, deren Amtsräume sich im Schulhaus befanden, das alte Richterhaus und ließ es vom Miesbacher Architekten Carl Wegele, einem lokalen Spezialisten des Heimatstils, bis 1920 umbauen. Im ehem. Richtersaal mit der gotischen Decke wurde der Ratssaal eingerichtet. Die offenen Erdgeschoßarkaden, der Erker, das wiederverwendete historische Giebelbundwerk und das Walmdachbelvedere über dem Hauptdach, sind Leistungen Wegeles. Die Ratskellererweiterung in den fünfziger Jahren.

Rathausstraße 14. *Wohnhaus «Beim Bäckerhauser»* mit Blockbau-Obergeschoß des 18. Jh., Umgestaltung als Landhaus und Ausbau des Wirtschaftsteils 1906 im Heimatstil, Erneuerung der Bemalung 1954.

Barockes Bauern- und Handwerkerhaus an der Schlierseer Hauptstraße, das 1906 im Sinne des Heimatstils überarbeitet wurde.

Rathausstraße 15. Ehem. *Kramerhaus,* jetzt Bank- und Geschäftshaus, ursprünglich zweigeschossiger Blockbau, wohl 17. Jh., Erdgeschoß jetzt ausgemauert.

Das Krameranwesen wird bereits 1502 genannt. Der bestehende Wohnteil war bis 1979 ein zweigeschossiger Holzblockbau des 17. Jahrhunderts, der im 19. Jahrhundert bei gleichzeitiger Vergrößerung der Fensteröffnungen verputzt worden war.

Beim Umbau als Bankfiliale wurden die Blockwände des Oberstocks freigelegt, die des Erdgeschosses wegen des schlechten Zustandes durch massive Wände ersetzt.

Bemerkenswert sind die Balkenvorköpfe in nachgotischen Formen, die das hohe Alter des Blockbauteils anzeigen, und die altverbretterte Laubenbrüstung. Die originellen Malereien auf der Verbretterung der Hochlaube, Löwen mit Rokokokartuschen und blumengefüllte Vasen, sind bezeichnet 1790.

Rotmaurergasse 2. *Wohnhaus «Beim Rotmaurer»,* Putzbau mit verbrettertem Giebel und Balustersöller, 2. Hälfte 18. Jh.

Kleines altes Maureranwesen am Aufgang zum Ledersberg, die wenig einfühlsame Wandmalerei 1979.

Schießstättstraße 2. *Wohnhaus «Beim Rechtl»,* verputzter Blockbau, an der Ostseite verbrettert, im Kern wohl 16. Jh., an der Westseite in Stuck bez. 1657, barocke Sterntür, Laube mit Aussägebrüstung des 19. Jh.

Das alte Schlierseer *Maureranwesen* liegt am nördlichen Rand des historischen Ortskerns und gehörte im 17. Jahrhundert Mitgliedern der Maurer- und Stukkatorensippe der Zwerger. Das Haus weist u. a. eine spätbarocke Sterntür, eine Reihe von Fenstern des späten 18. Jahrhunderts mit zugehörigen Klappläden und eine wiederaufgedeckte Inschrift von 1657 auf.

Schlierachstraße siehe Ortsteil Westenhofen.

Schwaig siehe Ortsteil Schwaig.

Seestraße 1. *Kath. Pfarrkirche,* ehem. *Kollegiatsstiftskirche St. Sixtus,* barocker Neubau 1712/14 von Caspar Gläsl, Stukkaturen und Fresken von Johann Baptist Zimmermann, Turm spätgotisch, 1466, Obergeschoß mit Spitzhelm, 1873; *Friedhof mit Ummauerung* von 1715 und des 19. Jhs.; schmiedeeiserne

Schliersee, Rathausstraße 14, Wohnhaus

Schliersee, Rathausstraße 15, ehem. Kramer

Schliersee, Rotmaurergasse 2, Wohnhaus

Schliersee, Schießstättstraße 2, barocke Sterntür

Schliersee, Schießstättstraße 2, Fenster und Stuck-Inschrift

Schliersee, Kath. Pfarrkirche St. Sixtus, Inneres

Schliersee, Kath. Pfarrkirche St. Sixtus

Schliersee, Kath. Pfarrkirche St. Sixtus, Fresko und Stuck der Decke im Chor

Grabkreuze des frühen 19. Jhs. am südlichen Eingang; *Friedhofskapelle St. Nikolaus,* erhaltener Chor einer spätgotischen Kirche, 2. Hälfte 15. Jh., barockisiert 1635.

Fünf Brüder hatten um 770 in der Einöde von «Schliers», auf dem Kirchbichl, nördlich bei Westenhofen, ein Kloster gestiftet, das nur etwa 150 Jahre Bestand hatte. 1141 errichtete Bischof Otto I. von Freising (1128–58) das Kloster als Chorherrenstift im Ort Schliersee, am Platz der heutigen Pfarrkirche, von neuem und weihte es dem Hl. Papst Sixtus. Der Propst, der Dekan und etwa zehn Kanoniker sorgten für den Gottesdienst, übten die Seelsorge aus und versahen den Schuldienst. Da es sich zumindest seit dem 13. Jahrhundert um ein Kollegiatsstift handelte, wohnten die Chorherren in einzelnen Häusern mit eigenen Ökonomien, die größeren Bauernhäusern nicht unähnlich gewesen sein dürften. Eine erste romanische Kirche aus der Zeit um 1141 wurde um 1346 durch Brand beschädigt, 1348 als dreischiffiger Bau wiederhergestellt und 1459/60 erneuert. Ihr Turmunterbau, von den Tegernseer Maurermeistern Heinrich, Alex und Michael Gugler, 1466, ist als Westturm des barocken Kirchenneubaus erhalten. Auch die Mauern der Katharinenkapelle der Kirche sind vorbarokken Ursprungs.

1492/94 verfügte Herzog Albrecht IV. v. Bayern die Inkorporation des Schlierseer Stifts in das herzogliche Kollegiatsstift zu Unserer Lieben Frau in München. In Schliersee wirkten nun bis zur Säkularisation 1803 nur noch Pfarrvikare im Auftrag der Münchner Kanoniker, dann Weltgeistliche. Über die mittelalterlichen Gebäude des Stifts ist mit Ausnahme des erhaltenen Turms, des Chors der Nikolauskapelle (Friedhofskapelle), des Vogteirichterhauses und der geringen Baunachrichten über den Vorgängerbau der barocken Kirche nichts bekannt. Treibende örtliche Kraft beim barocken Neubau der Schlierseer Kirche war der Pfarrvikar Johann Baptist Daller (amtiert 1704–25), der die Finanzierung des umfangreichen Projekts durchsetzte. Die Pläne lieferte der Maurermeister des Chorherrenstifts Weyarn, Caspar Gläsl (Cläsl, Glasl), der eine auch außen durch Pilaster gegliederte, gleichmäßig von Süden und Norden durch große Fenster belichtete monumentale Wandpfeilerkirche mit vierjochigem Langhaus und zweijochigen, im Halbrund schließenden Chor schuf, die von Stichkappentonnen über Gurtbögen überwölbt wird. Die dreiseitig mit Pilastern besetzten Wandpfeiler begrenzen tonnengewölbte Seitenkapellen mit jeweils östlich angeordneten Altären. An der Westseite ist eine doppelte Empore eingestellt. 1712/14 wurde der Bau errichtet, 1715 geweiht. Die im Chor 1714 geschaffenen Stukkaturen und signierten Deckenfresken sind Frühwerke Johann Baptist Zimmermanns (1680–1758), der bei Beginn des Kirchenbaus in Miesbach wohnte. Das leichte Rankenwerk in den Stichkappen und die reichen Rahmen der Kartuschen, welche die Deckengemälde begleiten, gehören zu den kunstvollsten und stilistisch fortgeschrittensten Stuckarbeiten der Zeit. Von einfacherer Art sind die Dekkengemälde, die im Chor das Martyrium des Hl. Sixtus und seine Begegnung mit dem Hl. Laurentius darstellen. Auch der sparsamer ausgebreitete Stuckdekor im Schiff wird Zimmermann zugeschrieben, das etwas spannungslose Schutzmantelfresko und kleinere Darstellungen allerdings nur von einem Teil der Forschung für Zimmermann in Anspruch genommen. Die Kirche besitzt acht Altäre und eine reiche sonstige Ausstattung. Bei den Auftragsvergaben waren nach dem Willen des Landesherrn, des Reichsgrafen Johann Joseph Max Veit v. Maxlrain, der 1712 auch den Grundstein zu dem Bau gelegt hatte, Handwerker und Künstler aus der Grafschaft zu bevorzugen. Den Hochaltar schuf 1717 der Miesbacher Kistler Blasius Zwinck, das zugehörige Altarblatt mit Darstellung des Hl. Sixtus der Münchner Maler Johann Paul Vogel, die kraftvollen Altarfiguren, der Münchner Stadtpatron

St. Benno und der Augustinerheilige Arsatius, der Tölzer Bildschnitzer Franz Fröhlich.

Der Stuckmarmoraufbau des ersten Seitenaltars der Nordseite, des Marienaltars, von Johann Baptist Zimmermann (die Marienfigur 1899). Die Kanzel 1715 von Blasius Zwinck, die Beichtstühle 1717. Spätgotische Kunstwerke und Grabdenkmäler aus der Vorgängerkirche wurden in den prächtigen, trotz Geldnot und Kriegszeit aufwendig ausgestatteten Bau übernommen.

Eine spätgotische Sitzfigur des Hl. Sixtus, um 1520, thronte vielleicht im alten Hochaltar. Eine Gnadenstuhl-Figurengruppe, um 1490, wird Erasmus Grasser (um 1450–um 1519) zugeschrieben, ein Tafelbild mit Darstellung einer Schutzmantelmadonna, bez. 1494, ist von der Hand des Jan Polack (um 1435–1519).

In der z. T. mittelalterlichen *Katharinenkapelle,* die Georg d. Ä. v. Waldeck († 1380) als Grablege seiner Familie erbaut hatte, sein eigener rotmarmorner Grabstein; hinter dem Hochaltar der Rotmarmorgrabstein des letzten Waldeckers, Wolfgang († 1483).

1873 wurde das Turmobergeschoß mit dem Helm in der bestehenden Form geschaffen. Bei der großen Kirchenrestaurierung 1935 wurden die Fresken im Schiff leider stark übermalt und damit letztlich beschädigt; die letzte Restaurierung 1978 hatte die Wiederherstellung der Raumfarbigkeit von 1714 zum Ziel.

Die *Nikolauskapelle* im Friedhof, ehemals wohl die Seelsorgskirche neben der Stiftskirche, ist der Rest bzw. der Chor eines spätgotischen Baus des frühen 16. Jahrhunderts, der ursprünglich mit dem Stiftsschulgebäude verbunden war. 1635 ließ der Pfarrvikar Wolfgang Höger die netzförmigen Rippen des Gewölbes abschlagen und die Gewölbegrate mit Stuckleisten verzieren. Diese Gestaltung ist eines der frühesten Beispiele der weit verbreiteten Schliersee-Miesbacher Rahmenstuckierung. Am Gewölbe fünf Medaillonbilder mit den Evangelisten, an der Nordwand zwei Wandgemälde, 1635, die Hll. Veit und Rochus darstellend. Die barocken Fenster ebenfalls von 1635. Von besonderem Interesse ist der spätgotische Flügelaltar von 1541 mit der thronenden Figur des Hl. Nikolaus im Schrein und gemalten Flügeln mit Darstellungen aus der Nikolauslegende und vier Passionsszenen, das Predellabild mit einer Beweinung Christi. Der Altar ist der einzige vollständig erhaltene Flügelaltar der Spätgotik im Landkreis und war der Hauptaltar dieser mittelalterlichen, dem Hl. Nikolaus geweihten Kirche, die 1714 ihr Schiff einbüßte, um Steinmaterial für den Kirchenneubau gewinnen zu können. Sie wurde 1920 als Kriegergedächtniskapelle eingerichtet.

Der *Friedhof,* wohl seit dem 12. Jahrhundert bei der Schlierseer Kirche gelegen, besitzt noch große Züge der barocken Einfriedungsmauern und einige der bis zum mittleren 19. Jahrhundert üblichen geschmiedeten Grabkreuze.

Schliersee, Kath. Pfarrkirche, Hl. Sixtus

Schliersee, Kath. Pfarrkirche, linker Seitenaltar

Schliersee, Friedhofskapelle St. Nikolaus

Schliersee, Nikolauskapelle, Inneres

Seestraße 4. *Wohnhaus «Florihaus»,* Obergeschoß verputzter Blockbau, runder Bodenerker, zwei Balusterbalkons, Kernbau wohl 16./17. Jh., Äußeres Ende 18. Jh.

Das Gebäude im historischen Ortskern unweit von Kirche, Richterhaus (Rathaus) und Pfarrhof war vor 1615 Wohnhaus des Unterpropsts, des Beauftragten des Münchner Liebfrauenstifts für die Verwaltung des Schlierseer Besitzes. Durch einen runden Eckerker unterscheidet es sich vom üblichen historischen Bauernhaus. Die geschnitzte Haustür in den Übergangsformen zwischen Rokoko und Empire, auch die Baluster der Balkons und die Pfettenköpfe in Drachenform aus der Zeit um 1800.

Seestraße 9. *Wohnhaus «Ledererhaus»,* verputzt, mit umlaufender Balusterlaube und Giebelbalkon, 1787, Ausbau des Wirtschaftsteils 1893 (Wandmalereien 1966).

Am See gelegenes altes *Bauern- und Gerberhaus,* dessen Wirtschaftsteil 1893 durch Isabelle von Droste-Hülshoff für Wohnzwecke ausgebaut wurde. Prächtige spätbarocke Balusterlauben und drei übereinanderliegende Sterntüren am Giebel. Die Fassadenmalereien in Art von Lüftlmalereien des Rokoko erst 1966.

Seestraße 14. Kleine *Lourdeskapelle,* Ende 19. Jh., umgestaltet 1960/75.

Im Inneren Grotte mit Gipsmadonna.

Seestraße 16. Ehem. *Bauernhaus «Osterbachgütl»,* Wohnteil jetzt Geschäftshaus, verputzt, mit Hochbalkon, um 1820/30, Umbauten 1895 und 1903.

Die nachbarocken, dem Biedermeier sich nähernden Formen des Hochbalkons unter dem Vordach, die mit seltenen Empire-Flachschnitzereien gezierten Fensterklappläden und die großen kalkweißen Putzflächen weisen auf die Zeit um 1820 als Erbauungszeit für das ortsbildprägende Haus. Die ornamentale Bemalung des Vordaches, der untere Balkon mit dünnen Balustern und die Haustür aus dem späten 19. Jahrhundert, die Dekorationsmalereien neuen Datums.

Seestraße 22. Stattliches *Wohnhaus «Beim Froschlackner»,* mit klassizistischen Rundbogenfenstern, rustizierten Ecklisenen und Fensterfaschen, mit Flachsatteldach, erbaut 1843.
Großer Neubau des 19. Jahrhunderts, der an seinen Rundbogenfenstern den Einfluß des Architekturstils Friedrich v. Gärtners, selbst auf Bauernhäuser, bezeugt.

Seestraße 24. *Bauernhaus «Beim Weindl»,* Wohnteil mit Blockbau-Obergeschoß, umlaufender Laube und verbretterter Giebellaube, Mitte 17. Jh.

Das altertümliche Haus gehört zu den vier alten herzoglichen *Fischerlehen am «Gstadt»,* dem Seeufer des südlichen Ortsendes. Der Bau ist nach Osten gewendet, der rückwärtige Giebel steht zum See.

Seestraße 25. *Bauernhaus «Beim Nagl»,* Einfirstanlage, Wohnteil verputzt, mit giebelseitigen Balusterbalkons und Sterntüren, Ende 18. Jh.; *Zuhaus* mit verschaltem Blockbauobergeschoß, 18. Jh.

Eines der vier *Fischeranwesen,* wie *Seestraße 24,* und mit diesem eine historische Baugruppe bildend. Der Oberstock wohl ein Holzblockbau, der im 19. Jahrhundert verputzt und dessen Fenster vergrößert worden sind. Die Flaschenbaluster der Lauben und drei am Giebel übereinanderliegende Sterntüren spätbarock.

Seestraße 27. *Kleinbauernhaus «Beim Spieß»,* mit Blockbau-Obergeschoß und umlaufender Laube, 3. Viertel 18. Jh.

Das kleine wohlerhaltene Spiesgütl wird als Anwesen 1501 erstmals genannt. Das bestehende Haus wurde im späteren

Schliersee, Seestraße 4, «Florihaus»

Schliersee, Seestraße 9, Wohnhaus

Schliersee, Lourdeskapelle

Schliersee, Seestraße 16, Fensterladen

Schliersee, Seestraße 16, ehem. Bauernhaus

Schliersee, Seestraße 22, Wohnhaus

Schliersee, Seestraße 25, Bauernhaus

Schliersee, Seestraße 24, Bauernhaus

Schliersee, Seestraße 25, Bauernhaus und Zuhaus

Schliersee, Seestraße 27, Kleinbauernhaus

18. Jahrhundert neu erbaut und reicht mit seinem verbretterten rückwärtigen Giebel bis an den See. Die Laubenbrüstungen verbrettert, die Fenster im 19. Jahrhundert erweitert.

Seestraße. *Bildstock*, mit Schnitzfigur des Hl. Johann Nepomuk, 1852; bei Nr. 28, am Spießbach.

Standort des dem Brückenheiligen gewidmeten Bildstocks ist die Spießbachbrücke.

Seestraße 32. *Villa*, malerisch-asymmetrischer Bau mit Eckerkerturm, Giebelrisaliten in Seerichtung und nach Süden sowie Veranda, 1898.

Am Südende von Schliersee, nahe dem Seeufer, entstand seit dem späten 19. Jahrhundert eine Gruppe von Villen und Landhäusern. Seestraße 32 ist eine typische Baumeistervilla, wahrscheinlich von dem Baugeschäftsinhaber Johann Grübel für sich selbst und zur Vermietung für Sommergäste errichtet.

Seestraße 33. Zwei *Hausfiguren*, barock, geschnitzt, Hl. Sebastian und Gottvater; am Haus (nicht abgebildet).

Seestraße 36. *Landhaus*, Putzbau, mit Flachsatteldach, Inntaler Eckerker, dreiseitig umlaufender Laube und Giebelbalkon, mit dekorativen Fassadenmalereien, erbaut im Heimatstil 1904.

1904 für den Schauspieler Heinrich Adolphi, Aachen erbaut.

Unterleiten 5. *Bauernhaus «Unterleiten»*, mit Blockbau-Obergeschoß, wohl Mitte 16. Jh., Ausbau 1. Hälfte 19. Jh., Lüftlmalereien barock, z. T. übermalt; zugehöriger Stadel, 2. Hälfte 18. Jh.

Unterleiten ist der untere Teil einer schon 1380 genannten Schwaige, eines Viehhofes, der den Waldeckern gehörte und von ihnen im 14. Jahrhundert an das Schlierseer Kanonikerstift geschenkt wurde. Die rechtliche Abtrennung des oberhalb am Berg noch bestehenden *Oberleitneranwesens* erfolgte erst um 1554. Aus dieser Zeit dürfte der Blockbau-Oberstock stammen. Die barocken Lüftlmalereien am verputzten Erdgeschoß wurden 1919 freigelegt.

Xaver-Terofal-Platz 2. *Hotel Seehaus*, stattlicher dreigeschossiger Putzbau, Giebelfassade mit Eckerkertürmen, Giebelfeld mit Bundwerk, hölzerne Balkons, erbaut 1924 unter Einbezug der Gaststube des Vorgängerbaus, 15./16. Jh. (Fassadenmalereien 1964); *Schlierseer Bauerntheater*, gegr. 1892 von Xaver Terofal und Konrad Dreher, Halle mit Emporeneinbauten, südlicher Giebelfront und Bühnenhaus im Norden, erbaut 1896 nach Plänen von Emanuel Seidl als verschalter Holzständerbau, um 1920 Ausmauerung der Ständerkonstruktion, Verputz der Wände und Umgestaltung, Bühnenhaus nach Brand 1947 wieder instandgesetzt.

Auf dem Platz vor dem Schlierseer Neuwirt baute Emanuel Seidl 1892 einen Theaterbau für das von dem Vortragskünstler und Metzger Xaver Terofal (1862–1940) und dem königlichen Hofschauspieler Konrad Dreher (1859–1944) gegründete Schlierseer Bauerntheater. Die aus Holz konstruierte Halle mit Emporen an drei Seiten und Bühnenhaus im Norden wurde mit dem Volksstück «Jägerblut» eröffnet. Um 1920 wurde der Bau erneuert. Die alten Konstruktionen wurden durch Mauern verstärkt oder ersetzt, die Eingangsfront, die ursprünglich eine doppelläufige Freitreppe besaß, völlig neu gestaltet. 1947 wurde das abgebrannte Bühnenhaus neu erbaut.

Die alte *Tafernwirtschaft «Zum Neuwirt»* war im späten 19. Jahrhundert von Terofal erworben und 1924 im Heimatstil neu erbaut worden. Teile des Vorgängerbaus, v. a. die alte Gaststube, aus der Wende vom 15. zum 16. Jahrhundert, wurden in den Bau einbezogen.

Schliersee, Bildstock   Schliersee, Seestraße 32

Schliersee, Seestraße 36, Landhaus

Schliersee, Unterleiten 5, Bauernhaus

Schliersee, Hotel Seehaus, Stube

Schliersee, Unterleiten 5, Bauernhaus, Detail Südseite

Schliersee, Bauerntheater

Schliersee, Hotel Seehaus und Bauerntheater

Schliersee, Unterleiten 5, Ostseite

343

Breitenbach

Am Waxenstein 2. Ehem. *Sägmüller-Wohnhaus,* schlichter biedermeierlicher Putzbau mit Zeltdach, nach Brand von 1835 neu errichtet.

Das sechs Fensterachsen breite Müllerhaus im Weiler Breitenbach ist ein für das frühere 19. Jahrhundert typischer schlichter Zeltdachbau.

Fischhausen

Kath. Filial- und Wallfahrtskirche St. Leonhard, erbaut 1651–57, wohl von Hans und Jörg Zwerger, Turm 1666/68 über spätgotischem Untergeschoß erbaut; Kirchhofummauerung mit Schindelabdeckung.

Dem Bauernpatron St. Leonhard hatten die Fischhausener Bauern am hinteren Schliersee schon 1595 während einer Viehseuche den Neubau einer Kirche anstelle einer mittelalterlichen Kapelle bei der sog. Kellerlinde gelobt. Nach neuem Unglück 1645 wurde das Gelübde erneuert und mit Unterstützung des Unterpropstes des ehem. Schlierseer Stiftes, der selbst auch in Fischhausen ansässig war, durch den Schlierseer Maurermeister Hans Zwerger und seinen Sohn Jörg 1651–57 die Kirche als ein bemerkenswerter frühbarocker Zentralbau errichtet, der die Grundrißform eines gestreckten Achtecks mit seitlichen Altarapsiden hat; die Sakristei wurde erst 1743 zugefügt. Die Kirche ragt malerisch über einem freien Wiesenplan auf, dem Wallfahrtsanger «Auf der Haiden», auf dem sich jährlich am Leonhardstag der dreifache Umritt der Wallfahrer und ihrer Rösser um die Kirche vollzieht. 1666/68 baute Jörg Zwerger den schlanken Turm über dem gotischen gewölbten Untergeschoß des Turms der Vorgängerkapelle. Obwohl in barocker Zeit in die Höhe geführt, bleibt dieser Turm mit seinem Spitzhelm über hohen Dreiecksgiebeln noch ganz der spätgotischen Tradition verhaftet, während andererseits das helle, einem Zentralraum sich nähernde Innere der Kirche zu den fortschrittlichsten künstlerischen Leistungen der nach dem 30jährigen Krieg aufblühenden barocken oberbayerischen Kirchenbaukunst gehört. Die erst 1671 vollendete Stuckdekoration mit ihren großen Muscheln über den Seitenaltären, den Fruchtgehängen, Vasen, Engeln, Ranken in geometrischen Feldereinteilungen, weiß, im Stuckton, nur mit der Wirkung von Licht und Schatten rechnend, ist ein Hauptwerk der Schliersee-Miesbacher Stukkatorenschule. Die drei schwarz-gold gefaßten frühbarocken Altäre einheitlich 1671, das Gestühl aus der Erbauungszeit, der Orgelprospekt 1745. Die große Verbreitung der Fischhausener Wallfahrt zum Hl. Leonhard wird durch einen reichen Schatz an Votivtafeln dokumentiert.

Fischhausener Straße 1. Sog. *Fischmeisterhaus,* verputzter Blockbau über nahezu quadratischem Grundriß, mit Zeltdach und Außentreppe, Anfang 19. Jh., erneuert 1978.

Fischhausener Straße 8. Ehem. *Bauernhaus «Schoberhof»,* Wohnteil mit Blockbau-Obergeschoß, bez. 1674, Ausbauten um 1900 (Erker) und 1937.

Das Haus liegt im Westteil von Fischhausen, in einer Gruppe alter Höfe. Das Anwesen wird im 16. Jahrhundert als halbe Schwaige bezeichnet, war also von erheblicher Größe. 1936 erwarb es der 1946 in Nürnberg hingerichtete Generalgouverneur in Polen, Hans Frank, der es aufwendig ausbaute. Der stattliche, mit «1674» bezeichnete Blockbau-Oberstock erfuhr im 18. Jahrhundert an der Nordseite eine Erweiterung um eine Fensterachse.

Breitenbach, Am Waxenstein 2, ehem. Sägmüller-Wohnhaus

Fischhausen, Kath. Filialkirche St. Leonhard

Fischhausen, Leonhardiprozession

Fischhausen, Kath. Filial- und Wallfahrtskirche St. Leonhard, Inneres

Fischhausen, Kirche, Stuck

Fischhausen,
Fischhausener Straße 1

Fischhausen, Kirche, Gewölbestuck

Fischhausen, Fischhausener Straße 8, ehem. Bauernhaus

Fischhausener Straße 9. *Getreidekasten,* zweigeschossiger Blockbau mit Kerbschnittornamenten und Bemalung, bez. 1565 (?), überbaut durch Schupfen; im Hof des Kirchbergeranwesens.

Außergewöhnlich früher, altüberbauter Getreidekasten im Kirchbergerhof, im westlichen Teil von Fischhausen, mit Resten gotischer getönter Kerbschnittverzierungen am Türstock.

Neuhauser Straße 3. Ehem. *«Propsthof»,* jetzt Gasthaus, Wohnteil mit verputztem Blockbau-Oberstock, im Kern 16.Jh., Fenster und Balusterlaube 19.Jh. (Wandmalereien neuzeitlich).

Das Anwesen, jetzt *«Bartlbauer»* genannt, gehörte der Familie Rechthaler, die in der Barockzeit das Amt des Unterpropsts des Münchner Liebfrauenstifts innehatte (siehe auch Schliersee, Seestraße 4). In dem Haus befand sich bis zur Übertragung in das Bayerische Nationalmuseum in München die getäfelte Amtsstube des «Propsten» aus dem Jahre 1669. Im Oberstock innen noch alte Holzblockwände, im Erdgeschoß einige barocke Türblätter.

Ruine Hohenwaldeck. Höhenburg, von der unregelmäßig vierseitigen Anlage mittelalterliches Quadermauerwerk der Süd-, West- und Nordmauer erhalten, um 1200; nordöstlich auf Felsvorsprung im Bergwald (Leitnerberg).

Das Geschlecht der Waldecker, der späteren Landesherren in der Reichsgrafschaft Hohenwaldeck, tritt erstmals in Urkunden um 1078/80 auf. Die einzelnen Zweige nannten sich nach ihren Sitzen Parsberg, Holenstein, Miesbach, (Alten-) Waldeck (Gemeinde Irschenberg). Im 13.Jahrhundert hatte eine Linie der Waldecker die Vogtei am Schliersee inne, und um diese Zeit dürfte die Burg Hohenwaldeck über dem Schliersee-Ostufer schon bestanden haben. In den Bayerischen Landtafeln Apians, 1568, wird die durch einen Bergsturz beschädigte Anlage, von der einige Quadermauerzüge erhalten sind, bereits als Ruine bezeichnet.

Grünboden

Haus Nr. 1. Ehem. *Bauernhaus,* am Wohnteil umlaufende Balusterlaube, Giebellaube und «Katzenlaubn», um 1800.

Das Anwesen, schon 1436 genannt, liegt in den freien Moränenhügeln nördlich vor dem Schliersee. Die Einödlage ist durch alle Jahrhunderte bewahrt geblieben. Das um 1800 neu erbaute Haus wird nicht mehr landwirtschaftlich genutzt. An den Lauben sind barocke Baluster und Pilaster mit Schnitzereien erhalten.

Fischhausen, Fischhausener Straße 9, Getreidekasten, Flachschnitzerei am Türstock

Fischhausen, Neuhauser Straße 3, ehem. Propsthof

Grünboden, Haus Nr. 1, ehem. Bauernhaus

Fischhausen, Ruine Hohenwaldeck

Fischhausen, Neuhauser Straße 3, «Propsthof» Stube, jetzt im Bayr. Nationalmuseum

Fischhausen, Propstenstube, jetzt im Bayr. Nationalmuseum

Josefsthal

In der *«Hachl»*, am alten Weg von Fischhausen zum Spitzingsee und in die Valepp, gründete Johann Joseph Max Veit v. Maxlrain, Herr der Reichsgrafschaft Hohenwaldeck, 1727 ein *Eisenwerk*, in welchem er von herbeigerufenen Hüttenleuten aus der Oberpfalz und Tirol Erz schmelzen ließ, das im Spitzinggebiet gebrochen wurde. Die Lage am Hachelbach schuf günstige Voraussetzungen für die Mühlen, Hütten und Schmieden, die Erzausbeute war aber auch unter der 1734 folgenden kurbayerischen und den späteren Verwaltungen so gering, daß der Betrieb 1932 eingestellt wurde. Im 19. Jahrhundert wurden auch *Gipsmühlen, Kalkbrennereien* und eine *Papiermühle* betrieben.

Die aus Tirol in die Hachl eingewanderten Handwerker bauten seit etwa 1730 Wohnhäuser. Ein Teil dieser nach dem Begründer Josefsthal genannten Neusiedlung, zu der eine *Kapelle* gehört, ist bis heute erhalten (Aurachstraße 2, Josefsthaler Straße 14, 15).

Aurachstraße 2. *Hammerschmiede «Beim Hachlschmied»*, schmaler zweigeschossiger Putzbau mit Giebelbalkons, im Erdgeschoß Werkstatt mit älterer, noch genutzter technischer Ausstattung, Ende 19. Jh.

Seit Beginn der Besiedlung in Josefsthal bis jetzt als Schmiede bestehend.

Breitensteinstraße 14b. Ehem. *Gütlerhaus,* zweigeschossiger Blockbau, angeblich 1625, äußere Erscheinung Mitte 18. Jh., Fenster 19. Jh., ursprünglich in Hölzl bei Hausham, 1979 transferiert (westlicher Anbau und Steherker 1979).

Das Haus führte in Hölzl den Namen *«Felmer Schmiede»*, lag am Bach und wurde 1979 nach Josefsthal transferiert. Der Blockbauteil des Nebengebäudes stammt von der Almhütte der Nesselgrabenalm; er besaß weder eine Laube noch ein Untergeschoß.

Josefsthaler Straße 4. *Landhaus* mit Balusterbalkons, Sterntüren und vornehmer Bemalung, Heimatstil mit klassizierenden Elementen, 1905.

Das vornehme Landhaus im besten Heimatstil wurde in einem parkähnlichen Grundstück für den Schlierseer Hotelier und Theaterdirektor Xaver Terofal erbaut. Architekt könnte Emanuel Seidl gewesen sein. Die Bemalungen in der Stube von A. Lentner.

Josefsthaler Str. 14. Ehem. *Bauernhaus «Beim Kameter»,* mit Blockbau-Obergeschoß und Balusterbalkon, Wirtschaftsteil mit alter Blockbau-Schredelwand, um 1730, Fenster und Haustür 2. Hälfte 19. Jh.

Das Kameterhaus ist das am eindrucksvollsten erhaltene der Josefsthaler Siedlung. Es wurde von dem aus Schwaz in Tirol zugezogenen Bergmann Georg Kameter errichtet und wird 1733 als «ein wohlgepautes Häusl mit einem Wiesengrund, überall Gras tragend» beschrieben. «Bemeltes Häusl ist von hinten mit Duft-Stein gemauert, ist auch mit einem Wohnzimmer und drei Kammern versehen... 167750 Quadratfuß. Hat 3 Kühe.»

Josefsthaler Straße. Josefsthaler *Kapelle St. Maria (Kameterkapelle)* um 1730.

Die Kapelle wurde durch die Josefsthaler Neusiedler um 1730 am Weg an die Hachl erbaut. Sie trägt einen schindelgedeckten Glockenstuhl. Die alte geschnitzte Rokokotür wurde 1923 durch die jetzige ersetzt. Im Inneren eine Strahlenkranzmadonna der 2. Hälfte des 18. Jahrhunderts, ein Gemälde mit Darstellung der Wessobrunner Madonna, zwei Leuchterengel und sechs Votivtafeln des frühen 19. Jahrhunderts. Die barockkisierende Ausmalung der Altarnische modern.

348

Josefsthal, Aurachstraße 2, Hammerschmiede

Josefsthal, Breitensteinstraße 14b

Breitensteinstr. 14b, ehem. Hütte

Josefsthal, Josefsthaler Straße 4, Landhaus

Josefsthal, Josefsthaler Straße 14, ehem. Bauernhaus

Josefsthal, Josefsthaler Straße 4, Landhaus, Stube

Josefsthal, Kapelle St. Maria

Josefsthal, Kapelle St. Maria, Inneres

Josefsthaler Straße 15. Ehem. *Handwerkerhaus «Beim Zaindler»*, zweigeschossiger Blockbau, um 1730, First bez. 1836.

In dem Holzblockbau aus der Entstehungszeit der Siedlung wurden Körbe für den Erztransport hergestellt (Zaindler = Korbmacher). Die Fenster nachträglich vergrößert.

Josefsthaler Straße 23. Sog. *Bäckergütl*, 18. Jh., abgebrochen 1984.

Josefsthaler Straße 31. Sog. *Zunthäusl*, frühes 19. Jh., abgebrochen 1985.

Kalkgraben

Kapellenbildstock, gemauert, Ende 19./Anfang 20. Jh., bei Haus Nr. 2.

Krainsberg

Krainsbergerkapelle, kräftig gegliederter Putzbau mit Dachreiter, um 1900.
Kapellenbau in Tradition barocker Hofkapellen, mit Putzrustika. Volkstümliche Figuren der Hl. Therese, Maria, Leonhard.

Neuhaus

In Neuhaus, an der Straße von Fischhausen nach Bayrischzell, nahe an den Aufstiegswegen zum Spitzingsee, zur Rotwand und zur Brecherspitz, entwickelte sich seit 1910 eine *Landhäuserkolonie*, begünstigt auch durch den gleichzeitigen Bau der Eisenbahn über Fischhausen-Neuhaus nach Bayrischzell. Unter diesen Bauten sind hervorragende Vertreter des Heimatstils.

Bayrischzeller Straße 3. Ehem. *Gasthaus Neues Haus*, 1912 für Xaver Terofal neu erbaut, jetzt Caritasheim St. Elisabeth; stattlicher Giebelbau, symmetrische Fassade mit Eckerkertürmen, zentralem Flacherker, Eingangsnische mit Freitreppe, Giebellaube und reicher Bemalung, im barockisierendem Heimatstil.

An Stelle des Neuen Hauses befand sich 1768 ein Postgasthaus, das der Schlierseer Hotelier Terofal 1912 durch den aufwendigen dreigeschossigen Neubau mit Erkern, Balkons, reich geformten Holzteilen, Fassadenmalereien und geschmiedeten Fensterkörben ersetzen ließ.

Dürnbachstraße 6. Kleines *Landhaus*, ehem. zu Dürnbachstraße 7 gehörig, erdgeschossig, mit Eckerker, geschnitzter Haustür und Bemalung, 1922.

Dürnbachstraße 7. *Landhaus v. Hertlein*, mit Blockbau-Obergeschoß, Eckerker, Eingangsnische, Balusterlaube und Glockenstuhl, erbaut 1912 von Friedrich v. Thiersch; reiche Bemalung 1918.
Für den Oberstleutnant Franz v. Hertlein erbaut mit Erker, Veranda, eingezogener Erdgeschoßarkade, reich gestaltetem Holzwerk. Das Obergeschoß in Holz aufgezimmert.

Grünseestraße 12. *Landhaus* mit mittelsteilem Dach, seitlichem Erker, Giebellaube und reicher Bemalung, barockisierender Heimatstil, 1913.
Herrschaftliches Landhaus, für Karl del Bondio erbaut.

Waldschmidtstraße 1. *Landhaus*, vornehme Anlage mit Eckerker, Eingangsnische, Laube mit Aussägebrüstung und reicher dekorativer Bemalung, barockisierender Heimatstil, 1911.
Für die Familie Schoeller erbautes, sehr vornehmes Landhaus im malerisch-barockisierenden Heimatstil.

Josefsthal, Josefsthaler Straße 15   Kalkgraben, Bildstock

Josefsthal, Josefsthaler Straße 23, sog. Bäckergütl

Josefsthal, Josefsthaler Straße 31, sog. Zunthäusl

Krainsberg, Kapelle   Krainsberg, Kapelle

Neuhaus, Bayrischzeller Straße 3, Erker

Neuhaus, Bayrischzeller Straße 3, ehem. Gasthaus

Neuhaus, Dürnbachstraße 6, Landhaus

Neuhaus, Dürnbachstraße 7, Landhaus

Neuhaus, Waldschmidtstraße 1, Landhaus

Neuhaus, Grünseestraße 12, Landhaus

Neuhaus, Waldschmidtstraße 1, Landhaus

351

Dürnbachkapelle, zur Erinnerung an Kaplan Vogt von Rottach-Egern erbaut 1903; am Weg zur Bodenschneid.

Bildstock. Tuffsäule, bez. IR 1839; am Weg zur Bodenschneid (nicht abgebildet).

Schwaig

Ein großer mittelalterlicher, den Herren von Waldeck gehöriger Viehhof über dem Nordwestufer des Schliersees, wurde vor 1500 in Unter- und Oberschwaiger geteilt. Der historische Vorgang ist am Siedlungsbild des Zweihöfeweilers noch anschaulich.

Bildstock. Gemauerte Nische, wohl 1. Hälfte 19. Jh.; bei Haus Nr. 2 *(Unterschwaiger).*

Haus Nr. 2. *Haustür,* 1848 und Ende 19. Jh.; am *Bauernhaus «Unterschwaiger.»*

Haus Nr. 3. Stattliches *Bauernhaus «Beim Oberschwaiger»,* Wohnteil im Kern wohl 17. Jh., mit verputztem Blockbau-Obergeschoß, mittelsteiles Dach wohl 1826, gleichzeitig die reich geschnitzten biedermeierlichen Haus- und Laubentüren.

In dem Anwesen wurde auch eine *Gerberei* betrieben. Unter der Dachpfannen-Deckung liegt noch die alte hölzerne Scharschindeldeckung auf. An den Lauben Zopf-Schnitzereien.

Spitzingsee

Die Almen und Berggipfel um den 1085 m hoch gelegenen kleinen Spitzingsee waren im 19. Jahrhundert Ziele einzelner Fremder, die das romantische Hochgebirgserlebnis suchten. Seit etwa 1900 wurde das hochalpine Gebiet in großem Umfang von Münchner Bergwanderern und Skifahrern besucht. 1949 wurde die erste Bergbahn angelegt, 1937/52 die Spitzingstraße als Teil der Deutschen Alpenstraße gebaut. Nach 1950 entstand am Spitzingsee ein Fremdenverkehrsort.

Kath. Filialkirche St. Bernhard, Bruchsteinbau, einschiffig, mit Ostturm, erbaut von Architekt Friedrich Haindl jun. 1937/38.

1935 beschloß die Schlierseer Kirchenverwaltung für die sonntäglichen Gäste am Spitzingsee eine Kirche zu bauen, die 1938 dem Hl. Bernhard, dem Patron der Alpen, seit 1923 auch der Bergsteiger und Skisportler, durch Michael Kardinal Faulhaber geweiht wurde. Nach den Plänen des Münchner Architekten Friedrich Haindl jun. entstand eine schlichte, gedrungene Baugruppe in unverputztem einheimischen Kalkstein. Einfacher Sakralraum mit Altarnische und Altarbild, die Verklärung Christi auf dem Berg Tabor darstellend, von Franz Nagel.

Seeweg. *Denkmal für Anton Freiherr v. Perfall,* Porträtrelief, Bronze, an Kalksteinbrocken angebracht, 1912.

Der Dichter Anton v. Perfall (1853–1912) beschrieb in Erzählungen Landschaft und Menschen des Spitzingsees.

Valepper Straße 1. *Forstdiensthütte,* verschalter und verschindelter zweigeschossiger Blockbau, 1896.

Das Dienstgebäude wurde 1896 von der Forstverwaltung als Blockbau am Eingang ins Valepptal erbaut.

Valepper Straße 2. *Holzerhütte,* verbretterter zweigeschossiger Holzständerbau, mit umlaufender Laube und profilierten Balkenköpfen, nach Art eines Bauernhauses 1919 vom Staatsforst erbaut.

Große Diensthütte, 1919 am Valepper Taleingang gegenüber der alten Wurzhütte von 1720 (jetzt völlig verändert) erbaut.

Neuhaus, Dürnbachkapelle   Neuhaus, Bildstock

Schwaig, Haus Nr. 2, Haustür   Spitzingsee, Perfall-Denkmal

Schwaig, Haus Nr. 3, «Oberschwaiger»

Spitzingsee, Valepper Straße 2, Holzerhütte

Schwaig, Siedlungsbild des Zweihöfeweilers von Nordosten

Spitzingsee, Valepper Str. 1, Forstdiensthütte (rechts)

Spitzingsee, St. Bernhard, Innenansicht

Spitzingsee, Kath. Filialkirche St. Bernhard

Valepp

Die Valepp ist ein vom Spitzingsee südwärts nach Tirol ziehendes langes Hochgebirgstal mit bemerkenswerten Bauten der Almen- und Forstgeschichte und einer Kapelle.

Haus Nr. 2. *Forsthaus Valepp,* Erdgeschoß als Kalkquaderbau, Obergeschoß als Blockbau, umlaufende Laube, Giebellaube, 1841 erbaut durch das Salinenamt Reichenhall.

Das Gebäude liegt nahe der Tiroler Grenze am Zusammenfluß der Ache mit der Valepp auf einer Schotterterrasse. Es wurde während der Anlage der Forststraße vom Spitzing- zum Tegernsee durch das Königliche Salinenamt Reichenhall für den Förster erbaut, der die Aufsicht über den Wald, die Wege und die Wasserbauten hatte. Es besaß von Anfang an auch Zimmer für Fremde und Dienstboten und einen Schankraum für Einheimische und Reisende. Der Bau galt zur Zeit seiner Entstehung als musterhaft und wurde 1843 in der Allgemeinen Bauzeitung (Wien) veröffentlicht.

Haus Nr. 4. Sog. *Klausenhaus,* altertümlicher Wohnbau mit gemauertem Erdgeschoß und Blockbau-Oberstock, bez. 1683, mit Hochlaube und Schindelmantel im Norden und Westen; kleiner Anbau mit Legschindeldach.

In Nähe des Forsthauses und der Valepper Kapelle liegt über der Kaiserklause, einer wasserführenden Schlucht, die vom 17. Jahrhundert bis 1818 als Wasserschleuse und Wehr für die Holztrift in der Valepp genutzt worden war, das Klausenhaus, in dem die Aufseher über die Trift wohnten.

Valepper Kapelle Maria Hilf, barock, erbaut 1710.

Einzigartig über der Ache in einer Almwiese an der Landesgrenze gelegen, wurde die barocke Kapelle mit Hilfe des *Klosters Scheyern,* des Grundherren, für die Holzknechte und Almleute gebaut. Sie besitzt einen hervorragenden Frühbarock-Altar. Letzte Restaurierung 1964.

Siehe auch «Almen».

Westenhofen

Westenhofen, am nördlichen Eingang zum Schlierseer Talbecken gelegen, ist eine sehr alte, heute baulich und strukturell stark veränderte und mit Schliersee zusammengewachsene Siedlung. Auf dem Kirchbichl gründeten fünf adlige Brüder vor 779, zur Zeit Herzog Tassilo III., das Kloster Schliers, das durch Bischof Arbeo von Freising geweiht wurde, sich am Gründungsort aber nicht als lebensfähig erwies und im 12. Jahrhundert nach Schliersee verlegt wurde.

Kath. Filialkirche St. Martin, barocker Neubau 1734/37 unter Einbezug des spätgotischen Turms von 1529; schmiedeeisernes Grabdenkmal des Wildschützen Georg Jennerwein im Friedhof.

Anstelle eines spätmittelalterlichen Vorgängerbaus wurde 1734/37 unter Förderung der Grafen von Maxlrain ein barokker Neubau, eine von Stichkappentonnen überwölbte barocke Wandpfeilerkirche, erbaut. Der spätmittelalterliche Turm, 1529 ausgebaut und in den Neubau einbezogen, bezeichnet mit seinem hohen Spitzhelm bis heute Ursprung und Kern der Siedlung des 8. Jahrhunderts.

Die große Innenrestaurierung von 1878 hatte den Rokokoraum in einen durch steife Schablonenmalereien gegliederten Saal verwandelt, den Hochaltar des Rokoko entfernt und die schon 1635 entstandenen, einige spätgotische Bildwerke enthaltenden frühbarocken Seitenaltäre umgebaut. 1927/28, 1949 und 1973/75 wurde schrittweise ein rokokogemäßes Raumbild mit entsprechenden Umfassungen der Altäre geschaffen. Der Zyklus der um 1737 von einem unbekannten Freskanten gemalten Deckenbilder stellt Szenen aus der Mar-

Valepp, Haus Nr. 2, Forsthaus Valepp

Valepp, Haus Nr. 4, sog. Klausenhaus

Valepp, Kapelle Maria Hilf

354

Valepp, Kapelle Maria Hilf, Inneres

Westenhofen, Kath. Filialkirche St. Martin

Westenhofen, Kath. Filialkirche, Inneres

Westenhofen, Kirche, Kanzel und rechter Seitenaltar

tinslegende dar. Sie wurden 1878 von Alois Dirnberger übermalt bzw. neu gemalt, die beiden Darstellungen im Chor 1928 wieder freigelegt.

Im Hochaltar eine spätgotische Schnitzfigur des Hl. Martin. Vornehmstes Werk der Erneuerung der Kirche im 18. Jahrhundert ist die Rokokokanzel. Im Vorzeichen Armer-Seelen-Altar von 1540, auf den gemalten Flügeln die Kirchenpatrone St. Sixtus und St. Martin.

Bis 1884 konnte die Westenhofener Martinskirche ihren in der frühmittelalterlichen Gründungszeit wurzelnden Pfarrkirchentitel behaupten. Trotz der Verlegung des Klosters bzw. Stifts und damit des Pfarrsitzes in den nahen Ort Schliersee und den Bau der dortigen weitaus größeren Kirchen, lebte die Martinskirche im Bewußtsein als Mutterkirche der großen alten *Pfarrei Schliersee* fort, die bis 1918 auch *Hausham* und *Agatharied* umfaßt hatte.

Breitenbachstraße 1. Ehem. *Bauernhaus «Beim Mesner»,* Wohnteil als Blockbau, Erdgeschoß z. T. ausgemauert, umlaufende Laube, verbretterte Giebellaube, 1. Hälfte 18. Jh.

Das Westenhofener Mesnergütl, ein Holzblockbau der Barockzeit, liegt in der Nähe der *Martinskirche.* Umlaufende Laube mit barocken Laubensäulen, die Hochlaube unter dem Vordach verbrettert. Die Fenster im 19. und 20. Jahrhundert vergrößert.

Breitenbachstraße 4. *Wohnhaus,* ehem. Doppel-Bauernhaus, breitgelagerter Bau mit massivem Erdgeschoß und Blockbau-Obergeschoß, wohl 1591, als Armenhaus 1886 eingerichtet.

Der breitgelagerte, südgerichtete sehr bemerkenswerte Bau, mit fünf Fensterachsen breitem Giebel, massivem Erdgeschoß und aufgezimmertem Oberstock, war ursprünglich ein *bäuerliches Doppelanwesen* mit den Hausnamen *«Beim Geisler»* und *«Beim Lukas».* Die Firstlinie bildete zwischen beiden die Grenze. Diese schriftliche Überlieferung bestätigt sich in dem ungewöhnlichen Grundriß der beiden Geschosse mit jeweils großem Flur in Winkelform, denen die Stuben und Kammern anliegen.

Die nachgotischen Formen der Balkenvorköpfe bezeugen das hohe Alter des Blockbau-Oberstocks, der an der südlichen Laubentür mit «165.» bezeichnet ist (wohl Spiegelschrift und «.591» zu lesen). An der Südseite ehemals eine Laube, die ehem. Laubentür reduziert als Fenster. Die Wetterseite am Oberstock verbrettert, der Haupteingang jetzt an der Ostseite, wo sich eine Laube mit Brettbalusterbrüstung befindet. Das Dach im 19. Jahrhundert neu erstellt. Kleines Kellergewölbe. 1848 wurden die beiden Hausteile durch den Besitzer des Lukasanwesens vereinigt, 1886 kaufte die Gemeinde das Haus und richtete es als Armenhaus, 1891 als Gemeindekrankenhaus ein; seit 1920 wieder Wohnhaus.

Im Südostteil des Erdgeschosses Stube mit großen gemauerten Wandnischen, in denen die einzelnen Fenster sitzen und die Wandbänke eingebaut sind. Im Oberstock die alten Holzblockwände erhalten.

Breitenbachstraße 7. *Wohnhaus «Beim Großtaschner»,* alter Wohnteil mit verputztem Blockbau-Obergeschoß, Rauhputz mit Glattputzrahmen, geschweifter Giebelbalkon und verschaltes Vordach, um 1820/40.

Das ehem. Bauernhaus prägt mit seinem Giebel die alte Westenhofener Dorfstraße. Die Flaschenbalusterbrüstungen der Balkons und die geschwungenen Balkenvorköpfe nachbarock, 1. Drittel 19. Jahrhundert, der ältere Blockbau-Oberstock wohl in dieser Zeit verputzt. Die hochrechteckigen Fensteröffnungen aus dem späteren 19. Jahrhundert.

Breitenbachstraße 8. Ehem. *Bauernhaus «Beim Kleintaschner»,* alter Wohnteil mit verputztem Blockbau-Obergeschoß, Balusterbalkon und profilierte Vorköpfe, Ende 18. Jh.

Schlierachstraße 40. Ehem. *Köckmüllerwohnhaus,* erhaltener alter Wohnteil mit verputztem Blockbau-Obergeschoß, Balkenvorköpfe barock, Mitte 18. Jh., dreiseitig umlaufende Brettbalusterlaube 19. Jh. (Fl. Nr. 867)

Der Wirtschaftsteil des ehemals großen alten Mülleranwesens ist abgebrochen, der Wohnteil im Inneren umgebaut. Bewahrt sind die historischen Proportionen des Hauses mit der dreiseitig umlaufenden barocken Brettbalusterlaube und den Überarbeitungen des 19. Jahrhunderts (Verputz des Oberstocks, Vergrößerung der Fenster).

Almen, Forstgebäude

Im Südteil des Schlierseer Gemeindegebietes, dessen Grenzen mit denen der alten Reichsgrafschaft Hohenwaldeck nahezu identisch sind, entstanden seit dem hohen Mittelalter durch Rodung an den Abhängen der Rotwand (1885 m), des Stolzenberg (1603 m), des Stümpfling (1506 m) und der Brecherspitze (1683 m), in Hochkesseln und im Hochtal der Valepp Weideflächen, die der Viehzucht dienten.

Die Entwicklung des Almwesens verlief ähnlich wie in den Nachbargemeinden Bayrischzell, Rottach-Egern und Kreuth. Die Herren von Waldeck bzw. von Maxlrain als Grund- und Landesherren dürften sich die durch das Wirken der Benediktiner gekennzeichneten almwirtschaftlichen Erfahrungen im Tegernseer Tal angeeignet haben. Sie besaßen selbst mit der *Wallenburger-,* der *Ochsen-* und der *Maxlrainer Alm* große Herrschaftsalmen, deren Hütten z. T. erhalten sind und hinsichtlich der Größe mit der herrschaftlichen *Königsalm* im Kreuther Tal verglichen werden können.

Charakteristisch für das Schlierseer Gebiet ist die Entstehung kleiner Almdörfer im späten 18. bis frühen 19. Jahrhundert, vor allem um den Spitzingsee, die man als historische temporäre Siedlungen bezeichnen kann.

Von den etwa 25 alten Almgründen sind nur sehr wenige aufgelassen bzw. aufgeforstet worden. Auf 15 Almen sind noch historische Hütten des 18. bis mittleren 19. Jahrhunderts bewahrt geblieben. Sie finden sich v. a. abseits der Bergbahnen und Skilift-Anlagen. Bestoßen werden die Almen heute von Kälbern, die Milchwirtschaft ist wie fast überall auf die Talbetriebe beschränkt, die sommerzeitliche Besiedlung der Hütten durch Almpersonal nahezu erloschen.

Freudenreichalm, verschindelter Blockbau über Bruchsteinsockel, wohl 1. Hälfte 19. Jh. Dach später einhüftig aufgestellt; kleines Kellerhaus (Butter- und Käskeller), Bruchsteinbau mit Flachsatteldach, 19. Jh., neben der Hütte; im Kessel unter dem Freudenreichsattel, in 1269 m Höhe.

Freudenreichkapelle St. Leonhard (Almkapelle). Holzbau, Ende 19. Jh., auf dem Grat Brecherspitz-Dürnbachkopf, oberhalb der Freudenreichalm, in 1600 m Höhe (nicht abgebildet).

In dem steinigen Hochkessel westlich der Brecherspitz befanden sich 1842 zwei Hütten der beiden Freudenreichbauern von Hausham, von denen noch eine aus Klaubsteinen gemauerte erhalten ist. Einzigartig ist das kleine Nebengebäude, ehemals ein Käsekeller.

Die von dem 151 Tagwerk großen Almgrund abgeräumten Steine wurden nicht nur für den Hüttenbau sondern auch für Einfriedungs-Trockenmauern verwendet, die in Resten erhalten sind.

Grünseealm siehe *Haushamer Alm.*

Westenhofen, Breitenbachstraße 1

Westenhofen, Breitenbachstraße 4

Westenhofen, Breitenbachstraße, links Haus Nr. 7

Westenhofen, Breitenbachstraße 8

Westenhofen, Schlierachstraße 40

Freudenreichalm von Westen

Freudenreichalm, Almhütte

357

Haushamer Alm, obere (Grünseealm); südliche Hütte, stattlicher langgestreckter verschindelter Blockbau, bez. 1850; nordwestliche *untere Hütte,* breitgelagerter kurzer Blockbau, wohl 18.Jh.; nordöstliche *mittlere Hütte,* Blockbau, 18.Jh./ Anfang 19.Jh.; im Kessel unter dem Roßkopf, in 1375 m Höhe.

Haushamer Alm, untere; südliche Hütte, Blockbau, angeblich 1850, Instandsetzung und Schindeldach 1974; südlich unter dem Stolzenberg, in 1300 m Höhe.

Obere und *untere Haushamer Alm* bildeten ehemals eine wirtschaftliche Einheit. Die sieben Hütten gehörten 1842 den sieben (Alt-)Haushamer Bauern, die gemeinsam die beiden Almflächen mit insgesamt 434 Tagwerk bewirtschafteten.
Die obere Hüttengruppe *(Grünseealm)* liegt besonders eindrucksvoll nahe dem kleinen Grünsee. Die südliche Hütte ist ein 30 m langer verbretterter Blockbau von 1850 mit fünf Stalltüren unter der bergseitigen Traufe und zwei giebelseitigen Eingängen, von denen der linke in den Wohnteil, der rechte in den Kälberstall führt, der wie üblich vom Stall des Milchviehs abgetrennt war. Zum Teil ist das alte Legschindeldach erhalten.
Die beiden nördlichen *Grünseehütten,* kurze altertümliche Blockbauten, werden jetzt als Privathütten genutzt.
Die Hüttengruppe der unteren Haushamer Alm wurde bei einem Lawinenabgang 1974 beschädigt und teilweise zerstört. Die erhaltene untere (südliche) Hütte, angeblich 1850 entstanden, jetzt instandgesetzt und mit Holzschindeln gedeckt, dient noch als Kälberstall, die weiteren Bauten sind jetzt Privathütten.

Hemeterhütte siehe *Valeppalm.*

Irgenbauerhütte siehe *Schönfeldalm.*

Krainsbergeralm, untere, altertümlicher Blockbau mit verbrettertem Giebel, 18.Jh.; im Breitenbachtal, westlich vom Westerberg, in 1031 m Höhe.

Die große Alm dehnt sich in einem Kessel am Ende des langen Breitenbachtals aus und gehört zum *Krainsbergeranwesen,* das am Talanfang bei *Westenhofen* liegt. Der breitgelagerte altartige Blockbau ist traufseitig erschlossen.
Südlich ein alter schindelgedeckter *Heustadel.*

Kreuzbergalm, verschindelter und verbretterter Blockbau, 1738; zwischen Baumgarten- und Gindelalmschneid, in 1225 m Höhe.

Der stattliche, noch bewirtschaftete, auch als Einkehr dienende Blockbau weist im Inneren, im sog. Kaserstock, zahlreiche Inschriften früherer Almleute auf, z.B. von 1812, 1848, 1851.

Oberleitnerhütte siehe *Schönfeldalm* und *Valeppalm.*

Oberrißbauernhütte siehe *Schönfeldalm* und *Valeppalm.*

Haushamer Alm (obere), Ansicht von Westen

Haushamer Alm (obere), südliche Hütte

Haushamer Alm (obere), mittlere und untere Hütte

Haushamer Alm (untere), Ansicht von Norden

Haushamer Alm (untere), südliche und mittlere Hütte

Krainsbergeralm (untere), Heustadel

Krainsbergeralm, untere Hütte, Detail

Krainsbergeralm (untere), Alm-Hütte

Kreuzbergalm, Alm-Hütte

Ochsenalm, sehr stattlicher Blockbau, bez. 1849, mit Legschindeldach; *Stallgebäude,* Blockbau, 1. Hälfte 19. Jh., mit Legschindeldach; in Valepp, südlich des *Forsthauses* und der *Maria Hilf Kapelle.*

Die Alm liegt am Übertritt des Valeppbaches nach Tirol in 950 m Höhe auf einer Hochuferbank, auf der sich auch die barocke Valepper Kapelle erhebt.

Als Besitz der Maxlrainer Grafen wird die Alm 1508 genannt. Durch die Gräfin Johanna wurden 1626 ihre Weideflächen, die offenbar besonders der Ochsenzucht dienten, erweitert.

Die *Haupthütte* ist ein 1849 neu aufgezimmerter stattlicher Blockbau mit steinbeschwertem Legschindeldach. Im Inneren ist der Wohnteil des Senners, der sog. Kaserstock, mit den alten Blockwänden, Türstöcken und Türen, Einbauten und Vorrichtungen für die Ablage des sog. Almgeschirrs wohl erhalten.

Das *Nebengebäude* ist ein wohl gleichzeitig entstandener Stallbau ohne Wohnteil. Die Alm wird bis heute als Milchalm betrieben.

Pentzingalm, untere Hütte; Blockbau auf gemauertem Bruchsteinunterbau (Keller), Mitte 19. Jh.; südwestlich der Rotwand über dem Pfanngraben, in 1120 m Höhe.

Die Hütte liegt mit einer weiteren zusammen nördlich über dem Pfanngraben, einem östlichen Seitental des Valeppbaches, malerisch am Steilhang.

Raineralm, obere Hütte, gemauert, Kniestock und Giebeldreieck als Blockbau, 18. Jh.; *untere Hütte,* Blockbau, z. T. verschindelt, vor die Blockwände z. T. Mauern gelegt, 17./18. Jh.; alte *Klaubstein-Einfriedungsmauern;* südlich unter dem Rainerkopf beim Bodenschneidhaus, in 1160 m Höhe.

Die *obere Hütte* ist ein altertümlicher verputzter Bruchsteinbau, die Form der Pfettenköpfe und der Blockbau-Kniestock erlauben eine Datierung in das 18. Jahrhundert. Die sehr alten Blockwände der unteren Hütte wurden bereits in historischer Zeit durch geschlämmte Bruchsteinmauern verstärkt.

Durch den Almkessel verlaufen noch lange Züge von *Einfriedungsmauern* aus trocken geschichteten Klaubsteinen.

Ochsenalm, Ansicht von Südosten

Ochsenalm, Türstock

Pentzingalm, untere Hütte

Ochsenalm, Ansicht von Süden

Ochsenalm, Kaserstock

Raineralm, obere Hütte

Raineralm, untere Hütte, Südseite

Schönfeldalm, obere; Michelbauernhütte, Blockbau, z.T. verbrettert, 1. Hälfte 19. Jh.; ehem. *Kloobauernhütte,* Blockbau, z.T. verbrettert, wohl 1. Hälfte 19. Jh.; nordwestlich vom Taubenstein, in 1400/1450 m Höhe.

Schönfeldalm, untere; Oberleitnerhütte, Blockbau, z.T. verschindelt, auf gemauertem Sockel, Legschindeldach, 1. Hälfte 19. Jh.

Oberrißbauernhütte, Blockbau, auf Bruchsteinsockel, bez. 1826.

Irgenbauernhütte (Goaßalm), Blockbau, 18. Jh./Anfang 19. Jh.; nordwestlich vom Taubenstein, in 1400/1450 m Höhe.

Im oberen Teil des Almdörfchens, das 1842 fünf Hütten von Haushamer Bauern zählte und damals auch Spitzingalm genannt wurde, sind zwei erhaltenswerte Bauten erhalten. Unter den acht alten Häusern des unteren Teils sind noch sechs bewirtschaftet, drei weitgehend unverändert erhalten. Die Weideflächen reichen bis in 1750 m Höhe.

Das reizvolle Hüttendorf, dessen Bauten noch in den sechziger Jahren einheitlich Legschindeldächer trugen, ist starkem Veränderungsdruck durch den Massen-Fremdenverkehr am Spitzingsee ausgesetzt. Auf einigen Hütten, z.B. der jetzt von der Bergwacht genutzten *Goaßalm,* unpassende rote Ziegeldächer.

Spitzingalm; Michelbauernhütte (unterste, westliche Hütte), verschindelter Blockbau, im Kern 18. Jh., seitlicher Anbau später, am Spitzingsattel, in 1127 m Höhe.

Gruppe von vier noch bewirtschafteten Hütten am nördlichen Eingang in das Spitzingseebecken mit einem erhaltungswürdigen Blockbau.

Valeppalm (Rote Valeppalm); Oberleitnerhütte, stattlicher Blockbau, z.T. verschindelt, auf Bruchsteinsockel, 1. Hälfte 19. Jh.

Schönfeldalm, obere

Schönfeldalm (untere), Oberleitnerhütte

Schönfeldalm, untere

Schönfeldalm (untere), Goaßalm

Schönfeldalm, obere und untere, von Nordosten

Spitzingalm, unterste Hütte

Valeppalm, Oberleitnerhütte

Valeppalm, Ansicht von Osten

Oberrißbauernhütte, langgestreckter Blockbau, auf Bruchsteinsockel, 1. Hälfte 19. Jh.;

Hemeterhütte, breitgelagerter Blockbau, z. T. verbrettert und verschindelt, auf Bruchsteinsockel, bez. 1831; im *Roten Valepptal,* in 1050/1070 m Höhe.

Das Almdorf, südlich hinter dem Spitzingsee an der *Roten Valepp,* ist eine Niederalm, die sich sieben Schlierseer Bauern mit ihren jetzt z. T. stark veränderten, auch als Ski- und Wochenendaufenthalt genutzten Hütten teilen. Störend sind besonders die unhistorischen Dachdeckungen. Bei der *Oberleitnerhütte* sind die stattliche Größe, der Aborterker und die Mistauswurflöcher beim Stall bemerkenswert, bei der *Oberrißbauernhütte* die barocken Pfettenköpfe.

Waitzingeralm (Valepper Straße 18), stattlicher langgestreckter Blockbau, im Kern wohl 18. Jh., Ausbau als Forstgebäude (Winterstube) mit verbrettertem Kniestock und Giebelbalkon im alpenländischen Stil Mitte 19. Jh.; im Roten Valepptal, in 930 m Höhe.

Die ehemalige Niederalm im Valepptal ist nach dem Miesbacher Bierbrauer und Gutsbesitzer Waitzinger benannt, der sie im früheren 19. Jahrhundert besaß. Ihr jetziger Charakter ist Ergebnis des Ausbaus als Forstdiensthütte zur Zeit König Max II., der sie am 13. Juli 1858 besuchte (Erinnerungstafel am Eingang).

Wallenburgeralm, untere; stattlicher langgestreckter Blockbau, z. T. verschindelt, 1. Hälfte 19. Jh., mit Schindeldach; westlich der Rotwand, in 1470 m Höhe.

Die 262 ha große Wallenburgalm an der Rotwand gehörte zur *Wallenburger Schloßökonomie* der Grafen von Maxlrain. Die untere Hütte, in der 1. Hälfte des 19. Jahrhunderts wohl von den damaligen Schloßbesitzern neu errichtet, ist ein Blockbau mit Kaserstock und drei sich anschließenden traufseitig erschlossenen gleichmäßigen Ställen mit Zwischenwänden, denen ein vierter Stall nachträglich angebaut wurde. Der Bau, der noch sachgerecht mit Schindeln gedeckt ist, erhielt damit eine Länge von 25 m. Die obere gemauerte Hütte ist verändert.

Burgstall «Hochburg» siehe *Schliersee,* Hans-Miederer-Straße.

Valeppalm, von Südosten

Valeppalm, Oberrißbauernhütte

Valeppalm, Hemeterhütte

Waitzingeralm

Wallenburgeralm (untere), von Südosten

Wallenburgeralm (untere), Almhütte

365

STADT TEGERNSEE

Tegernsee

Der Ort Tegernsee, 1954 zur Stadt erhoben, liegt am Ostufer des gleichnamigen, durch den tertiären Tegernseegletscher entstandenen Sees (725 m über NN) und umfaßt jene Stelle, wo vor mehr als 1200 Jahren das nachmals berühmte *Benediktinerkloster* gegründet wurde. Der anfänglich bestmöglichen Platzauswahl durch die beiden Klostergründer Adalbert und Otkar verdankt der Ort noch heute die mildesten klimatischen Bedingungen unter allen Talgemeinden: auf das Anschwemmdelta des Alpbaches und die darüber aufsteigenden sonnenseitigen Hänge ausgebreitet, wird die Siedlung von Norden durch den Höhenzug der Neureuth und des Großtegernseer Berges und von Osten durch Kreuzberg und Pfligleck abgeschirmt; zugleich hat der nach Südwesten anstehende See hier seine größte Breite. In früherer Zeit bot die topographische Lage Schutz vor Angreifern durch die beiden hier eng an den See herantretenden Steilhänge, die Klosterwacht im Nordwesten und den Leeberg im Südosten. Diese landschaftlichen Vorzüge in Verbindung mit der Anziehungskraft des wirtschaftlich und geistlich bedeutenden Klosters zogen später auch den Verkehrsfluß an das Ostufer des Sees, wo die Straße von München über Holzkirchen, Warngau, *Gmund,* vorbei am *Wallfahrtskirchlein des Hl.Quirinus* und am Klosterkomplex selber über *Egern, Kreuth, Wildbad* und *Glashütte* zum Achensee führte. In wirtschaftsgeographischer Konsequenz gehörten alle diese Orte an der Verkehrsachse sowohl pfarr- als auch herrschaftsmäßig zum Kloster, das südlich der Gmunder Mangfallbrücke auch die Niedergerichtsbarkeit ausübte. Der Vorrang der östlichen Verkehrslinie blieb bis heute ungebrochen, obwohl unterdessen auch das Westufer durch eine Bundesstraße erschlossen wurde; als 1883 die Eisenbahn von Schaftlach nach Gmund und 1902 weiter nach Süden fortgesetzt wurde, wählte man für die Trassenführung ebenfalls das Ostufer mit dem Zielort Tegernsee. Ebenso sind bis zum heutigen Tage die Dichte und entwicklungsgeschichtliche Aktualität der Baudenkmale vorzugsweise am Ostufer ablesbar.

Der historische Baubestand im Bereich der Stadt Tegernsee läßt sich in vier Hauptgruppen zusammenfassen: 1. der Baubestand vor dem 18.Jh., der also älter ist als 300 Jahre und teilweise bis ins hohe Mittelalter zurückreicht; 2. der reiche Bestand des 18.Jh.; 3. die Bauten von 1816–1841, welche man als die Bauten der königlichen Zeit bezeichnen kann; 4. die Gebäude aus der Zeit von 1860 bis ca. 1930, die unter den Begriff der Heimatstilbauten zählen.

Den ältesten Tegernseer Baubestand bilden fast ausnahmslos die Gebäude der alten *Benediktinerabtei*. Die Klosterkirche als ehrwürdigster Bau enthält seitlich des Hauptaltares und in den Unterbauten der Türme noch Mauerwerk des 11.Jh.; damit steht hier die wohl früheste erhaltene Westwerk-Doppelturmanlage Oberbayerns. Die Baustufe der Gotik ist im übrigen Mauerwerk der Kirche und in der zweigeschossigen Sakristei erhalten. Die Baustufe des Barock zeigt sich in dem ab 1678 begonnenen Klosterbau, einer von Abt Bernhard Wenzel und dem Münchener Hofbaumeister Enrico Zuccali einheitlich konzipierten Idealanlage.

Die Bautengruppe des 18.Jh. wird einerseits von der Fortführung der Klosteranlage bestimmt, die zum größten Klosterkomplex in Altbayern (⅚ vom Umfang des Escorial!) erweitert wurde, andererseits von einer stattlichen Anzahl von Bauernhöfen, die zum Kloster gehört haben. Dieses Kloster konnte offenbar die Arbeitsweise und damit die Erträgnisse der Landwirtschaft in der 1.Hälfte des 18.Jh. so sehr verbessern, daß die Bauern wirtschaftlich in die Lage versetzt wur-

den, neu und anspruchsvoll bauen zu können. Besonders unter der Führung des Benediktinerpaters Marian Praunsberger (1682–1741) scheint dieser wirtschaftliche Aufschwung eingetreten zu sein; dieser war als «Granarius» und später als «Summus Celerarius» für die Landwirtschaft und dann für die gesamte Wirtschaft des Klosters verantwortlich und hat sein Amt als einer der ersten nach naturwissenschaftlichen Forschungsprinzipien ausgeübt.

Die Klosteraufhebung von 1803 brachte einen Stillstand großer Bauleistungen; als einziger scheint der Reisbergerhof noch bis 1806 fertiggestellt worden zu sein. Danach erfolgten bis 1817 im Auftrag des Freiherrn von Drexl, der die Klostergebäude am 4. Januar 1805 um 44 000 Gulden ersteigert hatte, eingreifende Abbrüche: Die ganze westliche Klosterhälfte und die gotische Pfarrkirche St.Johann am Burgtor wurden dem Erdboden gleichgemacht. Es wird berichtet, daß Drexl durch den Verkauf des Abbruchmaterials die Ersteigerungssumme für den Gesamtkomplex wieder einbringen konnte. Besonders schmerzlich ist dabei die Abtragung des Südwesttraktes mit dem Stiegenhaus vor der Abtei und mit dem großen Festsaal samt seiner Rokokoausstattung (u.a. Fresken von Matthäus Günther).

Der Rückkauf der noch verbliebenen östlichen Klosterhälfte zum Ausbau einer Sommerresidenz durch König Max I. Joseph 1817 um die von Drexl nunmehr vervielfachte Summe von 120 000 (!) Gulden hatte zwar einerseits die Erhaltung der äußeren Mauersubstanz zur Folge, andererseits brachte er jedoch auch den Verlust der Innendekorationen des Konventstiegenhauses (Figuralplastik von Ehrgott Bernhard Bendel), des Theatersaales, des Refektoriums (u.a. Johann Baptist Zimmermann und Hans Degler) und vor allem der einzigartigen doppelstöckigen Bibliothek von rund 33 m Länge und 14 m Breite, an deren Ausstattung 10 Jahre gearbeitet worden war; auch die ehem. Klosterkirche wurde durch Verkürzung um 18 m mit Einfügung einer Trennmauer entstellt.

Im Gefolge der königlichen Familie kamen damals Adelige und Kunstschaffende an den Tegernsee, welche für sich neue Gebäude errichten oder bestehende umbauen ließen. Die architektonischen Gestaltungselemente gewann man an den noch einsehbaren Klosterbauten, welche im inneren Klosterbereich das Vollwalmdach, im klosterzugehörigen Bereich (außerhalb des Torbaues) das Halbwalmdach ausgeprägt und somit eine Bauhierarchie ausgedrückt hatten. Die einzige Ausnahme von dieser Stiladaption war das ehem. *Landgerichtsgebäude,* das in seiner Erstausführung ab 1834 durch Joseph Daniel Ohlmüller in ähnlichem Stil wie hernach die Ludovizianischen Bahnhofsbauten entworfen wurde.

Die vierte Baugruppe verdankt ihr Entstehen dem Aufblühen des Fremdenverkehrs nach der Mitte des 19.Jh. (1857 Eisenbahn München–Holzkirchen, 1883 Schaftlach–Gmund, 1902 Gmund–Tegernsee). In einer 1854 erschienenen Broschüre «Der Tegernsee und seine Umgebung» beschreibt Max Carl von Krempelhuber, daß zwischen die «theils unmittelbar am Seeufer, theils auf den sanften Höhen des dicht angränzenden Bergrückens zerstreute Lage der (Bauern-) Häuser» neuerdings «mehrere im *ländlichen Style* gebaute Landhäuser städtischer Familien, welche hier die Sommermonate zubringen», getreten seien. Dieses Anlehnungsbedürfnis an «ländlichen Stil» zieht sich nun in mehreren Phasen bis zur Gegenwart durch, deren Betrachtung für die Entwicklung des Heimatstiles nicht nur am Tegernsee aufschlußreich ist. Als erstes kehrt man sich vom Vorbild der klösterlichen und königlichen Bauten ab und wendet sich dem einfachen, verputzten Satteldach-

Tegernsee, Ansicht von der Neureuth

Bauernhaus vom Ende des 18. Jh. zu; da man aber «städtischen Luxus und Bequemlichkeit» in Gestalt größerer Raumhöhen und Fensterdurchlässe nicht missen möchte, treibt man die Hausproportionen bei gleicher Grundfläche in die Höhe, die Fenster verwandeln sich von bäuerlichem Quer- oder Quadratformat in das städtische Hochformat; die überstehenden Satteldächer auf den nunmehr höheren Häusern wirken schwächlicher.

«Nach dem Kriege 1870/71 wurden (noch) einige Villen oder andere Gebäude aufgeführt. Anfangs der 1880ger Jahre wurde fast gar nichts gebaut», berichtet die Saliterer-Chronik. Mit der wirtschaftlichen Erholung nach diesem Krieg und der Gründung des Deutschen Reiches war nun auch der Heimatstil in eine zweite, ganz andersartige Phase eingetreten. Zur gründerzeitlichen Selbstverwirklichung gehören burgartige Hauskörper, Erkertürme und Giebelaufsätze (z. B. *Seeschlößl*, Baumgartenstraße 7, und *Villa Leinhaas*, Schwaighofstraße 36) oder gar Fachwerkidyllik (*Bahnhof* von 1902), gelegentlich mit Putzrustikagestaltung (z. B. *Fabervilla*, Prinz-Carl-Allee 2, *Amtsgericht* nach dem Umbau, Hauptstraße 2) oder schweizerisch-österreichische Ornamentschnitt-Holzsägearbeit (z. B. Seestraße 43, *Volksschulhaus*, Hochfeldstraße 9).

Bald nach der Jahrhundertwende setzte sich die dritte Phase des Heimatstils durch, die bis zur Gegenwart fortwirkt. Sie nimmt als Vorbild den reichen Tegernseer Bauernhof der Mitte des 18. Jh., zum Teil mit Blockbauobergeschoß, auf jeden Fall aber mit umlaufender Obergeschoßaltane und mit der «Katzenlaube» (Mittelbalkon mit seitlicher Vorbauverbretterung) unter dem weit vorstehenden Giebeldach. Waren diese Heimatstilbauten (z. B. Schwaighofstraße 47 oder 71, Seestraße 88) zunächst noch von den großen Raumhöhen und der Vorliebe für Erker wie in der vorausgehenden Phase bestimmt, so geht ab 1905 (Umbau von Rosenstraße 13) das Repräsentationsbedürfnis in der Architektur allmählich zurück.

Adelhofstraße 6. Schmiedeeisernes Gartentor, um 1900; an der Ecke des parkartigen Fremdenheimgrundstücks bei der Einmündung der Adelhofstraße in die Hauptstraße.

Auerweg 2. Ehem. *Bauernanwesen «Hoinerhof»*, mit Blockbau-Obergeschoß und Lauben, 1798.

Der Hoinerhof ist einer der am ursprünglichsten erhaltenen Lehenshöfe des Klosters Tegernsee. 1449 als solcher erstmalig urkundlich erwähnt, 1588–1610 als Tagwerkslehen Hoyner in der Hoyen nachgewiesen, wurde das Gebäude nach einem Brand 1798 wieder aufgebaut. Nach der Säkularisation von 1803 in Privateigentum übergegangen, wurde er im Jahre 1967 an die Stadt Tegernsee vergeben, die ihn 1975 zum Denkmalschutzjahr vorbildlich restauriert hat. Die historische Einrichtung wurde dem Heimatmuseum Tegernsee vermacht.

Einfirsthof mit flach geneigtem, allseits schützend vortretendem Flachsatteldach. Das Erdgeschoß ist gemauert, das Obergeschoß in Holzblockbauweise. An der Giebelseite des Obergeschosses eine Altane, darüber eine sog. Katzenlaube. Unveränderte Fenster in Querrechteck-Format mit Holzfensterläden.

Auf der Tuften 12. *Ludwig-Thoma-Haus, Landhaus* im Stil oberbayerischer Bauernhäuser, mit Lauben, 1907 nach Plänen von Ignaz Taschner und Ludwig Thoma durch Lorenz Hofmann erbaut.

Das Haus ist in jener Art von Heimatstil errichtet, welcher auf die Tegernseer Bauernhöfe des 18. Jh. zurückblickt. Die Abneigung Ludwig Thoma's gegenüber dem Milieu der Gründerzeit und seinem pathetischen Heimatstil wird dadurch sichtbar und zur Anregung für eine weitere Generation von Heimatstilbauten. 1971 hat die Stadt München das Haus als Stiftung samt der originalerhaltenen Einrichtung Thoma's übernommen.

Bahnhofsplatz 5. *Bahnhof,* Satteldachbau mit breiten Quergiebeln, 1902, im Heimatstil mit Zierfachwerk, Putzornamenten, Bahnsteighalle mit eisernem Perrongitter.

Das Bahnhofsgebäude ist mit seinen rundbogigen Öffnungen und dem Fachwerkheimatstil das Gegenstück zu dem ebenfalls gegliederten Empfangsgebäude in Gmund. Zusammen mit dem alten Postamtsgebäude und dem inzwischen abgebrochenen Bahnhotel bildete er eine charakteristische Empfangssituation an der Endstation der 1882 gegründeten Tegernsee-Bahn AG mit der Linie von Schaftlach über Gmund nach Tegernsee.

Bahnhofstraße 12. Ehem. Bauernhaus *«Beim Binderschuster»,* jetzt Restaurant, im Kern Mitte 18. Jh., mit Kreuzigungsgruppe im Giebel, wohl 19. Jh., Fenstervergrößerung 2. Hälfte 19. Jh., neuzeitliche Lüftlmalerei im Empire-Stil.

Das Haus, Beim Binder, Binderschuster oder Bader am alten Dorfplatz genannt, bildet ein Beispiel für die Umgestaltung eines Hauses aus dem 18. Jh. in den Heimatstil der 2. Hälfte des 19. Jh. 1644 wurde das Anwesen unter Hans Staudacher als längsgeteiltes Halbhaus erwähnt, 1672 unter einem Klostermaler Baumgartner, ab 1739 vereinigte der Klosterbinder Benedikt Reismeir beide Hälften, 1883 ging es in den Besitz des Baders Anton Mariacher über.

Bahnhofstraße. *Ludwigsbrunnen,* bez. 1884; vor Haus Nr. 12.

Auf dem alten Dorfplatz ließen die Tegernseer Bürger anläßlich der Geburt von Herzog Ludwig Wilhelm in Bayern, Sohn des Herzogs Karl Theodor, diesen Brunnen errichten. In einem retabelartigen Steinaufbau, der im Sockel eine segmentbogige Brunnenschale trägt, wird von barockisierenden Putten das Wappen mit den Initialen des Neugeborenen gehalten; an der obersten Stelle das Wappen Tegernsees, die zwei herzförmigen Seelaubblätter.

Tegernsee, Adelhofstraße 6, Gartentor

Tegernsee, Auerweg 2, «Hoinerhof»

Tegernsee, Bahnhofsplatz 5, Bahnhof

Tegernsee, Auf der Tuften 12, Ludwig-Thoma-Haus

Tegernsee, Bahnhofsplatz 5, Bahnsteighalle

Tegernsee, Bahnhofstraße 12, Kreuzgruppe

Tegernsee, Ludwigsbrunnen

Tegernsee, Bahnhofstraße 12, «Beim Binderschuster»

Bahnhofstraße 37. *Gedenktafel* an den Aufenthalt Kronprinz Wilhelms von Preußen 1897.

Bahnhofstraße 38. *Postamtsgebäude,* breitgelagerter Walmdachbau, 1924 von Postbaurat Holzhammer.
Schlichter Verputzbau im Stil der zwanziger Jahre; die Mittelachse ist durch ein Steinportal wirkungsvoll ausgeprägt. In unmittelbarer Nachbarschaft wurde 1929 der *Kraftposthof* errichtet, siehe Max-Joseph-Straße 2.

Bahnhofstraße 42. Ehem. *Bauernhaus «Zum Leitenbauern»,* Einfirsthof, mit laubenverbrettertem Blockbau-Obergeschoß, bez. 1778.

Baumgartenstraße 7. Sog. *Seeschlößl, Villa* in Hanglage, mit neubarocken Schweifgiebeln und Ecktürmchen, 1895 wohl von Baumeister Georg Perger errichtet.
Im Stil einer vorstädtischen Neubarockvilla 1895 für den Direktor des Stadttheaters Mainz, später Direktor der Volksoper in Wien, Rainer Simons, als Sommersitz erbaut.

Ellinger Straße 10. *Gasthaus Leeberghof,* mit Giebelbalkon und Lüftlmalerei, wohl um 1860, 1927 im Heimatstil verändert.
Der langgestreckte Satteldachbau trägt über der Tür zur Giebelterrasse die Initialen des Königlichen Kommerzienrates und Brauereibesitzers Georg Theodor Pschorr aus München, in dessen Besitz das Anwesen 1917 übergegangen ist.

Galaun. *Kapelle auf dem Riederstein,* kleiner Bau in neuromanischen Formen mit Dachreiter, 1863 als Ersatz des Holzbaues von 1840 errichtet, mit Ausstattung; Kreuzweg auf den Riederstein, 14 gußeiserne Kreuzwegstationen, Mitte 19. Jh., 1902 renoviert.
Auf einem steil aufragenden Kalkfelsen vor dem waldreichen Hintergrund der Baumgartenschneid ließ Josef Hupfauer, Bockschützsohn und Schloßdiener, eine kleine Holzkapelle errichten. An der gleichen Stelle wurde 1863 die heutige Steinkapelle aufgebaut.

Gschwandlerweg 7. Ehem. *Bauernanwesen «Beim Untergschwandler»,* jetzt Gaststätte, Wohnteil mit Blockbauobergeschoß und Lauben, Mitte 18. Jh.
Das ehem. $^3/_{16}$-Lehen, auf dem 1629 ein Georg Gschwandler nachweisbar ist, liegt an dem Sonnenhang, der vom Alpbachtal zum Großtegernseerberg ansteigt. Der Einfirsthof ist geostet und in der traditionellen Bauweise errichtet. Die Altanenbrüstung besteht aus ausgeschnittenen Brettern, die Erdgeschoßfenster wurden wohl schon im 19. Jh. in ihrer Höhe vergrößert; der rückwärtige Ökonomieteil ist neuerdings für den Gaststättenbetrieb ausgebaut.

Tegernsee, Bahnhofstraße 37, Gedenktafel

Tegernsee, Baumgartenstraße 7, sog. Seeschlößl

Tegernsee, Baumgartenstraße 7, sog. Seeschlößl

Tegernsee, Bahnhofsplatz, Postamt und Kraftposthof

Tegernsee, Bahnhofstraße 38, Postamt

Tegernsee, Bahnhofstraße 42, «Zum Leitenbauern»

Tegernsee, Ellinger Straße 10, Gasthof Leeberghof

Tegernsee, Golaun, Riedersteinkapelle

Tegernsee, 3. und 4. Kreuzwegstation der Riedersteinkapelle

Tegernsee, Gschwandlerweg 7, «Beim Untergschwandler»

Hauptstraße 2. Ehem. *Landgericht,* dann Amtsgericht, als dreigeschossiger Satteldachbau mit zweigeschossigen Flankenbauten nach Plan von Joseph Daniel Ohlmüller 1834 durch Maurermeister Joseph Poschner und Zimmermeister Michael Tölzer 1837 ausgeführt, Aufstockung der Flankenbauten und Rustika im Erdgeschoß 1900/01.

Für die Planung des Gerichtsgebäudes im damals noch königlichen Residenzort Tegernsee wurde der kgl. Zivilbauinspektor Joseph Daniel Ohlmüller (1791–1839) verpflichtet. Sein Tegernseer Landgerichtsgebäude war eine Synthese aus dem auf der Zeit stehenden städtischen Stil (Ludwigsstraße in München) und einer Einpassung in die damals noch deutlicher wirksame Landschaft am Tegernsee. Über umlaufenden Sohlbankgesimsen waren rundbogige Fensteröffnungen angebracht, im Erdgeschoß rustikal eingefaßt, im Giebelgeschoß durch Blendbogen untereinander verbunden. Wegen erweitertem Raumbedarf wurden 1900 die Flankenbauten um ein Stockwerk erhöht und mit einem umlaufenden Dachgesims mit dem Mittelbau zusammengefaßt. Das nunmehr sehr hoch proportioniert wirkende Gebäude erhielt als Ausgleich ein flaches Walmdach mit einem klassizistischen Dreiecksgiebel über dem Mittelrisalit und ein durch Rustika gegliedertes hohes Erdgeschoß. Heute nach Renovierung und Purifizierung «Haus des Gastes».

Hauptstraße 10. Tafel mit Hausinschrift von 1835.

Das ehem. *Handwerkerhaus* des Sattlers Fuhrmann entspricht der biedermeierlichen Hausbauweise in der königlichen Zeit Tegernsees; durch die überdimensionalen Öffnungen des Erdgeschosses hat jedoch der Traufseitbau mit vorstehendem Halbwalmdach einen Großteil seiner Denkmaleigenschaft verloren.

Hauptstraße 29. Ehem. *Lehen «Beim Poichtl am See»,* jetzt Halbhaus mit Blockbau-Obergeschoß und Pultdach, modern bez. 1732 (Erdgeschoß neuzeitlich verändert).

Das ehem. klösterliche Handwerkerlehen, das 1637 unter einem Hanns Steinbrecher erstmals nachweisbar ist, bildet den Rest eines heimischen Bauernhauses, bei dem die eine Hälfte unter der Firstlinie abgeschnitten wurde. Die Einstufung als ein $\frac{1}{32}$-Lehen zeigt, daß der Inhaber des Lehens von Anfang an zur kleinen Landwirtschaft ein Handwerk als Zuerwerbsbetrieb ausüben mußte.

Hauptstraße 42. *Seehotel Luitpold,* dreigeschossiger Traufseitbau im Heimatstil mit Jugendstildetails, um 1910.

Der Hotelbau an repräsentativer Stelle nimmt die Elemente des Heimatstils in seiner jüngsten Phase auf, gliedert die Geschoßhöhen mit Altanen, verbreitert die stichbogigen Fenster mit hölzernen Fensterläden und entlehnt dem Bauernhausbau des 18. Jh. die geschnitzten Altanenpfosten, die geschnittenen Vorköpfe und die auskragenden Holzlauben unter den Dachgiebeln.

Hauptstraße 68. Ehem. *Glaser-Gütl,* jetzt Wohn- und Geschäftshaus, mit Lauben, bez. 1788 (teilweise neuzeitlich verändert).

Das Glaser-Gütl, das als ein $\frac{1}{16}$-Lehen 1645 urkundlich erwähnt wurde, beherbergte viele Glaser-Generationen. Trotz der mehrfachen Umbauten läßt das Gebäude noch zahlreiche Schmuckformen aus seiner Erbauungszeit erkennen, so z.B. die Balusteraltanen, die Vorköpfe und die Holzschneidearbeiten an Pfetten- und Windbrettern.

Tegernsee, Hauptstraße 2, ehem. Landgericht

Tegernsee, Hauptstraße 29, Halbhaus «Beim Poichtl am See»

372

Tegernsee, Hauptstraße 10 mit Hausinschrift

Tegernsee, Hauptstraße 42, Seehotel Luitpold

Tegernsee, Hauptstraße 2, Detail
Treppengeländer

Tegernsee, Hauptstraße 68, ehem. Glaser-Gütl

Tegernsee, Uferpromenade mit Hotel Luitpold und Ev.-Luth. Kirche

Hochfeldstraße 25. *Evang.-Luth. Pfarrkirche,* 1894 von Albert Schmidt in neugotischen Formen errichtet; mit Ausstattung.

Das am 7. Oktober 1894 geweihte Kirchengebäude war in der ursprünglichen Planung, wohl von Albert Schmidt, dem Architekten der Münchener Lukas-Kirche, als ein unverputzter Backsteinbau vorgesehen und orientiert sich stilistisch an der deutschen Frühgotik. Die mit Stifterwappen versehenen neugotischen Farbfenster von 1895 enthalten Szenen aus dem Leben Jesu.

Hohenlehen 4. Ehem. *Bauernanwesen «Schererhof»,* Wohnhaus von Olaf Gulbransson, zweigeschossiger Blockbau, mit Lauben, 1. Hälfte 18. Jh.

Das ehem. ³/₁₆-Lehen 1632 unter Hanns Gschwändtler erstmalig erwähnt. Der hangparallel am Großtegernseerberg nach Osten gerichtete Einfirsthof zählt zu den ältesten erhaltenen Anlagen, bei denen auch das Erdgeschoß in Blockbauweise aufgeführt ist. Giebelaltanen mit Brettschnittbrüstung. Um die Jahrhundertwende Ausflugscafe, seit 1929 im Besitz des Karikaturisten Olaf Gulbransson (1873–1958). Den rückwärtigen ehem. Ökonomieteil des Anwesens ließ Gulbransson in einen ganz in weiß gehaltenen Norwegersaal umbauen.

Klosterwachtstraße 4. Ehem. *Hofbauernanwesen,* im Kern Mitte 18. Jh., verputzter Obergeschoß-Blockbau, Lauben mit Brettschnittbrüstungen.

Leebergstraße 4. Ehem. *Bauernhaus «Beim Haunker»;* Blockbau-Obergeschoß 1788, nach Brand 1985 übrige Teile in alten Abmessungen erneuert.

Das ehem. klösterliche Haunkergut in der Hauptmannschaft Leeberg, ein ¼-Lehen mit 71 Tagwerk, wurde 1635 unter Abt Quirin Ponschab dem Hanns Erlacher verliehen. Es ist über der Straße von Tegernsee nach Rottach gelegen, dort wo die relativ flache Halbinsel Point an den Steilhang des Leebergs stößt; an dieser Stelle, die hochwasserfrei ist, waren ursprünglich eine Reihe von Lehensgütern angesiedelt, so z. B. der *Krinnerhof,* der nach Brand 1924 in der heutigen Form wieder aufgebaut wurde (Leebergstraße 6), das *Garnschneider-Gütl,* heute *Ganghofer-Haus* (Seestraße 86) und das *Fuhrmann-Gütl,* heute Haus *Adlerberg* (Seestraße 88). Seit 1912 als Cafe, seit 1937 als Gaststätte betrieben, hat der ortstypische Obergeschoß-Blockbau-Hof mehrfach Umgestaltungen über sich ergehen lassen müssen.

Lieberhofweg. *Neumüllerkapelle,* kleiner Putzbau mit eingezogenem Chörlein, abgewalmtem Schindeldach und Dachreiter, im Kern noch 18. Jh.; mit Ausstattung.

Ludwig-Thoma-Weg 5. Ehem. *Bauernhaus «Beim Holzschmied»,* verputzter Blockbau, mit Lauben und figürlichen Fresken, Ende 18. Jh.

Im Südosten des Gemeindebereiches wurden beidseits des Bachlaufes der Rottach eine Reihe von bäuerlichen Anwesen angesiedelt, die links des Bachlaufes den alten Ortsteil Rottach bildeten, rechts seit jeher zur Tegernseer Gemeindetrad gehörten. Das alte Holzschmiedanwesen, 1427 bereits als *Salzmann-Hofstatt* genannt, bildet das westlichste noch erhaltene, vor der Mündung der Rottach in die Egerner Bucht. Der Einfirsthof hat sich weitgehend in der äußeren Gestalt vom Ende des 18. Jh. erhalten. Das alte Blockbau-Wohnhaus mit seiner Obergeschoßaltane und Katzenlaube an der Giebelseite wurde durchgehend mit Verputz versehen; auf die so gewonnenen hellen Kalkgrundflächen wurden Fresken in Lüftlmalerei aufgetragen, von denen Reste unter der Traufe noch zu sehen sind: St. Leonhard, die Muttergottes mit dem Kind und St. Florian. Das alte Querrechteckformat der Obergeschoßfenster geht auf die Verbundtechnik des Blockbaus zurück.

Tegernsee, Hochfeldstraße 25, Ev.-Luth. Pfarrkirche

Tegernsee, Ev.-Luth. Kirche, Altar

Teegernsee, Leebergstraße 4, «Beim Haunker»

Tegernsee, Hohenlehen 4, «Schererhof»

Tegernsee, Neumüllerkapelle

Tegernsee, Klosterwachtstraße 4, ehem. Hofbauernanwesen

Tegernsee, Ludwig-Thoma-Weg 5, «Beim Holzschmied»

Tegernsee, Ludwig-Thoma-Weg 5, Türklopfer

Tegernsee, Ev.-Luth. Kirche, Chorgewölbe

Tegernsee, Ludwig-Thoma-Weg 5, Lüftlmalerei

Ludwig-Thoma-Weg 8. Ehem. *Bauernanwesen «Salite-rer»*, stattlicher Einfirsthof mit Lauben und Lüftlmalerei, 1775.

Das Salitererhaus gehört zum Gemeindebereich Tegernsee, obwohl es auf der linken Uferseite der Rottach liegt. Vor der Regulierung des mäanderartigen Rottach-Laufes 1830 ist aber die Rottach auf der Südseite des Hauses vorbeigeflossen; der Saliterer stand also am Tegernseer Ufer. Erbaut wurde der Hof 1775 von Johann Nepomuk Gschwendtner, kurfürstlich-bayerischer Saliterer in Tegernsee (Inschrift im Firstbalken 17 JG 75). Die Saliterer hatten die Berechtigung, in Häusern und Ställen nach Salpeter zu schürfen, welcher zur Herstellung von Schießpulver benötigt wurde. 1897 wurde der Stall- und Stadelneubau anstelle der alten Salpetersiederei angefügt, die Lüftlmalereien von Kirchenmaler Troll stammen von 1903. Das ursprüngliche Klosterlehen ist als einer der wegweisenden bäuerlichen Bauten im letzten Viertel des 18. Jh. anzusehen; die Einfirstanlage, die Geschoßzahl und die Proportion ist traditionell, der Hauskörper zeigt aber nun keinen Blockbau mehr, sondern weiß verputztes Mauerwerk bis zum Dachansatz mit den Lüftlmalereien von 1903, von ornamentalem und figuralem Reichtum. Vergleiche mit der allerdings viel früheren Dekoration des Jodlbauernhofs in Hagnberg liegen nahe. Der Qualität der Malerei entsprechen die aufwendigen Holzarbeiten, vor allem an den Haus- und Altanentüren, an den lebhaft geschweiften Hausbänken, an den Altanen selbst mit ihrem filigran vor die weiße Wand gelegten Balusterwerk und den gedrechselten Altanensäulen, schließlich am Dachansatz mit Vorköpfen und Pfettenüberständen und der seitlich verbretterten Katzenlaube und schließlich durch die Windbretter am Satteldachende.

Ludwig-Thoma-Weg 14. Ehem. *Bauernanwesen «Beim Ried-binder»*, Putzbau mit Giebellaube und hölzernem Kniestock, 18. Jh.

Das ursprüngliche $1/16$-Lehen, das 1792 Ignaz und Magdalena Lechner vom Kloster übernahmen, ist in seiner Kernsubstanz trotz Veränderungen an den Altanen und im Ökonomiebereich gut erhalten.

Ludwig-Thoma-Weg 19. *Bauernhaus «Beim Dusl»*, wohl mit Blockbau-Obergeschoß, Lauben und figurlichen Fresken, bez. 1799.

Das ehem. $1/6$-Lehen ist bis 1357 zurückzuverfolgen. Ornamentale Lüftlmalerei und figürliche Darstellungen des Mariengnadenbildes und des Kirchenpatrones St. Laurentius von Egern sowie des Hl. Florian.

Ludwig-Thoma-Weg 20. Ehem. *Kleinbauernhaus «Beim Ried-schneider»*, verputzter Blockbau mit Lauben, im Kern 18. Jh., äußere Erscheinung 19. Jh.

In den Riedwiesen, die von der Rottach zu den Riedersteinabhängen aufsteigen und an deren oberem Ende Ludwig Thoma sein Haus 1907 errichtete, steht das seit 1498 nachweisbare kleine Lehen; die Ausübung des Schneiderhandwerks war vom Kloster Tegernsee als Zuerwerb vorgeschrieben. 1985 eingreifend umgebaut.

Max-Joseph-Straße 2. *Kraftposthof*, ehem. Übernachtungsgebäude und Garagenbauten, Anlage mit Anklängen an den Stil der Neuen Sachlichkeit, 1929 nach Plan von Robert Vorhoelzer.

Das klar umrissene Hauptgebäude mit seinem Uhrenerker bildet einen rechten Winkel zum Postamtsgebäude und grenzt sowohl die Straßenachse vom Bahnhof her, als auch die kleine Platzerweiterung vor dem Postamt wirkungsvoll ab.

376

Tegernsee, Ludwig-Thoma-Weg 8, Stubentür

Tegernsee, Ludwig-Thoma-Weg 14, «Beim Riedbinder»

Tegernsee, Ludwig-Thoma-Weg 19, «Beim Dusl»

Tegernsee, Ludwig-Thoma-Weg 8, «Beim Saliterer»

Tegernsee, Ludwig-Thoma-Weg 8, Detail

Tegernsee, Ludwig-Thoma-Weg 19, Lüftlmalerei

Tegernsee, Max-Joseph-Straße 2, Kraftposthof

Tegernsee, Ludwig-Thoma-Weg 20, «Beim Riedschneider»

Max-Joseph-Straße 13. Ehem. *Reisbergerhof,* jetzt Altenheim, stattlicher Einfirstbau mit Giebelbalkon und klassizistischer Eingangstüre, bez. 1806.

Das ehem. ⅛-Lehen mit Mühle und Backstatt, daher auch die Bezeichnung *«Bäck am Alpbach»*, wurde 1648 von Abt Ulrich Schwaiger einem Kaspar Rieger übergeben. Das jetzige Gebäude soll gleich nach der Aufhebung des Klosters Tegernsee aus Abbruchsteinen der Stiftsanlage errichtet worden sein.

Münchner Straße 2. Ehem. *Bauernanwesen,* langgestreckter Putzbau mit überstehendem Halbwalmdach, zwei Giebellauben, 1822 über Kern des 18. Jh.

Das ehem. ¹⁄₁₆-Lehen wurde 1621 einem Sebastian Höß nachweisbar überlassen. Es bildete ursprünglich zusammen mit einer Reihe weiterer Klosterlehen eine Besiedelungskette entlang der Landstraße zwischen Kloster und Klosterwacht. 1822 kaufte Joseph Mannhard, Zimmermeister aus Hauserdörfl, das Anwesen auf und erbaute es neu, wobei vermutlich ein Kern des Vorgängerhauses einbezogen wurde. Das Haus mit seinem vortretenden Halbwalmdach und der vortretenden Traufe ist stiltypisch für das biedermeierliche Bauwesen Tegernsees im 2. Viertel des 19. Jh.

Münchner Straße 8. Zugehörige *Gartenfiguren,* zwei weibliche Standfiguren auf Postament, Anfang 20. Jh.; Büsten der Gebrüder Montgolfier, Anfang 20. Jh.; Büste von Jacques Charles, Anfang 20. Jh. (nicht abgebildet).

Münchner Straße 20. Ehem. *Hotel Bayerischer Hof,* 1874 von August und Friedrich von Thiersch für Theodorowitsch Welimir in Art eines dreieinhalbgeschossigen Renaissance-Palazzo mit flachem Walmdach durch Aufstockung eines obergeschossigen Hauses von 1838 umgebaut.

1838 hatte der Tegernseer Maurer- und Steinmetzmeister Joseph Poschner das Haus als zweigeschossiges Satteldachgebäude mit neun: fünf Achsen und Mezzanin-Dachgeschoß errichtet. 1874 erwarb es Theodorowitsch Welimir, um es mit Hilfe der Gebrüder von Thiersch zum sog. «Serbenhotel» umzubauen. Dabei wurde ein weiteres Obergeschoß mit Mezzanin aufgesetzt und das Gebäude mit einem über Konsolvoluten vorkragenden flachen Walmdach abgedeckt. Auch kräftige klassizistische Balustradenbalkone wurden angebracht. Seit 1954 Polizei-Station und dann Polizeiwohnheim. Die Malereien im ehem. Billardsaal und der Sgraffito-Arabeskenfries August von Thierschs sind derzeit überdeckt.

Neureuthstraße 23. Sog. *Sengerschloß,* ehem. *Landvilla,* jetzt Hotel und Erholungsheim, dreigeschossige Anlage mit zwei Ecktürmen, 1843, neubarocke Turmhelme, Schweifgiebel und Erweiterungsbau mit Runderker, nach 1903 von Emanuel von Seidl.

Das Hanggelände über der Klosterwacht, auf dem das Sengerschloß steht, hat die alte Bezeichnung *Am Hachel* und gehörte als Pferdeweide zum Hofwirt und Posthalter von Tegernsee (heute Hotel «Alte Post»). Nach dem Tod des Hofwirts 1840 ging der Gesamtbesitz an den Advokaten Dr. Senger aus München. Dieser ließ 1843 die Villa, einen Satteldachbau mit zwei über Eck stehenden Türmen, erbauen. 1903 von Herzogin Marie von Sachsen-Coburg, Großfürstin von Rußland, gekauft und durch Emanuel von Seidl umgestaltet und erweitert. Die flachen überstehenden Pyramidendächer der Türme wurden nun durch neubarocke Zwiebelhelme ersetzt, dazwischen statt des Satteldachgiebels ein Schweifgiebel eingefügt und auf der nördlichen Talseite ein Erweiterungsbau mit Walmdach und Runderker hinzugefügt. Im Inneren dieses Anbaues, der als Speisesaal dienen sollte, wurde eine reiche Stuckierung im Neurokokostil angebracht. 1928 ging der Besitz an die Bayern-Versicherung über, die im Altbau ein Hotel eingerichtet und in dessen Umgebung ein Erholungsheim eingerichtet hat, das «Haus Bayern».

Neureuthstr. 52. Ehem. *Bauernanwesen Lieberhof,* jetzt Gaststätte, Einfirsthof mit Blockbau-Obergeschoß und Lauben, Ende 18. Jh.

Das stattliche Anwesen bildete einen ½ Klosterhof mit 170 Tagwerk, der 1650 von Abt Ulrich Schwaiger dem Kaspar Höß verliehen wurde. Er stellt damit einen der großen Höfe dar, was an seiner baulichen Gestalt noch heute zum Ausdruck kommt. Die Nordsüdrichtung ergibt in der Hanglage ein eigenes Untergeschoß unter dem Wohnteil, so daß die Giebelseite mächtiger aufragt als bei den übrigen Obergeschoß-Blockbauten. Infolge der Verwendung als Gastwirtschaft seit Ende der zwanziger Jahre wurde eine hölzerne Tribune in Erdgeschoßhöhe und ein überdachtes Salettl angebaut.

Tegernsee, Max-Joseph-Straße 13, ehem. Reisbergerhof

Tegernsee, Münchner Straße 2

Tegernsee, Neureuthstraße 52, «Lieberhof»

Tegernsee, Münchner Straße 20, ehem. Hotel Bayerischer Hof

Tegernsee, Neureuthstraße 23, sog. Sengerschloß

Tegernsee, Neureuthstraße 23, Speisesaal

Perronstraße 15. *Observatorium,* um 1920/30; mit Ausstattung.

Prinz-Carl-Allee 1. Zweiflügelige *Haustüre,* Biedermeier, um 1830.

An dieser Stelle stand das seit 1648 nachweisbare ¹/₁₆-Handwerkerlehen Beim Bändl oder Bichlhansl, seit 1830 Hutmacheranwesen.

Prinz-Carl-Allee 2. *Villa Faber,* stattliche schloßartige Anlage im barockisierenden Heimatstil, mit weit vorgezogenem Schopfwalmdach, 1899–1903 nach Plänen von Emanuel von Seidl; Parkanlage, Brunnen, Gartenfiguren, Toranlage; siehe auch Prinz-Carl-Allee 10.

Die ehem. Villa Faber ist mit ihrem großen Schopfwalmdach, dem Eckerker, Balkon und der bemalten Loggia durch die Verbindung mit Jugendstilelementen und barockisierendem Heimatstil ein hervorragendes charakteristisches Beispiel der Villenbaukunst um die Jahrhundertwende. Die schloßartige Anlage mit Pförtnerhäuschen, Auffahrt und Park wurde in den Jahren 1899–1903 an ortsbaulich dominanter Lage auf einem Höhenrücken über dem See von dem bedeutenden Münchener Architekten Emanuel von Seidl erbaut. Die Errichtung einer so hochherrschaftlichen Anlage durch den Bleistiftfabrikanten Faber ist nur vor dem Hintergrund der Ortsgeschichte Tegernsees im 19. Jh. als Residenzort des Hauses Wittelsbach verständlich.

Prinz-Carl-Allee 5. *Landhaus,* mit Flachsatteldach und Balkonen, im Stil oberbayerischer Bauernhäuser, bez. 1867.

Anstelle des seit 1639 nachweisbaren ¹/₁₆-*Handwerkerlehen* «Beim Bichlmann»* wurde das Haus 1867 in der ersten Phase des Heimatstiles neu erbaut und als Fremdenheim Elisabeth geführt.

Prinz-Carl-Allee 9. *Landhaus,* mit Lauben im Stil oberbayerischer Bauernhäuser, um 1865, Lüftlmalereien modern.

Prinz-Carl-Allee 10. Ehem. *Pförtnerhaus der Villa Faber,* erdgeschossiger Putzbau mit Halbwalmdach, 1899; vgl. Prinz-Carl-Allee 2.

Das Pförtnerhäuschen bildet die Torsituation zu dem Grundstück, das 1895 vom Nürnberger Bleistiftfabrikanten Ernst Faber erworben und mit einer durch Emanuel von Seidl entworfenen Villa bebaut wurde.

Prinzenweg, bei Haus Nr. 4. *Mariä-Schnee-Kapelle,* 1935 errichtet als Nachfolgebau der Kapelle von 1797 an der Hauptstraße bei der Alpbach-Brücke, mit deren barocker Ausstattung.

Bereits in Merians Topographia Bavariae, 1644, wird eine Kapelle am Unterlauf des Alpbaches kurz vor der Seemündung gezeigt. Diese wurde 1793 wegen Baufälligkeit abgetragen und 1797 neu aufgerichtet. 1935 bei einer Straßenverbreiterung erneut abgebrochen wurde sie im sog. Paradies unterhalb der Schießstätte in ähnlicher Form wieder aufgebaut und die Altarausstattung dorthin übertragen.

Tegernsee, Perronstraße 15, Observatorium

Tegernsee, Prinzenweg, Mariä-Schnee-Kapelle

Tegernsee, Prinz-Carl-Allee 1, Haustür

Tegernsee, Prinz-Carl-Allee 10, ehem. Pförtnerhaus

Tegernsee, Prinz-Carl-Allee 2, Villa Faber

Tegernsee, Mariä-Schnee-Kapelle, Inneres

Tegernsee, Prinz-Carl-Allee 5, Landhaus

Tegernsee, Prinz-Carl-Allee 9, Landhaus

Rathausplatz 1. *Rathaus,* vormals Schulhaus, dann Forsthaus, 1886/88, stattlicher dreigeschossiger Putzbau mit flachem vorstehendem Satteldach und großen Quergiebeln, Giebelbalkonen, Dachreiter und Lüftlmalerei, Portal um 1925/30 (Innenumbau 1962).

An der Stelle, an welcher die alte Landstraße das Alpbach-Mündungsdelta überquert, wurden wegen des günstigen Geländes schon früh eine Reihe von Gebäuden errichtet. Am Platz des heutigen Rathauses ließ Abt Bernhard Wenzel 1682 ein stattliches *Schulhaus* erbauen, das ebenso wie die benachbarten Gebäude des *Krameranwesens* und des *Hofwirts* (beide nicht erhalten) ein Halbwalmdach besaß und somit auf alten Ansichten als klosterzugehörige Gebäudegruppe erscheint. Als dieses durch das Kloster unterhaltene Schulhaus für die deutsche Schule nach Aufhebung des Klosters keine Pflege mehr erhielt und in einen mangelhaften Zustand verfiel, erwarb König Max I. Joseph 1817 das *Färberanwesen,* heute Schuhhaus Angl in der Bahnhofstraße, für 1600 Gulden zur Einrichtung einer neuen Schule. 1830 wurde diese Schule durch einen Anbau vergrößert und durch Königinwitwe Karoline zusätzlich mit einer Näh-, Zeichen- und Musikschule erweitert. Das ehem. klösterliche Schulhaus am See wurde unterdessen als Forstamt eingerichtet. 1886–88 wurde an seiner Stelle das jetzige hochragende Rathaus in repräsentativem Heimatstil gebaut. Die stilistische Wirkung des Rathausgebäudes mit seinen gleichmäßigen Fensterreihungen, den mächtigen, klassizistischen Balkonen (vgl. Münchener Straße 20, ehem. *Hotel Bayerischer Hof*), den kunstreichen Holzkonstruktionen zur Vordachunterfangung und dem Dachreiterürmchen ist beeindruckend, war jedoch vor der Umgestaltung des Erdgeschosses mit den Blendarkadenbögen noch einheitlicher.

Riedersteinstraße 40. Ehem. *Kornkasten* mit drei Kammern, bez. 1547, 1937/38 vom Kaindl-Hof in Staudach transferiert und erweitert.

Ensemble Rosenstraße 5, 7–11, 13–21.
Der rechten Uferseite und damit dem Sonnenhang des Alpbaches folgend, liegt die Rosenstraße zwischen dem ehem. Klosterbereich der Benediktinerabtei und der alten Gemarkung Hoffeld (heute Hochfeld). Spätestens seit dem 18. Jh. errichteten hier im Kloster beschäftigte Handwerker ihre Wohnstatt. Diese Tradition wurde auch nach der Säkularisation beibehalten, da sich die folgende, fremdenverkehrsbezogene Bauentwicklung Tegernsees vorwiegend in Ufernähe bzw. in Sichtbeziehung zum See vollzog. In der 2. Hälfte des 19. Jh. entstanden an der Nordseite der Rosenstraße neben den bereits bestehenden Anwesen Nr. 11 und 13 zumeist giebelseitig gestaffelte Wohn- und Geschäftshäuser, die an dem der Straße gegenüberliegenden Ufersaum zum Alpbach hin kleine Gärten besaßen. Gegen Ende des 19. Jh. wurden auch diese Grundstücke auf der Südseite der Straße bebaut. Die um die Jahrhundertwende zumeist von den in Tegernsee ansässigen Baumeistern Josef und Lorenz Hofmann sowie Georg Perger errichteten Gebäude wurden dabei im Sinne eines Heimat- oder Gebirgsstils gestaltet. Der bis zu dieser Zeit nicht ortsübliche Haustyp des Wohn- und Geschäftshauses sollte durch das Stilmittel der hölzernen Balkenköpfe, Front- und Giebellaube, der verbretterten Giebelfelder, Standerker und Lüftlmalereien an den Typus heimischer Bauernhäuser angeglichen werden. Selbst die bereits bestehenden Gebäude Rosenstraße 11 und 13 wurden in diesem Sinne umgestaltet. Auch ein Bildstock aus dem 16. Jh. wurde in den Vorgarten hierher versetzt. Nachdem der auf der ufernahen Hauptstraße immer mehr anwachsende Verkehr die früher dort abgehaltenen Märkte nicht mehr zuließ, wurden diese 1929 in die Rosenstraße verlegt, die nun als kleines Geschäftszentrum und gleichsam neugeschaffener Dorfkern in der von der Fremden-

verkehrswelt geprägten Vorstellung eines oberbayerischen Dorfes fungiert.

Rosenstraße 11. Ehem. *Bauernhaus «Beim Loy»,* jetzt Bäckerei, 2. Hälfte 18. Jh., Umgestaltung mit Standerker um 1905.
Das $\frac{1}{32}$-Gütl Beim Loy am Alpbach, seit 1657 urkundlich nachweisbar, seit 1853 Bäckerei, wurde 1904 von Bäckermeister Hans Roßkopf erworben und unter Wahrung seiner alten Bauform im Heimatstil umgebaut. Zusammen mit dem Nachbaranwesen Nr. 13 ergab sich damit eine idyllische Baugruppe, die heute noch den Kern des Ensembles Rosenstraße ausmacht.

Rosenstraße 13. Ehem. *Bauernanwesen «Beim Stroh»* am Alpbach, im Kern wohl 1767, Ausbau im Heimatstil 1905, wohl durch Lorenz Hofmann.
Das ursprüngliche $\frac{1}{32}$-Lehen läßt sich urkundlich bis 1658 zurückverfolgen, als es einem Quirin Erlacher übergeben wurde. 1826 vom Tagwerker Joseph Waxperger/Wackersberger gekauft und wohl auch umgebaut, blieb es bis heute im Besitz der Steinmetzfamilie Wackersberger. 1905 wurde es mit einem parallelgiebeligen *Nebenhaus* erweitert und wohl von Lorenz Hofmann in den ausgeprägten Formen des damaligen Heimatstiles mit reicher Lüftlmalerei und aufwendigen Holzarbeiten umgestaltet.

Rosenstraße 13. *Bildstock,* Tuffsteinsäule, Ende 16. Jh.; im Garten.

Rosenstraße 23/25. Ehem. *Klosterschneideranwesen,* seit 1865 geteilt als Doppelhaus, Einfirstanlage mit flachem Satteldach und verputztem Blockbau-Obergeschoß, modern bez. 1678, im Kern 18. Jh., Anfang 20. Jh. im Heimatstil umgestaltet.
Das ehem. $\frac{1}{32}$-Söldenhäusl wurde 1724 dem Tegernseer Klostersteinmetz Ignaz Ditsch verliehen, 1756 dem Klosterschneider Georg Helfetsrieder. Die Teilung des Hauses erfolgte nach der Auflassung des Ökonomieteiles und dem Ausbau desselben zu Wohnzwecken. Das Haus hat erfreulicherweise auf seiner südlichen Traufseite noch die blühenden Hausgärten bewahrt und bildet somit einen Anziehungspunkt für die Blickachse von der Alpbachbrücke.

Tegernsee, Rathausplatz 1, Rathaus

Tegernsee, Niederstein Straße 40, Tür

Tegernsee, Niederstein Straße 40, Kruzifix über der Tür

Tegernsee, Rathausplatz 1, Rathaus

Tegernsee, Rosenstraße 11, «Beim Loy»

Tegernsee, Ensemble Rosenstraße 5, 7–11, 13–21

Tegernsee, Rosenstraße 13, Bildstock

Tegernsee, Rosenstraße 13, «Beim Stroh»

Tegernsee, Rosenstraße 23/25, ehem. Klosterschneideranwesen

Schloßplatz 1a–f. Ehem. *Benediktinerkloster,* jetzt sog. *Schloß,* dreigeschossige Vierflügelanlage um die mittelachsiale ehem. Abteikirche, nach Idealplan von Enrico Zuccalli, 1678, zwischen 1680 und 1770 nacheinander durch Antonio Riva, Johann Schmuzer und Johann Baptist Gunezrhainer ausgeführt; nach Abtragung der drei westlichen Trakte zwischen 1805 und 1817 Erwerbung durch König Max I. Joseph und Umgestaltung zum königlichen Sommerschloß durch Leo von Klenze, vorwiegend 1823/24; sog. Apothekerstöckl, ehem. Secretum des Klosters, 1. Viertel 18. Jh.

Das heutige Schloß, in dem die Herzogliche Hauptverwaltung, die Brauerei, das Gymnasium, zwei gastronomische Betriebe, das Heimatmuseum und Wohnungen sowie Privatgemächer untergebracht sind, umfaßt nur mehr etwa die Hälfte des alten Klosterkomplexes, nachdem Freiherr von Drexl, welcher 1805 um 44000 Gulden den Gesamtkomplex ersteigert hatte, großflächig abbrechen ließ. König Max I. Joseph erwarb auf Wunsch von Königin Karoline von Bayern die verbliebenen Restgebäude als Sommerresidenz. Die äußeren Umgestaltungen, die der König durch Leo von Klenze vornehmen ließ, bezogen sich hauptsächlich auf die westlichen Trakte und die Kirche. Die Klenzesche Umgestaltung der Westfassade durch Vorlage neuer Fensterumrahmungen mußte berücksichtigen, daß der hier anstoßende Pfisterei- und Getreidespeichertrakt abgebrochen war; die Lücke an der verbliebenen Fassade wurde durch Klenze mittels eines Balkons und dreier Großfenster bzw. Altanentüren ausgeglichen. Im äußersten Nordbereich, heute links vom Kleinen Bräustüberl, war die Mühle eingebaut, welche dort unmittelbar durch das Überleitungswasser des Alpbaches ihre Triebkraft erhielt.

Im östlich anstoßenden Nordflügel, der heute ebenfalls Brauereizwecken sowie der Verwaltung und Wohnungen dient, waren im Erdgeschoß ursprünglich die Apotheke und Essigkammer, dann die berühmte Klosterdruckerei untergebracht, darüber hinter den mittleren neun Fensterachsen die abgebrochene doppelgeschossige Bibliothek (1701–1720, begonnen von Johann Schmuzer), seitlich die Naturwissenschaftlichen Sammlungen. Der gesamte, fast 150 m lange Osttrakt ist dem Konvent vorbehalten gewesen und wird heute durch das Gymnasium benutzt. In der Nordostecke lag der nicht mehr erhaltene Theatersaal, im Südosten erdgeschossig das Refektorium, darüber der doppelgeschossige Rekreationssaal, der als einziger der Festsäle in seinem ursprünglichen Zustand erhalten geblieben ist (Fresko von Melchior Pucher, Stuck wohl von Thomas Glasl, um 1728). In der Mittelachse vor dem Ostchor der Kirche lagen die lichtdurchfluteten Säulenhallen, von welchen man über die große Konventstiege in die Sakristei und in den Psallierchor sowie in die Obergeschosse des Konventtraktes gelangen konnte; für dieses Stiegenhaus, das in seiner Form zum Vorbild des berühmten Treppenhauses von St. Florian in Oberösterreich wurde, hat 1715 der Augsburger Bildhauer Ehrgott Bernhard Bendl sechs unter Max I. Joseph beseitigte Statuen geliefert. Südlich anschließend an die Eingangshalle war die gewölbte Pfeilerhalle des Kapitelsaals situiert. Im übrigen waren im Osttrakt Zellen der Konventualen untergebracht. Der südliche Bauabschnitt des Konventtraktes, zu dem am 20. August 1722 der Grundstein gelegt worden war, zeigt in der Fassadengestaltung die Handschrift Johann Baptist Gunetzrhainers: Durch dezenten Einsatz von Gliederungs- und Trennungselementen gelang es ihm, den gehobenen Anspruch der dahinterliegenden Säle nach außen zu vermitteln. Der Südflügel, der nach Art eines Ehrenhofbaues zurückversetzt ist, enthielt im Erdgeschoß Küche und Archiv, im 1. Obergeschoß die Krankenabteilung und das Noviziat; heute dient er dem Gymnasium, wofür auf der Innenhofseite um 1980 ein moderner Erweiterungsbau mit einer Glas-Stahlrahmenkonstruktion errichtet wurde. Dem Süd-

Tegernsee, ehem. Benediktinerkloster vom Ufer zw. Überfahrt und Ringsee

Tegernsee, Schloßplatz 1 a – f, ehem. Benediktinerkloster, sog. Schloß

Tegernsee, sog. Schloß vom Wasser

Tegernsee, sog. Schloß

Tegernsee, sog. Schloß, südlicher Hof von Westen

Tegernsee, sog. Schloß, Südtrakt von Südosten

Tegernsee, sog. Schloß, Luftbild von Osten

westtrakt war ursprünglich als Mittelachse der gesamten Anlage auch eine Vermittlungsfunktion zugedacht, nämlich als Wohnung des Abtes, der sowohl dem Konvent als auch dem weltlichen Bereich des Klosters vorsteht; in der königlichen Zeit war dieser Trakt schließlich für die Aufnahme der Königszimmer ausersehen worden. Die Repräsentationsetage befindet sich im 1. Obergeschoß mit dem ehem. Empfangssaal des Abtes, dem nachmaligen Bankettsaal des Königs und heutigen Hauptsaal des Heimatmuseums, mit der Vestibülhalle, in der ursprünglich das große Abteistiegenhaus einmündete, und im Südrisalit mit den ehem. Wohnzimmern des Abtes, die von Johann Baptist Zimmermann stuckiert sind.

Die Klenze-Farbfassung hat die genaue Umkehrung der ursprünglichen klösterlichen Farbfassung bewirkt: das Barockkonzept verlangt weiße Mauerflächen und farbig hervortretende Strukturelemente – in der 1. Hälfte des 18. Jh. ockerfarbig, so wie heute im südlichen Innenhof wahrzunehmen, in der 2. Hälfte des 18. Jh. grünfarbig; die unter Berufung auf Klenze hergestellte Farbigkeit hat alle Mauerflächen und die Rustikaelemente gelb eingefärbt und nur die Fensterumrahmungen und Gesimse weiß abgesetzt. Da die Eingriffe Klenzes in die Architektur sich aber in engen Grenzen hält, ist die Rückkehr zur originalen barocken Farbigkeit heute wünschenswert.

Schloßplatz 2. Ehem. *Klosterkirche St. Quirinus,* jetzt kath. Pfarrkirche, Türme 1004–1012, Krypta im Kern 1041, Psallierchor und doppelstöckige Sakristei 1426–29, dreischiffiges Langhaus 1471–78, barocke Umgestaltung mit Einfügung von Vierung und Querhaus nach Plan von Enrico Zuccalli ab 1678, Abtrennung des östlichen Psallierchores und Umgestaltung der Fassade durch Leo von Klenze ab 1817; mit Ausstattung.

Von der ersten, der Tradition gemäß 746 geweihten Klosterkirche ist kein Teil erhalten geblieben. Erst als nach dem Erlöschen des Klosterlebens in den Ungarn-Stürmen des 10. Jh. Kaiser Otto II. 978 die Abtei neu begründet hatte, wurden auch Baumaßnahmen eingeleitet, von denen wir Relikte in den Türmen und im Kryptabau besitzen. Der ottonisch-romanische Kirchenbau war eine Pfeilerbasilika ohne Querhaus. Nach dem zweiten Kirchenbrand 1035 wurde eine fünfschiffige kreuzgratgewölbte von Gurtbögen unterteilte Säulenkrypta errichtet; diese mußte leider 1895, als man Teile von ihr wiederentdeckte, der Planung für eine neue Fürstengruft weichen. Der Einsturz des vorderen Chorteiles bis zur Krypta herunter im Jahre 1424 war Anlaß für eine stufenweise Erneuerung des Kirchenbaues im spätgotischen Stil: 1426–29 wurden der obere Chor und die doppelstöckige Sakristei neu gebaut und gewölbt sowie eine Restaurierung der Krypta vorgenommen; 1446 wurde der untere Chor gewölbt und der Hochaltar in Erinnerung an die Altarweihe von 746 zum zweiten Mal zu Ehren der Hll. Petrus, Paulus und Quirinus geweiht; 1448–53 wurde am Chorgestühl für den unteren Chor gearbeitet und schließlich nach dem Neubau der Klostergebäude von 1453–59 und dem Neubau der gotischen Turmhelme 1465 auch das Langhaus der Kirche von 1471–78 neu gebaut und mit Altären eingerichtet. Die arbeitslos gewordenen Kirchenmaurer wurden übrigens gleich anschließend von 1477–86 zum Bau der Klosterbefestigung herangezogen. Zum Jubiläumsjahr 1646 wurde ein neuer barocker Hochaltar im Ostchor erstellt. In Erinnerung an die Neubegründung des Klosters von 978 wurde am 22. März, dem ersten Werktag nach dem Fest des Hl. Benedikt im Jahr 1678 am Torbau für die neue Idealanlage begonnen, welche in einer grandiosen, geometrisch durchdachten Gesamtkonzeption Kirche und Kloster erneuern sollte. Der Mittelpunkt der gesamten Klosteranlage sollte aus dem Höhenschnittpunkt des gleichseitigen Dreiecks als Symbol des Dreifaltigen Gottes gewonnen wer-

Tegernsee, sog. Schloß, ehem. Recreationssaal

Tegernsee, sog. Schloß, Gang im Ostflügel

Tegernsee, sog. Schloßapotheker-Stöckl

Tegernsee, Kirchensüdfront

Tegernsee, sog. Schloß, ehem. Recreationssaal, Fresko von Melchior Pucher

Tegernsee, ehem. Klosterkirche St. Quirinus

Tegernsee, ehem. Klosterkirche, Portal

387

den; über diesem Dreieckshöhenschnitt sollte der Mittelpunkt einer Kuppelanlage zu liegen kommen, daher mußte zwischen dem gotischen Langhaus der Kirche und dem unteren Chor ein Querhaus ausgebrochen werden. Gemäß dem Plan Enrico Zuccalis hat diese Maßnahmen wahrscheinlich der Baumeister Antonio Riva durchgeführt. 1687 war der den Carlone nahestehende Stuck im Psallierchor vollendet, 1688 malte Georg Asam die drei Chorfresken, am 29. April 1689 wurde mit dem Meister der Vertrag über die restliche Kirchenausmalung abgeschlossen, die bis 1694 dauerte und die den damals in ganz Oberbayern größten und modernsten Freskenzyklus über das Leben Jesu lieferte. Die 1690 datierte Kuppel zeigt konsequenterweise an ihrem Scheitelpunkt ein kleines gleichseitiges Dreieck, in das die Personen der Dreifaltigkeit einbeschrieben sind und das daran erinnert, daß die gesamte barocke Klosteranlage auf diesen Mittelpunkt des Dreifaltigen Gottes hin ausgerichtet ist. Die Stuckierung der bislang unbekannten italienischen Stukkateure hat dem spätgotischen Raum ein barockes Gepräge verliehen, wobei der neuen Raumwirkung zugute kam, daß die spätgotische Langhausarchitektur schon eine sehr weite und hohe Säulenstellung im Mittelschiff hatte. Die figürliche Darstellung der einzelnen Stuckplastiken beginnt mit Engelsköpfchen, steigert sich über vollkörperliche Puttenkindln und Engelsgenien bis zu den vier lateinischen Kirchenlehrern in den Pfeilern der Vierung. Die in rosa, gelb und grau vorgenommene Einfärbung des Stuckes beruht auf der Rokokofassung in den Jahren vor 1746. Hinter dem Marmortabernakel des Hauptaltares wurde von Klenze eine Trennwand aufgezogen, so daß man heute nicht mehr auf den optischen Oberbau des Hochaltares schauen kann, der etwa 17 m weiter im Osten am Schluß des dazwischenliegenden Psallierchores stand. Auch die beiden großen Seitenaltäre wurden von Klenze überarbeitet; die Schwerlastigkeit der in klassizistischen Formen eingesetzten Holzteile hebt sich dabei ungünstig von den pretiosen Reststücken der Barockaufbauten aus Tegernseer Marmor ab. Die zum Jahrtausendjubiläum von 1746 geplanten beiden Rokokokapellen zu Ehren des Hl. Benedictus und des Hl. Quirinus sind mit den Altarplastiken von Johann Baptist Straub und dem virtuosen Rokokostuck wohl von Feichtmeier erhalten geblieben, während die übrigen Seitenaltäre in den Kapellen der Seitenschiffe völlig demontiert wurden und nur in verstreuten Einzelstücken erhalten sind. Die barocke Umgestaltung der Abteikirche hat auf die jungen Gebrüder Asam und auf den jungen Johann Baptist Zimmermann, welche sie nachweislich gut kannten, einen nachhaltigen Eindruck ausgeübt.

Tegernsee, ehem. Klosterkirche, Fresko der Neugründung, Hans Georg Asam nach 1690

Tegernsee, ehem. Klosterkirche, Inneres

Tegernsee, ehem. Klosterkirche St. Quirinus, Blick zum Chor

Schloßplatz. *Denkmal für Königin Karoline von Bayern* (gest. 1841), 1870 von Johannes Halbig; im Schloßpark am See (nicht abgebildet).

Schloßplatz. Reststück der alten *Ufermauer*, wohl 17./18. Jh.; im Schloßpark am See.

Südlich des alten Torbaues (vgl. Seestraße 14) ist noch ein langes Teilstück der hohen Ufermauer erhalten, mit welcher das Kloster auf den Seeseiten umgeben war. An der Südseite, vor dem Abteistiegenhaus, war diese Mauer zurückversetzt und bildete dort einen kleinen Hafen zum Anlanden der Klosterschiffe. Die Tuffsteinmauer ist heute noch die höchste Ufermauer am ganzen Tegernsee.

Schwaighofstraße 13. *Gartentor* mit Jugendstilgitter, Anfang 20. Jh.

Schwaighofstraße 36. Ehem. *Villa Leinhaas,* malerische Anlage im Heimatstil, 1905/07, mit Walm- und Schopfwalmdächern.

Professor Friedrich Leinhaas, Bibliothekar der Kaiserin Auguste Viktoria, ließ sich in einem Parkgrundstück unmittelbar am Seeufer diese burgartige Villa mit Elementen aus Jugendstil und Neubarock erbauen.

Schwaighofstraße 47. *Landhaus, Courths-Mahler-Haus,* mit Lauben und Eckerker, im Heimatstil, 1900.

Das Landhaus nimmt als einer der frühesten Heimatstilbauten die Elemente des Tegernseer Bauernhauses der 2. Hälfte des 18. Jh. auf. Die Proportion ist in Vergleich zu diesen allerdings überhöht; die Fensterumrahmung am Erker zeigt Jugendstilelemente. Das Haus wurde im Auftrag des Kriegsministers von Bosse erbaut, 1933 von der Schriftstellerin Hedwig Courths-Mahler (1866–1950) erworben und bis zu ihrem Tode bewohnt.

Schwaighofstraße, bei Nr. 47. *Prinzenkapelle,* neuromanisch mit Vorbau und Dachreiter, zur Erinnerung an Prinz Carl von Bayern, nach 1875, mit Ausstattung; im Garten von Nr. 47.

Die Kapelle an der Straße von Tegernsee nach Rottach erinnert an einen der bedeutendsten Tegernseer Schloßherrn, der hier als 80jähriger durch Sturz vom Pferd am 15. 8. 1875 ums Leben gekommen ist. Prinz Carl hatte 1841 von seiner Stiefmutter Königin Karoline in Bayern nach deren Tod das Schloß mit allen Liegenschaften geerbt. Die damals reichen Einkünfte aus den landwirtschaftlichen Gütern, der Brauerei, dem Marmorbruch und dem Wildbad Kreuth verwendete er einerseits zur Restaurierung des Schlosses, in dem er selbst ständig wohnte und das er 1845/46 ringsum herunterputzen und alle Fensterläden frisch anstreichen ließ, andererseits für insgesamt 27 Stiftungen, welche noch über seinen Tod hinaus notleidenden Menschen in acht bayerischen Landkreisen zugute gekommen sind. Der Weg durch das Alpbachtal nach Schliersee, auf dem er mit Vorliebe geritten ist, hat nach ihm die Bezeichnung Prinzenweg erhalten.

Schwaighofstraße 71. Ehem. *Villa Rosa,* Putzbau mit flachgeneigtem Satteldach und Lüftlmalereien, 1902 wohl von Lorenz Hofmann.

Die besonderen Schmuckelemente des Heimatstilhauses liegen neben den Lüftlmalereien in den Holzteilen, der Brettbalusteraltane im 1. Obergeschoß, die in der Mitte vorgewölbt ist, und in der Giebelaltane mit einem geschweiften Katzenlauben-Ausschnitt.

Schwaighofstraße. *Quellendenkmal mit Brunnen* zur Erinnerung an König Max I. Joseph, bez. 1821; Ecke Riedersteinstraße.

König Max I. Joseph wollte die Kur- und Heilungsgelegenheiten, welche einst schon vom Kloster Tegernsee den Menschen angeboten worden waren, wieder aufs neue nutzbar machen. So hatte er 1820 das schon seit 1511 unter Abt Heinrich bestehende Badehaus in Wildbad Kreuth wiederherstellen und 1824 erheblich vergrößern lassen. Der klassisch schlichte Marmoraufbau des Brunnens an der Schwaighofstraße erinnert daran, daß der König die ebenfalls unter Abt Heinrich genannte Schwefelquelle am oberen Schwaighof 1821 neu fassen, in Reserven sammeln und mit 130 Deichen zur öffentlichen Entnahme bis zur Landstraße an diesen Brunnen führen ließ. Die Quelle ist unterdessen versiegt.

Seestraße 11. Ehem. *Herzogliche Administration,* Vierflügelanlage um einen Innenhof, mit Eckrustika und Gurtgesimsen, um 1875 von Schloßbaumeister Sebastian Herrle.

Die schlichten Wirtschaftsgebäude werden nach der Hauptstraße zu durch einen repräsentativeren Kopfbau abgeschirmt. Die Architekturelemente sind dem vorausgehenden Tegernseer Schloßbauwesen entnommen, lediglich der Kopfbau zeigt in seinen Außenrisaliten Satteldachgiebel, die in das Walmdach eingeschnitten sind; im Inneren eine schöne Säulenhalle.

Tegernsee, Ufermauer

Tegernsee, Schwaighofstraße 13, Gartentor

Tegernsee, Schwaighofstraße 36, ehem. Villa Leinhaas

Tegernsee, Schwaighofstraße 47

Tegernsee, Schwaighofstraße 71

Tegernsee, Seestraße 11

Tegernsee, Quellendenkmal

Tegernsee, Prinzenkapelle

Tegernsee, Seestraße 11, Remise

Seestraße 13. *Friedhof,* alter Teil angelegt 1809, Friedhofsmauer 1845.

Der ursprünglich um die Tegernseer Pfarrkirche St. Johann am Burgtor angelegte Friedhof war im Zusammenhang mit dem Abbruch dieser Pfarrkirche 1805 in den ehem. klösterlichen Krautgarten nördlich der Landstraße verlegt worden. Zu den frühest Bestatteten gehörten nicht nur verstorbene Ortseinwohner, sondern ebenso die nacheinander verstorbenen ehemaligen Benediktiner von Tegernsee, die am Ort verblieben waren. An die 1845 erbaute Friedhofsmauer lehnen sich von innen eine Reihe vielfältig gestalteter Grabmäler. Die breitgelagerte Friedhofshalle zeigt klassizistische Formen.

Seestraße 14. Ehem. *Torbau der Benediktinerabtei,* seit 1817 sog. *Altherrenhaus,* jetzt Wohnhaus, dreigeschossiger Walmdachbau, 1678 nach Plan von Enrico Zuccalli über mittelalterlichem Kernbau errichtet.

Der seiner ursprünglichen drei Türme beraubte Torbau gibt heute nur mehr unvollständig die historische Eingangssituation in das Kloster Tegernsee wieder: im Nordwesten der Gesamtanlage situiert, reichte der Bau ursprünglich bis zur Ufermauer des Sees, wobei sein Westturm sogar noch im See gegründet war, während sein Ostturm die Schleusenanlage beschirmte, welcher den Wasserstand im Befestigungsgraben nördlich und östlich des Klosters regulierte; durch diesen zweiseitigen Wassergraben und das zweiseitige Seeufer hatte das Kloster eine Inselstellung inne. Die alte Landstraße führte von Norden her direkt auf den Torbau zu und drehte kurz davor nach Osten ab, um der Grabenbefestigung entlang am Kloster vorbei nach Egern zu führen. Hinter der Tordurchfahrt erschloß sich linkerhand der *Friedhof* und die sog. *Burgtorpfarrkirche St. Johann,* ganz nach vorne die langgezogene Seepromenade, die am Westflügel des Klosters entlangführte (vgl. Schloßplatz, Reststück der alten Ufermauer). In der Mitte des Westtraktes öffnete sich eine dreischiffige Torhalle in den großen Westhof, die Blickachse war dabei auf die Doppelturmfassade der *Klosterkirche* gerichtet.
Im Jahre 1817 kauften die ehem. Tegernseer Benediktinermönche den Torbau zu ihrem Wohnaufenthalt; von daher stammt der Name Altherrenhaus. 1805 schon hatten diese «geistlichen Herren», die über die Klosterauflösung hinaus ihrem Ort und Klosterleben treu bleiben wollten, den östlichen Konventtrakt zurückgekauft. Dort führten sie ihre Vita communis weiter, durften aber nach außen nicht in Erscheinung treten. Als 1817 der König den Gesamtkomplex ankaufte, waren sie dort abermals im Wege und mußten auf den Torbau ausweichen. Der letzte Benediktiner starb hier im Jahre 1866, nachdem er sein und seiner Mitbrüder Vermögen aus den Abfindungspensionen wohltätig für die Bevölkerung eingesetzt hatte.

Seestraße 17. Kath. *Pfarrhof,* mit flachem Walmdach, um 1840 über älterem Kern erbaut.

Das Gebäude in Ecklage an einer alten Straßenabzweigung bildet einen an das Klosterbauwesen angelehnten Haustyp mit biedermeierlichem Einschlag.

Seestraße 27. Sog. *Klosterrichterhaus,* 1717, Obergeschoß im Kern Blockbau, Schopfwalmdach mit Scharschindeln und Lauben.

Der Tradition nach gilt das Haus, das östlich außerhalb des Klosters liegt, als Richterhaus. Die Niedergerichtsbarkeit für den Tegernseer Winkel war dem Kloster 1321 verliehen worden. 1497 war von Abt Quirin Regler ein Albrecht Schenkh von Schenkenstein zum Richter bestallt worden; er und seine Nachfolger bewohnten bis 1717 ein Lehen, das am Platz des späteren Hotels Steinmetz gelegen war. Durch Verlegung in das damals neugebaute Klosterrichterhaus wurde dieses Le-

hen 1717 frei und daher an den Steinmetz Chrysogon Linsinger vergeben. Trotz mehrfacher Erneuerung hat das Gebäude seine ursprüngliche Charakteristik beibehalten; drei nachdenklich stimmende Bauinschriften sind angebracht: Lasset uns am Alten / so es gut ist, halten / Doch auf altem Grunde / Neues wirken jede Stunde. Man reißt das Haus nicht ein / das Väter uns gebaut / Doch richt sich's jeder ein / wie er's am liebsten schaut. Als Türspruch: Sag nichts herein, sag nichts hinaus / So bleibt der Fried in mein Haus.

Seestraße 42. Ehem. *Hoffischerei,* langgestreckter Putzbau mit Walmdach und Gurtgesims, um 1821.

Das langgestreckte auffallende Gebäude zwischen Straße und Seeufer lehnt sich in seinen Bauformen an das Klostergebäude an, spart jedoch durch niedrigere Walmdachhöhe am Dachstuhlholz.

Seestraße, bei Nr. 42. *Schiffhütte der ehem. Hoffischerei,* mit Walmdach, Mittelrisalit und Giebel, um 1821.

Die breit hingelagerte hölzerne Schiffhütte mit dem Mittelvorbau und den sechs korbbogigen Schiffseinfahrten ist auf bildlichen Ansichten Tegernsees um 1830 bereits eingezeichnet; sie dürfte damit gleichzeitig mit der Fischerei entstanden sein.

Seestraße, bei Nr. 42. *Steinkreuz,* Tuffstein, 1544.

Das Steinkreuz soll an ein Schiffsunglück des Jahres 1544 erinnern, genauso wie das Pendant-Kreuz bei der Überfahrt in Egern. Bei der Klosteraufhebung 1803 war es von seinem ursprünglichen Platz beseitigt worden und befand sich dann lange Zeit auf der Wiese eines heimatkundlich interessierten Bauern, bis durch den Altertumsverein die Wiederaufstellung an der heutigen Stelle veranlaßt wurde.

Seestraße 43. Ehem. *Villa Frankenburg,* Putzbau mit Mittelrisalit, hölzernem Mezzaningeschoß, überstehendem Flachsatteldach mit Zwerchgiebel und hölzernem Verandavorbau, 1866 von Michael Tölzer.

Der besondere Schmuck dieses Hauses ist der hölzerne Verandavorbau mit dem ornamentalen Brettschnittmuster, das an textile Spitzenstickerei erinnert.

Tegernsee, Seestraße 13, Friedhof

Tegernsee, Seestraße 14, ehem. Torbau

Tegernsee, Seestraße 15, Pfarrhof

Tegernsee, Seestraße 27, sog. Klosterrichterhaus

Tegernsee, Seestraße 42, ehem. Hoffischerei

Tegernsee, Steinkreuz

Tegernsee, Seestraße 42, Schiffhütte

Tegernsee, Seestraße 43, ehem. Villa Frankenburg

Seestraße 49. *Villa,* breitgelagerter Walmdachbau mit Pilaster-gliederung, 1922/23 von W. Funke errichtet.

Das Gebäude lehnt sich einerseits an die Formen des Schloß-baus an, erinnert aber zugleich an das gleichzeitig errichtete Tegernseer Postamtsgebäude (siehe S. 4).

Seestraße 74. *Landhaus* des Hofmalers Joseph Stieler, Putz-bau mit vorkragendem Schopfwalmdach, 1829/30.

Unterhalb des Leeberges am Ansatz der Halbinsel Point ließ sich Joseph Stieler für 3762 Gulden 23 Kreuzer dieses Som-merhaus bauen, das den Typ der ehem. klosterzugehörigen Halbwalmdachhäuser aufnimmt, ihn aber mit biedermeier-lich-fortgeschriebenen Vordächern versieht. Der 1781 in Mainz geborene und 1858 in München gestorbene Bildnisma-ler wurde 1820 in München zum Hofmaler ernannt, nachdem er 1819 im Schloß Tegernsee König Max I. Joseph porträtiert hatte. Das Sommerhaus, das der Überlieferung nach großen-teils von Ludwig I. finanziert wurde, wird noch von den Nachfahren bewohnt und enthält noch das große Atelierfen-ster.

Tegernsee, Seestraße 49, Villa

Seestraße, gegenüber von Nr. 74. *Denkmal* für den Mundart-dichter *Karl Stieler* (1842–1885, Sohn des Joseph Stieler), Postamentaufbau als Mittelstück einer Marmorbank von Friedrich von Thiersch 1886/7, Bronzebüste von Thomas Dennerlein 1886; gegenüber Seestraße 74 am Hang.

Seestraße 76. Ehem. *Villa Arco-Valley* bzw. *Dalberg-Acton,* jetzt Sanatorium, neuklassizistischer Putzbau mit Walmdach, mit dorischer Altane und Fenster mit Palladio-Motiv, 1912.

Seestraße 78. *Schiffshütte* des ehem. *Landhauses Arco-Valley,* Holzaufbau über Quaderfundament, Lisenen und klassizisti-scher Giebel, Mitte 19. Jh.

Seestraße 86. Holzgeschnitzte *Haustüre* um 1920.

Das Haus am Leebergabhang, das Ludwig Ganghofer von 1919 bis zu seinem Tod am 24.7.1920 bewohnte, ging aus ei-nem Umbau des $\frac{1}{32}$-Lehens *Beim Gärn an der Point,* später *Garnschneider* genannt, hervor. 1702 war das Anwesen dem Klosterkuchlschreiber Chrysogon Linsinger überlassen wor-den.

Tegernsee, Seestraße 74, Landhaus

Seestraße 88. Stattliches *Landhaus* im Bauernhausstil, 1896, mit Flachsatteldach und eisernem Gartenzaun.

Anstelle dieses Hauses stand früher das *Fuhrmanngütl,* es handelt sich um das in alter Zeit schon relativ dicht bebaute Gebiet der *Leeberghöfe* an der Straße nach Rottach. Der Bau-stil des Hauses ist bemerkenswert, da er mit seinen Stichbo-genfenstern noch in der Tradition des 19. Jh. steht, unter dem Flachsatteldachgiebel aber bereits das für den künftigen Hei-matstil charakteristische Entlehnungsmotiv der Katzenlaube anwendet.

Sonnleitenweg 20. Ehem. *Lehenshof «Beim Bräu am Berg»,* Mitte 18. Jh., Obergeschoß-Blockbau mit Lauben.

Das ehem. klösterliche Handwerkerlehen kann bis 1624 zu-rückverfolgt werden; 1784 lebte dort der klösterliche Brun-nenmacher Kaspar Petzenbacher, welcher ein für die Ortsge-schichte aufschlußreiches Tagebuch verfaßt hat; seit 1826 ist der Hof im Besitz der Familie Rixner. Das Gebäude, das ge-ostet und daher mit dem Ökonomieteil dem See zugewandt ist, wurde in seinem Obergeschoß-Blockbau durch Fenster-vergrößerung leicht verändert.

Tegernsee, Denkmal Karl Stieler

Alpbachalm

Alpbachalmen, zwei Blockbauten, Ende 18. Jh.; am Prinzen-weg.

Kleine *Waldalm* im Alpbachtal.

Tegernsee, Seestraße 78, Schiffhütte

Tegernsee, Seestraße 76, ehem. Villa Arco-Valley, jetzt Sanatorium

Tegernsee, Detail Stieler-Denkmal

Tegernsee, Seestraße 8 b, Haustür

Tegernsee, Seestraße 88, Landhaus

Tegernsee, Alpbachalm

Tegernsee, Sonnleitenweg 20, «Beim Bräu am Berg»

GEMEINDE VALLEY

Die Gemeinde, im Norden des Landkreises gelegen, umfaßt das Kerngebiet der ehemaligen, 1818 bzw. bei Aufhebung der Patrimonialgerichte, 1848, erloschenen *Hofmark Valley,* die seit 1656 im Rang einer Grafschaft gestanden hatte.

Von den Waldhängen des voralpinen Taubenbergs im Süden, wo bei dem abgelegenen Weiler *Fentberg* 762 m Höhe erreicht werden, dehnt sich das Gemeindegebiet nach Norden über die teils offene, teils bewaldete Landschaft am Südostrand der Münchner Schotterebene bis zu den Waldrändern des Hofoldinger Forstes im Nordwesten und der Helfendorfer Flur im Norden, die in ca. 625 m bis 640 m Höhe liegen, aus. Im Osten bildet der tief eingeschnittene Mangfallgraben die natürliche Grenze.

Der Nordteil der Gemeinde mit *Sollach, Hohendilching* und *Grub* gehörte bis zu ihrer Auflösung 1978 zur Gemeinde *Föching.*

Die Verwaltung der Gemeinde hat ihren Sitz z. Zt. in *Mitterdarching;* ein neues Gemeindeamt in Unterdarching, das seit 1825 Expositur bzw. Pfarrsitz ist, befindet sich im Bau.

Die verkehrs-, siedlungs- und herrschaftsgeschichtlichen Entwicklungen im Valleyer Raum und an der mittleren Mangfall standen seit frühgeschichtlicher Zeit in besonderer Abhängigkeit von den naturräumlichen Besonderheiten dieses Gebiets.

Die von Süden aus dem Tegernsee heranfließende, ab Weyarn in eine enge Talrinne gedrängte Mangfall wird bei Grub in jähem Bogen und gegen das allgemeine Gefälle der Landschaft nach Südosten abgelenkt, weil die quer verlaufende Moräne des Inngletschers nicht durchbrochen werden konnte. Der vom Flußbogen eingefaßte Landsockel wurde seit der Latènezeit bis zum Hochmittelalter bevorzugt für die Anlage von Befestigungen (siehe Gemeinde Weyarn).

Nur 2,5 km nördlich des Mangfallbogens verlief die west-östliche Römerstraße von Augsburg nach Salzburg. Diese kreuzte bei dem Isinisca genannten, bei Helfendorf vermuteten Ort eine nord-südliche Römerstraße, die noch der Regensburger Bischof St. Emmeram auf einer Reise nach Rom benutzte, als er im nahegelegenen Kleinhelfendorf 652 sein Martyrium erlitt.

Spuren dieses offenbar südwärts zum Alpenrand strebenden Verkehrsweges sind bisher südlich von Helfendorf noch nicht gefunden worden. Gruppen von römischen Funden am linken Mangfall-Hochufer auf der Linie Helfendorf–Grub–Valley geben jedoch Hinweise auf den Verlauf dieser Straße, die unter dem Schutz einer wahrscheinlichen doch noch nicht nachgewiesenen befestigten römischen Station auf dem Valleyer Burgberg die Mangfall gequert haben dürfte.

Die seit hochmittelalterlicher Zeit geschaffenen Verkehrsverbindungen im Bereich des nördlichen Landkreises hatten mit der Schwierigkeit der Überwindung des Mangfallgrabens zu rechnen. So verlief die Chaussee München–Höhenkirchen – Miesbach–Schliersee im 18. und 19. Jh. westlich vor dem Graben über Kreuzstraße–Unterdarching und querte den Fluß bei der Mühlthaler Brücke, die offenbar wegen ihrer Nähe zum Kloster Weyarn in den nachmittelalterlichen Jahrhunderten der Valleyer Brücke vorgezogen wurde.

Noch beim Eisenbahnbau München–Holzkirchen–Aibling–Rosenheim–Salzburg 1854f. umfuhr man das Mangfallknie und bediente sich dazu des sog. Teufelsgrabens, einer eiszeitlichen Schmelzwasserrinne zwischen Holzkirchen und Grub. Dagegen überspannt die moderne Autobahn München–Salzburg (E 11), welche die Gemeinde durchschneidet, mit der Weyarner Brücke die Mangfall und führt den west-östlichen Fernverkehr im Gegensatz zu den vorangegangenen Jahrhunderten erstmals direkt am Alpenrand entlang.

Die im Landkreis Miesbach einzigartig frühe mittelalterliche (bajuwarische) Besiedlung des Valleyer Raumes, belegt durch die für das 6. bis 8. Jh. charakteristischen Reihengräberfunde bei *Grub, Valley, Unterdarching* und die bajuwarischen Suffix -ing–Vorkommen in den Ortsnamen *Darching, Dilching* und *Föching,* spiegelt zweifellos die vorangegangene römerzeitliche Verkehrs- und Siedlungserschließung wider, die also weiterhin siedlungsbildend wirkte. Das waldfreie Offenland in den Niederterrassen von *Darching* ist altbesiedeltes und altkultiviertes Ackerland, wie es sonst in den erst im Hochmittelalter gerodeten und besiedelten südlichen Teilen des Landkreises nirgendwo zu finden ist.

Aus der *Burgherrschaft Valley,* die sich auf dem Boden mittelalterlichen Königsgutes entfalten konnte, wurde die Hofmark und spätere Grafschaft Valley ausgebaut, die zum *Landgericht Aibling* gehörte.

Über seine Gemahlin Haziga war der Valleyer Besitz im 11. Jh. an Graf Otto I. v. Scheyern gelangt, dessen Besitznachfolger an der Mangfall sich Grafen v. Valley nannten und wahrscheinlich bis kurz vor 1125 auf *Burg Grub,* dann auf Valley saßen.

Das Gemeindegebiet ist unverändert seit der Zeit der frühmittelalterlichen Besiedlung der ertragreichen, auch für Ackerbau geeigneten Böden, landwirtschaftlich strukturiert. Die Bauern siedelten in der Regel in geschlossenen Dörfern, deren historische Grund- und Aufrißstrukturen überdurchschnittlich gut erhalten sind. In *Grub* und *Kreuzstraße* erfolgte ebenso wie im benachbarten *Kleinkarolinenfeld* im frühen 19. Jahrhundert noch eine Nachkolonisation durch Pfälzer Einwanderer.

Das historische Bauernhaus ist der zweigeschossige, mit dem Giebel nach Osten gerichtete Einfirsthof, der bis zum mittleren 18. Jahrhundert meist als reiner Holzblockbau aufgezimmert war.

Die kirchliche Kunst und der Kirchenbau wurden von Münchner Werkstätten, seit der Barockzeit vom *Kloster Weyarn,* bestimmt, das in den meisten Kirchen die Pfarrdienste versah.

Die historischen Gewerbe im Mangfallgrund sind erloschen, die Mühlen erfuhren neue Nutzung. Es entstanden jedoch seit etwa 1880 bemerkenswerte Bauten der Münchner Wasserversorgung in diesem Tal.

Valley

Burgstall «Schloßberg», Bereich Schloß Valley (Valley, Fl. Nr. 1–2, 4–7, 9–14, 80, so 12–7).

Am westlichen Ortsrand von Valley wurden 1904/05 Bodenfunde gehoben, die zu wenigstens 15 Körpergräbern des 4. Jh. gehören; 500 m NNÖ wurden 1936 weitere 5 Gräber bekannt, die u. a. eine bronzene Gürtelschnalle des 4. Jh. enthielten, und 1963 wurden im Schloßgarten Valley, unmittelbar südlich des Schloßgutes, 11 Gräber mit Beigaben des 3. und 4. Jh. aufgefunden. Aus der Existenz dieser Friedhöfe kann geschlossen werden, daß in Valley während der römischen Kaiserzeit zwei gleichzeitige Wohnplätze bestanden.

Darüberhinaus kann angenommen werden, daß der Valleyer Schloßberg, die Bergzunge zwischen Mangfallgrund und Höllgraben, nordöstlich dieser Wohnplätze gelegen, als befestigte römische Militärstation ausgebaut war. Zweck eines solchen Stützpunktes, vergleichbar der spätantiken Spornbefestigung von Grünwald b. München, könnte die Sicherung eines Verkehrsweges durch den Talgrund, einer Brücke über den Fluß oder eines Fährplatzes gewesen sein.

Nur ein sehr geringer Teil des nach allen Seiten steil abfallenden Schloßberges bzw. seines Burgstalls, über dem sich bis 1740 das aus der mittelalterlichen Burg erwachsene Valleyer Hofmarksschloß erhob, konnte bisher genauer untersucht werden.

Valley, Schloß, Luftbild von Osten (freigeg. Reg. v. Obb. GS 300 / 0110-85)

Valley, Burgberg vom östlichen Mangfallufer

Valley, Wening-Stich um 1700

Valley, Schloß, Luftbild von Südwesten (freigeg. Reg. v. Obb. GS 300 / 0110-85)

Probegrabungen 1970 förderten u. a. Gefäßreste zu Tage, die auf eine Besiedlung schon in der Bronze-, Urnenfelder- und Hallstattzeit schließen lassen. Es wurden darüberhinaus Funde aus mittel- und spätrömischer Zeit sowie Keramikreste des 10.–12. Jh. entdeckt, sodaß an eine Neu- oder Wiederbefestigung des Sporns schon seit dem frühen Mittelalter gedacht werden kann. Festgestellt wurde auch die von Süden nach Norden 90 m lang in spitzer Dreieckform verlaufende bis zu 30 m breite Kerngestalt der mittelalterlichen Burg auf dem Tuffsteinplateau. Diese *Burg Valley* war seit etwa 1125 Sitz einer Nebenlinie des Grafen v. Scheyern-Wittelsbach, unter denen der nach 1135 verstorbene Graf Otto, der sich wohl zunächst im nahen Grub niedergelassen hatte und dann als Graf v. Valley genannt wird, als Ahnherr dieser Wittelsbachischen Nebenlinie und Inhaber der Herrschaft an der Mangfall und in anderen Gebieten besonders herausragt. Otto hatte 1111 das Kloster Gries b. Bozen, um 1120 zusammen mit seiner Gemahlin Adelheid v. Goerz das Kloster Bernried am Starnberger See gestiftet. Seine Kinder und Enkel waren mit bedeutenden Dynastengeschlechtern versippt und machten reiche Güterschenkungen an umliegende Klöster, wie Ebersberg und Tegernsee. In den Auseinandersetzungen um das bayerische Herzogtum trafen Babenberger und Welfen 1140 in einer Schlacht in Valley aufeinander, an der viele Mitglieder der bayerischen Dynastengeschlechter teilnahmen.

Mit Graf Otto III. starb 1268 das Valleyer Grafenhaus aus; der verstreute Besitz wurde durch die seit 1180 herzogliche Linie der Wittelsbacher eingezogen und dem Herzogtum eingegliedert. Ein Teil der Güter mit der Burg Valley wurde jedoch seit 1408 als herzogliches Lehen wieder ausgegeben. Zunächst an die Herren Aham v. Neuhaus aus dem Innviertel, die herzogliche Hof- und Pflegeämter innehatten und die Burg zeitweise in Ahamstein umbenennen konnten.

Die Burg «Ahenstain Valaia, ohim nominatur», die Philipp Apian in seiner Landbeschreibung als alt und prächtig bezeichnet, wird erstmals zwischen 1588 und 1596 im Wandgemälde-Zyklus der 102 Städte, Märkte und Burgen des Herzogtums Bayerns im Antiquarium der Münchner Residenz von Hans Donauer dargestellt und zeigt sich als eine gedrängte Baugruppe mit Bergfried, Palas und Ringmauer.

Eine weitere Ansicht der Burg gibt 1701 Michael Wening in seiner Topographie. Er zeigt wie Donauer den Burgberg von Osten, mit dem Höllgrabeneinschnitt und dem Mangfalltal mit kleinen Häusern, Hütten, Nutz- und Ziergärten und einer Holzbrücke im Vordergrund. Der Hauptbau im Norden, bei Donauer vielleicht infolge einer Erstürmung im Landshuter Erbfolgekrieg ruinös, zeigt bei Wening drei Geschosse und ist durch polygonale Erkentürme mit Zwiebelhauben besonders hervorgehoben. Dagegen sind westlich des Bergfrieds bei Donauer hohe Gebäude vorhanden, die in Wenings Ansicht nicht vorhanden sind.

Nach dem Tod Augustins, des letzten der Herren von Aham (1564), dessen Epitaph in der Unterdarchinger Kirche erhalten ist, wurden die Herren von Seyboltsdorff, dann die Maxlrainer und 1656 ein Günstling des Kurfürsten Ferdinand Maria, Graf Maximilian Kurz, der hohe Hofämter innehatte, mit Valley belehnt. 1671 folgten die Grafen Rheinstein-Tattenbach, die wie alle Vorgänger seit dem späten 16. Jh. nicht in Valley residierten. Die verfallende Burg wurde 1740 unter Max Franz Joseph v. Tattenbach abgebrochen und ein Schloßgut südwestlich auf dem sog. Hoffeld neu erbaut (siehe Graf-Arco-Straße 19). Zu diesem Schloßgutsbezirk südlich des alten Schloßbergs gehören auch das ältere und das jüngere Richterhaus (Graf-Arco-Straße 30 und 28) und das ehem. Krameranwesen (Graf-Arco-Straße 26), weiter südwestlich das Forsthaus und ein weiterer Ökonomiehof (Graf-Arco-Straße 17 und 20) sowie das alte Schulhaus (Graf-Arco-Straße 7), das bereits an die Anwesen von *Unterdarching* grenzt.

Diese Gruppe von teilweise im früheren 19. Jahrhundert erneuerten schlichten Herrschaftsbauten, zu denen ein Schloßgarten im englischen Stil gehörte, stellt sich weitgehend unverändert dar und vermittelt das Bild des Zentrums der damaligen Patrimonialherrschaft Valley.

Aumühlenweg 9. Ehem. *Kleinbauernhaus* und *Hammerschmiede «Beim Hammerschmied»*, Putzbau mit Balusterhochlaube und Fassadenmalereien, letztes Viertel 18. Jh.
Charakteristisch für das Valleyer wie auch das weitere Mangfalltal sind die verschiedenen historischen Mühlen, die fast nur noch als Gebäude, nicht mehr als Betriebe, bestehen. Die Hammerschmiede, auch *«Beim Kappauf»* genannt, wurde in einem großen Nebengebäude betrieben, das vor zwei Jahrzehnten abgebrochen wurde. Das erhaltene doch baulich stark verwahrloste Wohnhaus besitzt noch die barocken Fenster, um die sich (übertünchte) gemalte Rocaillerahmen schließen, eine aufgemalte Rustikagliederung an den Hausecken, ein (mehrfach übermaltes) Wandgemälde des Hl. Florian, barocke Balkenköpfe und Baluster und die Haustür von 1821.

Aumühlenweg 12. *Hofkapelle der Aumühle*, 2. Hälfte 18. Jh.
Der gewölbte Rechteckbau mit halbrund geschlosenem Altarraum, dem Wohnhaus der ehem. Aumühle zugeordnet, wurde 1982/83 restauriert. Im Inneren spätbarocker Hochaltar und Gestühl mit geschnitzten Wangen. Die Ausmalung des Raumes aus der Zeit der Jahrhundertwende wurde leider beseitigt. Die Gebäude der ehem. *Aumühle* (Nr. 2, 7, 15), und die kleinen Wohnbauten am Beginn des Aumühlenweges und am Schloßberg besitzen heute im einzelnen kaum mehr Denkmaleigenschaft, bezeugen aber die schon in der Ansicht von Wening 1701 überlieferte «kleine Welt» der etwa fünfzehn alten Mühlen, Handwerker- und Gütleranwesen unterhalb der Burg am Wasser der Mangfall.

Aumühlenweg. *Bildstock*, Marienfigur (Zementguß) im Holzschrein. Ende 19. Jh.; bei Nr. 12.

Graf-Arco-Straße 7. Ehem. *Schulhaus*, langgestreckter Traufseitbau mit zwei Giebelbalkons, 2. Hälfte 18. Jh. und Anfang 19. Jh.
Das alte Schulhaus, am westlichen Ortsrand bei den ersten Häusern von Unterdarching gelegen, wurde angeblich 1757 erbaut und diente auch als Wohnung des Schloß- und Schulbenefiziaten. Tatsächlich zeigt der östliche Hausteil im Inneren barocke Details wie z. B. einige Türen. Im frühen 19. Jh. wurde das Haus nach Westen erweitert.

Graf-Arco-Straße 17. *Gräfliches Forsthaus*, mit Steilwalmdach, 18. Jh.
Der gefällige, mehrfach erneuerte Putzbau diente im 19. Jh. auch zeitweilig als Schulhaus.

Graf-Arco-Straße 19. *Schloßgut Valley*, Vierflügelanlage, im Kern um 1740, die klassizistische Hauptfront mit Eckrisaliten nach Brand von 1836; *Schloßkapelle* Hl. Franz Xaver im südöstlichen Haupttrakt, barock, 1740; *römischer Meilenstein*, 201 m. Chr., Kopie, vor der Einfahrt.
Wenige hundert Meter nordwestlich des 1740 abgetragenen alten Valleyer Schlosses wurde im gleichen Jahr durch die Grafen v. Rheinstein-Tattenbach das sog. Neue Schloß, ein schlichtes Hofgut in vier Trakten um einen quadratischen Innenhof, erbaut. Im südöstlichen Haupt- und Eingangstrakt, der sich durch Eckkopfbauten heraushebt, liegt zentral die Hofdurchfahrt, aus der man nördlich in die Schloßkapelle, südlich in Verwalterräume und das Treppenhaus gelangt, das zu den oberen bescheidenen Wohnräumen führt.
1836 wurde der Bau durch einen Brand teilweise zerstört und durch Max Graf v. Arco zu Oberköllnbach wieder aufgebaut, wobei die Eckrisalite ihre klassizistischen Giebel erhielten.

Valley, Aumühlenweg 9, ehem. Kleinbauernhaus
«Beim Hammerschmied»

Valley, Aumühlenweg, Bildstock

Valley, Aumühlenweg 12, Kapelle

Valley, Aumühlenweg 12, Kapelle, Inneres

Valley, Graf-Arco-Str. 7, ehem. Schulhaus

Valley, Graf-Arco-Str. 17, Forsthaus

Valley, Graf-Arco-Str. 19, Schloßgut Valley, Ansicht von Süden

Arco hatte Valley 1821 von den Tattenbach ererbt und nannte sich, wie noch seine Nachkommen, Arco-Valley. Die Familie residierte allerdings in München und in den niederbayerischen Schlössern Großköllnbach und Adldorf.

Die *Schloßkapelle*, von 1740, geweiht 1741, im Mittelteil des Haupttrakts neben der Durchfahrt gelegen und sich durch zwei Geschosse erstreckend, bietet den einzigen repräsentativen Innenraum in Valley. Der steil proportionierte, über Pilastern gewölbte Raum weist einen reichen Frührokoko-Stuckdekor auf. Zierliche Rokoko-Orgel mit originalem Prospekt; auf dem Altar vornehmer Empire-Tabernakel.

Die *Ökonomietrakte mit Schloßbrauerei* wurden 1971 durch Brand beschädigt und vereinfacht wiederaufgebaut.

Vor dem Schloßgut ein *römischer Meilenstein* von der Römerstraße bei Göggenhofen, angeblich schon 1766 in Valley, jetzt Kopie (Original in der Prähistorischen Staatssammlung München). Der Stein stand bei der 60. römischen Meile ab Augsburg, Richtung Salzburg, aufgestellt im Jahre 201 unter Kaiser Septimus Severus zur Erinnerung an die Wiederherstellung der Straße.

Graf-Arco-Straße 20. Stattlicher *Gutshof «Sticklhof»*, Einfirstanlage mit Speichergeschoß, Flachsatteldach und Giebelbalkon, Wandgemälde an den Fronten, gewölbte Ställe; um 1850/60.

Zur gräflichen Schloßökonomie gehöriger großer Einfirsthof aus dem mittleren 19. Jahrhundert, mit biedermeierlichem Eisenbalkon, die Putzfronten in Tradition der barocken Lüftlmalerei mit Heiligendarstellungen geschmückt (um 1980 unzureichend restauriert).

Graf-Arco-Straße 28. Sog. *Herrenhaus* des Schlosses, jetzt *Gasthaus*, schlichter Putzbau, 1. Hälfte 18. Jh.

In dem siebenachsigen Traufseitbau, der bis vor wenigen Jahren ein wesentlich steileres Walmdach trug, befand sich von 1821–1848 das Valleyer Patrimonialgericht, dessen Aufgaben dann dem Landgericht Miesbach zufielen.

Um die Jahrhundertwende diente der Bau als Sommerwohnung des Grafen Arco-Valley und wurde als «Herrenhaus» bezeichnet. Heute Gasthaus.

Graf-Arco-Straße 30. Ehem. *Hofmarksrichterhaus*, sog. *altes Schloß*, stattlicher Bau mit Steilsatteldach und zwei Bodenerkern an den Ecken der Front, 2. Hälfte 17. Jh.

Unmittelbar südlich am Burgstall Valley («Schloßberg»), in einer vorburgähnlichen Position, liegt das ehem. Hofmarksrichterhaus, auf das offenbar nach dem Bau des neuen Schloßgutes und dem Abbruch des alten Schlosses der Name des letzteren fiel.

Der behäbige zweigeschossige Putzbau mit Steilsatteldach und zwei quergestellten Eckerkern ist spät- oder nachmittelalterlichen Ursprungs und könnte mit dem Gebäude identisch sein, das Wening (1701) als erstes von rechts auf seiner Valleyer Schloßansicht darstellt.

Der z. Zt. bestehende und verwahrloste Bau erfuhr im Inneren seit dem 19. Jahrhundert, als er auch als Gasthaus diente, vielfache Umbauten. Er soll große Kelleranlagen besitzen.

Im Hofmarksrichterhaus wurde im 17. und 18. Jahrhundert die gegrafte Hofmark Valley verwaltet, zu der im wesentlichen das heutige Gemeindegebiet gehörte.

Valley, Graf-Arco-Straße 19, Schloß

Valley, Schloß, Gang im Erdgeschoß

Valley, röm. Meilenstein

Valley, Graf-Arco-Straße 20, «Sticklhof»

Valley, Blick auf Gutshof und Forsthaus

Valley, Schloßkapelle, Detail

Valley, Schloßkapelle, Orgel

Valley, Schloßkapelle von Innen

Valley, Graf-Arco-Straße 28, ehem. Herrenhaus

Valley, Graf-Arco-Straße 30, ehem. Hofmarksrichterhaus, sog. altes Schloß

Graf-Arco-Straße. *Bierkellereingang* und *Stützmauern* unterhalb der ehem. Burg Valley, bez. 1842; nördlich von Graf-Arco-Straße 30.

In die Tuffschichten des Valleyer Burgberges wurden im 19. Jahrhundert durch die Schloßbrauerei Lagerbierkeller getrieben.

Talweg. Sog. *Messerschmiede,* Satteldachbau, bez. 1657, 1784, 1886; bei Nr. 9.

Der kleine massive Bau aus verputzten Tuffquadern im Mangfallgrund ist ein *Pumphaus,* eine sog. Wasserkunst, in welchem mittels einer vom Mangfallwasser angetriebenen Kolbenpumpe Wasser zum oberhalb auf der Hochebene gelegenen Schloßgut gefördert wurde. Die Bezeichnung GT 1784 verweist auf den Bauherren, Graf Tattenbach. Der Name «Messerschmiede» rührt wohl von einer späteren Nutzung des Gebäudes und seines Wasserrades her.

Anderlmühle

Am Steilufer der Mangfall bei *Hohendilching* gelegener Weiler mit wenigen, jetzt nicht mehr bewirtschafteten Häusleranwesen und der ehem. Anderlmühle im Mangfallgrund.

Haus Nr. 1. Ehem. *Kleinbauernhaus «Beim Gänsberger»,* Wohnteil in Blockbauweise, bez. 1655, mit Lauben; ehem. Bauernhaus-Wohnteil, in Blockbauweise, Anfang 17. Jh., aus Otterfing 1978 nach Anderlmühle transferiert; *Stadel,* Ständerbohlenbau, 16. Jh., aus dem Rottal (Niederbayern) 1982 (?) nach Anderlmühle transferiert.

Das für Wohnzwecke ausgebaute Kleinbauernhaus grenzt an die Ortsflur von Hohendilching; auf dem Grundstück wurden seit 1978 zwei weitere historische Holzbauten aufgestellt.

Fentberg

Hochgelegener und sehr abgeschiedener Zweihöfeweiler am Taubenberg in 762 m Höhe in einer Rodung. Die beiden Höfe *«Beim Schober»* und *«Beim Schneider»,* jetzt nicht mehr landwirtschaftlich genutzt, waren Besitz des *Klosters Weyarn* und der *Kirche Mitterdarching.*

Haus Nr. 74. Ehem. *Bauernhaus «Beim Schober»,* Wohnteil mit Blockbau-Obergeschoß, umlaufender Laube und Hochlaube, 2. Viertel 18. Jh.

Die Fenster wurden bereits 1884 vergrößert, der gesamte Bau seit 1980 instandgesetzt und der Wirtschaftsteil ausgebaut.

Grub

Das Dorf Grub liegt auf dem Hochuferplateau westlich über dem Mangfallknie und der dort von Südwesten her einmündenden tiefen eiszeitlichen Erosionsrinne des sog. Teufelsgrabens.

Beim Bahnbau 1854 wurden 575 m südwestlich der Gruber Kirche, ca. 3000 m südlich der Römerstraße Augsburg–Salzburg, Gräber der spätrömischen Kaiserzeit aufgedeckt, nördlich von Grub bajuwarische Reihengräber. Das Martinspatrozinium der Kirche dürfte auf fränkische Kolonisation hinweisen. Der mittelalterliche Burgstall auf dem Geländesporn zwischen Teufelsgraben und Mangfall, 200–500 m südlich der Kirche, mit Spornburg über dem Steilabfall im Norden, Halsgraben und Vorburg mit Wallanlagen im Süden, darüberhinaus eine mittelalterliche Wallanlage 750 m südwestlich der Gruber Kirche, sind die Zeugnisse des früh- und hochmittelalterlichen Herrschaftsausbaus an der Mangfall. Der Ort, der 1078 in Tegernseer Urkunden erstmals genannt wird, war im 12. Jh. Sitz von Ministerialen der Valleyer Grafen. Vor 1125 gab Otto v. Grub, der einer Nebenlinie der Scheyerner Grafen

(Wittelsbacher) angehörte, seine Gruber Burg auf und ließ sich auf dem Valleyer Burgberg nieder.

Als Bauerndorf mit 19 alten Anwesen, einschließlich der sehr alten Grubmühle im Talgrund, entwickelte sich der Ort bis in das frühe 19. Jh., als am nördlichen Ortsrand längs der Straße Holzkirchen–Helfendorf noch eine bäuerliche Kolonistensiedlung Pfälzer Einwanderer, wohl nach Vorbild des nahen *Kleinkarolinenfeld,* angelegt und Grub damit wesentlich erweitert wurde.

Seit etwa 1950 haben sich die historischen baulichen Strukturen in Grub stark verändert. Die freie Flur, die den östlichen Ortsteil mit der Martinskirche, dem Mesneranwesen Dorfstraße 15 und den Bauernanwesen Dorfstraße 28 und 30 vom westlichen Teil geschieden hatte, ist verbaut. Die beiden bäuerlichen Baudenkmäler im Westteil, (Dorfstraße 3 und 16), erscheinen als Traditionsinseln in einer stark veränderten Umgebung.

Abschnittswall Biberg, mittelalterlich, ca. 750 m WSW der Kirche Grub (Föching, Fl. Nr. 2179, So 11–7; nicht abgebildet).

Kath. Filialkirche St. Martin, barocker Neubau von 1722; Friedhofsummauerung, Tuffquader, 18. Jh.

Die schlicht-barocke, maueumfriedete Dorfkirche St. Martin aus dem Jahre 1722, ein dreijochiger Saalbau mit gerundetem Chor, doppelgeschossiger Sakristei am Chorschluß und Westturm, erhebt sich auf der Oberkante eines zur Mangfall und in den Teufelsgraben abfallenden Steilhanges über einer bewaldeten Tallandschaft, die in ihrer Ursprünglichkeit das Bild der Natur vor der Zeit der provinzialrömischen und mittelalterlichen Kultivierungsbemühungen zu bewahren scheint.

Der weiß-grau getönte Außenbau trägt jetzt wieder Scharschindeldächer wie zur Barockzeit. Im Inneren spannt sich über Wandpfeilern eine schmucklos belassene Stichkappentonne.

Bemerkenswert sind die 1947 wieder aufgedeckten fünf gemalten Darstellungen der Passion Christi auf der hölzernen Emporenbrüstung. Sie sind datiert 1729 und waren seit 1803 übertüncht.

Im barocken Altar vergoldete Muttergottesfigur, seitlich Figuren der Hll. Martin und Benno. Barockes Kirchengestühl, wohl aus der Bauzeit der Kirche.

Valley, Graf-Arco-Straße, Bierkellereingang

Valley, Talweg 9, sog. Messerschmiede

Anderlmühle, Haus Nr. 1, ehem. Kleinbauernhaus

Fentberg Haus Nr. 74, «Beim Schober» von Südosten

Grub, Kath. Filialkirche St. Martin von Südosten

Grub, Kirche, Inneres

Valley, Haus Nr. 74, Kreuzigungsgruppe am Giebel

Grub, Kath. Filialkirche St. Martin, Inneres

403

Dorfstraße 3. Stattliches *Bauernhaus «Beim Kirchmayer»*, Wohnteil mit verputztem Blockbau-Obergeschoß und Hochlaube, Wirtschaftsteil mit Traufbundwerk, bez. 1795.

Der Kirchmayerhof, bis heute landwirtschaftlich genutzt, war seit nachmittelalterlicher Zeit der größte Gruber Hof und gehörte zur Hofmark Valley. Der bestehende Bau, mit einer Hochlaube über barocken Balkenvorköpfen und mit zweizonigem datierten Bundwerk wurde 1795 neu erbaut.

Dorfstraße 15. Ehem. *Kleinbauernhaus «Beim Mesner»*, mit Blockbau-Obergeschoß und verschalter Hochlaube, 2. Hälfte 17. Jh., am Wirtschaftsteil Traufbundwerk, Ende 18. Jh.

Mesnerhaus, Kirche und die Bauernanwesen Dorfstraße 28 und 30 stellen eine reizvolle historische Baugruppe dar, die leider durch den Wohnhausneubau Dorfstraße 17 eine Störung erfährt. – Die nördliche Fensterachse des Mesnerhauses, massiv, verputzt, wurde wohl im 18. Jh. an den Blockbau angeschlossen.

Dorfstraße 16. Ehem. *Bauernhaus «Beim Schuster»*, zweigeschossiger Blockbau mit Giebellauben, bez. 1728.

Rassiger, giebelseitig erschlossener Blockbau mit verbretterten Laubenbrüstungen.

Bildstock, Tuffpfeiler, bze. 1743; bei Dorfstraße 28.
Bedeutender Bildstock in klassischer regionaltypischer Form mit Sockel, Schaft und Laterne, in Nähe der Kirche, gestiftet vom Grubmüller Ludwig Kastenmüller aus Dankbarkeit für die Verschonung von Drangsalen durch herumstreifende Truppen im Österreichischen Erbfolgekrieg 1742.

Aquädukt der Münchner Wasserversorgung, vierbogige Betonkonstruktion über den Teufelsgraben, 1890.
1874 setzten in München die Bemühungen und Planungen für eine bessere Wasserversorgung ein. Nach den Gutachten des Hygienikers Max v. Pettenkofer (1818–1901) wurde beschlossen, das Mangfallquellwasser zu fassen und abzuleiten. 1881–83 wurde die erste Leitung verlegt und in München ein zentrales Versorgungssystem aufgebaut. Wenige Jahre später ließ der Stadtmagistrat die Quellfassungen im Mangfalltal und die Leitungen zum Hochbehälter in Deisenhofen erweitern. In diesem Zusammenhang wurde 1889/90 die Rohrleitungsbrücke aus Stampfbeton durch die Firma Dyckerhoff & Widmann für 323 000 Gulden über den Teufelsgraben erbaut. Der 162 m lange Bau öffnet sich in 5 Bögen von je 17 m Höhe und trägt schwere Gußeisenröhren, durch die das Trinkwasser über den Talgraben geleitet wird.
Vorbild für den Bau waren ohne Zweifel römische Aquädukte.

Hohendilching

Das Kirchdorf breitet sich ähnlich wie *Grub* auf dem linken Mangfallhochufer, orientiert an der Hangkante, aus. Die 12 bis 13 alten Bauernanwesen ordnen sich der parallel zum Hochuferrand verlaufenden Dorfstraße und drei senkrecht westlich gegen die freie Hochfläche des «Darchinger Feldes» verlaufenden Dorfgassen zu.
Hohendilching war bereits in bajawarischer, spätestens in fränkischer Zeit, besiedelt; im 10. Jh. besitzt das Kloster Tegernsee Güter im Ort. Da dieser auf der Linie Helfendorf–Valley liegt, an der sich zahlreiche Bodendenkmäler der Frühgeschichte reihen, dürfen ältere Ursprünge angenommen werden.
Die *Kirche,* einem typischen fränkischen Heiligen, Andreas, geweiht, besitzt in ihrem Langhaus drei Mauern des romanischen Schiffs. Sie liegt wie die Gruber Kirche auf der Hangoberkante über dem Fluß.

Grub, Dorfstraße 3, «Beim Kirchmayer»

Grub, Dorfstraße 3, Detail Bundwerk am Wirtschaftsteil

Grub, Dorfstraße 15, «Beim Mesner»

Grub, Dorfstraße, Bildstock

Grub, Dorfstraße 16, Eingangstür

Grub, Dorfstraße 16, ehem. Bauernhaus «Beim Schuster»

Hohendilching, Blick zur Kirche von Südosten

Grub, Aquädukt über den Teufelsgraben

Hohendilching, Kirche und Dorfstraße von Norden

Das historische Ortsbild (Haus Nr. 1–17) ist gut erhalten, wenn auch nahezu ohne profane Baudenkmäler. Die meist noch landwirtschaftlich genutzten Einfirsthöfe des 19. und 20. Jh, oft erbaut auf älterer Grundlage, sind wie üblich west-östlich gerichtet. Am nordwestlichen Ortsrand sind einige kleine Wohnhausneubauten entstanden.

Burgstall, ca. 1000–1300 m N der Kirche Hohendilching (Föching, Fl.Nr. 2152/2, 2153–2160, 2160/2, 2628–2629; nicht abgebildet).

Kath. Filialkirche St. Andreas, Langhaus im Kern romanisch, Turm 15. Jh., erhöht 1831, Spitzhelm 1871, Chor 1640, Langhaus erweitert 1797.

Die Ausmaße des romanischen Langhauses des 12. und 13. Jh. sind an den vier noch in situ befindlichen Ecksteinen am Sockel wahrnehmbar. Das mittelalterliche Südportal ist vermauert. Nach dem 30jährigen Krieg wurde der Chor, wie schon die mittelalterlichen Teile der Kirche, in Tuffstein, dem üblichen Material des Mangfalltals, neu erbaut. 1797 erweiterte man das Langhaus und ersetzte die ältere Flachdecke durch ein Lattengewölbe, eine gedrückte Stichkappentonne über Wandpfeilern.

Die drei barocken Altäre wurden im späteren 19. Jh. stark verändert. Die farbliche Behandlung des Raums und seiner Ausstattung rührt von der Restaurierung 1947 her. – Barocke Kanzel, nachbarockes Gestühl, zwei volkstümliche barocke Gemälde mit Darstellung der Erasmusmarter, drei Rokokobüsten der Hll. Drei Könige; an den Seitenaltären je ein Gemälde, die Hll. Joseph und Anna darstellend, 1769 von Johann Schütz, im alten Rokokorahmen.

Haus Nr. 2. *Stadel,* mit Traufbundwerk, 1. Hälfte 19. Jh.
Am Südende der Dorfstraße in «städtebaulich» bedeutender Lage, zum Anwesen «Beim Bauern» gehörig.

Bildstock. Tuffpfeiler, 17. oder Anfang 18. Jh.; bei Haus Nr. 18.
Am Schaft ein Kreuzrelief.

Siehe auch Ortsteil Anderlmühle.

Kreuzstraße

Kreuzstraße ist eine Neusiedlung des frühen 19. Jh. am Ostrand des Hofoldinger Forstes bei der Kreuzung der alten Chaussee München–Höhenkirchen–Miesbach mit der Straße von Aibling und Helfendorf nach Holzkirchen und Tölz.
Das Urkatasterblatt weist noch kein Gebäude am Straßenkreuz aus. Seit etwa 1815 entstanden das *Wirts-,* das *Schmied-* und das *Krameranwesen* direkt am Straßenkreuz, wo die Eigentümer ihre Dienstleistungen den Reisenden und Fuhrleuten anbieten konnten. Diese historische Baugruppe (Haus Nr. 5, Nr. 1 und Gruber Straße 2) ist noch erhalten oder in ihren Baustrukturen anschaulich. Südlich, in Richtung zum späteren *Bahnhof Kreuzstraße* (um 1854), der im Teufelsgraben liegt, wurden im frühen 19. Jh. auch einige Bauernhöfe von Neusiedlern angelegt. Vor allem aber entstand nördlich des Wirtshauses eine planmäßig konzipierte Siedlung Pfälzer bäuerlicher Kolonisten, die nach der Königin Karoline, der Gemahlin Max I. Joseph, *Kleinkarolinenfeld* genannt wurde und jetzt zum Landkreis München zählt.

Drei *vorgeschichtliche Grabhügel,* ca. 375 m NNÖ Ortsmitte Kreuzstraße (Föching, Fl. Nr. 3130, So 11–6; nicht abgebildet).

Kapelle, mit Dachreiter, 1837 erbaut; am Anfang der Gruber Straße, nördlich.
Die Kapelle, ein schlichter gewölbter Rechteckbau mit Dachreiter über dem Westgiebel, leicht eingezogenem Altarraum und Stichbogenfenstern, liegt in einem Obstgarten südöstlich der Kreuzung und wurde 1837 durch den damaligen Kreuzstraßenwirt erbaut.
Die Glocke, bez. 1656, stammt aus Sollach. Die ursprüngliche Kapellenausstattung beim jetzigen Eigentümer, in der Graf Arco'schen Gutsverwaltung Adldorf/Niederbayern. – Altar, Kreuzweg und einige Figuren gotisierend, Ende 19. Jh., angeblich z. T. aus Adldorf; Gestühl in barocken Formen.

Haus Nr. 1. *Wohnhaus «Beim Schmied»,* Putzbau mit Flachsatteldach und profilierten Pfettenköpfen, Anfang 19. Jh.; *Schmiede,* Putzbau mit mittelsteilem Dach, Ende 19. Jh., Amboß bez. 1801.

Die beiden Bauten liegen firstparallel nebeneinander, die Hauptgiebel und das Vordach finden sich an der Ostseite, abgewendet von der an der Westseite vorbeilaufenden Straße; dort der Zugang zur Werkstatt.

Haus Nr. 5 *Gasthaus Kreuzstraße* und ehem. *Bauernhaus «Beim Bartl»,* Putzbau mit nachbarocken Fassadengliederungen und Flachsatteldach, 1. Drittel 19. Jh.

Das Gasthaus mit dem Wirtsgarten, ehemals auch Poststation und Bauernanwesen, ist der beherrschende Bau an der Straßenkreuzung. – Die Fassaden mit Putzband- und Rahmengliederungen, die Pfettenköpfe noch in barocken Formen profiliert.

Hohendilching, Kath. Filialkirche St. Andreas, Chor

Hohendilching, Kath. Filialkirche St. Andreas, Inneres

Hochendilching, Haus Nr. 2, Stadel (im Hintergrund)

Hohendilching, Bildstock   Kreuzstraße, Kapelle   Kreuzstraße, Haus Nr. 1, «Beim Schmied»

Kreuzstraße, Haus Nr. 5, Gasthof Kreuzstraße   Kreuzstraße, Haus Nr. 1, Werkstatt (links) und Wohnhaus

407

Mitterdarching

Das Kirchdorf, im altbesiedelten Offenland am Südostrand der Münchner Schotterebene auf einer Höhe von 665 m liegend, wird 1040 zuerst erwähnt anläßlich eines Tausches von Gütern an das Kloster Ebersberg.

Die dörfliche Siedlung mit ihren etwa 12 Bauernanwesen um 1800, entwickelte sich nördlich und südlich der Kirche an einer Dorfachse, die senkrecht zur alten Durchgangsstraße Holzkirchen–Mühlthal–Weyarn liegt. Ihr Nordteil, der «Anger», weist z.T. noch bäuerlichen Charakter auf. Die Firste der Bauernhäuser sind meist ostgerichtet wie die der Kirche. Der Westteil, die Bergstraße, verbindet sich heute mit der Bebauung von Oberdarching.

In östlicher Richtung, längs der Staatsstraße, die auch zum Bahnhof der Eisenbahnlinie München–Holzkirchen–Miesbach führt, dann die Salzburger Autobahn unterfährt, hat sich der Ort, der z.Zt. Verwaltungssitz der Gemeinde ist, seit dem späten 19.Jh. baulich stark verändert.

Kath. Filialkirche St. Michael, Tuffquaderbau, Nordturm 14.Jh., Chor und Langhaus um 1500, gleichzeitig Erhöhung des Turms; *Friedhofsummauerung,* Tuffquader, im 19.Jh. erneuert.

Von der hochmittelalterlichen Chorturmkirche wurde beim Neubau des spätgotischen dreijochigen Langhauses und Chors, beide 1729 gemäßigt barockisiert, der massige Chorturm erhalten und als Nordturm adaptiert. Der vermauerte Chorbogen und eine Spur des alten Langhausgiebels sind an seiner Westfront noch erkennbar, an der Ostseite können zugemauerte Klangarkaden erkannt werden, die bei der Erhöhung des Turmes, der ein altertümliches Satteldach trägt, ihre Funktion verloren haben. Das kreuzgewölbte Turmerdgeschoß beherbergt jetzt die Sakristei. Vor dem Westgiebel eine große, später angebaute Vorhalle mit Pultdach, das Westportal des Langhauses spätgotisch.

Spätgotische Schnitzfigur des Hl. Michael, um 1520, an der Chornordwand; drei barocke Altäre, 2. Viertel 18.Jh., im Rokoko-Hochaltar spätgotische Gnadenstuhlfigurengruppe; frühbarocke Christophorusfigur, um 1600, an einem Wandpfeiler; gutes Rotmarmorpflaster; Chronogramm am Chorbogen 1774.

Am Anger 1. Stattliches *Bauernhaus «Beim Pischl»,* Einfirstanlage mit reichen Neurenaissance-Putzgliederungen und zwei Giebelbalkons, Wohnteil 1894 von Baumeister Grünwald.

Aufwendiger Bauernhausneubau des Historismus, der sich mit dem südlich benachbarten, etwa gleichzeitig entstandenen großen *«Zacherlhof»,* Bergstraße 2, und der *Kirche* zu einer monumentalen Baugruppe in der Ortsmitte zusammenschließt. Auf der Hofstelle erhob sich bis vor kurzem ein zweigeschossiger *Getreidekasten* des 17.Jh., jetzt transferiert nach *Günderer,* Gde. Weyarn.

Am Anger. *Bildstock,* Tuffpfeiler, bez. 1675; an der Abzweigung Lindmayrstraße.

In den drei Nischen der Laterne des Bildstocks neuerdings wieder gemalte Tafeln mit Michaelsdarstellungen (1982).

Bahnhofstraße. *Torso eines Bildstocks,* Tuff-Laterne, 17.Jh., *Sühnekreuz,* Tuff, wohl 17.Jh.; im Garten von Bahnhofstraße 15.

Der Bildstock befand sich bis 1982 bei Bahnhofstraße 18 am Straßenrand und wurde dort bei einem Unfall bis auf die Laterne, die jetzt am neuen Standort auf dem Kopf steht, zerstört. – Die Herkunft des Sühnekreuzes ist unbekannt.

Bergstraße 5. *Benefiziatenhaus* – siehe Oberdarching.

Mitterdarching, Kath. Filialkirche St. Michael, Detail Hochaltar

Mitterdarching, Kath. Filialkirche St. Michael, Inneres

Mitterdarching, Kath. Filialkirche St. Michael, Inneres

Mitterdarching, Kath. Filialkirche St. Michael mit Benefiziatenhaus und «Beim Pischl»

Mitterdarching, Kirche,
Sakristei (ehem. Chor)

Mitterdarching, Kirche,
Hl. Michael im Chor

Mitterdarching, Bildstock

Mitterdarching, Sühnekreuz

Mitterdarching, Am Anger 1,
Fenster

Mitterdarching, Am Anger 1 und Bergstraße 2 von Nordosten

409

Mühlthal

Das Mühlthal, der Mangfallgrund zwischen Weyarn und Valley, über den sich bei der Bruckmühle die 1959 wiederhergestellte Autobahnbrücke spannt, zeichnet sich durch seine seit dem Mittelalter bekannten Mühlen aus, zu denen bis in die Neuzeit auch Tuffsteinbrüche gehörten, die das Baumaterial für die umgebenden Kirchen und Kapellen, für Herrschaftsbauten und vereinzelt für Bauernhäuser lieferten. Auch die zahlreich in der Umgebung vorhandenen Bildstöcke des 16.–18. Jh. sind aus Mühlthaler Tuff hergestellt.

Seit etwa 1875 wurden von der Stadt München die Mangfallhangquellen im Mühlthal für die Münchner Wasserversorgung gefaßt, und ein Teil der Mühlen und weiterer Anwesen wurde aufgelassen und ging in den Besitz der Landeshauptstadt über.

Auf einer Strecke von 1200 m wurden zwischen 1840 und 1920 im Mühlthal wenigstens an drei Plätzen römische Funde im Tuff entdeckt, u.a. Viehglocken aus Bronze und eine Münze aus der Zeit Kaiser Konstantin d. Gr. Es wird angenommen, daß diese Funde, die zeitgleich mit denen des Friedhofs von Valley sind, aus einer mangfallaufwärts gelegenen römischen Siedlung stammen, die bei einem Hochwasser zugrunde gegangen ist. Vom Wasser mitgerissene Objekte hätten sich flußabwärts wieder abgelagert und wären von Tuffbildungen überlagert worden.

Diese Funde, über deren Auffindung leider nicht genau berichtet worden ist, erscheinen nicht unwichtig im Zusammenhang mit der Frage nach dem Verlauf der römerzeitlichen Verkehrswege auf der Linie Helfendorf – Valley nach Süden (siehe unter «Gemeinde Valley»).

Maxlmühle 2. *Inschrifttafel* zur Erinnerung an den Aufenthalt des Kronprinzen Maximilian in der Mühle am 24. Juni 1837.

Die romantisch im Talgrund gelegene Mühle, ursprünglich nach dem Kloster Weyarn genannt, dem sie bis zur Säkularisation 1803 gehörte, führte seit dem Besuch des Kronprinzen und späteren Königs Max II. v. Bayern den Namen *Maxlmühle*. Das Haus selbst mehrfach umgebaut.

Mühlthal 4. *Brunnentrog,* bez. 1807.

Im Hof der *Kasperlmühle,* der von zwei seit dem 19. Jh. mehrfach umgebauten Giebelhäusern gebildet wird, hat sich der Tuff-Brunnentrog erhalten, den der Müller Joseph Haas 1807 aufstellen ließ. Die Front trägt in einer Kartusche seine Initialen (S = Sepp H) und sein sprechendes Wappen. Die Mühle liegt in Nähe der alten, doch gleichfalls stark veränderten Bruckmühle.

Eigentümerin seit Auflassung des Mühlbetriebs und Beginn der Quellfassungsarbeiten im späten 19. Jh. ist die Stadt München, die sie als Landschulheim nutzt.

Mühlthal. *Obelisk* zur Erinnerung an den Bau der Quellfassungen im Mangfalltal durch die Stadt München, 1881/83; bei der Kasperlmühle, Nr. 4, am Hang.

Der Obelisk erhebt sich über der Kasperlbach-Quellfassung und wurde von der Stadt München errichtet.

Mühlthal. Zwei *Wappenkartuschen,* Gußbeton, bez. 1912, an den Brüstungen der Mühlthaler Mangfallbrücke.

Der Mühlthaler Mangfallübergang, unterhalb von Kloster Weyarn gelegen, gewann seit dem Spätmittelalter an Bedeutung. Die Brücke gehörte bis 1803 dem Kloster. 1912 wurde sie in Beton neu erbaut und mit zwei Kartuschen, von denen eine das Wappen des Königreiches Bayern zeigt, geschmückt.

Quellenweg 2. Barocke *Gartenfiguren* und Pfeiler aus Tuff, 1. Hälfte 18. Jh., aus dem ehem. *Weyarner Klostergarten;* im Wirtsgarten des *Gasthauses Weiglmühle.*

Die vier Figuren, welche Bischöfe und Äbte darstellen und fünf Pfeiler, die z.T. Vasenbekrönungen tragen, sind offenbar nach der Säkularisation aus dem nicht weit entfernten Weyarner barocken Klostergarten zur Weiglmühle im Talgrund der Mangfall gelangt. Sie müssen – wie die nachträglichen rechteckigen Ausarbeitungen im Stein belegen – zeitweise auch als Zaunpfosten gedient haben.

Neustadl

Neustadler Hofkapelle, Anfang 19. Jh.

Zum *Neustadler Hof,* einer 790 m hoch gelegenen Einöde am Taubenberg, gehörige Kapelle, gewölbt, mit zeittypischer Rundbogennische im Giebel und Altar in barocken Formen.

Bildstock, sog. *Weiße Marter,* Tuffpfeiler, 16. Jh.; 700 m westsüdwestlich von Neustadel.

Die «Weiße Marter», die westlich in der Gemeinde Warngau gelegene «Grüne Marter» und andere, nicht mehr vorhandene sakrale Flurdenkmäler rings um die *Wallfahrtskapelle Nüchternbrunn* (Osterwarngau, Gde. Warngau) markierten die Wallfahrerwege zu diesem Gnadenort am Taubenberg.

Mühlthal, Maxlmühle 2, Inschrifttafel

Mühlthal, Obelisk

Mühlthal 4, Brunnentrog

Mühlthal, Quellenweg 2, Tuffpfeiler und Gartenfiguren aus Kloster Weyarn

Mühlthal, Inschrifttafel des Obelisken

Mühlthal, Wappenkartuschen
an Mangfallbrücke

Neustadl, Hofkapelle

Neustadl, Hofkapelle, Inneres

Neustadl, Bildstock

Oberdarching

Oberdarching, anläßlich eines Gütertausches, der dem *Kloster Ebersberg* im Ort Besitz einbrachte, 1076 erstmals in den Urkunden genannt, schließt sich südlich an Mitterdarching an. Das kirchlose Dorf, auf dem äußersten Südostrand der Münchner Schotterebene am Fuß des Taubenbergs ausgebreitet, bestand im späten 18. Jh. aus 19 Hofstellen, von denen fünf dem Kloster Ebersberg gehörten. 1179 befand sich in Oberdarching auch eine Kirche. Die Höfe, die fast ausschließlich im 19. und frühen 20. Jh. neu erbaut wurden, reihen sich längs einer nord-südlich verlaufenden Dorfgasse, die teilweise von einem Bach begleitet wird. Die westliche Höfereihe richtet in der Regel die Giebel seiner Wohnteile, die östliche die verbretterten Westgiebel seiner Wirtschaftsteile zur Straße. Das historische Ortsbild, zu dem die Anwesen Bergstraße 19–39 (ungerade Nrn.) und Bergstraße 44–68 (gerade Nrn.) gehören, ist trotz einzelner Wohnhausneubauten an der Dorfgasse und am Südostrand wohlerhalten. Besonders eindrucksvoll ist die fast regelmäßig eingehaltene West-Ost-Richtung der Firste.

Oberdarching, Ortsbild von Süden

Bergstraße 5. Ehem. *Kuratenhaus*, jetzt *Pfarrhof*, langgestreckter Putzbau mit Walmdach, 1825.

Der siebenachsige biedermeierliche Bau für die Mitterdarchinger Kuraten wurde einige Zeit nach der Säkularisation errichtet; den Pfarrdienst versah bis 1803 das nahe *Augustinerchorherrenstift Weyarn*. Im Westteil befand sich ursprünglich Stall und Tenne. Das Gebäude wurde 1980f. instandgesetzt und ausgebaut.

Bergstraße 48. Ehem. *Bauernhaus «Beim Messerschmied»*, mit Blockbau-Obergeschoß, traufseitiger Laube und Hochlaube, Wirtschaftsteil mit Traufbundwerk, 2. Viertel 18. Jh.

Oberdarching, Dorfstraße von Süden

Oberlaindern

Das kleine Kirchdorf, 1125 als «Leintelern» zuerst genannt, an der Straße Holzkirchen–Weyarn gelegen, ist mittelalterlichen Ursprungs. Um den Dorfweiher und einen sich südwestlich anschließenden angerartigen Platz liegen die *Kirche St. Korbinian* und acht Bauernanwesen, die zum größeren Teil noch landwirtschaftlich genutzt sind (Dorfstraße 2, 4, 5, 7 bis 10, Nr. 1 ist neu erbaut).

Kath. Filialkirche St. Korbinian, um 1500, mit älterem Baukern, im 18. Jh. barockisiert.

Die östlichen Teile der Kirche, die vom ummauerten Friedhof umgeben ist, enthalten noch Bausubstanz des Vorgängerbaus von 1378, vor allem gehören dazu die wuchtigen Dreieck-Strebepfeiler am Chor. Die um 1500 als dreiachsiger Saalbau mit einem Chor ohne Einziehung ausgebaute Kirche erhielt im 18. Jh. eine Stichkappengewölbe über Wandpfeilern und vergrößerte Fenster. Der Turm wurde erst 1891 angebaut, die Zwiebelhaube stammt von 1907.
Im 1878 veränderten Rokokoaltar ein Muttergottesbild, das Ziel einer barocken Wallfahrt war. Die Umgestaltungen aus der Zeit der Historismus im Inneren der Kirche wurden seit 1947 wieder rückgängig gemacht.

Oberdarching, Bergstraße 5, ehem. Kuratenhaus

Dorfstraße 2. Ehem. *Bauernhaus «Beim Obermayer»*, Einfirstanlage, verputzter Wohnteil mit Hochlaube, Anfang 19. Jh., am Wirtschaftsteil Bundwerk, Ende 18. Jh.

Dorfstraße 8. Ehem. *Bauernhaus «Beim Hilger»*, Einfirstanlage, Wohnteil mit verputztem Blockbau-Obergeschoß und zwei Giebelbalkons, erbaut 1813, Wirtschaftsteil 1840, verlängert Ende 19. Jh.
Reich profilierte Balkenköpfe, Aussägebrüstungen, bieder-

Oberdarching, Bergstraße 48 «Beim Messerschmied»

Oberlaindern, Kath. Filialkirche St. Korbinian und «Beim Obermayer» von Süden

Oberlaindern, Kath. Filialkirche St. Korbinian von Südosten

Oberlaindern, Dorfstraße 2, «Beim Obermayer»

Oberlaindern, Kirche St. Korbinian, Inneres

Oberlaindern, Dorfstraße 8, «Beim Hilger»

meierliche aufgedoppelte Haustür; die Fassaden mit Rau- und Glattputzgliederung.

Bildstock, Tuffpfeiler, bez. 1835, Aufsatz mit Kreuzigungsrelief; an der Straße nach Mitterdarching.

Schmidham

Das kleine, bis heute bäuerlich geprägte Kirchdorf am Nordwestfuß des Taubenberges, 1358 erstmals genannt, ordnet sich süd-nördlich längs der Straße Darching–Warngau. Es besitzt die typische Struktur eines Straßendorfes. Die Zahl der 12 Anwesen der Zeit um 1800, hat sich nur um einige Zubauten vermehrt, die historische Ortsstruktur, zu der die Häuser (und Nebengebäude) Nr. 8–22 und die kleine *Sebastianskirche* am Südende der Dorfstraße gehören, ist verhältnismäßig gut bewahrt.

Kath. Filialkirche St. Sebastian und St. Rochus, 1634; Ummauerung des ehem. Kirchhofes.

Die kleine Kirche mit ihrem Zwiebeldachreiter und auffallend großer Vorhalle von 1736 vermittelt zusammen mit der Einfriedungsmauer und der alten Dorflinde ein malerisches Bild. Sie wurde 1634 als Pestvotivkirche erbaut «von ainer gesambten Nachbarschafft allhie zu schmidthaimb mit beyhilff anderer fromen Christen» (Inschrift auf der Votivtafel über dem Eingang). Ein spätgotischer Flügelaltar des ausgehenden 15. Jh. mit Figuren der Hll. Sebastian, Florian (Kopie) und Michael unter kielbogenförmigen Baldachinen, wurde laut Inschrift im Jahre 1697 von einem Münchner Bürger in die Schmidhamer Kirche gestiftet. Die Innenseite der Flügel weisen vier Schnitzreliefs mit Darstellungen aus der Sebastianslegende, die Außenseiten Heiligendarstellungen auf.

1753 wurde das Kreuzgratgewölbe des dreiachsigen kleinen Saals, dem sich ohne Einziehung ein dreiseitig geschlossener Altarraum anfügt, in eine gedrückte Stichkappentonne umbaut und durch einen bäuerlichen Maler mit zwei großen Darstellungen der Sebastianslegende und vier kleineren monochromen Emblem-Darstellungen freskiert, auf denen u. a. die Abwendung eines Unwetters von dem Dorf Schmidham erkennbar ist.

Zur Zeit der barocken Ausgestaltung der Kirche war diese Filiale der Pfarrei Osterwarngau, die von Weyarner Chorherren betreut wurde, zugeordnet. Der Bau und seine Ausstattung wurde 1983–86 restauriert.

Haus Nr. 11. *Bauernhaus «Beim Arnhofer»,* Wohnteil mit Blockbau-Obergeschoß, an der Südseite überputzt, im Kern Ende 16. Jh.

Der ehemals größte Hof im Ort gehörte wie vier weitere Anwesen dem Kloster Tegernsee.

Der Wirtschaftsteil wurde vor einigen Jahrzehnten neu erbaut und ragt über den First des niederen Wohnteils hinaus. Das hohe Alter des schon im 19. Jh. umgebauten Hauses (Dach, Fenster, Untermauerung der nördlichen Laube) wird u. a. an den nachgotischen Balkenvorköpfen erkennbar.

Bildstock, Tuffpfeiler, wohl 18. Jh.; bei der *Sebastianskirche.*

Das Flurdenkmal gehört zu der Gruppe der Bildstöcke zwischen Osterwarngau, dem Taubenberg und Weyarn, welche die lokale Sakrallandschaft mit ihren Kirch- und Wallfahrerwegen, wie z. B. nach Nüchternbrunn (Gde. Warngau), markiert.

Sollach

Das kleine Bauerndorf liegt auf der altbesiedelten freien Hochebene des sog. Darchinger Feldes an der alten Chaussee vom Münchner Osten über Höhenkirchen, Weyarn nach Miesbach. Der Ort zählte 1819 neun Anwesen und hat sich seitdem kaum erweitert; allerdings ist die bauliche Ortsstruktur verändert.

Sieben vorgeschichtliche *Grabhügel,* ca. 1375 m WSW der Kapelle Sollach (Föching, Fl. Nr. 1698–1699, So 12–6; nicht abgebildet).

Kath. Kapelle, St. Rochus und St. Sebastian, 1797 geweiht.

Die große gewölbte Ortskapelle am Südrand des Dorfes weist im Äußeren wie im Inneren eine anspruchsvolle Architekturgliederung auf, die wohl auf die Mitbeteiligung des Klosters Weyarn an dem Neubau von 1797 zurückzuführen ist.

Der Vorgängerbau war nach der Überlieferung im 17. Jh. als Pestkapelle gebaut worden. Der Altar, mit einem Gemälde, das die berühmte «Beweinung Christi» des Niederländers Willem Key (um 1515–1568) wiederholt, dürfte ebenso aus diesem ersten Bau stammen wie die spätgotischen Figuren der Hll. Leonhard und Mechthild, wie die bemerkenswerte Emporenbrüstung mit Einlegearbeiten in den Füllungsfeldern, die ein byzantinisches Kirchenmotiv darstellen und wie ihre ornamental bemalten Rahmenformen und Emporenuntersichten.

Die Kapelle, die seit 1871 ein Spitztürmchen anstelle der ursprünglichen Zwiebel trägt, wurde 1983 restauriert.

Oberlaindern, Bildstock

Schmidham, Kath. Filialkirche St. Sebastian und St. Rochus am südl. Ortsrand von Osten

Sollach, Kath. Kapelle St. Sebastian und Rochus von Süden

Schmidham, Haus Nr. 11

Schmidham, Bildstock

Schmidham, Kirche, Inneres

Sollach, Kapelle, Inneres

Sollach, Kapelle, Emporenbrüstung

Unterdarching

Unterdarching, erstmals um 1040 in Urkunden des Klosters Ebersberg erwähnt, ist das älteste der drei Darching im Offenland der Schotterebene. In unmittelbarer Nähe wurden sowohl bajuwarische wie auch kaiserzeitlich-römische Grabstätten aufgedeckt, sodaß von einer älteren Besiedlung am Ort ausgegangen werden muß.

Das Kirchdorf, das sich zusammensetzt aus einem kleinen nördlichen Teil um die Kirche und einem straßendorfähnlichen Teil im Süden längs der Straße nach Mitterdarching, zählte 1819 26 Häuser mit 138 Einwohnern und ist u.a. in den letzten 30 Jahren um ein vielfaches gewachsen.

Dem Nordteil gibt eine bis heute unbebaut gebliebene angerartige Mitte seinen besonderen Charakter. Sie ist Teil des Höllgrabens, jener eiszeitlichen Abflußrinne, die wenige hundert Meter nordöstlich bei Valley schluchtartig in den Mangfallgrund einläuft. Dieser Anger wird im Bogen gequert von der alten Chaussee München–Höhenkirchen–Miesbach, überragt von der vom Friedhof umgebenen Pfarrkirche und eingefaßt von sechs alten Anwesen. In diesem Bezirk, dessen historische Strukturen im Gegensatz zum südlichen Ortsteil noch anschaulich sind, münden von Nordosten auch die Straße von Valley, von Süden die von Mitterdarching ein.

Kath. Pfarrkirche St. Johannes d. Täufer, 1505 erbaut, 1726 erweitert und barockisiert; Friedhofsummauerung aus Tuffquadern, barock.

Beim barocken Ausbau der Kirche 1726 durch das *Kloster Weyarn* wurden Teile des Vorgängerbaus und bedeutende Ausstattungsstücke erhalten. So ist am Choraußenbau der gotische Tuffsockel sichtbar, blieben der mittelalterliche Turmunterbau, der Taufstein von 1525 und eine Reihe älterer Epitaphien, wie das des Valleyer Herrschaftsinhabers Augustin v. Aham († 1564), sowie die frühbarocke Kanzel von etwa 1680 bewahrt.

Der geräumige helle Barockraum, mit Stichkappentonnen über gestuften Pilastern, wurde 1877 im Sinne des Historismus umgedeutet, verlor barocken Stuck und Fresken und wurde von dem Miesbacher Kunstmaler Alois Dirnberger neu ausgemalt. Ein neuer Hochaltar in historisierenden Formen wurde 1891 aufgestellt, die Seitenaltäre des Rokoko (um 1735) wurden dagegen erhalten, ebenso das Gestühl von 1826, der barocke Kreuzweg und die mit Apostelbildnissen und Darstellungen von Musikinstrumenten geschmückten Emporenbrüstungen. Bei der letzten Restaurierung 1945 versuchte man, der Raumschale barockgemäße Farbigkeit zurückzuverleihen. Die Deckengemälde von Dirnberger mit Darstellungen aus der Geschichte des Täufers wurden dabei erhalten.

Das bedeutendste Kunstwerk der Kirche ist die große Rosenkranztafel, 1514 im Auftrag der Münchner Patrizierfamilie Pötschner von einem Mitglied der Werkstatt des Jan Pollack (um 1435–1519) gemalt und 1836 als Geschenk des Valleyer Schloßherren, Graf Arco, in die Unterdarchinger Kirche gelangt.

Der Außenbau gegliedert und gelb-weiß gefaßt, der Turm unverputzt, auf dem barocken Turmobergeschoß eine Zwiebelhaube aus dem Jahre 1793.

Unterdarching, Kath. Pfarrkirche St. Johannes d. T.

Unterdarching, Kath. Pfarrkirche, Inneres

416

Unterdarching, Blick von Nordosten über den Dorfanger zur Kath. Pfarrkirche

Unterdarching, Friedhofseingang von Nordosten

Unterdarching, Kirche, Blick zur Empore

Unterdarching, Kirche, Wolfgangstafel

Unterdarching, Kirche, Predellarelief

Unterdarching, Kirche,
Detail Allerheiligenbild

Unterdarching, Kirche, Epitaph

Alpenblickstraße 11. *Bauernhaus «Beim Gabahell»,* Wohnteil zweigeschossiger Blockbau, bez. MP 1698, mit Traufseit- und mit Hochlaube der 2. Hälfte 19. Jh., Wirtschaftsteil mit Hakenschopf und Bundwerk, Ende 18. Jh.

Der Bau dokumentiert in einzigartiger Weise geschichtliche Entwicklungen im bäuerlichen Hausbau vom ausgehenden 17. Jh. (Blockwände von 1698) über das 18. Jh. (Bundwerk, Hakenkopf) in das 19. Jh. (Dacherneuerung, Hochlaube, Kreuzstabbrüstung der Laube, Vergrößerung der Fenster).

Graf-Arco-Straße 2. *Pfarrhof,* Putzbau mit Satteldach, 1825.

Bis zur Säkularisation wurden die Pfarrdienste in Unterdarching von Weyarn aus versehen; nach der Erhebung zur Expositur wurde ein Expositurgebäude, heute Pfarrhof, in den schlichten Formen ländlicher Amtsbauten der Zeit König Max I. Joseph errichtet.
Der geschnitzte Stock der Eingangstür noch aus der Erbauungszeit, die Türflügel Neurenaissance, Ende 19. Jh.

Kapellenweg. *Hofkapelle,* mit Dachreiter, Ende 19. Jh.

Die schlichte Kapelle gehört zum *Utznbauernanwesen.*

Mühlfeldstraße 1. Ehem. *Bauernhaus «Beim Utzn»,* Einfirstanlage, Wohnteil als zweigeschossiger Blockbau, jetzt z. T. ausgemauert, mit Traufseitlaube und Hochlaube, 2. Viertel 18. Jh.

Neben dem *Gabahell-Anwesen* im Südteil des Ortes gelegen und mit diesem gleichsam eine Traditionsinsel an der alten Dorfstraße darstellend.

Münchner Straße 2. *Getreidekasten,* zweigeschossiger Blockbau, durch Schupfen mit eingezogener Balusterhaube überbaut, 17./18. Jh.

Der größte Hof des Dorfes, *«Beim Fichtmayr»,* unmittelbar südlich neben der Kirche gelegen, gehörte bis zur Säkularisation dem *Kloster Ebersberg,* das seit dem 11. Jh. reichen, auf Stiftungen zurückgehenden Besitz in Unterdarching hatte. Auf dem Hof hat sich der Getreidekasten mit seinen beiden großen Kammern erhalten, ein Speicherbau, der in der Verwaltung des Ebersberger Besitzes in Darching eine zentrale Funktion besessen haben dürfte. Er zeigt bemerkenswerte Details wie z. B. einen Türsturz in nachgotischer Kielbogenform, bemalte Abfasungen an bestimmten Balken, einen hölzernen Schließmechanismus und figurierte Balkendurchsteckungen (Klingschrot).
Der Kasten wurde noch im 18. Jh. durch einen Schuppen bzw. eine Remise überbaut.

Bildstock, Tuffpfeiler, bez. 1821; Ecke Hafner-, Dilchinger Straße.

Ein später, hervorragender Vertreter einer seit dem 16. Jh. im Gebiet üblichen Form, errichtet von R. H., ähnlich dem Bildstock von 1820 an der Straße nach Weyarn.

Bildstock, Tuffpfeiler, 18. Jh.; Ecke Münchner Straße/Brunnenweg.

Bildstock, Tuffpfeiler, bez. 1820; an der Straße nach Weyarn, bei der Abzweigung nach Valley.

Errichtet wohl von einem Müller (Mühlradzeichen) JLE am Weg von Darching ins Weyarner Mühlthal.

Unterlaindern

Bildstock, Tuffpfeiler, 18. Jh.; bei Holzkirchner Str. 2.

In der jetzt baulich stark veränderten Ortsmitte des Weilers zwischen Hecken verborgener Bildstock mit originellem Zwiebelaufsatz auf der Laterne; angeblich früherer Standort südlich im Wald.

Unterdarching, Alpenblickstraße 11, «Beim Gabahell»

Unterdarching, Graf-Arco-Straße 2, Pfarrhof

Unterdarching, Pfarrhof, Tür

Unterdarching, Kapellenweg, Hofkapelle

Unterdarching, Mühlfeldstraße 1, «Beim Utzn»

Unterdarching, Bildstock, Ecke Münchner Straße / Brunnenweg

Unterdarching, Münchner Straße 2, Getreidekasten, Detail Tür

Unterdarching, Bildstock, 1821

Unterlaindern, Bildstock

Unterdarching, Bildstock an der Straße nach Weyarn

GEMEINDE WAAKIRCHEN

Das Gemeindegebiet, in das seit 1978 auch der Bereich der ehemaligen Gemeinde Schaftlach einbezogen ist und das etwa 5000 Einwohner zählt, dehnt sich über die teils freien, teils bewaldeten Schottermoränenzüge nordwestlich vor dem Tegernsee und die Waldvorberge des Mangfallgebirges aus. Es grenzt im Westen an den Landkreis Bad Tölz-Wolfratshausen, zu dessen Landgericht es bis 1803 gehörte.

Die Rodung und Besiedlung des Gebiets, seine Kultivierung und kirchliche Organisation erfolgten seit dem 9. Jh. wesentlich durch die Abtei Tegernsee, die bis zur Säkularisation 1803 Grundherrin der meisten Höfe war. Mutterpfarrei der Kirchen in Waakirchen, Georgenried und Schaftlach war die Tegernseer Klosterpfarrei Gmund a. Tegernsee, während Piesenkam zur Tegernseer Pfarrei Großhartpenning zählte.

Der Pfarr- und Gemeindesitz Waakirchen und die Orte Schaftlach und Piesenkam sind große geschlossene Dorfsiedlungen, die beiden ersteren mit teilweise umfangreichen baulichen Erweiterungen seit ca. 1950 bzw. ca. 1925. Marienstein entstand als Industrieort seit 1851; das dortige Zementwerk ist der einzige große Wirtschaftsbetrieb der Gemeinde, die trotz umfangreicher Bautätigkeit in den letzten drei Jahrzehnten in großen Bereichen noch die historische bäuerliche, seit dem Frühmittelalter gestaltete Kulturlandschaft mit meist sehr großen Einzelhöfen oder Höfepaaren aufweist.

Eine überraschend große Zahl dieser streng nach Osten ausgerichteten ehemaligen Klosterlehen wurde im späten 18. Jahrhundert neu erbaut (z. B. Anger, Haslach und die Mehrzahl der Höfe von Riedern). Sie weisen an den Holzblockverbänden, an Lauben, Pfetten, Türen reichste barocke Formausbildungen auf.

Mit etwa 120 Vollerwerbsbetrieben ist die Gemeinde bis heute landwirtschaftlich-bäuerlich geprägt.

Von weit über die Gemeinde und den Landkreis hinausragender kunstgeschichtlicher Bedeutung sind der romanische Kruzifix in Schaftlach und die spätgotische Georgenrieder Kirche mit ihrer frühbarocken Ausstattung.

Waakirchen

Der Pfarrort Waakirchen gehört zu den großen alten Dorfsiedlungen in dem leicht bewegten Moränengebiet nördlich vor dem Tegernsee. Es liegt im Schnittpunkt alter Straßen von Holzkirchen, Miesbach und Gmund nach Tölz. Die Geschichte des Dorfes, das um 1800 aus etwa 30 Bauernanwesen bestand, die sich verhältnismäßig dicht um die Kirche drängen, verlief bis zur Säkularisation 1803 in enger Abhängigkeit von der *Abtei Tegernsee*.

Durch den Namen des Sigichart von Waheringen, wohl eines Ministerialen des Klosters, erscheint erstmals 1020 Waakirchen in Tegernseer Urkunden. 1163 wurde der Abtei bestätigt, daß die Waakirchener Martinskirche auf ihrem Grund und Boden erbaut ist, also Tegernseer Besitz ist. Sie war Filiale der *Klosterpfarrei Gmund* und wurde erst 1809 unter einem eigenen Pfarrherren selbständig.

Das Dorf, das schon um 1250 19 Höfe zählte, entwickelte sich auf drei von Osten nach Westen absteigenden Terrassen, auf denen die alten Anwesen in strenger West-Ost-Richtung liegen. Das Oberdorf auf der östlichen Terrasse (Schaftlacher- und Lindenschmidtstraße) brannte 1737 mit Kirche, Wirtshaus und weiteren 15 Häusern ab und wurde danach neu erbaut. Ein Teil der Bebauung der beiden Terrassen des Unterdorfes fiel dem Ortsbrand von 1829 zum Opfer und wurde ebenfalls neu errichtet. – Das ehemals ortsbildbestimmende Altwirt-Anwesen im Unterdorf (Tölzer Straße 20) wurde leider 1977 abgebrochen.

Kath. Pfarrkirche St. Martin, bauliche Grundlage und Turmuntergeschoß spätmittelalterlich, barocke Erneuerung nach Brand 1737.

Die Kirche, die das Bild des Dorfes beherrscht und vom ummauerten Friedhof umgeben ist, wurde nach dem Ortsbrand von 1737 als Wandpfeilersaal mit eingezogenem Chor, in dem wohl noch mittelalterliches Mauerwerk enthalten ist, erneuert. Das spätmittelalterliche, in den Westteil des Langhauses eingezogene Turmuntergeschoß wurde mit einem hohen barocken, zwiebelbekrönten Oktogon zum Westturm mit großartiger Wirkung ausgebaut.

1880/85, 1920 und 1977 wurde die Kirche restauriert, bei der letzten Maßnahme die Raumfassung von 1920 wiederholt. Frühbarocker Hochaltar und zwei Seitenaltäre des frühen 18. Jahrhunderts, die aus der Tegernseer Kirche stammen. Das Gestühl von 1904.

Das bedeutendste Ausstattungsstück der Kirche, eine Pietà aus dem frühen 15. Jahrhundert, ein wichtiges Werk des «Weichen Stils», jetzt im Freisinger Diözesanmuseum (in der Kirche eine Kopie).

Am Angerbach 4. *Bauernhaus «Beim Feichtner»,* Einfirstanlage, mit Blockbau-Obergeschoß, traufseitiger Laube und Giebellaube, im Kern 18. Jh., 1904 Dach aufgestellt und Lauben erneuert.

Der 1904 überarbeitete, mit reichen Details geschmückte große Hof liegt im Unterdorf.

Am Angerbach 6. Ehem. *Bauernhaus «Beim Mesner»,* mit Blockbau-Obergeschoß, traufseitiger Laube und Giebellaube, im Kern Ende 17. Jh., Ende 19. Jh. Dach aufgestellt und Lauben erneuert.

Das Mesnergütl im Unterdorf, jetzt Bildhauerwerkstatt.

Brunnweg 1. *Bauernhaus «Beim Pointner»,* mit Blockbau-Obergeschoß, umlaufender Laube und Giebellaube, bez. 1767.

Frauenreiter Weg 2. *Bildstock,* Tuffsäule, 2. Hälfte 16. Jh.

Waakirchen, Kath. Pfarrkirche St. Martin

Waakirchen, Kath. Pfarrkirche, Inneres

Waakirchen, Am Angerbach 4

Waakirchen, Kirche,
Emporengestühl, Detail

Waakirchen, Bildstock

Waakirchen, Am Angerbach 6

Waakirchen, Brunnenweg 1

421

Lindenschmidtweg 5. Wohnteil eines ehem. *Bauernhauses*, zweigeschossiger Blockbau, mit Laube, 2. Viertel 18. Jh., Dach und Laube erneuert.

Im Oberdorf südlich der Kirche gelegener Vollblock-Wohnteil, früher *«Beim Anderl»* genannt, der wahrscheinlich nach dem Ortsbrand 1737 erbaut wurde.

Sachsenkamer Weg 3. Traufseitige *Laube* mit Aussägearbeiten, bez. 1882, und *Giebellaube*, 19. Jh.

Schaftlacher Straße 5. Ehem. *Kleinbauernhaus «Beim Weissn»*, zweigeschossiger Blockbau mit Laube, Giebelschalung bez. 1737, Ende 17. Jh.

Am alten Hauptstraßenzug des Oberdorfes, der Schaftlacher Straße, wurden nach dem Ortsbrand von 1737 die einzelnen Anwesen mit parallel nebeneinanderliegenden Firsten neu erbaut, das Haus Nr. 5 als Vollblockbau, wie der erhaltene Wohnteil zeigt. Die Balkendurchsteckungen (Kling- oder Malschrot) sind in besonders kunstvoller Weise figuriert (Kirche, Herz, Kelch).

Schaftlacher Straße 6. *Gedenktafel* für den *Schmied von Kochel*, wohl 1905 angebracht.

Das alte *Chrysam-Anwesen* ist das Geburtshaus des Balthasar Mayr (1644–1705), genannt Schmied-Balthes, nachmals Schmied von Kochel, der in der Sendlinger Bauernschlacht am Weihnachtsttag 1705 mit weiteren 34 Waakirchener Pfarrangehörigen fiel.

Das Haus selbst ist durch einen Neubau der sechziger Jahre ersetzt.

Schaftlacher Straße 15. Ehem. *Bauernhaus «Beim Kalebauer»*, zweigeschossiger Blockbau, modern bez. 1635; teilweise ausgemauert.
Wegkreuz mit Kruzifix, 18. Jh.; bei Schaftlacher Straße 15.

Das ehem. Bauernhaus, auch *«Beim Bernhard»*, genannt, wurde um 1982 vorbildlich restauriert.

Schmied-Balthes-Straße 4. Ehem. *Bauernhaus «Beim Siegl»*, Einfirstanlage, mit Blockbau-Obergeschoß, umlaufender Laube und Giebellaube, im Kern 18. Jh., Dach neuzeitlich angehoben.

Schmied-Balthes-Straße 5. Ehem. *Schulhaus*, heute Bauernhof, zweigeschossiger Walmdachbau mit zwei Giebelbalkons, erbaut 1820.

Das Haus hebt sich als Schulhaus durch seine Dachform, ein für die Zeit König Max I. am Tegernsee typisches Schopfwalmdach, von den weiteren historischen Bauten ab.

Tölzer Straße 14. Ehem. *Bauernhaus «Beim Oarkafler»*, Einfirstanlage, mit Blockbau-Obergeschoß, umlaufender Laube und Giebellaube, im Kern 18. Jh., teilweise modern verändert; zugehöriges Wegkreuz mit Kruzifix und Madonna, 18. Jh.

Der Zug der Tölzer Straße ist erst im 20. Jahrhundert angelegt worden, die ursprüngliche Ost-West-Straße durch den Ort lief in Windungen über den Kirchbach und die Straße Am Angerbach, die Bauernhäuser der Tölzer Straße waren von Hausgärten umgeben.

Tölzer Straße 19. *Bauernhaus «Beim Weger»*, zweigeschossiger Blockbau, mit umlaufender Laube, 18. Jh., Dach Ende 19. Jh. aufgesteilt (Abbruch 1983).

Tölzer Straße 21. *Bauernhaus «Beim Sojer»*, Einfirstanlage, mit Blockbau-Obergeschoß, umlaufender Laube und Giebellaube, 18. Jh., Dach Ende 19., Anfang 20. Jh. aufgesteilt.

Waakirchen, Lindenschmidtweg 5

Waakirchen, Sachsenkamer Weg 3, Detail

Waakirchen, Schaftlacher Straße von Süden

Waakirchen, Gedenktafel   Waakirchen, Wegkreuz, Schaftlacher Straße 15

Waakirchen, Schaftlacher Straße 15

Waakirchen, Schmied-Balthes-Straße 4

Waakirchen, Schmied-Balthes-Straße 5, ehem. Schulhaus

Waakirchen, Tölzer Straße 14, ehem. Bauernhaus

Waakirchen, Wegkreuz,
Tölzer Straße 14

Waakirchen, Tölzer Straße von Osten, rechts Haus Nr. 14, links Nr. 21

Waakirchen, Tölzer Straße 19, Bauernhaus

Waakirchen, Tölzer Straße 21, Bauernhaus

Tölzer Straße 23. *Bauernhaus «Beim Reider»,* mit Blockbau-Obergeschoß und umlaufender Laube, 18.Jh., Dach Ende 19.Jh. aufgesteilt.

Tölzer Straße. *Denkmal zur Erinnerung an die Gefallenen* der Bauernschlacht 1705 und der Kriege 1866 und 1870/71, Sokkel mit Bronzereliefs von A. Kaindl, 1905.

In Erinnerung an die Sendlinger Bauernschlacht zur Zeit des Spanischen Erbfolgekrieges, 1705, in der die Waakirchener unter ihrem Anführer, dem Schmied-Balthes, ein hohes Blutopfer gebracht hatten, beschloß ein «Oberländer Denkmalverein Sitz Waakirchen» 1904, an der Mündung der Gmunder in die Miesbach–Tölzer Straße ein Denkmal zu errichten. Nach Anregungen des Erzgießers Ferdinand v. Miller schuf der Münchner Bildhauer Anton Schmid das Modell für den monumentalen Löwen, der in Kupfer getrieben den Denkmalsockel beherrscht. 1905, im 200.Jahr der Bauernschlacht, wurde das Denkmal enthüllt, das auch dem Gedenken an die Waakirchener Gefallenen der Kriege 1866 und 1870/71 gilt. Auf den Bronzereliefs des Sockels von Anton Kaindl sind Szenen aus der Oberländer Bauernerhebung dargestellt.

Wegkapelle, 18.Jh.; an der Miesbacher Straße am südöstlichen Ortsrand.

Anger

Zweihöfeweiler hochmittelalterlichen Ursprungs an der Straße Waakirchen–Gmund, die zwischen den beiden parallel nebeneinanderliegenden Höfen «Beim Bräumann» (Haus Nr. 1) und «Beim Bacher» (Haus Nr. 2; Neubau um 1950) hindurchführt.

Haus Nr. 1. Ehem. *Bauernhaus «Bräumannhof»,* mit Blockbau-Obergeschoß, umlaufender Laube und Giebellaube, Schalung und Türsturz bez. 1789.

Hervorragend erhaltener spätbarocker Einfirsthof mit reichen Details bei den hölzernen Elementen.

Berg

Der Weiler Berg liegt im hügligen Gelände am Nordrand der Dürnbach-Moosrainer Haglandschaft. Er besteht aus einem östlichen und einem westlichen Höfepaar, die einige hundert Meter auseinanderliegen und wohl durch hochmittelalterliche Teilungen eines oder zweier Güter entstanden sind. Brandstatt- und Hofmoaranwesen bilden einschließlich der Hofmoarkapelle die östliche Gruppe (Haus Nr. 9 und 7), die 1981 um Haus Nr. 8 erweitert worden ist, das den historischen Blockbau-Oberstock des inzwischen neuerbauten Hofmoar-Wohnteils aufgenommen hat (Transferierung). Haus Nr. 16 («Beim Berger») und Nr. 20 bilden die westliche Hofgruppe.

Hofmoarkapelle St. Maria, 1.Hälfte 18.Jh.

Der schlichte Satteldachbau ist die Kapelle des Hofmoarbauern, in der die Schmerzhafte Muttergottes verehrt wird.

Haus Nr. 8. Ehem. *Bauernhaus,* Blockbau-Obergeschoß der Mitte des 17.Jh., auf neu gemauertes Erdgeschoß von Haus Nr. 7 transferiert 1981; Inneneinrichtung teilweise original.

Haus Nr. 9. Stattliches *Bauernhaus, «Beim Brandstätter»,* Wohnteil mit Blockbau-Obergeschoß, umlaufender Laube und Giebellaube, 18.Jh., Dach modern aufgesteilt.

Haus Nr. 16. *Bauernhaus «Beim Berger»,* Wohnteil mit Blockbau-Obergeschoß, umlaufender Laube und Giebellaube, 18.Jh., Dach modern aufgesteilt; Getreidekasten, Blockbau über Tuffquadern, 2.Hälfte 18.Jh.

Waakirchen, Denkmal zur Erinnerung an die Gefallenen der Sendlinger Bauernschlacht

Waakirchen, Denkmal, Detail

Waakirchen, Tölzer Straße 23, Bauernhaus

Waakirchen, Tölzer Straße 23, Detail

Waakirchen, Wegkapelle

Berg, Kapelle St. Maria

Anger, Haus Nr. 1, ehem. Bauernhaus

Berg, Haus Nr. 8, ehem. Bauernhaus

Berg, Haus Nr. 9, Bauernhaus

Berg, Haus Nr. 16, Bauernhaus

Berg, Haus Nr. 16, Getreidekasten

Georgenried

Kath. Filialkirche St. Georg, spätgotischer Bau von 1528.

Das Georgenrieder Kirchlein besetzt zusammen mit den Höfen der beiden Rieder Bauern einen Moränenhügel an der Gmund–Tölzer Straße bei Finsterwald.

1291 wird die Siedlung Georgenried in Tegernseer Urkunden erstmals genannt als Eigentum des Ministerialen Otto v. Eurasburg, 1318 verkauft dieser seine Schwaige (Viehhof) an das *Kloster Tegernsee,* welches sie 1426/27 in die beiden heute noch bestehenden Höfe teilt.

Nach der Überlieferung soll in den 30er Jahren des 15. Jahrhunderts in Georgenried ein hölzernes Eremitenkirchlein bestanden haben, nach anderer Überlieferung habe Georg d. J. v. Waldeck, der 1456 gestorbene Herr der Hohenwaldecker Herrschaft, in türkischer Gefangenschaft gelobt, bei glücklicher Heimkehr drei Kirchen zu bauen. Als seine Votivkirchen gelten *Agatharied, Frauenried* und *Georgenried.*

Die bestehende Kirche, einer der am besten erhaltenen spätgotischen Sakralbauten im Landkreis, ist jedoch nachweislich erst 1528 und offensichtlich unter der Leitung des Klosters Tegernsee entstanden, zu dessen Pfarrei Gmund Georgenried als Filiale zählte. Die Schlußsteine im Chorgewölbe sind mit dem Tegernseer Wappen und dem des um 1528 regierenden Abtes Maurus Leyrer bemalt.

Der verputzte Tuffquaderbau trägt ein steiles Schindeldach mit schlankem spitzen Dachreiter. Das breite dreijochige Schiff und der zweijochige Chor werden von tief herabgezogenen, in Kragsteine einlaufenden kunstvollen Netzgewölben überspannt.

Wenigstens seit 1836, wahrscheinlich seit der Barockzeit, war der Raum kalkweiß ausgetüncht gewesen, bis die Wandmalereien am Gewölbe 1958 aufgedeckt und freigelegt wurden. Es finden sich grüne Blattkompositionen, in den Zwickeln der Gewölbeansätze auf lebhaft geschwungenen Ranken über 30 verschiedene Darstellungen von Vögeln und anderen Tieren.

Seit 1631 wurde der Raum im Sinne des Frühbarock umgestaltet, die drei Altäre, die Kanzel und das Gestühl gehören dieser Zeit an. In den Auszug des 1631 bezeichneten Hochalters ist in origineller Weise ein spätgotisches Tafelbild der 2. Hälfte des 15. Jahrhunderts mit Darstellung der Kreuzigung zwischen Maria und Johannes eingefügt. Im Schrein die Figuren der Hll. Georg und Sebastian, seitlich davon die Hll. Johannes und Paulus, die damaligen Patrone der Tegernseer Klosterkirche. Das Tafelbild im Auszug wird von zwei kleinen spätgotischen Figuren, Petrus und Paulus, flankiert, dahinter je ein barocker Auszugsengel.

Gleichzeitig, mit Restaurierungsdaten 1665 und 1757, sind die Seitenaltäre, der südliche mit Anna-Selbdritt-Gruppe, der nördliche mit Figur des Hl. Rochus. Aus gleicher Zeit auch der säulengegliederte Kanzelkorpus mit kleinen Sitzfiguren der Evangelisten vor Muschelnischen.

Georgenried, Kath. Filialkirche St. Georg

Georgenried, Kirche, südlicher Seitenaltar

Georgenried, Ansicht von Süden

Georgenried, Kath. Filialkirche St. Georg, Hauptaltar

Haslach

Haus Nr. 1. *Bauernhaus «Beim Hasler»,* stattlicher Einfirsthof, mit Blockbau-Obergeschoß, umlaufender Laube und Giebellaube, 4. Viertel 18. Jh. (Dach modern erhöht).

Prächtig an einem Höhenrücken bei Häuserdörfl gelegener Hof in Einödlage.

Hauserdörfl

Straßendorf mit acht alten Anwesen längs der Straße Waakirchen–Gmund, durch Neubaugebiete westlich und nördlich stark verändert.

Kronimusweg 4. Wohnteil eines ehem. *Bauernhauses «Beim Kronimus»,* zweigeschossiger Blockbau mit Laube, 2. Hälfte 17. Jh., Fenster und Sterntüre 18. Jh., Dach gehoben 19. Jh.

Tegernseer Straße 74. *Bauernhaus «Beim Boier»,* Einfirsthof, mit Blockbau-Obergeschoß, Laube und Giebellaube, 18. Jh., erneuert 1969.

Hinterholz

Haus Nr. 1. *Bauernhaus «Beim Hinterholzer»,* stattlicher Einfirsthof, mit Blockbau-Obergeschoß, umlaufender Laube und Giebellaube, 4. Viertel 18. Jh.

Großer, im Spätbarock neu erbauter Einödhof in einem Wiesenplan an der Straße Holzkirchen–Gmund.

Hirschstätt

Kapelle St. Sylvester, sog. *Freikirchl,* achteckiger Zentralbau, 1650.

Die Kapelle, östlich vor Schaftlach in freien Wiesen gelegen, ist ein 1650 errichteter Zentralbau über achteckigem Grundriß. Bauherr dieser bemerkenswerten Kapelle, die mit ähnlichen Bauten des 17. Jahrhunderts, wie der Miesbacher Portiunkulakapelle, verglichen werden kann, war nach der Überlieferung das Kloster Tegernsee. Die Wandfelder mit ihren Fensteröffnungen erscheinen wie in ein Pfeilerskelett eingestellt. Im Inneren ein Kuppelgewölbe mit netzartigen Putzgraten über schmalen Wandvorlagen. Der frühbarocke Altar aus der Bauzeit mit Weinlaubsäulen und Figuren der Hll. Sylvester, Petrus, Johannes, Sebastian und der Schmerzhaften Muttergottes.

Bildstock, Tuffsäule, 2. Hälfte 16. Jh.; neben dem Freikirchl.

Haus Nr. 12. *Bauernhaus «Beim Bartlbauer»,* Einfirstanlage, mit Blockbau-Obergeschoß, umlaufender Laube und Giebellaube, 2. Hälfte 18. Jh., Dach modern aufgestellt; zugehöriger Getreidekasten, 18. Jh.

Kammerloh

Haus Nr. 2. *Gutshof Oberkammerloh,* sehr stattliche Einfirstanlage mit Flachsatteldach, Wohnteil villenartig im Heimatstil, mit Eckerkern im Stil des Inntaler Bauernhauses, mit umlaufender Laube, Giebellaube und Wandmalereien, 1924–29 erbaut.

Der große prächtige Gutshof wurde in Art der großen barokken Einfirsthöfe des Tegernseer Gebiets 1924/29 durch den damaligen Eigentümer der Mariensteiner Zementwerke erbaut (siehe auch Marienstein).

Haus Nr. 3. *Bauernhaus «Unterkammerloh»,* Einfirstanlage, mit Lauben, Mitte 19. Jh.; zugehöriger Getreidekasten, 17./18. Jh., im Obergeschoß eines Stadels eingebaut.

Haslach, Haus Nr. 1, Bauernhaus

Hauserdörfl, Kronimusweg 4

Hauserdörfl, Tegernseer Straße 74

Hinterholz, Haus Nr. 1, Bauernhaus

Hirschstätt, Bildstock

Hirschstätt, Kapelle, Inneres

Hirschstätt, Haus Nr. 12, Bauernhaus

Hirschstätt, Kapelle St. Silvester

Hirschstätt, Haus Nr. 12, Getreidekasten

Kammerloh, Haus Nr. 2, Gutshof

Kammerloh, Haus Nr. 3, Gehöft

Keilsried

Von weither einsehbarer Dreihöfeweiler auf einem freien Moränenzug westlich von Waakirchen mit den nach Osten gerichteten Anwesen «Beim Bachler» und «Beim Nickl» (Haus Nr. 1 und 7) und dem ehemaligen, jetzt in verfälschenden Dimensionen westlich erweiterten Bauernhaus «Beim Kogler» (Haus Nr. 8) sowie kleinen Nebengebäuden.

Haus Nr. 1. *Bauernhaus «Beim Bachler»*, Wohnteil mit Blockbau-Obergeschoß, umlaufender Laube und Giebellaube, Mitte 17. Jh.

Haus Nr. 8. Ehem. *Kleinbauernhaus «Beim Kogler»*, Wohnteil mit verputztem Blockbau-Obergeschoß und Giebellaube, 1801 erbaut.

Krottenthal

Kapelle St. Magnus, 19. Jh.
Die Kapelle wurde dem Hl. Magnus für die Abwendung einer Krötenplage gewidmet.

Haus Nr. 8. *Bauernhaus «Beim Kögl»*, Einfirstanlage, mit Blockbau-Obergeschoß, umlaufender Laube und Giebellaube, bez. 1797, Dach modern aufgesteilt.

Marienstein

Kath. Filialkirche Mariä Himmelfahrt, 1927 erbaut.

Seit 1851 entwickelte sich aus einem Kalkwerk im Holzwiesental bei Oberkammerloh eine Zementfabrik mit großen Werksanlagen, Verwaltungsgebäuden, Arbeiterhäusern, das *«Bayerische Portland-Zementwerk Marienstein»* (1890).
Ein äußerlich schlichter, an einfache gotische Landkirchen erinnernder Sakralbau wurde 1927 errichtet.

Piesenkam

Die sehr alte dörfliche Rodungssiedlung im äußersten Nordwesten des Gemeindegebietes, die sich seit dem 9./10. Jahrhundert längs einer west-östlich verlaufenden Bachzeile und südlich darüber auf einem angerartigen Hochufer entfaltet hat, spiegelt bis heute die besitz- und ortsgeschichtlichen Vorgänge eines Jahrtausends. Ausgangspunkt waren der Maierhof des Klosters Tegernsee bzw. seiner Ministerialen, der Herren von Piesenkam (Sachsenkamer Straße 2) und die danebenliegende Jakobuskirche, beide ersterwähnt im 11. Jahrhundert. Die nördliche Hofstättenzeile (Sachsenkamer Straße, gerade Nrn.) blieb in den folgenden Jahrhunderten Tegernseer Besitz, in die haufendorfartig strukturierte südliche Dorfhälfte teilten sich mehrere kirchliche Eigentümer.
Das Ortsbild mit ca. 30 alten Anwesen ist eindrucksvoll erhalten (Sachsenkamer Straße 1–23 mit Kirche, Waakirchener Weg 1–10, Warngauer Straße 4).

Kath. Filialkirche St. Jakobus d. Ä., 15./16. Jh., im 18. Jh. barockisiert.

Die äußerlich schlichte Dorfkirche ist ein spätgotischer Tuffquaderbau mit barockisiertem Westturm. Sie gehört seit 1866 zur Pfarrei Sachsenkam. Die wohl ursprünglich spätgotischen Kreuzgratgewölbe mit Stichkappen im dreijochigen Schiff und im zweijochigen Chor wurde 1784 verschliffen und durch den Weilheimer Maler Sebastian Troger (um 1735–1792) freskiert. Die dekorativen Gestaltungen der Gewölbe mit Zopfstilmotiven, Vasen, Kassetten, schon klassizistisch. Die Kanzel 17. Jahrhundert, das Kirchengestühl um 1686. Seitenaltäre im Übergangsstil zum Klassizismus.

Keilsried, Haus Nr. 1, Bauernhaus

Keilsried, Haus Nr. 3, ehem. Kleinbauernhaus

Krottenthal, Kapelle St. Magnus, Inneres

Krottenthal, Haus Nr. 8, Bauernhaus

Marienstein, Kath. Filialkirche Mariä Himmelfahrt

Marienstein, Kath. Filialkirche, Inneres

Piesenkam, Kath. Filialkirche St. Jakobus d. Ä.

Piesenkam, Kath. Filialkirche, Inneres

Piesenkam, Kath. Filialkirche, Inneres

Allgaukapelle St. Gregor d. Gr., erbaut 1679/89.

Eine Kapelle zu Ehren des Hl. Gregor kann seit dem 15. Jahrhundert nachgewiesen werden. 1679/89 wurde anstelle des 1628 geweihten Vorgängerbaus die bestehende Kapelle auf dem Moränenhügel am Westrand des Allgauwaldes erbaut, die mit dem Kirchdorf Piesenkam in Sichtbeziehung steht.

In den Westteil des quadratischen, einfachen Schiffs, das von einer Pendentifkuppel überspannt wird, ist eine zweigeschossige Eremitenklause mit Empore eingebaut. Östlich fügt sich ein dreiseitig geschlossener gewölbter Chor, daran nördlich eine Sakristei mit darüberliegendem Oratorium an.

Frater Gallus Rautmann, Eremit des Dritten Ordens der Franziskaner, ließ 1772 die Kapelle als Marienwallfahrtsstätte erneuern und wendete dafür die Erträge aus seiner Bienenzucht auf.

Durch den Tölzer Freskanten Wilhelm Anton Fett (1739–1800) ließ Frater Gallus in der Kuppel die beiden Allgauer Patrone, den Hl. Papst Gregor und die Madonna in Begleitung von Engeln darstellen, die bei Gottvater für die Allgaukapelle und ihre Wallfahrer vermitteln. Topographisch genau sind der von Wald eingefaßte Kapellenhügel, der Bau in allen Einzelheiten, der Eremit mit seinen Bienenstöcken, bäuerliche und bürgerliche Wallfahrer und Wohltäter der Kapelle sowie ein Priester wiedergegeben. Die Darstellungen für die das 1737 entstandene Chorfresko Matthäus Günthers in der Tölzer Mariahilfkirche vorbildlich war, sind auch von großem wallfahrts- und kostümgeschichtlichen Wert.

Die Deckenbilder im Chor zeigen das jetzt im Sachsenkamer Pfarrhof verwahrte Marien-Gnadenbild der Kapelle und stellen Maria als Fürsprecherin vor Christus und Trösterin der Sterbenden dar.

Die bemalte Westempore von einer früheren barocken Erneuerung der Kapelle, um 1730, der Altar klassizisierend, 1865, als Nachfolger des Rokokoaltars der Zeit des Frater Gallus.

Der letzte Eremit starb 1826 in seiner Klause bei der Kapelle.

Sachsenkamer Straße 4. Wohnteil eines ehem. *Bauernhauses «Beim Mesner»*, mit verputztem Blockbau-Obergeschoß, traufseitiger Laube und Giebellaube, Ende 18. Jh., Dach mit Block-Kniestock erhöht, 19. Jh.

Sachsenkamer Straße 7. Stattliches *Bauernhaus «Beim Huber»*, mit Blockbau-Obergeschoß, Laube und Giebellaube, Anfang 19. Jh.

Sachsenkamer Straße 10. Stattliches *Bauernhaus «Beim Lindmair»* und ehem. *Molkerei*, Massivbau mit traufseitiger Laube, Giebellaube und Lünettenfenster (Lüftlmalerei modern) über älterem Kern, wohl 1883; Anbau 1902.

Sachsenkamer Straße 16. Wohnteil eines *Kleinbauernhauses «Beim Bichlmann»*, wohl mit verputztem Blockbau-Obergeschoß, mit traufseitiger Laube und Giebellaube, um 1830/40.

Waakirchener Weg 5. *Bauernhaus «Beim Irlschmid»*, mit Blockbau-Obergeschoß und traufseitiger Laube, Giebelseite verbrettert, bez. 1790.

Point

Haus Nr. 10. Ehem. *Bauernhaus «Beim Domensepp»*, Einfirstanlage, mit Blockbau-Obergeschoß, umlaufender Laube und Giebellaube, 2. Hälfte 18. Jh., Dach modern aufgesteilt.

Raßhof

Haus Nr. 1. Zugehöriger *Getreidekasten*, mit Blockbau-Obergeschoß, 18. Jh.

Piesenkam, Allgaukapelle St. Georg d. Gr.

Piesenkam, Allgaukapelle, Inneres

Piesenkam, Sachsenkamer Straße 4

Piesenkam, Sachsenkamer Straße 7

Piesenkam, Sachsenkamer Straße 10

Piesenkam, Sachsenkamer Straße 16

Piesenkam, Sachsenkamer Straße 10, Detail

Piesenkam, Waakirchener Weg 5

Point, Haus Nr. 10, Bauernhaus

Raßhof, Haus Nr. 1, Getreidekasten

433

Rieder

Hofkapelle St. Antonius v. Padua, 1815.

Haus Nr. 1. *Bauernhaus «Beim Beil»,* sehr stattliche Einfirstanlage, mit Blockbau-Obergeschoß, Laube und Giebellaube, Wirtschaftsteil mit Traufbundwerk, bez. 1735, Veränderungen 2. Viertel 19. Jh.

Haus Nr. 3. *Bauernhaus «Beim Fuchs»,* Einfirstanlage, mit Blockbau-Obergeschoß, Nordseite verputzt, umlaufende Laube und Giebellaube, bez. 1729.

Riedern

Feldmannkapelle, Weg- und Hofkapelle, mit Schindeldach, 18. Jh.; nahe Haus Nr. 1, an der Straße Hauserdörfl–Moosrain.
Barocke Kapelle mit Kreuzgratgewölbe in typischer Lage an einer Weggabelung.

Haus Nr. 6. *Bauernhaus «Beim Unterlindner»,* Einfirstanlage, mit Blockbau-Obergeschoß, umlaufender Laube und Giebellaube, 4. Viertel 18. Jh., Dach modern aufgesteilt.
Auf kleinem Hügel eindrucksvoll gelegener Einfirsthof in Einödlage, streng nach Osten gerichtet wie alle Riederner Höfe.
Die bestehende Anlage wurde im späten 18. Jahrhundert, der Blütezeit des Bauernhausbaus im Tegernseer Gebiet, neu errichtet und weist reiche Balusterlauben, Pfettenköpfe, Sterntüren und andere Details auf.

Haus Nr. 12. Wohnteil des *Bauernhauses «Bäck am Hof»,* mit Blockbau-Obergeschoß, umlaufender Laube und Giebellaube, 4. Viertel 18. Jh.
Großer ehem. Einödhof, jetzt als Landsitz ausgebaut (Dach neu).

Haus Nr. 17. *Bauernhaus «Beim Rißlberger»,* Einfirstanlage, mit Blockbau-Obergeschoß, umlaufender Laube und Giebellaube, wohl 3. Viertel 17. Jh., Dach modern aufgesteilt.

Haus Nr. 22. *Bauernhaus «Beim Dröscher»,* Einfirstanlage, mit Blockbau-Obergeschoß, umlaufender Laube und Giebellaube, 4. Viertel 18. Jh., Dach Anfang 20. Jh. aufgesteilt.

Haus Nr. 26. Wohnteil des ehem. *Bauernhauses «Beim Roth»,* mit Blockbau-Obergeschoß, 4. Viertel 18. Jh.
Barockzeitlicher Einödhof, jetzt als Landhaus ausgebaut.

Haus Nr. 35. *Bauernhaus «Beim Zais»,* Einfirstanlage, stattlicher zweigeschossiger Blockbau, Mitte 17. Jh., umlaufende Laube 18./19. Jh.
Prächtiger Einöd-Bauernhof mit hervorragend erhaltenem Vollblock-Wohnteil.

Riedern, Hofkapelle   Riedern, Feldmannkapelle

Riedern, Haus Nr. 1, Bauernhaus

Riedern, Haus Nr. 3, Bauernhaus

Riedern, Haus Nr. 6, Bauernhaus

Riedern, Haus Nr. 12, Bauernhaus

Riedern, Haus Nr. 17, Bauernhaus

Riedern, Haus Nr. 22, Bauernhaus

Riedern, Haus Nr. 26, ehem. Bauernhaus

Riedern, Haus Nr. 35, Bauernhaus

Haus Nr. 37. Wohnteil des ehem. *Bauernhauses «Reiterhof»,* zweigeschossiger Blockbau mit umlaufender Laube und Giebellaube, 1. Hälfte 17. Jh., Ende 18. Jh. teilweise verändert.

Haus Nr. 38. *Land- und Gutshaus v. Herrmann,* im Stil oberbayerischer Bauernhäuser mit Laube, Giebellaube und Lüftlmalereien, 1902.

Haus Nr. 42. Stattliches *Bauernhaus «Beim Marold»,* Einfirstanlage, verputzt, um 1840/50, Türe bez. 1905.

Haus Nr. 43. *Bauernhaus «Beim Krai»,* Einfirstanlage, mit Blockbau-Obergeschoß und umlaufender Laube, 18. Jh., im 19. Jh. Dach aufgesteilt.

Bildstock, Tuffsäule, 17. Jh.; beim *«Keilshof».*

Sarreit

Haus Nr. 1. *Bauernhaus «Beim Sarreiter»,* Einfirstanlage, mit Blockbau-Obergeschoß, umlaufender Laube und Giebellaube, 2. Hälfte 18. Jh., Dach modern aufgesteilt.

Schaftlach

Im 10./11. Jahrhundert entstandene Rodungssiedlung, zunächst im Besitz des Klosters Ebersberg, deren Anwesen in dem folgenden Jahrhundert weitgehend in das Eigentum der Abtei Tegernsee übergingen. Im Bezirk um die Kirche im oberen Dorf haben sich wesentliche Baustrukturen erhalten.
Das untere Dorf hat seit dem Bau der Eisenbahn (1874) und der Einrichtung von Industrien und Postdienststellen eine eigenständige moderne Entwicklung erfahren.

Kath. Pfarrkirche Hl. Kreuz, spätgotisch, 1476 von Alex Gugler vollendet, Sakristei-Umbau 1640, Turm 1683.
Die 1476 geweihte Schaftlacher Heilig-Kreuz-Kirche besitzt einen der bemerkenswertesten spätgotischen Sakralräume des Landkreises.
Der Bau wurde vom Klosterbaumeister Alex Gugler unter Einbezug von Mauern des Vorgängerbaus im Auftrag der *Abtei Tegernsee* geschaffen, zu deren Gmunder Pfarrei Schaftlach als Filiale zählte. Zwei Langhausjochen folgt ohne besondere Einziehung ein einjochiger, in drei Seiten geschlossener Chor. Beide Raumteile werden einheitlich durch ein Netzgewölbe über Kragsteinen zusammengeschlossen. Die untere Empore, von hölzernen Sechskantpfeilern gestützt, die Brüstung durch einen spätgotischen Rankenfries verziert, ist an ihrem Aufgang bezeichnet «1491». Von der Ausstattung des spätgotischen Baus sind darüber hinaus erhalten zwei große Tafelbilder mit Darstellung der Hll. Ulrich und Emmeram, zwei Leuchterengel-Figuren, eine Sitzfigur des Hl. Ulrich und zwei kleine Figuren der Hll. Benedikt und Scholastika, ehemals am Tegernseer Chorgestühl, 1453, zugeschrieben Hans Haider. Seit 1640 erfolgte eine barocke Erneuerung der Kirche, die bis zum späten 18. Jahrhundert Mittelpunkt einer Wallfahrt zum Hl. Kreuz war.
Bedeutendster Schatz der Kirche ist ein lebensgroßer romanischer Kruzifix aus dem 12. Jahrhundert, in der Form dem Forstenrieder Kreuz nahestehend, mit Fassung des 19. Jahrhunderts. Es wird angenommen, daß er durch das Kloster Tegernsee nach Schaftlach vermittelt wurde und außerhalb der Kirche aufgestellt war.

Riedern, Haus Nr. 37, ehem. Bauernhaus

Riedern, Haus Nr. 38, Landhaus

Riedern, Haus Nr. 42, Bauernhaus

Riedern, Haus Nr. 43, Bauernhaus

Riedern, Haus Nr. 38, Detail   Riedern, Bildstock

Sarreit, Haus Nr. 1, Bauernhaus

Schaftlach, Kirche, romanischer Kruzifix

Schaftlach, Kath. Pfarrkirche Hl. Kreuz

Schaftlach, Kath. Pfarrkirche, Inneres

437

Alex-Gugler-Straße 5. *Postamt,* Giebelbau im Stil der 20er Jahre, unter Leitung von Robert Vorhoelzer 1925 erbaut.

Alex-Gugler-Straße 25. *Geschnitzte Haustüre,* 2. Hälfte 19. Jh.

Alex-Gugler-Straße 27. *Bauernhaus «Schwaigerhof»,* mit umlaufender Laube, Giebellaube, bemalten Balkenköpfen und Lüftlmalereien, 1926 erbaut.

Alex-Gugler-Straße 33. *Bauernhaus «Beim Metzger»,* Einfirstanlage, mit Laube und Giebellaube, 2. Viertel 19. Jh.

Die beiden Höfe Nr. 33 und 36 bestimmen mit ihren unverfälschten Proportionen und reichen baulichen Details neben der Pfarrkirche die Ortsmitte des Oberdorfes.

Alex-Gugler-Straße 36. *Bauernhaus «Moarhof»,* Einfirstanlage, mit Front- und Giebellaube, bemalten Balkenköpfen, um 1850/60.

Bürgermeister-Erl-Straße 3. *Bauernhaus «Beim Kögl»,* Einfirstanlage, mit Blockbau-Obergeschoß, Laube und Giebellaube, 1. Hälfte 18. Jh., Dachaufbau und Laube um 1900.

Staudach

Haus Nr. 41. *Bauernhaus «Beim Stauderbauer»,* Einfirstanlage, Wohnteil mit Blockbau-Obergeschoß, Laube und bemalten Balkenköpfen, Ende 18. Jh.

Stelzerhof

Haus Nr. 1. *Bauernhaus «Beim Stelzer»,* stattliche Einfirstanlage, mit Blockbau-Obergeschoß, Laube und Giebellaube, Mitte 18. Jh., Ende 19. Jh. aufgeteilt; zugehöriges *Brunnenhäuschen* mit Schindeldach, wohl 19. Jh., Anlage älter.

Urschenthal

Hof- und Wegkapelle, 1. Hälfte 19. Jh.; zu Haus Nr. 2 gehörig.

Schaftlach, Alex-Gugler-Straße 5

Schaftlach, Alex-Gugler-Straße 25, Tür

Schaftlach, Alex-Gugler-Straße 33, Bauernhaus

Schaftlach, Alex-Gugler-Straße 36, Bauernhaus

Schaftlach, Bürgermeister-Erl-Straße 3

Schaftlach, Alex-Gugler-Straße 27, Bauernhaus

Schaftlach, Alex-Gugler-Straße 27, Detail

Staudach, Haus Nr. 41, Bauernhaus

Stelzerhof, Haus Nr. 1, Bauernhaus

Urschenthal, Kapelle

Stelzerhof, Brunnenhaus

439

GEMEINDE WARNGAU

Die Gemeinde Warngau, zu der seit 1978 auch das Gebiet der ehem. Gemeinde Wall gehört, dehnt sich von den altbesiedelten Acker- und Weideflächen im Norden bei Holzkirchen über die hochmittelalterlichen Rodungsflächen im Moränengebiet am West- und Südfuß des Taubenberges bis zum linken Mangfallhochufer im Südosten bei Wall aus. Sie zählt ca. 2750 Einwohner.

Die planmäßige Rodung südlich der Altsiedlung Oberwarngau wurde im 12./13. Jh. unter Leitung der Abtei Tegernsee betrieben, die zahlreichen Einödhofstellen, oft auch durch spätmittelalterliche Teilung entstandene Zweihöfegruppen und Weiler, waren fast ausschließlich bis 1803 Tegernseer Klosterlehen.

Der 802 m hohe bewaldete Taubenbergrücken, der über der Warngau–Waller Landschaft dominiert, wurde nur an der Südflanke partiell besiedelt, allerdings seit Ende des 19. Jh. meist wieder aufgeforstet, da er Quellwassergebiet der Münchner Wasserversorgung wurde.

Größere Dorfsiedlungen nach Oberwarngau sind Osterwarngau und Reitham, das an der Altstraße nach Tegernsee liegt, kleine Dörfer sind Einhaus, Bernloh und Wall. Die Gemeinde ist fast ausschließlich bäuerlich-landwirtschaftlich geprägt, das Gebiet gehörte schon seit dem Hochmittelalter zu dem am besten erschlossenen und wirtschaftlich genutzten Besitz der Abtei Tegernsee, in dem das Hauptgewicht des frühmittelalterlichen Stiftungsgutes des Klosters lag. Die eindrucksvoll erhaltene Rodungslandschaft südlich vor dem Taubenberg und in den sog. Hagen südwestlich von Wall bezeugt zusammen mit ihrem außerordentlich großen Bestand an bäuerlichen Baudenkmälern die Arbeitsleistung und das Gestaltungsvermögen der bäuerlichen Bevölkerung und der Tegernseer Benediktiner.

Oberwarngau, Kath. Pfarrkirche St. Johannes d. T.

Oberwarngau

Die historische Ortsstruktur von Oberwarngau ist eindrucksvoll erhalten. In der Ortsmitte dominiert die hochgelegene, vom ummauerten Friedhof umgebene Pfarrkirche, die an der Ostseite von der alten Straße Holzkirchen–Tegernsee umfahren und vom Dorfbach tangiert wird.

Vor der Südseite der Kirche, wo sich die Anwesen von Bäkker, Kramer, Mesner, Wirt, seit 1982 auch das Rathaus, befinden, weitet sich die Straße zum Dorfplatz aus.

Im oberen Dorf, südöstlich, folgt die historische Bebauung im wesentlichen dem Bach (Handwerker- und Bauernanwesen an der Lindenstraße, an der Austraße, am Schulweg); am Ortsrand liegt der barocke ehem. Pfarrhof (bis 1970). Auch im nordwestlichen unteren Dorf (Taubenbergstraße, Kirchweg, Riedstraße) hat der Bachverlauf die Siedlungsausdehnung bestimmt.

Oberwarngau zählte 1810 über 50 Anwesen. Der Ort entwikkelte sich seit ca. 1875 in westlicher Richtung zum Bahnhof und zur 1935 angelegten neuen Tegernseer Straße.

Kath. Pfarrkirche St. Johannes der Täufer, spätgotisch, um 1500, *Friedhofmauer* aus Tuffquadern, 17./18. Jh.

Warngau (Oberwarngau) war zur Zeit der Gründung des *Klosters Tegernsee* im 8. Jahrhundert die größte Siedlung im Tegernseevorland. Die «curtis Worngowe» gehörte zum ursprünglichen Ausstattungsgut des Klosters und dürfte aus dem Eigenbesitz der Klosterstifter stammen.

Oberwarngau, Lindenstraße von Südosten

Oberwarngau von Osten, von links: Schule, alter Pfarrhof, neues Pfarrzentrum, Kirche

Oberwarngau, Austraße von Süden

Oberwarngau, Taubenbergstraße

Oberwarngau, Kirchweg Nr. 3, 5, und Stadel

Oberwarngau, Friedhofsmauer

804 wird die «ecclesia Unormgoi» unter einer Reihe von Seelsorgskirchen mit Tauf- und Sepulturrecht genannt. Die jüngste Forschung vermutet das Bestehen einer Warngauer Kirche schon im frühen 8. Jahrhundert wegen des bereits als vorhanden anzunehmenden Patroziniums St. Johann Baptist und der Lage der Kirche in einer Bachschleife, wegen der charakteristischen Zuordnung zu dem nachweisbaren frühmittelalterlichen Warngauer Maierhof sowie aufgrund des Abbrechens der Bestattungen auf dem außerhalb des Ortes befindlichen Reihengräberfeld, das mit der Einrichtung der Bestattung auf dem kirchlichen Friedhof (Sepultur) erklärt werden könnte.

Der bestehenden spätgotischen Tuffquaderkirche aus der Zeit um 1500 dürften mehrere Bauten an diesem Platz vorausgegangen sein. Über ihrem stattlichen dreijochigen Schiff und dem eingezogenen zweijochigen Chor spannen sich Netzgewölbe. Besonders eindrucksvoll ist das spätgotische Portal mit seiner alten Tür, die noch die Beschläge aus der Erbauungszeit besitzt. Bemerkenswert ist der wohl spätmittelalterliche Stützpfeiler vor der hohen Westgiebelwand der Kirche, der offenbar aus Sicherheitsgründen gesetzt wurde.

Von der spätgotischen Ausstattung der Kirche haben sich eine Anna-Selbdritt-Gruppe, eine Pietà, und eine Figur der Hl. Magdalena erhalten, die alle schon dem frühen 16. Jahrhundert angehören, im Marienaltar eine Madonna der 2. Hälfte des 15. Jahrhunderts.

Der Außenbau erhielt in der Frühbarockzeit durch das Oktogon des Turms und die kräftige Zwiebelhaube einen zeitgemäßen Akzent, im Inneren wurde um 1710 ein barocker Hochaltar errichtet, von welchem Teile in den jetzt vorhandenen, Ende des 19. Jahrhunderts aufgestellten, übernommen worden sind.

Die gefälligen Rokoko-Seitenaltäre um 1769 vom Miesbacher Kistler und Bildhauer Joseph Hagn (1736–1797); ihre Fassungen nicht original.

Wegkapelle (Schneekapelle), im Kern wohl 18. Jh.; südlich des Ortes an der Miesbacher Straße.

Die Kapelle liegt am alten Wallfahrerweg nach Allerheiligen (Miesbacher Straße) und gehörte ehemals zum Wirtsanwesen. 1923 war noch eine Figurengruppe der Hl. Familie vorhanden. Einziges historisches Ausstattungsstück ist jetzt noch eine Kniebank mit Bemalung aus dem Rokoko.

Lindenstraße 11. *Bauernhaus «Beim Hörmann»,* mit traufseitiger Laube, Giebellaube und Lüftlmalereien, Ende 18. Jh.

Seit 1354 genanntes, noch bewirtschaftetes Bauernanwesen, das ursprünglich zum Pfarrwidum gehörte (der ehem. Pfarrhof liegt südlich gegenüber). – Die Wandmalereien am Wohnteil erneuert.

Oberwarngau, Kath. Pfarrkirche, Anna-Selbdritt-Figur

Oberwarngau, Kath. Pfarrkirche, linker Seitenaltar

442

Oberwarngau, Kath. Pfarrkirche St. Johannes der Täufer, Inneres

Oberwarngau, Kirche, gotisches Schloß am Portal

Oberwarngau, Wegkapelle

Oberwarngau, Lindenstraße 11, Bauernhaus und Zuhaus

Oberwarngau, Kapelle

443

Lindenstraße 15. Ehem. *Pfarrhof,* mit Halbwalmdach und bemalten Fensterumrahmungen, 1760/62.

Das Hauptgebäude des alten Warngauer Oekonomiepfarrhofes, nach dem Bau eines neuen Pfarrzentrums in den 60er Jahren jetzt Privathaus, liegt am südöstlichen Ortsrand in auffallender Distanz zur Kirche. Die großen, axial geordneten Kreuzstockfenster, die mit aufgemalten barocken Faschen gerahmt waren, und das hohe Halbwalmdach heben das Gebäude aus der historischen bäuerlichen, durch Flachsatteldächer und geringere Stockwerkshöhen gekennzeichneten Bebauung des Dorfes deutlich heraus.

Der Bau wird seit 1980 restauriert, die Architekturmalerei auf den Fassaden wurde in teilweise freier Art restauriert.

Riedstraße 18. *Bauernhaus «Beim Loher»,* Hakenhofanlage, Wohnteil mit Blockbau-Obergeschoß und traufseitiger Laube, Anfang 19. Jh.

Das Anwesen wird seit etwa 1340 als *Tegernseer Klosterlehen* genannt.

Oberwarngau, Riedstraße 18, Bauernhaus

Schulweg 2. *Bauernhaus «Beim Stritzl»,* mit Front- und Giebellaube, Mitte 19. Jh.

Das Anwesen wird seit etwa 1290 als «Sumerhub» genannt. Der Neubau aus dem mittleren 19. Jahrhundert ist mit seinen weißen Putzflächen, den hochrechteckigen Fenstern, der Doppelflügelhaustür und der Hochlaube mit Kreuzstabbrüstung typisch für das späte Biedermeier auf dem Lande (die untere Laube später, Ende 19. Jh.)

Schulweg 8. *Bauernhaus «Beim Schneiderkramer»,* Putzbau, verputzt bez. 1853.

Ähnlicher biedermeierlicher Bau wie Schulweg 2, mit dem er eine einprägsame Baugruppe am Bach bildet.

Taubenbergstraße 4. Ehem. *Bauernhaus «Beim Weber»,* mit Blockbau-Obergeschoß, traufseitiger Laube und Giebellaube, im Kern Anfang 18. Jh., teilweise erneuert.

Im unteren Dorf am Bach gelegenes Kleinanwesen (Sölde), das um 1497 aus dem benachbarten Weissenlehen herausgebrochen wurde. Der bestehende Wohnteil mit Blockbau-Oberstock des frühen 18. Jahrhunderts.

Taubenbergstraße 6. *Bauernhaus «Beim Rauscher»,* zweigeschossiger Blockbau, z. T. ausgemauert, mit traufseitiger Laube, Mitte 17. Jh.

Sehr alter Blockbau, dessen Fenster im 19. Jahrhundert durch Aussägen vergrößert wurden und dessen nordöstliche Hausecke nachträglich ausgemauert worden ist. Mit Taubenbergstraße 4 und dem nördlich gegenüberliegenden Hof Nr. 7 eine historische bäuerliche Baugruppe im unteren Dorf bildend.

Taubenbergstraße 7. Stattliches *Bauernhaus, «Beim Ranhart»,* Einfirstanlage mit Giebellaube und Lüftlmalereien, um 1830/40.

Das Anwesen wird als Tegernseer Klosterlehen um 1250 zuerst erwähnt. Der stattliche langgestreckte Neubau zeigt typische Formen des ländlichen Biedermeier (Hochlaube, große Putzflächen, strenge Fensterordnung) wie auch die fortlebende Rokokotradition (dekorative Wandmalerei, profilierte Pfettenköpfe).

Oberwarngau, Schulweg 2, Bauernhaus

Oberwarngau, Schulweg 8, Bauernhaus

Oberwarngau, Taubenbergstraße von Osten

Oberwarngau, Lindenstraße 15, ehem. Pfarrhof

Oberwarngau, Taubenbergstraße 4, ehem. Bauernhaus

Oberwarngau, Taubenbergstraße 6, Bauernhaus

Oberwarngau, Schulweg 8, Tür

Oberwarngau, Taubenbergstraße 7, Bauernhaus

445

Allerheiligen

Kath. Wallfahrtskirche Allerheiligen, Anfang 16. Jh., Chorneubau mit Klause und Barockisierung des Inneren um 1720/30.

Haus Nr. 3. Ehem. *Mesnerhaus,* in baulicher Einheit mit der Kirche, 18. Jh.

Die völlig frei zwischen Wiesen aufragende *Wallfahrtskirche* liegt südlich von Warngau an der Abzweigung der alten Tegernseer von der Miesbacher Straße.

Der aus Tuffsteinen errichtete spätgotische Vorgängerbau wurde in der Barockzeit völlig umgestaltet. Die Zwiebelhaube des Turms ist schon auf einem großen Votivbild von 1682 bezeugt, das den Wallfahrtsanger um die Kirche gefüllt mit Wallfahrern, ihren Rindern und Rössern sowie Geistlichen zeigt, auf die der Segen der Heiligen fällt.

Der Ausbau zur barocken Wandpfeilerkirche mit Stichkappentonne erfolgte im frühen 18. Jahrhundert. Der Chor wurde mit halbrundem Schluß ganz neu erbaut, die Ostteile des Schiffes in ausgerundeten Formen zu ihm hingeführt, so daß ein dreimal konkav ausschwingender, mit wuchtigen Altären besetzter bühnenartiger Raumteil entstand.

Die Altäre um 1720, der Hochaltar später verändert, das Kirchengestühl Anfang 18. Jh., die Wangen mit geschnitztem Laubwerk, die Kanzel 1779 vom Miesbacher Kistler Joseph Hagn (1736–1797), die Beichtstühle aus dem frühen Empire, weiß-gold gefaßt, der Orgelprospekt spätes Rokoko.

Die Kirche wird seit 1983 restauriert, am Turm wurden die barocken Fugenaufmalungen restauriert, die Außenwände wurden im übrigen, wie zur Barockzeit, grau geschlämmt.

Der südlich 1730 an den Chor angebaute dreigeschossige schmale Pultdachbau diente dem *Wallfahrtsklausner* als Wohnung, wo er auch Schule in diesem ersten Warngauer Schulhaus hielt.

Allhöfe

Haus Nr. 45. *Bauernhaus «Beim Hinterstallhofer»,* stattliche Einfirstanlage mit Blockbau-Obergeschoß, umlaufender Laube und Giebellaube, bez. 1767.

Die beiden großen Bauernanwesen von Allhöfe (Nr. 45 und Nr. 46) liegen in dem Einzelhöfegebiet südlich unter dem Taubenberg auf einer Wiesenterrasse. Der Hinterstallhofer ist ein besonders stattlicher Bau mit fünf Fensterachsen breitem Giebel, Blockbau-Oberstock, dreiseitig um den Wohnteil geführter barocker Balusterlaube und einer Hochlaube.

Angerer

Haus Nr. 24. *Bauernhaus,* mit Blockbau-Obergeschoß, umlaufender Laube und Giebellaube, Mitte 18. Jh., im 19. Jh. Dach erhöht.

Einödhof, nördlich von Wall, das Anwesen seit ca. 1250 erwähnt, der bestehende Wohnteil mit Blockbau-Oberstock, aufgedoppelter Stern-Haustür und Balusterlauben aus der Mitte des 18. Jahrhunderts, um 1890 leicht verändert.

Aning

Haus Nr. 18. *Bauernhaus,* verputzter Blockbau, im Kern 18. Jh.; zugehöriger *Stadel* mit Blockbau-Obergeschoß (Getreidekasten), Mitte 18. Jh.

Die Einöde, schon im 13. Jahrhundert ein Lehen der Abtei Tegernsee, liegt in der klassischen Haglandschaft, nördlich vor dem Tegernsee. Südlich neben dem Bauernhaus, dessen Blockbauteile im 19. Jahrhundert verputzt wurden, ist noch ein Stadel oder Getreidekasten erhalten, der offenbar zeitweise auch als Wohnung genutzt wurde.

Allerheiligen von Süden

Allerheiligen, Kath. Wallfahrtskirche Allerheiligen

Allerheiligen, Kath. Wallfahrtskirche und Mesnerhaus

Allerheiligen, Kath. Wallfahrtskirche, Inneres

Allhöfe, Haus Nr. 45, Bauernhaus

Aning, Haus Nr. 18, Stadel

Angerer, Haus Nr. 24, Bauernhaus

Aning, Haus Nr. 18, Bauernhaus

447

Bergham

Bildstock, Tuffpfeiler, bez. 1615; an der Straße nach Gotzing, nahe Georg-Rashofer-Weg.

Monumentaler, ca. 2,50 m hoher Tuffpfeiler am Taubenberg.

Bernloh

Die auffallend verstreute, den Straßen nach Warngau, Wall, Gmund und Waakirchen folgende Siedlung wird 1173 erstmals genannt und war Sitz eines Tegernseeischen Dienstmannengeschlechts. Im 16. Jahrhundert zählte Bernloh nur 5 Anwesen, zu Beginn des 19. Jahrhunderts 13. In der Mitte des Ortes finden sich das *Wirtsanwesen* (Haus Nr. 1, Neubau 20. Jh.), das *Bauernanwesen «Beim Saliterer»* (Haus Nr. 2, um 1900 neu erbaut), das *Krameranwesen* (Haus Nr. 3, 1793 neu erbaut, jetzt verändert). Am Ostrand des Ortes fällt die Anwesengruppe Nr. 11 und 11a mit zwei Bauernhäusern der Barockzeit auf, die im 16. Jh. den Herren v. Eurasburg gehörte und zu der wohl auch das Haus Nr. 10 zählt (jetzt Bau des frühen 19. Jahrhunderts). Im Südwesten des Ortes sondert sich die Anwesengruppe *«Beim Draxler»* und *«Beim Stielner»* (Haus Nr. 15 und 16) ab, im Westen der *Tempelhof* (Haus Nr. 14) und im Norden das *Wagneranwesen* (Haus Nr. 6). Diese Strukturen dürften Ergebnis der verschiedenen grundherrlichen Strukturen in Bernloh sein.

Haus Nr. 6. *Bauernhaus «Beim Wagner»,* Einfirstanlage, Wohnteil biedermeierlicher Putzbau mit traufseitiger Laube und Giebellaube, 1853.

Typisches, original erhaltenes Bauernhaus des späten Biedermeier.

Haus Nr. 11. Ehem. *Bauernhaus «Beim Radlwagner»,* Einfirstanlage, mit Laube und Giebellaube, im Kern 18./19. Jh. (Wandmalereien modern).

Haus Nr. 11 und 11a, zwei sehr gepflegte, jetzt als Landhäuser dienende ehem. Handwerker-Bauernhäuser der Barockzeit, die seit dem 16. Jahrhundert als eurasburgische Lehen genannt sind, bilden eine sehr reizvolle Baugruppe am östlichen Ortsende.

Haus Nr. 11a. Ehem. *Bauernhaus «Beim Schaffler»,* Einfirstanlage, mit Blockbau-Obergeschoß, Laube und Giebellaube, 18./19. Jh.

Haus Nr. 15. *Bauernhaus «Beim Draxler»,* mit Blockbau-Obergeschoß, umlaufender Laube und Giebellaube, wohl 2. Hälfte 18. Jh.

Haus Nr. 16. *Bauernhaus «Beim Still»,* mit Blockbau-Obergeschoß, umlaufender Laube und Giebellaube, bez. 1770; zugehöriger *Stadel* mit Blockbau-Obergeschoß *(Getreidekasten),* bez. 1791.

Wegkapelle (Tempelkapelle) 18. Jh.
Die dem Hl. Rochus gewidmete Kapelle beim Tempelhof im Westen des Ortes wurde angeblich als Votivkapelle in Pestgefahr von fünf umliegenden Bauern erbaut. Sie ist 1984 instandgesetzt worden.

Bergham, Bildstock   Bernloh, Wegkapelle

Bernloh, Ortskern mit Haus Nr. 3

Bernloh, Haus Nr. 6, Bauernhaus

Bernloh, Haus Nr. 11a, ehem. Bauernhaus

Bernloh, Dorfstraße von Osten

Bernloh, Haus Nr. 11, Detail

Bernloh, Haus Nr. 11, ehem. Bauernhaus

Bernloh, Haus Nr. 16, zugehöriger Stadel

Bernloh, Haus Nr. 15, Bauernhaus

Bernloh, Haus Nr. 16, Bauernhaus

Bernloh, links Haus Nr. 15 und rechts Haus Nr. 16

Böttberg

Südlich von Oberwarngau liegt auf einem Moränenzug der Weiler Böttberg mit zwei parallel nebeneinander situierten Höfen *«Beim Hans»* (Haus Nr. 1) und *«Beim Pichlmayer»* (Haus Nr. 2), die durch spätmittelalterliche Teilung eines Ausgangshofes entstanden sein dürften. Im 17. Jahrhundert sind südlich an der Straße und östlich am Bach zwei weitere Anwesen entstanden. Diese Struktur der Siedlung ist bis heute erhalten. Allerdings mußte 1949 die *Kolomanskapelle,* die sich nördlich des Meisterhofes erhob und dem Ort zeitweise auch den Namen *Betberg* verlieh, abgebrochen werden. Sie war 1601 erbaut worden und hatte einen spätmittelalterlichen Vorgängerbau.

Haus Nr. 2. *Bauernhaus «Beim Pichlmayer»,* mit Blockbau-Obergeschoß, Laube und Giebellaube, bez. 1797.

Böttberg, Weiler von Osten

Bürg

Kapelle, wohl Anfang 19. Jh.

Haus Nr. 22. *Bauernhaus, «Beim Kasper auf der Bürg»,* stattliche Einfirstanlage, Wohnteil mit Blockbau-Obergeschoß, umlaufender Laube und Giebellaube, bez. 1721.

Den Weiler bilden drei alte Klosterlehen.

Bürgtal

Haus Nr. 21. Ehem. *Kleinbauernhaus «Beim Bürgtaler»,* mit Blockbau-Obergeschoß und Laube, Mitte 18. Jh.

Burgweg

Haus Nr. 8. Zugehöriger *Getreidekasten,* Feldsteinunterbau mit Blockbau-Obergeschoß und Giebellaube, Ende 18. Jh.

Bildstock, Tuffsäule, 18. Jh.; an der Hauptstraße.

Der Bildstock wurde beim Straßenbau um einige Meter versetzt; am Schaft des Pfeilers Bezeichnung «ID».

Böttberg, Haus Nr. 2, Bauernhaus

Christoph

Gedächtniskapelle St. Benno, modern bez. 1634, Glockenstuhl wohl um 1910; ostwärts des Taubenberggipfels.

Am Platz der Bennokapelle auf dem Taubenberg erhob sich ursprünglich eine als Pestkapelle von den umliegenden alten Höfen *Hainz, Schwarz* und *Christoph* erbaute *Dreifaligkeitskapelle,* als deren Baujahr 1634 überliefert ist.

Wasserturm der Wasserwerke der Stadt München, erbaut 1911, mit Aussichtsplattform.

Daxer

Haus Nr. 42. *Bauernhaus,* mit Blockbau-Obergeschoß und umlaufender Laube und Giebellaube, bez. 1684, Dach 1933 aufgesteilt.

Zum Anwesen gehörte ehemals eine *Schmiede.*

Bürg, Kapelle

Drahtzieher

Haus Nr. 79. *Bauernhaus,* stattlicher Einfirsthof, mit Blockbau-Obergeschoß, umlaufender Laube und Giebellaube, 4. Viertel 18. Jh.

Bürg, Kapelle, Inneres

Burgweg, Bildstock

450

Bürg, Haus Nr. 22, Bauernhaus

Bürgtal, Haus Nr. 21, ehem. Kleinbauernhaus

Burgweg, Haus Nr. 8, Getreidekasten

Christoph, Kapelle

Christoph, Wasserturm

Daxer, Haus Nr. 42, Bauernhaus

Drahtzieher, Haus Nr. 79, Bauernhaus

Drahtzieher, Haus Nr. 19, Bauernhaus

451

Draxlham

Hofkapelle, mit Dachreiter, 1. Hälfte 18. Jh.; bei Haus Nr. 4.
Hofkapelle des Schusterbauernanwesens, dem sie südlich zugeordnet ist. Das Innere mit Wandpilastern und Gesims gegliedert, an der Decke Bandlwerkstuck. Spätrokoko-Altärchen mit doppelter Säulenstellung.

Einhaus

Der Name der Siedlung, die sich erst im 18. Jh. als ein kleines Straßendorf darstellt, erinnert an einen Urhof, den «Lindenhub», der ein Lehen der Herren von Eurasburg war. Bis 1537 waren durch Teilung zwei, bis etwa 1800 zwölf kleinere Anwesen durch Abtrennung entstanden. Haus Nr. 15, der älteste Ableger des ursprünglichen «Einhauses», schon 1537 als «Gütl auf dem Püchl» bezeichnet, nimmt noch heute seine Sonderstellung westlich über dem Ort ein.

Kapelle St. Johannes, Neubau um 1965 mit historischer Ausstattung.
Der Vorgängerbau von 1792 stand westlich beim Glaseranwesen (Haus Nr. 12) und mußte dem Straßenausbau weichen. Im Rokokoaltar eine Madonna und Figuren der Hll. Johannes d. T. und Leonhard. Barockes Gestühl. Trenngitter von 1792.

Haus Nr. 7. *Bauernhaus «Beim Huber»,* mit Blockbau-Obergeschoß, umlaufender Laube und Giebellaube, 1778.
Erdgeschoß und Keller des Wohnteils wurden 1986 neu erstellt, der Holzblockbau-Oberstock von 1778 wieder aufgesetzt.

Haus Nr. 8. *Bauernhaus «Beim Stoffl»,* mit Blockbau-Obergeschoß, Hoch- und Giebellaube, 4. Viertel 18. Jh.
1867 erneuertes Haus.

Haus Nr. 9. *Bauernhaus «Beim Schmidler»,* mit Blockbau-Obergeschoß, umlaufender Laube und Giebellaube, 4. Viertel 18. Jh.

Haus Nr. 15. Stattliches *Bauernhaus «Beim Bichlbauer»,* Wohnteil mit Blockbau-Obergeschoß und umlaufender Laube, Wirtschaftsteil mit Bundwerk, bez. 1800.

Feldschuster

Sühnekreuz und *Grenzstein»,* 17. Jh.; an der Straße.
Das Tuffkreuz wurde nach örtlicher Überlieferung an der Stelle errichtet, an der ein Berittener vom Pferd stürzte und dabei zu Tode kam.

Gschwendtner

Haus Nr. 48. *Bauernhaus,* mit Blockbau-Obergeschoß, umlaufender Laube und Giebellaube, 1. Hälfte 18. Jh., Veränderungen Mitte 19. Jh.
Einer der großen Einödhöfe, die im 12. Jh. in der Rodungslandschaft südlich unter dem Taubenberg entstanden sind.

Hainz

Haus Nr. 16. Ehem. *Bauernhaus,* mit Blockbau-Obergeschoß, umlaufender Laube und Giebellaube, Ende 18. Jh.
Tegernseer Klosterlehen am Taubenberg, ersterwähnt im 14. Jh.

Draxlham, Hofkapelle bei Haus Nr. 4

Draxlham, Hofkapelle, Inneres

Draxlham, Hofkapelle   Einhaus, Kapelle

Einhaus, Dorfstraße von Südosten

Einhaus, Haus Nr. 7, Bauernhaus

Einhaus, Haus Nr. 8, Bauernhaus

Einhaus, nördliches Ortsende, links Haus Nr. 9

Einhaus, Haus Nr. 15, Bauernhaus

Einhaus, Kapelle, Inneres

Feldschuster, Sühnekreuz und Grenzstein

Gschwendtner, Haus Nr. 48, Bauernhaus

Hainz, Haus Nr. 16, ehem. Bauernhaus

453

Hairer

Haus Nr. 29. *Bauernhaus* mit Blockbau-Obergeschoß, umlaufender Laube und Giebellaube; Wandgemälde 18. Jh.
Tegernseer Klosterlehen in Einödlage im hochmittelalterlichen Rodungsgebiet südlich des Taubenbergs.

Wegkapelle, Ende 19. Jh.

Hinterhöher

Haus Nr. 52. *Bauernhaus «Beim Hoicher»,* mit Blockbau-Obergeschoß, umlaufender Laube und Giebellaube, 18. Jh., Dach und Giebel modern.
Das nördliche Anwesen einer Zweihöfegruppe, die vor 1519 aus einem 1217/31 zuerst erwähnten Tegernseer Klostergut durch Teilung entstanden ist.

Hofkapelle, wohl 18. Jh., 1960 erneuert.

Höhenstein

Haus Nr. 39. *Bauernhaus «Beim Bauer»,* mit verputztem Blockbau-Oberstock und Laube, 2. Hälfte 18. Jh.
Höhenstein war im Hochmittelalter ein größerer Hof, der im 16. Jahrhundert in das «Bauer-» und das «Lang»-Anwesen aufgeteilt wurde. Letzteres von der Stadt München um die Jahrhundertwende gekauft und abgebrochen, da es in ihrem Taubenberg-Trinkwasserquellen-Bereich liegt.

Hössenthal

Hofkapelle, 1. Hälfte 18. Jh.; westlich an der Straße, bei Haus Nr. 42.

Holzmann

Hofkapelle, Anfang 19. Jh.; bei Haus Nr. 17.
Kapelle gehört zum nahen *Hössenthal-Hof* und hat 3 noch barocke Wandgemälde (Hl. Georg, Flucht nach Ägypten, Geburt Christi) und ein altes Gestühl.

Jehl

Haus Nr. 50. *Bauernhaus «Beim Ihr»,* stattlicher Einfirsthof, mit Blockbau-Obergeschoß, umlaufender Laube und Giebellaube, geschnitzte Fensterrahmen, Wirtschaftstrakt teilweise in Blockbau, bez. 1788.
Herausragender Hof des späten 18. Jh. mit reichen Details. Im Zentrum des hochmittelalterlichen Rodungsgebiets der Abtei Tegernsee südlich vor dem Taubenberg als Einöde gelegen, wie die Nachbarhöfe Polz, Gschwendtner und Wölfl.

Kaishof

Haus Nr. 52. *Bauernhaus «Vorderkaishof»,* mit Blockbau-Obergeschoß, umlaufender Laube und Giebellaube, 4. Viertel 18. Jh.
Zweihöfegruppe nördlich von Wall, 1693 durch Teilung des um 1340 erstgenannten «Cheilshofes» entstanden.

Hairer, Haus Nr. 29, Bauernhaus

Hairer, Wegkapelle   Hairer, Haus Nr. 29

Hinterhöher, Haus Nr. 52, Bauernhaus

Hohenstein, Haus Nr. 39, Bauernhaus

Hinterhöher, Hofkapelle

Hinterhöher, Ansicht des Weilers

Hössenthal, Hofkapelle

Hössenthal, Kapelle, Inneres

Holzmann, Kapelle, Inneres

Holzmann, Hofkapelle

Kaishof, Detail Giebelkreuz

Jehl, Haus Nr. 50, Bauernhaus

Jehl, Haus Nr. 50, Bauernhaus

Kaishof, Haus Nr. 52, Bauernhaus

455

Lechner

Haus Nr. 60. *Bauernhaus,* mit Blockbau-Obergeschoß des 17. Jh. und Laube; Getreidekasten, Blockbau, 18. Jh.
Einödhof, 1296 von Otto von Eurasburg an Tegernsee verkauft. Westlich vom alten Pfarrhof von Wall.
Die geschnitzten Vorköpfe der Balken am Blockbau mit ihren nachgotischen Formen weisen auf das 17. Jahrhundert. Aufgesteiltes Dach und Stall vor 1904.

Lehner

Haus Nr. 80. *Bauernhaus,* mit Blockbau-Obergeschoß, umlaufender Laube und Giebellaube, im Kern 4. Viertel 16. Jh., Dachaufbau 1898.
Südlich von Wall am Ostrand der Haglandschaft gelegener Einfirsthof, in eindrucksvoller Ost-West-Erstreckung. Der sehr alte Wohnteil wurde 1747 und 1898, als auch das Stallgewölbe entstand, erneuert und erweitert (Dacherhöhung).

Lehner, Haus Nr. 80, Bauernhaus

Loch

Haus Nr. 119. *Bauernhaus «Beim Hinterloher»,* mit Blockbau-Obergeschoß, umlaufender Laube und Giebellaube, Mitte 17. Jh., Dach modern aufgesteilt.
Ehem. Tegernseer Klosterlehen östlich von Wall; im 13. Jh. erstmals erwähnt.

Ludwiger

Haus Nr. 47. *Bauernhaus,* mit Blockbau-Obergeschoß, Mitte 17. Jh.
Der Einödhof liegt eindrucksvoll am Westrand der geschlossenen bäuerlichen Kulturlandschaft südlich unter dem Taubenberg (um 1250 erstmals genannt).

Lechner, Haus Nr. 60, Bauernhaus

Markhaus

Bildstock, Tuffsäule mit Laterne, bez. 1786; beim Gasthaus Waldeck.

Marold

Kogelkapelle St. Rochus, mit Dachreiter und Vorbau, 17. Jh.
Die Kapelle am östlichen Taubenberg war eine Gemeinschaftskapelle der Anwesen Marold, Günderer, Loher, Baderer, Imberger, Feicht, die aufgrund eines Gelöbnisses in der Pestzeit 1634 entstand und dem Pestheiligen Rochus gewidmet wurde. (Altar barock, letzte Ausgestaltung Anfang 20. Jh.)

Lechner, Haus Nr. 60, Bauernhaus

Mühlweg

Haus Nr. 69. *Bauernhaus,* mit Blockbau-Obergeschoß, umlaufender Laube und Giebellaube, 4. Viertel 18. Jh., Mitte 19. Jh. teilweise verändert.
Zweihöfegruppe hochmittelalterlichen Ursprungs, westlich von Wall. Fünfachsiger Blockbau-Oberstock, Wohnteil traufseitig erschlossen.

Osterwarngau

Das Dorf Osterwarngau mit seinen etwa 25 alten Anwesen ist eine im wesentlichen der Straße von Tegernsee nach Weyarn folgende Siedlung. Ihr historischer Bestand umfaßt die Anwesen Dorfstraße 9–33 (ungerade Nrn.), 16 und 28, und die beiden Kirchen St. Georg und St. Maria, die das Ortsbild unverwechselbar kennzeichnen. Im Süden begrenzt eine barocke

Loch, Haus Nr. 119, Bauernhaus

Ludwiger, Haus Nr. 7, Bauernhaus

Markhaus, Bildstock

Marold, Kapelle

Mühlweg, Haus Nr. 69, Bauernhaus

Marold, Kogelkapelle St. Rochus, Inneres

Osterwarngau, Ansicht von Südosten

Osterwarngau, von Westen

Osterwarngau, Ansicht von Norden mit den beiden Kirchen

457

Kapelle den Ort, beim ehem. Pfarrhof und der Georgskirche ist die Ortsmitte anschaulich, im Norden begrenzen das ehem. Schulhaus, das kleine Krameranwesen und eine Höfegruppe, welche sich um die Marienkirche lagern, die Siedlung.

Kath. Pfarrkirche St. Georg, Anfang 15.Jh., Umbau Anfang 16.Jh., um 1725 barockisiert; mit Friedhofsummauerung, wohl 18.Jh.

Die Georgskirche ist ein im frühen 15.Jh. anstelle eines Vorgängerbaues durch das Kloster Tegernsee errichteter vierjochiger Saalbau mit eingezogenem Chor, dessen Gewölbe um 1725 mit Bandelwerkstuck ausgestaltet wurden. Altäre gleichzeitig. Die stark farbige Überarbeitung des Innenraums 1878/79 wurde bei der letzten Restaurierung von 1984/85 respektiert.

Kath. Filialkirche Mariae Opferung (Frauenkirche), Anfang 16.Jh., 1586 und 1782 umgebaut; mit Friedhofsummauerung, wohl 18.Jh.

Ein in der Vorhalle befindliches Votivgemälde von 1632 zeigt die Kirche in ihrer ursprünglichen Form als dreiachsigen Bau mit dreiseitigem Schluß und altertümlich gestuften Turm mit spitzer Haube.
Propst Rupert Sigl von Weyarn ließ 1782 dem Langhaus westlich ein Joch anfügen und den Chor erweitern. Nach Abschlagen der gotischen Rippen erfolgte die Stuckierung und Ausmalung zweier großer Deckengemälde durch Franz Xaver Lamp (Maria Himmelfahrt und Tempelgang Mariens; 1879 z.T. überarbeitet). Frühbarocker Hochaltar 1618 von Georg Drischlberger, Seitenaltäre 1789 von Christian Wink.

Osterwarngau, Kath. Pfarrkirche St. Georg

Osterwarngau, Kath. Pfarrkirche St. Georg, Inneres

458

Osterwarngau, Dorfstraße von Norden

Osterwarngau, Kriegergedächtnisstätte

Osterwarngau, Kath. Filialkirche

Osterwarngau, Friedhofsmauer

Osterwarngau, Kath. Filialkirche, Inneres

Osterwarngau, Kath. Filialkirche, Inneres

Stattliche *Wegkapelle* (Manhartkapelle), 1642, umgestaltet 2. Hälfte 18. Jh.; am südwestlichen Ortsende.

Erbaut 1642 durch Hans Sig von Osterwarngau und Ursula Hueberin «Gott zu Lob unser Lieben Frauen; Sowoll H. Sebastian, Rochus Francisgus Lienharthus zu ehren und errettung filler Gefarn und alle die firiber raisen» (Inschrifttafel). Deckengemälde und Stuckdekor gegen Mitte 18. Jh., Rokoko-Eisengitter, 1764.

Dorfstraße 9. Stattliches *Bauernhaus «Beim Mannhart»*, mit Blockbau-Obergeschoß, umlaufender Laube, Giebellaube und Giebelbundwerk, bez. 1689, Dach aufgestellt im 19. Jh.

Dorfstraße 15. Zugehöriges ehem. *Salettl beim Huberwirt*, erdgeschossiger Bau in Bundwerkkonstruktion mit Aussägearbeiten, Ende 19. Jh.

Dorfstraße 21. Ehem. *Pfarrhof*, stattlicher Walmdachbau, 1723.

Der schloßartige dreigeschossige Bau, dessen Fenster noch um 1950 durch barocke Putzrahmen betont waren, wurde 1723 durch das Augustinerchorherrenstift Weyarn erbaut, das 1596 teilweise, 1678 vollständig die Osterwarngauer Pfarrrechte vom Kloster Tegernsee erworben hatte. Der Bau, in Sichtweite des tegernseeischen Pfarrhofes von Oberwarngau, ist offensichtlich eine Manifestation des Erfolgs der Bemühungen um die Pfarrei.

Das Gebäude war der Sitz für zwei Weyarner Chorherren, die Osterwarngau und die nördlich angrenzenden Orte pastorierten. Es diente auch als Sommerprälatur und ist heute, nachdem die Pfarrei 1963 aufgelöst worden ist, ein Privathaus.

Im Inneren die barocken Raumfolgen, u. a. ein barocker Saal, sowie barocke Türen und Böden erhalten. Nördlich anschließend das Ökonomiegebäude.

Holzkirchner Straße 10. Ehem. *Kleinbauernhaus «Beim Eierkäufler»*, mit geschlämmtem Blockbau-Obergeschoß und Laube, Ende 16./Anfang 17. Jh.

Wallfahrtskapelle Nüchternbrunn, erbaut Ende 17. Jh., *Klause* 1794, 1946 nach Brand neu erbaut.

Die Kapelle mit Klause, in 802 m Höhe am waldreichen Nordwesthang des Taubenberges gelegen, wurde erstmals Ende des 17. Jh. von dem aus Osterwarngau stammenden Münchner Hofbeamten Urban Höger nach einem Brand 1774 erbaut. Durch die Pfarrei 1946 neu erbaut. Ihre Altarfigur, eine barocke Pietà, wird als Gnadenbild verehrt, die Wallfahrtsstätte von einem Klausner betreut.

Bildstock, Tuffsäule, 16. Jh.; an der Straße nach Draxlham.

Bildstock, sog. *Grüne Marter*, Tuffsäule, angeblich zur Erinnerung an das Aufgebot der Bauern 1705; zwischen Nüchternbrunn und Neustadel.

Plankenhofer

Haus Nr. 43. *Bauernhaus*, mit Blockbau-Obergeschoß und Laube, im Kern 18. Jh. (Dachaufbau modern).

Großer Einfirsthof in Einödlage in der hochmittelalterlichen Rodungszone südlich vor dem Taubenberg. Die Hofkapelle wurde um 1980 wegen des Straßenbaus beseitigt; an ihrer Stelle jetzt ein Wegkruzifix.

Polz

Bildstock, Tuffsäule, 17. Jh.; am Weg nach Steingräber.

Osterwarngau, Dorfstraße 9 und Kapelle

Osterwarngau, Kapelle bei Dorfstraße 9, Inneres

Osterwarngau, Dorfstraße 15, Salettl

Osterwarngau, Pfarrhof und Pfarrkirche

Osterwarngau, Dorfstraße 21, ehem. Pfarrhof

Osterwarngau, Holzkirchner Straße 10

Osterwarngau, Wallfahrtskapelle Nüchternbrunn

Polz, Bildstock

Osterwarngau, Kapelle, Inneres

Osterwarngau, Bildstock

Plankenhofer, Haus Nr. 43, Bauernhaus

461

Rain

Haus Nr. 19. *Bauernhaus «Beim Glaser»,* zweigeschossiger Blockbau mit Laube, Mitte 17. Jh.

Westlich von Einhaus, nahe der Tegernseer Straße, gelegener Einödhof, um 1290 ersterwähnt. Neben dem unbewohnten historischen Blockbau heute ein neues Bauernhaus.

Rauscher

Haus Nr. 75. *Bauernhaus,* mit Blockbau-Obergeschoß, Giebellaube und Laube, bez. 1789.

Einödhof in der Haglandschaft südwestlich von Wall, gegen Festenbach; bereits um 1250 als Tegernseer Klosterlehen genannt.

Sehr stattlicher, für die Barockzeit charakteristischer Wohnteil.

Reitham

Das Straßendorf Reitham folgt der Altstraße südlich von Oberwarngau zum Tegernsee. Vor rund 50 Jahren in der Ortsflur aufgedeckte Reihengräber lassen auf eine Besiedlung schon im 7. Jh. schließen. Die Siedlung zieht sich mit der Straße, auf der sich bis 1935 der Verkehr von und nach Tegernsee vollzog, von Norden nach Süden ansteigend bis auf einen Höhenrücken. Die Struktur der zwölf alten Lehen des 13. Jh. in ihrer Zuordnung zur Straße war bis in die jüngste Gegenwart erhalten und löst sich z. Z. am Westrand auf. Von Osten, mit Blick auf die streng ost-gerichteten Giebel der östlichen Dorfhälfte, ist das historische Bild noch wirksam.

Kath. Filialkirche St. Maria, Mitte 17. Jh.

Die an der alten Landstraße am südlichen Ortsende auf höchstem Punkt gelegene Kirche soll zur Pestzeit gegen 1640 errichtet worden sein. Der kleine Saalbau gliedert sich in vier schmale Langhausjoche, gefolgt von einem kurzen einjochigen Chor mit dreiseitigem Schluß. Das auf Wandpfeilern aufruhende Tonnengewölbe mit Stichkappen erweckt durch angeputzte Grate den Eindruck eines Netzgewölbes. Neuromanischer Altar, um 1870, mit nobler Wirkung.

Der ursprünglich mit Zwiebelhaube bekrönte Dachreiter erhielt nach 1900 einen Spitzhelm.

Haus Nr. 6. *Bauernhaus «Beim Lehner»,* Einfirstanlage, mit Blockbau-Obergeschoß und umlaufender Laube, Mitte 18. Jh.

Haus Nr. 12. Zugehöriger *Getreidekasten,* mit Blockbau-Obergeschoß über gemauertem Unterbau, 17./18. Jh.

Haus Nr. 19. *Bauernhaus* mit Lüftlmalereien, umlaufender Laube und Giebellaube, Anfang 19. Jh.

Haus Nr. 23. *Bauernhaus «Beim Kohlenberger»,* zweigeschossiger Blockbau mit umlaufender Laube, Erdgeschoß verbrettert, Mitte 18. Jh.

Rain, Haus Nr. 19, Bauernhaus

Rauscher, Haus Nr. 75, Bauernhaus

Reitham, Dorfstraße von Norden

Reitham, Kath. Filialkirche St. Maria

Reitham, Ansicht von Osten

Reitham, Haus Nr. 6, Bauernhaus

Reitham, Haus Nr. 19, Bauernhaus

Reitham, Kath. Filialkirche, Inneres

Reitham, Haus Nr. 12, ehem. Getreidekasten

Reitham, Haus Nr. 23, Bauernhaus

Rinnentrad

Haus Nr. 16. *Bauernhaus «Beim Schuster»*, mit Blockbau-Obergeschoß und Laube, im Kern 4. Viertel 18. Jh.

Das östlich von Einhaus gelegene ursprüngliche Klosterlehen des 13. Jh. wurde 1687 geteilt in die Anwesen «Beim Weiß» und «Beim Schuster auf der Rinnentrad».

Schwarz

Haus Nr. 15. Ehem. *Kleinbauernhaus*, mit verputztem Blockbau-Obergeschoß und traufseitiger Laube, Ende 18. Jh.

Ehem. kleines Tegernseer Klosterlehen mit Ursprung im 14. Jh.

Stadler

Haus Nr. 82. *Bauernhaus «Beim Oberstadler»*, mit Blockbau-Obergeschoß, umlaufender Laube und Giebellaube, bez. 1788, Dach nach 1900 aufgesteilt.

Haus Nr. 84. *Bauernhaus «Beim Unterstadler»*, stattliche Einfirstanlage, mit Blockbau-Obergeschoß des späten 17. Jh., umlaufender Laube und Giebellaube sowie Lüftlmalereien, Dach 1880 aufgesteilt.

Die beiden großen Stadlerhöfe, südlich von Wall, entwickelten sich aus einem großen, um 1340 erstgenannten Klosterlehen.

Steingräber

Stattliche *Kapelle St. Michael*, mit Zwiebeldachreiter, erbaut 1758.

Durch Abt Gregor von Tegernsee erbaut und 1851 weitgehend neu gestaltet (Fenster, Altar, Gestühl, Tür, Trenngitter).

Stillner

Haus Nr. 71. *Bauernhaus*, stattliche Einfirstanlage, mit Blockbau-Obergeschoß und Laube, 2. Hälfte 17. Jh.

Sehr stattliches ehem. Klosterlehen westlich von Wall.

Taubenberg

Haus Nr. 13. *Hausfiguren*, Hl. Ulrich, Anfang 16. Jh., Hl. Florian, wohl 17. Jh.

Figuren am Giebel des Taubenbergeranwesens, eines Einödhofes am östlichen Berg, das seit vielen Jahrzehnten als Ausflugsgasthaus bekannt ist.

Thalham

Bildstock, Tuffsäule, mit reliefiertem Kreuz, 16./17. Jh.

Bildstock, Tuffsäule, mit Laterne, 16. Jh.

Thalmühl

Bei Haus Nr. 81. Zugehörig ehem. *Getreidekasten*, Blockbau-Obergeschoß, Laube und Sterntüre Mitte 18. Jh.

Der Blockbau wurde 1985 auf einen neuen Unterbau gesetzt.

Vorderhöher

Haus Nr. 53. *Bauernhaus*, mit Blockbau-Obergeschoß, Nordteil massiv, Laube, 2. Viertel 18. Jh., Ausbau Mitte 19. Jh.

Einfirsthof; vgl. Hinterhöher.

Rinnentrad, Haus Nr. 16, Bauernhaus

Schwarz, Haus Nr. 15, ehem. Kleinbauernhaus

Stadler, Haus Nr. 82, Bauernhaus

Stadler, Haus Nr. 84, Bauernhaus

Steingräber, Kapelle

Stillner, Haus Nr. 71, Bauernhaus

Taubenberg, Hausfiguren hl. Benno und hl. Florian

Thalham, Bildstock

Thalham, Bildstock

Thalmühl, Haus Nr. 81, Getreidekasten

Thalmühl, Haus Nr. 81, Bauernhaus und Zuhaus

Vorderhöher, Haus Nr. 53, Bauernhaus

Wall

Die Siedlung Wall, westlich hoch über der Mangfall gelegen, umfaßte im 12. und 13. Jh. nur die Kirche, die seit 1315 bis zur Säkularisation als Filiale von Oberwarngau galt, und einen Maierhof. Der Ort «im Walde» war Ausgangs- und Stützpunkt für die vom Kloster Tegernsee betriebene Rodung und Kultivierung des Höfegebietes südlich vom Taubenberg. Die Mittelpunktsfunktion des Dorfes, anschaulich in den Bauten von Kirche, Pfarrhof (Neubau), Wirt, Kramer und Mesner, hat sich bis heute erhalten; die Bauernanwesen und selbst noch der neuerbaute Ökonomiepfarrhof von 1816 befinden sich außerhalb der engeren Dorfflur.

Kath. Pfarrkirche St. Margaretha, spätgotischer Tuffbau, Mitte 18. Jh. ausgebaut.

Anfang des 16. Jahrhunderts vom Tegernseer Klostermaurermeister Alex Gugler erbaut mit vierjochigem Langhaus und zweijochigem Chor, 1755 barockisiert und die Gewölbe von Julian Breymeyer mit Szenen aus der Margarethenlegende bemalt (ergänzende ornamentale Malerei 1784 durch Johann Baptist Pöheim). Barocke Altäre, Gestühl von 1795.

Haus Nr. 1. *Ehem. Pfarrhof;* Wohnhaus mit Halbwalmdach, erbaut 1816/17; mit Wirtschaftsteil.

Der ehem. Waller Pfarrhof wurde anstelle des alten Anwesens *«Bauer am Rain»* 1816/17 neu erbaut.

Haus Nr. 5. *Bauernhaus* und *Kramerei «Beim Mesner»,* mit Balusterlaube, erbaut 1762 (Wandmalereien modern).

Haus Nr. 8. *Gast- und Bauernhof,* stattliche Einfirstanlage, sog. Limonenfenster im Kniestock, um 1860 (modern verändert).

Haus Nr. 18. Stattliches *Bauernhaus «Rainerhof»,* mit Blockbau-Obergeschoß von 1666, in den 1976/80 neu erstellten Einfirsthof einbezogen.

1186 genanntes, damals an Tegernsee geschenktes großes Gut nordwestlich von Wall, im 19. Jahrhundert eigenständige Ortschaft. Eingreifender Umbau 1976 f. mit unpassendem Erkeranbau.

Haus Nr. 18a. Ehem. *Zuhaus,* mit Blockbau-Obergeschoß und umlaufender Laube, angeblich 1818 erbaut.

Bildstock, Tuffsäule, 1. Hälfte 18. Jh.; nordwestlich an Straßengabel, beim *Rainerhof.*

Weidenau

Haus Nr. 22. *Bauernhaus »Hinterweidenau»,* Wohnteil mit Blockbau-Obergeschoß und umlaufender Laube, 1. Hälfte 17. Jh., teilweise verändert Mitte 19. Jh.; eingebauter Getreidekasten, Blockbau. 18. Jh., im Nebengebäude.

Die Zweihöfegruppe Weidenau, aus einem Klosterlehen des 13. Jh. hervorgegangen, liegt nördlich von Wall in einer Hochuferterrasse über der Mangfall.

Wieser

Haus Nr. 54. *Bauernhaus,* mit Blockbau-Obergeschoß, 2. Hälfte 17. Jh., Dachaufbau 19. Jh.

Abgelegener, jetzt verlassener Einödhof am südwestlichen Taubenberghang.

Wall, Kath. Pfarrkirche St. Margaretha

Wall, Kath. Pfarrkirche St. Margaretha, Inneres

Wall, Haus Nr. 1, ehem. Pfarrhof

Wall, Haus Nr. 5, Bauernhaus und Kramerei

Wall, Haus Nr. 8, Gast- und Bauernhof

Wall, Haus Nr. 18, Bauernhaus

Wall, Haus Nr. 8, Tür

Wall, Bildstock

Weidenau, Haus Nr. 22, Bauernhaus

Weidenau, Haus Nr. 22, Getreidekasten

Wieser, Haus Nr. 54, Bauernhaus

GEMEINDE WEYARN

Die Lage und Umgrenzung der Gemeinde Weyarn ist durch die Flußläufe der Mangfall und Leitzach bestimmt. Vom Fuß des Fentberges ab folgt die Grenze der Mangfall bis über das nördliche Mangfallknie; ca. 1 km südlich von *Niederaltenburg* wendet sie sich in direkter Linie der Leitzach zu, die sie etwa 300 m vor der Mündung in die Mangfall erreicht, danach bildet die Leitzach die Grenze bis auf die Höhe des Seehamer Sees. Dieser Grenzverlauf ergibt eine halbinselförmige, langgestreckte Umrißform für das Gemeindegebiet, das sich nur im Südwesten verbreitert, weil dort bei der Gebietsreform Ortsteile der ehem. Gemeinde *Gotzing* hinzukamen und die Taubenberghöhe bis zu einer Lage von ca. 870 m Höhe miteinbezogen wurden. Nach der Eingliederung der ehem. Gemeinde *Holzolling* mißt die Gemeindefläche jetzt 45,43 qkm. Außerdem erbrachte die Gebietsreform eine Änderung des Gemeindenamens von *Wattersdorf* zu *Weyarn*, wodurch das einstige Augustinerchorherrenstift wieder namengebend wurde, obwohl auch Wattersdorf als Sitz einer ehedem kleinen Herrschaft mit unterdessen abgegangenem Landschlößchen als Gemeindename nicht ungerechtfertigt war.

Das Landschaftsbild ist vielgestaltig, geprägt von der Moränenablagerung der letzten Eiszeitgletscher, in welche sich die drei Hauptflüsse des Landkreisgebietes eingesenkt haben: neben den schon genannten Wasserläufen der Mangfall und Leitzach berührt das Gemeindegebiet im Süden auch noch das Tal der Schlierach, die bei Reisach in die Mangfall mündet. Auch der im Gemeindegebiet liegende Seehamer See ist eine Hinterlassenschaft der Eiszeit. Die Grundwasserströme der Mangfall und Schlierach sowie die Hangquellen des Taubenbergs, die im Gemeindegebiet gefaßt werden, bilden seit 1883 die Hauptlieferanten für die Trinkwasserversorgung der Stadt München; die rund 100 m Gefälle bis München ermöglichen einen natürlichen Abfluß ohne Pumpwerke. Durch die Inbetriebnahme des Leitzachkraftwerkes in *Vagen* (1911–13; Gemeinde Feldkirchen-Westerham, Landkreis Rosenheim) hat die Stadt München die Wasservorkommen noch in einer zweiten Weise nutzbar gemacht. Zu diesem Zweck wird der Seehamer See als Wasserspeicher benutzt – ähnlich wie der Walchensee für das Walchenseekraftwerk. Wegen des großen Durchlaufbedarfs wurden unterirdisch die Flußläufe von Mangfall, Schlierach und Leitzach zugeführt (das Aquädukt über das Schlierachtal liegt an der Südgrenze des Gemeindegebietes) und der Seespiegel mit zwei Dammbauten um 3 m höher gestaut.

Die Vielgestaltigkeit der Landschaft, aufgeteilt in Wald- und Wiesen-, vereinzelt auch in Ackerflächen, fand ihre Entsprechung in einer lockeren, dezentralisierten Besiedelung. Diese kann als Mittelstufe zwischen den konzentrierten Straßen- und Haufendörfern der Rodungsinsel nördlich und westlich des Taubenbergs und der Einöd-Streusiedlung südlich und südöstlich des Taubenbergs bezeichnet werden: das Gemeindegebiet von Weyarn hat Anteil an Streubesiedelung in Einöden und an zahlreichen Kleindörfern und Kirchweilern, deren Turmspitzen oftmals alleinige Fernerkennungsmerkmale über die Moränenhügel hinweg bilden. Trotz neuerer Siedlungstätigkeit kann man nicht einmal bei Weyarn selbst von einem kompakten Ort mit städtebaulichen Gestaltungen sprechen. Eine Besiedelungslinie ergab sich auch längs der alten Landstraße von Holzkirchen über Darching und die Bruckmühle nach Weyarn, dann weiter nach Oberthalham, Pienzenau und Miesbach sowie entlang der Flußläufe mit ihren Mühlen und anderen Triebwerksanlagen. Deutlich gewandelt hat sich das Landschaftsbild am Taubenberg in den letzten 100 Jahren: ursprünglich Ausläufer der Ehgarten- oder Haglandschaft vom Tegernsee her, wurde das Gebiet in Hinblick

auf die Münchener Wassergewinnung mehr und mehr aufgeforstet, so daß man mitten in den Waldungen gelegentlich den verwilderten Obstbaumbeständen aufgelassener Hofstellen begegnen kann. Außer der genannten Nord-Süd-Landstraße berühren das Gemeindegebiet zwei weitere durchfließende Verkehrsachsen, die aber topographisch ohne Einfluß geblieben sind: die Autobahn München–Salzburg mit der Mangfallbrücke und die Eisenbahnlinie von Holzkirchen nach Miesbach.

Die Besiedelungszeit des Gemeindegebietes gehört zu den ältesten im Landkreis, wie die keltischen Befestigungsanlagen des *Oppidum* bei *Fentbach* und die *Birg* bei *Kleinhöhenkirchen* sowie die *Turmhügel* von *Sonderdilching* (östlich von Haus Nr. 87) und *Großpienzenau* (bei Haus Nr. 18) beweisen. In seinem Nordbereich nahe an den Kreuzungspunkt zweier Römerstraßen heranreichend, gibt es auch Funde aus der Römerzeit, eine Fibel aus *Haus* bei *Holzolling* und Münzen aus der Zeit des Augustus und Hadrian.

Die geographische Lage am östlichen Rand der Münchener Schotterebene zeigt sich noch in einer weiteren Eigenart. Nördlich des Taubenbergs reicht ja diese Ebene exakt bis zur westlichen Abbruchkante des Mangfalltales; zwischen München und der Mangfallbrücke nördlich Weyarns gibt es bekanntlich nur zwei sanfte Geländeeinschnitte, den Hachinger Graben und den Teufelsgraben. Das waldreiche, flache Forstgebiet bot keine natürlichen Anreize für Befestigungsanlagen, um so mehr jedoch das bewegte Hochufer an Mangfall und Schlierach, besonders auf seiner östlichen Seite, als wollte man hier das ganze offene Gebiet der Hochebene abriegeln. Es erfolgte die Besetzung mit einer Burgenkette, wobei das durch Senken und Quertäler bewegtere Ostufer die besseren topographischen Gelegenheiten bot: angefangen von Miesbach im Süden, über Wallenburg, Pienzenau bis Weyarn, und weiter über die beiden (linksseitigen) Burgorte Valley und Altenburg bis hin zur Neuburg über Mittenkirchen bei Vagen.

Aus der letztgenannten Neuburg stammte jener Graf Sigbot II., welcher seinen Burgsitz Wiare oder Weinkeller («cella vinaria») 1133 dem Erzbischof Konrad I. von Salzburg (1106–47), dem großen Gründer und Reformator der Domstifte Salzburg, Seckau, Gurk, Lavant, Herrenchiemsee, der Chorherrenstifte Höglwörth, St. Zeno, Gars, Au, Weyarn, Säben, Reichersberg, Ranshofen zur Gründung eines Augustinerchorherrenstiftes übergeben hatte. Ein tödlich ausgegangener Jagdunfall seiner Frau unterhalb dieser Burg Wiare, der Tod seines einzigen Sohnes im Kindesalter und der Tod seines Tochtersohnes im Knabenalter haben den einsam und stammhalterlos gewordenen Grafen veranlaßt, einen neuen zukunftsträchtigen Verwendungszweck für seine Burg zu suchen. Daß er diese Burg an den Erzbischof von Salzburg und nicht etwa an den nähergelegenen Bischof von Freising, in dessen Bistumsgebiet *Weyarn* ja lag, übergab, erklärt sich wohl aus zwei Hauptgründen: das Domkapitel Salzburg lebte selbst nach der Ordnung eines Augustinerchorherrenstiftes und Sigbot war zum anderen der Schirmvogt über das Salzburger Domstift Herrenchiemsee geworden. Die Aufsicht über die Propstwahl mit Einspruchsrecht wurde in allen folgenden Jahrhunderten bis ins 18. Jh. vom Salzburger Erzbischof und vom Domkapitel ausgeübt. Nach dem Tode des Stifters wurde die Vogtei über Weyarn zunächst durch dessen Schwiegersohn Graf Rudolf von Falkenstein mit hoher und niederer Jurisdiktion übernommen; nach dem Aussterben der Falkensteiner um 1244 übernahmen die Wittelsbacher Herzöge mit der Burgherrschaft Falkenstein auch die Vogtei über das Stift und unterstellten alle Gerichtsbarkeit dem Landgericht Aibling. Der Name wiare = Weinkeller würde übrigens

Weyarn, ehem. Kloster, Blick nach Süden

Weyarn, ehem. Kloster; sog. Seminarhof von Osten mit Marienkapelle, Jakobuskapelle, ehem. Seminar (Ignaz-Günther-Straße 1 und 2), ehem. Klosterkirche und ehem. Richterstock

darauf schließen lassen, daß am Steilhang südlich der Burg einst in wärmeren und qualitätsmäßig anspruchsloseren Zeiten Wein angebaut worden sein könnte.

103 Jahre nach der Gründung ereignete sich ein erstes schweres Brandunglück. Nachdem auf den in Mitleidenschaft gezogenen Fundamenten aus Sparsamkeitsgründen wiederaufgebaut worden war, kam es bereits 1350 zu einem Folgeunglück: Das Fundament zerbarst und das Gebäude stürzte ein. Durch die Mithilfe Georg von Waldecks, des Inhabers der südlich an Weyarn anschließenden Grafschaft Hohenwaldeck, und des Münchener Bürgers Ulrich Stypfner konnte die Kirche wieder aufgebaut und am 24.6.1374 erneut geweiht werden. Drei Jahre zuvor war Georg von Waldeck mit dem Weyarner Propst nach Avignon gepilgert, um vom Papst zur wirtschaftlichen Stützung des verelendeten Klosters die Inkorporierung der am nächsten gelegenen *Pfarrei Neukirchen* zu erreichen, was tatsächlich gelang. Damit war nicht nur eine wirtschaftliche Hilfestellung für das Stift verbunden, sondern eine folgenreiche, bis heute nachwirkende Entwicklung eingeleitet worden: Weyarn wurde zu einem ausgesprochenen Seelsorgsstift; der Einverleibung der ersten Pfarrei Neukirchen (1372/73) folgten später die Inkorporierungen der Pfarreien *Osterwarngau* (1596), *Feldkirchen* im Mangfalltal (1619), *Ottendichl* (1643) und *Weihenlinden-Högling* (1650). So hatte sich das Kloster ringsum ein geschlossenes Pfarrgebiet geschaffen (nur Ottendichl östlich vor München war von diesem zusammenhängenden Gebiet räumlich getrennt), so daß nicht nur eine neue Basis der Einkünfte geschaffen, sondern auch die direkte geistliche und künstlerische Ausstrahlung des Stiftes in das Umland gegeben war. Dieser kulturellen Absicht diente auch die Errichtung einer zentralen Schule mit Studienseminar 1643 durch Propst Valentin Steyrer.

Die Hofmarksrechte waren dem Kloster wohl vor 1430 verliehen worden; 1521 wurden sie aberkannt und 1565 durch Herzog Albrecht V. neu verliehen; das Kloster übte dabei durch einen bestellten Richter die niedere Gerichtsbarkeit über die innerhalb der Hofmarksgrenze wohnenden Bauern, Handwerker und Klosterbediensteten aus, während die höhere Gerichtsbarkeit, das Blutgericht und die Zivilgerichtsbarkeit über Grund und Boden vom *Landgericht Aibling* besorgt wurde. Der sehr kleinen, ursprünglich geschlossenen Klosterhofmark war eine größere Ausdehung versagt, da die *Grafschaften Valley* und *Hohenwaldeck-Maxlrain* nahe heranreichten. 1671 nannte das Steuerbuch der Hofmark außer dem Tafernwirt und Erlachbauern nur 7 steuerpflichtige Untertanen in Weyarn selbst als Hofmarksuntertanen; bis 1688 war der Hofmarksbereich etwas gewachsen, die Hofmarksgrenze wurde damals beschrieben «Von der Mangfallbrücke im Mühltal durch das Gasteig, ferner oberhalb und unterhalb der Leiten bis gegen Stürzlham, Wattersdorf, Seiding, Ober- und Unterstandkirchen». Durch kurfürstliches Privileg vom 14. August 1696 wurden weitere 31 Bauern umliegender Ortschaften der Hofmark eingegliedert. Von da ab bis zur Säkularisation 1803 handelte es sich praktisch um eine offene Hofmark, die aber mit 57 steuerpflichtigen Mitgliedern immer noch sehr klein war und nur etwa ein Viertel der Weyarnschen Grunduntertanen umfaßte.

In Vergleich zur Grundherrschaft des *Klosters Tegernsee* fällt auf, daß die Weyarner Höfe – ausgenommen am Klosterort, wo das vom Stift selbst betriebene Gut dominierte – größere Einheiten darstellten als die Klosterlehen am Tegernsee: die landwirtschaftlichen Bedingungen im Gebirgstal am Alpenrand waren eben doch schwieriger als hier im Vorland. Das Kloster Tegernsee hatte deshalb das System des Zuerwerbsbetriebes gefördert, was sich in den Hausnamen der kombinierten Handwerks- und Bauernlehen ablesen läßt. Auch in der punktuellen Besiedelung kam dies zum Ausdruck: den sehr viel kleinen Lehen im Umkreis des Klosters Tegernsee ent-

sprachen wenigere, aber dafür größere Hofstellen in der Umgebung des Klosters Weyarn, die sich bis heute auch in größerem Prozentsatz als landwirtschaftliche Betriebe am Leben halten konnten. Ebenso unterscheidet sich der Haustyp: die Mehrzahl der Tegernseer Höfe läßt bis heute die Blockbauweise erkennen, die eigentlichen Weyarner Höfe präsentieren sich mehr in Steinbauweise, die offenbar zu Zeit des Dreißigjährigen Krieges schon üblich war, wie die Zeichnungen von Propst Valentin Steyrer (1626–59) zeigen. Auch die Neubauten der Höfe zwischen 1860 und 1910 sind Ziegelstein- und Tuffsteinbauten, die sich mehr nach dem von Italienern erbauten Höfen des bayerischen Inntales ausrichten als etwas nach dem gleichzeitigen Heimatstil am Tegernsee.

Weyarn

Von den Baudenkmaleinträgen am Klosterort selbst beziehen sich die meisten auf die ehemalige *Klosteranlage*. Bedauerlicherweise ist diese durch planlosen Abbruch nach der Säkularisation 1803 wohl zu der am unglücklichsten zerstückelten Klosteranlage Oberbayerns geworden; ihre Reste wurden obendrein noch bis in jüngste Vergangenheit sachfremd umgestaltet bzw. bebaut, so daß man Mühe hat, die einst klare Anlage noch zu erahnen. Diese Anlage weicht vom üblichen Klosterschema insofern ab, als die Hauptgebäude von Konvent und Prälatur nördlich der Kirche angeordnet sind. Ab der Mitte des 18. Jhs., als der Komplex vollendet war, staffelten sich dort drei Rechteckhöfe hintereinander, die von Osten und Süden erschlossen waren:

1. der zweigeschossig umbaute *Wirtschaftshof* im Osten (Johann-Baptist-Zimmermann-Straße 1, 2, 4), der in der südlichen, östlichen und nördlichen Mittelachse je einen dreigeschossigen Torbaupavillon mit Pyramidendach aufwies, wovon der nördliche erhalten ist, wenn auch zu einem Wohnhaus umgebaut (Johann-Baptist-Zimmermann-Straße 10).

2. der nach Westen anschließende *Prälaturhof*, in seinem südlichen, östlichen und nördlichen Flügel ebenfalls zweigeschossig, jedoch durch die doppelte Traktbreite mit einem höheren Walmdach versehen als die Trakte des Wirtschaftshofes; komplett erhalten blieb der Südtrakt des sog. *Richterstokkes* (Ignaz-Günther-Straße 5, 7, 9), weiter ein Teil des östlichen Ökonomieflügels (Johann-Baptist-Zimmermann-Straße 3, 5), aber leider kein Teil des nördlichen Prälatenstockes, in dessen zweigeschossigen Seitenflügeln ein fünfachsiger, zweieinhalbgeschossiger Mittelpavillon mit Walmdach eingefügt war, der repräsentative Teil der Prälatur mit dem Festsaal; der südliche Richterstock enthält eine gewölbte dreischiffige Torhalle, die aber merkwürdigerweise nicht in dessen Mittelachse liegt, sondern auf die Mittelachse des Prälaturstockes gerichtet war; der den Prälatenhof westlich abgrenzende Trakt war zugleich der Osttrakt des Konventbaues.

3. der *Konventhof,* der sich in relativ engem Geviert nördlich an die Klosterkirche anschloß und in seinem Westflügel unmittelbar an die Hangkante zum Mangfalltal heranreichte, war zweieinhalbgeschossig, der zweitälteste Teil der Gesamtanlage (um 1672 bis um 1680); im Original erhalten sind der nordöstliche Ansatz des Sakristei- und Kapitelsaalbaues an der Klosterkirche (Ignaz-Günther-Straße 3) und der südliche Teil des Westflügels (Klosterweg 1); bis zur Unkenntlichkeit verändert wurden die nördlich anschließenden Trakte (Klosterweg 1), die mit neuen Dachungen und neuer Funktion versehen wurden; der Nordflügel des Konventhofes wurde abgetragen, der Südflügel besteht noch als doppelgeschossiger, nördlich an die Kirchenwand angefügter Kreuzgangtrakt.

4. der *Klostergartenhof* im Norden des Konventhofes, der mit nach außen geschlossenen Arkadengängen zu dem in der nördlichen Mittelachse liegenden Walmdachbau des Sommerhau-

Weyarn, ehem. Kloster, sog. Prälaturhof, Südtrakt von Südwesten mit ehem. Richterstock und Pfarrhaus (Ignaz-Günther-Straße 5, 7, 8)

Weyarn, ehem. Wirtschaftshof, Haus Nr. 4 und 2

Weyarn, ehem. Wirtschaftshof, Südteil

Weyarn, ehem. Wirtschaftshof von Süden

Weyarn, Reste des ehem. Konventhofes von Norden

471

ses, des späteren Armarium philosophicum führte; letzteres und die westliche Arkadenreihe sind erhalten (Klosterweg 1).
5. der *Seminarhof* im Süden der Gesamtanlage, der das abwechslungsreichste Bild bot: der Zugang in ihm erfolgte entweder über die Fahrstraße von Osten her oder über den Fußsteig aus dem Mangfalltal herauf von Westen her; nach Norden hin war er vom langen Trakt des Richterstockes begrenzt, danach von der Klosterkirche mit dem ihr vorgelagerten tuffsteinummauerten Kirchhof, im Westen vom Seminargebäude von 1646 (Ignaz-Günther-Straße 1), im Südwesten vom Erweiterungsbau des ehem. Seminargebäudes von 1756 (Ignaz-Günther-Straße 2) und im Süden von den beiden Kapellen St. Jakob (Ignaz-Günther-Straße 4) und Maria Hilf (Ignaz-Günther-Straße 6); südwärts der beiden Kapellen befand sich der Seminargarten, der mit seiner Mauer an die Kante des südlichen Steilabhanges herangerückt war, und der die Stelle der alten Burg Wiare umfaßt. Der für die Kirchenbesucher zu beschreitende Weg in das Kircheninnere war ungewöhnlich: er führte durch den Seminarhof, über den Kirchhof, durch den nördlichen Teil des Seminarstockes in einen Verbindungsgang zwischen Seminarstock und Konventstock, der westlich an die Kirche angefügt war, um hier das mittelachsiale Hauptportal in der inneren Westwand der Kirche zu erreichen; die äußere Westwand hat ebenfalls ein Portal, das aber lediglich zum Steilhang des Mangfalltales führt; über dem zwischen innerer und äußerer Westwand geführten Verbindungsgang befindet sich im Obergeschoß die Orgelempore, die mit einem großen Arkadenchorbogen zur Kirche geöffnet ist. Diese ungewöhnliche Zugangssituation erklärt sich aus der Lage des Stiftes, das mit seiner Westflanke unmittelbar an den Steilhang des Mangfalltales und mit seiner Südflanke unmittelbar an einen Steilhang eines rechtwinkelig in das Mangfalltal einschneidenen Quertales herangerückt ist, während die Nord- und Ostseite auf eine ebene Grundfläche gerichtet sind.

Ignaz-Günther-Straße 1. Ehem. *Seminargebäude* des Augustinerchorherrenstiftes, jetzt Schule, zweieinhalbgeschossiger Trakt mit Durchfahrt, sog. *Schulbogen,* bez. 1646, mit Wappen des Propstes Valentin Steyrer (1626–59) und Stiftswappen.

Der älteste Trakt der Klosteranlage erinnert an die Bestrebungen des bedeutenden Propstes Valentin, den «Menschen vor dem Gebirg» durch Errichtung einer Schule bessere Ausbildungsbedingungen zu ermöglichen.

Ignaz-Günther-Straße 2. *Erweiterungsbau des ehem. Seminargebäudes* und *Theatersaal* des Augustinerchorherrenstiftes, jetzt Schule, zweieinhalbgeschossiger Trakt mit Halbwalmschluß nach Osten, bez. 1756, mit Wappen des Propstes Augustin Hamel (1753–1765) und Stiftswappen.

Der Zulauf zum Weyarner Stiftsseminar machte eine Erweiterung nach Südosten nötig, welche bis unmittelbar an die Westwand der Jakobskapelle herangeführt wurde. Die Jakobskapelle, die ehem. Burgkapelle, wurde nun als Seminarkapelle einbezogen. Auch der Theater- und Vortragssaal befand sich in diesem Erweiterungsbau.

Ignaz-Günther-Straße 3. Ehem. *Augustinerchorherren-Stiftskirche,* jetzt *Kath. Pfarrkirche St. Peter und Paul,* barocker Neubau 1687–93 von Lorenzo Sciasca, Turmunterbau 1627, Oberteil ab 1713; nördlich angebaute *Sakristei* mit darüberliegendem *Kapitelsaal* des ehem. Stiftes, an die Nordseite des Langhauses angefügter zweigeschossiger *Korridorbau* als Verbindungsstück des Kreuzganges im Konventbau (Klosterweg 1); Friedhofummauerung, wohl 17. Jh.

Die vom Graubündener Baumeister Lorenzo Sciasca unter dem Probst Gerlasius Harlass (1675–97) errichtete Wandpfeilerkirche gehört mit der von Sciasca ein Jahr später begonne-

Weyarn, sog. Seminarhof mit den Kapellen St. Maria und St. Jakobus, ehem. Seminargebäude

Weyarn, ehem. Stiftskirche, jetzt Kath. Pfarrkirche

Weyarn, Kath. Pfarrkirche, Sakristei

472

Weyarn, ehem. Stiftskirche, jetzt Kath. Pfarrkirche St. Peter und Paul, Inneres

nen Pfarrkirche in Gmund zu den ersten barocken Großbauten im Landkreis. Von den Vorgängerbauten der Weyarner Klosterkirche aus romanischer (1133) und gotischer (1374) Zeit hat sich nichts erhalten. Der 1627 nach Plänen des Stiftspropstes Valentin Steyrer begonnene Tuffstein-Turm ist das erste bauliche Zeichen einer Erneuerung des Klosters nach der Reformation. Ein Brand von 1677 ließ schließlich eine völlige Neubauplanung für die Kirche reifen. Der Außenbau der 1687 begonnenen Klosterkirche zeigte früher eine sorgfältige Glattputz-Gliederung durch Lisenen, Konsolgesims, hohe giebelbekrönte Fenster und querovale Okuli. Nach dem Brand von 1713 erhielt der Turm die beiden schlanken, achteckigen Obergeschosse. Das Innere der Kirche besteht aus einem vierjochigen Langhaus mit hohen, tonnengewölbten Seitenkapellen und einem eingezogenen Chor von zwei Jochen, der halbrund schließt. Pilasterbesetzte Wandpfeiler und Gurtbogen rhythmisieren den von einer Stichkappentonne überwölbten Kernraum. Von der Ausstattung gehören die einheitlich barocken Altäre (1693–1700), die Oratorien und die um 1690 gearbeiteten Betstühle stilistisch noch in die Erbauungszeit. Die Belichtung des Raumes kommt vorwiegend von der Südseite, da die hohen Fenster der Nordseite von dem außen angebauten doppelstöckigen Gang verdeckt werden, der ehemals die Konventtrakte miteinander verband. Die 1729 in Vorbereitung auf das 600jährige Gründungsjubiläum 1733 durch Johann Baptist Zimmermann und Gehilfen unter Propst Craesidius Held (1697–1731) erfolgte Freskierung und Stuckierung gab dem Kircheninneren eine auf das Rokoko verweisende Heiterkeit bei voller Wahrung der noch dem strengen 17. Jh. zugehörigen architektonischen Grundstruktur. In der Sakristei hat sich Schlierseer Stuck aus der Zeit um 1675/80 erhalten, was leicht übersehen wird, da dieser später in eine Rokokomalerei eingebunden wurde. Der Sakristeibau gehörte ja zum Konventtrakt, der älter ist als der heutige Kirchenbau. In den Jahren 1763–65 entstanden die berühmten Bildwerke von Ignaz Günther: der Hochaltartabernakel, der Valeriusschrein und die Seitenaltar-Engelsgloriolen sowie die Prozessionsfiguren der Verkündigung, Pietà, der Maria vom Siege und ein Vortragskreuz.

Weyarn, Kirche, Sakristei, Intarsienschrank

Weyarn, Kirche, Blick auf nördliche Wandpfeilernische

474

Weyarn, Kirche, Gewölbefresko, «Tolle lege», Szene aus dem Augustinus-Zyklus von Zimmermann

Weyarn, Kirche, Pietà von Ignaz Günther

Weyarn, Kirche, Verkündigungsgruppe von Ignaz Günther

Ignaz-Günther-Straße 4. Ehem. *Schloßkapelle,* dann *Seminarkapelle St. Jakob,* romanisch, im 17./18. Jh. barockisiert.

Die 1136 urkundlich erwähnte Kapelle gehörte zu der 1136 abgetragenen Falkensteinischen Burg Wiare, die wohl südlich der Kapelle bis zur Kante des Geländeabfalles stand. Der zweijochige kreuzgratgewölbte Kapellenraum mit romanischer Apsis erhielt im letzten Viertel des 17. Jh. eine Stuckierung in Art des Schlierseer Quadraturwerks; um 1730 ergänzte man die Stukkatur durch Bandelwerk und Blütengehänge; die Arbeit ist dem Thomas Glasl (Cläsl) zuzuschreiben, dem Neffen des Kaspar Glasl, Maurermeister zu Reichersdorf, Klosterbaumeister zu Weyarn und klosterweyarischer Grunduntertan. Von dem 1756 errichteten Seminarerweiterungsbau bestand eine Verbindung zur Westempore; die Seminarkapelle diente bei den Werktagsmessen zur Einübung für die Sängerknaben, seit 1768 wurde wöchentlich einmal ein Cantilena (Solo-Arien)-Vortrag veranstaltet. Der um 1763 entstandene Hochaltar (Gemälde bez. J. A. Höttinger, 1763) wird mit den Figuren des Hl. Leonhard und des Hl. Sebastian Ignaz Günther und seiner Werkstatt zugeschrieben.

Ignaz-Günther-Straße 5, 7. Ehem. *Richterstock* des *Augustinerchorherrenstiftes,* jetzt *Rathaus* (Nr. 5) und *Pfarrhaus* (Nr. 7), breitgelagerter zweigeschossiger Walmdachbau mit Durchfahrt, sog. *Richterbogen,* bez. 1708.

Der Richterstock gehört zu den Neubauten, die nach dem 1706 durch Brandstiftung ausgelösten Klosterbrand neu errichtet wurden. Der Baumeister war Kaspar Glasl (Cläsl), Maurermeister zu Reichersdorf und weyarischer Grunduntertan. Der Trakt riegelte den Prälaturhof nach Süden ab; die Nordwestecke des Richterstockes kam nahe der Halbrundapsis der Klosterkirche zu stehen, ohne jedoch mit der Apsis fest verbunden zu sein; an dieser Stelle war also der Prälaturhof durch einen Spalt geöffnet, was aber keine Einbuße bedeutete, da der Durchblick in den Seminarhof fiel und dort von der Kulisse des Seminargebäudes geschlossen wurde. Die nobel proportionierte, dreischiffige, über gekuppelte Tuffsteinsäule gewölbte Torhalle führte in den Prälaturhof und darin geradewegs auf die Mittelachse des Prälaturstockes zu. Der Stuck in dem Saal im Obergeschoß, ursprünglich Amtsraum des Hofmarksrichters, seit 1973 Ratssaal der Gemeinde, und im daneben liegenden jetzt als Bürgermeisterzimmer dienenden Raum ist dem jungen Johann Baptist Zimmermann zuzuschreiben, der damals im nahen Miesbach wohnte; es handelt sich damit um den frühest erhaltenen Stuck Zimmermanns im Landkreis Miesbach, vielleicht sogar um den frühest erhaltenen Stuck Zimmermanns überhaupt (der als solcher bisher angenommene Stuck für die Wallfahrtskirche Maria Schnee bei Markt Rettenbach, Landkreis Unterallgäu, wird in die Zeit zwischen 1707 und 1709 datiert). Nach seiner Fertigstellung 1708 übernahm das Gebäude die Funktion des Amts- und Wohnsitzes des Hofmarksrichters des Klosters.

Ignaz-Günther-Straße. *Kriegerdenkmal,* Postament mit Kriegerfigur der Galvanoplastischen Kunstanstalten Geislingen/Steige, mit Einfriedung, 1899.

Weyarn, Kapelle St. Jakobus von Norden

Weyarn, Kapelle St. Jakobus, Inneres

476

Weyarn, ehem. Richterstock von Südwesten

Weyarn, ehem. Richterstock, Saal

Weyarn, ehem. Richterstock, Treppenaufgang

Weyarn, ehem. Richterstock, Dreischiffige Torhalle

Ignaz-Günther-Straße 6. Ehem. *Wallfahrtskapelle Maria Hilf,* 1642, Umbau 1782.

Die 1642 erbaute Kapelle gehört zu den wenigen aus der Zeit des Dreißigjährigen Krieges stammenden Sakralbauten im Landkreis. Der ursprünglich rechteckige Satteldachbau des heutigen Langhauses wurde 1782 durch Anfügung des jetzigen Chorjochs mit seiner gerundeten, die volle Raumhöhe einnehmenden Apsis erweitert. Durch die Errichtung eines neuen Dachreiters über dem westlichen Eingangsjoch sollte offenbar eine korrespondierende Symmetrie zum benachbarten Türmchen der St. Jakobskapelle hergestellt werden. Der 1782 von einer flachen Stichkappentonne überwölbte, durch Pilaster und Gurtbogen rhythmisierte Raum wurde sparsam in spätbarocken, schon annähernd klassizistischen Formen stuckiert. Auch der viersäulige Hochaltar mit überlebensgroßer spätgotischer Muttergottesfigur gehört schon der letzten Phase des zu Ende gehenden Rokoko an.

Ignaz-Günther-Straße 9 mit Johann-Baptist-Zimmermann-Straße 3. *Wohnhaus,* ehem. Südteil des Wirtschaftstraktes zwischen Wirtschafts- und Prälaturhof, wohl um 1708; Einfriedung mit Tuffsteinpostamenten, 18. Jh.

Der jetzt als östliche Fortsetzung des Richterstockes erscheinende Gebäudeteil mit Walmdach bildete ursprünglich eine Ecksituation, da sich von hier aus nach Norden der Ökonomie- und Brauereitrakt erstreckte. Dieser wurde aber im Anschluß an den jetzigen nördlichen Hausteil Johann-Baptist-Zimmermann-Straße 3 abgebrochen und findet seine Fortsetzung erst im ehem. Brauereigebäude, Johann-Baptist-Zimmermann-Straße 5.

Ignaz-Günther-Straße 10. Geschnitzte doppelflügelige *Haustüre,* um 1870, im Oberlicht Wappen mit Glasmalereien.

Ignaz-Günther-Straße 14. Geschnitzte *Haustüre,* um 1900.

Johann-Baptist-Zimmermann-Straße 1, 2, 4 mit Ignaz-Günther-Straße 11. Ehem. *Bedienstetenwohnungen und Ökonomiegebäude* südöstlich um den Wirtschaftshof des Augustinerchorherrenstiftes, jetzt Wohn- und Geschäftsgebäude, wohl Mitte 18. Jh., schlichte abgewinkelte zweigeschossige Anlage, Durchfahrtslücke durch Abtragung des Torhauses; Einfriedung mit Tuffsteinpostamenten, 18. Jh.

Die schlichten Satteldachbauten bildeten die Südostbegrenzung des äußeren Wirtschaftshofes, der durch drei mittelachsiale Torbauten erschlossen war. Der Wirtschaftshof war in architektonischer Hinsicht der Vorhof des nachfolgenden Prälaturhofes. Daher erscheint hier Schlichtheit in den baulichen Formen.

Johann-Baptist-Zimmermann-Straße 5. Ehem. *Brauereigebäude* des Augustinerchorherrenstiftes, jetzt Stall eines Bauernhofes, wohl nach Brand von 1706; Rundbrunneneinfassung aus dem Klostergarten, 18. Jh.

Der äußerlich stark veränderte Gebäudetrakt enthält in seinem Erdgeschoß ein archaisch anmutendes Gewölbe auf mächtigen Pfeilern. In der Gesamtanlage des Klosters bildete er einen Abschnitt jenes Traktes, der den äußeren Wirtschaftshof vom Prälaturhof trennte. Seine ursprüngliche Außenansicht dürfte am ehesten der des Richterstockes entsprechen.

Johann-Baptist-Zimmermann-Straße 10. Ehem. nördliches *Torhaus zum Wirtschaftshof* des Augustinerchorherrenstiftes, jetzt Wohnhaus, wohl Mitte des 18. Jh., dreigeschossiger Zeltdachbau mit Wandfresken an der Südseite und Dachgaube; seitlicher Anbau als Reststück des nördlichen Wirtschaftshoftraktes, wohl Mitte 18. Jh.; siehe Johann-Baptist-Zimmermann-Straße 1, 2, 4.

Weyarn, Kath. Kapelle St. Maria Hilf

Weyarn, Kath. Kapelle St. Maria Hilf, Inneres

478

Ignaz-Günter-Str. 10, Haustür   Ignaz-Günther-Str. 14, Haustür

Weyarn, ehem. Klosterbrauereigebäude   Weyarn, ehem. nördliches Torhaus von Süden

Weyarn, Gewölbe im ehem. Klosterbrauereigebäude

Der äußere Wirtschaftshof hatte gestalterisch zwei Aufgaben zu erfüllen, einmal als Vorhof des Prälaturhofes, zum anderen als Portal für die Klosteranlage insgesamt. Die erstere wurde erreicht durch die Schlichtheit der niederen Begrenzungsflügel, die zweite durch das Einstellen von aufragenden Portalpavillons. Mit ihrer Dreigeschossigkeit und dem Pyramidendach über dem kräftigen Kranzgesims prägten sie, einladend und abwehrend zugleich, die jeweilige Mittelachse der Dreiflügelanlage aus.

An der Südfassade des Torbaus überarbeitete barocke Wandmalerei, die Hl. Cäcilie und König David darstellend.

Klosterweg 1 mit Ignaz-Günther-Straße 3. Ehem. *Konventsgebäude* des Augustinerchorherrenstiftes, *Nordwesthof,* um 1675, jetzt Schule: sog. *Petersstock,* zweieinhalbgeschossiger Bau, zum Teil im 19. Jh. verändert; Reststück des ehemals östlichen Konventtraktes, im Kern um 1675, äußere Erscheinung 2. Hälfte 19. Jh., mit Gewölbegang im Erdgeschoß; nördlich anschließend ehem. Klostergarten mit nach außen geschlossenem Arkadengang und nördlichem Sommerhaus, späterem Armarium philosophicum, 2. Hälfte 18. Jh., im Kern älter; Klostermauer mit Toreinfahrt und Tuffsteinpostamenten, barock.

Der ehem. Konventshof läßt nur mehr in seinen beiden südlichen, unmittelbar an die Klosterkirche anschließenden Gebäude-Rumpfstücken die alte Architektursprache erkennen. Von allen Höfen des Klosters war der Konventshof mit seiner Zweieinhalbgeschossigkeit der hochragendste. Der barocke Kreuzgang war in der Hofinnenseite angelegt; die Räume des östlichen Traktes blickten also auf den östlichen Prälaturhof, die Räume des westlichen Traktes auf das hier unmittelbar abfallende Mangfalltal. Der nördliche Trakt des Konventhofes wurde gänzlich abgebrochen, die zu ihm hinführenden Verbindungstrakte wurden zwischenzeitlich aufgestockt bzw. umgebaut, ein bedauernswertes Lehrstück des Architekturverfalles gegenüber der ursprünglichen Konzeption. Die innere Anlage des Konventbaues war klösterlich einfach, der Holzplafond über den Gängen war mit geschnitzten Rahmenleisten geschmückt, die Eingänge in die Zellen von schlichten Holzsupraporten umrahmt. Die Idee eines barocken Gartens wurde im Norden des Konventhofes verwirklicht, dem Nordtrakt wurde als Blickpunkt gegenüber ein freundlicher Walmdachbau errichtet, das Sommerhaus und spätere Armarium philosophicum; bei Regen oder Schnee konnte man zu ihm durch die den gesamten Garten umschließenden gedeckten Arkadengänge gelangen.

Mangfallweg 18. Ehem. *Klosterfärberei «Beim Sixl»,* Wohnteil mit Blockbau-Obergeschoß, 1731.

Miesbacher Straße 2. *Gasthof Alter Wirt,* bez. 1646, mit Giebellaube und gewölbter Wirtsstube.

Trotz der Zeit des Dreißigjährigen Krieges war das Bauwesen in Weyarn durch die Tatkraft des Propstes Valentin Steyrer nicht völlig unterbrochen worden, wie der vom Kloster abgerückte, an der Durchgangsstraße von Holzkirchen nach Miesbach gebaute Gasthof, die ehem. Klostertaverne, zeigt. Der breitgelagerte, um 1900 in seinen Obergeschoßfenstern veränderte und mit einem Flachsatteldach gedeckte Bau ist charakteristisch für das Weyarner Klosterbauwesen, das schon im 17. Jh. Steinbauweise bevorzugte. Im Erdgeschoßflur und in der Wirtsstube Stichkappentonnen-Gewölbe mit aufgeputzten Graten; gewendelte Treppe zum Obergeschoß, wo sich weitere gewölbte Flure befinden.

Weyarn, Reste des ehem. Konventhofes und Klostergarten von Norden

Weyarn, ehem. Konventhof, Westtrakt, Gang im 1. Obergeschoß

Weyarn, ehem. Klostergarten, Sommerhaus

Weyarn, ehem. Konventhof, Osttrakt

Weyarn, ehem. Konventhof, Westtrakt

Weyarn, Klosterweg 1, Arkadengang im ehem. Klostergarten

Weyarn, Mangfallweg 18, ehem. Klosterfärberei

Weyarn, Miesbacher Straße 2, Gasthaus Alter Wirt

Aigner

Haus Nr. 41. *Bauernhaus,* mit Blockbau-Obergeschoß, 1. Hälfte 18. Jh.

Der *Einödhof,* im äußersten Südwesten des Gemeindegebietes gelegen, nahe an der Grenze zur ehem. Gemeinde Wall, gehört zum Kulturbereich des Klosters Tegernsee. Trotz der Veränderungen in der Zeit um 1900, als man die Katzenlaube beseitigte und die Obergeschoßfenster erhöhte, zeigt sich dies noch am Stil des Wohnhauses.

Arnhofen

Bildstock. Tuffsteinpfeiler, mit schmiedeeisernem Dreifachkreuz, 18. Jh.; nördlich an der Straße.

Die zahlreichen im Gemeindegebiet stehenden Tuffsteinsäulen bedürfen noch weiterer Erforschung und Interpretation. Die Bekrönung mit einem Dreibalkenkreuz scheint hier keinen Bezug zum päpstlichen Kreuz zu bedeuten, sondern auf apotropäischen Charakter hinzudeuten: es gab die Volksmeinung, daß man mit einem verdoppelten oder gar verdreifachten Querbalken am Kreuzesstamm die satanischen Mächte um so wirkungsvoller abhalten könnte.

Bach

Haus Nr. 29. *Kleinbauernhaus «Zum Pointel»,* mit Blockbau-Obergeschoß, 18. Jh., mehrfach neuzeitlich verändert; abseits vom Weiler Bach gelegen, nahe der Autobahn.

Der *Vier-Höfe-Weiler Bach* hat sich ohne Störung bis in die Gegenwart erhalten. Er liegt auf einer sanften Anhöhe über dem ehem. Moosbach im Nordwesten des Seehamer Sees. Die vier Anwesen liegen z. T. westlich, z. T. östlich der alten Durchgangsstraße von Bruck nach Holzolling, alle Wohnteile sind orientiert. Von allen vier Anwesen besitzt ein jedes für sich noch Denkmaleigenschaft, ein Beispiel von Traditionsverbundenheit, wie man es in weitem Umkreis nicht so leicht finden dürfte (Nr. 29 liegt nördlich außerhalb des Weilers).

Haus Nr. 53. *Bauernhaus «Beim Hausen»,* mit Blockbau-Obergeschoß und Lauben, Ende 18. Jh., erhöhter Wirtschaftsteil mit Bundwerktenne nach 1900.

Haus Nr. 54. *Bauernhaus «Beim Bacher»,* im Kern Blockbau wohl 17./18. Jh., verputzt und mit Lauben versehen um 1820.

Haus Nr. 55. *Bauernhaus «Beim Petern»,* mit Blockbau-Obergeschoß und Lauben, 2. Hälfte 18. Jh.

Haus Nr. 56. Ehem. *Bauernhaus «Beim Schmidn»,* mit verputztem Blockbau-Obergeschoß und Laube, Ende 18. Jh., Ökonomieteil neuzeitlich ausgebaut, mit *Gedenktafel* an den legendären «Schmied von Kochel», der mit dem hier geborenen Schmied-Balthes identifiziert wird.

Aigner, Haus Nr. 41, Bauernhaus

Bach, Haus Nr. 29, Kleinbauernhaus

Bach, Haus Nr. 53, Bauernhaus

Bach, Haus Nr. 55, Bauernhaus

Arnhofen, Bildstock

Bach, Ansicht des Weilers von Osten

Bach, Haus Nr. 56, ehem. Bauernhaus

Bach, Haus Nr. 54, Bauernhaus

Bach, Ansicht von Südosten, links Haus Nr. 54, im Hintergrund Haus Nr. 55

Bruck

Kath. Filialkirche St. Rupert, romanisch um 1200, Chorapsis mit Rundbogenfries, Barockisierung des Innenraumes bez. 1789, Chorturm wohl ebenfalls 1789.

Der neben der *Weyarner Jakobskapelle* älteste Kirchenraum des Gemeindegebietes aus der Zeit um 1200 ist in seinem Baubestand noch nicht völlig enträtselt. Am klarsten treten die romanischen Formen an der Halbrundapsis mit ihrer Außengliederung, dem schmalen Südostfenster und darüber abschließendem Rundbogenfries hervor. Der Turm wurde später, vielleicht 1789 aufgesetzt. Das Langhaus mit südlich und nördlich je zwei, wohl 1789 in der Laibung verbreiterten Fenstern, hat eine ursprüngliche romanische Wölbung, wofür die erhebliche Mauerdicke von etwa 133 cm und das Breiten-/Höhenverhältnis 1:1 sprechen. Eine spätere Westverlängerung des Langhauses und Erhöhung des Dachbodenraumes ist nicht auszuschließen, wobei der Zweck für den hohen Dachraum über der Wölbung unbekannt ist. Für das Jahr 1506 ist eine Kirchweihe überliefert; das schwere Eichenholz-Türblatt und die Altarmensa dürften aus dieser Zeit stammen. Der durch Pilaster und Gurtbogen in zwei ungleich lange Joche geteilte Innenraum besitzt seit der Restaurierung von 1962 wieder seine einstige, durch ein Chronogramm auf 1789 datierte dezente Spätbarockausmalung. Der im letzten Viertel des 19. Jh. mit einer klassizistischen Giebelbekrönung versehene Viersäulenaltar von 1737 enthält die spätgotische, ursprünglich auf einer Thronbank, jetzt auf einer Wolkenbank sitzende Holzfigur des Hl. Rupertus, die dem Meister der Nikolausfigur in der Schlierseer Nikolauskapelle zuzuschreiben ist. Rings um das Kirchlein wurden 1633–35 die 391 Pesttoten der Pfarrei Neukirchen begraben. Der Ortsname läßt auf eine Brücke schließen, mittels derer die Straße von Wattersdorf bzw. Neukirchen nach Holzolling den Moosbach überquerte. Das historische Brucker Siedlungsbild ist im übrigen weitgehend zerstört.

Erlach

Ehem. Wallfahrtskirche St. Leonhard, 1644, mit hölzernem Dachreiter.

Der Kapellenbau nahe dem östlichen Ende der Autobahn gehörte zum *Erlach-Hof,* dessen Inhaber über lange Zeit das Hofmarksrichteramt der Klosterhofmark auszuüben hatte.

Esterndorf

Esterndorf liegt an der Stelle, wo sich das Leitzachtal nach dem Engpaß an der Schöffleiten trichterförmig nach Nordwesten erweitert und sich von hier ab als sog. Goldenes Tal bis zur Mündung in die Mangfall fruchtbar hinbreitet. Esterndorf, das – von Holzolling aus gesehen – östliche Dorf, nützt die natürliche Gegebenheit geschickt aus: alle Hofstellen und die Kirche liegen genau an der Linie, wo der Talgrund in den südlich aufsteigenden Hang übergeht, um einerseits dem Hochwasserbereich entrückt zu sein und andererseits die kostbaren flachen Talgründe nicht zu verbauen. Die Straße, die der Hangkante nach Ostsüdost folgt, ist die Achse des heute noch ungestörten Kirchdorfes.

Kath. Filialkirche Maria Hilf, 1496, Turmunterbau wohl älter, gemalter Gesimsfries am Ostchor bez. 156., Barockisierung 1735.

Die spätgotische, 1496 geweihte Kirche mit ihrem hohen Schindeldach hat einen der eigentümlichsten Kirchtürme im Landkreis. Der in der westlichen Mittelachse in mehreren Geschossen aufsteigende Tuffsteinturm trägt ein Satteldach mit beidseits angesetzten Schopfwalmen, wodurch der Eindruck

Bruck, Kath. Filialkirche St. Rupert

Bruck, Kath. Filialkirche St. Rupert, Inneres

Bruck, Kirche, Detail Chor

Bruck, Kirche, Altar

Erlach, ehem. Wallfahrtskirche St. Leonhard

Esterndorf, Kirche, Wandbemalung Choraußenseite

Esterndorf, Kath. Filialkirche Maria Hilf, links Haus Nr. 20

485

eines urtümlichen romanischen Turmbaues erweckt wird, der auch in die Volkssage als «Römisches Bauwerk» Eingang gefunden hat. Nun ist allerdings gerade der diesen Eindruck erweckende Turmabschluß nicht aus so alter Zeit, da er sonst für romanische Verhältnisse viel zu schlank und zu hoch proportioniert wäre. Im unteren Teil des Turmes mag ein älterer romanischer Kern stecken, mindestens ab der Höhe des Kirchenfirstes wurde jedoch 1496 aufgestockt. Seit 1373 ist die Filialkirche der Pfarrei Neukirchen dem Kloster Weyarn inkorporiert.

Der hochragend proportionierte, in seinem Chor ein klein wenig verjüngte Kirchenbau reiht sich stilistisch nahtlos in die übrigen spätgotischen Landkirchenbauten des Weyarner Klosterbereiches ein; das besondere Motiv der überkanteten Strebepfeiler am dreiseitig gebrochenen Chor findet sich auch an der Filialkirche in Oberlaindern. Eine wohl mit 1567 datierte, nach altem Befund erneuerte Wandbemalung, die eine regelmäßige Quaderung auf den verputzten Baukörper legt und unterhalb des Dachansatzes mit buntfarbenen Friesen einfaßt, und die im 18. Jh. mit rundbogigem Schluß veränderten Fenster prägen das Außenbild. Durch eine mit gotischen Schmiedeeisenbändern beschlagene Tür erreicht man von der Nordseite den Innenraum, der durch eine 1735 neu eingezogene Stichkappentonne und Pilastergliederung barock bestimmt ist. Der sehr feingliedrige Stuck, welcher Thomas Glasl zuzuschreiben ist, überzieht den ganzen Gewölbebereich. Das Stuckwappen und die Inschrift am Chorbogen belehren, daß Propst Patrizius von Weyarn 1735 diese Auszierung veranlaßt hat. Auch die Eichenholzstuhlwangen und der Säulenaufbau des Hochaltares dürften davon herrühren. Der Mittelteil des Hochaltares birgt das Wallfahrtsbild, eine außerordentlich liebreizende Holzplastik der thronenden Muttergottes mit dem Kind, das der Tradition nach ein Werk Erasmus Grassers aus dem Jahre 1505 sein soll. Zwei querrechteckige, kulturhistorisch hochinteressante Bildtafeln im Altarhaus halten die Jubiläumsfeiern zur 300sten Wiederkehr der Kirchweihe 1796 fest; damals dürfte auch das kleine Brüstungsorgelchen in die Empore eingefügt worden sein. Wohl zur 400-Jahrfeier der Kirchweihe 1896 wurden die Kanzel aufgerichtet und der klassizistische Dreiecksgiebel anstelle der alten Barockbekrönung auf den Hochaltar gesetzt.

Haus Nr. 20. Ehem. *Bauernhaus*, mit Blockbau-Obergeschoß, bez. 1728.

Unmittelbar westlich anschließend an die Kirche steht das ehem. *Bauernanwesen «Beim Strobl»*, das trotz der Erneuerung der Altanen und Giebelverbretterung und Erhöhung der Fensteröffnungen noch ein hervorragendes Zeugnis des Obergeschoß-Blockbaues darstellt.

Bildstock, Tuffsteinpfeiler mit Marienmedaillon und schmiedeeisernem Dreibalkenkreuz, 18. Jh.; am westlichen Ortsrand.

Fentbach

Fentbach ist ein kleines, an der Straße nach Feldkirchen aufreihendes Haufendorf mit 7–8 geosteten Einfirsthöfen und Kapelle. Es liegt südöstlich einer ehem. Keltenschanze, die auf dem Höhensporn zwischen dem Hochufer der Mangfall und dem Hochufer des aus dem Seehamer See entspringenden Moosbaches errichtet worden war.

Abschnittsbefestigung und Siedlungsplatz der Spätlatènezeit, *Oppidum «Fentbach-Schanze»,* ca. 500–1250 m nordwestlich auf den Flurnummern 2229–2231, 2301–2303, 2306–2313, 2382, 2384–2386.

Esterndorf, Kath. Filialkirche, Inneres

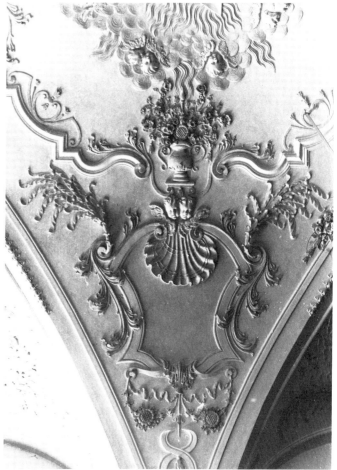

Esterndorf, Kirche, Detail des Gewölbestucks

Esterndorf, Kirchenportal

Esterndorf, Bildstock

Esterndorf, Kirche, spätgotische Madonna

Esterndorf, Haus Nr. 20, ehem. Bauernhaus

Luftbild, Ansicht von Norden, links das Dorf Fentbach, nordwestlich davon die «Fentbach-Schanze»

Kapelle, mit giebelseitigem Dachreiter, 1884; mit Ausstattung. Der von einer Flachtonne überwölbte Kapellenraum birgt ein neugotisches Flügelaltärchen mit einer Reliefdarstellung der Anbetung der Könige sowie einer auf die beidseitigen Flügel gemalten Verkündigung.

Haus Nr. 65. *Bauernhaus «Beim Christer»,* 1. Viertel 19. Jh., Verputzbau mit Giebelbalkon, Scheunenteil mit Bundwerk.

Bildstock, Tuffsteinpfeiler mit zwei Steinkreuzen, wohl 16. Jh.; südlich an der Straße.

Bildstock, Tuffsteinpfeiler, bez. 1655; nordwestlich außerhalb des Ortes.

Gotzing

Der still-abgeschiedene Kirchweiler liegt auf der linken Hochuferterrasse der Mangfall, geradewegs in der Blickachse des Mündungsdreieckes der Schlierach. Er war der Sitz einer Gemeinde, die das charakteristische Einödhofgebiet südöstlich des Taubenbergs umfaßt. Eine Seltenheit ist auch das Vorhandensein einer nie erweiterten 300jährigen Friedhofmauer in einem Rechteck rings um die Kirche; es handelt sich um einen Friedhof, der wegen der Entvölkerungsbestrebungen der Stadt München zugunsten des Wassereinzugsgebietes nicht zu klein wird.

Kath. Filialkirche St. Jakobus d. Ä., spätgotisch, 1761 barockisiert, mit verschindeltem Zwiebeldachreiter; Tuffsteinfriedhofsmauer, 17./18. Jh.; schmiedeeiserne Grabkreuze, 19./20. Jh.

Die Kirche von Gotzing ist Zeugnis für zwei Epochen von gesteigerter Kunstaktivität im *Kloster Weyarn,* der Spätgotik und des Spätbarock. Einst der kirchliche Mittelpunkt einer weitläufigen Haglandschaft, scheint das Gotteshaus nun mehr und mehr zu einer waldumgebenen Kirche zu werden, Veränderungen, die in der Wassergewinnungsabsicht der Landeshauptstadt begründet sind. Der Außenbau mit den unverputzten Tuffsteinmauern, dem Sakristei- und Vorzeichenanbau, mit dem hohen schindelgedeckten gotischen Dach, mit den zu barocken Rundbögen erweiterten verputzten Fensterlaibungen und dem barocken Dachreitertürmchen präsentiert sich der kleine Kirchenbau in formvollendeter Proportionierung. Das dreijochige Langhaus wurde 1761 korbbogig eingewölbt, mit zartem Stuck in der Fortentwicklung der Art des Thomas Glasl versehen und mit einem großflächig überspannenden Fresko des Aiblinger Malers Johann Georg Gaill zum Thema der Kreuzauffindung durch die Kaiserin Helena ausgestattet. Die Ausstattung des Altarhauses mag z. T. schon auf das Jahr 1741 zurückgehen. Die 1960–62 sorgfältig und stilgerecht restaurierte Kirche strahlt die heitere Stimmung ländlich geprägten Rokokos aus. Die damals in den sechssäuligen Hochaltar eingefügte Muttergottesfigur stammt aus einem der benachbarten Bauernhäuser. Auf der hölzernen Westempore steht ein spätromantisches Orgelwerk.

Fentbach, Kapelle

Fentbach, Kapelle, Inneres

Fentbach, Haus Nr. 65, Bauernhaus

Fentbach, Bildstock, 16. Jh.

Fentbach, Bildstock, 1655, bez.

Gotzing, Grabkreuz

Gotzing, Grabkreuz

Gotzing, Kath. Filialkirche St. Jakobus d. Ä. und Friedhofsmauer

Gotzing, Kath. Filialkirche St. Jakobus der Ältere, Inneres

489

Haus Nr. 28. *Wirtshaus «Zur Gotzinger Trommel»,* im Kern Blockbau, wohl Anfang 19. Jh., äußere Erscheinung um 1870.

Ein Wandbild an der Nordseite des Gasthauses erinnert an das namengebende Instrument der Gotzinger Trommel, welche heute im Heimatmuseum in Miesbach aufbewahrt wird. Der Überlieferung nach wurde diese Trommel von hier aus dem Zug der Oberländer Bauern vorausgetragen, als diese 1705 die von Österreichern besetzte Landeshauptstadt befreien wollten, jenes Unterfangen, das in der Sendlinger Mordweihnacht grauenhaft endete.

Großpienzenau

Die jetzt stark veränderte Siedlung Großpienzenau liegt am nördlich leicht ansteigenden Hangrand einer etwa 2 qkm großen Schotterebene, an deren Südostrand das Kirchdorf Kleinpienzenau gelegen ist und die nach Südwesten vom Abhang zum Schlierachtal begrenzt wird. Am unmittelbaren Hangrand lag dort die *Burg Pienzenau,* jahrhundertelang der Stammsitz der Herren von Pienzenau, welche in der Zeit nach 1600 verlassen wurde und danach verfiel.

Burgstall, Reste der ehem. *Burg Pienzenau,* mittelalterlich, um 1600 aufgelassen; am Ortgraben, ca. 650 m südwestlich der Ortsmitte auf Fl. Nr. 1252 (nicht abgebildet).

Turmhügel, mittelalterlich, teilweise abgetragen, Ringgrabenreste; nördlich von Haus Nr. 18, auf Grundstück des Kistlerbauern, Fl. Nr. 1204 (nicht abgebildet).

Haus Nr. 24. Ehem. *Bauernhaus,* Obergeschoß-Blockbau, im Kern 18. Jh.

Holzbildstock, Kruzifix mit Maria und Johannes, 19. Jh.; bei Haus Nr. 24.

Haus Nr. 24½. Ehem. *Sommerhaus* des Gelehrten und Malers Ernst Förster, um 1860 im Heimatstil mit Blockbau-Obergeschoß errichtet, ab 1863 zeitweise Wohnhaus Viktor von Scheffels.

Haus Nr. 28. Ehem. *Kleinbauernhaus «Beim Schneider»,* zweigeschossiger Blockbau, 17./18. Jh., Ökonomieteil um 1900, mit Hausfigur Hl. Florian, 18./19. Jh.

Der doppelgeschossige, giebelseitig erschlossene Blockbau gehört zu den ältesten Bauernhäusern im Gemeindebereich. Giebelseitig wurde zwar die Altane und der Dachunterbau beseitigt, die Fenster an der Giebelseite sind aber noch in der alten Größe verblieben, während die straßenseitigen Traufseitfenster später vergrößert wurden. Die Einzapfungen der Balken lassen die Grundrißeinteilung der südöstlichen Stube nach außen hin erkennbar werden. Unter dem Dachgiebel ein barocker Kruzifixus, am Stall eine Holzfigur des Hl. Florian aus der Zeit um 1800.

Großseeham

Auf einer Halbinsel am Nordufer des Seehamer Sees gelegen, ist ein Teil der alten Anwesen entsprechend der rechtwinkeligen Abknickung der Dorfstraße geostet, ein Teil steht mit dem Wohnhaus nach Richtung Süden.

Burgstall, mittelalterlich, ca. 500 m vom Bootssteg Großseeham auf Fl. Nr. 890 (nicht abgebildet).

Dorfkapelle, im Kern 18. Jh., mit Dachreiter.

Haus Nr. 34. *Bauernhaus «Beim Kürschner»,* Einfirsthof, bez. 1757, mit stattlichem Blockbau-Obergeschoß und Lauben, Tenne z. T. mit Bundwerk von 1757.

Gotzing, Haus Nr. 28, Wirtshaus «Zur Gotzinger Trommel»

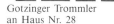

Gotzinger Trommler an Haus Nr. 28

Großpienzenau, Bildstock

Großpienzenau, Haus Nr. 24, ehem. Bauernhaus

Großpienzenau, Haus Nr. 24½, ehem. Sommerhaus

Großpienzenau, Haus Nr. 28, ehem. Kleinbauernhaus

Großpienzenau, Haus Nr. 28,
Hl. Florian

Großseeham, Kapelle

Großseeham, Haus Nr. 34, Bauernhaus

Großseeham, Kapelle, Inneres

Haus Nr. 36. Wohnteil des ehem. *Bauernanwesens «Beim Schuster»*, im Kern wohl teilweise Blockbau des 18. Jh., mit Putzverzierungen aus der Mitte des 19. Jh.

Haus Nr. 37. *Bauernhaus «Beim Fastl»*, Einfirsthof mit stattlichem Blockbau-Obergeschoß und Lauben, Wirtschaftsteil mit Bundwerk, 2. Hälfte 18. Jh., Verschalung mit Ausschneidemustern bez. 18.. (wohl Anfang 19. Jh.).

Haus Nr. 38. Ehem. *Bauernhaus «Beim Glasn»*, jetzt Erholungsheim, mit Blockbau-Obergeschoß, Ende 18. Jh., ehem. Wirtschaftsteil ausgebaut.

Haus Nr. 41. Ehem. *Kleinbauernhaus «Beim Zimmermann»*, mit Blockbau-Obergeschoß und Lauben, im Kern Mitte 18. Jh., Wirtschaftsteil im Heimatstil ausgebaut Anfang 20. Jh.

Günderer

Haus Nr. 10. *Günderer-Hof*, stattlicher Einfirsthof mit Blockbau-Obergeschoß und Lauben, bez. 1769, geschnitzte Haustür bez. 1813, Wirtschaftsteil neuzeitlich ausgebaut; *Steinkreuz*, Tuffstein, bez. 1525; südwestlich hinter dem Hof.

Am Wege von Gotzing zum Taubenberg in einer langgezogenen Wiesenlichtung gelegen, die sich nach Süden zum Steingraben absenkt, ist der Günderer-Hof einer der prächtigsten Einfirsthöfe der Umgebung. Giebelseitig werden durch die breitlagernden Bänder der Fenster, die zwar in unregelmäßigem Abstand, jedoch in der Achse eingesetzt sind, und durch die Balusterlauben behäbige Horizontallinien erzeugt. Die Erschließung erfolgt auf der südlichen Traufseite, die geschnitzte Eingangstür mit dem Supraportengemälde wurde um 1905 von dem abgebrochenen Anwesen in Reisach hierher versetzt. Das Anwesen ist auch in der Chronik weit zurück zu verfolgen: so berichtet z. B. ein Eintrag aus dem Jahre 1450, daß Propst Christian von Weyarn dies Gut dem Ottenscheffler, seiner Frau Mechthilde, seinen zwei Söhnen und seiner Tochter zu Leibgeding verliehen habe. Noch früherer Zeiten hat sich die Sage bemächtigt und berichtet, daß es ein Pferdehof Kaiser Karl des Großen gewesen sein soll. Das Steinkreuz hinter dem Hof ist auch eines der ältesten dieser Art im Landkreis. Anläßlich seines Pienzenauer Aufenthaltes kam der Dichter Viktor von Scheffel auf seinen Spaziergängen zum Taubenberg auch öfters am Günderer-Hof vorüber und pflegte hier seine erste Rast auf der Hausbank zu halten, um von hier aus die Fernsicht auf das Alpenvorland zu genießen und die Schönheit des Oberlandes sowie die Gastfreundschaft seiner Bewohner literarisch festzuhalten.
Nördlich neben dem Hof seit 1983 ein ehemals bedeutender Getreidekasten aus Mitterdarching leider ohne den Unterbau aufgestellt.

Großseeham, Haus Nr. 36, ehem. Bauernhaus

Großseeham, Haus Nr. 37, Bauernhaus

Großseeham, Haus Nr. 37, Detail Bundwerk

Großseeham, Haus Nr. 38, ehem. Bauernhaus

Großseeham, Haus Nr. 41, ehem. Kleinbauernhaus

Günderer, Haus Nr. 10, Zuhaus (transferiert aus Mitterdarching)

Günderer, Haus Nr. 10,
Haustür

Günderer, Haus Nr. 10, Laubentür, dat. 1769

Günderer, Steinkreuz

Günderer, Haus Nr. 10, Günderer-Hof

Harring

In der Einödlandschaft südlich des Steingrabens liegen innerhalb einer Waldrodung die Einöden *Harring, Schliershofer, Ferdinand* und *Nudler.*

Kapelle des abgegangenen *Staiger-Hofes,* nach der Mitte des 19. Jh.

Haus Nr. 18. *Bauernhaus,* mit Blockbau-Obergeschoß und Lauben an der Haustüre bez. 1793, kleine *Hauskapelle* im Erdgeschoß, bez. 1797.

Der trotz Fenstererneuerung noch sehr ursprünglich wirkende Einfirsthof hat an der Verbretterung der Katzenlaube unter dem Giebel als interessantes Brettschnittmotiv ein beidseits stilisiertes Dreibalkenkreuz, welches als apotropäisches Zeichen die Mächte des Bösen vom Haus abhalten soll. Ein reizvolles ornamentales Motiv sind auch die Brettschnittbekrönungen über den Tür- und den Fensterstöcken in der Katzenlaube.

Harring, Haus Nr. 18, Bauernhaus

Holzolling

Kath. Filialkirche St. Martin, Neubau unter Propst Gelasius (1675–97) wohl 1677.

Holzolling ist ein sehr alter Kirchort, denn schon 795 wurde eine Taufkirche erwähnt. Die heutige, am Südwestrand des Unteren Leitzachtales gelegene Filialkirche wurde unter Propst Gelasius (1675–97) neu errichtet. Im äußeren Erscheinungsbild wird sie von dem stämmigen Achteckturm von 1677, dessen quadratischer Unterbau noch gotisch ist, beherrscht. Die eigentümlichen Steinkugeln unter dem Zwiebeldachansatz erinnern an die Türme der *Klosterkirche Weyarn* und der *Wallfahrtskirche Föching.* Das Innere ist ein einfacher dreiachsiger Langhausbau mit Stichkappentonne, zweijochigem eingezogenem Chor und dreiseitigem Ostschluß. An der Unterseite des Chorbogens und an den Pilasterkapitälen finden sich letzte Reste einer Stuckierung nach Schlierseer Art aus der Erbauungszeit. Die Malereien an der unteren Westempore sind religionsgeschichtlich und volkskundlich beachtenswert, links ein Paradiesgärtlein, rechts eine Tugendapotheke, in der Mitte Christus, Maria und 7 bäuerliche Schutzpatrone. Die 1836 eingebaute Oberempore enthält eine frühklassizistische Brüstungsorgel mit Dreiecksgiebeln auf den beiden Seitentürmen. Um 1870 wurde die barocke Ausstattung und der Barockstuck der Kirche beseitigt; das an seine Stelle getretene neuromanische Raumbild aus Deckenmalerei, den drei Altären mit ihren schweren Baldachinaufbauten, der Kanzel und Kirchentüre bildet ein selten anzutreffendes Ensemble.

Haus Nr. 1. *Bauernhaus «Beim Moar»,* dreigeschossiger Massivbau mit Steinportal und doppelflügeliger geschnitzter Türe, bez. 1871.

Holzolling, Kath. Filialkirche St. Martin

Huber

Haus Nr. 33. *Bauernhaus,* mit Blockbau-Obergeschoß, letztes Viertel 18. Jh.

Bildstock, Tuffsteinpfeiler, wohl 17. Jh.; nordöstlich des Hofes.

In einer Waldrodung an der Südgrenze des ehem. Gotzinger Gemeindegebietes liegt die südöstlichste Einöde, der *Huber-Hof.* Nach der ursprünglichen Steuereinteilung als ein 1/2-Hof eingestuft, vermittelt der vorbildlich gepflegte Einfirsthof inmitten der ihn umgebenden grünen Wiesenlandschaft einen lebendigen Eindruck, wie diese Streuhoflandschaft nördlich des Tegernsees zur Barockzeit ausgesehen haben mag.

Holzolling, Haus Nr. 1, Bauernhaus

Harring, Haus Nr. 18, Tür

Harring, Kapelle

Holzolling, Kath. Filialkirche St. Martin, Inneres

Holzdolling, Haus Nr. 1, Tür

Huber, Haus Nr. 33, Bauernhaus

Huber, Bildstock

495

Kilian

Bildstock, Tuffsteinsäule, 17. Jh.; westlich an der Straße.
Diese Säule soll eine Grenzsäule zwischen den Grafschaften
Hohenwaldeck und Valley gewesen sein.

Kleinhöhenkirchen

Der nördlichste Kirchort der Gemeinde Weyarn liegt in zwei-
facher Weise exponiert, zum einen halbinselförmig von der
Mangfallschlinge umgeben, zum anderen auf der erhöhten
Hügelkuppe einer Endmoräne. Insgesamt zwar 70 m niedriger als der Irschenberg ist Kleinhöhenkirchen dennoch einer
der Orte mit der weitesten Aussicht im Landkreis. Es verwun-
dert daher auch nicht, daß hier seit alters Beobachtungs- und
Befestigungspunkte waren. Anstelle der heutigen *Kirche* soll
eine Burganlage des 12. Jh. bestanden haben; dem Kirchhügel
liegt nach Norden eine zweite Erhöhung gegenüber, kurz vor
dem Steilabfall in das Mangfalltal, auf dem heute noch eine
bedeutende mittelalterliche Abschnittsbefestigung, die «Birg»
beobachtet werden kann. Die Siedelungsstellen um die Kirche
herum sind wegen der Hügellage eng aneinandergerückt, vier
bäuerliche Anwesen sind mit ihrem Wohnhausteil geostet, nur
das Wirtsanwesen westlich der Kirche erstreckt sich am Pla-
teauabfall in Nordsüdrichtung. Der östlichste Hof, der um
1900 mit unverputztem Tuff- und Ziegelmauerwerk in stattlichen Formen neu errichtet wurde, verweist auf den Hausstil
des bayerischen Inntales.

Kath. Filialkirche Mariae Heimsuchung, barocker Neubau um
1720 (Weihe 1723), Turmunterbau mittelalterlich.

Die 1315 schon mit Friedhof erwähnte Kirche ist in ihrer heutigen Form ein schlichter Barockbau aus der Zeit um 1720 mit
dreijochigem, von einer Stichkappentonne überwölbten Langhaus und mit halbrund schließendem Chor. An der Nordseite
liegen die Sakristei, der Turm und eine Seitenkapelle mit dar-
übergelegenem Emporengang, also gleichsam ein nördlich an-
gesetztes Seitenschiff, ein von der *Klosterkirche Weyarn* über-
nommenes Bauschema. Auch die aus Tuffsteinen gefügte
Friedhofsmauer mit ihren Torpfostenpfeilern erinnert an die
Friedhofsmauer im Klosterort selbst. Die Außenansicht des
hochgestellten Kirchenbaues ist durch Putzbänder gegliedert,
der Turm von einer Zwiebel bekrönt. Das Innere wurde 1773
durch den Rosenheimer Maler Joseph Anton Höttinger (um
1722–1788) freskiert, im Langhaus mit dem Hauptfresko der
Verehrung des Gnadenbildes, in den Stichkappen begleitet
von Szenen aus dem Marienleben, im Altarhaus von der
Heimsuchungsszene und Emblemen in den seitlichen Stichkappen. Der Hochaltar aus dem 17. Jh. mit einer tiefen Mittel-
nische für das Gnadenbild wurde um 1700, gleichzeitig mit
der Aufstellung der Seitenaltäre, leicht umgearbeitet und im
späten Rokoko mit einem Tabernakel und seitlichen Portal-
bögen ergänzt. Bemerkenswerte Ausstattungsstücke sind das
Hochaltar-Antependium aus der Zeit um 1725 mit je 3 vor
Christus und Maria knieenden männlichen und weiblichen
Personen, welche durch ihre Schriftbänder die geistlichen Ga-
ben bezeichnen (Wallfahrt, Meßopfer, Almosen, Fasten,
Kommunion, Gebet), die spätgotische stehende Marienfigur
am linken Seitenaltar, die Josef Götsch aus Aibling zuzu-
schreibende Figur des Hl. Wolfgang am rechten Seitenaltar
(um 1775), die Kreuzwegbilder aus der 2. Hälfte des 18. Jh.,
eine 1834 gemalte Votivtafel mit Erinnerung an die Schlacht
von Tolotzt, 1812, zwischen Russen und Bayern, mehrere
neubarocke Glasgemälde aus der Zeit um 1900 und vor allem
in der nördlichen Seitenkapelle die Verkündigungsgruppe
von Ignaz Günther, bei der zumindest der Verkündigungsen-
gel ein eigenhändiges Werk des großen Rokokobildhauers ist.

Kleinhöhenkirchen, Ansicht von Norden

Kleinhöhenkirchen, Kath. Filialkirche, Deckenfresko

496

Kleinhöhenkirchen, Ansicht von Süden

Kleinhöhenkirchen, Kirche, Verkündigungsgruppe

Kleinhöhenkirchen, Kirche,
10. Kreuzwegstation

Kilian, Bildstock

Kleinhöhenkirchen, Kath. Filialkirche Mariae Heimsuchung

Kleinhöhenkirchen, Kath. Filialkirche, Inneres

497

Feldkapelle, 1. Hälfte 19. Jh., Ausstattung teilweise ausgelagert; westlich des Ortes.

Haus Nr. 75. Ehem. *Bauernhaus «Beim Feller»*, mit Giebellaube, modern bez. 1794 (teilweise neuzeitlich ausgebaut).

Haus Nr. 76. *Bauernhaus «Beim Wimmer»*, mit Lauben und reicher Putzornamentik, 1. Viertel 19. Jh.

Bildstock, Tuffsteinpfeiler, 17. Jh.; östlich vom Ort.

Bildstockfragment, Sockel mit Pfeilerstumpf, wohl 17. Jh.; am Weg nach Grub.

Abschnittsbefestigung «Birg», mittelalterlich, ca. 600 m nördlich der *Kirche Kleinhöhenkirchen* auf Fl. Nr. 3039.

Zwei große Wälle mit einer Kronenhöhe von 7–10 m über dem Vorgeländeniveau und teilweise mit vorgelagerten Gräben riegeln von der südlich anschließenden Plateaufläche zwei Innenräume von zusammen ca. 330 m Nord-Süd-Ausdehnung und 100 bis 200 m Ost-West-Ausdehnung ab.

Kleinpienzenau

Das Kirchdorf liegt am südöstlichen Rand der Pienzenauer Hochebene, dort wo das Gelände in Richtung auf das Hochmoor der Pienzenauer Filze ansteigt. Die ursprünglich sieben Hofstellen scharen sich eng um die Kirche herum, die Höfe sind vorwiegend nach Osten, also dem Hang zu ausgerichtet. Der hohe Kirchturm mit seiner neugotischen Turmspitze ist weithin im Umland erkennbar.

Kath. Filialkirche St. Georg, unverputzter Tuffsteinbau, Weihe 1496, 1766 barockisiert, Turmoberbau um 1875.

Der spätgotische Tuffquaderbau wurde 1765/66 barockisiert und im Westen um ein Joch verlängert. Der Innenraum mit den eingezogenen Wandpfeilern im Langhaus wurde seiner Rippen entkleidet und mit reicher Rokokostuckierung versehen, welche dem Johann-Baptist-Zimmermann-Schüler Johann Martin Pichler zuzuschreiben ist. Die Deckengemälde des Martyriums und der Verherrlichung des Hl. Georg hat der Aiblinger Maler Johann Georg Gaill im Jahre 1766 geschaffen und signiert. Obwohl die Altäre noch aus der Zeit um 1700 und die Kanzel aus dem 17. Jh. stammen, überwiegt das Raumbild eines ländlichen Rokoko. An der Südwand des Langhauses, neben dem rechten Seitenaltar, zeigt ein Fresko von 1772 das Dorf Kleinpienzenau mit dem barocken Kirchturm des Weyarner Klosterbaumeisters Kaspar Glasl aus dem benachbarten Reichersdorf: dieser hatte wohl im 1. Viertel des 18. Jh. dem quadratischen Turmunterbau einen Oktogonaufsatz mit doppelter Zwiebelkuppel aufgefügt und am Übergang vom Quadrat zum Achteck ähnliche Zier-Volutenspangen angesetzt wie bei seinem Kirchturmaufbau in der Stiftskirche Weyarn. Um 1875 wurde die Barockkuppel wieder abgenommen und an ihrer Stelle der hohe neugotische Spitzhelm über Dreiecksgiebeln aufgebaut, wodurch der Turm stark überhöht wurde, so daß er jetzt eineinhalbmal so hoch wie die gesamte Kirche lang ist.

Kleinhöhenkirchen, Feldkapelle

Kleinhöhenkirchen, Feldkapelle, Inneres

Kleinhöhenkirchen, Haus Nr. 75, ehem. Bauernhaus

Kleinhöhenkirchen, Haus Nr. 76 und Kirche

Kleinhöhenkirchen, Bildstock

Kleinhöhenkirchen, Bild-
stockfragment

Kleinhöhenkirchen, Teil der Abschnittsbefestigung «Birg»

Kleinpienzenau, Kath. Filialkirche St. Georg

Kleinpienzenau, Kath. Filialkirche St. Georg, Inneres

Haus Nr. 42. *Bauernhaus «Beim Schneider»*, zweigeschossiger Blockbau mit Lauben, Mitte 17. Jh., Fenster Mitte 19. Jh.

Burgstall der ehem. *Burg Pienzenau* siehe Großpienzenau.

Kleinseeham

Haus Nr. 49. Teil eines ehem. stattlichen *Einfirsthofes «Beim Moar»*, vom Wohnteil mit Blockbau-Obergeschoß drei Achsen erhalten, Wirtschaftsteil mit Bundwerk, bez. 1696.

Langenegger

Wegkapelle, bez. 1553 (?), Gewölbebau mit Ausstattung des 18. Jh.

Linnerer

Haus Nr. 30. *Bauernhaus «Beim Linnerer»*, mit Blockbau-Obergeschoß und Lauben, letztes Viertel 18. Jh., um 1900 verändert.

Kleinpienzenau, Haus Nr. 42, Bauernhaus

Kleinseeham, Haus Nr. 49, ehem. Bauernhaus

Kleinseeham, Haus Nr. 49, Detail Bundwerk

Kleinseeham, Haus Nr. 49, Detail

Kleinpienzenau, Ortsmitte von Süden mit der Kirche und dem Gasthaus

Langenegger, Wegkapelle

Linnerer, Haus Nr. 30, Bauernhaus

Langenegger, Wegkapelle, Inneres

Mittenkirchen

Kath. Filialkirche St. Vitus, Tuffquaderbau, geweiht 1506.

Die seit 1803 in bäuerlichem Besitz befindliche spätgotische Kirche, ein Tuffsteinbau mit gotischem Westportal, wurde zu Beginn des 16. Jh. als Hofkapelle des zum Kloster Fürstenfeldbruck gehörenden, 1529 jedoch an das Kloster Weyarn vertauschten stattlichen, schon im 12. Jahrhundert genannten Oswald-Hofes erbaut, mit dem sie eine großartige Baugruppe bildet. An den Putzresten des ursprünglich wohl ganz verputzten Außenbaues finden sich unterhalb des Dachansatzes Reste einer rot-gelben Bemalung. Das Innere überrascht durch seinen erhaltenen gotischen Raumcharakter: dem dreijochigen Langhaus folgt ein eingezogener einjochiger Chor mit dreiseitigem Schluß, auf Kragsteinen ruhen die Rippen des Gewölbes auf, das 1906 eine neue Ornamentmalerei erhielt. Der Barockaltar, heute in der Fassung von 1906, enthält drei Schnitzfiguren, in der Mitte die barocke Figur des Hl. Vitus.

Bildstock, Tuffsteinpfeiler, bez. 1662; an der Straße nach Sonderdilching.

Bildstock, Tuffsteinpfeiler, bez. 1655; östlich an der Straße.

Bildstock, Tuffsteinpfeiler, wohl Mitte 17. Jh.; südlich der Kirche hinter dem Hügel.

Über die in jüngster Zeit teilweise versetzten Bildstöcke geht die örtliche Überlieferung, daß sie aus Furcht vor Raubüberfällen errichtet worden seien; tödlich verlaufene Überfälle habe es mehrere gegeben.

Neukirchen

Neukirchen hat eine bemerkenswerte Ortslage auf einer Moränenanhöhe über der Senke des Seehamer Sees. Die Anwesen des Haufendorfes, in welchem vier Straßenzüge zusammentreffen, sind alle geostet und eng um die Kirche gruppiert.

Kath. Pfarrkirche St. Dionysius, spätgotisch, wohl 2. Hälfte 15. Jh., 1761/63 barockisiert, Verlängerung der Kirche und Turmneubau 1909/11; Friedhofsummauerung.

Die spätgotische, wohl mit Hilfe der Waldecker Grafen errichtete Kirche wurde 1761/63 neu eingerichtet. Die Tonnenwölbung über dem vierjochigen Langhaus und zweiseitigen Altarhaus mit Dreiseit-Schluß wurde damals wohl von Johann Martin Pichler in eleganten, an Johann Baptist Zimmermann erinnernden Rocailleformen stuckiert. Die Fresken, die Johann Georg Gaill zuzuschreiben sind, zeigen im Langhaus den Heiligenhimmel, im Altarhaus das Martyrium des heiligen Kirchenpatrones Dionysius und das Opfer des Melchisedech und Isaak. Das querovale Fresko des psallierenden David stammt von 1911, ebenso wurden damals die vier Kartuschenbilder des Langhauses stark übermalt. Das große Langhausfresko von 1763 ist topographisch sehr sinnreich angelegt: an seinen Rändern zeigt es acht Kirchen und Kapellen, die damals als Filialkirchen zur Pfarrei Neukirchen gehörten und welche die Pfarrkirche, die am unteren Freskorand in der Mittelachse steht, im Kreise umgeben. Im Chor berichten zwei große Leinwandbilder des 18. Jh. vom Besuch des Ritters Georg von Waldeck bei Papst Gregor XI. 1371 in Avignon, als dessen Folge die Pfarrei Neukirchen 1373 dem Kloster Weyarn inkorporiert wurde. 1909–1911 wurden weitere Baumaßnahmen durchgeführt. Der ursprünglich an der Kirchensüdseite gestandene Turm wurde abgetragen und stattdessen der jetzige an der Nordseite errichtet; anstelle eines schon 1594 erwähnten Beinhauses mit Heilig-Grab wurde ein fünftes Joch an das Langhaus angefügt mit einer neubarocken Westempore. In der Vorhalle erinnert ein epitaphähnlicher

Mittenkirchen, Kath. Filialkirche, Inneres

Mittenkirchen, Bildstock, bez. 1662

Mittenkirchen, Bildstock, bez. 1655

Mittenkirchen, Bildstock, Mitte 17. Jh.

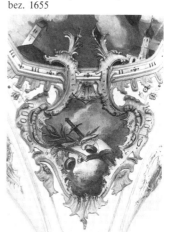

Neukirchen, Kirche, Gewölbekartusche

Mittenkirchen, Ansicht von Westen

Neukirchen, Kath. Pfarrkirche St. Dionysius

Neukirchen, Kath. Pfarrkirche, Inneres

503

Gedenkstein an die 58 in der Sendlinger Mordweihnacht von 1705 gefallenen Neukirchener, ausgeführt 1911 nach Entwurf von Hans Grässl.

Haus Nr. 12. *Zuhaus* zum «*Moar*»-*Anwesen,* jetzt Wohnhaus, massiver Putzbau mit Halbwalmdach, 1. Viertel 19. Jh.

Haus Nr. 13. *Pfarrhaus,* biedermeierlich um 1830, Giebelaufbau später verändert.
Bildstock, Tuffsteinpfeiler mit schmiedeeisernem Dreibalkenkreuz, bez. 1585; am nördlichen Ortsende an der Straße nach Weyarn.

Nudler

Haus Nr. 21. Stattliches *Bauernhaus,* mit Blockbau-Obergeschoß und umlaufender Laube, letztes Viertel 18. Jh., Dachaufbau, Erdgeschoßfenster und Lüftlmalerei um 1900.
In der Einödhoflandschaft südwestlich von Gotzing in einer Waldrodung gelegen, läßt besonders das stattliche Blockbau-Obergeschoß mit seiner Balustradenlaube, den bleiverglasten Fenstern und den holzgeschnitzten Fenster- und Türaufsätzen noch schöne originale Details erkennen.

Oed

Hofkapelle, wohl 18. Jh.

Oetz

Haus Nr. 95. Ehem. *Bauernhaus,* teilweise zweigeschossiger Blockbau, im Kern Ende 16. Jh., Umbauten ab 19. Jh., ehemals mit Hauskapelle.
Das nahe der Mündungsstelle von Leitzach- und Mangfalltal am westlich ansteigenden Hang gelegene Anwesen gehört zu den ältesten Profanbauten im Gemeindebereich, auch wenn seine heutige Gesamterscheinung dies auf den ersten Blick nicht nahelegt. Überraschend gut erhalten sind die Blockwandverbindungen aus gebeilten Balken im Inneren des Hauses. Eine Türumfassung im Obergeschoß zeigt noch den aus der gotischen Zimmermannstradition herrührenden Kerbschnitt in Form eines umgekehrten Kielbogens.

Reisach

siehe Stadt Miesbach.

Neukirchen, Haus Nr. 12   Neukirchen, Bildstock

Neukirchen, Haus Nr. 13, Pfarrhaus

Nudler, Haus Nr. 21, Bauernhaus

Oed, Hofkapelle

Oetz, Haus Nr. 95, ehem. Bauernhaus

Oetz, Haus Nr. 95, Stube

Oetz, Haus Nr. 95, Flur und Blick in Stube im 1. Obergeschoß

Sonderdilching

Kath. Filialkirche St. Michael, gotischer Bau mit barockem Dachreiter, im Kern 14. Jh., 1496 nach Erweiterung geweiht.

Der aus dem 14. Jh. stammende kreuzrippengewölbte Altarraum mit dreiseitigem Schluß ist wohl der Kernbau, dem 1496 nach Westen das dreijochige Langhaus mit auf Konsolen aufruhendem Netzrippengewölbe angefügt wurde. Die vier Evangelistensymbole am Langhausgewölbe wurden neuerdings freigelegt, die einfache Rankenmalerei wohl 1921 angesetzt. Im rechten Altarhausfenster ist eine spätgotische gemalte Glas-Rundscheibe eingelassen, bez. Hanns Hoffaldinger 1464; das Stifterpaar mit seinen zwei Wappen kniet zu Füßen der Muttergottes mit dem Kind. An der Nordwand des Langhauses wurde 1977 eine primitive Rötelzeichnung von einer Kirche mit Wetterhahn auf dem Spitzturm freigelegt, 1585 datiert. Der einfache Spätbarockaltar enthält ein nazarenisches Bild vom Hl. Michael. Der ehem. verputzte Tuffsteinbau zeigt Spuren einer rot-weißen prismenförmigen Fries-Bemalung unterhalb des Dachansatzes.

Bildstock, Tuffsteinpfeiler, 16. Jh.; ostwärts vom Ort.

Bildstock, Tuffsteinpfeiler, 17. Jh.; östlich der Kirche.

Bildstock, Tuffsteinpfeiler, wohl 16. Jh.; an der Dorfstraße.

Reste eines Turmhügels, mittelalterlich, östlich von Haus Nr. 87, ca. 350 m nördlich der *Filialkirche St. Michael* auf Fl. Nr. 2527 (nicht abgebildet).

Standkirchen

Der Ort ist eine Streusiedlung mit etwa einem Dutzend alter Höfe, der ursprünglich Steinkirchen genannt wurde. Tatsächlich wird auf der Apianschen Karte des 16. Jahrhunderts auch eine Kirche gezeigt.

Feldkapelle, 1912; südöstlich von Haus Nr. 58.

Das kleine Deckengemälde in nachempfundenem Spätrokokostil zeigt die Heiligen Notburga und Isidor in der Landschaft des Ortes Standkirchen mit dem Hintergrund von Weyarn und dem aufragenden Mangfallgebirge. Das Altärchen dürfte aus der Zeit um 1700 stammen.

Haus Nr. 58. Bauernhaus *«Beim Bock»,* Massivbau mit Putzornamentik und zwei schmiedeeisernen Giebelbalkonen, bez. 1896 und 1909.

Das Bauernhaus zeigt den vor der Jahrhundertwende vom bayerischen Inntal ausgegangenen stolzen Bauernhaustyp, der giebelseitig mittelaxial erschlossen ist und unter der Firstlinie von den Eingangstüren bis zum Stall einen durchgehenden Gang führt, an dem links und rechts alle Zimmertüren und meistens nordseitig das Stiegenhaus angereiht sind. Der Baukörper strebt im Vergleich zu den Höfen des 19. oder gar des 18. Jh. erheblich mehr in die Höhe, was durch größere Geschoßhöhen und die Aufsetzung eines eigenen beidseitig abgeschrägten Dachgeschosses erreicht wird. Dementsprechend hat sich auch die Fensterproportion in die Höhe gestreckt.

Haus Nr. 58½. Altbauernhaus *«Beim Bock»,* mit Blockbau-Obergeschoß und Lauben, 1. Viertel 18. Jh., Kreuzstabbrüstung an der Laube Mitte 19. Jh.

Die Tatsache, daß hier das alte Bock-Haus in unmittelbarer Nähe des Neubaues der letzten Jahrhundertwende belassen wurde, bietet die Möglichkeit zu einem sehr anschaulichen Vergleich der stil- und entwicklungsgeschichtlichen Veränderungen im bäuerlichen Bauwesen.

Sonderdilching, Kath. Filialkirche St. Michael

Sonderdilching, Kath. Filialkirche, Inneres

Sonderdilching, Bildstock, wohl 16. Jh.

Sonderdilching, Bildstock, 16. Jh.

Sonderdilching, Bildstock, 17. Jh.

Standkirchen, Kapelle

Standkirchen, Kapelle, Altar

Standkirchen, Haus Nr. 58 1/2, Altbauernhaus

Standkirchen, Haus Nr. 58, Bauernhaus

507

Stürzlham

Haus Nr. 61. Ehem. *Bauernhaus «Beim Schmied»*, mit Lauben und origineller Haustüre, 1789.

In dem Anwesen soll der *Schmied des Klosters Weyarn*, der sog. *Herrenschmied*, tätig gewesen sein. Ein Bierkellereingang mit großen unterirdischen Gewölben und senkrechten Stollen hat die Volksmeinung dazu veranlaßt, hier einen Anknüpfungspunkt zu dem vermuteten unterirdischen Gangsystem zwischen Reichersdorf, Weyarn und Wattersdorf zu sehen.

Bildstock, Tuffsteinpfeiler mit Relief des Gekreuzigten, bez. 1822; an der Bundesstraße.

Thalham

Haus Nr. 1. *Bauernhaus «Beim Huber»*, mit Blockbau-Obergeschoß und Lauben, wohl 2. Hälfte 18. Jh., Balken in Wiederverwendung bez. 16.., um 1900 Katzenlaube und Dachunterbau beseitigt und Fenster vergrößert.

Haus Nr. 4. *Bauernhaus «Beim Saliterer»*, Verputzbau mit Lauben und figürlichen Fassadenmalereien, nach 1800, Tenne mit Traufbundwerk.

Steinkreuz, Tuffstein, wohl 16./17. Jh.; nördlich der Straße bei Haus Nr. 4.

Haus Nr. 9. Ehem. *Klostermühle* von *Weyarn*, sog. *Herrenmühle*, Massivbau mit Flachsatteldach, Tenne mit kraftvollem Bundwerk, über älterem Kern 1769 nach Brand wiedererrichtet, weitere Bauinschriften von 1686 und 1758, Fresko an der östlichen Traufseitwand, bez. 1810, Hauskapelle St. Florian, 1769.

Der Name Herrenmühle wurde erst seit der Säkularisation üblich, vorher war es die Fellermühle bzw. Obere Mühle im Gegensatz zu der heute verschwundenen Mittermühle und Niedermühle; der Name Feller taucht erstmals 1470 auf, während Thalham erstmalig urkundlich 1145 erwähnt wurde; 1635 hat Propst Valentin Steyrer die Fellermühle vom Hochstift Freising für das Kloster Weyarn erworben. 1769 wurde zur Verwaltung der Mühle und Ökonomie ein Weyarner Chorherr für ständig in die Fellermühle abgeordnet, der zugleich auch die Seelsorge in Gotzing zu versehen hatte; für diesen wurde 1769 auch die *Kapelle* im Erdgeschoß-Südosteck eingerichtet. Für diese im Landkreis einzigartige Einrichtung hat der Miesbacher Maler Josef Franz Graß das Deckenbild der Himmelaufnahme Mariens und das Hochaltarbild des Hl. Florian gemalt. Die Schnitzfiguren der Altäre und der beiden Engelsbildwerke in den vorderen Ecken wurden beim Aiblinger Bildhauer Joseph Götsch (1728–1793) bestellt; Götsch war ab 1762 enger Mitarbeiter Ignaz Günthers bei der Ausstattung der Abteikirche Rott am Inn, dies erklärt den Stileinfluß des großen Rokokobildhauers auf die Figuren der Herrenmühle, besonders auf die Schutzengelgruppe. Das Fresko an der östlichen Traufseite nimmt Bezug auf die Zeit nach der Säkularisation, als ein bäuerlicher Fuhrunternehmer die Herrenmühle ersteigert hatte. Die beiden Bautafeln von 1686 und 1758 sind hier in Zweitverwendung eingesetzt, sie haben wohl keinen direkten Bezug zu dem jetzt stehenden, 1769 unter Propst Rupert II. Sigl vollendeten Gebäude.

Stürzlham, Haus Nr. 61, ehem. Bauernhaus

Stürzlham, Bildstock

Thalham, Steinkreuz

Thalham, Haus Nr. 1, Bauernhaus

Thalham, Haus Nr. 4, Bauernhaus

508

Thalham, Haus Nr. 4, Bauernhaus, Detail der Südseite

Thalham, Haus Nr. 9, ehem. Klostermühle von Weyarn, sog. Herrenmühle

Haus Nr. 14. *Bauernhaus «Beim Gartmoar»,* mit verputztem Blockbau-Obergeschoß und mit Lauben, im Kern um 1800, zwei Heiligenfresken, 2. Hälfte 19. Jh.

Wattersdorf

Das östlich von Weyarn gelegene Straßenzeilendorf Wattersdorf, 1017 zuerst genannt, hatte seine ursprüngliche Bedeutung in dem 1610 von dem herzoglichen Rentmeister Bernhard v. Barth erbauten Schloß. Der in der Mitte des Dorfes an der Nordseite der ostwestlichen Durchfahrtsstraße gelegene steile Satteldachbau mit vier gedrungenen Ecktürmen wurde 1930 abgebrochen. Von den übrigen zum Schloß gehörigen Gebäuden läßt nur noch Haus Nr. 54 eine historische Bedeutung erkennen. Die Wohnteile der meisten Anwesen sind geostet, die Firstlinien also straßenparallel.

Haus Nr. 54. *Wohnhaus «Beim Eierkäufer»,* Putzbau mit vorstehendem Krüppelwalmdach, eingezogener Giebellaube und Putzornamenten als Fensterumrahmung, Anfang 19. Jh.

Der Tradition nach ein ehem. zum Schloß gehöriges Amtshaus wurde das Gebäude nach der Säkularisation der Sitz eines Naturalhändlers, der mit Planwagen Botendienste nach München durchführte, bis diese Tätigkeit durch die Eröffnung der Eisenbahn überflüssig wurde.

Westin

Haus Nr. 4. *Bauernhaus «Beim Westiner»,* mit Blockbau-Obergeschoß und Lauben, um 1785; *Bildstock,* reich ornamentierter Tuffsteinpfeiler mit schmiedeeisernem Kreuz, bez. 1830.

Der nordwestlich von Gotzing auf einem Wiesenhochplateau gelegene Westiner-Hof gehört zu den stattlichsten Anlagen mit Blockbau-Obergeschoß; beim Hof ist ein reich ausgearbeiteter *Bildstock* zu sehen, der 1830 als Sühnesäule für einen begangenen Ehebruch des Bauern gesetzt wurde; auf der Rückseite steht der Spruch «Gott sieht alles».

Zehenthofer

Haus Nr. 36. *Bauernhaus «Beim Vorderzehenthofer»,* mit Blockbau-Obergeschoß und Baluster-Lauben, 2. Hälfte 18. Jh.

Im südöstlichen Vorland des Taubenberges ist der Wohnhausteil des Vorderzehenthofer einer der am ursprünglichsten erhaltenen Einödhöfe. Um 1220 erstmalig in einem herzoglichen Urbar genannt, 1490 von seinem Eigentümer, dem Münchener Bürger Hans Knebel an das *Kloster Tegernsee* verkauft, 1568 geteilt und 1732 als eine halbe Hofgröße eingestuft, gibt der Hof davon Zeugnis, daß der Einflußbereich des Klosters Tegernsee bis zum Taubenberg sehr stark gewesen sein muß. Der Name Zehenthofer rührt davon her, daß der jeweilige Hofinhaber die Aufgabe hatte, für das Kloster Tegernsee den Zehent einzusammeln und zu verwahren.

Thalham, Haus Nr. 9, Hauskapelle

Thalham, Haus Nr. 14, Bauernhaus

Wattersdorf, Haus Nr. 54, Wohnhaus

Thalham, Haus Nr. 9, ehem. Klostermühle, Hauskapelle

Westin, Haus Nr. 4, Bauernhaus

Zehenthofer, Haus Nr. 36, Bauernhaus

Westin, Bildstock

Literaturverzeichnis

Allgemeine Literatur zum Lkr. Miesbach

(Im Text zu den einzelnen Gemeinden als Kurztitel zitiert)

Corpus 1981: Bauer, Hermann und Bernhard Rupprecht (Hrsg.): Corpus der barocken Deckenmalerei in Deutschland, Band 2, München 1981

Cramer 1975: Cramer, Peter A.: Aus der Geschichte des Tegernseer Tals, Bad Wiessee 1975[2]

Dehio 1964: Dehio, Georg: Handbuch der Deutschen Kunstdenkmäler, Band Oberbayern, München, Berlin 1964[4]

Edelmann, Almen: Edelmann, Max: Die Almen im Tegernseer Tal. Zur Rechts- und Wirtschaftsgeschichte des ehemaligen Klostergerichts Tegernsee, Diss., München, Innsbruck 1966

Gasteiger 1953: Gasteiger, Michael: Der Landkreis Miesbach. Eine kleine Heimatgeschichte, Josefsthal-Schliersee 1953

Halmbacher 1980 und 1982: Halmbacher, Hans (Hrsg.): Das Tegernseer Tal in historischen Bildern, 2 Bände, München 1980 und 1982

Hartig 1935: Hartig, Michael: Die oberbayerischen Stifte. Die Großen Heimstätten deutscher Kirchenkunst, 2. Band, München 1935

Hist. Atlas 1967: Historischer Atlas von Bayern, Teil Altbayern, Heft 17, Landgericht Aibling und Reichsgrafschaft Hohenwaldeck. Bearb. von Fritz Andrelang, München 1967

Hist. Atlas 1984: Historischer Atlas von Bayern, Teil Altbayern, Heft 54, Klostergericht Tegernsee. Bearb. von Ludwig Holzfurtner, München 1985

Hoffmann 1929: Hoffmann, Richard: Kirchenkunst im Schlierach- und Leitzachtal, in: Jahrbuch des Vereins für Christliche Kunst in München, 7. Band, München 1929, S. 147–168

Königreich Bayern: Königreich Bayern, Das, in seinen alterthümlichen, geschichtlichen, artistischen und malerischen Schönheiten, enthaltend in einer Reihe von Stahlstichen die interessantesten Gegenden, Städte, Kirchen, Klöster, Burgen, Bäder und sonstige Baudenkmale, mit begleitendem Texte. 3. Bd., München 1854

KDM 1902: Kunstdenkmale, Die, des Königreiches Bayern 1. Band, 5. Theil: Die Kunstdenkmale des Regierungsbezirkes Oberbayern, bearb. von G. v. Bezold, B. Riehl und G. Hager, München 1902, Faks.-Reprint 1982, S. 1407–1532

Mayer, West.: Mayer, Anton und Georg Westermayer: Statistische Beschreibung des Erzbisthums München–Freising, Band 1–3, München 1874, 1880, 1884

Richter 1984: Richter, Gisela: Johann Baptist Zimmermann als Freskant. Das Frühwerk. Diss., München 1984

Seidl 1913: Seidl, Oskar: Die Kirchen und Kapellen des Dekanats Tegernsee, München 1913

Uenze 1972: Uenze, Hans Peter und Josef Katzameyer: Vor- und Frühgeschichte in den Landkreisen Bad Tölz und Miesbach, Kallmünz 1972

Wening 1701: Wening, Michael: Topographia Bavaria, Rentamt München, München 1701

Zell 1900: Zell, Franz: Bauern-Häuser und volksthümliche Hausmalereien im Bayerischen Hochland, Frankfurt/Main 1900

Literatur zu den einzelnen Gemeinden des Landkreises Miesbach

Gemeinde Bad Wiessee

Cramer 1975 – Gasteiger 1953 – Halmbacher 1980 und 1982 – Hist. Atlas 1985

Fünfzig Jahre Maria Himmelfahrt Bad Wiessee, Festschrift, hrsg. von der Katholischen Pfarrgemeinde Bad Wiessee, Bad Wiessee 1976

Hamberger, Hans: Bad Wiessee (Kirchenführer), Ottobeuern 1978

Kömstedt, Rudolf: Die Pfarrkirche in Wiessee, in: Kunst und Handwerk 77. Jg., 1927, S. 28–32

Radlmaier, Lorenz: Chronik von Wiessee, in: Kurzeitung, hrsg. vom Kuramt Bad Wiessee, Nr. 4 ff, 1980 ff

Gemeinde Bayrischzell

Corpus 1981 – Dehio 1964 – Gasteiger 1953 – Hist. Atlas 1967 – KDM 1902 – Mayer, West. – Zell 1900

Brunnhuber, Josef: Chronik des oberen Leitzachtales, Elbach 1928

Meindl, Michael: Bayrischzell. Ein Heimat- und Volksbuch für besinnliche Stunden, Miesbach 1963

Meindl, Michael: Kath. Pfarrkirche Bayrischzell (Schnell & Steiner Nr. 238), München 1975[2]

Gemeinde Fischbachau

Corpus 1981 – Dehio 1964 – Gasteiger 1953 – Hist. Atlas 1967 – Hoffmann 1929 – KDM 1902 – Mayer, West. – Zell 1900

Brunnhuber, Josef: Chronik des oberen Leitzachtales, Elbach 1928

Ertl, Anton: Fischbachau (Schnell & Steiner Nr. 166), München 1978[4]

Hager, Georg: Eine frühmittelalterliche Basilika am Fuß des Wendelsteins, in: Heimatkunst, Kloster-Studien, Denkmalpflege, München 1909, S. 300–306

Lampl, Sixtus: Fischbachau (Kirchenführer), Hausham 1985

Lechner, Ludwig: Leitzachtal, München 1927[2]

Gemeinde Gmund am Tegernsee

Cramer 1975 – Dehio 1964 – Gasteiger 1953 – Halmbacher 1980 und 1982 – Hist. Atlas 1985 – KDM 1902 – Mayer, West. – Seidl 1913

Bomhard, Peter v.: Beiträge zum Werk des Graubündener Meisters Lorenzo Sciasca, in: Jahrbuch des Vereins für Christliche Kunst, 8. Band, München 1974 S. 56–84

900 Jahre Pfarr-Gemeinde Gmund am Tegernsee, Festschrift, Gmund am Tegernsee 1975

Obermayr, Joseph: Die Pfarrei Gmund am Tegernsee und die Reiffenstuel, Freising 1868

Spörlein, Johann: Gmund am Tegernsee (Schnell & Steiner Nr. 132), München 1975[3]

Gemeinde Hausham

Dehio 1964 – Gasteiger 1953 – Hist. Atlas 1967 – KDM 1902 – Mayer, West.

Hausham, Beiträge zur Chronik unseres Ortes, bearb. von Wilhelm Hausmann und Franz Xaver Silbernagel, Hausham, 34 Lieferungen 1960–1970

Obernberg, Joseph v.: Zur Geschichte der Kirchen und Ortschaften Agatharied, Fischhausen und Josephsthal, in: Oberbayerisches Archiv 2, 1840, S. 297–308

Markt Holzkirchen

Corpus 1981 – Dehio 1964 – Gasteiger 1953 – KDM 1902 – Mayer, West. – Seidl 1913 – Wening 1701

Bickler, Josef: Chronik der Gemeinde Hartpenning, Hartpenning 1927

Heimbucher, Max: Geschichte des Marktes Holzkirchen, Miesbach 1884

Gemeinde Irschenberg

Corpus 1981 – Dehio 1964 – Gasteiger 1953 – KDM 1902 – Mayer, West. – Uenze 1972

Bergmaier, Peter: Burg Altenwaldeck und ihre Besitzer, in: Mangfallgau, 9. Jg., 1964, S. 57–70

Bergmaier, Peter: Pfaffing bei Irschenberg, in: Mangfallgau 12 Jg., 1967, S. 171–175

Haas, Walter: Bauforschungen des Bayerischen Landesamtes für Denkmalpflege, in: 22. Bericht des Bayerischen Landesamtes für Denkmalpflege 1963, (1964), S. 84–118

Kratzsch, Klaus: Kirchen und Kapellen der Pfarrei Niklasreuth (Schnell & Steiner Nr. 1327), München 1982

Pfatrisch, Peter: Geschichte der Pfarrei Irschenberg, in: Oberbayerisches Archiv 23, 1863, S. 76–142

Sage, Walter: Wilparting am Irschenberg, in: Führer zu vor- und frühgeschichtlichen Denkmälern, Band 18, Mainz 1971, S. 207–210

Gemeinde Kreuth

Cramer 1975 – Edelmann, Almen – Gasteiger 1953 – Halmbacher 1980 und 1982 – Hist. Atlas 1985 – KDM 1902 – Königreich Bayern – Mayer, West. – Seidl 1913

Krämer, Carl Philipp: Die Molken- und Bad-Anstalt Kreuth im bayerischen Hochgebirge bei Tegernsee, München 1829
Kreuther Heimatbuch, Das, hrsg. von der Gemeinde Kreuth, o. J. [1985]
Max-Planck-Gesellschaft (Hrsg.), Berichte und Mitteilungen Heft 4, 1983: Schloß Ringberg, Tagungsstätte der Max-Planck-Gesellschaft
Mielach, J. C.: Kleines Andenken an Kreuth, München 1840
Mielach, J. C.: Kleines Taschenbuch für Kreuth, München 1834

Stadt Miesbach

Corpus 1981 – Dehio 1964 – Gasteiger 1953 – Hist. Atlas 1967 – KDM 1902 – Mayer, West. – Wening 1701

Führer zu vor- und frühgeschichtlichen Denkmäler, Band 18, Mainz 1971
Heimbucher, Max: Geschichte Miesbachs, Miesbach 1883
Miesbach. Ein historischer Streifzug im Bild, hrsg. von Fritz Gloetzl, Miesbach 1983
Miesbach. Portrait einer kleinen Stadt, Miesbach 1968
Pikola, Rudolf: Unsere kleine Stadt – Miesbach, in: Bayerland 67. Jg., 1965, S. 115 – 119

Gemeinde Otterfing

Dehio 1964 – KDM 1902 – Mayer, West.

Moser, Eduard: Ein oberbayerisches Bauerndorf im Holzlande, München 1925

Gemeinde Rottach-Egern

Cramer 1975 – Dehio 1964 – Edelmann, Almen – Gasteiger 1953 – Halmbacher 1980 und 1982 – Hist. Atlas 1985 – KDM 1902 – Mayer, West. – Seidl 1913

Kißlinger, Johann Nepomuk: Egern am Tegernsee, in: Oberbayerisches Archiv 52, 1907
Kronast, Josef: Rottach-Egern am Tegernsee (Kirchenführer), o. Ersch. ang.
Müller Karl Alexander von: Pfälzer und Bayern. Portraits der Familie Kobell, in: Unbekanntes Bayern, 2. Band, 1959, S. 43 – 59

Markt Schliersee

Corpus 1981 – Dehio 1964 – Hist. Atlas 1967 – Hoffmann 1929 – KDM 1902 – Königreich Bayern – Mayer, West. – Richter 1984

Dresselly, Anton: Schliersee und der Mangfallgau, München 1907
Gasteiger, Michael: Das Buch von Schliersee, München 1951
Gumppenberg, von: Geschichtliche Notizen über das vom Jahre 1756 bis 1776 in Betrieb gestandene churfürstliche Berg- und Hüttenwerk Max-Josephsthal bei Fischbachau, in: Oberbayerisches Archiv 2, 1840, S. 390 ff
Haenlein, Albrecht: Neues zur Baugeschichte der Pfarrkirche Schliersee, in: Oberbayerisches Archiv 81, 1957, S. 161 – 168
Lampl, Sixtus: Johann Baptist Zimmermanns Schlierseer Anfänge. Eine Einführung in das Bayerische Rokoko, Schliersee 1979
Lampl, Sixtus: Kirchen der Pfarrei Schliersee (Schnell & Steiner Nr. 554), 1984[5]
Molendo, Ludwig: Bad Schliersee im Mangfallgau, München 1862
Obernberg, Joseph von: Zur Geschichte der Kirchen und Ortschaften Agatharied, Fischhausen und Josephsthal, in: Oberbayerisches Archiv 2, 1840, S. 297 – 368
Obernberg, Joseph von: Zur Geschichte der Kirchen und Ortschaften Westenhofen und Schliersee, in: Oberbayerisches Archiv 2, 1840, S. 281 – 294
Schaden, Adolph von: Neueste topographisch-statistisch-humoristische Beschreibung des Tegern- und Schliersees, München 1832

Thon, Christina: Johann Baptist Zimmermann als Stukkator, München und Zürich 1977
Vogel, Hubert: Schliersee, seine Grundherrschaft und seine Vogtei im Mittelalter, München 1939
Wiedholz, Josef und *Hugo Schnell:* Kirchen in Schliersee (Schnell & Steiner Nr. 554), 1970[3]

Stadt Tegernsee

Corpus 1981 – Dehio 1864 – Edelmann, Almen – Halmbacher 1980 und 1982 – Hartig 1935 – Hist. Atlas 1985 – KDM 1902 – Mayer, West. – Seidl 1913 – Wening 1701

Bauerreiß, Romuald: Die älteste Kirche von Tegernsee und ihre Stifter. In: Studien und Mitteilungen zur Geschichte des Benediktiner-Ordens und seiner Zweige, 60, München 1946
Geiger, Simon: Kloster Tegernsee. Ein Kulturbild. (Beiträge zur altbayerischen Kirchengeschichte [Reihe Deutinger], 3. Folge, 15. Band. Der neuen Folge 2. Bd.) München 1936
Hager, Georg: Die romanische Krypta der Klosterkirche in Tegernsee. In: Monatsschrift des Historischen Vereins von Oberbayern IV, 1895
Hartig, Michael: Die Benediktinerabtei Tegernsee 746 – 1803. Kurzer Überblick über ihre Geschichte und ihre Verdienste um Wissenschaft und Kunst. Zur Zwölfhundert-Jahrfeier vom 15. bis 22. September 1946. München 1946.
Hartig, Michael: Die mittelalterliche Kunsttätigkeit des Klosters Tegernsee. In: Studien und Mitteilungen zur Geschichte des Benediktiner-Ordens und seiner Zweige, 60, 1946
Hefner, Joseph von: Leistungen des Benediktinerstiftes Tegernsee für Kunst und Wissenschaft, in: Oberbayerisches Archiv 1, 1839 S. 15 – 35
Krempelhuber, Max Carl v.: Der Tegernsee und seine Umgebung (München 1854)
Lampl, Sixtus: Die Klosterkirche Tegernsee, in: Oberbayerisches Archiv 100, 1975, S. 5 – 141
Langenstein, Eva: Georg Asam. Ölmaler und Freskant im barocken Altbayern, München 1986
Lindner, Pirmin: Familia S. Quirini in Tegernsee. Die Äbte und Mönche der Benediktiner-Abtei Tegernsee von den ältesten Zeiten bis zu ihrem Aussterben (1861) und ihr literarischer Nachlaß. In: Oberbayerisches Archiv, 50. Band, München 1897 und Ergänzungsheft zum 50. Band, München 1898
Lindner, Pirmin: Historia monasterii Tegernseensis. In: Beiträge zur Geschichte, Topographie und Statistik des Erzbistums München und Freising von Dr. Martin von Deutinger, 7. Bd. [= Neue Folge 1. Bd.] München 1901, S. 179 – 258: Teil I: De anno 1737 – 1762; 8. Bd. [= Neue Folge 2. Bd.] München 1903, S. 78 – 286: Teil II: De anno 1762 – 1803
Mühlberger, Franz: Das Klosterrichterhaus in Tegernsee und der letzte Klosterrichter. In: Tegernseer Tal, 12. Jh., H. 51, Winter 1963/4
Ramisch, Hans: Die Meister der mittelalterlichen Chorgestühle von Tegernsee und Reichenbach. In: Jahrbuch der Bayerischen Denkmalpflege, Band 29, München 1975
Schaden, Adolph v.: Neueste topographisch-statistisch-humoristische Beschreibung des Tegern- und Schliersees (München 1832).
Wagner-Langenstein, Eva: Georg Asam 1649 – 1711. Ein Beitrag zur Entwicklung der barocken Deckenmalerei in Bayern, Diss., München 1983

Gemeinde Valley

Corpus 1981 – Dehio 1964 – Gasteiger 1953 – Hist. Atlas 1967 – KDM 1902 – Mayer, West. – Uenze 1972 – Wening 1701

Bergmaier, Peter: Burgen, Schlösser, Edelgeschlechter im ehemaligen Gericht Aibling, in: Mangfallgau, 9. Jg. 1969, S. 7 – 55
Keller, Erich: Valley in spätrömischer Zeit, in: Führer zu vor- und frühgeschichtlichen Denkmälern, Band 18, Mainz 1971, S. 168 – 177
Valley, Schloß und ehemalige Hofmark, k. Bezirksamts und Landgerichts Miesbach in Oberbayern, in: Kalender für katholische Christen, Sulzbach 1876

Gemeinde Waakirchen

Corpus 1981 – Dehio 1964 – Gasteiger 1953 – KDM 1902 – Mayer, West. – Seidl 1913

500 Jahre Kirche Heilig Kreuz Schaftlach 1476–1976, Festschrift, hrsg. vom Katholischen Pfarramt Heilig Kreuz Schaftlach
900 Jahre Pfarr-Gemeinde Gmund am Tegernsee, Festschrift, Gmund a. T. 1975

Gemeinde Warngau

Corpus 1981 – Dehio 1964 – Gasteiger 1953 – KDM 1902 – Mayer, West. – Seidl 1913

Schöffel, Wolf: Studien zur Oberbayerischen Siedlungsgeschichte und Namenskunde mit besonderer Berücksichtigung des Tegernseeischen Urbaramts Warngau, Diss., München 1976

Gemeinde Weyarn

Corpus 1981 – Dehio 1964 – Gasteiger 1953 – Hartig 1935 – KDM 1902 – Mayer, West. – Richter 1984 – Wening 1701

Bomhard, Peter von: Beiträge zum Werk des Graubündener Baumeisters Lorenzo Sciasca, in: Jahrbuch d. Ver. f. christl. Kunst 8, 1974
Brunnhuber, Josef: Zur Geschichte der Hofmark Holzolling, Miesbach 1910
Hartig, Michael: Die Stiftskirche Weyarn (Schnell & Steiner Nr. 612), 1955
Nusser, Hans: Das Kloster Weyarn und sein Besitz, in: Oberbayerisches Archiv 79, 1954, S. 87–140
Oberberger, Emmeram: Stiftskirche Weyarn (Schnell & Steiner Nr. 612), 1981[7]
Müller, Theodor: Ignaz Günther, Bildwerke in Weyarn, Stuttgart 1964

Ergänzende Literatur

Aufleger, Otto: Bauernhäuser aus Oberbayern und angrenzenden Gebieten Tirols, 3 Bände, München 1900–1905
Bauernhaus, Das, im Deutschen Reiche und in seinen Grenzgebieten. Hrsg. vom Verband deutscher Architekten- und Ingenieur-Vereine, Dresden 1901 ff.
Fried, Pankraz: Almhütten im bayerischen und tirolischen Karwendel. Ein Beitrag zur Haus- und Sachkultur in den Alpen. Sonderdruck aus: Schlernschriften, 237. Band. Volkskundliche Studien. Aus dem Institut für Volkskunde der Universität Innsbruck, Festschrift für Karl Ilg, 1965
Gebhard, Torsten: Der Bauernhof in Bayern, München 1976
Hofmann, Sigfrid: Künstler und Kunstwerke des Miesbacher und Schlierser Landes, in: Bayerland, 67. Jg., 1965, S. 102–107
Obernberg, Josef von: Reisen durch das Königreich Baiern, 1. Theil: Der Isarkreis, 1. Heft: Reisen nach den baierischen Alpen, von der Loisach gegen die Gmundfall, München 1815
Ried, H. A.: Miesbacher Landbevölkerung. Eine rassen- und volkskundliche Untersuchung aus Oberbayern, Jena 1930
Riedel, Adrian von: Reise-Altas von Bajern, München 1796
Spengler, Karl: Die Wittelsbacher am Tegernsee, München 1969
Thiersch, August: Das Bauernhaus im südlichen Bayern, in: Süddeutsche Monatshefte 1. Jg., 1904 S. 932–938
Thiersch, August: Das Bauernhaus im bayerischen Gebirge und seinem Vorlande. Denkschrift des Münchner Architekten- und Ingenieur-Vereins, München 1902
Tölzer, Joseph: Oberbayerische Architektur für ländliche Zwecke, Heft 1–12, München 1867/69
Waldemer, Georg: Der Bauernhof südlich von München, in: Freundeskreis Freilichtmuseum Südbayern e. V. – Freundeskreis Blätter 19, 1984 S. 7–41
Wessinger, Anton: Die ältesten Bestandteile des heutigen Bezirkamtes Miesbach in: Oberbayerisches Archiv, 47. Band, 1885, S. 244–266
Wessinger, Anton: Die Ortsnamen des k. b. Bezirkamtes Miesbach, in: Beiträge zur Anthropologie und Urgeschichte Bayerns, 7. Band, 1886/87 S. 1–140

Ortsregister

Den Ortsnamen sind die zugehörigen Gemeinden beigefügt. In der Klammer stehen die Konkordanzen zu den Inventarreihen der Baudenkmäler. Gerade gesetzte Seitenzahlen verweisen auf Haupteinträge, kursive Seitenzahlen auf sonstige Erwähnungen im laufenden Text.

Abkürzungen:

Gem.   Gemeinde
M.   Markt
St.   Stadt
OT   Ortsteil
KDB   Die Kunstdenkmäler von Bayern
BK   Bayerische Kunstdenkmale
OB   Oberbayern

Personenregister

520

Abbildungsnachweis

Die Abbildungen für diesen Band wurden photographiert von Joachim Sowieja, BLfD. Ergänzende Aufnahmen stammen von Klaus Kratzsch.

Darüber hinaus wurden Abbildungsvorlagen von den folgenden Photoarchiven und Photographen bezogen:

Titelbild: Wilparting, Werner Neumeister, 8000 München
S. VI Tegernsee, Wilhelm von Kobell, Neue Pinakothek München (Foto: Artothek/Blauel-Dia, Gauting)
S. 115 Gmund a. T., Kath. Pfarrkirche St. Ägidius, Hll. Michael und Ägidius, Arthur Schlegel, 8000 München
S. 347 Fischhausen, Propsten- oder Rechtalerstube, Bayerisches Nationalmuseum München Neg. Nr. 709, 53/145; Neg. Nr. 708, 53/145

Luftaufnahmen

BLfD Luftbildarchäologie, Aufn.: O. Braasch, freigegeben durch die Regierung von Oberbayern

S. XII Hundham, Fischbachau, Objekt-Nr. 8336/017, Freig. Nr. GS 300/9573-83
S. 2 Bad Wiessee, Objekt-Nr. 8336/009, Freig. Nr. GS 300/9573-83
S. 9 Abwinkel, Bad Wiessee, Objekt-Nr. 8336/025, Freig. Nr. GS 300/9573-83
S. 95 Obergschwendt, Fischbachau, Objekt-Nr. 8336/016, Freig. Nr. GS 300/9573-83
S. 131 Festenbach, Gmund a. T., Objekt-Nr. 8336/012, Freig. Nr. GS 300/9573-83
S. 141 Kaltenbrunn, Gmund a. T., Objekt-Nr. 8336/007, Freig. Nr. GS 300/9573-83

S. 153 Hausham, Hausham, Objekt-Nr. 8336/024, Freig. Nr. GS 300/9573-83
S. 169 Holzkirchen, Holzkirchen, Objekt-Nr. 8136/042, Freig. Nr. GS 300/9573-83
S. 191 Irschenberg, Irschenberg, Objekt-Nr. 8336/027, Freig. Nr. GS 300/9993-83
S. 207 Niklasreuth, Irschenberg, Objekt-Nr. 8336/023, Freig. Nr. GS 300/9573-83
S. 211 Pfaffing, Irschenberg, Objekt-Nr. 8136/044, Freig. Nr. GS 300/9993-84
S. 211 Reichersdorf, Irschenberg, Objekt-Nr. 8136/048, Freig. Nr. GS 300/9993-84
S. 231 Schloß Ringberg, Kreuth, Objekt-Nr. 8336/002, Freig. Nr. GS 300/9993-84
S. 253 Miesbach, Miesbach, Objekt-Nr. 8386/005, Freig. Nr. GS 300/9378-83
S. 383 Tegernsee, Tegernsee, Objekt-Nr. 8336/003, Freig. Nr. GS 300/9993-84
S. 385 Tegernsee, Kloster, Tegernsee, Objekt-Nr. 8336/003, Freig. Nr. GS 300/9993-84
S. 397 Valley, Schloß, Valley, Objekt-Nr. 8136/004, Freig. Nr. GS 300/0110-85
S. 397 Valley, Schloß, Valley, Objekt-Nr. 8136/007, Freig. Nr. GS 300/0110-85
S. 487 Fentbach, Weyarn, Objekt-Nr. 8136/001, Freig. Nr. GS 300/0340-85

Katasterpläne und Verwaltungskarte

Die Reproduktion der Karten und Stiche auf S. VIII, XIII, XVI, XVIII/XIX, und im Kartenanhang erfolgt mit freundlicher Genehmigung des Bayerischen Landesvermessungsamtes, München.

Kartenteil

1. Ensemblekarten von Miesbach und Tegernsee

2. Topographische Karte des Landkreises Miesbach 1 : 100 000
   (Kartengrundlage: Blatt C 8334, C 8338, C 8734;
   Wiedergabe mit Genehmigung des
   Bayerischen Landesvermessungsamtes München, Nr. 8627/86)

Ensemble

Einzeldenkmäler

**Tegernsee
Ensemble
Rosenstraße**

M = 1:2500

N
W O
S

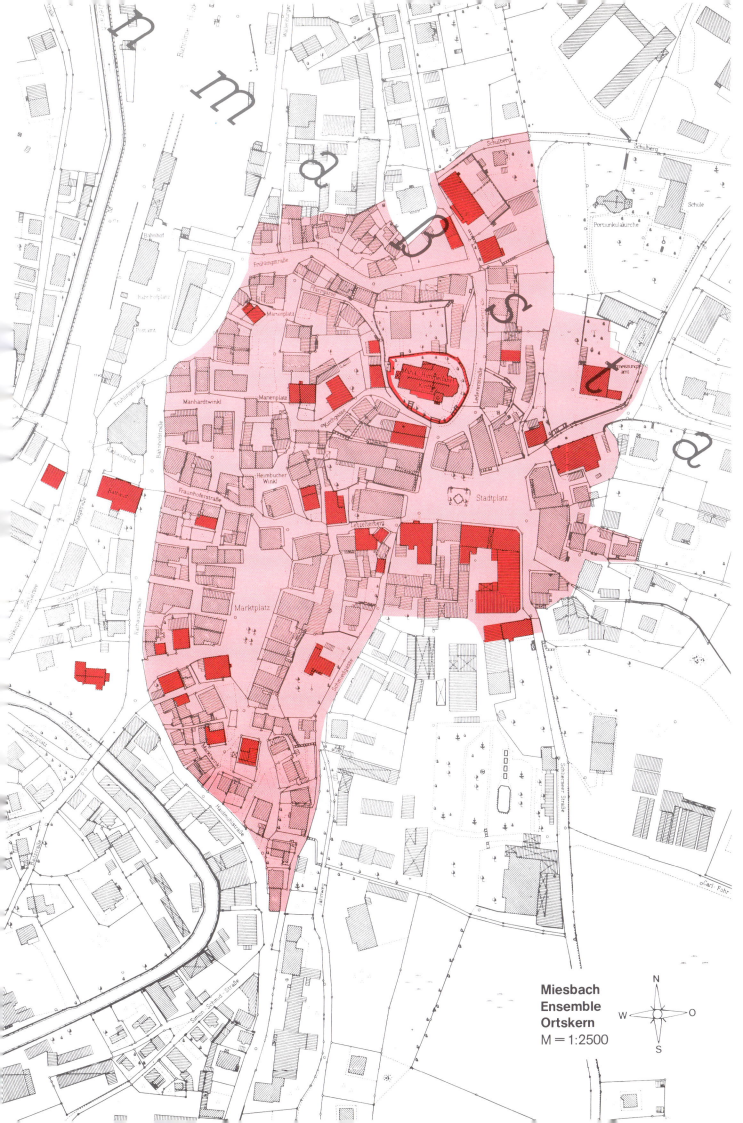

Miesbach
Ensemble
Ortskern
M = 1:2500

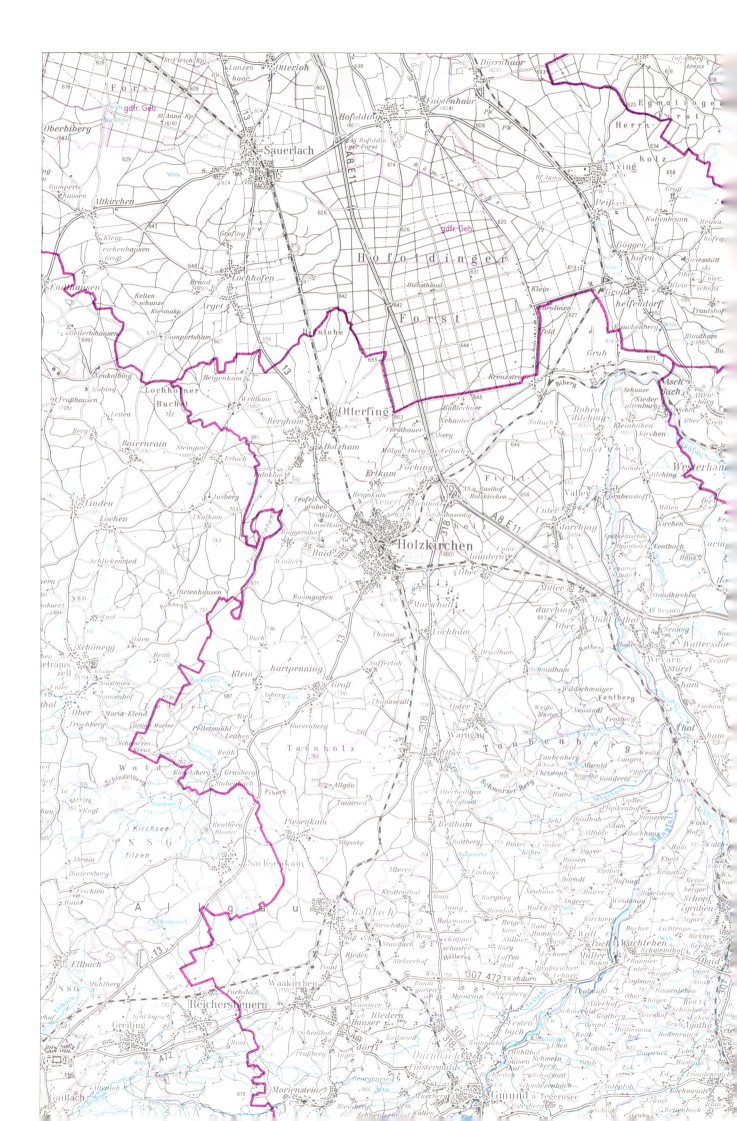

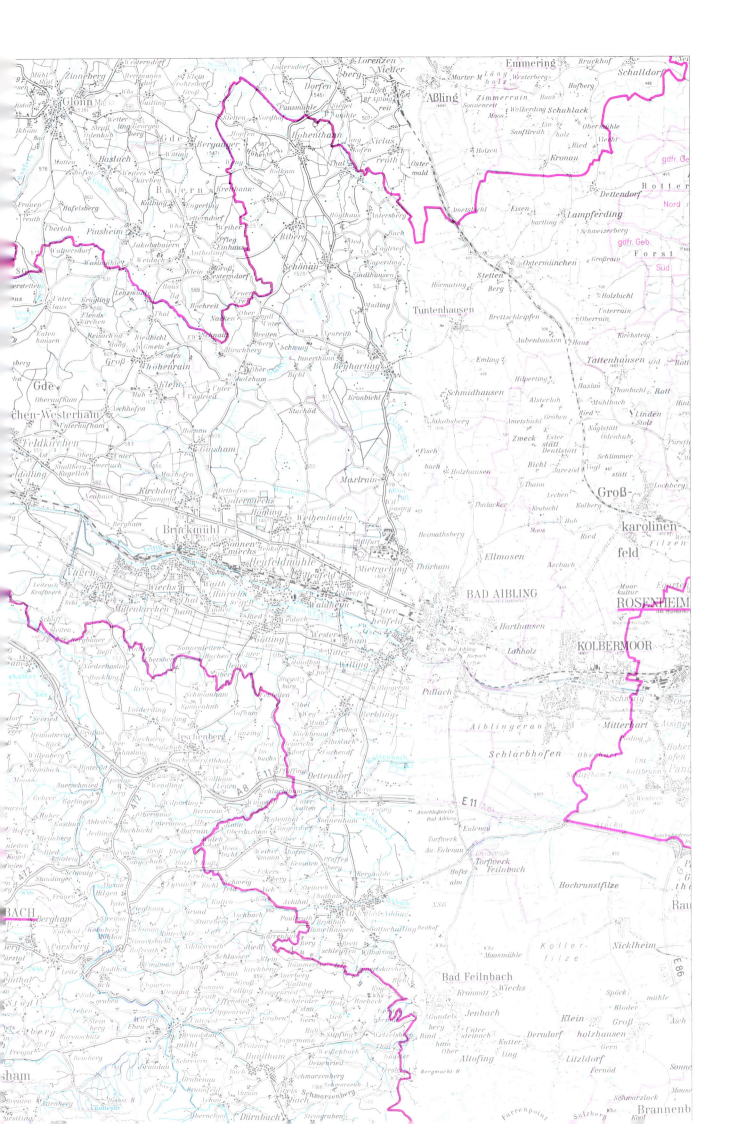

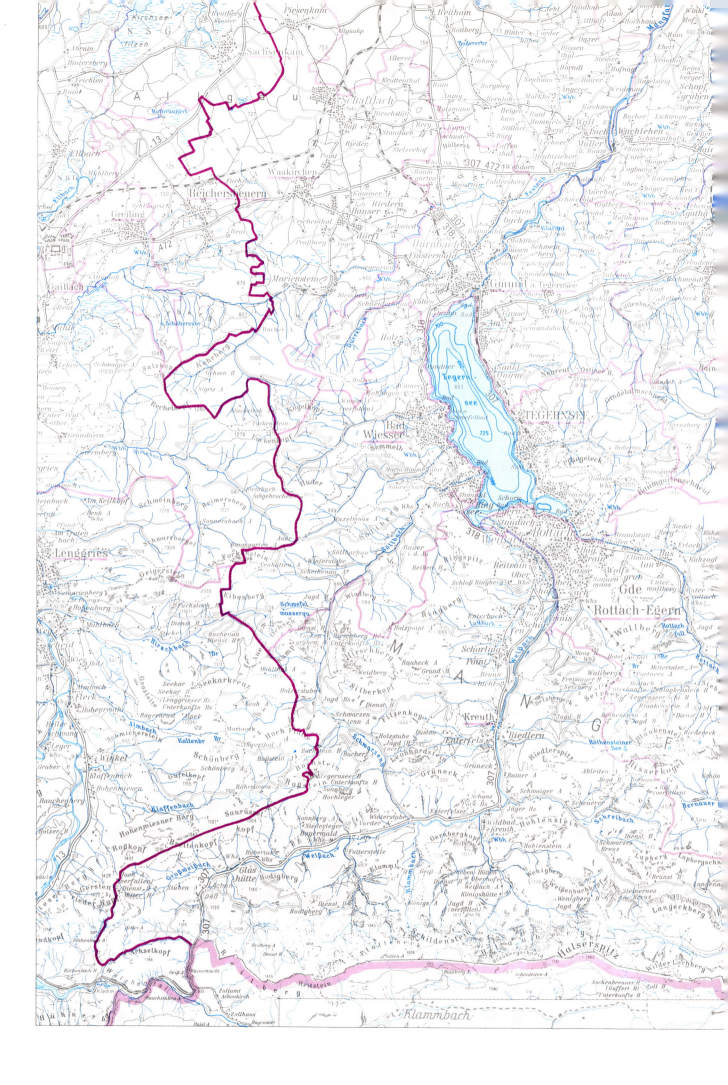

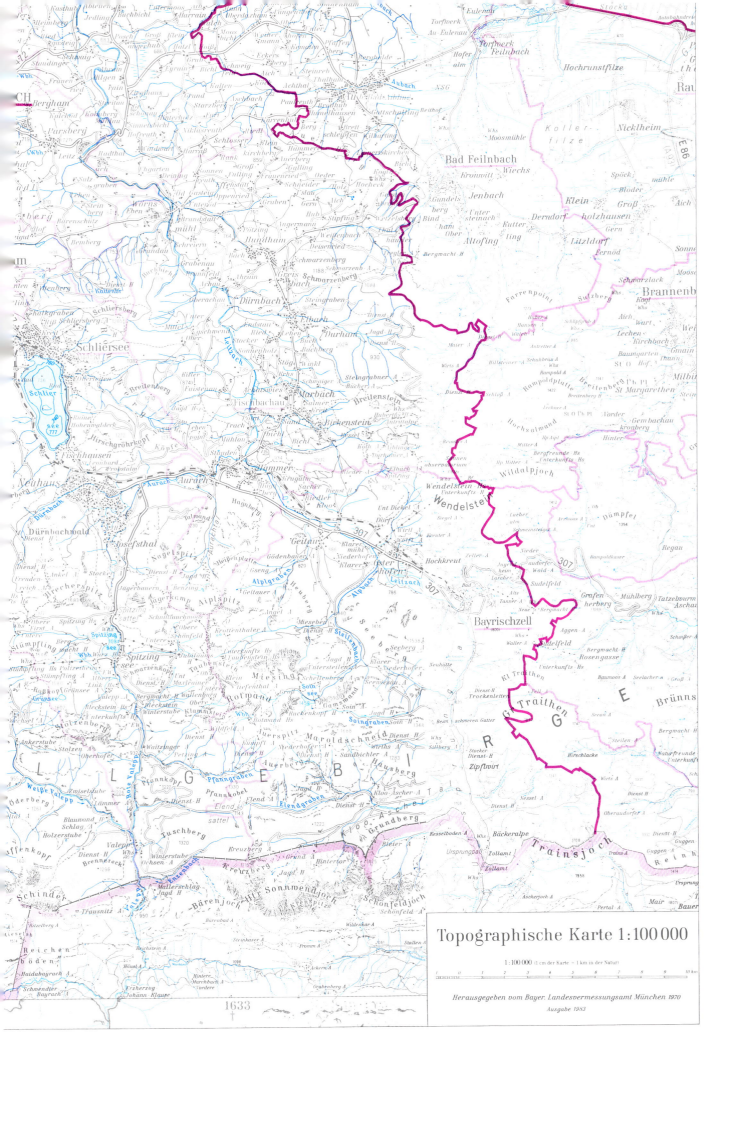

Topographische Karte 1:100 000

1:100 000 (1 cm der Karte = 1 km in der Natur)

Herausgegeben vom Bayer. Landesvermessungsamt München 1970

Ausgabe 1983

Auszug aus der Zeichenerklärung

Grenzen

▬▬▬▬	Staatsgrenze
▬ ▬ ▬ ▬	Landesgrenze
▬▬▬▬	Regierungsbezirksgrenze
▬▬▬▬	Stadt - bzw. Landkreisgrenze
- - - - -	Truppenübungsplatzgrenze
· · · · · ·	Naturschutzgebietsgrenze
· · · · · ·	Gemeindegrenze

Verkehrsnetz

Bahnhof ▬·▬·▬	Vollspurige Bahn, mehrgleisig
Haltepunkt ▬○▬	Vollspurige Bahn, eingleisig
▬ ▬ ▬ ▬	Schmalspurige Bahn
▬▬▬▬	Zahnradbahn
▬▬▬▬	Straßen - und Wirtschaftsbahn
● · · ● · · ● ○ · · ·	Seil - und Schwebebahn (Personen, Material)
E 11 ═══	Autobahn (11 = Nr. der Europastraße)
═══	Autostraße
10 ▬▬	Bundesstraße bzw. Hauptstraße (10 = Nr. der Bundesstraße)
▬▬▬	Nebenstraße
▬▬▬	Befestigter Fahrweg
▬▬▬	Wirtschaftsweg, Feld - und Waldweg
· · · · · · · · · ·	Fußweg
∿ ∿ ∿ ∿	Klettersteig, Pfadspur und Wattenweg

Topographische Einzelzeichen

╪═╪	╪	╳	Beton - und Eisenbrücke; Holzbrücke
			Brücke mit Wehr und Schleuse
▨▨▨▨	▨▨▨		Damm befahrbar, nicht befahrbar
●	◌		Eisenbahn -, Wagen - und Personenfähre
			Hochspannungsleitung
⌗	♂		Kirche mehrtürmig, eintürmig
+			Kapelle
⸸			Feldkreuz, Bildstock, Gipfelkreuz
⊡ ⌀	✝		Friedhof, Ehrenfriedhof
⬚			Denkmal
☆			Wassermühle
· · · · · · · · ·			Einfriedung (Mauer, Zaun)
▨▨▨▨	▨▨▨		Steilrand, Böschung
♂	⚲		Windmühle, Windrad
○			Turm
⚘			Funkturm
⚒	⚒		Bergwerk in Betrieb, außer Betrieb
○	■		Schornstein frei und im Gebäude
⬡	⬡		Ruine
⬭	⬭		Ringwall, Hünengrab (Grabhügel)
	∩		Höhle
⬬	⬭		Steinbruch, Grube
⬭	⬭		Dolinen
⚇			Forstamt, Oberförsterei, Försterei
♀	♀	⚘	Hervorragende Bäume
⚎			Zeltplatz
⤛			Sprungschanze
◡			Stadion, Sportplatz

Bodenbewachsung

Laubwald
Schneise
Nadelwald

Mischwald

Wiese u. Weide
mit nassen Stellen

Gewässer, Geländeformen

Die schwächeren braunen Linien bedeuten
20 m, die stärkeren 100 m Höhenlinien.
(Höhenangabe in Metern über Normal -Null)
△ 872 Trigonometrischer Bodenpunkt (Steinoberfläche)
· 448 Höhenpunkt   Wasserspiegelhöhe

Abkürzungen

AS	Autobahnanschlußstelle	R	Ruine
AD	Autobahndreieck	Sch	Scheuer, Scheune, Schuppen
AK	Autobahnkreuz	Schl	Schloß
AT	Aussichtsturm		Wasserbehälter
Hbf	Hauptbahnhof	Whs	Wirtshaus
M	Mühle		Wasserturm
NSG	Naturschutzgebiet		

Ortsnamen

ROSENHEIM   Stadt
Bayrischzell   Gemeinde
Baldham   Gemeindeteil

(Die Schriftgröße ist von der Einwohnerzahl abhängig)

Verwaltungsbezirksgliederung Bayerns

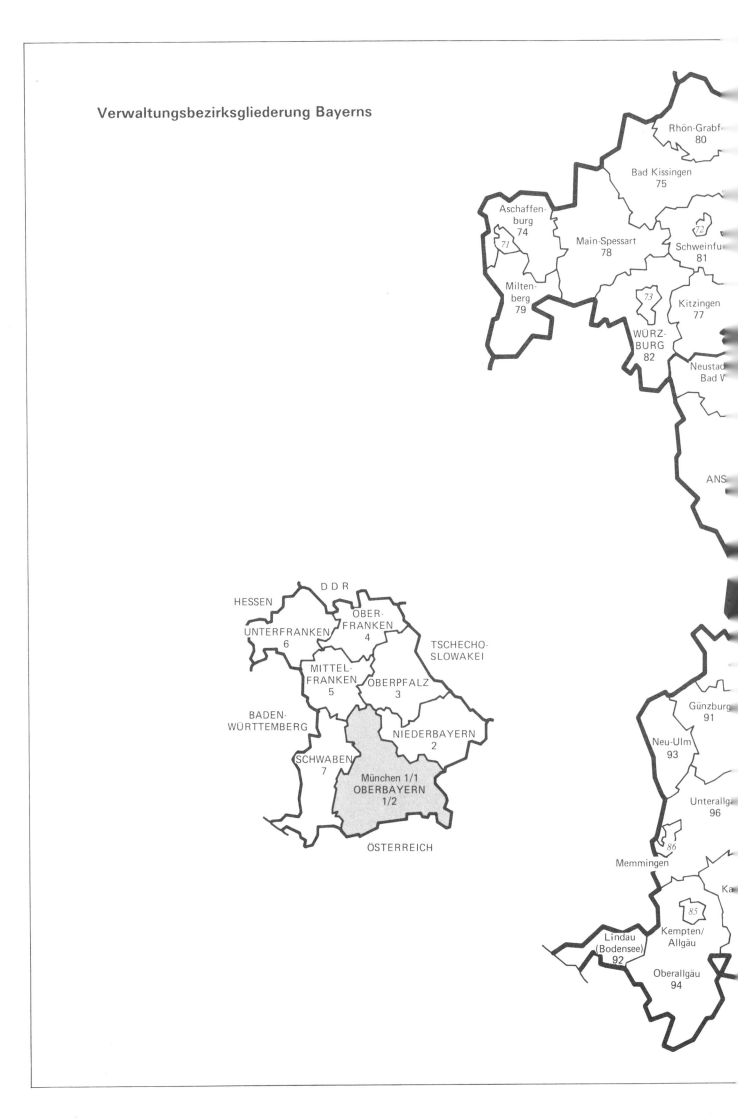